| 전면 개정판 |

협동학습

살아있네!

이상우 지음

Σ 시그마프레스

협동학습 살아있네!, 전면 개정판

발행일 | 2020년 4월 2일 1쇄 발행

지은이 | 이상우
발행인 | 강학경
발행처 | ㈜ 시그마프레스
디자인 | 고유진
편 집 | 문승연

등록번호 | 제10-2642호
주소 | 서울특별시 영등포구 양평로 22길 21 선유도코오롱디지털타워 A401~402호
전자우편 | sigma@spress.co.kr
홈페이지 | http://www.sigmapress.co.kr
전화 | (02)323-4845, (02)2062-5184~8
팩스 | (02)323-4197

ISBN | 979-11-6226-266-5

* 책값은 뒤표지에 있습니다.
* 이 도서의 국립중앙도서관 출판예정도서목록(CIP)은 서지정보유통지원시스템 홈페이지
  (http://seoji.nl.go.kr)와 국가자료공동목록시스템(http://www.nl.go.kr/kolisnet)에서
  이용하실 수 있습니다.(CIP제어번호 : CIP2020010083)

살아있는 협동학습의 전면 개정판 '협동학습 살아있네'를 세상에 내놓으며!

협동학습 살아있네!
협동학습 아직 죽지 않았어!

우리나라에서 혁신교육이 태동한 이후 10년이 훌쩍 지나갔다. 그리고 이와 함께 학교 현장에서는 수업혁신이라는 이름으로 수업의 질적 변화가 다양한 수준과 형태로 이루어졌고 현재도 계속 진행되고 있다. 그리고 그 중심에 협동학습이 있다.

혁신교육 초창기에는 교육공학적 측면에서 협동학습이 전면에 배치되었지만 시간이 지나면서 협동학습은 컴퓨터 시스템 소프트웨어와 같은 맥락에서 수업혁신을 위한 기본 운영 시스템으로 자리매김을 하고, 그 기반 위에 여러 데이터가 다양한 응용소프트웨어에 의하여 처리되고 있는 것과 같은 양상을 보이고 있는 것이 현재의 모습이다. 그래서일까 현재 협동학습을 모르는 교사들은 별로 없는 것처럼 보인다. 그만큼 협동학습이 보편화되었다는 것일지도 모른다. 물론 필자의 착각일 수도 있겠지만.

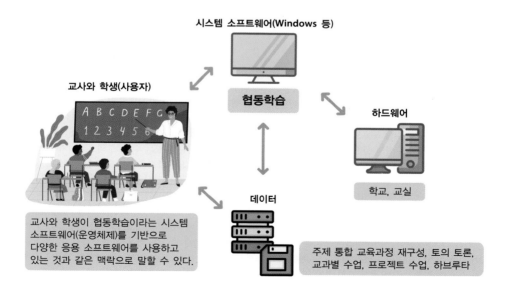

필자가 생각하는 현재 협동학습의 역할과 그 위상

시스템 소프트웨어(Windows 등)

교사와 학생(사용자)

협동학습

하드웨어

학교, 교실

데이터

교사와 학생이 협동학습이라는 시스템 소프트웨어(운영체제)를 기반으로 다양한 응용 소프트웨어를 사용하고 있는 것과 같은 맥락으로 말할 수 있다.

주제 통합 교육과정 재구성, 토의 토론, 교과별 수업, 프로젝트 수업, 하브루타 시간이 더 지나면서 어떤 변화가 일어날지 쉽게 예측하기는 어렵지만 협동학습은 지금까지 교육현장의 흐름을 적정 시간 주도하다 사라져간 수많은 학문이나 이론과 같은 모습을 절대로 보이지 않을 것이라는 것이 필자의 견해이다. 왜냐하면 협동학습은 지식 중심(암기 중심) 시대에도 나름의 역할과 제 몫을 충분히 다하였지만 시대의 변화에 잘 부응하여 변증법적으로 성장과 변화를 거듭하였을 뿐만 아니라 그 명칭에서도 느낄 수 있는 바와 같이 '협동'이라는 가치는 앞으로도 인류의 흥망성쇠와 그 운명을 같이할 수밖에 없다고 보기 때문이다.[1]

위와 같이 생각을 바탕으로 현재 시점에서 앞으로의 미래를 내다보면서 혁신교육이 시작되기 전인 2009년에 출판된 『살아있는 협동학습』을 살펴본다면 전면적인 개정이 불가피하다는 결론을 내릴 수밖에 없는 상황에 직면하게 되었다(개정판 고민은 2018년부터 차근차근 진행되었고, 2019년 초반부터 조금씩 목차에 대한 구상이 이루어졌으며 2019년 중순부터 체계적인 집필 작업이 시작되어 2019년 말에 마무리되었다). 그런 판단에 따라 현재 시점에서 협동학습을 전면적으로 재조명해보고 현재 및 향후 학교 현장의 모습이 어떤 방향으로 흐를 것인지 예측해보면서 필자의 관점에 따라 보다 혁신적이고도 전면적인 개정판에 대한 구상에 돌입하였다. 개정판에 대한 구상을 위해 많은 협동학습 관련 참고 서적들을 다시 한 번 살펴보고 현재 학교 현장의 흐름에 대한 다양한 참고문헌도 살펴보았다. 그리고 이전의 『살아있는 협동학습』 내용보다 훨씬 더 깊이 있고 실제적·미래지향적이면서 학문적·이론적 내용이 최소화될 수 있도록 하기 위해 고심하면서 목차를 마련해 나갔다. 그 결과로 수업혁신시대의 필요충분조건이라 할 수 있는 살아있는 협동학습 Deepening Ver. 2 『협동학습 살아있네』[2]가 세상에 빛을 보게 되었다.

이 책은 개정판을 준비하는 시점에서 과거의 모습을 돌아보고 현재, 미래의 위상을 고민하면서 개정의 방향성을 먼저 수립한 뒤에 심사숙고하여 목차를 마련하고 집필 활동을 체계적으로 진행해 나갔다. 그 방향성은 다음과 같다.

---

1 실제로 혁신교육 초기에는 수업혁신 차원에서 협동학습이 현장에서 매우 강조되었고 각 학교마다 협동학습 붐이 일어나 여기저기에서 협동학습 연수가 수시로 진행되었는가 하면 협동학습을 중심으로 전문적 학습공동체 모임이 생겨나기도 하였다. 그러나 현재(2020년)는 수업혁신의 중심이 주제통합수업, 교육과정 재구성, 프로젝트 수업, 질문이 있는 수업, 토의 토론, 거꾸로 수업 등으로 옮아갔다. 겉으로만 보면 협동학습이 전혀 강조되고 있지 않은 것처럼 보이지만 교육과정 재구성을 통한 수업의 실제 또는 주제통합수업, 프로젝트 수업, 질문이 있는 수업, 토의 토론, 거꾸로 수업 등의 사례를 세밀하게 들여다보면 많은 경우 협동학습의 토대 위에서 학생들이 모둠조직을 기반으로 협동적으로 상호작용하며 학습 목표를 달성하기 위해 매우 활발히 움직이고 있다는 것을 깨닫게 된다. 다시 말해서 이제 협동학습은 거스를 수 없는 흐름이 되었다고 말할 수 있다는 것이 필자의 견해이다.

2 'Deepening Ver. 2'라고 명명하게 된 이유는 단순히 내용의 일부를 수정, 보완한 것이 아니라 전면적이고도 깊이 있는 수준으로 내용 개정이 이루어졌기 때문에 소프트웨어나 시스템을 변경, 개정하는 것과 같은 맥락에서 심화 단계 수준으로 한 걸음 더 깊이 들어간 서적이라는 의미로 이와 같은 수식어를 붙이게 되었다. 아울러 '협동학습'이 현장에서 마치 유행이 지난 것처럼 인식되고 있는 것과 같은 분위기가 느껴져 '살아있는 협동학습'이라는 현재형의 제목에서 분위기를 쇄신하고 '아직 건재함-앞으로도 그럴 것임'이라는 느낌을 줄 수 있는 제목인 '협동학습 살아있네'로 수정해보았다.

살아있는 협동학습 Deepening Ver. 2를 위한 방향성

1. 『살아있는 협동학습』 내용 중에서 여전히 현재 및 미래에도 그 의미와 가치가 지속 가능한 내용이라 판단되는 것들은 핵심만 간추려서 간략히 정리하기

2. 학문적, 이론적 내용들은 핵심적인 내용만 과감히 축소하여 간추리거나 버리기

3. 협동학습만을 위한 협동학습 서적이라는 차원을 뛰어넘어 실제적ㆍ미래지향적이면서 시대의 흐름에 맞게 시스템 소프트웨어라는 맥락에서 내용 마련하기

4. 다양한 데이터 및 응용 소프트웨어와도 같은 교과목, 교육과정 재구성, 토의 토론, 하브루타, 질문이 있는 수업 등과 어떻게 연결되고 그것들을 어떻게 뒷받침하는지에 대하여 다양한 실제 사례를 통해 설명하기

5. 협동학습 활동들 가운데 수업혁신 취지에 잘 맞고(단순 지식의 습득, 암기 차원을 뛰어넘기) 활용 빈도가 높으며 학생들의 배움이 있는 수업 만들기 효과가 매우 큰 것들만 엄선하여 실제 사례를 바탕으로 이해하기 쉽게 소개하기

6. 수업혁신의 취지에 맞게 많은 학생들이 질 높은 배움에 도전할 수 있도록 해주는 다양한 실제적 사례들을 엄선하여 독자들과 공유하기

7. 많은 도구나 준비물 없이도 쉽게 그러나 결코 가볍지 않게 활용할 수 있는 유용한 협동학습 활동과 사례를 공유하여 독자들로 하여금 '협동학습'에 큰 부담을 느끼지 않을 수 있도록 하기[3]

사실 필자는 2006년부터 협동학습을 기반으로 한 수학 교육에 관심을 가지면서 꾸준히 연구를 해왔다. 그리고 최근 5년간 그동안의 연구 성과를 바탕으로 협동학습과 수학 교육의 효과적인 결합을 위해 모든 역량을 쏟아부었다. 그 결과가 『5학년 수학 수업 협동학습으로 디자인하다』(2016 시그마프레스), 『6학년 수학 수업 협동학습으로 디자인하다』(2018 시그마프레스), 『초등수학 분수 이렇게 가르쳐라』(2019 시그마프레스), 『협동학습 토의토론 초등 수학 교육을 혁신하다』(출판 중, 시그마프레스)'와 같은 결실로 나타나기도 하였다. 필자는 여러 교과 가운데 수학 교과가 협동학습과 가장 궁합이 잘 맞아떨어진다고 보았는데, 그 시각은 결코 틀리지 않았음을 확인하는 시간들이었다. 그리고 아직 수학 교육과 관련하여 협동학습과 연결 지어야 할 내용들이 많지만 잠시 재충전의 시간을

---

3 최근 들어 다양한 교구 관련 쇼핑몰 등에서 판매되고 있는 협동학습 관련 도구들을 보면 상업적인 분위기가 너무 짙어서 필자에게는 거부감이 들 정도이다. 물론 유용한 것들도 있지만 굳이 그런 것을 구입하여 활용해야만 협동학습을 잘하고 있는 것처럼 보이는지 의구심이 들 때도 많다. 시대가 변했다. 정형화된 도구나 전이성이 높지 않은 도구, 활용 빈도가 높지 않은 도구들은 분명 얼마 지나지 않아서 수납공간만 차지하는 애물단지로 전락할 가능성이 높다. 최근 들어 소개되고 있는 교육과정 재구성을 통한 협동학습 관련 수업 혁신 사례들을 면밀히 살펴보면 그런 도구들은 거의 활용되지 않는다는 점을 관찰할 수 있다. 가장 많이 활용되는 도구들은 색연필이나 사인펜 또는 매직과 어떤 형태로든 변화가 가능한 도화지들과 공책이다. 그러니 상업적 꾐에 넘어가지 않도록 자신을 잘 다스리도록 하자. 다만 한 번 구입하였으면 그것의 활용 빈도를 높일 수 있는 방향으로 수업을 재구성하여 그 도구의 가치를 높이도록 하자.

가지면서 좀 더 깊이 연구도 하고 실천 자료를 더 많이 수집할 필요도 있다고 판단되어 수학 교육 관련 집필 활동을 잠시 중단하고 미루어 두었던 『살아있는 협동학습』 개정판 준비에 심혈을 기울이기로 마음을 먹었다. 그리고 약 2년 정도의 시간이 흘러 집필 활동이라는 긴 터널의 끝을 보기에 이르렀다.

돌아보면 다른 집필 활동을 할 때보다 더 힘든 시간들이었다는 생각이 든다. 수학 교육 관련 집필 활동도 해야 하고 이를 위해 꾸준히 수학 교육 관련 연구 및 수업 설계, 실천, 피드백, 자료 개발도 소홀히 할 수 없었다. 거기다가 혁신학교에 근무하는 교사로서 동료교사들과 전문적 학습공동체 활동을 하면서 공동 연구 활동 및 학급운영도 동시에 잘 해나가야 하였기에 방학 기간도 편안히 쉬어 본 적이 없을 정도였다. 게다가 개정판에 대한 고민(물론 이전보다 더 나은 결과물을 내놓아야 한다는 부담감도 한몫했음)도 함께 하면서 관련 자료 수집 및 서적 탐독도 해야 했기에 최근 10년 정도 사이에 가장 힘든 시간을 보낸 순간들이었다고 회고된다. 그래서 이 책이 지금까지 집필했던 책 가운데 두 번째로 애착이 간다[가장 애착이 가는 책은 『협동학습 교사를 바꾸다』(2012, 시그마프레스)이다. 왜냐하면 집필하면서 가장 많은 고민을 했던 기억이 아직도 역력하기 때문이다].

그러나 늘 원고를 마무리하고 나면 아쉬움이 남는다. '더 완벽하게 정리할 수는 없었는가?' 하고 스스로 반문해보지만 나의 한계가 여기까지인 것 같아 부족한 점들은 이 글을 읽어주시는 분들께서 스스로 보완해주실 것으로 믿고 더 이상 망설임 없이 원고를 넘겼다. 그렇게 10년 전의 책 『살아있는 협동학습』은 강산이 한 번 변할 만큼의 시간이 지나 다른 모습으로 새 단장을 하게 되었다. 그리고 또다시 한 번 강산이 변할 만큼의 시간이 지나게 되면 어떤 모습으로 다시 태어날지 아직은 알 수 없다. 그리고 그때가 되면 필자는 더 이상 교단에 남아 있지 않을 가능성이 높다. 그래서 본 개정판을 쓰면서 보다 멀리 내다보려고 애를 썼던 것 같다. 이제 끝을 맺었으니 필자 스스로에게 큰 상을 주려고 한다. 모든 것을 내려놓고 긴 여행 한 번 다녀오려고 한다.

끝으로 또 한 번의 원고(단독 집필로는 9번째가 됨)가 필자의 품을 떠나기까지 물심양면 지원을 아끼지 않은 나의 아내와 아들, 딸이 있었다는 것에 매우 감사한다. 아울러 늘 곁에서 지켜봐주시는 아버지 이정식님, 하늘나라에서 지켜보고 계실 어머니 이선덕님, 어떤 원고를 들고 가도 흔쾌히 출판을 허락해주신 (주)시그마프레스 강학경 사장님, 원고를 살펴보시고 수정하시고 편집해주시는 편집부 직원들에게 진심으로 감사의 마음을 전하는 바이다.

교실은 학생들이 배움을 매개로
협동적 소통이라는 문화를 만들어내는 곳이다.
그런 학생들이 자라 우리 사회를 긍정적으로
이끌어가 주기를 바라며…

2020년 3월 아홉 번째 집필을 마무리하며
서울 은빛초등학교 교사 이상우

차례

CHAPTER 01 혁신시대에 맞는 협동학습의 재개념화

CHAPTER 02 협동학습 학문적으로 들여다보기

CHAPTER 03 협동학습 철학적으로 들여다보기

CHAPTER 04 협동학습을 바라보는 다양한 시각

CHAPTER 05 혁신시대의 원천기술 협동학습

CHAPTER 06 협동학습, 학교 현장의 변화를 요구

10 협동학습 수업 시작하기

11 협동학습 수업, 한 걸음 더 깊이 들어가기

12 다양한 협동학습 구조 소개

CHAPTER

13 에필로그

CHAPTER

O1

혁신시대에 맞는
협동학습의 재개념화

All for one, One for all

하나는 모두를 위하여 모두는 하나를 위하여

- 알렉상드르 뒤마, 『삼총사』 -

협동학습의 재개념화 : 협동학습 똑바로 알기

이 장의 시작은 알렉상드르 뒤마의 소설 『삼총사』에 나오는 대사로 열어보았다. 오늘날 우리 사회, 특히 교육 현장에 꼭 필요한 정신[1]을 담고 있는 말이기도 하지만 협동학습이 우리나라 학교 현장에 막 뿌리를 내리려 하던 시절에 영화 〈아이언 마스크〉의 명대사로 소개되어 함께 알려지기 시작하면서 협동학습을 실천하는 교사들의 교실에서 구호로 많이 활용되기도 하였다. 그 이후로 20년이 넘게 흘렀다. 그리고 이제 협동학습은 우리나라 학교 현장에서 매우 영향력 있는 지위를 갖게 되었다.

그러나 협동학습을 제대로 이해하고 적용하고 있는 교사들은 흔치 않다. 그리고 이는 매우 위험한 결과를 초래하기도 한다.[2] 무엇이든 정확히 이해하고 열심히 노력한다면 최상이다. 그러나 정확한 이해도 없고 노력도 없다면 더 이상 말할 필요는 없을 것이다. 그런데 문제는 다음의 두 상황에 있다.

- 정확히 이해는 하고 있지만 노력은 소극적이다.
- 이해는 부족하지만 매우 열심이다.

여러분이라면 어떤 쪽이 더 우려가 되는가? 필자는 두 번째 상황이 더 걱정스럽다. 첫 번째 상황의 경우 더디 갈 수는 있겠지만 적어도 제대로는 갈 수 있다. 그러나 두 번째 상황의 경우 부족한 이해로 인해 길을 잘못 들어서면 그 폐단은 극복하기 매우 어렵다. 그런데 학교 현장에서 어느 정도 견고하게 뿌리를 내린 협동학습에 대한 현재 모습은 두 번째 상황에 더 가깝다고 필자는 보고 있다. 이해와 실천 간의 간극을 좁혀 협동학습을 제대로 활용하기 위해서는 적어도 협동학습의 실체와 본질은 정확히 이해할 필요가 있다는 것이 필자의 견해이다. 이를 위해 협동학습의 역사부터 간략히 소개해 보고자 한다.

1) 협동학습의 역사[3]

① 1700년대 후반 영국에서 Bell-Lancaster체제를 통해 또래 가르치기 보급 시작
② 1800년대 초 미국 New York Lancaster School 설립 후 협동학습 소개
③ 19세기 후반 매사추세츠주 퀸시의 공립학교 교장 Parker에 의해 수업 방식으로 교실에 본격 도입, 20세기 전환기 미국 교육에 큰 영향을 줌
④ 1940년대 Deutsch에 의해 협동학습 구조의 이론적 근거가 마련됨[4]

---

1 학생 한 명 한 명이 모두를 위해 노력하고, 모두는 개인 한 명, 한 명을 위해 최선을 다하는 학교와 교실, 그리고 우리 사회를 꿈꾸고 있다면 결코 이 말을 부정하지 않을 것이다.

2 가장 대표적인 사례가 협동을 이야기하며 보상을 통해 학생들의 경쟁을 부추기고 있다는 것이다.

3 『협동학습의 이해와 실천』, 정문성(2002, 교육과학사), pp. 17~20.

4 Deutsch는 '장이론'을 발표한 Lewin의 제자로서, 그는 장이론을 기초로 하여 협동학습에서는 교육주체 간의 관계가 협동적 관계로 전환된다고 주장하였다. 그의 주장을 더 살펴보면 다음과 같다.

⑤ 20세기 초반 Dewey, Parker 등에 의해 협동학습이 실천적으로 강조됨

⑥ 1970년대 이후 협동학습에 대한 연구의 붐이 일어남 : Johnson & Johnson, Slavin 등에 의하여 연구가 크게 이루어짐, Aronson이 협동학습 모형인 '직소 모형'을 개발, Kagan 등에 의하여 구조 중심 협동학습이 개발[5]

⑦ 우리나라에도 80~90년대에 소개 및 도입 : 열린교육 실패의 극복, 입시교육 위주의 파행적(괄호 채우기식 암기 중심 교육-Blanking Education) 교육현실이 불러온 공교육 위기 상황을 극복하기 위한 방안, 좋은 수업에 대한 갈망이 교사들 사이에서 자발적으로 일어나면서 협동학습이 보급되기 시작함

⑧ 21세기에 들어서면서 수업의 질적 변화, 혁신교육 운동이 시작되면서 협동학습이 보다 적극적으로 보급되기 시작함

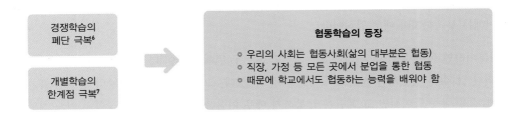

2) 협동학습이 활발히 보급되면서 나타난 문제점

(1) 협동학습에 대한 철학적·학문적 이해가 떨어진다는 점

① 협동학습을 철학적으로 바르게 이해하기 위해서는 세상을, 우리 사회를, 교육을, 학급운영을 바라보는 시각을 협동·나눔·소통에 두지 않으면 안 됨

② 협동학습에 대한 최소한의 학문적 바탕을 이해할 필요가 있음(인식론, 구성주의, 동기론, 학습 구조 이론 등)

---

(1) 그는 목표 달성의 상호의존적 상황을 경쟁적, 개인적, 협동적으로 보았다.

(2) 경쟁적 상황 : 타인이 실패하였을 때 자신이 목표를 달성할 수 있기 때문에 타인의 실패를 유도하도록 동기화되고, 자신의 성공만을 추구하게 된다.

(3) 개인적 상황 : 각 개인의 목표 달성은 서로 독립적이라서 자신의 성공만을 추구하도록 동기화되며, 타인과의 상호작용을 불필요하게 만든다.

(4) 협동적 상황 : 타인이 목표를 달성했을 때 자신도 목표를 달성할 수 있기에, 한 개인의 활동은 타인과 자신의 성공을 동시에 유도할 수 있도록 동기화된다. 이렇듯, Lewin의 집단연구를 바탕으로 하여 만들어진 협동학습 구조는 Deutsch에 의하여 더 발전하게 된다.[『場理論』(朴秉基, 1998, 교육과학사)]

5 미국의 경우 경쟁학습의 폐단 극복, 개별학습의 문제점을 극복하고자 하는 차원에서 협동학습을 도입하였다.

6 서열화, 인간성 말살의 문제점이 심각하게 대두되었다.

7 사회성 결여, 타인과 교류 없이 편견으로 가득한 편협한 지식을 만들어냈다고 비판을 받았다.

③ 교육에 대한 시대적 요구가 바뀜에 따른 정의의 재개념화가 필요

(2) 단순한 수업 방법론 · 수업 기법으로 인식되고 있다는 점

① 실제로 많은 교사들이 〈협동학습 구조-돌아가며 말하기, 3단계 인터뷰, 창문 열기 구조 등〉의 활용을 보고, 이를 배우기 위해서 협동학습에 접근하고, 또 그것만 배워서 수업 시간에 가끔 활용하고 있는 모습이 많이 나타남

② 이렇게 본다면 협동학습은 어떤 활동에 대한 방법과 절차(순서)만을 안내해 놓은 것에 불과

(3) 협동학습을 우리 교육 현실에 맞게 한국적으로 재해석하여 받아들이고 있지 못하였다는 점(아직도 교과서 내용을 전달하는 그릇이라는 한계를 극복하지 못하였음)

이런 문제점들을 극복하기 위해 협동학습에 대한 철학적, 학문적 이해를 돕고 우리 현실에 맞는 협동학습은 무엇이며, 현재의 교육사적 · 시대적 흐름을 반영한 바람직한 협동학습의 상은 무엇인지, 수업혁신이라는 차원에서 바라본 협동학습 수업의 실제 사례는 어떠한지 등에 대하여 상세히 소개해보고자 한다.

3) 협동학습의 재개념화 : 협동학습 똑바로 알기

여러 학자들이 협동학습을 어떻게 정의하고 있는지 살펴보면 다음과 같다.[8]

Kagan	교과에 관한 학생 간의 협동적인 상호작용을 학습 과정의 부분으로 받아들이는 일련의 교수 전략
Slavin	학습 능력이 각기 다른 학생들이 동일한 학습 목표를 향해 소집단 내에서 함께 활동하는 수업 방법
Cohen	모든 학습자가 명확하게 할당된 공동 과제에 참여할 수 있는 소집단 내에서 함께 학습하는 것
Johnson & Johnson	학생들이 자신과 서로의 학습을 극대화하기 위해서 함께 노력하는 소집단을 활용한 교수 방법

이 외에도 여러 학자들이 협동학습을 정의하고 있지만 공통적으로 나타나는 개념은 결국 〈수업 방법-교수전략〉이라는 것이다. 이런 이유 때문에 아직까지도 협동학습이 수업 방법론으로 인식되고 있는 것이라 판단된다.[9]

---

8 『협동학습의 이론과 실제』, 변영계·김광휘 공저(1999, 학지사), p. 20.(Kagan, Slavin, Cohen); 『학생들과 함께 하는 협동학습』, David W. Johnson, Roger T. Johnson, Edythe J. Holubec 지음, 추병완 옮김(2001, 도서출판 백의), p. 17.(Johnson & Johnson)

9 이런 학자들의 정의는 대부분 1990년대 초반 이전에 내려진 것들이다. 그 시기에는 그런 정의가 유효했을 것이라는 점

필자도 『살아있는 협동학습』에서 아래와 같이 개념 정의를 한 바가 있다.[10]

학습자들이 공동의 학습목표를 달성하기 위해 서로 도와가면서 학습하는 구조

위의 정의는 학습자 간의 관계·소통이라는 점에 포커스를 맞추어 정의를 내리고 2009년에 출판된 서적에 제시했던 것인데 그 이후로 10년이라는 세월이 흐른 지금 필자가 인식하고 있는 협동학습에 대한 정의는 분명히 바뀌었다고 볼 수 있다. 지금 이 시점에서 필자는 아래와 같이 협동학습에 대한 정의를 내리고 있다.

필자가 새롭게 내린 협동학습의 정의(재개념화)

학생 스스로 자신의 참된 삶에 주인이 됨과 동시에 개인의 자유로운 삶과 공동체의 평등한 구조 사이의 간극을 조정할 줄 아는 능력을 갖출 수 있도록 돕는 교육 운동

- 자신의 참된 삶에 주인이 된다는 것 : 배움(재능·적성 개발)에 대한 자기주도적 역량을 발휘한다는 것
- 개인의 자유로운 삶과 공동체의 평등한 구조 사이의 간극을 조정할 줄 아는 능력 : 공동체 역량, 의사소통 역량, 문제해결 역량 등[11]='살아가는 힘'
- 민주시민으로서 학생의 성장과 발달을 돕는다는 개념이 담겨 있음
- 민주시민으로 잘 성장한 사람이 지속 가능한 좋은 사회를 만들어갈 수 있다는 믿음에 기초
- '지식 중심'의 학교 교육 목표가 '핵심역량 개발 중심'으로 바뀌고 있는 데 따름

필자가 위와 같은 정의를 다시 내리게 된 이유는 학자들만이 개념 정의를 내릴 수 있는 특권을 갖고 있는 것이 아닐 뿐만 아니라 누군가는 시대적 요구(사회의 변화 → 4차 산업혁명 시대, 인공지능 시대, 학교 교육 목표의 변화 → 핵심역량 개발)를 반영한 개념 정의를 다시 내릴 필요가 있다고 보았기 때문이다.

에 필자도 동의한다. 하지만 그 후로 30년 가까운 긴 시간이 흘렀다. 그동안 교육을 바라보는 관점도 변했고, 지식을 바라보는 관점도 변하였으며 사회와 시대의 분위기도 많이 바뀌었다. 특히 2010년을 기점으로 혁신교육이 시작되면서부터 교육 분야에서 패러다임은 굉장히 큰 변화를 맞이하기 시작하였다. 그에 따라 협동학습에 대한 인식과 관점도 변하지 않을 수 없었다고 한다면 분명 현재의 교육사적 흐름에 맞는 개념 정의가 다시 이루어져야만 한다는 것이 필자의 견해이다.

10 『살아있는 협동학습』, 이상우(2009, 시그마프레스), p. 7.

협동학습은 변화를 추구한다!

교육철학, 기존 사고, 가치관, 교육 및 수업에 관한 관점,
아동관 등에 대한 패러다임의 변화를 요구

① 과거의 개념 정의로는 현재의 시대적 요구와 교육사적 흐름을 결코 담을 수 없다는 한계 극복의
필요성(과거의 개념으로 현재의 수업을 설명하기 어려움)
② 지식, 교육, 수업에 대한 시각과 개념도 분명히 크게 바뀌었기 때문
③ 교육 목표가 지식 전달과 습득에서 '살아가는 힘 육성(핵심역량의 개발)'로 바뀜에 따른 협동학
습의 역할과 위상도 분명히 변화가 일어나야 함이 마땅하다는 필자의 견해에 따름

---

11 공동체를 향해 자신을 내놓는 과정에서 발생하는 대표적인 현상은 다음과 같다.
　① 부익부 현상 : 학습능력이 높은 학습자가 더 많은 반응을 보임으로써 학업 성취가 향상될 뿐만 아니라 소집단을 장
　　악하게 되는 현상
　② 일벌레 현상 : 소집단 내에서 과제를 도맡아 하는 소수의 학생이 발생하게 되는 현상
　③ 무임승객 효과 : 학습능력이 낮은 학습자가 적극적으로 학습에 참여하지 않고도 높은 학습 성과를 공유하게 되는
　　현상
　④ 봉 효과 : 학습능력이 높은 학습자가 자기의 노력이 다른 학습자에게 돌아가기 때문에 어느 순간부터 학습 참여에 소극
　　적이 되는 것
　⑤ 적극적 행위자(필자가 개발한 용어) : 소집단 내에서 과제가 무엇이고 어떻게 해야 하는지 잘 알면서 실제로 과제 해
　　결을 위해 적극적으로 나서고 활동을 엄청나게 도와주는 구성원을 가리킴(일종의 리더와 같은 역할을 하는 구성원
　　을 말함)
　⑤ 효율적 행위자(필자가 개발한 용어) : 소집단 내에서 과제가 잘 해결될 수 있도록 기꺼운 마음으로 참여하여 노력하
　　는 구성원을 가리킴. 대부분의 구성원이 효율적 행위자일 때 가장 이상적이고, 소수의 구성원만 고군분투하는 현상
　　이 사라짐
　⑥ 덜 효율적인 행위자(필자가 개발한 용어) : 소집단 내에서 과제 해결을 위해 어느 정도 도우려고 하기는 하나 그의
　　기여가 전체적인 결과에 그다지 영향을 미치지 않는 구성원을 가리킴
　⑦ 강력한 분쟁 유발자(필자가 개발한 용어) : 소집단 내의 과제 해결 과정에서 도움과 분쟁 유발 사이를 오고가는 구성
　　원을 가리킴(과제 완수를 힘들게 하기도 하고 덜 힘들게 하기도 함)
　⑧ 억제자(필자가 개발한 용어) : 소집단 내의 과제 해결 과정에서 과제 해결 임무를 돕는 척하면서도 구성원들이 보지
　　않을 때는 과제 해결에 전혀 도움을 주지 않거나 오히려 방해하는 구성원 또는 과제 해결 임무 자체를 거부하거나
　　도움을 주려 하지 않는 구성원을 가리킴

[협동학습 ⇨ 수업 방법론의 한계 극복(인식의 전환)]

사회에 대한 인식	아이들(아동관)	수업에 대한 관점	교사의 역할

우리 사회는 협동 사회, 하지만 그 속에서 경쟁을 매우 심각하게 조장하고 있음	자신을 둘러싼 세계에 대하여 적극적으로 이해하려고 노력하는 능동적 존재	배움의 과정은 긍정적·협동적, 배움=앎=삶 자체, 수업은 살아가는 힘을 키우는 과정	학생들의 흥미와 호기심을 자극하고 그들의 전면적 발달과 성장을 돕는 촉진자

왜 협동학습인가(필요성) : 대의(大義)와 소의(小義)

혁신교육이 시작되면서 갑자기 협동학습이 수면 위로 급부상하듯이 주목을 받기 시작하였다. 혁신교육의 핵심인 수업혁신이라는 차원에서 협동학습이 주목을 받기 시작했지만 그것을 강조하는 이유는 과거와 별 차이 없이 수업 방법의 변화라는 맥락에서 강조했을 뿐 그 한계를 극복하지 못하였다는 점에서 아쉬움이 남는다. 물론 필자는 그 이전부터 협동학습을 수업 기법이라는 시각을 벗어나 철학적 관점에서, 학급운영이라는 관점에서 교육운동으로 바라볼 것을 매우 강조하였지만 필자 한 사람으로는 역부족이었다는 것을 너무나도 잘 알고 있다. 그런 아쉬운 마음을 담아 2012년 『협동학습, 교사를 바꾸다』(시그마프레스)를 집필하면서 '왜 지금 이 시대에 협동학습의 필요성'을 많은 사람들이 피력하고 있는지에 대하여 대의(大義)와 소의(小義)로 나누어 살펴보았던 적이 있다. 여기에서도 그 내용을 다시 한 번 가져와 핵심만 간추려 요약·정리해 보고자 하였다.

1) 이미 잘 알려져 있는 협동학습의 위력

1800-1900-1950-1975-1990-2000-2005

위의 숫자들이 의미하는 것은 무엇인지 짐작이 되는가? 이 숫자들은 정보의 양이 이전에 비하여 배가 되는 시점을 가리키고 있다. 이런 정보의 홍수 시대, 4차 산업혁명 시대, 인공지능 시대를 살아가면서 현재 우리는 향후의 미래를 준비하는 차원에서 교육의 최상위 목표를 '살아가는 힘=핵심역량' 기르기에 두었다고 말할 수 있다. 하지만 그렇다고 하여 아직은 최소한의 지식·정보의 습득이라는 측면까지 완전히 무시할 수는 없다는 점(교과서 속의 지식을 완전히 다 무시하고 가르치지 말아야 한다는 것이 아니라는 점 또한 잊지 말아야 함)을 감안한다면 이런 시각에서도 협동학습의 필요성을

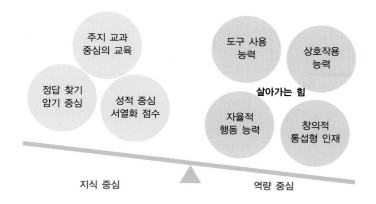

교과서 속 지식을 무시하라는 것이 아님

주지 교과
중심의 교육

정답 찾기
암기 중심

성적 중심
서열화 점수

도구 사용
능력

상호작용
능력

살아가는 힘

자율적
행동 능력

창의적
통섭형 인재

지식 중심   역량 중심

살펴볼 필요도 있다는 것이 필자의 견해이다. 다만 과거처럼 교과서 내용을 전달하고 암기하도록 하는 식의 방법론적 협동학습 활용 수준은 분명히 뛰어넘어야 한다는 점을 잊지 말아야 한다.

기존의 잘 알려진 협동학습의 효과를 간략히 정리하면 아래와 같다.[12]

성취	관계	정서
보다 큰 성취 (학업 성취, 개념과 원리 습득 및 이해 · 적용능력, 과제 수행력, 고등사고력, 문제 해결력, 비판적 사고력, 과제 완성도 등)	긍정적인 학생 관계 (협업 능력, 타인 존중, 배려와 헌신, 문화 및 개인의 다양성 이해, 또래 지지, 갈등 조정력, 관계 개선능력 등)	심리적 안정 (자아 존중, 사회성 발달, 학습에 대한 긍정적 태도, 자아 정체성, 스트레스 대처능력, 어려움에 대처하는 자세 등)

2) 필자가 바라본 협동학습의 대의(大義)와 소의(小義)[13]

협동학습을 통해 우리 교육 문화를 바꾸자는 것이다. 그래서 교육운동이다.

---

12 『협동학습의 이론과 실제』, 변영계 · 김광휘 공저(1999, 학지사), 『협동학습의 이해와 실천』, 정문성(2002, 교육과학사) 등의 서적을 살펴보면 협동학습의 장점이나 효과를 다양한 학문적 근거에 기초하여 보다 자세히 소개해 놓았고, 필자도 이전의 서적 『살아있는 협동학습』(2009)에서 나름의 시각으로 자세히 풀어서 서술해 놓았지만 여기에서는 그동안 필자가 이해하고 있는 수준의 범위 내에서 세 가지 영역으로 분류하여 최대한 간략히 정리하여 제시해보았다. 보다 자세히 알고 싶다면 앞에서 소개한 책을 참고하기 바란다.

13 『협동학습 교사를 바꾸다』, 이상우(2012, 시그마프레스), pp. 17~28의 내용을 요약하며 핵심 내용만 정리함

공교육의 현실
NOW

철학적 바탕 및 패러다임의 전환
협동학습
공교육의 다양한 문제의 대안

과거 산업시대, 지식 중심 시대
교육 답습=암기 중심 교육

아이들의 온전한 성장과 발달을
위협=경쟁 중심

소의(小義) : 부정적인 측면이나 요소 등을 억제한다는 뜻
대의(大義) : 어떤 장점이나 효과 등을 발생시킨다는 뜻

경쟁교육의 문제점이자 협동학습의 소의	협동학습의 존재 이유이자 협동학습의 대의
불안심리	안정감
불안심리 조장 및 심화 지식 자체보다 성적과 등위에 집착	서로를 적극적으로 지지, 모두가 과제의 성공적 수행을 기대하고 인정, 격려함으로써 안정감을 쌓아 가게 됨
외적 보상	내적 동기
어떤 식으로든 과제를 빨리 끝내도록 강요, 결과만을 강조하는 경향이 강함	긍정적 상효작용을 바탕으로 협동적으로 과제를 해결해 나가는 과정이 중요. 팀 기반의 창의적 문제해결력, 과제에 대한 도전 및 탐구정신 등을 향상시킴
열등감	자존감
뒤처진 학생들의 열등감을 강화하고 자존감을 떨어뜨림(소수의 승자, 다수의 패자), 아무도 2등은 기억하지 않는다!	사고하고 말하고 행동하는 것을 즐기는 학생들의 심리를 활용, 자신감, 자존감, 노력하는 자세, 책임감 등을 향상시킴
의욕 상실	흥미와 열정
대부분의 학생들에게 배움에 대한 의욕을 상실하게 만듦	공감, 배려, 존중을 기반, 질문이 있는 교실, 틀려도 괜찮은 교실, 의욕과 열정이 가득한 교실을 만들어줌
폭력	평화
시기심, 질투심, 증오심을 기반으로 폭력적인 문화 및 수많은 사회적 문제 양산	'협동=다 함께'라는 철학에 기초한 학급문화 형성, 평등, 평화, 인권, 소통, 공감, 존중, 배려, 생태적 가치 등이 생생하게 살아있는 교실을 만들어줌

(계속)

불신	신뢰
교사와 학생들 사이의 신뢰를 무너뜨림	소통 및 평등한 관계를 매우 중요시함, 학생 간, 교사와 학생 간의 신뢰와 동반 성장에 도움

수단적 교육	교육의 본질
교육을 수단화하려는 경향 승리를 위해서는 반칙도 불사 인성 파괴, 인간성 말살	민주시민 자질, 의사소통능력, 공동체 역량, 문제 해결력 등(살아가는 힘) ⇨ 보다 나은 삶, 보다 나은 지속 가능한 사회를 만들기 위한 교육의 본질에 충실

3) 지식 암기보다 메타인지[14]에 더 효과적인 협동학습

혁신교육이 시작된 이후로 우리나라 교육에도 큰 변화의 바람이 불고 있다. 그 방향은 다음과 같다.

지식을 덜어내고 그 자리를 역량으로 대체

사람들의 지식이 부족하면 인공지능 칩을 넣으면 된다. 곧 그런 날이 올 것	교육이란 사실을 배우는 것이 아니라 생각하는 법을 체화시키는 것

일론 머스크 테슬라 최고 경영자 http://www.earlyadopter.co.kr/12313	아인슈타인 Nobel Science Magazine

이젠 정보의 기억이 아니라 개념과 원리를 생각하는 힘이 중요하다는 것을 부정할 수 없는 시대가 되었다. 이젠 교육의 기능이 '지식의 암기'가 아니라 '생각하는 힘 기르기'로 전환되었음을 우리는 너무나도 잘 알고 있다. 왜냐하면 꽤 많은 분야에서 인공지능을 따라갈 수 없는 시대가 이미 되었기 때문이다(정보 또는 지식적인 측면에서 인공지능은 사람의 역량을 이미 오래전에 앞섰다).[15]

---

14 ① 자신이 어떤 대상에 대하여 무엇을 알고 있으며 무엇을 모르고 있는지를 자각하는 것과 관련된 인식 ② 스스로 문제점을 찾아내고 해결하며 자신의 학습과정을 조절할 줄 아는 지능과 관련된 인식

15 현재 사람이 인공지능보다 빠른 것은 오직 한 가지 '모른다!'라고 인정하는 속도(메타인지의 속도)이다. 물론 인간은 이것을 통해 진화하고 발전해 온 것 또한 부정할 수 없는 사실이기는 하지만.

미국 자산관리시장 지각변동

로보어드바이저 등 인공지능(AI) 서비스 부상

❶ 전문인력과 자금 이동
- 초대형 금융회사의 장점 갈수록 떨어져
- 독립 전문회사 차려 낮은 수수료로 승부

❷ 자산관리 트렌드 변화
- 투자 자문사는 고객 자산가에게 집중
- 소액 투자자는 로보어드바이저가 대체

❸ 수수료 인하 경쟁
- AI · 온라인 확신에 수수료 인하 바람
- 저비용 선호하는 밀레니얼 세대 증가

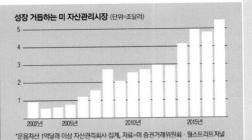

성장 거듭하는 미 자산관리시장 (단위-조달러)

*운용자산 1억달러 이상 자산관리회사 집계. 자료=미 증권거래위원회 · 월스트리트저널

매일경제 뉴스 2017.10.05. '로보어드바이저 뜨자…美 자산관리시장 지각변동'

로봇기자 워드스미스 1년간 기사 수십만 건 쏟아내

(조선뉴스프레스 2015. 5. 7)

현재 가장 맹위를 떨치는 로봇기자는 '워드스미스(Wordsmith)'다. 워드스미스는 일단 기사량으로 압도한다. 2013년 한 해 동안 300만 건을 썼고, 2014년에는 10억 건을 썼다고 한다.

이에 따라 학교 교육도 다음과 같은 방향으로 바뀌어 가고 있는 중이다.

수업에 대한 思고치기

이젠 지식, 정보의 기억은 인공지능에게!
앞으로 공부는 정해진 답이 없는 질문에 집중!

- 정보의 기억보다는 그 의미 이해에 집중하기
- 정보의 암기보다는 그 의미 해석에 집중하기
- 기억 및 암기보다는 자기 생각을 갖고 설명하기에 집중하기

'혁신교육'의 방향성과 맥을 같이 함

$$\frac{1}{4} + \frac{2}{4} = \frac{3}{4}$$

위와 같은 답은 인공지능도 가능!

- '왜 그런 답이 나왔지?'에 대한 사고는 오직 사람만이 가능!
- 혼자 생각하는 것보다 함께 사고하는 것이 더 효과적
- 그래서 협동학습이 꼭 필요함
- Why? 지식은 사회적 산물이며 지식을 얻는 과정은 사회적이기 때문

협동학습에서 교사의 역할은 학생들을 가르치는 사람이 아니다. 학생들 스스로 깨우쳐 배울 수 있도록 돕는 조력자이자 촉진자이다. 따라서 교사가 학생들이 스스로 깨우쳐 배울 수 있도록 돕기 위해서는 협동학습에서 말하는 의사소통 과정, 협동학습의 효과 등에 대한 명확한 이해가 필요하다.

사람들은 어떤 상황에서든 특정 주제에 대해 이야기를 나누다 보면 자신이 잘 몰랐던 부분이나 잘못 알고 있는 부분을 스스로 바로잡을 수 있게 된다. 같은 맥락에서 학생들도 수업 시간에 특정 주제에 대하여 서로 이야기를 나누다 보면 자연스럽게 배움의 목표에 도달할 수 있게 된다. 이처럼 서로를 통해 배우는 과정에 바로 협동학습이 있고, 그것을 돕는 의사소통의 틀이 바로 협동학습 구조였던 것이다. 이처럼 협동학습의 가장 큰 장점은 서로를 통해 배울 수 있다는 것이다.

전통적인 교실에서 교사는 주로 설명을 하고 학생들은 듣기만 했던 교실을 떠올려보자. 그곳에서 학생들은 똑같은 학습 목표를 향하여 똑같은 방식으로 학습활동을 하면서 서로 간에 아무런 정보도 주고받지 못하고 도움을 주고받지도 못하는 지적 이방인 상태였음이 분명하다. 그런 곳에서 학생들은 수동적일 수밖에 없다. 그리고 학생들 간의 소통이 부재된 교실은 죽은 교실과 다름이 없다.

지식이라는 것은 사회적 산물임에 분명하다. 지식이라는 것은 사회적 과정[16]에 의해 생산된 것이고, 그것을 얻는 바람직한 방법 또한 사회적이어야 한다. 여기에서 말하는 '사회적'이라는 것이 바로 의사소통 활동 및 과정을 가리키는 것이라고 한다면 협동학습은 자연스럽게 '사회적'이라는 현상을 만들어주어 학생들 스스로가 자연스럽게 배움에 도달할 수 있도록 해준다. 그래서일까 필자의 교실에서 적어도 협동학습을 기본으로 하는 수업시간만큼은 늘 살아있는 교실이 만들어진다. 학생들에게서 생기가 넘쳐흐른다. 교실에서 교사의 목소리보다 학생들의 목소리가 훨씬 더 크다.

한편 EBS 다큐멘터리 '왜 우리는 대학에 가는가-5부. 말문을 터라'를 보면 말을 하며 공부하는 공부방과 혼자 조용히 공부하는 공부방의 효과를 실험한 결과 장면이 소개된다. 실제로 말하면서 공부하는 것이 훨씬 더 공부의 효과가 있음을 말해주고 있다. 이에 대해 한 심리학자는 말로 설명을 할 때 인지와 메타인지 사이의 갭이 줄어들면서 자신이 아는 것이 좀 더 명확해지기 때문이라고 말하고 있다. 그리고 이에 대해 확실히 증명하기 위해 뒤페이지 왼쪽의 사진에서 보는 바와 같은 연구 결과를 제시하고 있음을 볼 수 있다.

이렇게 볼 때 혁신교육 시대의 수업[17]은 협동학습을 기본으로 한다는 점을 부정할 수 없다는 것이 필자의 견해이다.

---

16 지식-언어를 매개로 한 사회적 상호작용을 가리킨다. 지금까지 축적된 모든 지식 체계는 사회적 과정을 통해 오랜 세월 동안 다듬어지고 쌓아 올려진 훌륭한 인류 문화유산이라 할 수 있다.

17 혁신교육의 성과로 조금씩 나타나고 있는 수업혁신 사례를 보면 프로젝트 수업, 질문이 있는 수업, 거꾸로 수업, 토의 토론 수업, 하브루타 수업 등이 많이 회자되고 있는데 그 내용을 세밀히 들여다보면 모두 협동학습의 토대 위에 놓여 있는 활동이라는 것을 알게 된다.

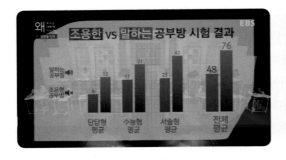 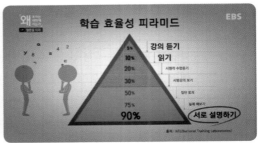

4) 사회적 요구와 협동학습 연결 짓기

핵가족 시대, 1인 가족 시대를 맞이하고 있는 오늘날 우리의 가정은 부모의 역할을 잃어버린 지 오래다. 먹고살기 바쁜 이유로 가정은 고유의 사회화 기능을 잃어 갔다. 이에 더하여 빈부격차, 사회적 양극화, 경쟁의 조장, 물질만능주의 등으로 인해 발생하는 수많은 사회적 문제는 학생들의 인성 파괴, 인간성 상실 문제, 학교 폭력 문제를 야기하고 있다. 때문에 학생들의 인성교육, 생활교육 측면 또한 매우 중요한 학교 기능으로 자리하게 된 것이 오늘날의 현실이라고 본다면 이런 측면에서도 협동학습은 충분한 대안이 될 수 있다는 것이 필자의 견해이다. 왜냐하면 협동학습이라는 학문의 밑바탕에 깔린 기본적인 철학("하나는 모두를 위하여, 모두는 하나를 위하여!")은 지금의 문제점에 대한 대안으로서 너무나 잘 들어맞기 때문이다.

[사회화의 공백, 사회적 문제가 초래한 결과들과 해결 방안]

사회적 기술이 부족한 학생들 (도움 주고받기, 나눔, 원만하게 지내기 등)	애정, 도덕성, 사회성 발달이 결핍된 학생들	심각할 만큼의 경쟁적이고 개인주의적인 학생들의 교실	능동성이 부족한 학생들의 모습 (수동적 참여자) → 민주성과 괴리감

☞ 사회, 학교 어느 곳에서도 타인과 효과적으로 함께 일하는 것을 배우지 못함

☞ 좋든 싫든 학생들의 사회화 훈련 및 인성지도는 학교가 책임을 떠맡게 됨

☞ 앞으로의 직업사회 : 협동적 팀 프로젝트, 상호작용, 원활한 의사소통이 특징

☞ 협동적 상호작용을 학교 교육에 포함시켜야 하는 일은 매우 시급한 과제가 됨

☞ 협동학습이 대안 : 학생들의 긍정적 상호작용 촉진, 격려 → 사회적 기술 발달

5) 학생들의 다양한 욕구와 협동학습 연결 짓기[18]

수업 시간에 나타나는 학생들의 특징을 간단히 살펴보면 아래와 같다.

내 수업 시간 속에서 학생들의 특징 이해하기	무엇이 문제인가?
• 학습의욕 상실(무기력, 수업준비 부족, 무관심) • 교사에 대한 저항과 또래 사이의 폭력성 • 집중력 부족(듣기능력의 저하) • 졸거나 잡담하기, 산만함으로 인한 수업 방해 • 학습능력의 저하로 인한 이해의 부족 • 수업태도가 바르지 못함(가만히 있지 못함) • 욕구가 충족되지 못하여 문제를 일으킴 • 놀이, 게임, 사고활동이 있는 수업 시간에만 살아 있는 것처럼 생기를 보임	학생 : 목표가 없다. 기본적인 욕구나 성향을 감추지 못한다(말하고 움직이고). 교사 : 수업준비의 소홀, 잘못된 준비, 학생의 욕구나 성향에 대한 이해 부족, 교사 중심의 사고, 획일화 및 주입식 교육, 끝없이 밀려오는 잡무 등.
	교실 상황 : 옆 사람을 방해하지 않고 얌전히 앉아 있게 하는 데 많은 시간과 에너지를 소모(서로 간의 신경전, 기싸움, 꾸중하기, 야단하기, 체벌 등)

위에서 살펴본 바와 같이 교실에서 학생들이 보여주는 모습은 매우 다양한데 이를 좀 더 눈여겨 살펴보면 한 가지 문제로 종합해볼 수 있다. 그 한 가지가 바로 '욕구'이다. 이는 학생들에게서 나타나는 대표적인 속성과 깊은 연관이 있다. 협동학습은 바로 그런 점들을 이용한 것이라고 해도 무리가 없을 만큼 서로가 필요충분적이라고 말할 수 있다.

협동학습 활동 장면

> **아이들의 속성을 이용, 해결의 실마리 찾기**
>
> • 활동적이고 상호작용 성격이 강하다.
> • 서로 이야기하고 움직이려는 성향이 강하다.
> • 기본적인 욕구를 감추지 못한다.
>
> **아이들은 사고하고, 행동하고, 상호작용하는 과정 속에서 배운다!**

> **아동 중심의 수업(아이들이 주인)**
>
> 어떻게? 협동학습이 매우 유용한 대안이 될 수 있다!

---

18 학생들의 기본적인 욕구와 속성은 움직이고 말하는 것이다. 그런데 그러한 욕구가 전통적인 수업 방식에서는 절대로 해결되지 않는다. 만약 그들의 욕구가 충족된다면 그들은 더 이상 교실에서 문제를 일으키지 않는다.

6) 혁신미래교육으로서의 협동학습

1997년부터 수행된 OECD의 DeSeCo[19] 프로젝트가 삶에서 반드시 필요한 '핵심역량' 개념을 내놓았다.

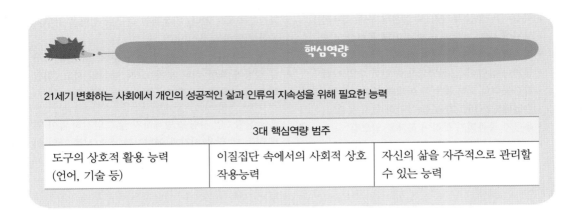

핵심역량

21세기 변화하는 사회에서 개인의 성공적인 삶과 인류의 지속성을 위해 필요한 능력

3대 핵심역량 범주		
도구의 상호적 활용 능력 (언어, 기술 등)	이질집단 속에서의 사회적 상호 작용능력	자신의 삶을 자주적으로 관리할 수 있는 능력

우리나라에서도 이를 반영하여 2015 개정 교육과정을 내놓았는데 교육부가 제시한 6대 핵심역량은 자기관리, 공동체, 의사소통, 심미적 감성, 창의적 사고, 지식정보 처리이다.

한편 2017년에 한국교육과정평가원에서 발행한 'OECD Education 2030 교육과정 조사에 따른 역량 중심 교육과정 비교 연구'라는 연구보고서를 살펴보면 2030년대를 대비한 핵심역량으로 아래와 같은 세 가지를 꼽았다.[20]

OECD 미래 핵심역량(Education 2030, '18. 2.)

1. 창의성, 문제해결력
Creating new value
새로운 가치 창조

2. 협동, 공감, 갈등관리
Reconciling tensions and dilemmas
긴장과 딜레마 해소

3. 책임감, 도덕적 인성
Taking responsibility
책임감 가지기

---

19 Definition and Selection of Competencies의 약어임(핵심역량 정의 및 선정 프로젝트 요약 보고서, 2008, 민주화운동 기념사업회 발행)

20 최근에는 21세기 핵심역량으로 4C Skills를 많이 이야기하고 있는데, '의사소통능력(Communication), 협업능력(Collaboration), 비판적 사고능력(Critical Thinking), 창의력(Creativity)'이 바로 그것이다.

교육부가 제시한 6대 핵심역량

자기관리 역량
지식정보 처리 역량
공동체 역량
2015 개정 교육과정에 제시된 핵심역량
창의적 사고 역량
의사소통 역량
심미적 감성 역량

이와 같은 핵심역량들을 협동학습과 연결 지어 해석해본다면 다음과 같다.

① 도구의 상호적 활용 능력 : 언어, 기술을 상호적으로 활용한다는 것은 바로 사회적 · 상징적 상호 작용을 기반으로 한 협동학습과 맥을 같이한다는 것(창의적 문제 해결력과도 무관하지 않음)

② 이질집단 속에서의 사회적 상호작용 능력 : 인간관계 능력, 협동적 능력, 공감 능력, 갈등 관리 능력을 말하는 것으로 협동학습의 사회적 기술과 맥을 같이함

③ 자신의 삶을 자주적으로 관리할 수 있는 능력 : 한 마디로 자기 삶의 주인이 된다는 것을 말하는데 이는 사회적 환경을 고려하면서 행동하고 판단해야 함을 의미한다면 공동체적 삶과 따로 떼어서 생각할 수 없는 일임을 알 수 있음. 이는 앞서 필자가 새롭게 협동학습의 개념을 정의한 것과 맥을 같이함

이와 같이 볼 때 혁신미래교육을 준비하는 차원에서 협동학습은 현재도, 앞으로도 교육 현장에 꼭 필요한 교육운동으로 자리매김할 수 있을 것이라 판단된다.

7) 민주시민교육과 협동학습

필자는 최근 들어 교육을 '민주시민이 되기 위한 교양을 쌓는 과정'이라는 관점에서 좀 더 적극적으로 바라보기 시작하였다. 특히 혁신학교에 근무하기 시작하면서 그런 관점을 더 많이 갖게 되었다. 그리고 민주시민교육 차원에서 협동학습을 어떻게 연결 지을 것인가에 대하여 많은 고민을 하기 시작하였다. 왜냐하면 필자는 혁신학교를 '자율적 민주적 교육공동체'로 바라보고 있기 때문이며 앞으로 다가올 미래 학교의 상(모델)으로서 충분한 가치가 있다고 생각하기 때문이기도 하다.

① 혁신학교에서 교사는 통제대상이 아니라 자율적, 전문적 교육행위의 주체
② 혁신학교에서 학생은 교육의 대상이 아니라 자율적 배움의 주체
③ 혁신학교에서 학부모는 동원의 대상이 아니라 참여의 주체

정정당당 스토리(중앙선거관리위원회)

한편, 필자의 관점에서 볼 때 현재 우리 교육현장은 정당, 투표, 선거제도 등을 학생에게 알려주고 토론수업 하기, 모의 선거 활동, 생색만 낸 형식적 학생자치 활동, 학생 생활 규정 마련 등을 학생들이 경험할 수 있도록 하면서 민주시민교육을 잘 하고 있다는 '착각'에 빠져 있는 것처럼 보인다.

하지만 민주시민교육은 결코 과목(커리큘럼)이나 교과목의 어느 한 영역, 특별활동과 같은 방식으로 따로 분리되어서는 안 되고 학교의 전반적 교육과정과 학교생활 전반에 반영되어야만 한다는 것이 필자가 갖고 있는 견해이다. 왜냐하면 민주시민교육은 우리의 삶 그 자체여야 하기 때문이다. 따라서 민주시민교육은 늘 우리 곁에 있는 공기와도 같은 맥락에서 생각하지 않으면 안 된다.

한편 민주주의라고 하면 많은 사람들은 자신이 원하는 것을 다 자유롭게 할 수 있어야 한다고 생각하는 경우가 많다. 그러나 모든 사람이 자신의 자유만을 강조하게 되면 다른 사람의 자유를 침범할 가능성이 높다. 그래서 자유, 평등, 연대라는 세 가지 가치를 함께 추구하며 민주주의를 이루는 것은 결코 쉽지 않다. 그런 의미에서 민주주의는 공동체 속에서 소통과 타협을 통한 '자기제한(self-limit)' 및 이의 체화를 위한 교육(學과 習의 장)을 필요로 한다. 그리고 이 지점에서 협동학습은 매우 중요한 역할을 한다고 보는 것이 필자의 견해이다. 특히 앞서서 소개한 바와 같이 필자가 다시 정립한 협동학습의 개념을 살펴보면 분명히 연결 고리가 만들어진다는 점을 느낄 수 있을 것이라 생각된다.

> 학생 스스로 자신의 참된 삶에 주인이 됨과 동시에
> 개인의 자유로운 삶과 공동체의 평등한 구조 사이의 간극을
> 조정할 줄 아는 능력을 갖출 수 있도록 돕는 교육 운동
> <필자가 재개념화한 협동학습 정의>

특히 모든 사람은 욕구·욕망을 갖고 살아가는데, 아동·청소년 시기에 자신의 욕구·욕망을 적절하게 조절할 줄 아는 역량을 키워 나가야 민주시민으로 잘 성장할 수 있다. 여기에서 말하는 '조절'이라는 것은 일종의 '자기제한'과도 같다고 볼 수 있다.

자기제한은 지나치게 자신의 욕구·욕망을 억압해서도 안 된다. 반대로 너무 느슨하여 타인의 욕

구·욕망을 파괴하거나 짓밟아서도 안 된다. 그렇다면 자기제한은 어떻게 체화할 수 있는가에 대한 궁금함이 발생한다. 그 방법은 매우 간단하다.

자기 욕구·욕망의 억압	⬅ ➡	타인의 욕구·욕망의 파괴

이 둘 사이의 중간 어디쯤에 머물 수 있도록 하는 것

그리고 그 중간 어디쯤에 머물 수 있는 최적의 경험을 가장 많이 제공할 수 있는 곳이 바로 학교/교실이라는 것 ⇨ 그 시간은 학생 간 상호작용이 가장 많이 일어나는 교실과 실제 수업이라는 것이 바로 필자의 견해이다. 이 지점에서 협동학습과 연결 짓기가 이루어진다.[21]

공동작업, 공동과제 해결, 협동적 활동 등을 하다 보면 자신의 욕구·욕망대로만 할 수 없음을 자연스럽게 알게 된다. 때로는 학생 자신의 욕구·욕망의 좌절을 경험하기도 한다. 그런 과정 속에서 학생들은 자신의 욕구·욕망과 타인의 욕구·욕망을 동시에 직면하면서 개인의 자유로운 삶과 공동체의 평등한 구조 사이의 간극을 조정할 줄 아는 능력을 갖추어 나가게 되는데[22] 그 지점에 협동학습이 있다는 것이다.

매슬로의 욕구 5단계

협동학습의 특징

지금까지 잘 알려진 협동학습의 대표적인 특징을 최대한 간추려 제시하면 다음과 같다.[23]

---

21 이럴 때 학교는 하나의 작은 시민사회가 되고, 학생은 '학생 시민'이 되는 것이며 교사는 '교사 시민'이 되는 것이다. 다시 말해서 학생을 '교복 입은 민주시민'으로 바라볼 수 있어야 하는데, 협동학습은 그런 시각을 갖도록 하는 데 큰 도움을 줄 수 있다.

22 협동학습을 통해 자신, 타인, 집단의 욕구·욕망과 직접 직면하고 성찰하고 소통하면서 실제적 연습을 수시로 할 수밖에 없는 교육적 배움의 장이 자연스럽게 만들어지게 된다. 그러면서 학생들은 '자기제한'의 체화를 자연스럽게 경험하게 된다. 물론 자기제한은 꼭 협동적 과정만을 통해 경험할 수 있는 것은 아니다. 개인의 욕구와 욕망의 조절이 필요한 상황이라면 어떤 활동이든 가능하다. 예를 들어 동식물 기르기, 개인 작품 만들기, 스스로 세운 목표 도달을 위해 계획적으로 노력하기 등의 활동을 통해 얼마든지 가능하다(예 : 동식물 돌보기와 놀이 사이에서 고민, 애써 돌보았지만 동식물이 죽거나 바라는 바와 같이 되지 않았을 때 느끼는 좌절과 고통 등). 하지만 이런 활동들은 지극히 개인적인 활동이기 때문에 타인, 집단의 욕구·욕망과 충돌이 일어나는 중간 지대에서의 자기제한을 경험할 수 없다는 점에서 한계를 지닌다고 말할 수 있다.

23 『협동학습의 이해와 실천』, 정문성(2002, 교육과학사), pp. 48~50; 『협동학습』, Spencer Kagan 저, 기독초등학교 협동학습 연구모임 역(1999, 디모데), pp. 18~46; 『살아있는 협동학습』, 이상우(2009, 시그마프레스), pp. 44~48.

(1) 수업 목표가 구체적이고, 각 학습자의 목표 인식도가 높다.

협동학습을 시작할 때 과제가 무엇인지 확인하게 함으로써 학생들은 어떤 때보다도 자신들이 무엇을 해야 할 것인가에 대하여 잘 알게 된다.

(2) 학습자 간에는 긍정적 상호의존성이 있다.

서로 돕지 않으면 목표를 달성할 수 없도록 과제를 구조화함으로써 협동학습이 일어나는 상황 속에서 학습자 간 서로 도움을 주고받는 일이 자연스럽게 형성된다.

(3) 대면적 상호작용이 있다.

학생들 사이의 자연스러운 상호작용을 막아 왔던 강의식 수업, 개별학습, 경쟁학습과 달리 협동학습은 언어를 매개로 한 대면적 상호작용이 매우 활발히 일어난다.

(4) 개별적 책무성이 있다.

각 모둠의 구성원은 각자 맡은 역할과 책임을 가지고 있으며, 그 역할과 책임은 다른 모둠원들에 대하여 작용할 수 있도록 체계화시켰다.

(5) 모둠 목표가 분명하게 존재한다.

협동학습은 개인의 목표 달성이 모둠의 목표 달성과 직결되므로 모둠 구성원들은 자신 및 모둠원 모두의 성공을 위해 긍정적으로 상호작용을 하게 된다.

(6) 이질적인 모둠 구성을 특징으로 한다.

모둠 구성원 사이의 활발한 상호작용과 또래 가르치기 등의 장점이 잘 나타나도록 하기 위해서 한 모둠을 구성할 때 구성원의 특성과 질을 다양하게 만든다(남녀, 다중지능적 특성, 문화적 배경 등). ⇨ 다양한 관점, 다양한 생각이 가능 ⇨ 활발한 상호작용 촉진 ⇨ 인지적, 정의적으로 학생의 성장과 발달에 도움

(7) 모둠 과정을 매우 중시한다.

협동학습은 결과뿐만 아니라 과정도 매우 중요하게 다루기 때문에 수업이나 하루 일과 혹은 프로젝트나 장기 과제가 끝나게 되면 반드시 모둠원들이 모여서 그 과정에 대하여 모든 것을 성찰하는 시간을 의무적으로 갖도록 과정에 꼭 넣고 있다.

(8) 학습 시간의 융통성을 갖고 있다.

Kagan식의 구조 중심 협동학습은 단위 수업 시간 가운데 단 5~10분 정도만 구조를 넣어서 협동학습을 짧게 할 수도 있고, 협동학습 모형과 같은 경우에는 여러 시간을 통합적으로 묶어서 몇 차시에 걸쳐 길게 할 수도 있다.

(9) 성공의 기회가 균등하다.

모둠원 개개인의 능력차에 관계없이 누구에게나 모둠의 성공에 기여할 수 있는 기회가 있고(과제나 역할에 대한 분담과 책임을 통해서), 긍정적인 상호의존을 해 나가면서 협동적으로 과제를 해결해 나가게 되면 모두가 성공할 수 있다.

(10) 모둠의 단합을 강조한다.

교사가 의도적으로 협동적 상황을 만들게 되면 집단의 구성원들은 서로 단합을 하게 된다. 왜냐하면 달성하고자 하는 공동의 목표 동기가 생겼기 때문이다.

(11) 과제를 세분화한다.

협동학습 상황에서 교사는 모둠원이 서로 도와가며 학습할 수 있도록 하기 위하여 과제를 세분화하여 제시한다. 그러면 모둠 내의 각 구성원들은 회의를 통해 모두 한 가지씩 과제를 분담하게 된다.

(12) 동시다발적인 상호작용이 있다.

협동학습은 어떤 활동이든지 여러 모둠이 동시다발적으로 과제 해결을 위한 상호작용을 해 나가도록 하고, 동시에 끝낼 수 있도록 시간 조절도 해 나간다. 이를 위해서는 동시 시작과 동시 멈춤에 필요한 적절한 신호와 약속이 필요하다.

(13) 사회적 기술을 직접 지도한다.

협동학습을 처음 시작할 때 제일 어려움을 많이 느끼는 부분이기도 하며 협동학습을 실천하다가 포기하게 만드는 것도 사회적 기술 때문인 경우가 많다. 따라서 협동학습을 시작하기 위해서는 학생들에게 반드시 사회적 기술을 지도해야만 한다.

협동학습의 장점

지금까지 잘 알려진 협동학습의 대표적인 장점을 최대한 간추려 제시하면 다음과 같다.[24]

(1) 자유로운 신체활동 – 학생들이 수업시간의 주인이 된다.

협동학습은 학생들의 기본적인 욕구(말하기, 움직이기, 상상하기 등)를 기반으로 한 상호작용을 중심으로 한다. 신체적 자유로움은 학생들에게 활발한 활동을 위한 동기를 부여하고 수업에 집중할 수 있도록 해준다.

---

[24] 『협동학습의 이해와 실천』, 정문성(2002, 교육과학사), pp. 52~57; 『협동학습』, Spencer Kagan 저, 기독초등학교 협동학습 연구모임 역(1999, 디모데), pp. 30~57; 『살아있는 협동학습』, 이상우(2009, 시그마프레스), pp. 53~58.

(2) 자연스러운 학습동기 유발 – 수업이 즐겁다고 느끼게 된다.

협동학습으로 하는 수업은 그 자체가 학생들의 욕구를 어느 정도 해소시켜주기 때문에 수업에 대한 동기도 자연스럽게 생겨나고, 학습목표에 대한 인식 또한 높아서 과제를 잘 해결하기 위해 서로 협동적으로 상호작용을 해 나간다.

(3) 교사에게 다양한 수업 전략을 제공해 준다.

협동학습은 다양한 상황에 맞게 개발된 많은 모형과 구조가 있어서 수업 시간의 다양한 변인(학생의 욕구, 수준, 집중력, 흥미, 교실의 구조, 교과 및 수업 내용 등)에 따라 교사가 적절하게 선택할 수 있다("아, 이렇게 수업을 할 수도 있구나!").

(4) 타인을 배려하는 태도를 길러준다.

협동학습은 목표 구조가 상호 의존적이어서 혼자 힘으로는 과제를 해결하기 힘들다. 그래서 구성원들이 서로 의지하고 도울 수밖에 없다. 그 과정 속에서 학생들은 믿음과 신뢰를 바탕으로 서로 소통하고 공감하고 배려하면서 협동해 나간다.

(5) 고급 사고력을 길러준다.

고급 사고력이란 정보의 수집, 이해, 분석, 적용, 평가, 의사 결정, 문제 해결 등과 깊은 관계가 있는데, 학교에서 학생들이 주어진 문제를 협동적으로 해결해 나가는 과정을 살펴보면 이와 비슷하다는 것을 알게 된다.

(6) 원만한 대인관계를 유지해 나가도록 해준다.

협동학습을 하는 학생들을 보면 함께 문제를 해결해 나가는 과정 속에서 서로를 존중하고 이해하는 마음이 조금씩 생겨나게 되어 서서히 변해가는 모습을 볼 수 있다. 소위 말하는 사회적 기술을 자연스럽게 익혀 나간다는 것인데, 그런 활동을 꾸준히 유지해 나가는 학생들 사이에는 항상 원만한 대인관계가 유지된다.

(7) 지적 모험을 할 수 있는 기회를 제공한다.

협동학습을 해 나가는 모둠 속에서는 다수의 동료들 속에서 자신의 생각을 평가받는 것이 두려워 다른 사람의 의견에 묻어가거나 자신의 생각을 표현하지 않으려고 하는 경우가 훨씬 줄어든다. 그 결과로 학생들은 창의적인 생각도 내놓고, 과감한 사고를 바탕으로 한 의견도 툭툭 던지면서 지적인 모험을 두려워하지 않게 된다.

(8) 긍정적인 자아 개념을 갖게 해준다.

협동학습을 해 나가다 보면 학생들은 자신의 말과 행동에 대하여 조금씩 자신감을 회복해 나간다.

그도 그럴 것이 한 모둠의 동료들은 자신과 경쟁을 하는 것이 아니라 동반자로서 모든 것을 협동해 나가면서 긍정적으로 상호작용을 하기 때문이다.

(9) 강한 소속감을 심어준다.

협동학습은 기본적으로 모둠이라는 조직을 기반으로 하면서 신뢰와 믿음을 바탕으로 협동을 해 나가도록 하고 있다. 이를 위해 교사는 학생들이 모둠의 정체성을 세우고 강한 소속감을 가질 수 있도록 다양한 활동을 제공해야 한다.

(10) 학생들의 다양한 재능을 발견하게 된다.

협동학습은 매우 다행스럽게도 다중지능과 궁합이 잘 맞는다. 왜냐하면 협동학습을 해 나가다 보면 매우 다양한 활동(그림, 글, 노래, 신체적 표현, 다양한 형태의 작품 활동, 컴퓨터 활용 등)을 많이 하기 때문이다. 이처럼 협동학습은 학생 각자가 가지고 있는 조그마한 재능들까지도 발휘할 수 있는 기회를 많이 제공하기에 그들의 능력을 발굴하고 신장시키는 데 크게 도움을 주고 있다.

(11) 자기주도적 학습을 가능하게 한다.

협동학습에서 학생들은 능동적이게 된다. 왜냐하면 주어진 과제를 해결해 나갈 때 어려운 부분에 대해서 동료들의 도움과 협동은 있지만 그 중심은 '내가 할 일은 내가 책임진다'는 점에 있기 때문이다.

(12) 학습에 대한 만족도가 높다.

협동학습은 수업 목표에 대한 인식 수준이 높아서 과제를 해결해 나가다 보면 자연스럽게 수업 목표를 달성해 나가게 되고, 과정 속에서 경험하는 긍정적인 상호작용과 협동적 활동들이 그들의 수업에 대한 만족도를 더욱 높게 해주며, 또래 가르치기를 통해서 지적 발달도 동시에 꾀할 수 있기 때문이다.

(13) 수업 전문성 신장 : 교육과정 혹은 교과서의 재구성을 도와준다.

교과서는 협동학습을 위해 제작된 것이 아니다. 따라서 협동학습 수업을 위해서는 교육과정 또는 교과서 내용을 적절하게 조절하고, 손질하여 재구성하지 않으면 안 된다. 적절한 재구성과 협동학습의 만남은 예술적이고 감동적인 수업을 가져다준다.

(14) 교수 활동에 대한 교사들의 부담을 덜어준다.

협동학습을 하는 그 순간만큼은 분명히 교수 활동에 대한 교사들의 부담을 덜어준다는 장점도 교사들에게 매우 큰 매력으로 다가선다. 강의식 수업에서는 교사가 수업 시간 내내 설명하고 학생들을 집중시키는 데 모든 에너지를 다 써야 했다면 협동학습에서는 학생들이 과제를 해결해 나가는 시간 동안만큼은 학생들이 활동의 주체이기에 교사는 부담을 한층 덜게 된다.

(15) 멀티미디어가 없어도 가능하다.

협동학습을 하는 동안에는 컴퓨터나 멀티미디어가 없어도 충분히 수업이 가능하다는 것이 매우 긍정적으로 여겨진다. 협동학습은 학생들의 대면적 상호작용을 중심으로 활동이 이루어지기 때문에 멀티미디어가 없어도 수업 목표 도달이 가능하다.

(16) 학부모를 든든한 후원자로 두게 된다.

필자가 협동학습을 처음 시작하면서 힘들었던 점들이 참 많았지만 어느 때부터인가 협동학습을 위해 학부모와의 자리를 꾸준히 마련해 나갔고, 협동학습에 대한 이해를 돕는 작업, 협동학습을 통한 학생들의 긍정적인 모습과 변화의 과정들을 하나, 둘 소개하면서 조금씩 학급의 든든한 후원자로서 학부모들의 지지를 받게 되었다.

필자 교실의 학부모 특강 장면

(17) '협동'이라는 철학은 우리의 전통적인 정서와 일치한다.

우리나라는 전통적으로 '나눔과 협동'의 철학을 평소에 실천해 오면서 마을 공동체를 이루고 살아왔다. 그런 모습은 옛 문헌에도 많이 나와 있다(향약, 두레 등의 마을 공동체 규약에서 쉽게 접할 수 있다). 그 전통이 아직도 이어져 오고 있어서 협동학습의 철학은 오늘날의 학생들이나 학부모들에게 전혀 낯설지 않다. 그리고 학교 현장에서 많은 교사들이 꿈꾸는 교실은 '협동'이라는 것이 밑바탕에 깔려 있는 '공동체적인 삶을 추구하는 작은 사회'이기에 더욱더 거부감이 없이 받아들여질 수 있다.

협동학습? 협력학습? 뭐가 맞아?

어떤 학자, 교사는 협동학습과 협력학습이 서로 다르다고 말한다. 어떤 교사는 같은 것이라고 말한다. 과연 무엇이 맞는 것일까?

필자의 견해는 같다는 것이다. 다만 같은 사물을 보고도 어떤 점을 더 주의 깊게 보았는가 하는 점에 따라 조금씩 다를 수 있다는 차이점 정도가 있을 뿐이다. 그럼에도 불구하고 필자는 협력학습이라는 용어보다는 협동학습이라는 용어로 통일하여 사용하는 것이 바람직하다는 입장에서 나름의 주장을 펼쳐보도록 하겠다.[25]

---

25 여러 학자들이 둘 사이의 개념을 구분해 놓은 서적들을 가끔 보게 된다. 그렇다고 하여 그들의 분류를 그대로 따를 필요

1) 협동학습이어야 하는 첫 번째 이유

'협동'과 '협력'의 사전적 정의와 철학적 의미의 차이

철학과 가치라는 교육적 관점에서 바라볼 때 협동 및 협력이라는 낱말이 사용되는 현상이나 그 의미를 살펴보면 왜 협동학습이어야 하는지 그 이유가 명확해진다. 이를 위해 우선 사전적 의미를 살펴보면 아래와 같다.

- 협력 : 특정한 목적을 달성하기 위하여 서로 힘을 합하여 도움
- 협동 : 서로 마음과 힘을 합함

협동(cooperation)	협력(collaboration)
• 가치 지향적 의미[26]	• 목적 달성을 위한 방법의 의미[27]
• 사회의 유지, 지속 가능한 발전을 위한 원리이자 원칙(밑바탕)	• 목적 달성을 전제로 한 경쟁[28]과 협력 사이의 선택지 중 하나(수단적 행위)
• 수평적 개념, 평등 관계 구조	• 수직적 개념, 상하(주종) 관계 구조
• 상호 간의 이익 구조와 무관	• 상호 간의 이익 구조를 필수로 함

위의 표에서 보는 바와 같이 협력은 선택·수단의 의미와 관련이 있지만 협동은 선택·수단의 의미와 관련이 없음을 알 수 있다. 협동은 우리 사회를 따뜻하고 밝고 행복하게, 모두가 함께 잘 사는 사회로 만들어 나가기 위한 원칙이자 원리요 방향성이기 때문에 당연히 그래야 하는 가치의 용어고 철학적 용어라 말할 수 있다. 그래서 협동학습이라는 용어로 통일해서 사용해야 함이 마땅하다는 것이 필자의 주장이다.

가 없다는 것이 필자의 생각이다. 왜냐하면 그들의 분류도 하나의 생각이자 견해, 주장일 뿐 절대적인 것이 아니기 때문이다. 누구든지 나름의 관점과 생각을 가지고 자신의 주장을 펼칠 수 있다고 본다면 필자의 주장도 살펴보면서 어떤 입장에 서는 것이 맞는지에 대한 판단을 각자 해보기 바랄 뿐이다(권위에 의존한 논리적 오류에 빠지지 않기를 바람).

26 교육 현장에서도 다양한 교과목에는 협동이라는 용어로 소개되고 있으며 분명히 가치의 문제로 접근하여 다루고 있다(특히 도덕 교과). 만약 협동이라는 용어가 수단 또는 목적 달성을 위한 방법의 의미로 사용되는 순간 도덕책에서 협동이라는 가치의 언어는 사라져야 함이 마땅하며 협동이라는 것을 그리 강조해서는 안 된다. 왜냐하면 협동이라는 것이 수단, 방법의 문제로 인식되는 순간 선택의 문제와 연관되며 원리 또는 원칙으로서의 가치를 상실하기 때문이다.

27 목표 구조가 어떠한가에 따라 사람들은 협력, 경쟁 또는 개별화 전략 중 하나를 선택하게 된다. 이처럼 목표 구조가 달라지면 어느 순간 우리는 협력이 더 이상 필요 없는 상황을 맞이하게 된다. 이렇게 볼 때 교육적으로 협력이라는 용어는 적절하지 않다는 것이 필자의 주장이다.

28 경쟁에는 참여하는 사람의 선택이 필요한 것이고 참여하는 사람에게 선택권이 주어질 때 그런 경쟁은 큰 물의를 일으키거나 심각한 현상을 만들어내지 않는다. 설령 만들더라도 덜 만들어낸다. 경쟁에 있어서도 선택권이 참여하는 사람에게 주어져 있지 않다면 그런 경쟁은 진정한 의미에서의 경쟁이 아니라 경쟁을 조장하는 현상으로 전락하게 되어 심각한 문제 현상, 사회적 물의를 일으키게 된다.

한편 협력이라는 용어가 사용되고 있는 분야나 상황을 보면 그 의미 속에 수직적 개념, 상하 관계 구조가 녹아들어 있음을 우리는 알게 된다. 그러나 협동이라는 용어가 사용되고 있는 분야나 상황을 보면 그 의미 속에 수평적 개념, 평등 구조가 녹아들어 있음을 알게 된다. 이런 관점에서 보더라도 더 가치 있는 용어는 협동학습이라는 것을 알 수 있다.

협력 사례 주로 정치, 경제 등의 분야다. 그런 곳에서 협력은 목적 달성, 상호 이익 창출을 위한 수단일 뿐이다. 아울러 상호 간 이익을 발생시키지 않는다면 더 이상 협력을 하지 않게 된다. 예를 들면 대기업과 하청업체 간의 관계 또는 국가 간의 관계가 대표적 사례이다. 두 대상 간의 관계를 말할 때 우리는 협력적 관계라고 말하지 협동적 관계라고 말하지 않는다. 하청업체가 감히 대기업에게 "대기업, 우리와 협력하자!"라고 감히 말하기 힘들다.

협동 사례 지위, 계급, 상하, 남녀노소, 가진 자와 못 가진 자 등을 절대로 구분하지 않는다. 협동이라는 현상은 이익을 따져가며 계산하지 않는다. 어떤 사람에게 이익이 발생하지 않거나 오히려 손해를 가져다주더라도 다른 사람에게 그것이 더 큰 의미를 갖는다면 사람들은 수평적, 평등한 관계 속에서 협동을 하게 된다.

'협동'에 담긴 의미 : 기회의 평등, 관계의 평등, 나눔, 배려, 인권, 평화, 존중 등

2) 협동(協動)학습이어야 하는 두 번째 이유

'協同'과 '協力'과 '協動'의 해석에 의한 차이

협력이라는 말과 협동이라는 말을 좀 더 분석적으로 접근해 보아도 협력학습이 아니라 협동학습이라고 하는 것이 더 타당하다는 것을 알 수 있다.

協動	協同	協力
• '協'(많은 사람들이 힘을 합함)을 하였으면 '動'(움직임)을 해야 무엇인가가 이루어짐('많은 사람들이 힘을 합하여 움직인다'가 맞음)	• 많은 사람들이 힘을 합함 • 協이란 글자 속에 '많은 사람이 함께'라는 의미가 들어 있는데 同(함께)을 더 써야 할 이유가 없다고 봄	• 많은 사람들이 힘을 합함 • 協이란 글자 속에 이미 力이라는 글자와 의미들이 충분히 들어 있는데 力(힘)을 더 써야 할 이유가 없다고 봄

※ 協이라는 글자 속의 '十'자는 '많은 사람'이라는 의미가 담겨 있음

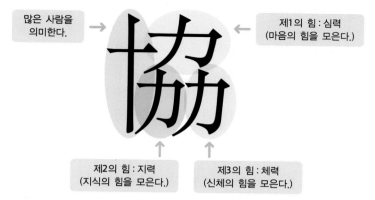

많은 사람을 의미한다.

제1의 힘 : 심력
(마음의 힘을 모은다.)

제2의 힘 : 지력
(지식의 힘을 모은다.)

제3의 힘 : 체력
(신체의 힘을 모은다.)

필자가 생각하는 진정한 협동의 의미 : 위와 같이 협(協)했으면 동(動)해야 한다.

3) 협동학습이어야 하는 세 번째 이유

학자들이 말하는 협동학습과 협력학습의 차이에 대한 반론

학문적으로 볼 때 협동학습, 협력학습이라는 용어의 사용은 같은 현상을 놓고 어떤 학문을 기반으로, 어떤 시각에서 바라보느냐에 따라 달라질 뿐 이 두 가지는 전혀 다른 것이 아니라는 것을 이해해야 한다. 먼저 학자들이 말하는 두 가지의 차이점을 핵심만 간략히 요약해 살펴보면 아래와 같다.[29]

협동학습(cooperative learning)	협력학습(collaborative learning)
공통점	
1. 학습자 중심 2. 상호작용 3. 소그룹 중심 활동 4. 교사=촉진자 5. 듀이의 철학적 관점 6. 의사소통을 강조(대화, 협상, 합의 등)	
1. 이론적 바탕 : 행동주의 학습이론, 인지발달론, 사회적 상호의존성 이론 2. 결과와 외적 성과 중심(다양한 보상제도 활용) 3. 주로 학교 현장에서 많이 사용 4. 주로 초 · 중 · 고 학생들에게 알맞음 5. 교사의 주도성이 협력학습보다 높음 6. 구조화된 수업 구조 7. 경쟁학습에 대한 저항에서 출발	1. 이론적 바탕 : 구성주의 2. 의사소통 과정 중심 3. 교수 활동이 필요한 모든 상황에서 적용할 수 있음 4. 고등학생 이상의 성인 교육에 알맞음 5. 학생 중심 ⇨ 교사는 조력자 6. 덜 구조화된 수업 구조 7. 전통적 교실의 권위적 질서에 대해 도전하고자 등장

---

29 『글쓰기 교육과 협력학습』, 정희모(2006, 도서출판 삼인), pp. 97~108.

위와 같은 주장에 대하여 필자는 다음과 같은 이견을 갖고 있다.[30]

- 1번 차이점에 대한 이견 : 최근 들어 학생의 배움이라는 현상에 주목하기 시작하면서 구성주의가 주목받기 시작하였지만 실제 우리나라 교육 현장에서는 협동학습이든 협력학습이든 이에 대한 접근을 위해 이론적 바탕을 가지고 접근하는 경우는 드물다. 또한 협력학습에 대한 강의가 이루어지는 현장을 가보면 지금까지 잘 알려진 협동학습 전문가들로 강사진들이 구성되어 있음을 알 수 있다. 필자의 기억으로는 2010년 전후를 기점으로 협동학습과 협력학습에 대한 논쟁이 격해지면서 협동학습 전문가들도 부랴부랴 이 논쟁에 끼어들기 시작했던 것으로 이해되고 있다.

- 2번 차이점에 대한 이견 : 둘 다 의사소통 과정을 중시함에도 불구하고 우리나라에서는 주로 구조 중심 협동학습(Kagan식 협동학습) 실천가들의 영향을 많이 받아 결과물을 중심으로 스티커, 보상 등의 활동을 통해 학생들 및 모둠을 통제하려 하였기 때문에 만들어진 결과라고 필자는 바라보고 있다. 현재 교육 현장에는 필자를 비롯한 많은 교사들이 협동학습을 실천하면서 결과보다 과정에 더 집중을 하고 있다는 점을 잊지 말아야 한다.

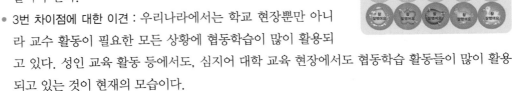

- 3번 차이점에 대한 이견 : 우리나라에서는 학교 현장뿐만 아니라 교수 활동이 필요한 모든 상황에 협동학습이 많이 활용되고 있다. 성인 교육 활동 등에서도, 심지어 대학 교육 현장에서도 협동학습 활동들이 많이 활용되고 있는 것이 현재의 모습이다.

- 4, 5, 6번 차이점에 대한 이견 : 사실 초 · 중등학교 현장에서 협동학습이 많이 활용되었다고 주장하는 사람들은 구조화된 정도의 차이 때문이라고 말하고 있다. 그런데 우리나라의 경우 초 · 중등 교육 현장에서 그럴 수밖에 없는 이유는 교육과정상 주어진 목표가 명확하고 교과서 중심의

---

30 외국에서는 이러저러했고, 외국의 전문가들이 이렇게 주장하였으니 우리나라도 그렇게 받아들여야 한다는 식의 논리에 대하여 필자는 받아들일 수 없다. 왜냐하면 필자는 협동학습을 연구하는 학자이자 현장에서 직접 실천하고 있는 교사 중 한 명이라는 자부심을 갖고 있을 뿐만 아니라 외국은 외국일 뿐이고 우리나라는 우리나라이기 때문이다. 우리나라에서는 우리나라에서 관찰되고 있는 현상을 바탕으로 이야기해야 마땅하다. 귤이 회수를 건너면 탱자가 된다는 말이 있다. 어떤 사람을 통해 전해지냐에 따라 전혀 다른 말이 될 수도, 행동이 될 수도 있다고 본다. 여기서 회수는 전하는 사람의 주관적 시선일 것이다. 또한 필자는 외국에서 실천되었던 협동학습의 모습이 우리나라에서도 똑같아야 한다고 보지 않는다. 열린교육이 우리나라에서 실패했던 이유를 보면 알 수 있다. 한국적 열린교육으로 변화를 꾀하지 못하였기 때문(우리나라의 교육현실에 비추어 버릴 것은 버리고, 변화를 주어야 할 것들에 대해서는 우리나라 교육 현장에 알맞게 바꾸어 적용하려는 노력이 부족했기 때문)에 실패하였다는 것이 필자의 판단이다. 결국 어떤 주장, 누구의 주장이 타당한 것인가에 대한 판단은 어디까지나 독자, 받아들이는 사람들의 몫이라고 볼 때 필자의 견해도 그중 하나인 만큼 논리적으로, 신중히 판단해볼 것을 여러분에게 부탁하는 바이다. 필자는 2003년부터 협동학습에 대한 강의를 해 오면서 분명히 한국적 협동학습(철학에 기반을 둔 학급운영론으로서 협동학습)을 주장해 왔고, 그 결과로 우리나라 최초의 협동학습 실천서라고 할 수 있는 『살아있는 협동학습』(2009, 시그마프레스)을 집필하였다. 그 이후 혁신교육이라는 관점에서 협동학습을 바라보면서 '교육운동'으로서 협동학습에 대한 필자의 견해를 밝히기 위해 『협동학습 교사를 바꾸다』(2012, 시그마프레스)를 집필하기도 하였다.

수업 속에서 차시, 단원마다 수업 목표가 세분화되었기 때문이라고 보면 틀림이 없다. 지식 평가라는 엄격한 통제하에서 그것을 넘어설 수 없는 초·중등교육 환경이 이런 현상을 만든 것일 뿐이다. 그것에 비하여 대학 교육 현장은 상황이 전혀 다르다. 성인교육이나 대학 교육 현장은 다양한 답과 다양한 해결책을 요구하는 활동이 많고 교육과정 또한 비교적 융통성이 많이 부여되어 있기 때문에 그 과정까지 세밀하게 통제할 필요는 없다는 점에서 차이를 보였을 뿐 그 이상도 이하도 아니라는 것이 필자의 생각이다. 또한 초·중등교육의 대상자가 아직 사고 수준과 자기주도적 학습능력이 성인에 비하여 당연히 떨어지기 때문에 그에 따른 보다 세밀한 교사의 안내와 적절한 개입이 필요했을 따름이라고 말한다면 이런 이유로 두 가지가 다르다고 말해서는 안 된다는 것이 필자의 견해이다. 아울러 많은 협동학습 실천을 통해 필자가 깨달은 점 가운데 하나는 '학생들의 의사소통 능력이 충분하다면 오히려 구조화된 과정이 활동을 방해할 수 있으니 구조화를 해체하는 것이 좋다'는 것이었다. 구조화된 활동까지는 협동학습이고 그것을 해체하면 갑자기 협력학습으로 전환된다고 볼 수는 없는 일이다. 그리고 학생들이 협동학습 구조 활동에 익숙해지면 그것을 자연스럽게 자신들의 것으로 받아들여 비구조화된 활동처럼 과제 활동을 수행하기 때문에 두 가지를 구분하는 것은 별 의미가 없다는 것을 경험을 통해 알 수 있게 된다.(이런 점들은 ① 협동학습을 완전히 자신의 것으로 받아들여 실천하는 교사, ② 교과서 내용 전달 중심의 수업을 뛰어넘어 충분한 재구성을 통해 협동학습을 실천하는 교사, ③ 학생들의 배움의 과정에 관심을 가지고 학생들의 협동학습 활동 과정을 오랜 시간 동안 관찰·분석해본 교사만이 깨달을 수 있는 것들이다. 그저 학자들의 권위에 의존하여 그들 말만 믿고 그러겠거니 하면서 비판적으로 수용하지 않고 협동학습의 적용과 그 사례에만 관심을 갖는 교사들이라면 분명히 이런 점들을 느끼지 못할 가능성이 높다.)

● 7번 차이점에 대한 이견 : 외국에서는 어떨지 모르겠지만 우리나라 현실에서는 전통적 교실의 권위적 질서가 아직도 학교 현장에 매우 깊게 뿌리를 내리고 있을 뿐만 아니라 경쟁교육도 그 폐단이 날로 심각해져만 가고 있다는 점을 감안한다면 협동학습과 협력학습의 구분은 적어도 우리나라 교육 현장에서 아무런 의미가 없다는 것이 필자의 견해이다. 더군다나 최근 들어 협동학습이든 협력학습이든 이것이 주목받게 된 이유가 혁신교육이 시작되면서 교사 중심의 강의식 수업, 경쟁교육, 지식 중심, 암기 중심 수업을 뛰어넘기 위한 노력, 수업의 질을 높이기 위한 대안적 차원에서였다고 한다면

사교육 걱정 없는 세상(2017. 4. 29)

군이 이 두 가지를 서로 다른 것으로 구분할 필요가 더욱더 없을 것이라 판단된다.

이런 상황에 대해 필자는 여러 명의 장님(시각장애를 가진 분들께는 양해를 구합니다)이 같은 코끼리를 만져본 뒤에 서로 자기만이 그 동물의 모양을 정확히 알고 있다고 말하는 것과 같은 상황이라 생각한다. 이와 같은 오류를 부디 범하지 않기를 바라는 마음 간절할 뿐이다.

4) 협동학습이어야 하는 네 번째 이유

협동과 학습 중 어디에 중심을 두느냐의 문제

협동학습은 합성어이다. 그 구조를 살펴보면 아래와 같다.

협동+학습

여기에서 그 중심을 어디에 두느냐에 따라 해석은 분명히 달라진다.

(1) '학습'에 중심을 둔 협동학습

목표는 학습(수업 목표 달성)에 있다. 그리고 교육의 목적이 지식 전달, 성적 향상에 있다고 본다면 '협동'은 학습을 위한 수단(수업 기법, 교육 방법)으로 전락하게 된다. 우리나라의 경우 2000년대 초반까지도 협동학습의 모습은 이에 가까웠다고 볼 수가 있다.(이런 관점에서의 협동학습에 대한 효과는 앞에서 이미 소개한 바 있다.)

(2) '협동'에 중심을 둔 협동학습

필자는 협동학습을 처음 시작할 때부터 이런 관점을 지향, 고수해 왔다. 필자의 저서에서도 그것을 확인할 수 있다.[31] 아울러 최근 들어 혁신교육운동이 시작되면서 교육에 대한 관점이 바뀌고, 개정된 2015 교육과정에 따라 핵심역량 개념이 현장에 도입되면서 '협동'이라는 측면에 관심을 많이 갖게

---

31 필자가 집필한『협동학습 교사를 바꾸다』(2012, 시그마프레스)는 실제 사례를 전혀 다루지 않고 순수한 학문적, 철학적 관점에서 그동안 필자가 가슴 속에 담아왔던 교육운동으로서 협동학습에 대한 견해를 적극적으로 밝혀보고자 부족하지만 나름의 최선을 다했던 서적이라 할 수 있다. 덕분에 출판된 2012년에 평가를 받아 2013년 문화체육관광부 우수 학술 도서로 선정되는 영광을 누리기도 하였다. 아울러 2010년을 기점으로 필자는 협동학습을 주제로 강의하는 자리에서 협동학습 철학, 교육운동으로서의 협동학습에 대한 관점을 적극적으로 전하며 전국을 다니기도 하였다.(협동학습을 철학적 관점 및 교육운동이라는 관점에서 풀어내고 실천한 교사는 대한민국에서 필자가 최초이자 선두주자였다고 자부한다. 지금까지 출판된 어떤 서적이나 글에서도, 강의에서도 그런 깊이 있는 이야기는 볼 수 없다는 것이 필자의 견해이다.) 그리고 전국에 강의를 다니면서 철학, 교육운동 차원에서 협동학습 강의를 펼치고 난 뒤 "협동학습에 대한 이런 이야기를 들어보신 적 있으신가요?"하고 교사들에게 질문을 던져보면 여러 강사로부터 협동학습 강의를 많이 들어본 교사들 모두 "이런 강의는 처음 듣습니다. 협동학습에 대하여 새롭게 깨달은 바가 많습니다."라는 말을 해 주었다. 그래서 필자는 이런 관점에 더욱더 확신을 갖게 되었고, 지금까지도 이 방향으로 연구, 실천의 노력을 게을리하지 않고 있다. 이런 관점에서 풀어낸 필자의 온라인 강의도 아이스크림 원격 연수원에서 30시간 강좌로 들어볼 수 있다. 사람마다 관점은 다르겠지만 다른 원격 연수원에서 제공하는 온라인 강좌와 분명히 차별성 있는, 수준 높은 강좌라고 자신 있게 소개할 수 있다(제목 : 경이로운 수업의 시작, 협동학습).

되었다고 말할 수 있다. 그 전까지는 이런 관점을 가지고 협동학습을 실천하거나 자신의 경험을 나누는 일에 앞장섰던 교사는 거의 없었다고 필자는 바라보고 있다. 이런 측면에서 바라볼 때 협동학습은 '철학에 기반을 둔 교육운동'이라고 해야 마땅하다는 것이 필자의 주장이다.(이런 차원에서 필자는 앞에서 협동학습에 대한 정의를 재개념화한 바가 있다. 또한 이후에 이어질 내용에서도 왜 교육운동으로 바라보아야 하는지에 관련된 이야기들을 별도의 장으로 구성하여 충분히 다루어보고자 하였다.)

결론

지금까지 필자의 관점에서 주장을 펼쳤던 네 가지 이유를 종합적으로 고려하여 결론을 내린다면 우리나라 현실에서 '협동학습'이라고 명칭을 정리하여 사용해야 함이 마땅하다 주장하는 바이다. 물론 필자의 견해에 대한 동의 여부는 어디까지나 독자의 몫이라는 점 또한 인정하는 바이기도 하다.

CHAPTER

O2

협동학습 학문적으로
들여다보기

동물계에서고 인간 세계에서고 간에

경쟁이 철칙은 아니다.

상호부조와 상호지원이라는 수단을 통해서

경쟁이 배제됨으로써

더 나은 조건이 만들어진다.

- 표트르 A. 크로포트킨, 『만물은 서로 돕는다』 -

이 장에서는 협동학습에 영향을 주었거나 협동학습의 효과, 장점 등의 설명에 필요한 근거가 되는 몇 가지 이론에 대하여 간략히 살펴보고자 한다.

Lewin의 장이론[1]

사회적 상호의존성 이론에 영향을 준 이론이라 할 수 있다. 장이론의 기본 개념은 아래와 같다.

1) 기본 개념

① 인간은 어느 시점에서 특정의 목표를 추구하려는 내적 긴장(욕구, 의지 등)에 의해서 행동하게 되는데, 인간이 특정한 목표를 가질 때에는 그 목표를 달성할 수 있는 방법에 대해 나름대로의 신념을 가지게 된다.

② 장이론은 학습을 개인과 환경과의 역동적 관계로 형성되는 장(field)에서 인지구조가 재조직, 재구성되는 것(혹은 그 과정)이라고 설명하고 있다.(인지구조의 변화=인지의 분화, 인지의 일반화, 인지의 재구조화에 의해서 이루어진다.)

2) Lewin의 행동방정식

B=f (P · E)	
B=Behavior(행동=생활공간의 변화)	생활공간의 변화는 개인과 환경의 상호작용의 산물이다.
P=Person(주체로서의 개인)	
E=Environment(심리적 · 물리적 환경)	

3) 장이론에서 학습

① 학습 : 통찰 및 인지구조의 변화(의미를 느끼지 못한 사실이나 사물에서 의미를 느끼게 된다는 것은 개인의 인지구조가 변했다는 것을 의미 — 인지구조의 재구성)

② 분화 : 영역이 보다 작은 영역으로 분할되는 과정(모호하고도 구조화되지 않은 생활공간 내의 영역들이 보다 지적으로 구조화되고 특수화되는 것), 분화란 자기 자신과 환경의 세부적인 국면을 변별하는 학습 과정인 셈

---

1 『장이론』, 박병기(1998, 교육과학사).

③ **일반화** : 개념화를 의미, 인지적 일반화는 개개 사례의 공통적인 특징을 밝혀내고 그것들을 하나의 목록으로 묶음으로써 일반적인 개념을 형성해 나가는 과정

④ **재구조화** : 각 영역의 의미를 자기 자신과 상호관계에 비추어 변경하는 것을 의미(생활공간의 방향을 재정의하는 것이며 어떤 행동이 어떤 결과를 가져올 것임을 학습하는 것)

4) 장이론의 교육학적 이해

① **인간** : 교육하는 인간(배우고 가르치는 주체로서의 인간)

② **교육** : 즐겁고, 자율적이고, 역동적이고, 쌍방적이고, 총체적이고, 가치 있는 가르침과 배움을 가리킴

③ **교육의 과정** : 자유과 자율을 누릴 수 있어야 함

④ **교육 공간** : 교육이 일어나는 장소는 모두 교육 공간

⑤ **교육 주체** : 자율적 참여자(교육 주체의 쌍방적이며 수평적인 자율성이 부각됨. 따라서 교사이건 부모건 학생이건 모두 교육을 '하는' 것이지 어느 주체는 교육을 '시키고' 다른 주체는 교육을 '받는' 것이 아님)로서 목표구조에 따라 경쟁, 협동, 개별 활동을 하게 됨

⑥ 인간은 특정한 목표를 추구하려는 내적 긴장(욕구, 의지, 불안감 등)에 의해 행동함(자신이 설정한 목표를 달성하는 데 유익한 쪽으로 지적인 사고를 함)

⑦ 지적인 사고 과정 중에서 협동적 목표구조를 가지고 있는 과제는 자연스럽게 교육 주체 상호 간에 적극적이고도 생산적인 상호작용을 유발, 협동적 상호의존체제 아래서 각 교육 주체들은 서로 신뢰하며 돕는 가운데 즐거움을 느끼게 됨

사회적 상호의존성 이론[2]

1) 사회적 상호의존성 이론의 시작

사회적 상호의존성 이론은 Lewin의 장이론에서 나온 것이라 할 수 있다.[3] Lewin은 '공동의 목표를 가진 집단의 본질은 집단 구성원들 사이에 존재하는 상호의존성에 있다'고 보았는데 그의 제자 Deutsch가 스승의 이론을 더욱 발전시켰다.

---

2 『장이론』, 박병기(1998, 교육과학사);『협동학습을 위한 참여적 학습자』, David W. Johnson, Frank P. Johnson 공저, 박인우, 최정임, 이재경 공역(2003, 아카데미프레스);『협동학습의 이해와 실천』, 정문성(2002, 교육과학사);『학생들과 함께 하는 협동학습』, David W. Johnson, Roger T. Johnson, Edythe J. Holubec 지음, 추병완 옮김(2001, 도서출판 백의).

3 Lewin은 각기 다른 개인이 모여서 하나의 집단을 구성하게 되면 공동의 목표가 생겨나게 되고 그를 달성하기 위해 그 집단의 구성원들은 상호의존적이 된다는 것을 밝혀내었다.

2) 사회적 상호의존성 이론의 발전

Deutsch는 협동학습에서 기존의 수직적인 교사-학생 사이의 관계, 학생-학생 사이의 병렬적 관계는 협동적인 관계로 전환된다고 말하고 있다.

목표 달성을 위한 세 가지 상호의존적 상황		
경쟁적 목표구조	개인적 목표구조	협동적 목표구조
집단 속의 개개인은 한정된 보상 구조로 인하여 부정적·경쟁적인 상호작용을 하게 됨	집단 속 개개인의 목표 달성에 따른 보상구조가 독립적이기 때문에 자신의 성공만을 추구하게 됨	집단의 목표 달성에 따르는 보상을 구성원 모두가 함께 공유하기 때문에 상호의존적인 활동을 하게 됨

[사람들의 상호의존성 유형과 행동 유형 : 양극단을 가진 연속체로 설정]

| 장려 | ⟵ ⟶ | 적대 |

목표 달성 확률 높음 :
타인과 긍정적으로 연결(협동)

목표 달성 확률 낮음 :
타인과 부정적으로 연결(경쟁)

3) 사회적 상호의존성 이론의 확장

Johnson & Johnson에 의하여 더욱 확장되었는데, 이들은 협동과 경쟁 사이의 사회적 상호의존성에 있어서의 본질적인 차이를 분명히 밝히고자 노력하였다(Johnson & Johnson은 사회적 상호의존성이라는 것을 '결과적 상호의존성'과 '수단적 상호의존성'으로 범주화하였다).

[Johnson & Johnson에 의한 사회적 상호의존성 이론의 발전]

결과적 상호의존성	목표의 상호의존	개인 ⟷ 타인과 협동적으로 연결, 함께 목표 달성 가능성이 높음, 긍정적 목표 상호의존성이 존재(사회적 상호의존성 이론 기반)
	보상의 상호의존	각 구성원의 성공적 공동과제 완수 ⇨ 주어지는 보상의 공동 분배, 긍정적 보상 상호의존성이 존재(동기론에 기반)
수단적 상호의존성	자원의 상호의존	각 구성원은 과제 완수에 필요한 정보, 자원, 자료의 유일한 보유자, 목표 달성을 위해 각 구성원의 자료가 서로 필요할 때 자원 상호의존성이 존재(인지론에 기반)
	역할의 상호의존	각 구성원은 과제 완성을 위한 책임을 맡음, 역할책임이 주어졌을 때 역할 상호의존성이 존재(인지론에 기반)
	과제의 상호의존	각 구성원은 전체 과제의 한 부분씩 책임지고 있음, 각 구성원이 각각의 책임을 완수해야 과제가 완성될 때 과제 상호의존성이 존재(인지론에 기반)

[부정적 상호의존성의 발생]

결과적 상호의존성	수단적 상호의존성
• 집단 내에서 소수의 개인만이 목표를 달성했을 때 • 집단 내에서 소수의 개인만이 보상을 받았을 때	• 집단 내에서 한 개인의 행동이 다른 구성원의 성과나 업적에 따른 효과를 방해할 때

학습 구조론

교실 내 존재하는 학습 목표구조는 협동학습 구조, 경쟁학습 구조, 개별학습 구조 세 가지로 규정하였다. 그런데 학습 목표구조를 수업 시간에 참여하는 상호작용 주체 간의 상호작용 관계방식에 따라 분류를 해본다면 강의식 학습 구조도 존재한다고 볼 수 있겠다. 다음은 네 가지 학습 구조를 도표로 정리해본 것이다.[4]

1) 네 가지 학습 구조의 특징

구분	강의식 학습 구조	개별학습 구조	경쟁학습 구조	협동학습 구조
특징	교사가 전체 학습집단을 동시에 지도 혹은 통제한다. • 교사와 학생 사이의 상호작용만 존재한다. • 학습집단 전체에 목표를 맞춘다(일반화). • 교사에게 모든 것이 집중된다.	교사가 학생들의 능력 수준(개인차)에 따라 개별적으로 지도한다. • 상호의존성과 상호작용이 없다. • 완전학습을 추구하려고 한다. • 각 개인은 목표를 분명히 인식한다.	교사가 개인이나 집단 간의 경쟁 심리를 이용하여 지도한다. • 경쟁이 있으면 희소한 가치도 있다(보상). • 하나 또는 소수의 승자만이 존재한다. • 경쟁의 방식은 매우 다양하다.	교사가 개인·집단 간의 유기적 관계와 협동을 통해 지도한다. • 긍정적 상호의존성이 있다. • 대면적 상호작용이 매우 많다. • 사회적 기술이 매우 중요한 역할을 한다.

---

4 출처 : 『협동학습의 이해와 실천』, 정문성(2002, 교육과학사), pp. 27~35; 『살아있는 협동학습』, 이상우(2009, 시그마프레스), pp. 28~34.

2) 네 가지 학습 구조의 수업 형태

구분	강의식 학습 구조	개별학습 구조	경쟁학습 구조	협동학습 구조
수업 형태	강의, 매체 등을 활용하여 기초적이고도 일반화가 가능한 내용을 중심으로 교육한다(교사만 바라보는 형태의 일반적인 수업). • 많은 사람을 동시에 지도할 수 있다. • 복잡한 내용을 비교적 쉽고 명확하게 지도할 수 있다. • 설득력 있는 웅변을 이용한 교수 방법이 이용된다.	지식, 기능을 학생 스스로 얻을 수 있도록 과제, 해야 할 일 등을 분명히 한다(수준별 수업, 열린교육에서의 개별화 교육). • 학생의 흥미를 적극적으로 고려한다. • 학생의 학습 개인차를 인정한다. • 학생의 개성 및 다양성을 존중한다. • 모든 수업 요소를 변별적으로 투입하게 된다.	경쟁 규칙 및 학습해야 할 내용을 분명하게 제시하여 수업을 진행한다(퀴즈식, 경쟁 유발 수업, 게임을 도입한 수업 등). • 제한된 보상을 끌어들여 진행한다. • 승자를 정하는 방식에 따라 다양하다. • 상호작용 방식에 따라 다양하다. • 적절한 긴장으로 학습효과가 매우 높아진다.	고급 사고력을 필요로 하는 내용을 제시하고 서로 협동하여 과제를 해결하도록 한다. • 학생들 간에 긍정적인 상호의존성을 갖도록 환경, 과제, 역할 등을 분담하도록 한다. • 사회적 기술에 대한 훈련을 한다. • 도움을 받는 형태, 정보를 주고받는 형태로 수업이 진행된다.

3) 네 가지 학습 구조의 문제점

구분	강의식 학습 구조	개별학습 구조	경쟁학습 구조	협동학습 구조
문제점	• 학생들의 학습태도는 매우 수동적이고, 집중을 위한 에너지 소모가 크다. • 교사에 대한 의존도가 지나치게 높고, 단순 지식 암기식 교육으로 흘러가기 쉽다.	• 교사들의 교수 부담이 매우 높다.(시간과 노력이 많이 든다.) • 적절한 학습 환경(여건)이 필요하다. • 사회적 관계 부족으로 사회성이 결여된다.	• 학습에 있어서의 빈익빈 부익부 현상이 나타날 수 있다. • 학습수준이 낮은 학생들에 대한 배려가 미흡하다. • 단지 성공과 실패에만 관심을 갖게 된다.	• 목표에 대한 학습자의 잘못된 이해 가능성이 있다. • 다양한 성향의 학생들로 인해 어려움이 많이 생긴다(내성적, 소유욕, 폭력성, 부진 등이 있는 아동 등).

4) 네 가지 학습 구조의 실패 요인

구분	강의식 학습 구조	개별학습 구조	경쟁학습 구조	협동학습 구조
실패 요인	• 교사·학생들의 의도가 서로 일치하지 않을 때 실패하기 쉽다. • 학생들이 교사와 다른 의견-목표의식을 가지고 있을 때 실패하기 쉽다. • 학습 내용이 너무 어렵거나 단순할 때 실패하게 된다.	• 타인과 대화나 상호작용이 많고 경쟁요소가 있을 때 실패하기 쉽다. • 학습 자료의 부족, 과제·내용이 어려울 때 진행해 나가기 힘들다. • 목표의 중요성이 부족하거나 너무 복잡할 때 실패한다.	• 공평하지 못한 규칙이 있을 때 학생들은 수긍하지 않는다. • 지나친 경쟁으로 학습집단 내 부정적인 관계(타인의 실패는 곧 나의 성공, 적대적)가 형성될 수 있다. • 복잡·어려운 과제일 때 문제가 생김	• 무임승차자, 훼방꾼, 일벌레가 발생할 때 실패한다. • 과정과 절차가 명확하지 않거나, 긍정적인 상호의존성이 없으면 실패한다. • 사회적 기술이 부족할 때 실패한다. • 과제가 너무 어렵거나 단순할 때 실패한다.

5) 네 가지 학습 구조에서 교사의 역할

구분	강의식 학습 구조	개별학습 구조	경쟁학습 구조	협동학습 구조
교사 역할	권위자	정원사	심판자	촉진자

6) 수업 속에서 네 가지 학습 구조의 활용

학습 구조론에 대한 정확한 이해가 없으면 학습 구조에 대한 오해가 일어날 가능성이 높다. 왜냐하면 필자는 가끔 강의를 하면서 아래와 같은 질문을 교사들에게 던져보는데 그에 대한 답변으로 아래와 같은 모습을 많이 보았다.

질문 네 가지 학습 구조 가운데 어떤 구조가 제일 좋은가요?

교사들의 답변 협동학습이요.(혹은 머뭇거림, 몇 사람만의 자신 없는 대답 — 물론 적지 않은 경우 필자가 바라는 답변을 듣기도 한다.)

필자는 교사가 학습 구조론에 대하여 제대로 이해하고 있다면 "네 가지 모두 좋습니다.(혹은 그때그때 달라요!)"라고 답을 해야 한다고 생각한다. 왜냐하면 앞서 살펴본 바와 같이 각 구조는 나름대로의 장점과 단점을 가지고 있기 때문이다.

학교에서 가끔 공개수업을 할 때 '강의식 수업'을 지양하라는 말을 많이 한다. 그리고 수업 전문성 신장이라는 측면에서도 평상시 수업을 할 때 되도록 다양한 수업 방법을 연구하여 '강의식 수업'을 탈피하라는 말을 많이 듣게 된다. 그렇다면 그렇게 말하는 사람들은 '강의식 수업'이 좋지 않아서 이렇게 말하겠는가? 분명 그는 아닐 것이다. 그 말의 내면에는 학습 구조론에 대한 이해와 전문성을 갖고 있어 달라는 부탁과 당부의 뜻이 더 강하다고 봐야 할 것이다. 그도 그럴 것이, 지금 이 글을 읽고 있는 여러분 자신의 수업 과정을 돌이켜 생각해보면 알 수 있을 것이다. 최근 1년 동안 자신이 수업을 이끌어 나갔던 방법(학습 구조)를 생각해보자. 앞에서 말한 네 가지 학습 구조 가운데 어떤 구조가 가장 많이 활용되었는가? 당연히 '강의식 학습 구조'를 가장 많이 활용하고 있다는 것을 알게 될 것이다. 그러나 그 학습 구조가 제일 좋아서 그렇다고 말할 수는 없을 것이다. 이 점을 우리 교사들은 분명히 깨닫고 학습 구조론에 대한 지식을 쌓고 이해하려는 노력을 게을리하면 안 될 것이라 생각한다. 다시 말해서 수업에 대한 전문성, 더 나아가 교사의 전문성은 바로 여기에서 온다고 보면 될 것이다.

한편 이 네 가지 구조는 상호 보완적이기도 하고, 한 차시의 수업 시간 내에 순서를 달리하면서 모두 나타나기도 하며, 1~2가지 구조만 나타나기도 한다. 예를 들면 아래와 같다.

수학 시간의 사례

▶ **1단계(약 15분 정도)** 보통 '생활 속의 수학'이라고 하여 일상생활 속의 경험(실제 상황)을 수업 속으로 끌어들여 기본 원리를 설명하게 되는데, 현장에서 가장 많이 활용하는 방법(구조)이 바로 강의식 학습 구조이다.

▶ **2단계(약 10분 정도)** 개념과 원리 설명을 모두 마치면 학생들에게 그에 따른 개별 연습과 숙달을 위해서 교과서 속에 있는 문제들을 풀도록 한다. 이럴 때 가장 많이 활용하는 방법(구조)이 바로 개별학습 구조이다. 이 과정 속에서 잘 모르는 학생은 옆의 짝이나 같은 모둠원들에게 설명을 해 달라고 하여 부족한 부분을 해결해 나가도록 한다면 협동학습 구조도 동시에 활용된다.

▶ **3단계(약 5분 정도)** 각자 활동이 다 끝나면 답을 확인하게 되는데, 모둠원들끼리 답을 확인하고 서로 다른 부분이 있으면 각자 다시 풀어보고 확인해보면서 틀린 친구가 있으면 친절하게 알려주면서 해결해 나가도록 한다. 이럴 때 가장 많이 활용되는 방법(구조)이 바로 협동학습 구조이다.

▶ **4단계(약 10분 정도)** 확인 과정이 끝나면 '완전학습'을 추구하는 차원에서 각 모둠별로 한 사람씩(같은 자리 번호) 나와서 칠판 앞에 자리 하고(칠판 나누기 구조) 그 학생들에게 한 문제씩 불러주면서 풀이하게 한다. 각자 다 풀고 난 뒤, 제대로 해결한 학생(혹은 그 모둠)에게 상점을 주고, 그렇지 못한 학생에게는 보상을 하지 않는다. 이럴 때 가장 많이 활용하는 방법(구조)이 바로 경쟁학습 구조이다.

위의 수학시간 사례에서 살펴본 바와 같이 한 단위 차시 수업 속에서 네 가지 구조가 모두 나타날 수 있다. 이런 사례는 얼마든지 찾을 수 있다. 이렇게 볼 때 교과목과 단위 차시 학습 내용에 따라서 한 가지 구조만 계속 쓸 것인가 아니면 두세 가지 구조를 복합적으로 사용할 것인가 하는 결정은 순수하게 교사 자신의 몫이라는 것을 알 수 있다. 따라서 효과적인 결정을 내리기 위해서는 교사가 학습 구조론에 대한 이해를 잘 하고 있어야만 한다.

7) 네 가지 학습 구조론을 대하는 교사의 자세

① 교사 자신이 가장 훌륭한 학습 구조라는 사실을 잊지 말자(학습 구조 이해).
② 협동학습 구조만 사용해서는 안 된다. 다른 구조도 적절히 이용해야 한다.
③ 협동학습 구조를 다른 구조에 대한 대안(다른 구조의 단점을 보완)으로 바라보도록 하자.(모든 수업을 협동학습 구조로 할 수는 있지만 그래서는 안 된다.)

동기론

학습이라는 것은 분명한 목적을 둔 의도적인 활동으로서 자발성이 그 어떤 영역보다도 많이 요구되는 활동이다. 그리고 여기에는 '동기'라는 것이 깊은 관련이 있다. 제아무리 뛰어난 학생이라도 학습의 상황에서 '동기(욕구의 저하, 흥미와 관심의 부족으로 인한 집중력 저하 등)'가 사라지면 학습을 효과적으로 할 수가 없게 된다. 따라서 교사들은 학생들이 수업 시간에 최대한의 성과를 얻을 수 있도록 하기 위하여 수업 시작 초기에 학생들의 동기를 유발시켜서 적극적으로 학습활동에 참여하도록 이끌어가야 한다. 이때 가장 많이 사용하는 것이 바로 목표 구조에 따른 보상이다.

협동학습은 학업 성취 효과를 뒷받침하는 근거로서 목표 구조와 보상의 효과에 깊은 관심을 두고 있다. 특히 수업 시간에 학생 개개인의 목표 달성이 모둠의 목표 달성과 깊은 연관성을 가질 수 있도록 과제를 구조화, 세분화하려는 노력을 많이 하고, 그와 관련하여 과제 완성에 따른 모둠 보상이라는 공동목표를 제시하여 학생들이 긍정적인 상호의존을 극대화할 수 있도록 하는 경우를 많이 접하게 된다. 그렇게 하면 학생들은 서로 협동하려고 노력할 뿐만 아니라 모든 과정에 있어서 긍정적인 태도를 형성하게 되고, 그 결과 학업 성취(동기)까지도 높아지게 된다는 것이다.

협동학습과 동기론

- 협동학습에서는 '모둠 보상'이라는 학습동기를 많이 활용

그러나 자칫 학습동기 이론을 잘못 이해하고 있으면 '보상'만능주의에 빠질 수 있는 위험성도 있다는 것을 항상 잊지 말아야 한다. 칭찬이라는 것도 무조건 좋은 것만은 아니라는 것, 보상은 부정적인 효과도 분명히 있다는 것, 보상과 벌의 종류 및 그런 것들이 적용되는 행동, 어떤 학생들에게, 어떤 상황에서 이용해야 할 것인가 등에 대하여 심사숙고하지 않으면 안 된다.[5]

한편 현장에서의 학습동기 실천전략으로 Deborah Stipek는 그의 저서에서 이렇게 밝히고 있다.[6]

현장에서의 학습동기 실천 원리	
1. 외재적 보상의 최소화	4. 학생의 자율성 최대한 보장
2. 도전감 있는 과제의 제시	5. 협동할 수 있는 기회의 제공
3. 개방형 과제의 제공	

사회적 응집이론(인간관계의 질)[7]

이는 동기론과 출발점은 같지만 서로 도와서 목표를 달성해나가는 이유에 대하여 다른 각도에서 바라보고 있다.

동기론	사회적 응집이론
도움을 주고받는 이유가 자신의 이익에 도움이 되기 때문	도움을 주고받는 이유가 타인의 성공을 진정으로 바라고, 타인을 고려하는 도덕적 태도를 지니고 있기 때문

---

5 칭찬의 긍정적 효과 및 역효과에 대한 참고 서적은 다음과 같다 — ① 『칭찬의 긍정적 효과 : 칭찬은 고래도 춤추게 한다』, 켄 블랜차드·짐 발라드 저, 조천제 역(2014, 21세기북스), 『최고의 칭찬』, 이창우(2019, 모아북스) ② 『칭찬의 역효과 : 내 아이를 망치는 위험한 칭찬』, 정윤경·김윤정 공저(2011, 담소), 『양육쇼크-아이들에 대한 새로운 생각』, 포 브론슨·애쉬리 메리먼 저, 이주혜 역(2009, 물푸레)

6 『학습동기』, Deborah Stipek 저, 전성연·최병연 공역(1997, 학지사), pp. 305~307.

7 『협동학습을 위한 참여적 학습자』, David W. Johnson·Frank P. Johnson 공저, 박인우·최정임·이재경 공역(2003, 아카데미프레스), pp.118~120; 『살아있는 협동학습』, 이상우(2009, 시그마프레스), p. 35.

필자 교실의 협동학습 활동 장면(넓이에 대한 실제적 양감 익히기)

협동적 노력에 의해 촉진되는 구성원들 사이에서 긍정적인 인간관계는 집단 응집력[8]을 높인다. 기본적으로 학생들이 혼자서 공부하기보다는 다른 친구들과 함께 어울려서 학습하는 것을 좋아한다고 본다면, 그리고 그 속에서 서로 협동하면서 타인의 성공을 진정으로 원하여 마음에서 우러나오는 도움을 주고받을 줄 안다면 학습 동기는 자연스럽게 형성되는 것이고, 그렇게 시작한 학습활동의 효과는 더욱더 커질 것이라고 생각한다. 때문에 협동학습이 매우 효과적이라고 말할 수 있다.

인지론 : 구성주의

1) 인지발달론[9]

학생들이 집단 내에서의 상호작용을 통해서 인지적 발달의 효과를 얻게 된다고 보는 입장인데, 인지발달론과 인지정교화론으로 나누어볼 수 있다.

(1) 인지발달론

인지발달론에서는 학생들의 긍정적 상호의존이 그들의 지적 능력을 향상시킨다고 주장한다. 특히 비고츠키는 비슷한 또래 아동의 협동적 활동은 '서로의 근접발달영역(혼자 문제를 해결할 수 있는 실제 발달 수준과 성인의 도움이나 보다 지적 수준이 높은 동료와의 협동에 의해 문제를 해결할 수 있는 잠재적 발달 수준과의 거리)' 안에서 모델링을 통해 지적 능력이 향상된다고 하였다.

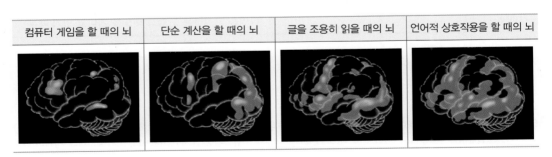

컴퓨터 게임을 할 때의 뇌	단순 계산을 할 때의 뇌	글을 조용히 읽을 때의 뇌	언어적 상호작용을 할 때의 뇌

출처 : 문화뉴스(2017. 12. 20), 뛰어노는 논술

---

8 집단 응집력 : 집단 구성원들 사이에서 상호 매력과 그로 인해 집단에 남고자 하는 욕구를 말한다.
9 『협동학습의 이해와 실천』, 정문성(2002, 교육과학사), p. 63.

(2) 인지정교화론

인지정교화론에 의하면 어떤 정보를 암기하거나 이미 가지고 있는 정보와 관련시켜서 그 정보자료를 인지적으로 재조직하거나 정교화할 때 학습효과가 가장 크다고 주장한다. 즉 정보나 개념을 그냥 인지하기보다는 다른 사람에게 설명해주는 경험을 할 때 더 그 내용을 잘 이해하고 오래 기억하게 된다는 것이다.(교사들이라면 너무나도 잘 알고 있을 것이다. 가르치면서 배운다는 사실을. 잘 모르고 있던 것들에 대하여 학생들을 지도하기 위해 다양한 자료를 찾고, 정리하고, 구조화한 후, 아이들을 가르치다 보면 어느 새 그 지식과 정보가 자신의 것이 되어버린 경험이 매우 많을 것이다.)

인지정교화론과 넛지 효과

타인의 행동을 유도하는 부드러운 개입을 뜻하는 말로, 똑똑한 선택을 유도하는 선택설계의 틀을 의미한다. 행동경제학자인 캐스 R. 선스타인(Cass R. Sunstein)과 리처드 탈러(Richard H. Thaler)가 공저한 『넛지』에 의하면, 팔을 잡아끄는 것처럼 강제와 지시에 의한 억압보다 팔꿈치로 툭 치는 것과 같은 부드러운 개입으로 특정한 행동을 유도하는 것이 더 효과적이라고 주장한다.

넛지 효과에 비추어볼 때 협동학습에서의 상호작용은 대표적인 넛지 효과라 할 수 있다. 정보나 개념을 억지로 기억하고 이해하게 하기보다는 다른 사람 혹은 인형을 앞에 놓고 설명할 수 있도록 하는 경험을 통해 그 내용을 잘 이해하고 오래 기억할 수 있도록 한다는 것이 바로 학습을 위한 '부드러운 개입'인 것이다.

(3) 비고츠키의 근접발달영역[10]

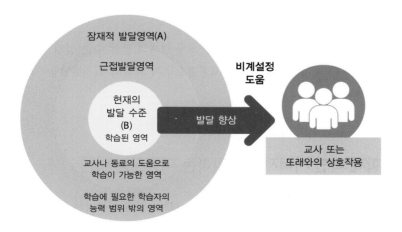

---

10 『구성주의와 교과교육』, 김판수 외 6인 공저(2000, 학지사), pp. 37~38.

비고츠키는 아동기에 있어서 학습의 수준을 아동이 남의 도움 없이 혼자서 문제를 해결할 수 있는 능력인 실제적 발달 수준과 성인의 안내나 보다 능력 있는 또래들과 협동하여 문제를 해결할 수 있는 능력인 잠재적 발달 수준으로 구분하였다. 그리고 나서 잠재적 발달 수준에서 실제 발달 수준 사이의 거리를 근접발달영역(Zone of Proximal Development, ZPD)이라 하였다.

비계설정의 중요성

교육에서 말하는 비계설정(Scaffolding)이란 보다 능력 있는 조력자(교사, 부모, 유능한 학생)가 과제를 수행해 나가는 학생을 살피면서 과제를 성취할 수 있도록 도움을 주어 상대방의 학습에 기여하는 것을 말한다(학생의 능력이 더 향상되도록 발판을 만들어주는 것). 비고츠키는 근접발달영역 내에서 교사나 앞선 또래와의 상호작용을 통해 학생이 더 높은 단계로 나아갈 수 있음을 강조하였다.

---

① 비고츠키는 다른 사람(비계설정 : 부모, 교사, 동료)의 도움을 받아 문제를 해결할 수 있는 근접발달영역을 협동적인 상호작용을 통한 효과적인 학습 범위(영역)로 설정한 것 같다.

② 효과적인 학습은 근접발달영역 내에서 가능한데 그것에 가장 큰 효과를 발휘하는 것이 바로 협동학습이라 생각한다.

③ 도움이 필요한 학생으로 하여금 자기보다 유능한 또래와 함께 활동하게 함으로써 근접발달영역 내에서 능력을 향상시킬 수 있도록 하는 데 협동학습을 통한 언어적 상호작용이 큰 도움이 된다고 생각한다.

④ 바람직한 교수-학습활동(협동학습)은 학생들에게 현재의 발달 수준(실제 발달 수준)보다 한 걸음 더 앞서는 내용(잠재적 발달 수준)을 제공함으로써 그들의 인지발달을 가능케 하는 것이라 보아야 할 것이다.

협동학습과 함께 하면 시너지를 발휘하는 다중지능 이론

이것은 학생이 자신의 재능과 적성을 찾고 발전시켜 나가는 일을 돕는다는 것이다. 학생 한 명 한 명이 자신의 삶을 살아가는 과정은 자신의 꿈을 찾아 떠나는 긴 여정이다. 사람들은 누구나 자기의 삶 속에서 나름의 역사를 만들고 그 역사 속의 주인공이 될 수 있으며 그 과정에서 자신이 살아있음을,

행복함을 느끼게 된다. 그러나 실제 사람들을 하나하나 살펴보면 행복함을 느끼는 정도가 다르다. 그 가운데 가장 행복한 사람은 자신의 꿈을 실현해 나가면서 기쁨을 느끼는 사람이요 가장 불행한 사람은 그것을 이루지 못하거나 그것조차 없는 사람이라 할 수 있다.

교육은 학생들 모두가 자신의 재능과 적성을 제대로 인식하고 그것을 최대한 발현시킬 수 있는 기회와 장을 만들어 자기 나름의 세계를 만들어 나갈 수 있도록 돕는 일이라 말할 수 있다. 그 속에서 학생들 모두는 자신의 재능과 적성을 잘 찾고 살아가는 힘을 바탕으로 사람들과 함께 잘 어우러져 행복하게 살아갈 수 있게 된다. 그러기 위해서는 교사가 수업을 바라보는 관점을 이에 맞추고, 학생들이 갖고 있는 세 가지 가능성에 대한 믿음을 가지고 교육활동에 임해야 한다.

학생들이 갖고 있는 세 가지 가능성에 대한 믿음

1. 학생들은 스스로 배움의 과정을 중요하게 여긴다.
2. 학생들 모두는 충분한 가능성을 갖고 있다.
3. 학생들 모두는 각자 나름의 세계를 가꾸어 나갈 수 있는 힘이 있다.

학생들에 대한 세 가지 믿음을 가지고 살아가는 힘을 잘 갖추어 나갈 수 있도록 돕는다면 아이들 모두는 각자 자신의 그릇(적성)에 맞는 일(소위 꿈이라는 것)을 찾아 재능을 발휘하고 발전시켜 나갈 수 있으며 그 과정에서 때로는 어렵고 힘들 수 있지만 충분히 행복한 생활을 영위해 나갈 수 있다. 그리고 교사가 그런 길을 잘 걸어온 사람이라면 학생들에게 그 길을 더 잘 이야기해줄 수 있다. 그냥

출처 : http://stori-project1.tistory.com

공부만 잘해서 교대를 졸업하고 현장에 나온 교사라면 분명히 학생들에게 해줄 수 있는 것이 별로 없을 뿐만 아니라 수업 속에서 학생들에게 삶을 이야기하며 꿈을 찾아 떠나는 여행에 좋은 동반자가 되어 줄 수 없을 것이라 생각한다.

이를 이해하는 데 가장 도움이 되는 것이 바로 '다중지능, 협동학습'이다.

MI(다중지능)란 한 가지 혹은 그 이상의 문화권에서 가치 있는 산물을 생산하거나, 문제를 해결하는 능력이다.

- 일상생활에서 직면하는 문제를 해결하는 능력
- 해결해야 할 문제를 발견하는 능력
- 문화 속에서 가치 있다고 인정되는 것을 만드는 능력 등을 의미한다.

학생들 모두는 다중지능을 갖고 있는데 그 가운데서도 나름대로의 강점지능과 약점지능을 갖고 있다. 교사는 수업을 통해 학생들이 자신의 강점지능을 잘 발전시켜 나가 적성으로 인식하고 재능으로 변화시켜 나갈 수 있도록 돕는 동시에 그것을 통해 약점지능을 보완할 수 있도록 한다면 가장 최선이라 말할 수 있겠다. 그런 과정을 통해 학생들은 재능과 적성을 발견, 개발하고 자신의 꿈을 실현시켜 나가는데 그 과정에서 보통 강점지능 2~3개 정도가 동시에 발현된다고 한다. 그리고 그중에서도 꿈을 이룬 사람들에게 공통적으로 나타나는 것 하나가 '자기성찰지능'이 모두 높다는 것이다. 결국 학생 스스로 자기가 무엇을 좋아하고 잘할 수 있는지를 아는 힘, 그것을 돕는 일이 가장 좋은 수업이고 배움의 과정이 아닐까 생각한다.

다중지능을 기반으로 한 활동은 동일한 영역 내에서도 다양한 특성을 보인다. 예를 들어 음악지능이 높은 사람이라 할지라도 그 특성은 다양하다. 어떤 사람은 노래를 잘 부르고, 어떤 사람은 악기 연주를 잘하고, 어떤 사람은 작곡을 잘하고, 어떤 사람은 소리에 대한 민감성이 우수하다. 이런 특성을 가진 학생들이 한데 어우러져 함께 자신의 장점을 표출하고 다른 사람의 장점과 잘 어우러질 수 있는 방안을 찾아 협동적으로 문제를 해결해 나간다면 살아가면서 겪게 되는 어떤 어려움도 잘 극복해 나갈 수 있다고 볼 때 교실에서 협동학습과 다중지능은 함께 다루어져야 할 중요한 학문이자 이론이 될 수 있다(예 : 다양한 음악 영역에서 각기 다른 장점을 가진 사람들이 모여 콜라보레이션을 통해 독특한 공연이나 연주회 등을 만들어내는 것과 같은 이치이다).

필자가 그동안 나름대로 다중지능을 활용한 수업에 대하여 공부한 것을 바탕으로 직접 제작하여 현장에서 활용하고 있는 자료 몇 가지를 제시해본다.

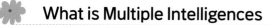

What is Multiple Intelligences

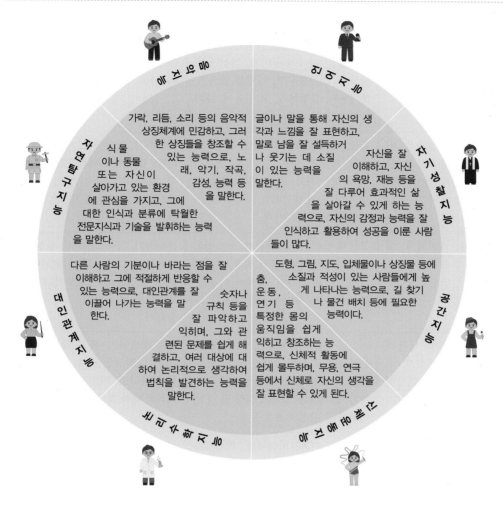

	언어지능	시인, 소설가, 정치인, 변호사, 방송인, 기자 등
	논리수학지능	수학자, 회계사, 법률가, 통계학자, 컴퓨터 프로그래머, 과학자 등
	자기성찰지능	성직자(종교인), 정신분석학자, 작가, 예술가, 상담자 등
유망직업	대인관계지능	교사, 정치인, 심리치료사, 사업가, 영업사원, 종교 지도자 등
	신체운동지능	무용가, 배우, 운동 선수, 공예가, 조각가, 외과의사 등
	음악지능	가수, 연주가, 작곡가, 음악 비평가 등
	공간지능	조종사, 디자이너, 건축가, 조각가, 바둑기사, 그래픽 아티스트, 가이드, 발명가 등
	자연탐구지능	식물학자, 동물학자, 과학자, 조경사, 조련사, 수의사, 한의사, 지질학자 등

강점지능	주요 학습 형태	잘하는 활동	효과적인 학습법
언어지능	읽기, 쓰기, 말하기, 듣기	낱말게임, 이야기 꾸미기, 일어난 일 상상하기, 동화구연, 다양한 글쓰기, 독서하기, 설명하기, 책 만들기, 대화하기, 발표하기 등	이야기 꾸미기, 낱말 놀이, 토론하기, 외국어로 말하기, 번역하기, 연설하기
논리수학지능	측정하기, 비판적으로 생각하기, 개념화하기	퍼즐, 문제 풀기, 과학실험, 암산, 수게임, 비판적 사고, 수 계산, 분류하기, 과학적 사고, 조사, 자료 해석, 도표 작성, 순서 배열하기, 추측하기, 연관성 찾기, 예상하기 등	분류하기, 계산하기, 평가하기, 추리하기, 통계자료 이용하기, 가설 세우기, 분석하기, 숫자 게임, 수수께끼, 유사점과 차이점 찾기, 인과관계, 연관성 찾기
대인관계지능	가르치기, 협동하기, 상호작용하기	공동체 참여, 각종 사회적 모임 만들기, 짝 활동, 집단 문제 해결, 프로젝트 활동, 보드 게임, 동료와 나누기, 인터뷰, 다른 사람과 감정 나누기, 토론하기 등	봉사하기, 의사소통하기, 감정을 넣어 표현하기, 다른 사람 가르치기, 상담하기, 모집하기, 광고하기, 다른 사람 평가하기, 협동하기, 모임 만들어 학습하기
자기성찰지능	개인 생활과 관련짓기, 스스로 결정하고 선택하기	스스로 학습계획 세우기, 자기에게 맞는 학습자료 선택, 자신만의 일 찾기, 활동 선택, 명상하기, 일기 쓰기, 자기 평가 및 이해하기, 목표 설정 및 달성, 개별학습, 감정의 표현 등	혼자 학습하기, 목표 설정하기, 계획 세우기, 결정한 것 실천하기, 조직적인 활동하기, 자기 이해하기, 자신의 미래에 대한 계획 세우기
공간지능	보기, 그리기, 색칠하기, 마인드맵하기, 시각화하기	각종 시각활동, 미술활동, 학습내용 그리기, 그래프나 이미지로 나타내기, 아이디어 그리기, 콜라주, 모빌, 예술작품, 벽화, 공예, 조각, 도표, 그림, 사진, 만화, 상상하기 등	설계하기, 지도 그리기, 사진 찍기, 장식하기, 상상하기, 묘사하기, 그래프나 표 만들고 그리기, 마인드 맵 하기, 만화 그리기
음악지능	노래하기, 랩 만들기, 노래 듣기, 작곡하기, 연주하기	랩 하기, 노래하기, 음악 감상하기, 멜로디 창작하기, 리듬 치기, 음악을 통한 스트레스 제거, 악기 연주하기, 소리 듣고 음 알아맞히기, 학습내용과 관련된 노래하기 등	노래 부르기, 악기 연주하기, 음악 감상하기, 녹음하기, 작곡하기, 편곡하기, 개사하기, 음을 정확하게 구별하기, 랩 만들기
신체운동지능	몸 동작으로 나타내기, 춤으로 표현하기, 연극으로 꾸미기	체험학습, 드라마, 춤, 스포츠, 만들기, 조립하기, 역할놀이, 인형극, 율동, 신체활동, 연극, 동작으로 표현하기, 낱말을 신체로 표현하기, 여러 물질이 되어 행동하기 등	물건 나르기, 균형 잡기, 걷기, 달리기, 흉내 내기, 노래 부르기, 종이접기, 만들기, 연기하기, 춤추기, 도구를 활용하여 움직이기, 운동하기

(계속)

|  자연탐구 지능 | 관찰하기, 동식물 키우기, 여행하기 | 자료 수집, 분류, 자연 체험, 체험활동 기록문 쓰기, 견학하기, 관찰하기, 소풍가기, 여행하기, 하이킹하기, 자연보호 활동에 참여하기, 동식물 키우기, 관찰일지 쓰기, 자연 사진 찍기, 동식물 스케치 등 | 견학하기, 보고서나 기록문 쓰기, 자연보호하기, 관찰하기, 관찰일지 쓰기, 사물 분류하기, 각종 자료 수집하기, 동식물 기르기, 자연으로 나가서 직접 눈으로 확인하기 |

 ## 다중지능 이렇게 깨워보자!

다중지능 이론은 사람한테 다양한 지능이 있고, 이 지능이 유기적으로 결합해 한 사람의 특성을 결정한다고 주장한다. 그리고 각각의 지능은 어느 정도까지는 노력하여 계발할 수 있다고 본다.

언어지능	풍부한 언어자극을 줘야 한다.	1. 좋은 그림책을 많이 읽어준다. 2. 사물의 이름을 정확히 알려준다. 3. 유사어 대신 표준어를 사용한다. 4. 아이의 말에 항상 대꾸를 해준다. 5. 책을 읽고 난 후에도 반드시 대화를 나눈다.
논리수학지능	퍼즐이나 과학놀이를 많이 하는 것이 좋다.	1. 물건을 분류하고 순서를 만드는 놀이를 한다. 2. 간단한 과학 놀이를 한다. 3. 퍼즐놀이를 자주 하게 한다.
공간지능	자유롭게 표현하게 도와줘야 한다.	1. 자유롭게 그림을 그리도록 한다. 2. 스스로 모형을 완성하게 한다. 3. 다양한 곳을 다녀보게 한다.
대인관계지능	또래와 많이 어울리게 해야 한다.	1. 양육자를 일관되게 한다. 2. 여러 곳을 데리고 간다. 3. 또래 친구와 공동 놀이를 한다. 4. 동생 돌보기를 시킨다.
신체운동지능	마음껏 몸을 움직이게 해야 한다.	1. 표정 짓기나 흉내내기 놀이를 한다. 2. 실내 놀이터에서 마음껏 뛰놀게 한다. 3. 활동적인 몸놀이를 함께 한다. 4. 손놀이를 한다.

(계속)

자연탐구지능	산과 들, 바다로 자주 나가야 한다.	1. 야외로 자주 나간다. 2. 돋보기로 관찰하게 한다. 3. 자연에 대한 이야기를 많이 들려준다. 4. 그림보다는 사진을 많이 보여준다.
자기성찰지능	아이의 인격을 존중해 줘야 한다.	1. 독립된 아이만의 공간을 만들어준다. 2. 한 가지 일에 집중하게 도와준다. 3. 아이의 의사를 존중해준다.
음악지능	다양한 소리 자극을 줘야 한다.	1. 자연의 소리를 많이 들려준다. 2. 다양한 음악을 접하게 한다. 3. 물건 두드리기 놀이를 한다.

다중지능별 활동 메뉴(교수-학습 활동 사례)

언어지능	이야기하기 및 글로 쓰기, 토론하기, 아동시, 신화, 전설, 단막극, 역할극, 뉴스 기사로 써보기, 짧은 글이나 소설에 대한 이야기 발표하기, 학급회의 이끌어가기, 라디오 프로그램 만들기, 광고, 회보, 작은 책자(미니 북), 사전 만들어보기, 슬로건, 카피(광고문구) 만들기, 인터뷰하기, 갈래별 글쓰기, 편지, 일기 등 쓰기
논리수학지능	문장제 문제 만들기, 법칙으로 옮기기, 초안 만들기, 실험하고 계획하고 수행하기, 전략 게임 만들기, 설명할 때 다양한 도구 사용하기(벤다이어그램, 그래프, 도표 등), 증명을 위한 논리 만들기(연역법, 귀납법), 생각하는 방법 사용하기, 사실들을 분류하기, 모양과 대칭에 대하여 설명하기, 결과가 나오기까지의 과정 설명하기
공간지능	도표, 지도, 그래프 그려보기, 슬라이드 쇼나 비디오테이프, 사진 앨범 제작하기, 벽보나 게시판, 벽화 등 디자인하기, 사물에 대한 설계 그림 만들기, 광고 만들어보기, 모양이나 크기 변경하기, 삽화 넣기, 색칠하기, 조각하기, 조립하기, 수업에 OHP 활용하기, 그림을 그릴 때 다양한 도구 활용하기, 각종 발표물 디자인하고 만들기
대인관계지능	모둠(모임) 만들고 활동하기, 모둠 활동에 적극 참여하기, 짝과 소리 내며 문제를 해결하기, 입장 바꿔 생각하고 행동하기, 의도적으로 사회적 기술 교육하기, 다른 사람 가르쳐 주기, 협조적인 계획, 규칙이나 과정 만들어보기, 다른 지역이나 다른 세계에 대한 정보, 문제에 대하여 이야기하기, 피드백을 주고받기, 자신의 장점을 사용하여 모둠 활동에서 맡은 역할 수행하기, 상호작용에 다양한 기술 이용하기

(계속)

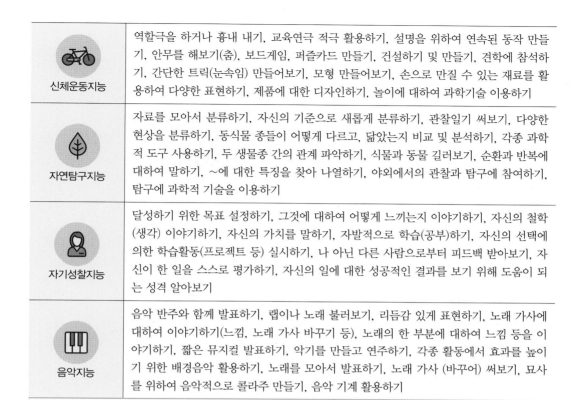

신체운동지능	역할극을 하거나 흉내 내기, 교육연극 적극 활용하기, 설명을 위하여 연속된 동작 만들기, 안무를 해보기(춤), 보드게임, 퍼즐카드 만들기, 건설하기 및 만들기, 견학에 참석하기, 간단한 트릭(눈속임) 만들어보기, 모형 만들어보기, 손으로 만질 수 있는 재료를 활용하여 다양한 표현하기, 제품에 대한 디자인하기, 놀이에 대하여 과학기술 이용하기
자연탐구지능	자료를 모아서 분류하기, 자신의 기준으로 새롭게 분류하기, 관찰일기 써보기, 다양한 현상을 분류하기, 동식물 종들이 어떻게 다르고, 닮았는지 비교 및 분석하기, 각종 과학적 도구 사용하기, 두 생물종 간의 관계 파악하기, 식물과 동물 길러보기, 순환과 반복에 대하여 말하기, ~에 대한 특징을 찾아 나열하기, 야외에서의 관찰과 탐구에 참여하기, 탐구에 과학적 기술을 이용하기
자기성찰지능	달성하기 위한 목표 설정하기, 그것에 대하여 어떻게 느끼는지 이야기하기, 자신의 철학(생각) 이야기하기, 자신의 가치를 말하기, 자발적으로 학습(공부)하기, 자신의 선택에 의한 학습활동(프로젝트 등) 실시하기, 나 아닌 다른 사람으로부터 피드백 받아보기, 자신이 한 일을 스스로 평가하기, 자신의 일에 대한 성공적인 결과를 보기 위해 도움이 되는 성격 알아보기
음악지능	음악 반주와 함께 발표하기, 랩이나 노래 불러보기, 리듬감 있게 표현하기, 노래 가사에 대하여 이야기하기(느낌, 노래 가사 바꾸기 등), 노래의 한 부분에 대하여 느낌 등을 이야기하기, 짧은 뮤지컬 발표하기, 악기를 만들고 연주하기, 각종 활동에서 효과를 높이기 위한 배경음악 활용하기, 노래를 모아서 발표하기, 노래 가사 (바꾸어) 써보기, 묘사를 위하여 음악적으로 콜라주 만들기, 음악 기계 활용하기

CHAPTER

03

협동학습 철학적으로
들여다보기*

* 이 장의 내용은 2013년 문화체육관광부 주관 올해의
우수 학술도서로 선정된 필자의 책 『협동학습 교사를
바꾸다』(2012, 시그마프레스)의 내용이 다수 반영되었
음을 미리 밝힌다.

빨리 가려거든 혼자서 가라

멀리 가려거든 함께 가라

- 아프리카 속담 -

협동학습, 철학'과 마주하다

최근 들어 혁신이라는 말이 우리 사회를 지배하고 있다. 정치, 경제, 사회, 문화 모든 분야에서 혁신은 이제 대세가 되어버렸다. 교육계에도 혁신교육이라는 변화의 바람이 불어 전국적으로 퍼져 나가고 있는 중이다. 그리고 그 가운데 다행히도 협동학습은 하나의 중요한 흐름으로 뿌리를 내리고 있다. 그런데 안타까운 점 한가지가 있다. 그것은 '교육 철학'의 부재이다. 기존의 패러다임을 갖고서 협동학습을 바라본다면 협동학습은 잠시 반짝 하고 빛나다 사라질 수도 있는 수업 방법에 불과한 것이다.

출처 : https://brunch.co.kr/@luck09/46

세상은 매우 빠르게 변하고 있다. 하지만 기술의 발전을 따라잡지 못하는 정신적인 측면, 세계적인 저성장 국면, 그 와중에 우리가 겪고 있는 심각한 사회적 문제(고령화, 저출산, 빈부격차, 청년 실업, 자살률, 헬조선, 흙수저, 경쟁교육, 조기교육 열풍, 학력 제일주의, 교육성과 우선주의, 공교육이 감당할 수 없는 사교육 시장, 학생들이 지옥에 비유하는 학교 현장, 그 속에서 일어나고 있는 폭력 문제 등)는 우리 사회를 점점 더 옭죄고 있다. 이제 우리는 지혜롭게 변화를 꾀하지 않으면 더 이상 지속 가능한 발전을 이룩할 수 없다는 위기감마저 든다.

지금까지 수차례 정권이 바뀔 때마다 교육부 장관과 교육감들과 교육 전문가들과 정치가들이 교육 개혁을 꾸준히 추구해 왔지만 진정으로 교육 개혁은 이루어지지 않았다. 그 이유를 살펴보면 다음과 같다.

- 천박한 자본주의 시장경제 논리에 토대를 둔 한계를 벗어나지 못하였음
- 관 주도의 한계를 벗어나지 못하면서 진정한 의미에서 교육의 자율성과 다양성, 수월성과 선택의 가치를 고려하지 못하였음
- 교육이 가진 공공성을 상품으로 포장하고 그에 참여하는 학생과 학부모를 소비자로 전락시켰음
- 수월성이라는 이름으로 평등의 문제를 다른 곳으로 돌리며 학교의 사회적, 정치적 역할을 경제 논리와 이념 속에 종속시키고 말았음[2]

---

1 사전적 의미로 '자신의 경험에서 얻은 인생관, 세계관, 신조 따위를 이르는 말'로 해석하면 된다.

2 기회의 평등이 아니라 경제적 상황에 따른 선택을 평등으로 인식하게 만들었다. 자본주의 사회의 가장 큰 원리는 '자유와 경쟁'인데 이런 원리가 현재는 긍정적 기능을 발휘하고 있지 못하고 있다는 점에 가장 큰 문제가 있다. 우리에게 많이 알려져 있는 핀란드는 기회의 평등이 아니라 결과의 평등을 추구하며 교육개혁을 실천해 왔고, 그것이 오늘날의 핀란드를 만들었다는 점은 우리에게 시사하는 바가 매우 크다.

- 다양한 교육 관련 공적인 논의를 교육적 성취의 의미에 집중하게 하면서 공교육의 모델을 전통적인 학업 성취(성적＝결과), 줄 세우기, 경쟁 중심으로 확고히 고정시키려는 방향으로 나아가고 있다는 점[3]
- 세상의 변화와 시대적 흐름을 반영한 정책적, 제도적 장치를 마련하고 있지 못하였음
- 시대의 변화에 대처한 교육 계획, 교육과정, 수업의 변화를 이끌어내지 못하고 있음
- 위의 것 모두를 아우를 수 있는 철학을 제대로 세우고 실천하지 못하였음

독일의 한 잡지에 소개된 한국 교육 : 초등학교부터 시작되는 입시 경쟁과 획일적이고 비인간적인 한국의 교육 현실을 그대로 보여주는 글. 팍팍한 학원 일정으로 뛰어놀 시간도 턱 없이 부족한 우리 아이들이 이제는 미세먼지로 인해 마스크를 쓰고 책상에 앉아 있다.

출처 : https://brunch.co.kr/@luck09/46

9시 등교, 자율적 야자에도 아이들은 피곤하다.
정말 교육문제는 대통령도 해결하지 못할까?

출처 : 오마이뉴스(2018. 6. 7)

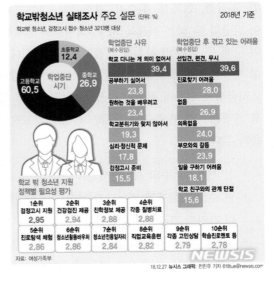

---

3   경제 논리에 따라 시행되는 주요 교육정책들인 고교 선택제, 입시학원으로 전락한 특목고·자사고·외고 문제, 국가 수준의 학업성취도 평가와 성적 공개, 교직원 정보 공개, 교원평가, 학교별·교사별 차등성과급, 해가 갈수록 복잡해지고 어려워지는 입시문제와 입시 비리 문제 등은 전혀 개선될 기미가 보이지 않는다. 오히려 더욱더 공고히 뿌리를 내리고 있는 듯하다. 겉으로는 국민과 나라를 생각한다고 하면서 속으로는 자신들의 이익만 챙기는 데 혈안이 된, 현대판 계층 논리에 따른 가진 자들의 위선으로 인해서. 최순실 문제, 숙명여고 쌍둥이 입시 비리, 조국 법무부 장관 자녀 입시 의혹 문제 등이 그 문제점을 단적으로 보여주고 있는 대표적 사례라 할 수 있다. 이로 인해 최근 몇 년 사이에 우리나라 학부모와 학생들의 마음은 크게 피멍이 들어 가고 있다. 그리고 분노하고 있다.

앞으로도 계속 이런 방향으로 나간다면 우리 교육 현장은 더 이상 희망이 없는 암울한 곳으로 변할 가능성이 크다. 일부 학교에서는 그런 현상들이 조금씩 나타나고 있고, 학교를 떠나고 있는 학생들이 점점 늘어나고 있다는 것이 이를 증명해주는 것이라 본다(앞페이지 통계자료 참고).

이런 것의 심각한 문제점에 대하여 이미 오래전 사교육 시장의 대부라 할 수 있는 메가스터디 손주은 대표도 한 마디를 거든 적이 있었다.

 [프리미엄 경제신문 이투데이]

"목숨 걸고 공부해도 소용없다"

온라인 뉴스팀 기자(2011. 11. 7)

'손사탐'으로 유명한 손주은(50) 메가스터디 대표는 "목숨 걸고 공부해도 소용없다"며 대학이 전부는 아니라고 강조했다.

7일 머니투데이에 따르면 손 대표는 "취업공부, 고시공부에 목매는 건 경쟁에서 밀리면 끝이라는 두려움 때문"이라며 "이제 공부는 구원이 아니라, 기득권층 뒷다리만 잡고 편하게 살자는 수단에 불과하다"고 말했다.

손 대표는 "가진 사람들이 부를 세습하는 장치들이 너무 단단하다"며 "공부를 잘한다고, 명문대 나온다고 중산층으로, 그 이상으로 올라가긴 쉽지 않다"고 설명했다.

그는 이어 "대학 잘 가는 건 경쟁력 요소의 하나일 따름이지, 그렇게 큰 경쟁력은 아니다"라며 "정말 성공하고 싶다면 기득권의 안전장치가 없는 곳, 그들이 거들떠보지도 않고 넘볼 수도 없는 다른 길로 팍 치고 들어가라"고 덧붙였다. (이하 생략)

그렇다면 이 문제를 어떻게 슬기롭게 극복해 나갈 것인가의 문제가 남는다. 필자는 백년 앞을 내다보며 낡은 사고와 패러다임은 과감히 버리고 새로운 철학적 기반 위에 우리 자신과 교육을 바르게 세워야 한다고 본다. 그렇다면 '지금 우리에게 필요한 철학은 무엇인가?'하는 물음이 우리에게 다가올 것이다.

지금 우리에게 필요한 철학적 고민

민주적 공동체로서 학교와 교실을 재구성하기 위한 패러다임은 어떠해야 하는가? 그리고 천박한 돈의 논리에 입각한 시장주의자들(주로 가진 자들과 권력자들)이 선점한 자율성과 다양성, 선택의 문제에 있어서 그 본래의 가치가 훼손되지 않으면서도 그것이 개인의 사적 이익이나 계층 간의 불평등으로 이어지지 않고 공공성과 민주적 가치를 보존하고 강화할 수 있는 원칙은 무엇인가?

위의 고민을 해결해줄 수 있는 철학은 바로 '협동'이어야 한다는 것이 필자의 주장이다.

변화의 방향='협동'철학에 기초
평등-평화-인권-생태 ⇨ 민주시민 육성
학생의 필요와 흥미, 욕구에서 출발하는 교육으로의 전환

필자가 새롭게 내린 협동학습의 정의(재개념화)

학생 스스로 자신의 참된 삶에 주인이 됨과 동시에 개인의 자유로운 삶과 공동체의 평등한 구조 사이의 간극을 조정할 줄 아는 능력을 갖출 수 있도록 돕는 교육 운동

- 자신의 참된 삶에 주인이 된다는 것 : 배움(재능 · 적성 개발)에 대한 자기주도적 역량을 발휘한다는 것
- 개인의 자유로운 삶과 공동체의 평등한 구조 사이의 간극을 조정할 줄 아는 능력 : 공동체 역량, 의사소통 역량, 문제해결 역량 등='살아가는 힘'
- 민주시민으로서 학생의 성장과 발달을 돕는다는 개념이 담겨 있음
- 민주시민으로 잘 성장한 사람이 지속 가능한 좋은 사회를 만들어갈 수 있다는 믿음에 기초
- '지식 중심'의 학교 교육 목표가 '핵심역량 개발 중심'으로 바뀌고 있는 데 따름

교사, '협동' 철학과 마주하다

이런 고민을 최근 들어서 많이 하게 된다.

정말 우리 학생들은 행복하게 살고 있는가?
그 방법을 학교에서, 사회에서 배우고 있는가?

그리고 학생들에게 이런 질문을 자주 한다.

학교에 왜 오니?

물론 그 답변은 지극히 상투적이다.[4]

"공부하러 와요."

---

4 이렇게 대답하는 학생의 대부분은 거짓일 가능성이 높다. 적지 않은 학생들은 친구 만나러 온다. 부모님이 가라고 해서 온다. 딱히 학교 외에는 갈 곳이 없어서 온다. 밥 먹으러 온다. 물론 공부도 그 이유 중 작은 부분을 차지하고 있을 수 있다. 하지만 공부만 하러 오는 학생들, 그것이 제일 중요한 이유인 학생은 정말 찾기 드물 것이라 생각된다. 그런데 성적 경쟁의 관점에서 본다면 그들 또한 '친구'가 아니라 '경쟁자'일 따름이다.

필자의 경험으로 비추어볼 때 학생들이 학교에 오는 가장 큰 이유는 대부분의 친구가 거기 있기 때문일 가능성이 제일 높다.[5] 학생들에게 학교는 아마도 배움의 장이 아니라 생존 경쟁의 장일 가능성이 높다. 18세기에 루소가 『에밀』이라는 소설을 통해 비판한 교육 현실의 문제가 아직도 해결되지 않고 있다는 점에서 필자는 매우 마음이 아프다. 학교는 분명히 행복하게 살아가는 지혜, 인간에 대한 존중과 소중함을 배우는 곳인데.

한때 필자는 우리 교육 현실의 문제가 정치적, 제도적 문제라고 생각했던 적이 있었다. 하지만 '제도만 잘 정비되면 문제가 해결되는가? 매년 제도가 정비되고 보완되고 있는데 왜 나아질 기미는 안 보이고 더 문제가 심각해지는가?'하고 고민 끝에 내린 결론이 바로 '철학의 부재'였다. 아니, 어쩌면 철학의 부재라기보다는 지금의 현실을 부추기는 철학이 따로 존재하고 있다고 말해야 옳을 것이다. 바로 싸구려 자본주의에 기반을 둔 '경쟁'이라는 철학 말이다.[6]

스테판 에셀은 그의 저서 『분노하라』(임희근 역, 2011, 돌베개)에서 교육은 지식을 전달하는 도구일 뿐이라 역설하고 있다. 그리고 '무엇이 지식인가?'에 대하여 고민하고 '올바른 지식이 무엇인가?'에 대하여 가르치는 것이 매우 중요하다는 것을 강조하고 있다.[7] 또한 그는 학생들이 교육을 통해 자신의 삶과 공동체의 삶 속에서 마주할 수 있는 두려움과 불안에 맞서는 방법, 올바른 민주시민으로 타인과 함께 어울려 '다 함께 잘 살아갈 수 있는 방법'을 배워야 한다고 말하고 있다.[8] 필자도 이 말에 적극 공감한다. 그리고 필자가 재개념화한 협동학습의 정의와 '협동' 철학에 잘 부합하는 생각이기도 하다.

이제는 더 이상 경쟁에서 이기는 길만이 성공은 아니라는 패러다임이 필요한 시기가 되었다. 그리고 그런 가치관과 사고방식으로의 전환을 도울 수 있는 곳이 바로 학교이고 교육이어야 한다. 그래서 협동학습이 꼭 필요한 것이다.

이제 교사들은 '협동' 철학을 바탕으로 경쟁을 부추기는 교육, 성적으로 가르고 학생들을 차별하는 교육을 단호하게 거부하거나 지양할 수 있도록 최선을 다해야 한다. 그리고 그 자리에 친구를 사랑하고 존중하는 마음, 타인을 이해하고 배려하는 마음, 서로 도움을 주고받을 수 있는 넉넉함과 솔

---

5 이 말은 '친구가 없다면 정말로 오기 싫은 곳'이라는 뜻이 된다. 정말로 오기 싫지만 그래도 친구들이 있기 때문에 학생들은 학교에 오는 것이라고 이해하는 것이 옳다.

6 필자의 견해로 볼 때 작금의 현실을 지배하고 있는 철학은 대량 소비, 물질 만능주의, 쾌락주의, 학력 제일주의, 약육강식, 천민자본주의, 역사와 전통에 대한 왜곡과 경시 풍조 등에 깔린 '무한 경쟁'이라고 판단된다.

7 스테판 에셀이 말하는 올바른 지식은 '휴머니즘에 바탕을 둔 인간의 이해, 연대와 박애의 실천, 자기정체성 인식, 타인과 차이점 이해, 이 모든 것을 가능하게 하는 힘'이다. 이런 모든 것들이 현재의 교육과정에서는 '핵심역량'이라는 용어 속에 함축되어 있다. 그리고 필자는 그 용어를 아우를 수 있는 한 낱말로 '협동'을 꼽고 있는 것이다.

8 스스로 주인이 된 개인적 삶과 공동체적 삶을 동시에 마주하면서 다양한 사고와 이해의 충돌을 조정할 줄 아는 힘을 기르는 최적의 장소, 최적의 비계가 바로 학교이자 친구라고 필자는 생각한다. 그리고 이것을 도울 수 있는 가장 좋은 학문이자 철학이 바로 협동학습이라고 주장하고 있는 것이다.

직함, 인권의식 등이 자리매김할 수 있도록 도와주어야 한다. 바로 학교에서, 교실에서 말이다.

아직 희망은 있다. 미국 대공황 시절, 노동자와 농민의 모습을 가장 사실적으로 표현한 작가이며 프롤레타리아 문학자라고도 할 수 있는 존 스타인벡(John Ernst Steinbeck)이 그의 대표작 『분노의 포도』를 통해 우리에게 전한 메시지처럼 우리에게는 아직 연대의 끈이 민중의 가슴 속에 촛불처럼 꺼지지 않고 타오르고 있다. 그리고 최근에 우리는 그 촛불의 힘을 눈으로 직접 목격하기도 하였다.

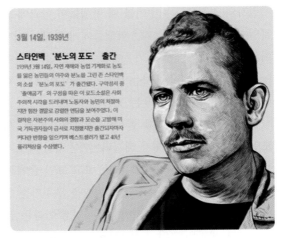

3월 14일, 1939년

스타인벡 '분노의 포도' 출간

1939년 3월 14일, 자연 재해와 농업 기계화로 농토를 잃은 농민들의 이주와 분노를 그린 존 스타인벡의 소설 '분노의 포도' 가 출간됐다. 구약성서 중 '출애굽기' 의 구성을 따온 이 로드소설은 사회주의적 시각을 드러내며 노동자와 농민의 처절하지만 힘찬 결말로 강렬한 연대를 보여주었다. 이 결말은 자본주의 사회의 경쟁과 모순을 고발해 미국 기독권자들이 금서로 지정했지만 출간되자마자 커다란 반향을 일으키며 베스트셀러가 됐고 40년 퓰리처상을 수상했다.

스타인벡 『분노의 포도』 출간(오늘의 역사)
출처 : 메트로 뉴스(2014. 3. 14)

"아직 파국은 오지 않았다.
두려움이 분노로 변할 수 있는 한 파국은 오지 않을 것이다."[9]

우리 사회를 어떻게 바라볼 것인가

6.25 전쟁 이후 50년 만에 세계사에 유례가 없을 만큼 고도의 성장을 빠른 속도로 이룬 대한민국. 그런데 그런 우리나라, 우리 사회가 지금 병들어가고 있다. 여기저기에서 신음소리가 들리고 있다. 도대체 우리 사회는 지금 어디까지 와 있는 것인가?

1) 정신적으로 위험한 자살률 세계 1위의 대한민국

통계청 자료에 의하면 2018년 기준 한국의 자살률은 OECD 평균인 11.5명에 비해 2배 이상 많은 24.7명으로 나타났다.

이 통계만으로 보면 대한민국은 자살충동을 억누르며 살아가고 있는 매우 위험한 사회라고 말할 수 있다.

국내 사망 원인 가운데 4~5위 정도를 차지하고 있는 자살의 주원인으로는 빈곤, 질병, 고독, 우울 등이 지목되고 있다. 그런데도 불구하고 국가에서는 이에 대한 대책을 적극적으로 내놓지 못하고 있

---

9 스테판 에셀도 이와 비슷한 말을 하였다. "부정의에 분노하고, 그것을 해결하기 위해 참여하여 희망적인 결과에 대해 낙관하라. 그리고 삶의 희망을 잃지 말아라."

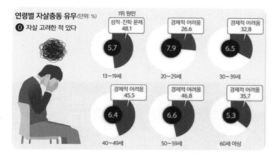

세상 사는 이야기(2017.11.16)

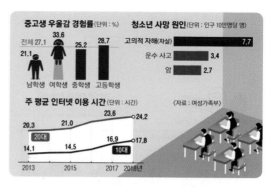

심한 우울감에 빠진 중고생, 사이버 세상에 매몰된 20대
출처 : 서울신문(2019. 5. 1)

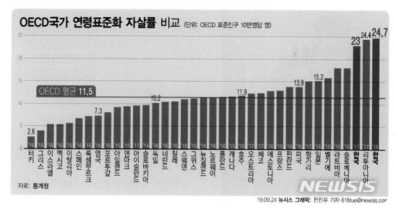

한국, OECD국가 중 자살률 1위
출처 : NEWSIS(2019. 9. 24)

다. 무척 안타깝기만 하다.(전 연령대에서 자살충동 유무의 압도적 이유는 경제적 이유이고, 오직 청
소년층에서만은 성적과 진학문제가 매우 높은 원인으로 나타나고 있다.)

　한편 여성가족부·통계청 '2019년 청소년 통계' 자료에 의하면 중고생 4명 중 1명은 일상생활이
어려울 정도의 우울감을 느끼는 것으로 나타났다. 청소년 사망원인 1위는 11년째 자살이고, 10명 중
1명은 낙심, 우울을 경험할 때 이야기 상대가 없어 필요할 때 도움을 받을 사람이 없다고 답했다고
한다. 또한 소통은 주로 인터넷인데 20대에서는 인터넷 소비량이 인생의 7분의 1에 달할 정도이며
해마다 증가 추세에 있다는 것이다.

2) 고립무원 사회로 가고 있는 대한민국

최근 들어 '홀로'라는 말이 굉장히 많이 회자되고 있다. 혼밥, 혼술, 혼영, 나홀로 노래방, 나홀로 여

행 등. 아예 '나홀로족'[10]이라는 신조어가 등장하기에 이르렀다. 특히 젊은 층에서 이런 현상을 긍정적으로 느끼고 있는 경향이 강하다.

고립무원
출처 : 일요시사(2014. 10. 20)

대한민국 신인류로 등장한 나홀로족 : 전체 86.9%가 당연한 시대흐름으로 인식, 1인 가구 증가와 바쁜 생활 및 개인주의 성향이 가장 큰 이유
출처 : 트랜드모니터(2016. 7. 12)

위와 같은 이유 때문인지 최근 들어서 1인 가구를 겨냥한 상품과 싱글족들을 위한 상품 시장, 쇼핑몰의 규모가 날로 커지고 있는 추세라고 한다. 필자의 입장에서는 요즈음 말로 웃픈 현실일 수밖에 없다.

그런데 연령대가 높아지면 매우 위험한 사회적 현상으로 나타나고 있다. 65세 이상 노인 중 경제적 곤란 상황에서 가족을 제외하면 도움을 구할 사람이 없는 경우가 2명 중 1명꼴이고, 5명 중 1명은 정서적으로 기댈 사람이 없다는 것을 볼 수 있다(2018년 보건복지부 통계에 의하면 노인 고독사 사망자는 최근 5년간 3,332명에 달함, 연도별로 보면 2014년 538명, 2015년 661명, 2016년 750명, 2017년 835명, 2018년 6월까지 547명 기록, 성별로 보면 5년간 남성이 2,103명, 여성이 1,228명으로 남

---

10 다른 사람들과 어울리기보다는 자신만의 여가생활을 즐기는 이들을 가리키는 신조어이다.

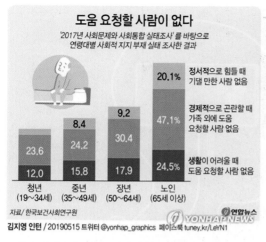

도움 요청할 사람이 없다

'2017년 사회문제와 사회통합 실태조사'를 바탕으로 연령대별 사회적 지지 부재 실태 조사한 결과

정서적으로 힘들 때 기댈 만한 사람 없음 20.1%

경제적으로 곤란할 때 가족 외에 도움 요청할 사람 없음 47.1%

생활이 어려울 때 도움 요청할 사람 없음 24.5%

청년 (19~34세)	중년 (35~49세)	장년 (50~64세)	노인 (65세 이상)
23.6	24.2	30.4	47.1%
12.0	15.8	17.9	24.5%
	8.4	9.2	20.1%

자료/한국보건사회연구원
김지영 인턴 / 20190515 트위터 @yonhap_graphics 페이스북 tuney.kr/LeYN1

노인 중 절반이 가족 말고 경제적 도움 구할 사람 無
출처 : 천지일보(2019. 5. 15)

늘어가는 노인 고독사
출처 : 연합뉴스(2018. 10. 26)

성이 더 많았다고 함).[11] 게다가 청년, 중년, 장년층의 비율도 결코 무시할 수 없을 만큼의 수치라는 것도 매우 우려가 되는 상황이다.[12]

3) 점점 심각해지는 중독사회 대한민국

대한민국 사람들에게는 '빨리빨리' 유전자와 '열심히' 유전자가 매우 많은 것처럼 보인다. 그래서 무엇인가 하게 되면 두 용어가 입에서 쉽게 나온다. 그런데 오늘날의 경제 성장을 가능하게 해준 이 두 용어는 최근 들어 부정적인 현상으로 우리 사회에 자리하기 시작하였다. 두 용어가 융합하여 중독현상으로 나타나고 있는 것이 바로 그 증거이다. 우리나라는 현재 일 중독, 마약 중독, 게임 중독, 공부 중독, 학원 중독, 술 중독, 돈 중독, 스마트폰 중독, 도박 중독, 쇼핑 중독 등에 빠져 있다고 해도 과언이 아니다. 이 가운데서도 필자가 가장 걱정하는 3대 중독은 바로 일 중독, 게임(스마트폰 포함) 중독, 공부 중독이다.

먼저 게임 중독은 어른이고 학생이고 할 것 없이 매우 심각한 수준이다. 맞벌이 가구, 저소득층 자

---

11 최근 들어서 사회적 돌봄의 그늘에서 외로움과 고통 속에 고단한 삶을 지탱하다 노인 홀로 쓸쓸히 죽음을 맞이하는 무연고 사망 소식이 언론을 통해 자주 보도되고 있는 대한민국 현실이다. 더 쓸쓸한 이야기는 학생들의 2학기 중간고사를 없애야 한다는 이유로 '추석 연휴 뒤에 2학기 중간고사가 있어서 시험공부 하느라 할아버지, 할머니를 만나러 갈 수 없기 때문'이라는 점을 들고 있는 학생들이 매우 많다는 것이다. 이는 성적이 가족관계, 외로운 할아버지, 할머니를 찾아 뵙는 일보다 더 중요하다고 생각하는 대한민국 사회가 되어버렸다는 것을 증명하는 사례라 할 수 있다.

12 대한민국 사회는 현재 국민 4명 중 1명 이상이 어려운 상황에 처해도 주변에 도와줄 가족이나 친구가 없어 도움을 요청할 수 없는 고립무원의 상태에 놓여 있다고 한다. 그 원인으로는 사회적 지지의 부재가 삶의 만족을 떨어뜨리는 데 작용하는 주된 원인으로 작용하고 있다고 한다.

녀일수록 그 현상은 더 심각하다.[13] 교육 현장에서는 학생들이 게임, 스마트폰에 빠져 가족과 함께 지내는 시간이 현저히 줄어들고 있다는 우려를 계속 표명하고 있지만 우리 사회는 이에 대한 대책을 적절히 내놓지 못하고 있는 실정이다. 세계보건기구(WHO)가 2019년 5월에 '게임 중독도 질병'이라고 분류한 새 국제질병 분류를 194개국 대표들의 반대 없이 통과시켰다는 사실에 우리는 주목해야 한다. 게임 중독이 그냥 두면 안 되는 심각한 병이라는 데 전 세계가 의견 일치를 본 것이라는 점에서 늦었지만 다행이라는 생각이 든다.

섭취 중독만 인정하던 WHO, 행위 중독도 病으로 보았다.
출처 : 조선일보(2019. 5. 27)

다음으로는 일 중독 문제이다. 일 중독이란 일과 삶 사이의 균형을 잃은 채 강박적으로 일에 매달리는 현상을 말한다. 그래서 일 중독자는 갈수록 목표를 높이 설정해 나가고, 만일 할 일이 없어지거나 자유시간이 오면 기분이 어색하거나 적응이 잘 안 되며 불안과 고독, 자기상실감, 심지어 죄의식 등에 시달리는 모습을 보인다고 한다.[14]

일 중독의 심층적 원인을 홀거 하이데(Holger Heide) 교수는 '두려움'에서 찾았다. 이 두려움은 인간이 자본주의의 폭력과 더불어 체계적으로 '내적 자율성'을 상실했기 때문에 생겼다고 본 것이다. 즉

내일의 온도
출처 : 고용노동부 공식 블로그(2011. 1. 11)

높은 생산성을 통한 고소득 창출을 성공으로 여기는 자본주의 사회에서 인정받기 위해 높은 생산성을 추구하는 과정과 두려움을 회피하기 위한 '자기방어'수단으로 일 중독이 발생한 것이라는 말이다.[15]

---

13 게임 중독으로 인한 각종 사건 사고가 심심치 않게 보도되고 있는 것이 오늘의 대한민국 현실이다.

14 고용노동부 블로그의 글 '{일 중독}={워커 홀릭}∩{게임중독}'(2011. 1. 11)에 의하면 여기서 일이 반드시 고용노동, 벌이노동(labor)만을 뜻하는 것은 아니다. 가사노동이나 보살핌 노동, 심지어 작품 활동(work)까지 포함하고 있다.

15 홀거 하이데 교수(1939년 독일 키일 출생)는 키일대학교에서 경제학을 공부하였으며 「스웨덴의 장기 경제 계획」이라는 논문으로 박사 학위를 받았다. 68혁명에 참가했으며 그 후 스칸디나비아어로 쓰여진 좌파 서적들을 독일어로 옮기고 국제 노동자 연대를 위해 일하였다. 1973년부터 지금까지 독일 브레멘대학교의 경상학부 교수로 일하고 있으며 주로 동아

한편 강수돌 교수는 그의 저서 『여유롭게 살 권리』(2015, 다시봄 출판사)에서 대한민국 사회는 일 중독을 '근면함'으로 여기고 있으며 '쉬지 못하는 삶'이 직장인을 넘어 한국인 모두의 문제가 되었다고 진단하고 있다.[16] 문제는 일 중독이 개인의 일상생활에도 큰 영향을 미친다는 점인데 심지어는 여가 생활조차도 '중독적'이라고 그는 말하고 있다. 그 예로 짧은 여행을 가고 가능한 많은 곳을 다니려 하고 여행 중 사진도 많이 찍어야 하며 심지어는 음식점에 들러 음식을 먹으면서도 사진을 찍기까지 한다는 점을 들고 있다. 필자(나)가 볼 때 사실 우리나라가 일 중독에 빠진

이유는 경제적 원인이 가장 크다고 본다. 상대적으로 낮은 기본급, 각종 수당이 많은 기형적 임금 체계, 불안한 고용과 비정규직 등의 문제는 장시간 일하는 관행을 지속시키는 원인으로 지목되고 있다. 심지어는 법으로 규정된 휴가조차 제대로 즐기지 못하거나 눈치를 보아야만 하는 실정이다.

끝으로 공부 중독이다. 공부 중독이란 삶이 공부의 식민지로 전락된 상태를 가리킨다고 말할 수 있다. 단군 이래 최고의 스펙을 자랑한다는 지금의 젊은 세대는 아이러니하게도 최고의 실업률을 보이고 있는 중이다. 스펙만 보면 세계 어디를 가도 뒤처지지 않을 만한데 현실적으로 직업을 갖는 데서는 무능해진 이유가 무엇일까? 이에 대하여 엄기호, 하지현 두 사람은 본질적 원인이 공부에 집중하는 사회현상 때문이라고 그들의 저서

『공부 중독』(2015, 위고)에서 밝히고 있다.[17] 물론 공부에 집중하는 사회현상이란 부의 대물림이 교육, 특히 좋은 대학 진학을 통해서만 가능하다는 인식을 말하는데 이는 지금의 기성세대가 자라나던 시대의 이야기일 뿐이라는 것이 필자(나)의 생각이다.[18] 이 책 속에서 두 저자는 과거와 달리 국가나 기업에서 청년들

시아(특히 한국)의 경제, 중독(특히 노동 중독)의 발생 및 영향의 사회 경제적 측면 등을 강의하고 있다.({일 중독}={워커홀릭}∩{게임중독}, 고용노동부 블로그, 2011. 1. 11)

16 강수돌 교수. 서울대 경영학과, 동 대학원 경영학과 석사, 독일 브레멘대학교 경영학 박사(노사관계), 한국노동연구원 연구위원, 미국 위스콘신대학교 노사관계연구소 객원교수, 현재 고려대학교 경상대학 경영학부 교수.

17 ① 하지현 교수. 서울대학교 의과대학을 졸업하고 동 대학원에서 박사학위를 받았다. 서울대학교병원 신경정신과에서 전공의와 전임의 과정을 마쳤다. 용인정신병원 정신의학연구소에서 근무했고, 캐나다 토론토 정신분석연구소에서 연수했다. 2008년 한국정신분석학회 학술상을 수상했다. 현재 건국대학교 의학전문대학원 교수로 진료를 하며, 읽고 쓰고 가르치고 있다. ② 엄기호. 사회학자. 학생뿐 아니라 두루두루 사람들을 만나 이야기를 나누고 배우는 일을 주업으로 하고 있다. 주요 저서로 『닥쳐라, 세계화!』, 『아무도 남을 돌보지 마라』, 『이것은 왜 청춘이 아니란 말인가』, 『우리가 잘못 산 게 아니었어』, 『교사도 학교가 두렵다』 등이 있다.

18 부모의 세대에는 대학교육을 마친 고급인력의 수가 적었고, 경기 호황으로 인하여 일자리가 많았기 때문에 대학 졸업장만 가지고 있으면 원하는 기업에 갈 수가 있었다. 하지만 지금은 상황이 완전히 달라졌다. 대학 졸업자뿐만 아니라 심지어는 취업이 안 되어서 졸업 유예를 하는 청년, 취업 문제로 대학원에 어쩔 수 없이 진학하는 청년들도 넘쳐나고 있다. 이런 문제들은 삶의 다음 단계로 나아가는 것을 유예시킨다. 다시 말해서 결혼, 임신, 출산 등의 시기가 점점 뒤로 미루어질 뿐만 아니라 포기하는 원인이 되기도 한다는 말이다.

新 골품시대 : 당신의 서열은 어디쯤입니까?
출처 : 한국일보(2014. 10. 2)

에게 일자리를 만들어주지 않으면서 일할 준비가 되지 않았기 때문에 공부를 더 해서 자격증을 많이 취득하고, 스펙을 좀 더 많이 쌓아서 일자리 찾기에 나서라는 말로 청년들을 현혹한다고 말하고 있다. 그래서 사회적으로 '똑똑한 바보들만 양산되고 있다'는 것이 두 저자의 생각이다. 적극 공감이 가는 말이다. 우리나라 학생들, 청년들의 삶이 공부로 인해서 황폐해져서는 안 된다. 똑똑한 바보로 전락해서는 안 된다. 공부는 우리가 행복해질 수 있는 방법을 찾는 하나의 선택지라는 점에서 공감은 하지만 그것이 전부는 아니라는 것이 필자(나)의 생각이다. 그렇기 때문에 우리사회가 공부를 하지 않는다고 하여 인생의 패배자라는 낙인을 찍어서는 안 된다. 공부가 곧 능력은 아니라는 점, 공부가 인생의 전부는 아니라는 점을 잊지 말도록 하자. '공부=성공'이라는 공식은 깨진 지 이미 오래다. 더 이상 공부가 계층 이동, 신분상승의 수단이 아니라는 말이기도 하다.[19] 현재의 교육은 계층 구조를 더욱더 공고하게 만드는 강력한 도구일 뿐이라는 것이 많은 사람들의 생각이고 진실이다.[20] 더 이상 개천에서 용은 나오지 않는다. 이 문제는 '경쟁'이라는 현상과 결부시켜 이야기 나눌 수밖에 없다. 좀 더 깊이 있는 이야기는 뒷장에서 나누어보고자 한다.

4) 출산율 세계 첫 0명대 국가로 진입한 대한민국

대한민국은 현재 초저출산, 초고령화 사회로 접어들고 있다는 경고등이 켜졌다. 대통령 직속 저출산ㆍ고령사회위원회 관계자는 지난해 합계출산율은 0.96명에서 0.97명으로 잠정 집계되었다고 2019년 1월에 발표를 하였다.

이런 문제가 발생하게 된 이유에는 믿고 맡길 수 있는 보육ㆍ유아시설의 부족, 청년세대가 안정된 일자리와 주거환경을 보장받지 못하고 있다는 점, 자녀 양육에 필요한 비용 상승, 출산에 따라 발생

---

19 온라인 커뮤니티에서는 대한민국의 사회 구조를 풍자하는 계급도가 심심치 않게 올라온다. 이 삽화는 온라인 커뮤니티의 계급도를 재구성한 것이다. 용어 설명 *9급충 : 9급 공무원 시험을 준비하는 수험생을 낮춰 부르는 온라인 커뮤니티의 은어 *갓수 : 'GOD'과 백수의 합성어로 취업을 포기한 채 부모님께 용돈을 받아 생활하는 청년들의 자조적인 표현 *피돌이, 편돌이 : PC방 알바와 편의점 알바를 낮춰 부르는 온라인 커뮤니티의 은어. 한국일보(2014. 10. 2)

20 강준만은 그의 저서 『피에르 부르디외-학벌은 계급, 체면은 자본』(2015, 개마고원)에서 다음과 같이 밝히고 있다 – 학벌은 권력이자 신분이며 학벌이 좋다는 것은 봉건시대 문벌 집단의 자손쯤 된다는 말. 우리 사회는 학벌로 연결된 사회적 관계망이 촘촘함. 학벌은 새로운 씨족이자 현대판 문중. 대학은 우리 사회를 학벌에 기초한 신분사회로 재편하는 신분판정기관. 대학입시는 우리사회의 모든 경쟁의 압력. 서울대의 권력 독점이 학벌계급론, 학벌의 폐해를 양산.

하는 직장 문제, 출산 및 육아로 인한 삶의 질 저하, 평등하게 대접받기 힘든 사회 문제, 빈부 격차로 인한 박탈감과 현재 세대가 느끼는 핍박을 대물림하고 싶지 않다는 생각, 일 중독으로 인하여 행복하지 않은 삶의 성찰 등이 자리하고 있다. 다시 말해서 이제는 평범하게 아이를 낳고 기르며 사는 삶이 어려운 사회가 되었다는 것이다.

5) 신분 세습사회로 가고 있는 대한민국

이 글을 쓰고 있는 현재, 대한민국의 가장 큰 이슈는 '조국 사태'다. 많은 의혹이 있었지만 가장 큰 공분을 산 것은 딸을 둘러싼 '입시 관련 특혜' 논란이었다. 왜냐하면 공정과 정의를 앞장서서 외쳤던 사람이 자신의 가족 문제에 대해서는 자신이 가진 사회적 지위와 인적 관계망을 이용하여 다른 사람들이 범접하기 힘든 '스펙'을 만들어주었고, 이를 대학 및 의학전문대학원 입학에 활용했다는 것이 그대로 드러났기 때문이다. 피라미드의 꼭대기에서 꼭대기로 사다리를 놓아주는 불평등한 '기회의 세습'은 피라미드 하층에서 희망이라는 사다리 하나로 버티고 사는 대한민국 국민들에게 '불평등'이라는 대못을 가슴에 '퍽'하고 박아 놓은 격이 되어버렸다.

최근 〈시사저널〉에서 대국민 여론조사 결과를 내놓았는데 이런 현실이 잘 반영된 것 같아서 내용을 정리하여 소개해보고자 한다.

합계출산율 추이

46.6 44.5 47.0 47.1 48.5 43.7 43.5 43.8 40.6 35.8 32.5

출생아 수 (만명)

합계출산율 (명)

1.19 1.15 1.23 1.24 1.30 1.19 1.21 1.24 1.17 1.05 0.97

2008 2009 2010 2011 2012 2013 2014 2015 2016 2017 2018년 (잠정)

*합계출산율: 여자 1명이 평생 낳을 것으로 예상되는 평균 출생아 수

자료: 통계청, 대통령 직속 저출산·고령사회위원회

연합뉴스

장예진 기자 / 20190118 트위터 @yonhap_graphics 페이스북 tuney.kr/LeYN1

인구절벽 가속화 : 작년 여성 1명당 출산 0.96명 그칠 듯
출처 : 미디어붓(2019. 1. 18)

[시사저널 여론조사]

〈시사저널〉이 '포스트데이터'에 의뢰해 9월 16~17일 전국 성인 남녀 1,000명을 대상으로 실시한 여론조사

국민 10명 중 9명은 '한국은 세습사회'

조유빈 기자(2019. 9. 24)

80.5% "노력으로 극복할 수 없는 특권 존재" 세습 심화된 분야는 재계·정치계·법조계 순

세습의 사전적 의미는 '한 집안의 재산이나 신분, 직업 따위를 대대로 물려주고 물려받는다'는 뜻이다. 이미 세습이라는 단어는 부정적이다.[21] (중략) 이번 조국 사태를 통해 떠오른 '기회의 세습'에 특히 목소리가 높아진 이유는 무엇일까.

---

21 재벌 총수 일가의 편법적 경영 세습과 부의 세습, 정치적 권력의 세습, 정치인들의 지역구 세습, 종교계 세습 등 논란이 끊이지 않고 있다.

'20대 80의 법칙'에서 그 답을 찾을 수 있다. 전체 인구 중 20%가 전체 부(富)의 80%를 차지하고 있다는 이 법칙은 이제 신분 차별과 사회적 격차를 설명하는 말로도 쓰이고 있다.[22] (중략)

'조국 사태'에 대한 비판의 강도가 이전에 있었던 세습의 그것과 다른 이유도 여기에 있다. 20%로 향할 수 있는 공정한 사다리에 대한 접근이 '기회 사재기' 혹은 '기회 세습'에 따라 차단됐다는 것에 대한 분노, 또한 공정과 정의, 평등을 강조해 왔던 정부에 대한 배신감 때문일지 모른다.

〈시사저널〉은 이 시점에 국민 1,000명에게 물었다. 대한민국은 세습사회인가. 세습은 심화되고 있는가. 대한민국을 개혁하기 위해 무엇이 필요한가.

9월 6일 서울 성북구 고려대학교 민주광장에 조국 법무부 장관 딸의 입시 특혜 의혹을 규탄하는 분향소가 설치돼 있다.
출처 : ⓒ 연합뉴스

- 84.7%, "세습 현상 심화되고 있다" : 불공정 대한민국, 세습사회, 특권과 반칙 사회. 노력으로 계층 이동을 할 수 없는 사회. 국민들은 대한민국을 이렇게 판단했다. (중략) 국민 10명 중 9명은 우리나라가 부와 지위 등이 대물림되는 세습사회라고 생각하는 것으로 나타났다. (중략)

우리 사회의 세습은 심화되고 있다
■ 매우 동의 ■ 약간 동의
■ 별로 동의하지 않음 ■ 전혀 동의하지 않음
■ 잘 모름
52.1 32.7 11.0 2.4 1.9
(단위%)

세습 현상이 가장 심화된 분야는?
■ 재계 ■ 정계 ■ 법조계
■ 학계 ■ 언론계 ■ 잘 모름
41.4 27.7 12.3 7.6 5.9 5.0
(단위%)

한국 사회는 개인이 노력해도 계층 이동이 어렵다
■ 매우 동의 ■ 약간 동의
■ 별로 동의하지 않음 ■ 전혀 동의하지 않음
■ 잘 모름
44.0 38.1 13.6 2.6 1.8
(단위%)

- 82%, "한국 사회, 계층 이동하기 어려워" : 노력의 사다리는 대한민국에 존재하는가. 국민은 그렇게 보지 않았다. '한국 사회는 개인이 열심히 노력해도 계층 이동을 하기 어렵다'는 의견에 82%가 동의했다. (중략)

---

22 세계적인 싱크 탱크인 브루킹스연구소의 선임연구원 리처드 리브스는 그의 저서 『20 vs 80의 사회』에서 상위 20%가 자기들만의 성을 쌓고 80%가 넘어오는 것을 막는다고 진단했다. 이 싸움에 동원되는 가장 강력한 무기이자, 20%가 누리는 삶을 배타적으로 물려줄 상속재산이 '교육'이라 했다. 그는 기부금 입학, 동문 자녀 우대제도, 청탁 등을 불공정 카르텔을 만드는 '기회 사재기'라고 표현했다.

여론 조사 결과로 볼 때 매우 아쉬운 점 하나가 있다면 세습사회 개혁을 위해 가장 필요한 것으로 '대학입시 등 교육 개혁'에 우선순위를 높게 두는 사람들이 그리 많지 않다는 점이다. 필자의 견해로는 교육개혁이 '공정한 법질서 확립과 사법개혁' 못지않게 중요한 것이라 생각한다.

6) 희망이 사라져버린 사회, 대한민국

최근 수년 사이에 희망이 사라져버린 사회, 대한민국을 대표하는 말이 몇 개 있다. 그것은 바로 '헬조선'과 '수저론', 'N포 세대'이다.[23]

청년들에게 '월 223만 원 희망 월급'이 의미하는 것은 무엇일까? 필자의 생각으로는 '청년들이 대한민국에서 정상적인, 사람다운 생활을 하기 위해서는 월평균 금액이 최소한 223만 원 필요하다'고 말해주는 수치라 여겨진다. 그렇기 때문에 청년들은 이를 만족시켜줄 수 있는 직업을 선호하게 되는데 그것이 바로 공무원이요 대기업이었던 것은 아닐까? 그럼에도 불구하고 공무원, 대기업 입사는

---

23 ① 헬조선='Hell + 대한민국'의 합성어로 대한민국은 마치 지옥같이 살기가 어렵다는 것을 의미함. ② 수저론=어떤 부모에게서 태어났느냐에 따라 금수저(부모 덕에 편히 살 수 있는 사람), 은수저, 동수저, 흙수저, 똥수저(가난을 벗어날 수 없는 사람)로 나뉜다. 일부에서는 부모의 자산 수준과 연 가구 수입에 따라 나누기도 한다. ③ N포 세대=연애, 결혼, 출산(3포), 내 집 마련, 인간관계(5포), 희망, 꿈(7포), 건강, 학업(9포)의 포기를 넘어서 아직도 포기해야 할 것이 더 남아 있는 세대를 가리키는 말이다.

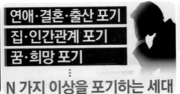

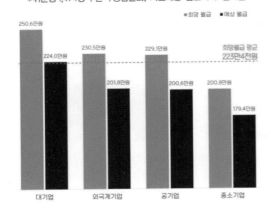

취준생 희망 월급 223만원, 실제 첫 월급 198만원
출처 : 파이낸셜뉴스(2018.06.18.)

꿈일 뿐이다.

　이런 이유 때문인지 다수의 사람들이 정말로 대한민국에서 벗어나고 싶다는 말을 자주한다. 희망이 없기 때문이다. 오로지 시키는 대로 입시 전쟁을 치르고, 대학에 입학했을 뿐인데 갑자기 꿈이 사라져버린 청년세대. 그런 사람들 눈에 보이고 귀에 들리는 것은 암울한 소식들뿐이다. 정유라, 최순실, 조국 장관 자녀, 김성태 국회의원 자녀….

　2019년을 살아가는 지금, 청년들에게 남아 있는 마지막 꿈의 지대는 두 곳뿐일 것이라 필자는 생각한다. 연예인과 유튜버. 그래서 더욱더 꿈과 희망이 없는 대한민국 현실이 암울할 뿐이다. 오늘도 대한민국의 모든 흙수저 청년들과 그들을 지켜보기만 할 수밖에 없는 부모는 피눈물을 흘린다.

조국 장관처럼 번듯한 부모가 없어서 청년들은 슬프고
그런 부모가 되어 주지 못해서 자식들을 똑바로 쳐다보기 힘든 부모도 슬프고.

경쟁에 대한 불편한 진실

하나의 질문으로 이번 장을 풀어나가 보고자 한다.

여러분은 우리사회를 협동사회라고 생각하는가, 경쟁사회라고 생각하는가?

이 질문에 많은 분들은 '경쟁사회' 쪽에 인식을 함께 하는 경향이 강하다. 우리사회 곳곳에서 그런 현상이 너무나도 많이 보이기 때문이니까 말이다. 그 범주를 학교 현장 안으로만 국한시키더라도 '협동'보다는 '경쟁'현상이 더 두드러지는 것을 깨닫게 된다. 그래서 필자는 후속 질문으로 이렇게 툭 던진다.[24]

> 과연 진짜 경쟁사회라고 느껴지시나요? 그렇다면 좀 더 고민해봅시다.
> 우리 사회는 경쟁사회인가요? 아니면 경쟁을 조장하는 사회인가요?

이렇게 질문을 바꾸면 잠시 생각한 뒤에 거의 대부분이 의견을 바꾼다. 그 이유는 무엇일까? 필자는 이에 대한 답을 찾기 위해 많은 고민을 하였고, 다음과 같은 결론에 도달하기에 이르렀다.

1) 우리 사회는 경쟁을 조장하는 사회다

경쟁을 조장한다는 것은 무엇을 의미하는가? '누군가가(주체)' 자꾸만 '누구에게(대상)' 부추긴다는 말이다. '부추긴다'는 용어에는 그 행위의 주체와 대상이 있다. 여기에서 주체는 지배층 또는 사회적 정서-분위기, 대상은 대다수의 국민이라고 필자는 바라보고 있다.

그렇다면 '경쟁을 조장하는 이유가 무엇일까?'하는 점에 초점이 맞추어질 수밖에 없다. 여러분은 그 이유를 무엇이라 생각하는가? 필자는 '부, 권력, 계층구조의 대물림' 등에 그 무게 중심을 두고 있다. 앞 장에서 살펴본 바와 같이 우리나라에서 현재 벌어지고 있는 사회적 현상들은 대부분 이와 맞물려 있다고 봐도 과언이 아닐 것이라는 것이 필자의 판단이다. 다시 말해서 표면적으로는 계급사회가 해체되었다고 말하지만 현실적으로 체감하는 우리 사회는 신라시대의 '新 골품제도'와 같은 현상을 그

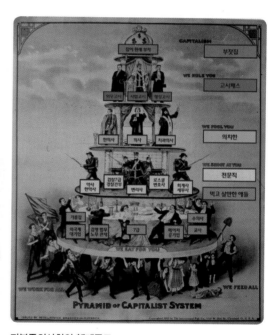

자본주의사회의 新계급도
출처 : http://blog.daum.net/heroyuui/254

대로 느끼고 있다. 그리고 교육은 그런 계층구조를 대물림하는 가장 강력한 도구로 활용되고 있다는 것이라 필자는 생각하고 있다.

---

24 오해는 없어야 한다. 어느 한 가지만 존재하는 사회는 없다. 둘 다 공존한다. 다만 한 개 수직선 위의 양 끝 극단에 경쟁사회와 협동사회가 있고, 딱 중간을 기준으로 하여 어떤 쪽으로 무게 중심이 옮겨져 있다고 생각하는가를 묻는 질문이라고 생각해주기 바란다. 또한 필자가 경쟁 자체를 부정한다고 오해는 하지 않기 바란다.

출처 : JTBC 스카이캐슬 공식 홈페이지

그런데 그런 법과 제도는 누가 만들고 누구에게 유리하게 제정 또는 개정되고 운영되고 있는가? 적어도 가진 자들에게 철저히 유리하게 되어 있다. 원래 법이라는 것은 원시시대부터 가진 자들이 자신의 것들을 지키기 위해 만든 것이기 때문이다.[25] 일례로 현재의 입시제도만 살펴봐도 잘 알 수 있다.

현재의 교육제도와 입시제도는 철저히 가진 사람들에게 유리하게 만들어져 있다. 그래서 개천에서 용이 나온다는 말은 이제 전설이 되어버린 지 오래다. 그리고 권력의 최상층에 있는 사람들은 겉으로는 정의, 평등, 공정을 외치면서 뒤로는 자신들의 계층구조를 대물림하기 위해 온갖 수단과 편법, 불법을 자행하고 있는 것이 현재 대한민국의 자화상이다.[26] 그것을 너무나도 생생하게 그려주었던 드라마, 그래서 정말 많은 사람들이 관심을 갖고 지켜보았던 드라마가 바로 〈SKY 캐슬〉이었다.(드라마 속에 나오는 피라미드는 매우 인상적이었다.)

2) 신자유주의와 사고의 왜곡

'신자유주의'의 파급으로 인하여 인간성 자체가 도구적인 것으로 전락하였고, 오로지 경쟁만 존재할 뿐이며, 그 속에서 인간은 하나의 소모품으로 전락하게 되었다. 신자유주의를 한 마디로 표현하라고 한다면 필자는 망설임 없이 '무한경쟁주의'라고 자신 있게 이야기하곤 한다. 이것이 우리나라에 도입[27]

---

25 우리나라 최초의 법이라고 알려진 고조선 8조의 법부터 생각해보자. 지배층이 만들었다고 보는 게 틀림이 없다. 피지배계층에게 지켜야 할 만큼의 재산이 있었을까? 원래부터 지킬 것이 많은 사람들이 자기 것을 빼앗기지 않기 위해 이런저런 장치를 만들어두고 자신에게 유리하게 환경을 조성해 왔던 것이 인류의 역사이다. 우리는 지금까지 역사가 모두 승자의 입장에서, 승자적 논리로 기록되어 왔음을 잘 알고 있다. 법과 제도 또한 마찬가지다.

26 정유라와 최순실, 조국 장관 자녀 문제, 숙명여고 쌍둥이 시험문제 유출 사건 등은 극히 일부 사건이 표면적으로 드러난 빙산의 일각일 것이라는 것이 필자의 견해다.

27 우리나라는 IMF라는 외환위기를 극복하기 위한 방편으로 신자유주의를 적극적으로 도입하게 되었고, 사회의 모든 체제를 그에 맞게 변화시켜 나갔다. 그 즈음에서부터 사회의 모든 체계는 경쟁으로 들어가게 되었고, 그때부터 소위 각자가 한 일의 성과에 따른 '성과급과 연봉'이라는 개념이 거의 모든 영역에서 일반화되기 시작했다. 그런데 그 이전에는 분명히 자본주의 사회였다. 적어도 자본주의 사회에서는 경쟁에서 밀려난 사람들을 국가가 책임져 주려고 했다. 그런데

된 이후로 경쟁을 조장하는 현상은 날로 심각해져 오늘에 이르렀다. 그리고 이런 문구들이 당연한 것처럼, 아무렇지도 않은 것처럼 우리에게 다가왔던 기억이 있다.

아무도 2등은 기억하지 않는다. 오직 1등만 기억할 뿐이다.(삼성전자)
대한민국 1% 자동차(쌍용자동차)

3) 경쟁의 조장과 사회적 문제 심각성

경쟁의 조장으로 인한 사회적 문제는 곧바로 빈부 격차 문제로 드러나게 되었고, 지금에 와서는 사람들이 경쟁을 당연한 것으로 받아들이는가 하면 경쟁을 조장하고 있다는 사실조차 잊고 지낼 정도가 되었다. 그 결과 1등만 기억하는 더러운 세상, 바로 헬조선이 만들어진 것이다. 그런 대한민국 사회에서 '노블레스 오블리주'[28]는 사라진 지 오래이다. 여기에서 잠깐 '노블레스 오블리주'를 실천한 대표적 사례라 할 수 있는 칼레 시민 6명에 대하여 소개하고 넘어가보도록 하겠다.

로댕의 '칼레의 시민(The Burghers of Calais)'
출처 : 거제타임즈(2014. 10. 16)

칼레의 시민 6명에 대한 이야기 '노블레스 오블리주'

"모든 시민의 안전은 보장하겠다. 그러나 시민들 중 6명을 뽑아와라. 그들을 칼레 시민 전체를 대신하여 처형하겠다."

영국과 프랑스의 백년전쟁 당시 영국의 왕 에드워드 3세는 1346년 9월 프랑스의 항구도시 칼레를 포위하였으나 시민들의 눈물겨운 저항은 1년 가까이 지속되었다. 결국 성채 안의 모든 양식이 떨어지자 더 버틸 힘이 사라져 사자를 보내 항복을 전제로 칼레 시와 시민에 대한 관용을 요청하였다. 1년 동안 칼레

신자유주의 사회는 무한경쟁을 추구하면서 경쟁에서 밀려난 책임을 국가가 '개인'에게 전가하기 시작하였다. 그 폐단의 문제점들이 지금 우리 사회를 이 지경까지 몰아가고 있다.

28 Noblesse oblige : 고귀한 신분에 따르는 도덕적 의무와 책임(프랑스어)을 가리키는 말이다. 그런데 우리나라 상류층의 행태를 보면 정말 안타까울 따름이다. '오블리주 없는 노블레스', 즉 '의무를 망각한 신분 집단'에 가깝다고 느껴지고 있을 정도로 많은 문제점들이 여기저기에서 노출되고 있기 때문이다. 우리나라 상류층의 이런 특성은 무엇보다 그들이 화폐와 권력을 획득하기 위해 수단과 방법을 가리지 않는 것으로 여겨지며, 그들에게 '오블리주'란 경제적 낭비이자 사회적 과시에 불과한 것으로 여겨져 왔다고 해도 과언이 아닐 것이다.

시 때문에 고생한 영국 왕은 측근들도 선처를 베풀 것을 청하자 항복을 수용하는 조건으로 지역 대표 6명의 목숨을 요구하였다.

모든 칼레 시민은 6명을 어떻게 골라야 하는지 고민의 상황에 빠지게 되었다. 그때 칼레 시의 최고 부자가 죽음을 자처하고 나서게 된다. 그 뒤로 고위관료, 상류층 등이 직접 나서서 영국의 요구대로 목에 밧줄을 매고 자루 옷을 입고 교수대로 향하게 된다. 오귀스트 로댕의 조각 '칼레의 시민'은 바로 이 순간을 묘사한 것이다. 이 사건은 그들이 상류층으로서 누리던 기득권에 대한 도덕성의 의무, 즉 '노블레스 오블리주'를 실천한 대표 사례로 꼽히며 절망 속에서 죽을 운명이었던 이들 6명의 스토리는 로댕에 의해 칼레를 역사의 광장으로 끌어낸다.

거제타임즈(2014. 10. 16) 김혁석 문화칼럼 '칼레의 시민' 중에서

한편 경쟁을 조장하는 사회는 소수만 행복해지는 피라미드 구조를 갖고 있다. 샴페인을 너무 일찍 터뜨린 탓에 천박한 자본주의가 쌓아올린 장벽이 너무 높아 피라미드 하층에서 상층부로 이동한다는 것은 정말로 하늘의 별따기보다 더 어려운 현실이 되어버린 지 오래다. 가진 자들은 그럴듯한 법과 제도를 만들어낸 뒤 '노력하면 된다!'는 말로 유혹을 하지만 그들이 만들어낸 평가 구조는 현재의 서열과 격차를 더욱 벌릴 뿐이었다. 그런 결과로 만들어진 신조어의 시초가 바로 '88만 원 세대'라는 말이 아닐까 생각된다. 그 이후로 '잉여세대', '헬조선', '수저론', 'N포 세대'라는 말들이 계속 이어지고 있는 현실이다.[29] 돈도, 부모도 능력인 시대에 우리는 살고 있는 것이다.

4) 고장 난 자본주의

2012년 1월에 스위스에서 다보스 포럼[30]이 열렸다. 이 회의에서 매우 중요한 안건이 다루어졌다는 기사를 보았다. 그 내용을 소개해보도록 하겠다.

---

29 이와 같은 심각한 경쟁 조장 현상은 다음과 같은 기형적 사회 현상을 양산해내고 있다 — ① 너무나 일찍부터 시작되는 조기 교육, ② 현재 교육제도의 허점을 기묘하게 파고드는 사교육 시장과 지배층의 결합, ③ 태어날 때부터 결정되는 진로 시스템, ④ 소수만 행복해지는 평가제도와 입시, ⑤ 소수만을 위한 일자리와 권력의 결합, ⑥ 점점 심화되어 현대판 신분제로 자리 잡는 빈부 격차, ⑦ 점점 더 심각해지는 양극화 현상, ⑧ 가진 자들의 이중성과 비민주성의 심화 등.

30 스위스 제네바에 본부를 둔 세계경제포럼(WEF)이 1971년부터 매년 스위스의 휴양지 다보스에서 개최하는 토론회. 세계 각국 정상과 국제기구 대표 등 정치·경제 분야 거물급 인사와 유력 학자들이 모여 세계경제의 발전 방안 등을 자유롭게 논의하는 민간 회의다.

자본주의 리더들, 첫날 첫 주제는 '자본주의 위기'

다보스(스위스), 최우석 기자(2012. 1. 26)

25일(현지 시각) 스위스 다보스에서 개막한 올해 다보스포럼의 최대 화두는 '자본주의의 위기와 그 해법'으로 요약할 수 있다. 이를 상징하듯 포럼 첫날 가장 먼저 열린 세션 제목은 '자본주의에 대한 토론(Debate on Capitalism)'이었다. (중략)

가장 먼저 포문을 연 것은 샤란 버로 국제노동조합총연맹(ITUC) 사무총장. 그는 "은행의 대마불사와 각국 정부의 암묵적 동의로 서민만 피해를 봤다"면서 "작금의 위기는 금융 업계의 도덕 불감증에서 시작됐다"고 말했다. 그는 "각국 정부가 경기 부양책을 쓰면서 납세자들의 돈을 거둬 은행 부도를 막는 데 썼다"면서 "잘못한 사람들이 아무런 처벌을 받지 않은 채 자본주의 시스템은 (고장 난) 그대로 돌아가고 있어 서민들만 피해를 보고 있다"고 주장했다. 그는 또 "세계 최고 부자 나라인 미국이 최저임금을 올리려 할 때 기업인들이 반대했다"면서 "기업의 소비자인 서민들에게 하루하루 버틸 수 있는 최소한의 지원을 반대하면 세계경제는 더욱더 추락할 것"이라고 경고했다.

스위스 다보스에서 25일 개막한 다보스포럼 첫 번째 세션 패널리스트들이 토론을 벌이고 있다. 왼쪽부터 한스 파울 뷔르크너 보스턴컨설팅그룹 CEO(최고경영자), 존 체임버스 시스코 회장, 패트리샤 워츠 아처 대니얼스 미들랜드 회장, 던컨 니더라우어 뉴욕증권거래소(NYSE) 유로넥스트 CEO, 토머스 엔더스 에어버스 CEO, 페릿 사헨크 도구스그룹 회장, 클라우스 클라인펠드 알코아 회장.

출처 : AP 연합뉴스

라구람 라잔 시카고대 교수는 현 자본주의 시스템의 한계를 지적했다. 그는 "자본주의 시스템에 문제가 생긴 것은 급격한 기술 발달과 세계화, 창의적인 기업에 대한 과도한 보상 등이 한꺼번에 어우러졌기 때문"이라고 진단했다. 이어 그는 "자본주의 체제의 최대 위협은 성장 정체"라면서 "한정된 일자리를 놓고 노사정(勞使政)이 사회적 합의를 이끌어내지 못한다면 자본주의 체제에 대한 불만은 계속될 것"이라고 전망했다. 프랑스의 최대 통신 기업인 알카텔-루슨트의 벤 페르바옌 사장은 정부와 금융 시스템의 후진성 문제를 제기했다. 페르바옌 사장은 "우리는 전 세계가 하나로 연결되면서 24시간 경제 체제에 살고 있다"면서 "그럼에도 정부 구조는 1912년에 입안된 형태로, 금융회사는 1950년대 기준으로, 기업은 2011년 기준으로 작동하고 있다"고 주장했다. 즉 21세기 문제를 해결하는 데 정부의 역할이 제한적일 수밖에 없다는 것이다. 이 세션을 관람한 하버드대 케네디스쿨(행정대학원)의 데이비드 엘우드 학장은 "자본주의의 위기는 3~4년 전에 이미 도래했지만, 아직 구체적인 해결책이 나오지 않고 있다"고 말했다. (이하 생략)

위의 기사에서 보는 바와 같이 많은 경제전문가들이 이제 무한경쟁에 기반을 둔 자본주의의 한계를 인정하고, 새로운 시스템의 필요성을 이야기하는 시대가 되었다. 그리고 이미 2011년 9월을 시작으로 세계 여러 나라 곳곳에서는 자본주의의 중심인 월가에 대한 반대 움직임이 일어나고 있는 상황이기도 하다.

2012년 다보스 포럼의 방향성은 "동반 성장, 협동과 복지, 분배의 균형"인 것 같았고, 그 원칙에 있어서 "경쟁 심리는 독약"이라는 대전제를 처음으로 내놓은 것 같았으며, 이제는 자본주의를 버리려는 느낌마저 들었다.

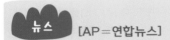 [AP＝연합뉴스]

"목숨 걸고 공부해도 소용없다"

자본주의의 심장부인 미국 뉴욕 월스트리트에서 9월 자본주의 모순에 항의하는 시위가 시작됐다. 반(反)월가 시위대는 "우리는 99%이다"라는 구호를 외치며 소득계층 상위 1%에만 유리한 사회·경제적 구조를 비판했다.

이 같은 시위대의 외침은 가뜩이나 경제난에 허덕이는 미국 사회 안에서 공감대를 형성했다. 이에 따라 반월가 시위는 발원지인 뉴욕 맨해튼 주코티 공원에서부터 보스턴, 시애틀, 로스앤젤레스, 수도 워싱턴 D.C. 등 미국의 주요도시 100곳으로 번져 나갔다. 사진은 LA의 시위대.(2011. 12. 21)

월가 점령 시위[LA의 시위대(2011. 12. 21)]
출처 : 2011 연합뉴스 10대 국제뉴스

2012년을 시작으로 세계는 '대전환 : 새로운 모델의 형성'을 준비하고 있는 것 같다. 그리고 아직도 진행 중인 세계 금융위기 속에서 대한민국은 지금 혹독한 반성을 통해 새로운 해답을 찾지 않으면 안 될 위기에 처해 있다고 필자는 생각한다. 그러나 아직도 대한민국은 반성의 기미는 전혀 보이지 않는다. 우리가 맹신해 왔던 자본주의(신자유주의)는 더 이상 정답이 아님에도 불구하고 아직도 그 낡은 사고방식을 고수하려 하고 있고 국민들의 눈과 귀를 막고 있다. 이제 우리나라도 새로운 모델을 만들어야 한다. 이것은 굳이 세계 석학들의 입을 빌리지 않더라도 누구나 할 수 있는 말이라고 필자는 생각한다. 그렇다면 과연 어떤 새로운 모델이 필요할까? 필자가 볼 때는 '지속 가능한 세계와 미래를 위한 최선책은 협동을 바탕에 둔 긍정적 상호의존성'이 아닐까 생각한다.

5) 조지 오웰의 소설, 현실이 되다

오래전에 읽은 책이지만 조지 오웰의 『1984』가 떠오르는 시대에 우리는 살고 있다. 4차 산업혁명 시대를 살고 있는 지금 수십 년 전에 저술된 소설에서 오늘날 현실을 그대로 보고 있는 듯한 착각에 빠져들게 하는 1984년. 그의 소설은 과거에도 그랬지만 지금도 우리 사회에 섬뜩한 경고를 전하고 있는 것이라 필자는 생각한다.

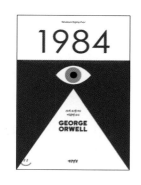

입시전쟁, 경쟁으로 인해 표면적으로만 허용된 자유, 오로지 교과서와 참고서만 읽도록 허용된 교육 현실, 세계 명작도 부모가 대신 읽어주는 시대, 문학작품도 요약본으로 시험에 대비한 부분만 읽는 시대, 수학과 국어와 영어 성적이 전부인 시대. 그리고 그것을 적극적으로 만들어내는 정치 관료들과 재벌들의 연합, 그들에 의해 만들어진 학벌 체제, 그것을 유리하게 만들어주고 든든하게 뒷받침해주는 제도와 계층 체계.

6) 승자독식사회

대한민국을 짓누르는 무한경쟁, 누구도 원치 않은 이 경쟁은 어떻게 시작됐는가? 일상의 경쟁이 바로 생존으로 이어지는 무한경쟁사회. 우리사회는 바로 승자독식사회가 되어버렸다.

로버트 프랭크
(2015, 웅진지식하우스)

사회 곳곳에서는 제한된 승자 자리를 놓고 경쟁이라는 토너먼트가 벌어지고 있고, 어느새 패자가 된 다수의 평범한 '우리'는 더 이상의 기회를 잃고 생존의 위협마저 받고 있다. 사회는 오직 1등만 기억할 뿐, 2등을 위한 보상과 평가에는 어느 때보다 인색하다.

누구도 이 잔인한 경쟁을 원치 않았지만, 누구도 이 경쟁에서 자유롭지 못하다. 그리고 우리 모두는 오늘도 원치 않는 이 경쟁에 누구보다 적극적으로 뛰어들고 있다. 왜? 경쟁을 조장하는 사회이니까.

아무리 노력해도 더 나은 삶, 지금보다 상층으로 이어줄 사다리가 사라진 사회. 절대 다수의 평범한 흙수저들에게 따뜻한 손을 내어줄 여유가 없는 사회. 행복하게 살기 위해 열심히 노력은 하고 있지만 결코 행복해지지 않는 사회, 세계 최고의 근무 시간을 자랑하고 있지만 행복을 잊은 지 오래된 사회. 이것이 대한민국의 현주소다.

필자는 우리 모두에게 이런 질문을 던지고 싶다.

과연 이 경쟁에서 이기고 나면 행복해질 수 있을까?

7) 승리한다면 반칙도 능력이 되는 현실

경쟁도 공정해지려면 시작이 같아야 한다. 하지만 경쟁을 조장하는 우리 사회는 그렇지 못하다. 그래서 이런 말이 우리를 슬프게 한다.[31]

부모도 능력이다.(정유라)

청년들에게 깊은 상처를 준 것은 맞지만 불법은 아니었다.(조국)

이런 사회에서 승리를 위해서라면 반칙도 불사하게 된다. 그리고 승리를 쟁취하게 되면 반칙도 능력이 되고 룰이 되어버리고 만다. 그 결과 사회는 반칙도 당연한 것처럼 받아들이게 되고 어느 순간에 가서는 그것에 대해서 무감각해지고 만다. 그런 사회가 바로 경쟁을 조장하는 사회인 것이다.

필자를 비롯하여 촛불을 든 이 땅의 수많은 사람들은 '기회는 평등할 것이고 과정은 공정할 것이며 결과는 정의로울 것'이라는 말에 희망을 가졌고 눈물을 흘리기까지 했다. 그런데 그 기대가 또 한 번 무너진 것 같아 아쉽기만 하다. 그래서 절망하게 되었고, 희망을 잃어버린 것 같아 가슴이 아프다.

필자는 우리 모두에게 이런 질문을 던지고 싶다.

과연 진실로 승리한다면 반칙처럼 보이는 것은 아무것도 없는가?

8) 경쟁에 대한 불편한 진실

(1) 성공은 꼭 경쟁을 통해서만 이루어지는가?

이 질문에 대하여 대부분의 사람들은 "아니요."라고 답할 것이다. 하지만 이렇게 이어서 말하기도 할 것이다. "하지만 성공을 위해서 경쟁은 꼭 필요한 것이다."라고 말이다. 과연 그러한가? 여기에서 우리가 잊고 있는 것 몇 가지가 있다.

첫째, 그런 생각 속에는 '경쟁 없이는 아무것도(성공마저도) 얻을 수 없다'는 전제가 깔려 있다.

둘째, 자신이 목표를 세우고 이를 달성하는 일(성공 : 뜻한 바를 이루는 일)은 경쟁 없이도 가능하다는 것을 우리는 확실하게 인식하지 못하고 있다.

적어도 협동학습을 제대로 하고자 하는 교사들은 이에 대한 확고한 철학을 갖고 있어야 한다. 필

---

31 필자는 그래서 핀란드가 부럽다. 핀란드는 국가적으로 기회의 평등과 함께 결과의 평등까지도 책임지려 노력했던 대표적인 나라라 할 수 있다.

자는 이런 생각을 명확히 하고자 한다.

지독한 경쟁에서 탈출! 나는 '아무나'가 되련다.
출처 : 한국일보(2018. 5. 7)

- **목표 달성 성공** : 남에게 이기는 것이 아니다.
- **목표 달성 실패** : 남에게 지는 것이 아니다.
- 무엇인가에 대해 남들보다 더 잘하려 애쓰지 않아도 얼마든지 자신의 목표를 달성할 수 있다.

교육을 책임지고 있는 사람이라면, 아니 적어도 협동학습을 실천해 나가려는 교사라고 한다면 '경쟁이라는 것에 대하여 타인의 목표 달성은 방해하면서 자신의 목표를 이루려는 행위로 인식하고 있는 것은 아닌가? 경쟁이 어떤 일을 이루는 하나의 방법일 수는 있어도 유일한 방법은 아니라는 것을 잊고 있는 것은 아닌가?'하는 점에 대하여 깊이 있게 고민하고, 학생들이 이런 사고에 물들지 않도록 최선을 다해 나가야 할 것이다.

(2) 경쟁이 더 생산적이고 효율적인가?

우리의 일상에서 무엇인가를 이루기 위해 어떤 방식이든 선택을 해야만 한다. 그 방식에는 대표적으로 경쟁, 협동, 개인 세 가지가 있다.

- **서로 다른 상황** : 나의 성공이 다른 사람의 성공과 결부될 때, 나의 성공이 다른 사람의 성공과 무관할 때
- **위의 상황에 따른 세 가지 행동 방식** : 경쟁, 협동, 개인
- 우리 현실을 돌이켜 보면 '협동'보다는 '경쟁'을 더 많이 이야기하고 있다. 우리는 어려서부터 경쟁하도록, 경쟁이 더 좋은 결과를 가져온다고 보게끔 훈련, 다시 말해서 세뇌되어 왔다고 해도 과언이 아니다. 학교 현장도 그것을 더 부추기고 있다.
- **중요한 사례 1** : 학교에서의 게임(퀴즈식) ─ 학교 현장에는 모둠 간의 스티커 혹은 점수 경쟁이 낱말, 용어, 암기 등에 효과적일 것이라는 인식이 매우 강하다. 그래서 이런 점을 이용하여 퀴즈식 수업을 많이 하곤 한다. 심지어는 협동학습을 하는 교사들도 이런 수업을 많이 한다. 하지만 이런 식의 수업은 교사 입장에서 보다 쉽게 수업을 할 수 있다는 장점은 있을지 몰라도 낱말이나 용어의 기억 등에 별로 효과적이지 못하다는 것 또한 조금만 들여다보면 잘 알 수 있다. 다만 경쟁이 약간의 흥미 유발에 도움을 주는 것처럼 보일 뿐이고, 이 또한 게임에서 이긴 학생들에게만 주로 나타난다는 사실을 우리는 망각하고 있거나 받아들이려 하지 않고 있는 것은 아닐까?
- **중요한 사례 2** : 개인 혹은 모둠에 과제를 주고 경쟁적인 활동을 통해 또 다른 특권(예 : 급식 먼저 먹기 등)을 부여하게 되면 참으로 많은 모둠이 과제에 대한 깊이 있는 고민(특히 질적인 면)을 하지 않고, 양적인 면만을 바라보면서 빨리 나와서 특권을 자신의 것으로 가져가려고 하는 모습을 자주 목격하게 된다. 그리고 그 현상을 모두 아무렇지 않게 받아들이고 있다. 하지만 조

금만 되짚어보면 오히려 경쟁적 요소를 도입하지 않을 때 학생들은 훨씬 더 양질의 결과물을 생산해낸다는 사실을 우리는 알게 된다.

여기에서 필자는 중요한 이야기를 한 가지 더 하고자 한다.

적어도 교육현장에서는 '경쟁'보다는 '협동'적 활동이 더 효과적이라는 것, 그래서 경쟁적 요소나 활동들을 모두 없애거나 '최소화'해야 한다는 것이다. 더 나아가 우리 사회도 그렇게 만들어갈 수 있다는 믿음을 갖는 일이다. 다만 아무 때나 협동하라고 해서 학생들이 협동적으로 변하지는 않는다는 것을 잊어서는 안 된다. 그렇다면 사람들은 어떤 때 협동적으로 활동하는가? 바로 아래와 같은 상황이다.

> 수행하려는 일이 상호의존적일 때 더 도움이 된다. (특히 개념 이해, 언어적 문제 해결, 공간 문제 해결, 추측, 판단, 예측 등의 활동은 협동적 활동을 통해 더 높은 성취를 얻게 되는 경우가 많다.)

(3) 경쟁을 최선으로 여기고 있는 것은 아닌가?

경쟁이 강조되는 곳에서 최선-진실-유일한 선은 오로지 '승리를 위해 행동하는 것'이라고 많은 사람들이 생각하는 것 같다. 그런 인식이 승자 중심의 사회 — 유전무죄, 무전유죄라는 인식을 낳고 있고, 사회와 기성세대는 그런 현실을 강조 · 조장하고, 학교는 그런 사회구조와 가치체계를 그대로 학생들에게 사회화라는 이름 아래 고스란히 전승시키고, 이런 현상이 계속 반복된다. 정말 끔찍하지 않은가. 이게 정말 진실인가? 우리는 이것을 정말 진실이라고 믿게끔 세뇌되어 온 것은 아닌가? 그런 우리 사회의 모습을 생각해보게 하는 영화 한 편이 있었다. 바로 〈매트릭스〉라는 영화이다.

이 영화는 시스템이 인간을 지배하는 세상, 가상현실 속의 세상을 살아가는 사람들의 이야기를 다루고 있다. 영화 속 설정은 사람들이 뇌세포에 매트릭스라는 프로그램을 입력당하고 기계가 설정해 놓은 세상에서 살아가야 하는 것으로 되어 있다. 이런 가상현실 속에서 깨어난 인간들은 시온이라는 세상을 건설하고 인류를 구원할 영웅을 찾아 나서게 된다는 설정을 두고 있다. 그리고 그들이 찾아낸 영웅이 바로 네오였던 것이다.

영화 매트릭스는 인간이 평생을 두뇌 자극이 야기하는 환상 속에서 살고 있을지도 모른다고 가정한다. 매트릭스 안에 갇힌 인간은 수동적이며 움직이지 못하는 존재이다. 잠을 자는 듯한 이들의 마비 상태는 영원히 지속된다. 모피어스의 표현에 의하면 매트릭스는 컴퓨터가 만든 꿈의 나라이다. 이 곳에 갇혀 있는 개인들은 자신이 풍요롭고 안락한 삶을 향유하고 있다고 믿는다. 그들의 감각기관은 매트릭스에 접속되어 있기 때문에 맛, 냄새, 감촉, 시각, 그리고 청각은 '존재하는 것은 지각되는 것'이라는 가정 아래 조작된다[출처 : 『매트릭스로 철학하기』(2003), Slavoj Zizek 등 저, 이운경 역, 한문화, pp. 61~62].

이 영화에서 우리에게 주는 메시지가 있다. 매트릭스라는 프로그램, 그 역할을 하는 것이 우리 사회에도 있다는 것이다. 그리고 그것들은 우리 사회의 진실을 가리고 있고, 포장하고 있으며, 우리들이 그것을 믿도록 세뇌하고 있다. 그런 역할을 하는 것이 바로 언론이고, 방송이고, 권력자들이고, 정치인들이고, 기업인들이고, 돈 많은 자들이다. 심지어는 교육도 그에 한 몫을 한다.(오해 없기 바란다. 모든 언론, 방송, 권력자들, 정치인들, 기업인들, 돈 많은 자들, 교육 관련 종사자들이 그렇다고 몰아세우고 싶은 마음은 없다. 모두가 그렇다고 말하지는 않겠다. 하지만 각자의 마음속에는 어느 정도의 수준까지가 그에 해당되는 것일까에 대한 답이 있을 것이다. 교사인 우리 자신도 포함해서 말이다.) 그리고 사람들은 그들이 프로그램해 놓

은 것에 따라 수동적으로 움직이면서 그것을 진실로 착각하며 살고 있다. 정치나 경제적인 면만 봐도 잘 알 수 있다. 그들이 하는 말들을 어디까지 진실로 받아들여야 할까? 그리고 그들은 그 말들을 과연 진실로 여기면서 우리에게 하고 있는 것일까? 그런데도 우리는 그들을 추종하고 믿고 따른다. 이를 보기 위해서는 냉철한 판단과 철학(원칙, 고유의 정신, 고유한 가치 : 이를테면 평등-평화, 생태, 인권, 협동 등)이 필요한 것이다. 이런 것을 표현하기 위해 이 영화는 다음과 같은 장면을 설정했던 것 같다.

왠지 세상이 가짜 같고.

메트릭스는 모든 곳에 있네. 우리의 주위에, 이 방에 있지, 창문 너머로, 텔레비젼을 볼 때도 있지. 자네

그것은 자네의 눈이 자네를 진리로부터 가리우게 하는 세상이지.

불행하게도, 아무도 메트릭스가 무엇인지 이야기 해 줄 수 없네. 자네가 직접 그것을 봐야 하네.

이 파란 약을 먹으면, 지금까지의 모든 것들을 잊고 예전처럼 살게 되지.

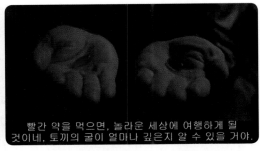
빨간 약을 먹으면, 놀라운 세상에 여행하게 될 것이네. 토끼의 굴이 얼마나 깊은지 알 수 있을 거야.

기억하게. 나는 자네에게 진실만을 보여준다는 것을.

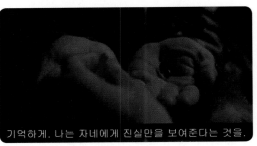
기억하게. 나는 자네에게 진실만을 보여준다는 것을.

결국 네오는 빨간 약을 선택하고 진실을 보게 된다. 이 장면이 우리에게도 이런 질문을 던져주고 있다.

"여러분이라면 빨간 약과 파란 약 중에서 어떤 약을 선택할 것인가?"
"여러분은 지금 파란 약을 먹은 상태는 아닌가?"
"여러분은 지금 파란 약을 먹고, 빨간 약을 먹었다고 말하고 있는 것은 아닌가?"

이 영화를 통해 협동학습을 말하고자 하는 이유를 이미 짐작했을 것이다. 사람들이 흔히 말할 때 우리의 인생은 끝없는 경쟁의 연속이라 한다. 직장, 학교, 스포츠 경기, 집에서조차 이런 마음가짐으로 살아가고 있는 것처럼 여겨진다. 너무나 그 속에 깊이 빠져 있어서 우리는 그것을 당연한 것으로 여기고 받아들이며, 별 주의를 기울이지 않는 것 같아 정말 마음이 아프다.

차별성
출처 : http://sticho.co.kr

이제는 경쟁의 폐단이 우리 사회와 인간성 자체를 파괴시키고 말살시키기 전에 '경쟁이 없는 곳—협동사회'라는 맥락적 사고를 할 때가 되었다고 필자는 생각한다. 왜냐하면 지금의 우리 사회와 현실이 그에 대한 경고성 메시지(앞서 충분히 다루어보았음)를 보내고 있기 때문이다.

9) 경쟁의 본질 해부하기

사람들은 어떤 상황에서 세 가지 행동 유형을 보이게 된다. 특히 경쟁과 관련하여 이런 현상을 만드는 맥락을 살펴보면 구조적 문제와 개인적 욕구 문제로 나눌 수 있다.

(1) 구조적 경쟁의 문제

일례로 희소성 문제를 들 수 있다. 무엇인가를 원하는 사람은 많은데 그 수는 한정되어 있을 때 발생한다. 직장의 승진, 대학 입시, 스포츠 경기, 대부분의 경제 문제 등. 이런 현상들은 상호 배타성이 강하다. 다시 말해서 다른 사람이 잘되면 내가 잘못되는 것이고, 내가 잘되면 다른 사람이 잘못되는 구조로 되어 있다는 것이다. 그런 구조 속에서는 절대로 모두가 목표를 달성(성공)해낼 수 없다.("네가 잘되어야 내가 잘되고, 내가 잘되어야 네가 잘된다."는 협동학습의 원칙과 정반대라 할 수 있다.) 그리고 그 사회 속에서 사람들은 목표 설정을 오로지 '경쟁과 승리'로 두게 되고, 타자와의 관계를 경쟁적으로 놓게 되며 결국에 가서는 인간관계가 회복될 수 없는 지경에 이르게 될지도 모른다.

(2) 개인적 욕구에서 오는 경쟁의 문제

이는 개인의 심리적인 문제에서 오는 문제이기도 하다. 이런 심리를 가장 많이 이용하여 요즈음 광고계에서는 차별화 전략을 최우선으로 하고 있다. 쉽게 말해서 다른 사람의 눈에 들어오도록 한다는 말이다. 왜? 유독 달리 보이는 것이 다른 사람들의 시선을 끌기 마련이니까. 그리고 그 속에서 성취감과 자존감, 성공에 대한 욕구를 충족할 수 있으니까.

일례로 다른 사람이 자기와 똑같은 옷을 입었다는 이유로 그 사람을 불편한 시선으로 쳐다보던 광고가 있었다. 실제로 주변에는 그런 사람들이 더러 있다. 각종 모임에 가면 자신의 내면과는 전혀 상관없이 그곳의 누구보다도 더 지적이고 매력적으로, 누구보다 더 재력과 권력을 갖고 있는 사람으로 보이기 위한 것에만 신경을 쓰는 사람이 바로 그런 사람들이다. 그 누구도 그런 것에 신경을 쓰지 않고, 무슨 상을 주는 것도 아닌데 말이다. 그런 사람들은 전혀 그럴 필요가 없는 상황에서도 끊임없이 다른 사람과 자신을 비교하면서 스스로를 힘들게 한다.

그런데 위의 두 가지 상황은 선택에 의해서 벗어날 수 있다. 내가 그런 구조 속에 들어가지 않으면 되고, 내가 그런 의식이나 욕구에서 벗어나면 그만이다.

(3) 내 의지와는 상관없이 일어나는 경쟁의 문제

하지만 정말로 문제가 되는 상황은 위의 두 가지 문제가 서로 얽히면서 나의 의지나 의식과는 무관하게 외부 사람들에 의하여 경쟁을 하도록 강요받거나 조장되고 있는 상황이다. 이런 상황 속에서도 경쟁의 본질('성공

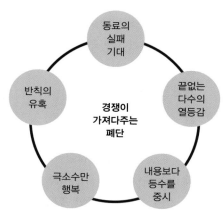

은 곧 승리다!'는 인식)은 그대로 드러난다. 학교 현장에서 일어나고 있는 상황 가운데 대표적인 것이 바로 성적에 의한 서열화이고, 그 경쟁에서 밀려나 '부진아'로 낙인찍힌 학생들과 늘 1등을 하여 다른 학생들의 부러움과 선망의 대상이 되고 있는 학생들 양 극단 사이의 시선이다. 이런 시선은 의도하지 않았는데도 타의에 인해서 자연스럽게 일어난다. 이런 상황은 그의 또 다른 사례가 된다.

올림픽 등과 같은 국제 경기에서 우리나라 사람들은 금메달을 따지 못하고, 동메달이나 은메달을 따면 이상하게 고개를 숙인다. 그러나 다른 나라 사람들을 보면 동메달이나 은메달을 따기만 해도 펄펄 뛰며 좋아한다. 그리고 언론은 금메달 딴 사람들만 집중조명을 한다. 입국할 때도 따로 분류되어 게이트를 통과한다.

왼쪽 사진을 보자. 올림픽 경기에서 한 사람은 은메달을, 한 사람은 동메달을 목에 건 사람이다. 과연 누가 은메달을 목에 건 사람처럼 보이는가?(오른쪽 사람이 동메달을 목에 걸었다.) 사람들은 말한다. 적당한 기대치가 모두를 행복하게 한다고. 남에게 기억되는 것보다 더 중요한 것은 스스로가 정한 기대치에 얼마나 부응했는가 하는 것이 더 중요한 것 아닐까?

우리는 1등만 기억하는 더러운 세상에 살고 있다!

질문1　미국 초대 대통령은 조지 워싱턴이다. 2대 대통령은?

질문2　최초로 달을 밟은 사람은 닐 암스트롱이다. 두 번째로 밟은 사람은 누구?

질문3　우리나라 국보 1호는 남대문이다. 국보 2호는?

질문4　최초로 전화기를 발명한 사람은 그레이엄 벨이다. 그보다 한 시간 늦게 발명에 성공한 사람은 누구?

답　1. 존 애덤스, 2. 올드린, 3. 원각사지 10층 석탑, 4. 에리사 그레이

　경쟁의 본질을 정확히 꿰뚫어보지 못하면서 협동학습을 실천해 나간다면 결국 모순에 빠지게 된다. "왜 협동해야 하는가? 경쟁을 위해서!"라고 말할 수밖에 없는 것이다. 협동학습을 하는 교실에서 모둠 간에 경쟁을 자꾸만 조장한다면 학생들도 이런 생각에 빠져들 수밖에 없다. "우리 모둠원들

끼리는 협동해야 한다. 왜냐하면 다른 모둠을 이겨야 하니까!" 그런 생각은 학급이라는 공동체의식을 약화시켜 결국 협동학습의 장점을 모두 잃어버리게 만든다.

지금까지 '경쟁에 대한 불편한 진실'이라는 제목으로 경쟁이라는 것에 대하여 여러 가지 살펴보았다. 필자의 고민 수준을 볼 때 그 깊이와 폭은 아직도 편협하다고 볼 수 있다. 그리고 많이 부족한 이 부분의 고민에 대하여 더 연구해볼 생각이다. 여러분도 필자의 생각에 동의한다면 협동학습을 실천하면서 이에 대한 생각들을 자신의 교실과 주변에 풀어나가면서 해보기 바란다. 쉽지는 않을 것이다. 하지만 신념을 가지고 꾸준히 노력만 해준다면 분명히 협동학습이 다르게 보일 것이다.

협동적 교육철학이 추구하는 교육

1) 협동적 교육철학이 추구하는 교육

협동적 교육철학이 추구하는 것은 학생들이 스스로의 필요와 욕구, 흥미에 따라 자신들의 활동을 선택하여 취할 수 있게 하고, 교사는 무질서한 상황이 발생하지 않도록 하고 학생들 스스로 혼돈스러운 상황을 극복할 수 있도록 돕는 역할을 수행하는 방향으로의 전환이라 할 수 있다. 이에 대하여 필자의 생각을 좀 더 자세히 제시해보면 다음과 같다.

협동적 교육철학이 추구하는 교육

- 첫째. 민주적 공동체(평등-평화-인권-생태, 다 함께 잘 살기를 추구, 사회적 기술을 통해 서로 공감과 신뢰, 배려가 묻어나는 관계 형성)로서의 학교를 재구축하는 것
- 둘째. 교사와 학생 모두가 자신의 욕구와 관심을 충족시킬 수 있는 자율적이고 다양한 교육의 가능성을 찾아내는 것
- 셋째. 학생들의 필요와 흥미, 욕구에서 출발하는 교육을 통해 학생들의 배움에 대한 욕구를 되살리는 것(학생의 경험, 지식, 문화를 바탕으로 함 ⇨ 학생들이 교육의 중심에 있음)
- 넷째. '학생의 온전한 성장과 발달'이라는 교육 목표를 간과하지 않도록 하며 미래 사회를 살아가는 데 필요한 능력(살아가는 힘=핵심역량) 형성을 통해 지속 가능한 성장을 꾀할 수 있도록 하는 것
- 다섯째. 학생들을 자유로운 미래의 주역으로 교육시키는 것(학교 안에서 자유-민주의 개념을 가르치고 체험할 수 있도록 함)
- 여섯째. 교사는 학생들이 행복하게 살아가는 방법을 배울 수 있도록 도와주는 촉진자이며, 교사와 학생 모두 함께 배우는 동반자적 관계를 지향하는 것
- 일곱째. 학교가 학생들의 요구에 맞추어 나감을 지향하는 것(학생을 학교에 끼워 맞추는 일이 없도록 함)

- 여덟째. 교사는 경쟁을 최소화(지양)하며, 학생들이 앞으로 나아갈 수 있게 기본적인 것들을 안내해주는 관계(평가는 학생들이 알고 있는 것을 부추기고 격려해주는 것이어야 하며, 학생들의 지식 구축을 도와주는 기제! ➪ 모르는 것이 무엇이고, 잘하는 것이 무엇인지 알려주는 것이 중요 ➪ 학생의 입장에서 평가 ➪ 모르는 것을 정확히 분석 ➪ 학생들을 점수로 평가하지 않고 진보를 보고 평가해주는 방안 모색)
- 아홉째. 이런 모든 현상들이 일부의 교실과 학교에서만 일어나는 것이 아니라 모든 학교 현장과 교실 그리고 학교 밖에서 실천 가능할 수 있도록 하는 것

이와 같은 것을 추구하기 위해서 필요한 것은 교과 간 경계가 없는 통합교육(교육과정의 재구성을 통해서라도 가능하게 할 필요가 있음), 민주적인 방식의 학교 운영과 교육활동의 지원이다. 그리고 이 모든 것이 학교 이전의 경험, 학교 경험, 학교 이후의 경험까지 연계, 지속될 수 있도록 하는 것에 중점을 두고 학교 안과 밖에서 지역사회와 함께 할 수 있도록 하기 위한 시스템과 환경을 갖추는 일도 필요하다.

2) 협동적 교육철학이 학생들에게 전하고자 하는 핵심

협동적 교육철학이 추구하는 교육의 본질은 '평등-평화-인권-생태'를 핵심으로 건강한 민주시민을 양성하는 것이다. 이 가운데에서도 학생들에게 가르치고자 하는 핵심은 바로 '존중과 배려'라 할 수 있다. 왜냐하면 학생들은 존중과 배려를 통해 함께 일하는 속에서 협동을 배우기 때문이며, 그런 학생들이 평등-평화-인권-생태적 가치를 생각하는 민주적 리더로 성장할 수 있다고 필자는 굳게 믿기 때문이다.

이를 위해 교사에게 요구되는 태도는 다음과 같다.

> **말로만 혁신과 개혁, 민주를 외칠 것이 아니라 교실에서 먼저 혁신적인 태도를 보이는 것**

교사가 먼저 혁신적, 민주적 태도를 가져야 한다. 그리고 이는 교실 내에서 교사와 학생들, 학생들과 학생들 사이의 평등, 평화, 도움 주고받기, 배려, 신뢰, 생태적 가치, 민주성을 중요하게 여기는 모든 과정(목표 수립 및 계획 세우기, 실천하기, 반성하기 등)을 통해 이루어져야 한다. 한마디로 학교 삶 그 자체여야 한다.

고장 난 자본주의에서 행복을 작당하는 법

유병선 저, 위즈덤하우스, 2016

저자 유병선은 이 책에서 고장 난 자본주의에서 행복을 작당하는 방법으로 여덟 가지 키워드(공감, 연대, 혁신, 보물찾기, 둥근 네모, 둘러앉기, 황금 사슬, 황금의 끈)를 제시하고 있다. 그리고 이를 통해 사회적 경제와 기업의 이야기를 들여다보고 있다. 저자는 "하나의 이야기, 하나의 목표를 향한 '내비게이션'을 설계하고, 정해진 로드맵을 실행해야만 하는 유일신 숭배 방식이 아니라, 더 나은 세상을 향한 열망으로 추동되는 알록달록한 실험과 실천이 거대하게 얽힌 무수한 반동의 이야기가 사회적 기업, 경제"라며 고장 난 자본주의에서 행복을 작당하는 이들을 응원하고 있다.

협동학습을 철학적으로 각성하라

수업방법론을 뛰어넘어라!

과거에도 그랬지만 협동학습이 학교 현장에 비교적 충분히 전파되었음에도 불구하고 아직도 수업방법론의 한계를 넘지 못하고 있다. 그리고 새롭게 협동학습에 접근하는 교사들도 그런 차원에서 접근하고 있다. 그것이 우리나라에서 협동학습에 대한 학문적 접근과 철학적 접근을 가로막는 강력한 요인으로 작용하고 있다. 그래서 현장에는 협동학습 방법(필자는 '방법'이라는 말을 정말로 쓰고 싶지는 않다)들이 난무하고 있지만 학생들은 별로 협동적 사고를 하지 않으며, 나름 협동학습을 실천하고 있다는 교실마저도 별로 협동적이지 못한 모습을 많이 보이고 있다. 그러면서 교사들은 학생들에게만 협동하라고("왜 협동하지 않니?"라고) 강요한다.

다음 내용은 필자가 철학을 바탕으로 한 협동학습 직무연수를 진행해 오면서 마지막 날에 받았던 설문지들의 내용이다.

"그동안 '협동'을 강조하여 수업을 진행해 왔다고 생각했었는데 '경쟁'을 부추겨 왔다는 것을 깨닫게 되었다. 이 연수를 들으면서 비로소 방향성을 찾게 되었다."

"협동학습의 장점은 대학 때 익히 들어서 알고 있었지만 실제로 현장에 적용하려고 하니 어려운 점이 많았다. 결국 기법으로만 협동학습을 실시하며 학생들에게 경쟁을 부추기고 있었던 지난해 나의 모습에 실망과 회의가 커져만 갔다. 하지만 이번 연수를 통해 협동적 학급운영에 대한 길을 찾게 되었고, 구체적인 방향성까지 찾게 되었으며 올바른 마인드를 담아가게 되어 정말 다행이라는 생각이 든다."

"그동안 나름은 학급운영을, 협동학습을 한다고 자신감을 가져 왔었는데 한순간에 모든 것이 무너진 듯한 느낌이 들었다. 처음부터 제대로 다시 시작해야 할 것 같다. 반성을 하게 된 좋은 계기가 된 것 같다."

"처음에는 수업의 방법을 배우기 위해 이 연수를 들었다. 역시 내 기대대로 다양한 수업방법을 쉽게 알 수 있도록 현장의 실제 모습을 보여 주어 참 괜찮은 마인드를 가진 선생님이라 생각했다. 그러나 연수를 들으면 들을수록 자꾸 상처 받는 내 자신을 보게 되었다. 수업방법도 중요하지만 왜 학생들을 가르치는가? 무엇을 가르치려 하는가? 과연 난 어떤 교사인가? 초심을 잃어버린 늙다리 교사에게 반성의 시간을 주었다. 처음에는 협동학습을 들었지만 지금은 교육철학을 공부하는 참된 시간이 되었다."

"연수를 듣길 정말 잘했다는 생각이 들어요. '나도 협동학습을 한다면 하는 사람이라 생각했기에 뭐 별거 있겠어?'라고 생각을 했었거든요. 그런데 선생님 강의를 들으면서 정말 많은 반성을 하게 되었습니다. 내년엔 저도 정말 협동학습다운 협동학습을 해 봐야겠다고 생각했습니다."

"협동학습을 단지 수업의 한 방법이라고 생각했던 나에게 이번 연수는 협동학습이 단지 협동학습기법이나 구조의 실천이 아니라 '학급운영에 대한 하나의 철학이 밑바탕이 되어야 한다'는 점을 알게 해주었고, 그것이 가장 인상 깊었던 점이다."

『살아있는 협동학습』, 이상우(2009, 머리말 中)

2009년에 『살아있는 협동학습』을 출간한 이후 10년이라는 긴 세월이 흘렀지만 아직도 이와 같은 반성들이 학교 현장에서 많이 개선되지 않고 있다고 필자는 판단하고 있다. '수업방법 뛰어넘기'라는 명제에 대한 방향성은 이미 이분들의 후기 속에 들어 있다. 그 답은 스스로 찾아보기 바란다.

끝으로 협동학습을 인식하고 있는 수준에 따라 무협소설이나 무협영화의 일반적인 스토리에 비유하여 아래와 같이 정리해보았다.(이 내용은 필자의 경험을 토대로 쓴 글인 만큼 오해가 없기를 바란다.)

무협소설이나 영화를 보면 대체로 주인공은 본래부터이든 어떤 계기를 통해서든 특별한 힘을 갖게 된다. 그리고 적지 않은 경우 그는 특별한 신물을 무기로 사용하게 된다. 협동학습을 그 신물(무기 : 검이나 도)에 비유해서 이 상황을 설명해 보고자 한다.

1) 사용할 줄 모르는 좋은 검 하나 갖고 있는 수준

신물을 일반인들이 갖고 있게 되면 그 진가를 알아보지 못하고 그냥 팽개쳐 두거나 무엇인지는 알아도 어떻게 사용할 줄 몰라 갖고만 있게 된다. 그리고 그 사용법을 배워보려 하지만 생각처럼 되지 않는다. 설령 사용법을 안다고 해도 겉으로 드러난 방법만으로는 그것의 진의(그 신물에 담긴 정신)를 깨달을 수가 없어서 그 신물이 가진 힘을 모두 사용하지 못하게 된다.

협동학습을 제대로 접해보거나 실천해보지는 않았지만 익히 들어서 알고 있는 상황이 바로 위의 이야기와 같은 경우에 해당된다. 보통은 일회성 강의나 동료교사의 이야기, 누군가의 수업 장면을 통해 "저게 뭐야?" 하면서 알게 되는 경우가 이에 해당된다. 그러나 이 상황에서는 협동학습에 대한 학문적, 철학적 바탕 및 그에 대한 일정 정도의 인식이 부족하여 겉으로 드러나는 측면이나 남들의 이야기가 그의

MBC 드라마 〈태왕사신기〉 : 극중 인물 청룡의 신물이 깨어나 엄청난 위력을 발휘하는 장면

전부인 줄로 알고 접근하려는 시도를 쉽게 하게 된다. 그러면서 좀 해보려고 장시간 연수를 접하게 되는데, 연수를 듣고 나서 희망을 가지고 현장으로 돌아가지만 막상 학생들과 만나서 무엇인가를 해보려 하면 잘 되지 않아 어렵다고 생각하여 포기를 하게 된다. 필자도 협동학습을 그렇게 시작했다. 그리고 잘 되지 않아 몇 번 포기하려고도 했었다. 그러나 고민 끝에 결심을 했다. 한 우물만 파자.

2) 명검(名劍) 하나를 그럭저럭 사용하는 수준

신물을 일반인이든 무공을 갖춘 사람이든 그것이 보통 물건이 아니라는 것을 깨닫게 되면 그것이 갖고 있는 표면적인 기능이나 힘을 펼쳐 보일 수 있게 된다. 그러나 그 또한 그 신물을 그저 휘두르고 있기만 한 것일 뿐, 그 신물이 가진 진의를 깨닫지 못했기 때문에 그 힘을 다 쓰지 못하게 된다. 그러면서 자신은 그 신물을 잘 사용하고 있다고 착각을 하게 된다. 그러다가 결국 고수를 만나게 되고, 다른 이들과의 대결에서 죽음을 면할 수 없게 된다. 이 신물이 검(劍)이나 도(刀)라고 한다면 그저 다른 것보다 아주 더 잘 드는 명검을 갖고 사용하는 정도 이상의 의미는 없는 수준이랄까. 이 상황 역시 그 검이나 도의 진의를 깨닫지 못하여 제대로 사용하지 못하는 경우에 해당된다.

협동학습의 기능적인 측면을 바라보면서 자신의 수업전략적인 측면을 보완하기 위해서, 이렇게 다양한 수업 기술을 갖고 있는 교사라는 자부심을 갖기 위해서 협동학습 구조 활용에 열을 올리고 있는 상황이 바로 위의 이야기와 같은 경우에 해당된다. 필자도 제대로 해보고자 마음을 먹으면서 협동학습 구조만 마구 교실에 적용했던 시절이 떠오른다. 그러면서 수업개선 연구교사도 겁 없이 해보았고, 수업 시간에 그냥 이런저런 구조를 적용하는 재미에 흠뻑 젖었었다. 그리고 약간은 수업에

대한 자신감을 갖고 있었다. 그러나 역시 풀리지 않는 수수께끼가 있었다. 나는 나름 협동학습을 한다고 하는데, 학생들은 전혀 협동적이지 않았다. 그래서 또 포기할까 고민에 빠졌었다.

3) 신물의 힘을 각성(覺醒)한 수준

필자가 애독하고 있는 연재 만화의 한 장면
출처 : 〈열혈강호〉 567화(주인공의 각성)

주인공이 어느 순간 그 신물에 담긴 정신이나 진의를 각성하게 되면 그 신물로 인해 주인공은 평상시에 보여주지 못했던 신기한 능력을 보이게 된다. 그래서 참 많은 일들을 할 수 있게 된다. 그러나 어떤 상황에 이르러 큰 고비를 맞이하게 된다. 그 신물을 사용했음에도 불구하고 큰 위험(예 : 고수와의 격전에서 큰 패배를 하거나 상처를 입고 죽음의 문턱에까지 이르게 되는 경우)에 처하게 된다.

협동학습의 기능적인 측면을 바라보다가 어느 순간 '아하' 하면서 수업이라는 측면에서 학급이라는 공동체를 바라보게 되고, 협동학습을 학급운영론으로 인식하면서 교실에서 학생들도 신나고 선생님도 신나는 협동적 학급운영을 하기 위해 노력하게 되는 상황이 바로 위의 이야기와 같은 경우에 해당된다. 협동학습을 각성하는 수준에 이르게 되면 협동학습과 대화를 나누게 되는 자신을 경험하게 된다. 협동학습을 통해 자신의 돌이켜보게 되고 자신의 반성을 통해 현재의 수준보다 한 단계 더 오르기 위한 노력들을 하게 된다. 협동학습 또한 훌륭한 학문적·이론적 바탕과 철학적 정수가 담긴 것이기 때문에 그 힘을 느끼는 순간 또 다른 세계가 열리는 듯한 기분을 느낄 수 있게 된다. 각성을 이루게 되면 협동학습이 갖고 있는 많은 장점들과 특성들을 교실 속에 펼칠 수 있게 된다.(예 : 협동학습의 다양한 구조를 특성에 맞게 자유자재로 활용할 수 있게 되고, 협동학습의 원리를 잘 활용하여 나름대로 학급을 협동적으로 만들어 나갈 수 있게 된다. 물론 완벽함이란 있을 수 없다는 점을 미리 밝혀 둔다. 협동학습은 절대로 만능이 아니니까 말이다.) 이 상황에 이르기까지는 수많은 시행착오와 협동학습에 대한 많은 고민이 수반될 수밖에 없다.

각성의 수준에 오르게 되면 협동적으로 학급을 운영하면서 학생들과의 행복한 교실을 만들기 위해서 협동학습을 활용하게 된다. 학급운영이라는 측면을 바라보면서 수업과 그 이외의 모든 활동에 협동학습을 적극 활용하게 되고, 학생들이 변화된 모습도 경험하게 되고 많은 것을 깨닫게 된다. 그러나 곧 또 다른 한계를 느끼게 된다. 연말이 되면 협동적으로 변해 온 학생들과 헤어져야 한다는 것을 생각하게 되면서, 그 많은 시간 동안 해 왔던 모든 일들을 새로운 학생들과 또다시 시작해야 한다는 부담과 어려움 때문에 고민을 하게 된다. 그래서 간혹 이런 생각도 하게 된다. "이 학생들을 그대로 데리고 한 학년 진급을 하게 되면 어떨까?" 그도 그럴 것이 주변의 동료들과 함께 협동적 학급운영을 실천해보고자 하는 생각을 하지 못하거나, 생각하는 것에서만 멈추기 때문에 우리 반 학생들만 신경을 쓰게 됨으로 인하여 주변의 변화를 이끌어내지는 못한다. 결국 각성의 수준이라는 것은 그 분야나 영역에 있어서 충분히 성장을 했다는 점에서는 높이 살 만하지만 아직도 그 밑바닥까지 깨달았다고 볼 수는 없는 수준이라 하겠다.

4) 신물의 힘을 진각성(眞覺醒)한 수준

주인공이 어느 순간 그 신물에 담긴 정신이나 진의를 진각성하게 되면 그 신물을 통해 세상을 변화시키고 세상을 평정하게 된다. 그로 인하여 세상 사람들은 그를 전설로 인식하게 된다. 아무도 그를 이길 자는 없게 되는 셈이다. 그 결과로 주인공은 세상 모든 것을 얻게 된다. 부와 명예와 사랑과 권력 모두를! 다시 말해서 신물의 진정한 힘이 발휘되는 것은 진각성에서부터라는 것이다.

협동학습도 각성의 수준을 넘어서 진각성 수준에 이르게 되면 그 진정한 힘을 발휘하게 된다. 그 진각성은 협동학습이 가지고 있는 밑바닥, 본질과 같은 힘이라 할 수 있다. 그 안에는 이제껏 보지 못한 무수한 지혜가 숨겨져 있다고 필자는 생각한다. 그 지혜 중 한두 가지만 실천해도 지금까지보다 몇 단계 뛰어넘을 수 있는 수준의 협동학습을 펼쳐 보이게 될 것이라 생각한다. 그리고 그것은 곧 세상의 변화를 이끌어내게 된다고 필자는 믿어 의심치 않는다. 다른 사람은 어떨지 몰라도 필자는 그래서 지금까지 협동학습을 놓지 않고 있고, 지금도 그것 하나하나를 깨닫기 위해 노력하고 있는 중이다.

필자는 협동학습과의 대화를 통해 협동학습이 가지고 있는 진의를 깨닫기 위해 노력해 왔고, 지금도 멈추지 않고 있다. 그리고 지금에 와서 나름의 결론을 내렸다. 협동학습은 작게는 교사를 변화시키는 것이고, 한 걸음 더 나아가서는 주변의 동료를 변화시키고, 학교를 변화시키고, 학생들을 변화시키고, 학부모를 변화시키고, 궁극에 가서는 사회를 변화시키는 교육운동이라고 말이다. 그리고 이것이 진각성 수준에 해당되는 것이라고 말할 수는 없겠지만 굳게 그렇게 믿고 가려고 한다.

많은 사람들이 아직도 부족함이 많은 필자에게 와서 묻는다. 어떻게 하면 협동학습을 잘할 수 있느냐고. 그리고 매뉴얼도 달라고 한다. 그리고 많은 사람들이 필자가 한 것을 그대로 따라 하는 모습도 보았다. 그래서 안타까운 마음도 많이 들었다. 한때는 매뉴얼을 만들까도 생각했던 적이 있었다. 그러나 그것은 또 다른 획일화를 낳을 우려가 있다는 생각, 그것은 협동학습의 본질이 아니라는 생각이 들어 바로 그 생각을 버렸다. 매뉴얼은 없다. 누구나 협동학습의 각성 및 진각성 수준에 오를 수는 있지만 모두 같은 길을 통해 오를 수는 없다고 본다. 각자 나름의 노력과 과정을 통해 오르게 될 것이다. 그리고 그 길은 누구도 똑같이 따라 할 수 없는 길임에 틀림이 없다. 그래도 누군가 내게 와 어떻게 하면 협동학습을 잘할 수 있느냐고, 각성의 수준에 도달할 수 있느냐고 묻는다면 필자는 이렇게 대답하고 싶다.

"간절히 바라면 된다.
그러면 어느 순간 협동학습이 당신에게 말을 걸어오게 될 것이다.
그때까지 멈추지 말고 열심히 연구, 노력해 달라."

CHAPTER 04

협동학습을 바라보는
다양한 시각

가장 훌륭한 학생은

배움터에서 다른 학생과 함께 공부한다.

- 〈배움의 도〉 중에서 -

지금까지 우리는 협동학습을 너무 좁은 시각에서 바라보았던 것은 아닐까 하는 생각이 든다. 필자는 그런 우물 안 개구리 식의 사고를 벗어나기 위해 무던히 노력하였다. 그동안 필자가 집필한 서적을 살펴보면 곳곳에서 협동학습을 바라보는 다양한 시각과 관점에 대한 이야기를 접할 수 있을 것이다. 이 장은 그런 필자의 관점들을 모두 모아 함께 생각해볼 수 있도록 구성하였다.

수업방법론의 관점에서 바라본 협동학습

협동학습은 전통적인 경쟁학습, 개별학습의 한계를 극복하기 위한 대안으로 등장한 것이다. 협동학습은 학습자 간의 긍정적 상호작용을 극대화함으로써 학습자의 인지적 성장을 도모하는 대안으로 나타난 것이다. 지금까지 협동학습은 주로 이런 관점에서 많이 다루어졌다. 인지적 효과를 극대화하기 위함이 주목적이다. 그리고 교사에게 다양한 수업 전략을 제공해 주었다. 이런 관점에 대해서는 이미 잘 알려져 있기 때문에 더 이상 언급하지 않도록 하겠다.

전통적인 교실	일반적인 모둠 활동	협동학습
교사의 질문 "법이 없다면 어떤 일이 일어날까?"		
1. 생각할 시간 갖기 2. 소수의 학생 손 들기 3. 소수의 학생을 교사가 지목하고 발표 듣기 4. 교사의 정리	1. 모둠원 각자 해결(생각) 2. 그냥 모둠원들과 생각을 공유하기 3. 결과를 전체와 공유 4. 교사의 정리	1. 혼자 생각 2. 모둠별 생각 내놓기 활동으로 생각 공유 3. 모둠 의견 정리, 발표, 전체 공유, 교사의 정리

학급운영의 관점에서 바라본 협동학습[1]

학급운영이라는 관점에서 바라본 협동학습을 협동적 학급운영이라 말한다. 협동적 학급운영이라는 것은 기존의 학급운영 방식에 '협동이라는 철학+협동학습'이라는 것을 적극적으로 실현해 나가면서 공동체를 가꾸어 가는 '원리이자 목적 그 자체'라고 말할 수 있다.

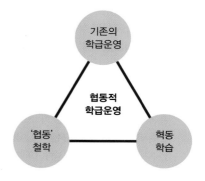

---

1 필자의 책 『살아있는 협동학습』(2009)에서도 매우 자세히 서술해 놓았다.

> **협동적 학급운영**
> 기존의 학급운영 + 철학 + 협동학습

[학급운영＝수업＋학급활동(수업 이외의 모든 활동)]

- 철학을 기반으로 '수업+학급활동'의 일관성 있는 운영
- 철학 기반의 학급운영 시스템으로 협동학습이 작동

이에 대해서는 이만 줄이고 이후에 이어질 장에서 좀 더 자세하게 다루고자 한다.

철학적 관점에서 바라본 협동학습[2]

민주적 공동체로서의 학교와 교실을 재구성하기 위한 패러다임으로서 협동학습을 말하는 것이다. 그것은 곧 철학을 말하는데 '협동'이라는 철학에 바탕을 둔 협동학습의 정의를 앞에서 이미 재개념화한 바가 있다.

변화의 방향＝'협동' 철학에 기초
평등 - 평화 - 인권 - 생태 ⇨ 민주시민 육성
학생의 필요와 흥미, 욕구에서 출발하는 교육으로의 전환

> **필자가 새롭게 내린 협동학습의 정의(재개념화)**
>
> 학생 스스로 자신의 참된 삶에 주인이 됨과 동시에 개인의 자유로운 삶과 공동체의 평등한 구조 사이의 간극을 조정할 줄 아는 능력을 갖출 수 있도록 돕는 교육 운동
>
> - 자신의 참된 삶에 주인이 된다는 것 : 배움(재능 · 적성 개발)에 대한 자기주도적 역량을 발휘한다는 것
> - 개인의 자유로운 삶과 공동체의 평등한 구조 사이의 간극을 조정할 줄 아는 능력 : 공동체 역량, 의사소통 역량, 문제해결 역량 등＝'살아가는 힘'
> - 민주시민으로서 학생의 성장과 발달을 돕는다는 개념이 담겨 있음
> - 민주시민으로 잘 성장한 사람이 지속 가능한 좋은 사회를 만들어 갈 수 있다는 믿음에 기초
> - '지식 중심'의 학교 교육 목표가 '핵심역량 개발 중심'으로 바뀌고 있는 데 따름

---

2 필자의 책 『협동학습 교사를 바꾸다』(2012)에서도 매우 자세히 서술해 놓았다.

이에 대해서도 이미 앞에서 다룬 바가 있으므로 더 이상 언급하지 않도록 하겠다.

교육운동의 관점에서 바라본 협동학습[3]

교육운동의 관점에서 협동학습은 그동안 우리 교육 현장에 깊숙이 뿌리내리고 있었던 비민주적, 비교육적, 비효율적인 관행을 극복하고 교육의 본질을 회복하고자 하는 관점에서 학생들에게만 '협동'을 외칠 것이 아니라 교사들도 서로 힘을 합치고 지혜를 모아 우리나라 교육 현장의 변화를 추구해 나가자는 관점에서 바라본 협동학습을 말한다.

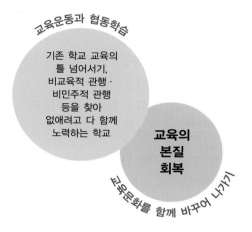

변화의 방향성=교육의 본질 회복

교사가 바뀌면 학교가 바뀐다.[4]

아이들의 전면적 발달

- 아이들의 삶을 가꾼다는 의미
- 인지, 정의, 신체 3영역의 고른 접근을 통한 아동 발달
- 결과가 아닌 과정을 강조(끝이 없음. 평생 교육 차원)
- 다양한 교육 활동을 통해 균형 있게 제공해야 함

협동적 민주주의

- 자유와 평등 기반 : 소통과 협동을 이끌어내는 실천적 원리로서의 민주
- 다양성 존중, 소외됨 없는 조화로운 공동체를 추구(돌봄의 가치)
- 학교는 민주시민 교육의 장, 학교의 운영 및 교실의 민주화 : 함께 만들어 나가는 학교 · 교실 · 수업, 다양한 학생자치 활동의 교육적 보장 등

교육의 공공성 확보

- 개인의 입신양명을 위함이 아님
- 모두 함께 행복한 사회 지향
- 다 함께 잘 살기
- 모두가 행복한 사회란?(좋은 사회- 그렇지 못한 사회를 구분하는 기준?)
- 행복한 사회 실현을 위해서 꼭 필요한 본질적 가치 : 자유, 평등, 인권, 생태, 평화, 일(노동) 등

미래의 삶에 대한 준비

- 아이들의 미래 삶을 위한 준비
- 자신의 행복한 삶을 위한 준비
- 자신의 강점과 약점 찾기
- 강점으로 약점 보완하기
- '나'를 찾아 떠나는 여행
- '자신에 대한 깨달음'
- 삶의 질 향상을 위해 꼭 필요한 힘 기르기(특히 사회적 기술)

교사들 수준에서 '협동'이 기존의 학교 문화 개선을 위한 노력이라는 관점에서는 '연대'라는 의미로 재해석할 수 있으며 수업의 질을 높이기 위한 노력이라는 관점에서는 '전문적 학습공동체'라는 의미로 재해석할 수 있다. 이를 위해서는 다음과 같은 노력이 필요하다.

---

3 필자의 책 『협동학습 교사를 바꾸다』(2012)에서도 매우 자세히 서술해 놓았다.

4 교사의 철학, 교육에 대한 교사의 패러다임, 수업에 대한 관점 등이 바뀌어야 학교가 바뀐다.

- 비민주적 학교문화 ⇨ 교사회의를 의결기구화 하기
- 수동적인 교사풍토 ⇨ 용기와 연대로 극복하기
- 취약한 동료성 ⇨ 나눔과 소통과 신뢰로 극복하기
- 취약한 수업 연구 분위기 ⇨ 전문적 학습 공동체로 극복하기
- 열리지 않는 교실 ⇨ 수업 혁신과 동료장학으로 극복하기
- 변화를 거부하는 풍토 ⇨ 설득과 기다림으로 극복하기
- 지식에 대한 관점 ⇨ 구성주의적 관점 세우기로 극복하기
- 변하지 않는 교사 ⇨ 성찰의 관점으로 돌아보기
- 새로운 교사 리더십 세우기
- 행정 업무 중심 ⇨ 학교 공동체를 위한 시스템으로 혁신하기
- 학부모, 지역사회와 함께 하는 학교 문화 만들기

이런 학교 문화를 만들기 위해 현재는 혁신학교 운동이 전국적으로 확산되고 있다. 그리고 꽤 많은 혁신학교에서 긍정적인 성과를 이끌어내고 있는 중이다.

핵심역량의 관점에서 바라본 협동학습

2015 개정 교육과정에서는 '역량' 개념을 도입함으로써 교수·학습의 초점을 '교사가 무엇을 어떻게 가르칠 것인가'에서 '학습자가 배운 내용을 가지고 무엇을 할 수 있어야 하는가'로 이동시켰다. 이는 학교에서 배운 지식이 실생활에서 활용되고 확장되는 것, 학습의 전이가 이루어질 수 있기를 기대하는 차원에서 마련된 것이다. 그리고 이는 현재 시대의 변화와 앞으로 다가올 미래 사회를 준비하는 차원이기도 하다.

한편 핵심역량을 기르기 위해서는 학생이 특정 맥락 속에서 지식과 기능을 습득하고, 이를 새로운 상황에 적용할 수 있도록 하는 수행과

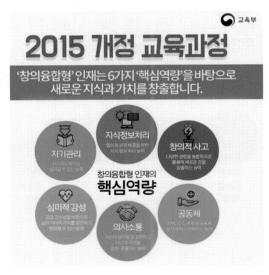

출처 : 교육부 페이스북

탐구 중심의 학습활동이 강조되고 있는데, 지금까지 국내외에서 보고되고 있는 사례를 살펴보면 팀 활동을 기반으로 한 협동학습, 발표학습, 탐구학습, 토의·토론, 프로젝트학습 등과 같은 민주적이고 학생 참여적인 수업 방법이 대부분이다. 이런 맥락에서 본다면 협동학습은 단순 지식의 습득이 아

니라 역량 계발 차원에서 필수라 말할 수 있다. 왜냐하면 역량은 결코 혼자서는(타인과 상호작용이 없이는) 계발해 나갈 수 없는 것이기 때문이다.

가르침의 관점에서 바라본 협동학습[5]

언제부터인지 모르지만 '가르친다'는 말이 현장에서 쓰면 안 되는 말처럼 여겨지고 있다. 그리고 그 용어가 '배움'이라는 말로 대치되고 있다. 과연 그것이 옳은 것일까?

필자는 이에 대하여 이의를 제기한다. 교사는 반드시 학생들을 가르쳐야 한다. 가르친다는 말, 없어서는 안 될 말이다. 왜 이런 일이 일어났는가에 대한 이유를 생각해보니 가르친다는 말의 뜻이 지금의 교사들에게는 교과서 내용을 '지시·전달'한다는 의미로 변질되어 사용되고 있기 때문이라 여겨진다. '가르친다'와 '지시·전달'이라는 말의 뜻은 분명히 다르다.

필자는 여기에서 '가르침'이라는 말의 분석적 접근을 통해서 협동학습이 추구하고 있는 중요한 점 세 가지를 제시해보고자 한다.

①　가르침(가르친다) ⇨ 모델(모범을 보여라) ⇨ 학교(교사)
②　가르침의 주체 ⇨ 학교만이 아니라 가정도 책임을 진다.
③　교육은 학부모·교사·학생 세 주체의 상호작용이다.

'가르친다'는 말을 한자로 쓰면 '敎育'이라고 표현한다. 그리고 '敎育'이라는 한자를 풀어서 보면 다음과 같다.

- 글자의 구성 : 아들 자(子)＋본받을 효[爻(效)]＋칠 복[攵(攴)]
- 글자의 뜻 : 쳐(내)서 학생들이 본받도록 함.
- '쳐낸다'의 뜻 : '때리다'의 의미가 아니라 중요한 이치를 가려낸다(솎아낸다)는 의미를 담고 있다. '칠 복(攵)'자는 '점 복(卜)'자와 '또 우(又)'자가 합쳐져서 만들어진 것으로, 오랜 옛날 제정일치 시대에 국가의 중대사를 정하고 행할 때는 하늘의 기운을 읽고 점을 치고 또 치고 또 치면서 심사숙고해서 가려낸 뒤 행하였다는 뜻을 담고 있다고 보고 싶다. 물론 쳐주어야 할 때 정확히 쳐주고 갈라주어야 할 때 정확히 갈라준다는 뜻에서 매를 들고 "막대기를 들고 가볍게 쳐준다"는 뜻을 갖고 있다고 볼 수도 있다.
- '쳐낸다'의 주체 : '敎'라는 글자 속에는 나타나 있지 않지만 생각해보면 금방 알 수 있다. 과연 누가 쳐내서 가리겠는가? 바로 스승(교사)이다.

5　필자의 책 『협동학습 교사를 바꾸다』(2012)에서도 매우 자세히 서술해 놓았다.

- '敎'의 의미 1 : 윗사람은 쳐내고 베풀어 가르치고, 아랫사람은 본받아 배운다.
- '敎'의 의미 2 : 가르침 자체의 측면과 가르치는 행위의 측면
- '敎'의 의미 3 : 주체와 대상의 상호작용을 의미한다.
  - 가르침 자체 : '무엇을 본받아야 하는가?'에 대한 것으로, 필자는 '무엇'을 하늘의 이치라고 생각한다. 여기서 말하는 하늘의 이치란 곧 '사람 된 도리'를 말하는 것으로, 학생들의 바른 성품(인성)을 가리킨다고 보고 싶다.
  - 가르치는 행위 : 이런 측면에서 본다면 본받는 학생들에 대한 모델로서 스승(교사)의 몸가짐과 언행을 두고 말하는 것이라 생각한다. 다시 말해서 학생들 앞에 서는 스승(교사)은 학생들에게 모든 면에서 모델이 되어 주어야 한다는 뜻으로 필자는 받아들이고 싶다.

- 글자의 구성 : 아들 자(子)＋고기 육[月(肉)]
- 글자의 뜻 : 아기의 몸을 키운다.
- 본래의 글자 : 기를 육(毓)에서 비롯된 약자이다.
- '毓'의 풀이 : '매양 매(每)＋뒤집힌 아들 자(子)＋물 수(水)'가 모여서 만들어진 것으로, '每'자는 '머리에 비녀를 꽂은 성인 여자'를 뜻하고, 거꾸로 뒤집힌 '子'자와 '水'자는 갓 태어난 아이가 어미의 뱃속에서 나올 때 양수가 터져 흘러나오고 자궁에서 머리부터 나오는 모습을 형상화한 글자라 할 수 있다.['매양 매(每)＋갓난아기 류(㐬)']
- '每(어미)'는 양육의 주체요 '㐬(갓난아기)'는 양육의 대상이자 산물이라 할 수 있다.
- '育'은 어미와 아이의 상호작용에 의해서 이루어진다. 다시 말해서 '育'의 주체는 '어머니'라 말할 수 있다. 하지면 실질적 의미는 '㐬(갓난아기)'라는 글자로 인해서 '매양 매(每)'라는 글자가 들어간 것뿐, '育'의 주체는 바로 '가정＝부모'라고 해야 맞다.
- '育'의 1차 시기 : 어머니의 뱃속에서 10개월간 태교를 통해 이루어진다.
- '育'의 2차 시기 : 어머니의 뱃속에서 나와 평생 부모와 헤어질 때까지 이루어진다.

이렇게 교육(敎育)이라는 한자를 풀이해보면 교육의 진정한 의미를 깨달을 수가 있다. 교(敎)의 주체는 교사와 학생이요, 육(育)의 주체는 학부모와 학생이라는 점이 바로 그것이다. 교육은 바로 교사와 학부모와 학생이 하나가 되어 이루어질 때 제대로 될 수 있다는 뜻을 담고 있다고 풀이하면 될 것이다. 그리고 거기에서 교(敎)는 교사의 모범(모델)을 보이라는 측면을 나타낸 것이고, 육(育)은 학부모도 학생의 (정신적)성장과 (육체적)발달에서 책임을 회피하지 말라는 뜻을 담고 있다고 보면 틀림이 없다.

결론적으로 가르침(교육)이라는 관점에서 협동학습을 바라본다면 다음과 같이 정리할 수 있다.

- 교육의 3주체인 학부모와 학생과 교사(학교)의 협동적 상호작용
- 학부모와 교사는 쳐내서 학생에게 모범을 보인다는 것

- 학생은 그것을 본받아 발달, 성장을 이루어낸다는 것
- 학부모와 교사가 모범을 보일 때는 몸으로 직접 보여주되 특히 언어적인 측면(사회적 기술)과 사람됨의 측면(인성)을 매우 강조하고 있다는 것

결국 학생들을 가르치지 말라는 말은 오히려 잘못된 것이고, 학생들을 가르치지 않는다면, 학부모와 교사가 학생들에게 가르침을 포기한다면 학생들의 미래는 없다고 봐야 할 것이라 감히 주장한다. 그리고 부디 '가르친다'는 말의 신성한 의미를 퇴색시키지 않기를 바랄 뿐이다.

배움의 관점에서 바라본 협동학습[6]

혁신학교 운동이 시작되면서 학교 현장에서는 '가르침'이라는 말이 '배움'이라는 말로 대체되고 있다는 느낌을 받게 된다. 물론 '앎'의 과정은 능동적이고 주체적이어야 하며 끝이 없는 것이라는 점에서 학생 중심 수업, 평생 교육의 개념으로 방향을 돌리는 데 큰 역할을 했다는 점은 인정하지만 '배움과 가르침'은 분명 함께여야 한다고 필자는 생각한다. 가르침에 대한 의미는 앞에서 살펴보았고, 여기에서는 '배움'의 의미에 대하여 분석적으로 깊이 있게 살펴보고자 한다.

'배움'이라는 말을 한자로 표현하면 '學習'이라고 쓴다. 그리고 '學習'이라는 한자를 풀어서 보면 아래와 같다.

- 글자의 구성 : 절구 구(臼)＋점괘 효(爻)＋집 면(宀 ⇨ 冖)＋아들 자(子)
- 글자의 뜻 : 집(冖)에서 아들(子)이 두 손(臼)으로 산가지(爻)를 들고 숫자를 배운다.
- '學'자의 풀이 : 절구 구(臼)자는 두 손을 상징, 점괘 효(爻)자는 본래 점을 치거나 수를 헤아릴 때 쓰는 산가지를 상징, 집 면(宀 ⇨ 冖)자는 건물(집, 학교)을 상징, 아들 자(子)자는 학생들을 상징한다.
- 점괘 효(爻)자의 다른 풀이 : 사귈 교(交 : 교류하다, 소통하다)자와 훈음 면에서 서로 통한다. 또한 주역(周易)의 효(爻)-문자(文字)를 상징하기도 한다.
- 점괘 효(爻) ⇨ 문자(文字)를 통해 서로 사귄다는 뜻(爻 : 교류하다, 소통하다)으로 해석 ⇨ 절구 구(臼)자는 학생들의 두 손이 아니라 어른(臼⇨교사의 두 손)의 두 손으로 해석하고 싶은 것이 필자의 견해이다.
- 지붕(宀 ⇨ 冖 : 학교) 아래에서 학생들(子)이 서로 교류하고 소통(爻 ⇨ 交)하는데, 교사나 학부모(臼 ⇨ 교사 또는 학부모의 두 손)가 곁에서 함께하며 안내한다는 뜻[협동학습에서 교사는 비

---

6 필자의 책『협동학습 교사를 바꾸다』(2012)에서도 매우 자세히 서술해 놓았다.

계(Scaffolding) 역할을 하는 촉진자를 의미한다]을 가진 것이 바로 '學'이라는 글자이다.

- 교실 아래에서 일어나는 소통(爻 ⇨ 爻)의 형태는 두 가지이다.
  - 학생들(子)끼리의 교류와 소통 : 이것만 있으면 배움의 의미는 사라진다. 그냥 학생들끼리 모여서 논다는 의미를 가진 친목집단일 뿐이다.
  - 지식(文字)을 매개로 한 교류와 소통 : 이것이 함께하기 때문에 바로 배움의 의미가 살아나는 것이다.

이렇게 '學'이라는 글자를 분석해보면 다음과 같이 풀이해볼 수 있다.

'學'이란 지식을 매개로 교류와 소통이 지붕 아래에서 학생들과 학생들 사이에 일어나는데(상호작용), 교사나 학부모가 이 모든 것을 곁에서 지켜보면서(두 손으로 감싸면서) 도움을 주고 있는 모습을 나타낸 것이라 볼 수 있다. 이렇게 해석을 해본다면 협동학습이 왜 학생들의 배움과 연결되는지, 학생들의 배움을 위해 왜 협동학습이 필요한지, 배움의 과정에 학생들과 교사·학부모와 지식 사이의 강한 상호작용이 존재한다는 것에 대하여 충분히 이해할 수 있을 것이다.

그런데 '學'만으로는 배움이 일어났다고 보기는 어렵다. 왜냐하면 '習'이 없으면 '學'은 금방 사라지기 때문이다. 다시 말해서 '學'은 단기 기억을 말하고, '習'은 이를 장기기억으로 만들어가는 과정이라 할 수 있다. 습에 대한 효과는 헤르만 에빙하우스의 망각곡

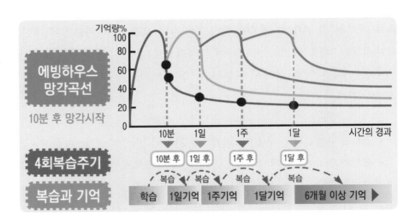

출처 : 서울시 교육청 공식 블로그

선을 통해 잘 알려져 있으니 더 이상 설명하지는 않도록 하겠다.

알아본 바와 같이 '習'의 의미는 매우 크다고 할 수 있는데, '習'이라는 글자도 풀이를 해보면 참으로 재미있는 뜻이 있다는 것을 알 수 있다.

- 글자의 구성 : 깃 우(羽)＋흰 백(白)
- 글자의 뜻 : 어린 새가 자주 날갯짓을 하여 날려고 하는 모습을 본뜬 글자로 '익히다, 반복하다'의 의미를 담고 있다.
- '習'자의 풀이 : 습(習)이라는 글자는 본래 깃 우(羽)와 날 일(日)로 이루어졌었는데 중간에 어떤 과정에서인지는 모르겠지만 '日 ⇨ 白'으로 변화가

일어났다. 본래는 새가 날개를 퍼덕이며 날마다 날아오르는 것을 배운다는 의미라 해석했다고 볼 수 있다. 그리고 사람이 일을 배우다 보면 반드시 그것을 마음속으로 좋아하기 마련이라는 의미에서 '사모하다, 생각하다'는 뜻으로 활용되기도 했다.

- '白'의 의미를 살펴보면 여러 가지 해석이 있을 수 있다.
  - 일백 백(百)의 의미로서 해석하는 사람들이 있다. 이때의 일백은 수의 크기 100을 의미하는 것이 아니라 '많다'는 뜻으로 해석하는 것이 옳겠다.
  - 흰 백(白)의 의미로서, 새가 알에서 깨어나 깃털이 생겨나고 자라면서 성장하게 되는데 깃털의 색이 어떠하든 대부분 새들의 겨드랑이 쪽 솜털을 보면 거의 백색이라고 한다. 그런 새들이 하늘을 날기까지 얼마나 많은 날갯짓을 했겠느냐는 의미로 해석하는 사람들도 있다.
  - 흰 백(白)의 의미는 맞는데, 새들이 하늘을 날기 위해 부단히, 끊임없이, 빠른 속도로 날갯짓을 하는 것을 보면 너무 빠른 속도로 많은 반복을 하기 때문에 그 날개의 빛깔이 하얗게 보일 정도라는 의미로 해석하는 사람들도 있다. 필자는 이 견해에 더 마음이 간다.

이렇게 '習'이라는 글자를 분석해보면 다음과 같이 풀이해볼 수 있다.

'習'이란 어린 새가 하늘을 날기까지 수많은 반복적 날갯짓이 있었던 것처럼 학(學)한 것을 완전한 자신의 것으로 만들기 위해서는 부단한 노력과 반복(習)이 있어야 한다는 것을 말해주는 것이라 할 수 있다. 다시 말해서 '學'의 과정이 단순한 인식이라고 한다면 '習'의 과정은 '각인'을 가리키는 것으로 학(學)과 습(習)은 반드시 함께 이루어져야만 한다는 것을 말해주는 것이라 여겨진다.

이렇게 중요한 '습(習)'도 협동학습과 연관 지어 살펴보면 혼자서 습(習)을 할 때보다 학생들 여럿

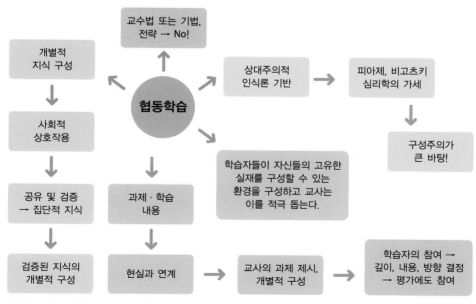

가르침, 배움의 맥락에서 바라본 협동학습

이 협동적으로 상호작용하면서 습(習)할 때 훨씬 더 효과가 높다는 것을 알 수 있다.(이는 앞에서도 한 번 소개한 바 있는 '메타인지'와 관련되어 있다.)

이런 관점으로 바라본다면 협동학습은 패러다임이자 담론이면서 배움에 관한 이론이라 할 수 있다. 결코 교수이론이거나 수업방법론일 수는 없는 일이다. 협동학습이 전략이나 기법(방법론)으로 이해되고 있는 입장은 반드시 경계해야만 한다.

소통의 관점에서 바라본 협동학습[7]

소통이란 낱말의 사전적 정의를 살펴보면 아래와 같다.

다음 국어사전 : 사물이 막힘이 없이 잘 통함, 서로 잘 통하다

서로 잘 통한다는 것을 소통이라 한다면 이는 협동적 상호작용을 말하는 것으로, 이에는 상호작용의 주체가 존재한다. 학교와 교실에서 상호작용의 주체라 한다면 교육의 3주체라 할 수 있는 학부모, 교사, 학생들이 될 터인데, 필자는 여기에서 말하는 소통을 수업 속에서의 상호작용이라는 의미로 보다 작게 바라보면서 이야기해보고자 한다.

수업 속에서 상호작용의 맥락을 살펴보면 교사와 학생들이 존재한다. 그리고 두 존재 사이에는 상호작용을 하게 만드는 그 무엇이 있다. '무엇'에 해당되는 것이 바로 '내용'으로서의 '지식'을 말하는데, 교사와 학생들은 '지식'을 매개로 하여 '협동적 상호작용=소통'을 하게 된다.

수업 속 소통의 3요소＝교사, 학생들, 지식(내용)

그런데 이 세 가지 사이의 관계를 어떻게 해석하느냐에 따라 그 소통이 일방통행이 될 수도 있고, 쌍방통행이 될 수도 있으며 3차원적이 될 수도 있다. 그 사례를 살펴보면 아래와 같다.

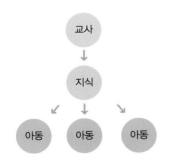

교사가 최고의 권위를 가지고 있으면서 학생들은 일방적으로 지시와 전달을 받기만 하는 전통적인 교실의 모습을 나타낸다. 이 속에서 지식은 절대적일 수밖에 없으며 교사는 그것을 있는 그대로 전하고, 학생들은 그것을 암기하고 기억만 하면 된다(지식에 대한 객관적 사고에서 비롯됨).

7　필자의 책『협동학습 교사를 바꾸다』(2012)에서도 매우 자세히 서술해 놓았다.

교사의 권위보다 지식이 더 높은 권위를 보이는 것처럼, 교사와 학생들 사이의 상호작용도 있는 것처럼 보이지만 결국은 학생들 사이의 상호작용은 고려되지 않고 있으며 지식의 절대성을 버리지 못하고 있는 전통적인 교실의 모습을 나타낸다(지식에 대한 객관적 사고에서 비롯됨).

보통은 많은 교사들의 위의 두 가지 중에 한 가지 방식으로 표현을 많이 하곤 한다. 하지만 필자는 왼쪽의 그림과 같이 표현한다. 이런 관계가 형성될 때 비로소 구성주의적 사고에 바탕을 둔 협동학습이 가능해지기 때문이다.

이 구조의 핵심은 바로 지식 그 자체이다. 이런 구조에서 말하는 지식은 절대적 · 직선적 · 위계적 · 권위적 · 수동적인 것이 아니라 상대적 · 협동적 · 순환적 · 상호작용적 · 역동적 · 능동적인 것으로, 이를 인식하는 각 주체의 내면에서 사회적으로 구성되고, 변증법적으로 진화[8]해 나가게 된다(지식은 소통의 매개물, 소통의 중심).

이런 구조 속에서 교사는 절대적인 권위를 가질 수 없다. 교사도 학생들과 함께 배움의 길을 걸어가는 한 주체일 뿐이다. 그래서 학생들과 함께 탐구 · 연구를 해 나가면서 필요한

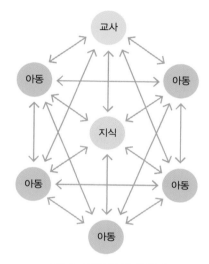

수업 속 소통의 3요소 간 관계

경우에는 학생들에게 비계 역할을 하면서 앎의 여행을 떠나게 되는 것이다.

이런 관계 속에서 학생들은 능동적 · 주체적 · 협동적일 수밖에 없다. 그리고 소통 구조는 자연스럽게 만들어질 수밖에 없으며 상호작용은 매우 활발하게 일어나게 된다. 그 결과 인식 · 배움 · 가르침은 각자의 근접발달영역 내에서 이루어진다.

배움, 소통 그리고 협동학습

학생들은 자신을 둘러싼 환경과 상호작용을 하면서 스스로 자신의 지식을 쌓아 나가고 인지구조를 재구성해 나간다. 그 과정을 배움의 과정이라고 한다면 적어도 교사라면 배움의 맥락을 잘 이해하고

---

8 그 폭과 깊이가 점점 깊어지고 넓어진다. 필자는 이런 현상을 향상적 변용이라고 말한다.

있어야 한다.

1) 협동적 배움의 3요소

배움의 세 가지 요소 : 대상(주제, 지식 등), 학생들, 교사

- 진정한 배움은 위의 세 가지가 조화를 이루면서 만날 때 비로소 이루어진다(수평적 관계 : 교사 또한 가르치면서 끊임없이 배우는 존재).
- 세 가지의 만남은 도구를 매개로 이루어진다(도구 : 말과 글).
- 배움이란 3요소 사이의 상호작용을 바탕으로 개인적인 차원에서 이루어지는, 대상에 대한 의미와 이해의 재개념화(재구성) 과정을 말한다. 그리고 그 과정은 사람마다 속도, 폭과 깊이 등이 각기 다르며 개별적으로 근접발달영역 내에서 이루어진다. 이런 과정을 거치면서 학습은 발달을 선도하게 된다.
- 가장 효과적인 배움은 현실성(실생활과 어떤 관련을 맺고 있는가), 실용성(실생활에 쓰임이 있고 유용한가), 유용성(실제 생활에 어떻게 활용되고 있는가)을 바탕으로 할 때 일어난다(구성주의 : 사회적, 문화적, 역사적 맥락 속에서 배움을 이해).
- 배움은 곧 '앎의 과정'이고, 자기 자신의 삶을 가꾸어가는 일
- 배움은 긍정적인 상호작용(사회적 상호작용) 속에서 촉진된다('왜 협동학습인가?'라는 물음에 대해 답이 될 수 있다).
- 교사는 그런 환경을 만들어 나가는 데 주력해야 한다.

2) 협동적 배움의 핵심

- 협동적 배움의 가장 핵심은 '소통'
- 협동학습 : 수업을 소통의 맥락으로 이해
- 소통의 맥락에서 제일 중요한 것은 '듣기'
- '교사 ↔ 학생, 학생 ↔ 학생' 관계에서 듣기와 연결 짓기는 가장 핵심
- 듣기를 통해 상대방과 나와의 연결 고리를 만듦 ⇨ 사회적 기술의 중요성
- 상대방의 말은 그 사람을 이해하며 들여다볼 수 있는 창문

필자의 교실 수학 수업 의사소통 장면

- 교사는 학생들의 말을 통해 서로(대상과 학생, 학생과 학생, 교사와 학생)를 연결 지을 수 있는 노하우가 있어야 함

- '배움'의 과정에서 학생들의 말 한 마디와 행동 한 가지는 중요한 수업의 재료
- 학생들의 말 ⇨ 교재 혹은 자료의 어디와, 이전 이야기의 어느 지점과, 한 개인 안에서 이미 알고 있는 어떤 것과, 이와 관련되어 있는 다른 누군가와, 학생들 삶-실생활 속의 무엇인가와, 학생의 과거-현재-미래와 연결 지을 것인가? 등에 대하여 고민해보기

3) 협동적 배움에서 소통은 곧 참여

- 참여의 맥락에서 가장 핵심은 자기 사고 갖기
- 학생들이 자기 사고를 갖는 경우 : 활동에 능동적이면서 자기주도적으로 참여하여 나름의 배움을 구성해 나감
- 학생들이 자기 사고를 갖지 못하는 경우 : 활동에 수동적이거나 참여의 의미를 찾지 못하고 '출석'에만 의미를 두게 됨
- 듣기와 표현 : 씨줄과 날줄 역할
- 동기, 흥미, 호기심, 관찰, 조작, 활동, 체험 등은 매우 중요한 밑바탕이자 과정
- 경험의 나눔 활동 : 협동적 활동(자신과 타자에 대한 이해) ⇨ 시너지
- 협동적 배움의 과정 : 다양한 경험 활동 ⇨ 협동적 활동을 통한 생각과 느낌의 표현(신체, 말과 글, 작품 등 : 자기의 말과 글-자기만의 언어로) ⇨ 토의 및 토론(반성과 성찰) ⇨ 이해의 재구성 및 전이(앎의 향상적 변용) ⇨ 삶에 적용

4) 협동적 배움을 위해 놓치지 말아야 할 것들

- 학생 한 명 한 명의 말과 행동 그리고 다양한 반응(궁금함, 호기심, 당황스러움, 혼잣말, 다양한 신체 표현 등)
- 학생들끼리의 반응(서로가 서로에게 귀를 기울이고 있는가)
- 서로가 서로와 잘 연결되어 있는가에 관심 갖기(상호작용 ⇨ 협동적 배움)
- 학생들의 배움에 대한 욕구와 열정과 관심(그 싹을 자르고 있는 것은 아닌가)
- 학생들의 모든 반응에 대한 교사의 적절

필자의 교실 협동학습 수학 토론 장면

한 대응(특히 도움을 필요로 하는 학생들에 대한 것 ⇨ 다른 학생과 연결 짓기를 통해 도움 주고받기 : 나, 이것을 잘 모르겠는데 도와줘! ↔ 그래, 내가 도와줄게. 내가 무엇을 도와줄까?)

- 학생들이 어느 지점에서 기뻐하고, 즐거워하고, 배움이 일어나는가에 대한 관심 갖기
- 학생들이 어느 지점에서 힘들어하고 어려워하는가에 대한 관심 갖기
- 위와 같은 모든 반응들을 일으키는 원인은 무엇인지 찾기 ⇨ 협동적인 해결방안 제시

학생들의 특성과 협동학습[9]

자기 자신의 이해는 곧 타자-학생들의 이해로 이어진다. 교육은 곧 자신과 타인, 그리고 사물과의 만남이다. 그리고 그 관계를 이해해 나가는 과정이 곧 배움의 과정인 것이요 그 과정을 통해서 모두는 자신의 삶을 가꾸어 나가게 된다. 그렇게 볼 때 관계의 시작은 자신의 이해를 바탕으로 한 타자의 이해를 통해 이루어진다.

교사가 자신에 대한 성찰을 끊임없이 이루어내고, 이를 바탕으로 학생들을 알아간다면 그 관계 속에서 소통은 자연스럽게 이루어지게 된다. 그런 상태가 되면 공동의 목표(발달과 성장-배움-삶을 가꾸는 일)를 세우고 그것을 달성하기 위해 협동적으로 노력해 나가기 위한 준비를 하게 된다. 이상적인 협동학습은 그렇게 시작된다.

학생들을 두려워하지 않는 교사는
학생들을 존중하지 않는 것과 똑같다.
학생들을 두려워한다는 것은 곧
학생들을 존중한다는 것과 같은 일이다.
교사가 학생들 앞에 서는 매순간
학생들을 자기편으로 끌어들이려면
늘 적당한 두려움과 설렘이라는
감정의 끈을 놓지 말아야 한다.
그래야 그 끈이 비로소 학생들과 연결 지어져
어느새 학생들이 자신 앞으로 다가와 있음을
느끼게 된다.

'우리 들꽃 포토에세이 공모전' 시상식 : 최재천 국립생태원장이 15일 충남 서천군 국립생태원에서 열린 '우리 들꽃 포토에세이 공모전'에서 어린이 입상자에게 시상하고 있는 장면
출처 : 연합뉴스(2016. 6. 17)

1) 질 높은 협동학습 수업, 학생들에 대한 파악이 우선

필자는 이 세상에서 제일 두려운 존재가 바로 학생들이다. 학생들을 얕보았다가는 칠판 앞에서 처절하게 망가진다. 그래서 자칫 잘못 다루면 깨지기 쉬운, 가장 어려운 관계가 바로 학생들과의 관계라

---

9   필자의 책 『초등수학 분수 이렇게 가르쳐라』(2019)에서도 보다 자세히 서술해 놓았다.

는 생각이 든다. 교사라면 필자와 같은 생각을 반드시 가질 것이며 반드시 그래야만 한다. 학생들은 크게 세 가지 특성을 가지고 있다.

(1) 학생들은 쉽게 마음의 문을 열지 않는다.

교사가 학생들의 마음을 끌어당길 수 있는 이야기를 하지 않으면 학생들은 쉽게 마음을 열지 않는다. 그래서 자신을 지키기 위해서 학생들이 들고 있는 방패를 스스로 내려놓도록 할 수 있는 리더십이 필요하다.[10]

(2) 학생들은 보수적이다.

학생들 다수가 표정이 없거나 반응이 없으면 소수의 학생들도 반응을 보이다가 멈춘다. 가끔 무거운 수업 분위기를 바꾸기 위해 교사가 개그라도 선보이면 "선생님, 재미 없는데요?"하고 직격탄을 날리거나 싸늘한 반응과 시선을 주기도 한다. 때로는 아주 불쌍한 표정으로 바라보기까지도 한다. '우리 선생님 불쌍해. 어떻게 하지?'

(3) 학생들은 집단에 대한 소속을 갈구한다.

가끔 무심코 학생들에게 질문을 던진다. 그러다가 '아차'하고 내 실수를 인정하고 만다. 왜냐하면 대부분 학생들이 반응을 보이지 않기 때문이다. 발표를 하라고 하면 학생들은 더 마음의 문을 닫고 교사와 눈 마주치는 것을 두려워한다. 그럴 경우 발표하려고 손을 드는 학생들을 보면 그 학생이 그 학생이다.

같은 질문도 학생들을 소집단 혹은 대집단으로 나눈 후 던지면 반응이 달라진다. 그래서 필자가 가장 잘 사용하는 것이 바로 '모두 일어서서 나누기', '같은 생각 앉기' 협동학습 구조 활동이다.

(1) 대집단일 경우

① 필자가 던진 질문에 답을 찾아 혼자 생각을 정리하고 노트에 기록한다.

② 생각을 끝냈으면 그 사람은 조용히 자리에서 일어난다.

③ 대부분의 학생들이 자리에서 일어난 것을 확인하면 교사는 한 명 한 명 발표를 한 후 앉게 한다.

④ 일어서 있는 학생들 가운데 발표한 사람과 생각이 같은 사람들도 동시에 앉도록 한다.

---

10 학생들을 내 편으로 만들려면 최초 5~10분 정도의 시간이 제일 중요하다. 시작이 불안하고 학생들의 흥미와 호기심을 끌어당기지 못하면 뒤로 갈수록 힘들어진다. 일단 학생들 마음의 문이 열리면 열심히 준비한 내용으로 학생들의 생각과 마음을 마음껏 두드리면 된다.

⑤ 다른 사람의 발표도 들어 보고 자신의 생각에 변화가 생겼거나 추가할 내용이 있으면 노트에 기록한 내용을 수정, 보완, 추가한다.[11]

(2) 소집단일 경우

① 필자가 던진 질문에 답을 찾아 혼자 생각을 정리하고 노트에 기록한다.

② 생각을 끝냈으면 그 사람은 조용히 자리에서 일어난다.

필자의 교실에서 진행한 모두 일어서서 나누기 활동 장면

③ 모둠원 전원이 다 일어섰으면 모둠별로 토의-토론을 하여 모둠 의견을 정리하거나 합의에 이르도록 한다.

④ 합의에 이른 모둠은 모둠원 모두가 자리에 앉도록 한다. 이때 다른 사람과 이야기를 나눈 후 자신의 생각에 변화가 생겼거나 추가할 내용이 있으면 노트에 기록한 내용을 수정, 보완, 추가한다.

⑤ 대부분 모둠이 자리에 앉으면 무작위로 학생을 호명하여 발표를 듣도록 한다.[12]

유능한 교사일수록 학생들이 고개를 끄덕이고 박수를 치고 활짝 웃을 수 있게끔 하는 콘텐츠를 많이 갖고 있다. 유능한 교사일수록 학생들로 하여금 스스로 생각할 필요를 느껴 고뇌하도록 만드는 '질문'을 많이 갖고 있다. 유능한 교사일수록 학생들로 하여금 자신의 생각과 타인의 생각을 비교하며 스스로 자기만의 인지지도를 그려 나갈 수 있도록 돕는 행위의 틀을 많이 갖고 있다. 그래서 모든 것들을 적재적소에 풀어놓아 학생들로 하여금 고개를 끄덕이게 하는 리액션을 취하게 만들거나 '유레카'를 외치게 하거나 스스로 배움의 기쁨에 몰입하여 환하게 웃게 만들 수 있다.[13]

---

11 이 경우 학생들은 최대한 '생각을 마친 사람' 집단에 소속되기 위해 노력하는 모습이 눈에 보일 정도이다. 그리고 직접 발표를 하지 않고 다른 사람 발표와 생각이 같아 그냥 자리에 앉더라도 무엇인가 최소한의 행위를 했다는 점에서 어떤 소속감과 편안함을 느끼게 된다.

12 이 경우 학생들은 최대한 자신의 생각을 정리하려고 하지만 미처 자신의 생각을 정리하지 못하였더라도 모둠원들과 일어서서 이야기를 나누는 과정 속에서 모둠원들의 생각을 자신의 것으로 받아들인 후 자리에 앉기 때문에 '나도 무엇인가 나름의 생각을 갖게 되었다'고 자신감을 갖게 만들어주어 발표를 부탁해도 크게 불안함을 보이거나 힘들어하지 않는다.

13 협동학습 전문가라면 학생들은 '사고하고 말하고 행동하는 것을 즐긴다'는 것을 잘 알고 있다. 이것을 깨닫지 못한다면 협동학습 전문가라고 말할 수 없다. 구조라는 것은 바로 이런 학생들의 특성을 잘 활용하여 학생들로 하여금 수업 시간에 공식적으로 말하고 사고하고 행동하도록 인정해준 것이라 말할 수 있다. 학생들은 이렇게 상호작용하는 과정 속에서 자기 사고를 갖게 되고 그것을 바탕으로 자신만의 지식을 스스로 구성해 나간다. 그래서 오늘날 협동학습이 학생들의 배움에 필수적이라 말하고 있는 것이다.

2) 질 높은 협동학습 수업, 학생들과 소프트웨어를 공유하라

학생들의 소프트웨어를 아느냐 모르느냐 하는 일은 수업에 매우 큰 영향을 줄 수 있다. 그래서 필자는 학생들이 즐겨 보는 애니메이션이나 TV 프로그램을 가능하면 꼭 챙겨 보려고 노력한다. 그리고 꼭 기억해두었다가 수업 시간에 가끔 펼쳐본다. 아주 단순한 것을 보여주어도 학생들은 필자가 펼쳐나가는 수업 내용에 대하여 더 집중하려고 노력한다. 예를 들자면 이런 것이다.

사례 1

TV 프로그램 〈개그 콘서트〉의 한 코너에서 '비둘기 마술단'이라는 제목으로 웃음을 선사하고 있다. 그 속에서 마술을 펼쳐나갈 때 한 개그맨이 '휘리릭 뿅!' 하고 주문을 외우는 장면이 나온다. 그것이 재미있어서 나도 그 말을 그대로 수업 시간에 가져와 보았다. 학생들이 발표를 하거나 생각을 머릿속에 떠올려보라고 할 때 자주 '휘리릭 뿅!' 하고 주문을 외운다. 학생들은 그러면 재미있게 웃으면서 받아들인다. 그리고 발표할 때도 'ㅇㅇ, 발표 준비. 휘리릭 뿅!' 한다. 그러면 학생들도 들을 준비가 되었다면서 '휘리릭 뿅!' 하고 함께 주문을 외운다.

사례 2

과제를 제시할 때 학생들과 친근한 느낌이 들도록 하기 위해 특정한 인물의 이름, 애니메이션 캐릭터 이름을 자주 등장시킨다. 특정 인물의 이름은 주로 '철수, 영희, 상우'다. 특히 '상우'를 등장시키면 필자의 이름과 같아서 학생들은 더 귀를 쫑긋 세우고 듣는다.

학생들 머릿속에 지식을 강제로 넣어주는 일은 이제 그만두어야 한다. 배움이 오고 갈 통로, 감성 코드를 맞추는 것 또한 중요한 일이라는 것을 안다면 학생들의 감성 코드, 그들과 공유할 소프트웨어에는 어떤 것이 있는지를 잘 들여다볼 수 있어야 한다.

3) 대집단 협동학습 수업에서 가끔 딴청을 부려라

대집단 협동학습 수업에서(모둠 활동 후 전체 공유 시간) 딴청을 부린다는 것은 아래와 같은 행위를 말한다.

"선생님이 이 문제를 ~ ~ 이렇게 해결하였어요. 그런데 잘 된 것인지 모르겠어요. 여러분이 선생님 좀 도와주세요.", "상우는 이 문제를 다음과 같이 풀었어요. 상우의 생각이 어떤지 여러분이 한 번 생각해보고 말해주세요.", "선생님이 지난 해 ○학년을 지도할 때 선생님 반 학생들은 이 부분을 매우 어려워했어요. 여러분은 어떤지 모르겠네요. 여러분은 잘 해결할 수 있을지 볼까요?", "선생님은 갑자기 잘 기억이 안 나네요. 이 다음은 어떻게 해야 하나요?", "선생님은 이 문제의 답을 이렇게 썼습니다. 여러분과 맞는지 봅시다."

이런 행위는 학생들로 하여금 교사와 정서적으로 연결될 수 있도록 돕는다. 학생들 입장을 정서적으로 공감하고 지지할 수 있게 도와준다는 말이다.[14]

4) 질 높은 협동학습 수업, 질문 후 생각할 시간과 표현할 시간 주기

질문을 던진 후에는 학생들을 충분히 기다려주는 것이 꼭 필요하다. 설령 자신의 생각이 바로 떠올라 발표하겠다는 학생이 있어도 "다른 사람이 자신의 생각을 떠올리고 정리할 수 있도록 조금만 기다려주세요."하고 안내하는 것이 매우 중요하다.

기다려주기는 학생들이 질문에 대하여 자신의 생각을 충분히 생각, 정리, 필요시 노트에 기록할 수 있게 시간적 여유를 주는 활동이다. 표현하기는 자신의 생각을 밖으로 꺼내 놓은 활동인데 여기에는 노트에 기록하기와 발표하기가 있다. 필자의 경우 노트에 기록하는 행위도 '1차 발표'라고 학생들에게 소개한다.[15] 머릿속에 맴도는 생각들을 잘 정리하여 다른 사람이 볼 수 있게, 다른 사람들에게 조리 있게 전달하기 위해 세상에 내놓는 활동이 바로 노트 기록이다.

2차 발표는 대집단 속에서 전체 학생들을 대상으로 발표하는 것과 소집단 내에서 모둠원들과 생각과 정보를 공유하는 것으로 구분된다. 2차 발표를 통해 학생들은 자신의 생각과 타인의 생각을 비교, 공유, 확인하면서 생각을 수정, 변화, 발전시켜 나갈 뿐만 아니라 자연스럽게 배움의 목표에 도달할 수 있게 된다. 이런 활동을 하기 전과 하고 난 후에 학생들은 아래와 같이 큰 차이를 보인다.

- 자발적으로 자신 있게 발표할 수 있는 아동 수의 증가
- 보다 깊이 있고 창의적이며 풍부한 상상력이 가미된 생각이 증가
- 정확한 답 혹은 그에 가까운 사고를 하는 아동 수의 증가
- 두서없는 이야기를 하는 학생들 사례가 감소
- 생각을 정리하여 조리 있게 말하는 아동 수의 증가

---

14 선생님이 학생들 입장을 정서적으로 공감·지지하고 있다는 것을 알릴 수 있는 행위로는 칭찬, 격려, 유머, 맞장구치기, 존중 등이 있다.

15 생각할 시간을 가지면서 자신의 생각을 노트에 기록하도록 하는 것이 꼭 필요하다. 115페이지 사진은 필자의 학급에서 실제로 해 오고 있는 학생들 노트 기록 활동 사례이다. 이를 위해 다음과 같은 절차를 거치도록 하는 것이 좋다.
   (1) 교사가 질문하면 먼저 자신의 생각을 정리.
   (2) 모둠원들과 생각을 공유하거나 전체 발표를 들어 보면서 자신의 생각에 수정, 보완, 추가할 것이 있으면 그 부분에 밑줄을 긋고 수정, 보완, 추가 기록. 사고 변화 과정을 엿볼 수 있음.

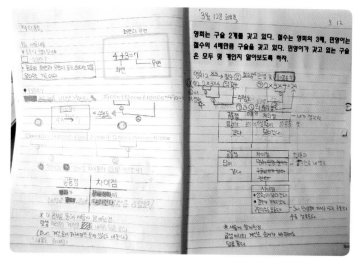

필자의 교실 노트 정리 사례

- 수업 속 학생 주도 대화 시간의 증가
- 보다 다양한 사고와 생각을 공유함으로써 사고력 향상에 도움
- 꼬리에 꼬리를 물고 이어지는 생각의 공유 증가
- 학생들 간 보충하기, 반론하기 등을 통해 배움의 폭과 깊이, 질이 향상됨
- 배움이 느린 학생들도 수업에 참여하는 빈도 증가
- 말과 글로 표현하는 과정 속에서 자연스럽게 개념, 용어, 원리 이해 및 오개념, 난개념을 잘 극복해 나가는 경험이 증가

협동학습 수업을 고민하면서 필자가 질문을 던지고 학생들에게 답을 구할 때 자주 활용하는 협동학습 구조 활동 중 하나가 '번갈아 말하기' 활동이다. 이 구조는 활동의 중심에 '듣기'를 놓고 이를 통해 자신의 생각에 확신을 갖거나 생각의 수정, 변화가 일어날 수 있도록 돕는 것이다. 활동 과정은 다음과 같다.

① 질문에 대해 가장 먼저 자신의 생각을 정리하기(필요시 노트에 기록)
② 짝과 번갈아가면서 자신의 생각을 말하고 듣기(필요시 노트에 기록)
③ 교사가 여러 학생 중 1명을 지목
④ 지목받은 아동이 발표를 하는데, 이때 자기 의견을 발표하는 것이 아니라 짝에게서 들은 내용을 대신 발표한다.
⑤ 이런 방식으로 여러 사람의 의견을 들어 본다.

— 이 활동에 익숙해지면 한 단계 업그레이드하여 지목받은 아동이 발표할 때 짝의 의견을 먼저 발표해주고 이어서 자신의 의견은 어떠한지를 함께 발표하도록 한다. 이런 과정 속에서 학생들은 경청하며 듣는 능력, 의사소통 능력, 생각하는 힘, 도움 주고받기 능력 등을 키워나갈 수 있게 된다.

협동학습의 눈으로 바라본 학생들[16]

> 학생들은 어른들(특히 교사)과 다르지 않다.
> 다만 다른 것이 있다면 수준과 정도의 차이만 있을 뿐이다.

필자가 협동학습을 각성하기 시작하면서 가장 많이 느낀 것이 바로 이 부분이었다. 학생들에 대한 이해가 부족하다면 결국 협동학습은 학생들의 전면적 발달(학생들의 삶을 가꾸어 나가는 일)을 위한 것이 아니라 단지 지식을 전달하는 수단이자 교사의 수업 기능적인 면을 돋보이게 해주는 것에 불과한 것이라고 필자는 생각한다. 교육과 관련된 어떤 학문이나 이론이든 학생들에 대한 이해를 빼놓는다면 그것은 반쪽짜리에 불과한 것이다. 협동적 교육 철학 속에서 바라본 학생들의 특성을 한 문장으로 정리하면 다음과 같다.

> 학생들은 사고하고 행동하고 상호작용하는 과정 속에서 배운다!!

위와 같은 특성을 가진 학생들의 본성을 좀 더 자세히 살펴보면 다음과 같다.

- 학생들은 어른들(교사들)과 다르지 않다.(학생들도 어른과 같이 욕구에 따라 행동하며 살아가는 존재 ⇨ 어른과 학생들 사이에 존재하는 차이는 단지 수준과 정도의 차이!)
- 모든 학생들은 자기만의 규칙적인 흐름을 가지고 삶(배움)에 임한다.
- 학생들은 기본적으로 다른 사람들과 함께하는 것을 즐기고, 그 속에서 서로 도움을 주고받으며 배움의 기쁨을 누릴 줄 안다.
- 학생들은 주변의 모든 사람과 상호작용을 하면서 성장한다.(그 사회의 사회·문화적 맥락 속에서 사회적 주체로 살아간다.)
- 학생들의 말과 행동은 신체적 리듬에 따라 달라진다.(교사들은 자신이 관찰한 학생들의 행동을 보면서 어떤 상황이 발생하였을 때 가장 먼저 그들이 심리상태, 건강, 환경 요소 등이 원인으로 작용했던 것은 아닌지부터 생각해볼 필요가 있다.)
- 학생들은 어른들과 마찬가지로 어떤 명령이나 강요에 의한 복종을 싫어한다.

---

16 『협동학습 교사를 바꾸다』, 이상우(2012, 시그마프레스), pp. 186~187.

- 학생들은 참여를 통해 스스로 선택하고 합의한 것이 아닌, 외부의 규정에 의해 속박되거나 복종하는 것을 싫어한다.
- 학생들은 힘든 것이거나 자신에게 불리한 것일지라도 스스로 선택하기를 원하고, 그것에 대하여 책임을 질 줄 안다.
- 학생들을 움직이게 하기 위해서는 그들이 만족할 수 있을 만큼의 자극(흥미, 호기심, 욕구 등을 유발할 수 있는 무엇)이 필요하다.

필자의 교실 협동학습 수업 장면

- 학생들은 자신의 삶을 가꾸는 일과 관련이 없다고 느끼면 아무리 강조를 해도 관심을 두지 않는다.
- 모든 학생들은 성공에 대한 욕구가 있다.(실패에 대한 두려움이 있다. 따라서 학생들이 학업이나 자신의 일에 실패를 자주 경험한다면 그것은 그 학생의 학습에 대한 욕구나 열정을 모두 파괴시켜 버리고 만다. ⇨ 학생들은 성공의 경험을 먹고 자란다. ⇨ 실패는 절망이 아니라 성공으로 가는 데 있어서 자연스럽게 겪게 되는 하나의 과정이라는 생각을 가질 수 있도록 도와주어야 한다.)

혁신시대의 원천기술
협동학습

다른 사람과의 경쟁은

언제나 우리를 불편하게 한다.

그러나 자신의 과거와 경쟁하는 것은

적을 만들지 않고

스스로 나아가는 방식이다.

- 구본형, 『나는 이렇게 될 것이다』 -

일본을 생각하면 '분노'를 먼저 떠올리게 되는 것이 대한민국 사람들이지만 우리가 부럽기도 한 경제 강국이라 할 수 있다. 그 이유는 우리나라보다 기초 과학이 매우 튼튼하여 여러 분야에서 기술적으로 매우 앞서 있기 때문이다. 그래서 노벨상 수상자도 많다. 여기에서 말하는 기초 과학에 해당되는 기술이 바로 원천기술이라 말할 수 있다. 원천기술이란 근원이 되는 기술을 말하는데 경제적으로 강국이 되기 위해서는 원천기술을 갖지 않으면 안 된다. 아울러 혁신시대를 살아가면서 시대의 흐름에 발맞추어 나아감과 동시에 다가올 미래를 예측하고 그에 대비하기 위함이라는 차원에서도 원천기술은 그 원동력이 되어 주기도 한다. 이런 맥락에서 이 장에서는 협동학습 또한 원천기술이라는 차원에서 살펴보면서 '협동학습'이 잠깐 '반짝'하다 사라질 학문이나 이론으로 인식하지 않기 위해서는 어떤 인식이 필요한지에 대하여 살펴보도록 하겠다.

시대의 변화와 마주하기

우리는 현재 굉장히 빠른 시대의 변화와 마주하고 있다. 필자는 90년대에 모뎀이라는 것을 활용하여 PC통신을 하고 온라인 공간에서 사람들과 소통하며 재미를 느꼈던 기억이 지금도 생생하다. 천리안, 하이텔, 유니텔, 나우누리.[1] 컴퓨터도 DOS 디스켓을 넣어서 부팅을 먼저 하고 난 뒤에 응용 프로그램 디스켓을 추가로 넣어서 작업을 했었던 기억이 아직도 잊히지 않는다. 그런데 지금 우리는 전국 어디에서나 스마트폰 하나로 다양한 작업을 할 수 있고, 인공지능, 자율주행자동차를 이야기하는 4차 산업혁명 시대의 문을 막 열고 들어서는 시기를 살아가고 있다.

1990년대 대표적인 PC통신 서비스 '하이텔' 전용 접속기기
출처 : KN뉴스(2017. 6. 30)

고도로 발달한 정보통신 기술, 인터넷 문화, 소통과 교류의 기술, 엄청난 정보의 양, 이를 활용한 새로운 지식의 창조. '혁명적'이라는 단어가 아니면 쉽게 설명하기 어려울 만큼의 변화 속도가 빠른 시대를 살면서 우리 교육은 어떻게 달라져야 할까? 교사는 어떤 역할을 해야 할까? 이런 것들에 대하여 고민하지 않을 수 없다.[2]

---

1 이 시절 컴퓨터 통신을 주도했던 회사의 인터넷 접속 프로그램 서비스 이름이다. 이를 이용하여 통신망에 접속하게 되면 그 시간만큼은 전화기 사용을 할 수 없었다. 게다가 데이터 전송 속도는 매우 느려서 지금처럼 영화 1편을 다운로드 받으려면 잠자기 전에 다운로드를 눌러 놓으면 아침이 되어서야 겨우 완료될 수 있을 정도의 수준이었다.

2 2018 AI with Google 컨퍼런스에서 제프 딘 구글 AI 총괄은 다음과 같은 내용을 밝혔다. "구글의 목표는 모두를 위한 AI를 제공하는 것이다. '인공지능'과 '머신러닝'을 활용해 구글뿐 아니라 인류가 직면한 거대한 도전을 극복하는 것이다." 이를 위해 구글은 '머신러닝'과 '신경과학 기반의 스스로 학습하는 알고리즘' 원천기술을 보유한 딥마인드

출처 : https://learningspoons.com/management/18669

인공지능의 시대가 막 열리고 있는 지금 '인간이 배운 지식이 과연 어디까지 유용할까?'에 대한 고민도 분명히 필요한 시점이 되었다. 분명히 지금의 인공기술로도 음악을 작곡하고, 그림을 그리고, 소설도 쓸 수 있다. 인공지능이 다양한 영역에서 웬만한 전문가보다 일을 더 잘 해낼 터인데 앞으로 학생들은 무엇을 배우고 어떤 공부를 하고 어떤 직업을 가지고 살아가게 되는 것일까? 다가오는 미래에 대해 어떻게 준비해야 할지 확신할 수도 없고 명확한 답을 지금 당장은 내릴 수도 없지만 빠르게 다가오는 미래에 대해 적어도 '인간의 가치는 무엇인가?', '인공지능이 할 수 없는 영역은 무엇일까?', '오직 인간만이 할 수 있는 일은 무엇일까?'와 같은 질문에 대하여 꾸준히 고민해보고 답을 찾아보는 것이 필요하지 않을까 생각한다. 그리고 이러한 물음에 적절히 답을 하고 새로운 교육을 실천하기 위해서 교사들은 시대의 흐름과 변화의 본질을 통찰하고 그런 시대를 살아갈 학생들이 가져야 할 미래의 능력은 어떤 것인지 깊이 성찰하지 않으면 안 될 것이다.

변화를 놓치는 것은 가장 위험한 일

필자는 2012년에 『협동학습 교사를 바꾸다』라는 책을 세상에 내놓으면서 그 내용 중 다음과 같은 글을 소개한 적이 있다.

우리는 실수에서 배운다. 변화를 놓치는 것이 가장 큰 위험이다.

2008년 6월, 빌 게이츠 회장이 30년의 MS 인생을 마치고 자선사업에 힘쓰기 위해 경영 일선에서 물러나기로 한 날 퇴임사에서 남긴 말이라고 한다.

한편 앨빈 토플러는 2008년 9월 아시아태평양 포럼에서 다음과 같은 말을 했다고 한다.

한국 학생들은 하루에 10시간 이상 미래에 필요치 않을 지식과
존재하지도 않을 직업을 위해 시간을 허비하고 있다.

(DeepMind) 회사를 5천 억 원 이상의 금액을 지불하여 인수했다고 전해지고 있다. 머신러닝이란 간단히 말하자면 사람의 개입 없이도 컴퓨터가 스스로 학습하고, 사람이 원하는 형태의 답을 찾는 인공지능 기술이다(출처 : 러닝스푼스, 당신의 성장이 필요한 순간 https://learningspoons.com/management/18669).

또한 미래학자이며 세계적인 경영컨설턴트인 오마에 겐이치 박사는 2007년 〈이코노미스트〉 창간 23주년 초청 강연회에서 아래와 같은 말을 했다고 한다.

지금까지 교육은 19세기에 만들어진 대로 대답을 가르치는 교육이었다. 이제 머리로 기억하는 교육은 1달러의 가치도 없다. (중략) 21세기 교육은 기본적으로 스스로 생각해서 옳다고 생각하는 것을 실행하고 습관화하는 것이다. (중략) 창의성, 기업가 정신, 리더십, 사람 간 대립을 조정하는 능력, 문제 해결력, 논리적 사고, 가설에 입각해 응답을 찾아가는 것이 21세기 교육의 특성이 될 것이다. (중략) 덴마크에는 교사(Teacher)가 없고 '퍼실리테이터(Facilitator : 촉진자, 조정자)'만 있다. 유럽 교육에서 해답을 찾아야 한다.

위와 같은 글을 통해 변화의 필요성을 이야기한 지도 10년 가까이 지났다. 그런데 지금 우리나라 교육 현장은 별로 변한 것이 없다. 일부의 혁신학교에서만 약간의 변화된 모습이 나타날 뿐, 입시 중심 교육의 벽은 너무나 두텁고 튼튼해서 무너지지 않고 있다. 그래서 필자는 더 걱정스럽다. 우리에게 아직 기회는 있는데. 그 기회가 우리를 얼마나 더 기다려줄 것인가? 혹자는 늦었다고 생각할 때가 가장 빠른 것이라고 말한다. 그런데 개그맨 박명수의 농담과도 같은 말이 지금 필자에게 뼈를 때리는 말처럼 들리는 것은 왜인지 모르겠다. 기우일까?

늦었다고 느낄 때가 진짜 너무 늦은 것이다.

인공지능 시대는 기계가 인간의 일자리를 대체하여 취업 경쟁이 더 심각해질 것이라 전망하고 있다. 분명 기술의 발달은 인간과의 격차를 더욱 벌어지도록 만들어 효율성이라는 경제적 논리에서 인간이 설 자리가 사라지도록 만들 가능성이 높다. 이런 시대를 준비하는 학교 교육은 무엇을 고민해야 할까? 변화를 놓치지 않으려면 어떤 교육을 펼쳐나가야 할까? 이에 대하여 필자는 아래와 같은 방안을 제시해 본다.

출처 : 삼성디스플레이 뉴스룸

지금까지 교육의 방향성=What
학생들이 무엇을 보고 무엇을 생각하고 무엇을 배워야 할까?

앞으로 교육의 방향성=How
학생들이 어떻게 바라보고 어떻게 생각하고 어떻게 이야기해야 할까?

이렇게 생각하는 이유는 더 이상 사람들은 정보, 지식이라는 측면에서 인공지능을 따라갈 수 없다는 것이 증명되었기 때문이기도 하고, 지금 학교에서 학생들이 배우는 지식의 수명은 불과 10~20년 정도 지나면 80~90%는 쓸모가 없을 확률이 높다고 예측하는 미래학자들의 공통된 예견 때문이기도 하다.[3] 그럼에도 불구하고 인간이기 때문에 기계가 대신할 수 없는 부분이 분명히 있다는 점에서 변화를 놓쳐서는 안 된다고 필자는 주장하고 있는 것이다. 그것은 바로 '인간다움'이라는 것이고 교육의 중심도 여기에 놓여야 한다는 것이 필자의 주장이다.[4]

그런데 필자가 말하는 '인간다움'은 돈을 많이 벌어서 잘 살기 위함이 목적이 아니라 위기에 직면한 인류의 지속 가능한 미래를 위함이다. 그 이유는 최근 들어 인류의 생존에 위협을 가하는 현상들이 여기저기에서 나타나고 있기 때문이다.

지속가능발전을 위한 2030 의제
출처 : 황선영, 김지원(2017)

- 지구 온난화와 기후 변화의 심각성
- 화석 에너지의 한계와 대체 에너지 개발 문제
- 각종 환경오염 문제, 생태계의 위기
- 전쟁, 기아, 난민 문제
- 글로벌 시장 경제의 위기 문제

이런 전 인류 공동의 문제들을 해결하기 위해서는 '인간다움'이 필요하다.[5] 그리고 변화를 위해서 20세기적 관점을 폐기하고 자연과 인간, 온 인류가 다 함께 공존, 공생하기 위한 교육으로 바뀌어야 한다면, 아무리 핵심역량이 중요하다고 말하고 있지만 그 밑바탕에 '협동=다 함께 잘 살기 위한 원천기술=인류 공동 문제 해결의 핵심 열쇠'라는 철학적 가치가 스며들어 가야 한다고 필자는 생각하고 있다. 그래서 협동학습이 필요하다는 것이다.[6]

검인정 교과서 시대의 협동학습

중등교육에서는 교과서가 검인정으로 바뀐 지 오래다. 그런데 2022년부터는 초등교육에서도 교과서

---

3 그래서 인공지능이 더 잘할 수 있는 것은 그것에 맡기고 사람이 더 잘할 수 있는 것, 사람만이 할 수 있는 것이 무엇인지에 대하여 생각해야만 한다.

4 '왜 그렇게 바라보고 생각하지? 그것에 대하여 어떻게 생각하는지 이야기하기'가 교육의 중심이 되어야 한다고 본다. 이것은 감성, 사고의 유연성, 사람의 마음과 관련이 있는데 이런 질문에 대한 답은 오직 인간만이 내릴 수 있는 것이라 필자는 보고 있기 때문이다.

5 세계시민으로서 지구 공동체적 관점에서 사고하고 행동할 수 있는 태도, 인류의 문제를 함께 해결하기 위한 국제적인 교류, 협동이 절실해지는 시대이다.

6 제3장에서 다룬 내용과 같은 우리 사회의 문제는 날이 갈수록 심화될 것이라 본다면 공동 선(善)의 추구와 더불어 살아가는 능력을 갖추는 것은 결코 놓쳐서는 안 될 일이다.

가 검인정으로 전환된다고 교육부에서 밝혔다. 그 과목은 초등 사회·수학·과학이다.

그 이유는 사회 변화 속도가 빠르고 정보량이 워낙 많아 교과서 한 권으로 천편일률적 지식을 주입하는 시대는 끝났다는 논리에서다. 이런 맥락에서 수업을 생각한다면 사회, 수학, 과학 수업은 단순 지식이나 정보 전달, 문제 풀이 중심이 되어서는 안 될 것이다. 그리고 초등 검인정 교과서가 어떻게 집필될지 아직은 잘 모르겠지만 학생 참여가 한층 강조된 방식으로 바뀔 가능성이 있다고 필자는 바라보고 있다.

필자는 개인적으로 초등교육에서도 검인정 교과서를 찬성하는 입장이다. 이번에 검인정 교과서가 나온다면 이런 점들을 바라고 기대하고 있다.

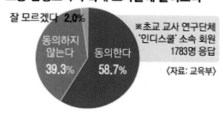

2022년 교과서 전환 논쟁 분석
출처 : 서울신문(2019. 1. 6)

- 학생들의 학습량을 전폭적으로 줄이기
- 실제 배움이 일어나도록 학생 활동 제시하기
- 실생활에 적용하는 경험을 체계적으로 제시하기
- 미래사회의 핵심역량을 기를 수 있는 방향으로 활동 제시하기
- 삶과 배움이 하나가 되는 방향으로 내용 구성하기
- 개인 활동보다 팀 기반 활동이 중심이 되도록 하기

사회교과는 팀 기반의 '자기주도적 학습 요소'를 강화하고 교실 내 학습을 학교 밖의 삶과 연계하는 활동으로 확장시킬 것을 기대한다.

수학교과는 학습 분량과 난이도 측면에서 학생들의 학습 부담을 대폭 낮추고, 꼭 배워야 할 내용은 개념과 원리에 집중하되 생활 속의 필요와 연결 지어 협동·탐구를 기본으로 하는 활동이 제시되었으면 하는 바람이 크다.

과학교과는 놀이, 실험, 탐구 등과 연계하여 자연스럽게 과학적 활동에 몰입할 수 있도록 하되 과학적 원리와 지식이 우리 삶과 밀접하게 연관되어 있음을 학생 스스로 깨달을 수 있도록 하는 활동이 제시되었으면 좋겠다.

필자는 위와 같은 방향으로 교과서가 바뀔 것이라 기대하고 있으며 최근의 흐름으로 본다면 그럴 가능성이 매우 크다. 그렇게만 된다면 협동학습은 학교 현장에서 그 가치가 매우 높아질 것이라 확신한다.

협동학습, 교사의 변화를 요구[7]

'수업이 바뀌면 학교가 바뀐다'라는 제목의 책이 있다. 필자는 근본적으로 교사가 바뀌지 않으면 수업도 바뀌지 않는다고 본다. 혁신학교에 근무하면서 그것을 뼈저리게 느끼고 있다. 교사가 바뀌어야 수업이 바뀌고, 교사가 바뀌어야 학교가 바뀐다는 것을 직접 경험을 통해 체험하고 있다. 이런 맥락에서 필자의 경험을 바탕으로 어떻게 하면 학교를 협동적 공동체로 만들어나갈 수 있는지에 대하여 살펴보고자 한다.

1) 비민주적 학교문화 ⇨ 교무회의를 의결기구로

교사들이 생각하는 학교문화 가운데 개선해야 할 점으로 가장 먼저 꼽는 것은 바로 비민주적인 학교문화이다. 어떤 식으로든 이를 극복하지 않으면 학교의 변화와 발전은 이루기 어렵다. 필자는 2011년부터 개교형 혁신학교에 근무하고 있는데 개교하면서부터 이런 관행을 뿌리 뽑기 위해 교무회의를 의결기구로 정하였다.[8] 그리고 2019년 현재 그 문화가 완전히 정착하여 뿌리를 내렸다. 그래서 학교 내에는 불필요한 교내 행사나 프로그램 운영이 없고 교사 잡무 또한 거의 없다. 한 마디로 말해서 담

사진에 필자가 일어나서 의견 개진을 하고 있는 모습이 보인다 (개교 당시 교사 다모임 협의 장면).

임교사는 업무도 없고 공문을 한 장도 만지지 않는다. 수업에만 집중한다.

필자가 근무하고 있는 서울은빛초등학교 교사 다모임(교무회의)의 특징은 이렇다.

- 학교 활동의 모든 것을 결정하는 의결기구
- 교사의 발언권과 관리자의 발언권은 동등(의사결정 포함)
- 부장회의는 교사 다모임의 하부 조직
- 중요한 안건에 대하여 집중적으로 토의 · 토론을 하여 문제 해결
- 관리자도 교사 다모임에 적극 참석하여 의견을 개진하고 토론

---

7 『협동학습 교사를 바꾸다』, 이상우(2012, 시그마프레스), pp. 141~172의 내용을 요약, 정리하였다. 보다 자세하고 세밀한 내용은 소개한 책을 참고하기 바란다.

8 비민주적인 학교문화의 핵심에 바로 학교 관리자의 권위주의가 뿌리 깊게 자리하고 있다. 교사들은 교직사회에서 민주화를 원한다. 교사가 민주적인 풍토 속에서 스스로 참여하여 변화되어 나가는 학교를 경험할 수 있어야 교실도 민주적으로 바꾸고 학생들을 민주시민으로 길러낼 수가 있다. 민주적이지 않은 학교에서는 민주적인 교실도 없다.

● 학교 문화가 승진구조에 영향을 거의 받지 않음

2) 수동적인 교사풍토 ⇨ 용기(분노)와 협동(연대)으로!

> 어떤 학교가, 사회가, 국가가 나쁘다고 여겨진다면 그 이유는
> 나쁜 사람이 많아서 그렇게 된 것이 아니라
> 나쁜 것을 보고도 나쁘다고 말하는 사람들의 수가 적어서
> 그렇게 된 것이라는 것을 잊어서는 안 된다.

필자의 관점에서 바라볼 때 교사들의 자발성과 민주성을 없애는 대표적인 것은 바로 학교의 행사들과 권위주의에 입각한 비민주성이다. 그래서 상당히 많은 부분에서 교사는 수동적이게 된다. 그리고 아무도 이런 비민주성에 대하여 용기를 가지고 분노를 표출하지 않는다. 필자는 분명히 두려움보다 분노가 먼저라고 여겨진다. 그런데 이런 분노도 혼자만의 힘으로는 절대로 비민주성을 극복할 수가 없다. 반드시 모든 구성원들 간의 연대가 필요하다. 그리고 그 밑에는 하나의 가치관과 철학 '다 함께 잘 살기'가 있다. 다시 말해서 교사들도 협동학습의 철학과 원리를 실천해야만 한다는 것이다.

극중 인물 김유신의 대사 중 "두려움을 느끼기보다 분노하는 게 먼저다."라며 가야 유민들이 생계터전에서 막무가내로 쫓겨나는 현실에 대해 마땅히 분노해야 함을 소리 높여 외쳤던 장면이 필자에게 매우 인상적이었다.

출처 : MBC 방송국 홈페이지 드라마 다시보기

그렇다면 교사가 용기와 연대로 비민주성을 극복해 나가야 하는 이유는 무엇일까? 필자는 그 이유에 대하여 이렇게 답변하고 싶다.

교사가 된다는 것은 학생들을 위해 싸워야 할 특권과 권리가 있다는 것을 의미한다. 그 길에 때로는 고난과 역경도 있을 것이다. 하지만 그것이 무서워 '두려움'을 앞세운다면 더 이상 연대도, 변화도 없다. 교사들이 두려움을 앞세우게 되면 어느새 지배층의 이데올로기와 권위주의의 망령이 자신의 마음속에 들어와 자리를 잡게 되고, 그로 인해서 교사들의 연대가 깨져버리고 만다. 그 결과 통제는 훨씬 더 수월해지게 된다. 그게 지금까지 우리 현장의 모습이었다. 적어도 교사라면 두려움과 분노 가운데 무엇이 먼저이고 나중인지를 깨달을 수 있어야 한다. 그리고 마음속에 자라나고 있는 두려움을 연대의 힘으로 이겨낼 수 있어야 한다. 누구나 두려움은 갖고 있다. 다만 용기 있는 교사와 두려움에 떨고 있는 교사의 차이는 마음속의 두려움을 다스리고 당당히 떨쳐 분노를 표현했느냐 못했느냐일 뿐이다. 어느 누구도 민주주의를 거저 주어지는 선물로 생각해서는 안 된다. 학교 현장의 민주성을 가로막는 많은 도전과 속박들이 참고 기다린다고 하여 절대로 깨지지는 않을 것이다. 물론

쉽지는 않겠지만 '함께'라면 훨씬 수월해진다.

3) 취약한 동료성 ⇨ 나눔과 소통과 신뢰로

비민주적인 학교문화와 수동적인 교사풍토, 승진구조 등의 밑바탕에는 바로 취약한 동료성과 개인주의적 사고가 자리하고 있다. 현장에서 취약한 동료성을 살리기 위한 노력들을 많이 한다고는 하지만 잘 안 된다고 한다. 그 이유는 비민주성과 수동성, 그를 부추기는 많은 잡무와 서로에 대한 무관심과 불신, 승진구조와 경쟁심리 등이 서로 복잡하게 얽히면서 그런 현상을 만들어내고 있다고 필자는 바라보고 있다. 그러나 이에 대한 해결책이 없는 것은 아니다. 나눔과 소통과 신뢰를 바탕으로 동료성을 회복한다면 학교 현장은 분명 교사들이 즐거움을 느끼기에 충분한 곳이 될 것이다.

단순한 예로, 성과급도 많던 적던 함께 나누고, 수업 연구를 통한 자료도 작은 것이라도 서로 나누고 공유하고, 잡무도 서로 관심을 가져 주면서 내가 조금 한가할 때 봐주고 내가 일이 많을 때 도움을 받고, 어려운 일이 있을 때 힘을 모으고, 서로의 다름을 인정하고 소통하려는 마음으로 동료들을 믿고 기다려주게 되면 동료의식은 다시 살아나게 될 것이다. 그때가 되면 희망을 노래하면서 교사들은 연대를 하게 되고, 능동적으로 민주적인 학교운영에 앞장서게 될 것이다. 협동적인 교사만이 아이들을 협동적으로 성장시키는 데 도움을 줄 수 있다. 동료성을 갖춘 교사만이 아이들 사이의 동료의식을 세워줄 수 있는 것이다. 자신은 협동적이지 않으면서, 동료성을 갖추지 못하였으면서, 민주적이지 않으면서 아이들에게만 협동적으로 생활해라, 동료의식을 가져라, 민주시민이 되어라 하고 말하고 있는 것은 아닌가 반성해볼 일이다.

GS칼텍스 미디어허브 열린 소통이 가능한 조직문화 : 기업에서도 중요하게 다루고 있는 '소통'

4) 연구하지 않는 분위기 ⇨ 전문적 학습공동체로

언제부터인지 알 수는 없지만 학교 현장에는 연구하는 풍토가 사라지고 인터넷 자료(아이스크림, 인디스쿨 등)를 손쉽게 내려받아 복사하여 쓰기 또는 기법이나 기능 중심의 강의 등에 의존하려는 경향이 매우 강하게 나타나고 있다. 물론 이유는 분명히 있다. 과다한 잡무와 연구할 시간의 부족, 연구 의지 부족, 연구하지 않는 분위기 등. 그러나 이제 이런 식의 수업으로는 시대의 변화에 부응할

2019년 필자가 소속된 5학년 전문적 학습공동체(수업 연구 및 공동 협의회 장면)

수 없으며 질 높은 수업을 담보할 수 없다는 것 또한 우리는 잘 알고 있다. 게다가 최근 들어서 학교 현장에는 교과서를 넘어서 교과 영역을 탈피하고 주제 중심으로 통합을 하려는 움직임과 교육과정 재구성이라는 관점이 매우 강력하게 밀고 들어오고 있다. 그래서 교사 혼자의 힘으로는 매우 힘든 시기를 맞이하고 있다.

이런 문제점들을 극복하기 위해서는 학교를 동학년 또는 동일한 교과 담당 교사들로 구성된 Small School 형식의 작은 학교로 재조직하고, 작은 학교마다 독립적인 교육과정 편성 및 운영권을 주어 작은 학교 단위를 전문적인 연구 협의체로 만들어나가는 것이 필요하다. 그 속에서 교사들은 방학 때 교육과정을 함께 살펴보고 필요한 경우에는 다양한 방식으로 재구성도 하면서 미리 학기를 준비하고, 학기가 시작되면 준비된 것을 하나 둘씩 펼쳐가면서 공동 자료 제작, 공동 연구 및 협의회, 팀티칭, 동료 장학, 피드백 등을 해 나간다면 수업혁신은 훌륭히 이루어질 것이라 확신한다. 그렇게 하다 보면 자연스럽게 동료의식도 형성되고, 나름대로의 선경험이나 전문성을 다른 사람들과 주고받으면서 믿음과 신뢰를 바탕으로 모든 교사와 학생들이 공동 성장을 하게 될 것이다.[9]

5) 열리지 않는 교실 ⇨ 수업혁신과 동료 장학으로

아직까지도 교실 문은 잘 열리지 않고 있다. 그 이유는 여러 가지가 있겠지만 다음과 같은 이유가 크다고 할 수 있다.

- 지금까지와 같은 보여주기식의 공개수업은 별로 도움이 되지 않기 때문
- 공개수업을 평가의 맥락으로 실시하고 이해하기 때문
- 협의회도 형식적으로 이루어지고 있어서 전혀 도움이 되지 않기 때문

---

9 물론 이는 교사가 수업에 집중할 수 있도록 지원하기 위한 학교운영 시스템도 밑바탕이 되어야만 비로소 가능한 일이라 할 수 있다. 이에 대해서는 다음 장에서 다루어보도록 하겠다.

- 자신의 수업 혹은 동료들의 수업을 바라보면서 왜, 무엇을, 어떻게 바라봐야 하는지에 대한 현장의 이해가 많이 부족하기 때문
- 자발성보다는 외부로부터 강제적, 의무적으로 이루어지기 때문
- 잘 보여주어야 한다는 부담감과 스트레스 때문

이런 상황을 극복하기 위해서는 우선 수업혁신이란 무엇이고, 이를 위해 동료 장학은 어떠해야 하며, 어떻게 진행되고, 그 결과를 어떻게 피드백해야 하는가에 대한 구성원 간의 이해와 합의가 필요하다.

- **수업혁신** : 수업을 바꾼다는 것. 수업의 질을 높인다는 것. 그 방향성은 학생의 능동적이고 자기주도적인 배움, 토론과 소통, 핵심역량 계발에 있음.
- **동료 장학** : 전문적 학습공동체의 공동연구가 어떻게 학생들에게 실현되고 그 결과가 어떻게 나타나는지를 다양한 교실에서 살펴보면서 학생들이 어디에서 주춤하고 어디에서 배움에 도달하는지, 어떤 부분에서 오개념, 난개념이 발생하는지를 관찰하여 이를 극복할 수 있는 방안을 함께 고민하고자 하는 차원에서 이루어져야 함. 이를 위해서는 참관 교사의 시선이 교사(교사가 무엇을 하는가?)에게서 학생(학생이 어떤 말과 어떤 행동을 하는가? 학생이 어디에서 주춤하고 힘들어하는가?)에게로 전환되어야 한다.

수업혁신과 동료 장학의 가장 좋은 방법은 매우 간단하다. 필자는 항상 전문적 학습공동체 내에서의 3S를 제안하고 실천하고자 한다.[10]

필자가 제안하는 3S는 다음과 같다.

첫째는 수업 보기(See)다. 이는 교사 중심의 수업 보기에서 벗어나 여러 교실의 수업을 비평의 관점에서 바라보면서 수업 보기의 주대상을 학생에게로 돌리고, 이를 통해 교사의 교수 활동이 학생의 의미 있는 학습으로 연결될 수 있는 자기성찰적 방안을 찾기 위함이다. 어떤 수업 활동이든 교사의 교수 활동이 학생 한 사람 한 사람의 학습과 의미 있게 연결되고, 학생들 사이의 상호작용이 의미 있게 서로 연결될 때 비로소 학생은 배움의 기쁨을 누리게 된다. 따라서 함께 수업 보기를 통해 교사의 교수 활동이 학생의 학습과 어떻게 관련-연결되는지, 학생들 사이의 상호작용이 어떤 상황에서 의미 있게 연결되는지를 알기 위해서는 수업 두레 중심의 수업 보기를 할 필요가 있다.

둘째는 수업 보여주기(Show)다. 이는 다른 사람과 수업 보기 및 보여주기를 통해 수업을 보는 눈, 수업을 설계하는 눈, 학생들 사이의 의미 있는 연결 짓기를 통해 협동적 배움이 일어날 수 있도록 수업을

---

10 『살아있는 협동학습-2』, 이상우(2015, 시그마프레스), pp. 5~6.

설계하는 안목을 길러주어 교사들 모두 자기 성찰을 바탕으로 한 공동체적 성장을 도모하기 위한 방안으로서 제안하는 것이다. 교사의 말과 행동이 학생의 학습과 어떻게 의미 있게 연결되는지, 상호작용 속에서 학생들은 각자의 생각과 경험이 타자와 그리고 자신의 삶과 어떻게 연결되는지, 그 속에서 학생들은 어떻게 깨달음을 얻게 되는지 등을 알기 위해서는 여러 동료교사의 눈과 다양하게 관찰한 사실에 근거한 해석 및 비평적 논의가 필요하다. 이런 과정을 통해 수업 교사는 학생에게 의미 있는 학습의 기회를 제공하기 위해 자신이 무엇을 어떻게 할 수 있는가에 대하여 성찰적, 반성적 대안을 협동적으로 모색할 수 있게 된다.

셋째는 생각 나누기(Share)다. 이는 서로의 수업 보기를 통해 상황과 맥락을 고려한 수업을 설계할 수 있도록 돕기 위함인데 교실 속에는 각기 다른 특성을 가진 여러 학생과 다양한 주제 및 변인이 존재한다.

교사는 수업을 통해 학생에게 배움이 일어날 수 있는 기회를 제공하기 위해 다양한 변인을 고려해야 한다. 이를 위해서는 여러 교사의 눈을 통해 수업이 어떤 상황과 맥락 속에서 전개되는지에 대한 논의를 하고, 이를 바탕으로 다음 수업 속에서 그런 변인들을 조정할 수 있도록 도움을 주고받을 수 있는 성찰적, 반성적, 협동적 수업 두레가 필요하다.

생각 나누기는 보통 ① 사전 수업 협의, ② 사후 수업 협의 단계를 두고 하는 말인데, 필자는 특히 사전 수업 협의회에 무게 중심을 더 두고 있다.

사전 수업 협의회에서 수업 교사의 수업 설계 및 활동지 제작에 대한 도움을 주고 수업 속에서 중요하게 눈여겨보아야 할 지점이나 수업 교사의 요청 사항 또는 고민 등을 어느 정도까지 다루느냐에 따라 실제 수업은 굉장히 많이 달라진다.

교사는 가르치며 동시에 배우는 존재이기도 하다. 때문에 교사도 끊임없이 배움을 통해 성장하는 모습을 보여주기 위해서는 학생들에게만 협동학습을 강조할 것이 아니라 교사들끼리도 공동의 목표를 설정하고 긍정적인 상호작용을 통해 꿈을 실현해나갈 수 있도록 수업 두레 및 3S를 기반으로 한 협동학습을 실천해 나갈 것을 강력히 추천한다.

6) 다운로더 ⇨ 자기주도적 연구를 통한 프로슈머로

학교 현장은 교사들이 자기주도적 연구를 할 수 있는 여건을 조성해주지 못함과 동시에 교사 스스로의 노력 부족으로 그 취지를 유명무실하게 만들어 가고 있는 것은 아닌지 걱정이 된다. 게다가 더 안타까운 점은 아이스크림과 같은 것에 자신의 역할을 내맡기는 모습이나 교사 커뮤니티 등의 공간에서 공유되는 자료를 그냥 다운로드-복사하여 사용하는 모습이 전혀 줄어들지 않고 있다는 점이다.

이를 극복하기 위해서는 교사의 입장에서 자기주도적 연구[가르치는 사람임과 동시에 배우는 사람이기도 한 교사에게 자기주도 학습능력은 필수적이다. 하지만 교사에게 학습이라는 말보다는 연구라는 말이 더 잘 어울리는 것 같다는 생각에서 '자기주도적 연구(self-directed research)'라는 말로 대신해서 쓰고자 한다]는 무엇이고, 왜 필요한 것인가, 이를 위한 전제 조건은 무엇인가 등에 대하여 살펴보면서 앞으로의 방향성에 대하여 모색해보고자 한다.

(1) 자기주도적 연구에 대한 이해

자기주도학습이라는 정의를 바탕으로 자기주도 연구에 대한 정의를 내려보면 다음과 같다.

자기주도 연구란 연구자인 교사가 전문성을 신장시키기 위해 자기 자신의 요구를 진단하고 목표를 설정한 뒤, 나름대로의 계획과 전략에 따라 인적·물적 자원을 확보하여 실행하고, 그 결과를 스스로 평가해 나가는 과정과 활동을 통해 교육 활동의 효율성을 극대화해 나가는 것을 말한다고 할 수 있다.

경제이야기
출처 : NAVER 포스트 Y쥬얼리

급변하는 세계화 현장에서 교사 스스로가 도전에 대응하고, 새로운 시대적 요구에 부응하는 교육을 해 나가기 위해서는 무엇보다도 '자기주도 연구능력'을 키워야만 한다. 왜냐하면 세상의 변화와 흐름은 교육계 내에도 자발적 변화와 노력을 요구하게 되었고, 교사로서 적어도 나름대로의 특정 영역에 대한 전문성을 갖고 있지 않으면 안 될 시대가 되었기 때문이다. 그러나 꼭 이런 이유 때문만이 아니더라도 교사는 전문가라고 말하는 데 적어도 어느 한 분야, 한 교과 영역에서만이라도 전문가라는 소리를 들을 만큼의 자기주도적 연구가 필요하다는 것이 필자의 지론이다.

(2) 자기주도 연구의 전제 조건

자기주도 연구란 ① 자신의 관심 영역을 선정하고, ② 그에 따른 연구목표를 설정하고, ③ 그를 위한 학습자원(인적, 물적 자원)을 확인하고, ④ 효과적인 연구전략을 선택하며, ⑤ 연구한 바를 실제 현장에 적용하고, 결과를 확인하고, 그에 대한 평가 및 피드백을 해 나가는 과정과 활동을 통해 교육 활동의 효율성을 극대화해 나가는 것이라 할 때, 이를 통해 자신이 기대하는 효과를 거둘 수 있으려면 다음과 같은 몇 가지 전제조건이 충족되어야 한다.

- 교사 스스로의 동기부여 : 자신이 일하고 있는 영역에서의 어떤 목표 의식과 동기가 없다면 자신의 일을 평생 가져가기에 어려움이 많다고 할 수 있다. 교사들에게 있어서도 자신의 지속 가능한 성장과 발전을 위한 목표 의식과 동기는 교사 자신을 꾸준히 연구하고 노력하는 자세로 이끌어준다. 그리고 교사의 전문성은 바로 여기에서부터 시작되고 발현된다고 할 수 있다.
- 효과적으로 연구하는 방법(연구 전략) 찾기 : 학업 성취도가 우수한 아이들의 공통적 요인 중 하나는

공부를 쉽게 한다는 것이다. 이는 학습자가 알고 있던 모르고 있던 학습자에게 적합한 효과적인 학습전략(공부 방법)이 이미 체화되어 있다는 것을 말한다. 이처럼 교사들도 자신의 목표를 정한 뒤, 그를 위한 효과적인 연구 전략을 세워 나가지 않으면 안 된다.

- **효과적인 시간 관리** : 어떤 분야이든 전문가라는 이야기를 듣기 위해서 반드시 필요한 것이 바로 효율적인 시간 관리이다. 교사도 마찬가지다. 특히 교사들은 교육활동과 함께 가정과 학교 밖에서의 다양한 활동을 함께 영위해 나가는데 그 속에서 효과적인 시간 관리 및 연구 계획을 세우지 않는다면 결코 자기주도적 연구 활동을 해 나갈 수 없다.

- **자기주도 연구의 필수는 독서** : 풍부한 독서경험은 모든 학습을 풍요롭게 만들어준다. 지식 기반을 형성하는 토대는 바로 독서하는 자세에서 출발하며, 학습능력의 성패 역시 독서 역량에 달려 있다 해도 과언이 아니다. 같은 맥락에서 교사의 연구 활동 또한 풍부한 독서량에 달려 있다고 할 수 있다. 여러 연구 결과에도 나타나 있듯이 성공하는 사람들의 공통적인 특성 가운데 하나가 바로 '풍부한 독서력'이라는 점을 감안한다면 책 읽기가 전문성을 갖추어 훌륭한 교사로 성장하는 데 있어서 절대적이라는 사실을 짐작할 수 있을 것이다.

출처 : https://hansnlee.tistory.com/

　연구 활동에 있어서 경험은 '마중물(펌프질에 필요한 물)'에 해당된다. 마중물이 있어야 펌프에서 물이 나오듯이 무엇인가에 대한 이해를 바탕으로 실천적인 적용을 하려면 이 마중물(경험)이 반드시 필요하다. 그리고 이러한 경험에는 직접경험과 간접경험이 있는데, 우리가 모든 것을 직접 경험하는 것은 불가능하다고 볼 때, 간접경험의 중요성은 매우 커질 수밖에 없는 것이고, 그러한 간접경험의 가장 대표적인 것이 바로 '독서'라 할 수 있다.

- **전문적 학습공동체 및 연구 모임 참여** : 혼자만의 연구로는 자칫 우물 안 개구리와 같은 현상에 빠질 위험이 있다. 이를 극복하기 위해서는 교내 학년/주제/교과 단위의 전문적 학습공동체 및 학교 밖의 연구모임 등에 참여하여 타인의 생각과 교류하고 소통하면서 자신의 관심사와 관련된 경험을 넓히려는 노력은 반드시 필요하다는 것이 필자의 견해이다.

원천기술로서의 협동학습

1) 원천기술로서 협동학습 바라보기

어떤 분야든 지속 가능한 발전을 위해서는 가장 핵심이라 할 수 있는 원천기술을 필요로 한다. 원천기술은 다른 말로 핵심기술이라고 말할 수 있다. 이 원천기술은 위기가 오더라도 결코 사라지지 않고 그 가치가 더 빛난다. 이에 비하여 가공기술은 대체할 기술이 개발되거나 더 높은 수준의 기술이 개발되면 더는 제 기능을 발휘하지 못한다. 그래서 수명이 짧고 위기에 취약하다. 이렇게 볼 때 여러분이라면 원천

필자의 강의 장면

기술을 갖고 싶은가, 아니면 가공기술을 갖고 싶은가? 당연히 원천기술을 갖고 싶을 것이라 생각된다.

필자는 교육 분야에 있어서 원천기술이 바로 '철학'을 기반으로 한 협동학습이라고 판단하고 있다. 그러나 협동학습을 수업방법이라고 바라본다면 가공기술일 수밖에 없다. 과거의 열린교육이 그랬고 경쟁교육이 그랬고 수많은 교육 이론과 학문이 그러했다. 한 순간 '반짝'하다가 시대의 변화, 흐름을 더 이상 견디지 못하고 사라졌다. 그리고 다양한 교육 이론과 학문이 그 과정을 반복하고 있다. 그러나 '철학'에 기반을 둔 협동학습은 결코 그렇게 사라지지 않는다. 오히려 시대의 변화에도 그 필요성은 증대될 수밖에 없다는 것이 필자의 주장이다.

필자는 20년 가까이 협동학습을 연구하면서 끊임없이 원천기술을 쌓았다. 많은 사람들은 자신에게 있어서 협동학습의 원천기술을 협동학습 활용 능력이라 생각하겠지만 필자에게 있어서 협동학습 활용 능력은 가공기술일 뿐이다. 필자에게 있어서 협동학습의 원천기술은 바로 '철학'이고 필자가 협동학습의 본질을 고민하고 성찰하는 각성 능력이다. 철학적으로 협동학습에 대하여 성찰하고 각성하는 힘, 이것이 없었다면 필자도 협동학습을 몇 년 하다가 더 좋아 보이는 것에 빠져서 포기하였을지도 모를 일이다.[11]

그런데 현장에서 주변을 살펴보면 많은 교사들이 당장 써먹기 편하고 보여주기 좋은 수업방법이라는 가공기술 사냥에 열을 올리는가 하면 그것만을 가져가서 적용하는 것에 신경을 더 많이 쓴다. 수업기술만 연마하는 것이다. 그러다 보니 협동학습을 나름 실천한다고 했던 사람들을 오랜 시간이 지난 뒤에 만나보면 포기하였거나 다른 것에 빠져 살고 있는 모습을 쉽게 접하게 된다.[12]

---

11 최근의 흐름을 보면 열린교육이 그랬고 배움의 공동체가 그랬고 토의 토론 수업이 그랬고 거꾸로 교실이 그랬고 하브루타가 그랬다. 다음은 무엇이 그렇게 왔다가 잠시 머물고 갈지 모를 일이다.

12 필자는 가능한 무엇인가 하나를 시작하면 그것의 원천기술에 더 집중한다. 10년 이상 연구했던 수학교육에도 원천기술에 집중하여 연구를 하고 있는데 그 역시 교육과정이 몇 번 바뀌었지만 전혀 위기를 겪지 않고 지속되고 있으며 나의 수

2) 협동학습의 원천기술은 향상적(向上的) 변용(變用)이 가능

원천기술의 특징은 정형화된, 일정한 틀을 갖고 있지 않다. 그래서 얼마든지 변용이 가능하다. 변용을 해도 그 원천기술의 핵심(협동학습의 철학과 핵심 원리 — 특히 서로 도움 주고받기, 메타인지를 바탕으로 한 학습 효과, 존중과 배려, 경청하기, 소통과 긍정적 상호관계 등의 원리 등)은 그대로 유지되기 때문에 위기가 와도 전혀 영향을 받지 않고 살아남아 다른 활동에 그대로 스며들어 갈 수 있다. 다시 말해서 협동학습 원천기술의 강점은 변용이라는 점이다.

필자는 지금까지 터득하고 깨달은 철학과 협동학습 원리를 바탕으로 어떤 새로운 형태의 수업이든 다 가능하게 할 수 있다. 그와 관련된 대표적인 사례가 바로 필자가 2011년에 출판한『협동학습으로 토의·토론 달인 되기』(시그마프레스)인 것이다. 이는 협동학습을 토의 토론과 접목시키면서 원천기술은 그대로 살리되 토의 토론의 특성이 잘 구현되도록 실제 사례를 바탕으로 기술한 서적이라 자신 있게 말할 수 있다.

최근 들어 '질문이 있는 교실' 또는 '하브루타', '거꾸로 교실' 등이 많이 거론되고 있는데 이 또한 협동학습으로 얼마든지 구현할 수 있고 그와 관련되어 전해지고 있는 활동사례를 보면 협동학습의 원천기술이 이미 그 안에 스며들어 있다는 것을 협동학습 전문가라면 한눈에 꿰뚫어볼 수 있다.

개발하거나 연구한 사람들은 다를지 모르겠지만 필자의 관점에서 볼 때 협동학습의 철학과 핵심 원리는 어떤 활동이든 잘 들어맞는다. 어떤 활동과 결합 또는 융합해도 잘 어울린다. 그러면서도 그 원천기술은 절대로 자신을 잃어버리지 않는다. 그래서 협동학습은 다른 학문이나 이론과 달리 앞으로도 충분히 지속 가능하다는 것을 필자는 믿어 의심치 않고 있다.

필자의 융합 공식[13]

협동학습 원천기술 + 새로운 트렌드[14] + 교과나 주제[15]

위와 같은 방식으로 필자는 협동학습 원천기술을 활용하여 지금도 새로운 협동학습 시너지를 창

학교육 발전 및 변화에 힘을 실어주는 원동력이 되어 주고 있다. 그것은 바로 원리, 개념 탐구 중심의 협동학습 토의토론 수학이다. 현재 현장에는 수학교육을 토의토론식으로 해 나가는 교사들은 별로 없다. 혁신교육이 시작된 지 10년이 넘었지만 수많은 수업혁신 사례 가운데 수학교과와 관련된 사례는 지극히 보기 드물다. 필자는 그런 사례들을 모아 최근에 4권의 책을 집필하였다.『5학년 수학수업 협동학습으로 디자인하다』(2016, 시그마프레스),『6학년 수학수업 협동학습으로 디자인하다』(2018, 시그마프레스),『초등수학 분수 이렇게 가르쳐라』(2019, 시그마프레스),『협동학습 토의·토론 초등 수학교육을 혁신하다』(출판 중, 시그마프레스)가 바로 그 사례들이다.

13 융합을 위해서는 기본적으로 원천기술이 있어야 한다. 원천기술이 없다면 정체불명의 것이 만들어져 당장 활용은 가능할지 몰라도 위기에 취약하거나 수명이 짧을 가능성이 높다. 융합에 있어서 원천기술은 깊은 뿌리에 해당된다. 뿌리가 튼튼해야 그 위에 어떤 기둥과 가지(새로운 트렌드나 분야)가 뻗어 나가도 결코 쓰러지거나 부러지지 않을 수 있다.

출하고 있다. 그러면서 지금도 필자만의 브랜드 가치가 새롭게 만들어지고 있는 중이다.

여러분도 협동학습을 평생 하고 싶다면 먼저 협동학습 원천기술을 자신의 것으로 만들기 위해 노력해야 한다. 그래야만 진짜 협동학습 전문가가 될 수 있다. 이를 위해서는 항상 원천기술이 자신에게 얼마나 자리 잡고 있고, 그것이 무르익었는지 살펴야 한다. 충분히 자리 잡는 순간 협동학습을 각성하는 상태에 이르게 된다. 그때부터 협동학습이 다르게 보이기 시작할 것이다. 그런 뒤에 가공기술을 잘 활용할 수 있는 능력을 기르는 것에 집중하는 것이 좋다. 만약 그것이 없다면 조급해하지 않도록 해야 한다. 가공기술이 먼저가 되어서는 안 된다. 그러면 얼마 지나지 않아 포기하게 된다. 설령 포기하지 않더라도 본질이 반영되지 않은 채 겉으로만 포장된 협동학습, 학생들에게 경쟁을 조장하면서 협동하라고 하는 식의 무늬만 협동학습을 하게 될 가능성이 높다.

협동학습 원천기술을 활용하여 필자가 지금까지 만들어낸 브랜드가치

부디 긴 호흡으로 한 숨, 한 숨 차근차근 쉬어 나가길 바라는 마음 간절하다. 필자는 그렇게 20년 넘게 한 길을 걸어왔고 앞으로도 그렇게 갈 것이다.

---

14 여기서 말하는 트렌드란 현재 또는 미래를 미리 읽어내는 것을 말한다. 이미 철 지난 것을 가져올 수는 없는 것이다. 세상은 변한다. 그리고 그것을 유심히 관찰해보면 분명히 눈에 보이는 흐름이 있다. 그것을 잘 관찰하여 재빨리 변화를 읽어내는 일, 그리고 그것을 원천기술과 융합시키려 노력하는 일, 그것이 필자의 융합공식이자 매우 중요한 열쇠가 되고 있다.

15 협동학습 원천기술을 바탕으로 새로운 트렌드를 어떻게 읽어내고 구조화할 것인가, 그리고 그것을 어떤 교과와 어떻게 연결 지을 것인지 고민해보는 일, 그렇게 고민한 결과를 실현시켜보고 피드백해 나만의 브랜드 가치를 창출해내는 일. 그것이 필자의 융합 공식이다(원천기술＋토의·토론＋수학＝협동학습 토의토론으로 초등 수학교육을 혁신).

CHAPTER
06

협동학습,
학교 현장의 변화를 요구

우리 모두를 합한 것보다

더 현명한 사람은 없다.

- 켄 블랜차드 -

제5장에서는 협동학습 전문가 되기에 대하여 개인적 차원에서 살펴보았다고 이해하면 무리가 없을 것이다. 그런데 개인적인 노력만으로 협동학습은 한계가 있다. 학교 차원에서의 적극적인 지원과 학교 구성원 간의 일관성 있는 철학 및 비전의 공유가 최소한 만큼이라도 일어나지 않는다면 협동학습은 오히려 학생들에게 혼란을 부추길 가능성이 있고, 교사와 학생 간의 관계성도 긍정적인 방향으로 나아가기 힘든 면이 분명히 존재한다. 대표적인 사례로 아래와 같은 점을 들 수 있다.

- 나는 경쟁을 조장하고 싶은 마음이 없는데 학교에서 경쟁현상을 조장할 때
- 동학년 내에서 나의 협동 교육철학과 타 학급 교사의 철학이 충돌할 때
- 지식 및 교육에 대한 관점이 다른 교사들과 충돌할 때

이런 경우 학생들은 어떤 교사에게 자신을 맡겨야 할지 굉장히 혼란스러워 한다. 그래서 학생들은 학년이 바뀔 때마다 어리둥절한 모습을 보이거나 또는 "작년 선생님은 이렇게 안 하셨는데 지금 선생님은 왜 이렇게 하셔요?"와 같은 질문을 던지기도 한다. 이런 문제를 극복하기 위한 방안을 몇 가지만 살펴보면 다음과 같다.

협동적 학교 공동체, 최소한의 철학과 비전 공유가 필수

가장 먼저 이루어져야 할 점은 학교 차원에서 구성원 모두가 최소한의 철학 및 비전을 함께 공유하고 합의하는 과정이 필요하다는 것이다. 왜냐하면 같은 학교 내에서 교사들 간의 철학과 비전이 공유되지 않으면 학생들과 학부모는 어떤 교사를 만나느냐에 따라 매년 혼란스러움을 경험할 수밖에 없다. 예를 들자면 아래와 같다.

발도르프 학교에서는 발도르프 철학에 동의한 교사가 존재한다. 프레네 학교에서는 프레네 철학에 동의한 교사가 존재한다. 프레네 철학에 심취한 교사가 발도르프 학교에서 근무하기에는 무리가 있다. 두 철학 간에는 굉장히 큰 간극이 존재하기 때문이다. 이렇게 볼 때 교사들 간의 철학과 비전의 공유는 적어도 같은 학교에서 근무하는 교사들 사이에 공동체 문화를 만들어가는 데 매우 중요한 요소가 될 뿐만 아니라 학생 및 학부모가 학교의 교육방향에 동의하고 하나의 목표를 향하여 함께 나아갈 수 있도록 해주는 나침반 역할을 한다고 볼 수 있다는 것이 필자의 견해이다. 그리고 이와 같은 맥락에서 필자가 소망하는 것 하나가 있다면 '발도르프 학교 또는 프레네 학교'처럼 '협동학습 학교'가 만들어지는 것이다. 1~6학년까지 협동학습 철학에 의하여 교육과정이 운영되고 '다 함께 잘살기'를 함께 실현해 나가는 학교를 만들어보는 것이 필자의 꿈이기도 하다.

학교 혁신과 협동적 학교 공동체 : 교장 역할론

2010년 전후를 기점으로 우리나라에서 혁신학교 운동이 시작되었고, 그 후로 10년이라는 세월이 흘렀다. 혁신교육운동은 전국으로 확대되었지만 아직 갈 길은 멀다. 아울러 혁신학교만 혁신의 길을 가서는 안 된다는 것 또한 누구나 공감하는 바일 것이다. 10년 가까이 혁신학교에 근무하고 있는 필자의 관점으로 볼 때 현재 시점에서는 오히려 혁신학교보다 학교 스스로 자발적인 학교 혁신을 이루어내야 한다는 점에 무게 중심을 두고 싶다.

출처 : https://www.ozassignments.com/

그런데 학교 스스로의 힘으로 혁신을 이루는 데 있어서 가장 큰 걸림돌은 무엇일까에 대하여 고민하지 않을 수 없다. 이에 대하여 여러 학교를 다니면서 교사들의 생각을 들어보았다. 그런데 100%에 가까울 정도로 한 가지 요소를 꼽았다. 그것은 바로 관리자의 리더십이었다. 혁신학교든 그렇지 않은 학교든 교사들은 모두 관리자에 따라 학교가 달라진다는 점에 동의하였다.

그렇다면 학교 혁신으로 협동적 학교 공동체를 만들기 위해 교사들이 바라는 교장에 대한 상은 어떤 모습일까? 이에 대하여 그동안 수많은 교사들을 만나면서 들었던 이야기들을 바탕으로 필자가 고민했던 '교장의 역할론'을 핵심만 간추려 기술해보고자 한다.

필자의 관점에서 바라본 교장의 역할론

모든 학교는 학생, 교사, 학부모 모두가 만족하는 좋은 학교여야 한다. 그리고 교장은 그런 학교를 만들어가는 데 필요한 역량을 잘 갖춘 사람이어야 한다.

---

1) 내가 꿈꾸는 좋은 학교

첫째. 구성원 모두가 함께 지향하는 뚜렷한 목표를 가지고 있고, 구성원 모두가 그 목표를 인지하고 있으며, 학교의 상황과 여건에 맞게 자율 경영, 책임 경영을 한다.

둘째. 학생들의 특성, 구성원의 요구, 시대적 필요 등을 반영한 특색 있는 교육과정 운영 및 인력을 지원한다.

셋째. 교장은 학교 구성원들이 함께 세운 공동의 목표 실현을 위해 구성원을 하나로 모을 수 있는 서번트(servant) 리더십을 발휘한다(전시행정, 성과 중심 경영, 지시, 관리, 통제 지양).

넷째. 교사들은 수업 전문성을 신장시키는 데 노력하며 학생들에게 높은 성취 기대를 가지고 열심히 연구하여 가르친다(그 과정에 교장도 함께 연구하고 수업하며 동참한다).

다섯째. 학생들은 자신이 다니고 있는 학교를 아끼고 사랑하며 선생님들에 대한 존경과 기대감을 가지고 배움에 임한다.

여섯째. 학부모들은 학교에 대하여 높은 관심과 기대, 신뢰, 격려, 지지를 보내며 학교 교육활동에 적극적으로 참여, 지원한다.

일곱째. 학교 구성원들은 민주적 공동체를 지향하며 소통, 배려, 존중을 기반으로 각자 맡은 임무에 최선을 다한다.

여덟째. 학교 자체적으로 모든 교육 활동에 대한 지원, 점검, 평가, 피드백을 하는 시스템을 갖고 있다.

내가 꿈꾸는 학교의 상이 위와 같다면 그런 학교의 교장은 어떤 역할을 해야 할 것인가에 대하여 아래와 같이 정리해보았다(공모 교장이 된다면 이를 적극 실천해 나갈 것임).

2) 내가 꿈꾸는 혁신학교 교장에 대한 역할론

첫째. 학생의 성장과 발달(특히 학업 성취, 재능과 적성, 핵심역량의 계발)에 대한 지원과 격려를 아끼지 않는 교장(구성원과의 협의를 통해 뚜렷한 비전을 함께 만들고 공유, 명확한 목표 설정에 따라 모든 학생에 대한 높은 성취 기대 갖기 및 이를 위한 모든 지원 아끼지 않기)

둘째. 활발한 상호작용과 좋은 관계를 유지하기 위해 노력하는 교장(학교 구성원 모두에게 정서적이고 인간적인 지지 보내기, 교실을

출처 : 서울시 교육청 공식 블로그

자주 방문하여 교사들과 직접적으로 상호작용하기, 언제 어디서나 누구든 만날 수 있도록 다양한 통로의 소통 방법 열어두기, 학부모 및 지역사회와 협동적 관계 유지하기)

셋째. 공동체적 학교 문화 조성을 위해 노력하는 교장(서번트 리더십, 의사결정의 공유와 협력, 모험적 활동에 대한 지지, 지속적인 성찰과 발전적 방안 모색 및 실천 ⇨ 교권 바로 세우기, 의사결정권 이양하기, 수평적 학교 운영)

넷째. 효과적인 교수 리더십을 발휘하는 교장(교장과 교사 간 수업 관련 공동 연구 및 협의, 교실 관찰 및 피드백 제공, 교사의 자율성 지원, 교사마다의 장점 찾아주는 일에 최선 다하기, 수업 시간 최대한 보장, 직접 교과수업을 하고 공개수업 및 수업 공유 등에도 앞장서는 교장)

다섯째. '왜 교장 자리에 앉아 있는가?'하는 책무성을 늘 인식하는 교장(학생의 성장, 발달, 교사의 전문성 신장 등에 대한 점검과 피드백, 교사들에게 롤 모델이 되기 ⇨ 특히 수업 연구 및 수업 공유에 앞장서기, 학생과 교사를 늘 지지하고 격려하기)

여섯째. 교장으로서 절대로 하지 않도록 최선을 다해야 할 일 다섯 가지 ⇨ ① 지시하기, ② 통제하기, ③ 관리하기, ④ 명령하기, ⑤ 규제하기(지위와 권위 행사에 앞장서지 않기)

<blockquote>
나는 무능한 교장이 있는 좋은 학교를 본 적이 없다.
나는 훌륭한 교장이 있는 좋지 않은 학교 또한 본 적이 없다.
</blockquote>

협동적 가치를 기반으로 한 철학과 비전 함께 만들기[1]

적어도 교사들이라면 공동체와 협동이라는 가치를 전혀 부정하지는 않는다. 또한 경쟁 없는 사회를 꿈꾸는 점 또한 모두가 바라는 바이다. 그렇다고 한다면 적어도 학교 차원에서 이러한 가치와 철학을 뒤흔드는 활동 등에 대해서는 최소화하려는 노력과 합의가 필요하다. 이를 위해 관리자를 중심으로 구성원 모두가 함께 모여서 철학과 비전을 함께 세우고 수시로 철학과 비전의 근간을 흔드는 활동과 움직임이 없는지에 대하여 늘 점검하고 토론하는 학교 문화가 형성되어야 한다.

그러나 반드시 놓치지 말아야 할 점이 한 가지 있다. 함께 만드는 철학과 비전은 최소한의 것이어야 한다. 이것이 최대한으로 작용한다면 학년/학급의 자율성을 침해할 위험성이 있기 때문이다.

필자가 근무하는 학교가 혁신학교로 개교하기 전 교사들이 함께 모여서 이런 것들에 대하여 장시간 동안 함께 토론하고 합의하였던 기억이 난다. 그때 최소한의 합의를 이끌어냈던 것 가운데 하나가 바로 이런 것이다.

1) 협동 철학에 기반을 둔 경쟁 현상의 최소화 방안

- 학교 내 각종 대회 폐지, 학교장상 폐지
- 외부 상장에 대해서도 형식적으로 수여 금지
- 학급 내에서 경쟁을 조장하는 활동 최소화하기(예 : 스티커 보상 최소화)
- 어떤 식으로든 서열화 행위 최소화
- 회장, 부회장 제도 폐지하기

---

1 『협동학습 교사를 바꾸다』, 이상우(2012, 시그마프레스), pp. 138~186. 참조.

2) 학교 교육 비전 : 상상력이 꽃피는 배움, 자람, 나눔터

- 상상력을 꽃 피우기 위한 교육과정 재구성에 최선을 다하기
- 교과서 지식 전달 중심 교육, 획일화된 수업 지양하기(아이스크림 사용 금지)
- 학생들에 대한 책임 교육 실현에 최선을 다하기
    - 학생들의 온전한 성장과 발달
    - 함께 배우고 성장하는 신나는 학교
    - 민주주의가 살아 숨 쉬는 학교
    - 인원이 존중되는 평화로운 학교
    - 성장과 발달의 과정을 중심으로 평가 혁신하기

필자의 학교 개교 당시 철학과 비전 세우기 회의 장면

약 10년 가까운 세월이 흐른 지금, 어떤 점들은 거의 확실한 정착을 이루어냈지만 어떤 점들은 현실적 문제로 흐지부지된 점도 분명히 있다. 그러나 아직도 필자가 근무하는 학교의 교사들은 열정적으로 토론하고 열심히 연구하며 최선을 다해 혁신학교를 성공적으로 만들어 나가고 있는 중이다.

철학과 비전을 학년/학급까지 연결 짓기[2]

이렇게 학교 교육목표가 완성되면 이것에 바탕을 둔 학년/학급 교육과정이 학습공동체별로 함께 만들어지는 것이 이상적이다. 이를 위해 12월 말에 다음 학년을 미리 구성하고 방학 기간 동안 다음 학년 교육과정을 함께 재구성할 수 있는 시간을 미리 확보해 두도록 하였다.

2019년 새로운 학년 학습공동체 협의회 : 교육과정 재구성 계획 세우기(프로젝트 수업)

---

2 『협동학습 교사를 바꾸다』, 이상우(2012, 시그마프레스), pp. 138~186 참조

지금까지 살펴본 바에 따라 학년 공동체별로 학교 교육과정의 혁신을 이루어내기 위해서는 공동체 목표 및 계획 수립을 할 때 고려해야 할 몇 가지 요소가 있다. 그를 살펴보면 다음과 같다.

1. 새로운 사업을 한다는 생각 버리기
(가장 먼저 할 일은 살 빼는 일 : 없애야 할 것부터 가려내는 작업)

2. 철학에 맞게 학교-학년-학급 교육과정을
일관성 있게 재구성하기

3. 학교-학년-학급 교육과정까지 철학적 맥락이
이어질 수 있도록 최선을 다하기

4. 최종적으로 학급운영 및 단위 수업과도 유기적으로
맞물려 돌아갈 수 있도록 최선을 다하기

교육과정 혁신을 위해 경계해야 할 일	교육과정 혁신을 위해 꼭 해야 할 일
1. 전시행정 버리기	1. 모두의 마음을 모아 꼭 해야 할 일 찾기
2. 관행적인 활동들 버리기	2. 그 일에 집중하기
3. 비교육적인 행위 버리기	3. 새로운 일을 찾을 때 선택과 집중하기
4. 과도한 교육적 행위 버리거나 줄이기	4. 시작은 덜어내기부터!

철학과 비전의 실현을 위한 학교 운영 시스템 만들기[3]

기존의 학교 체제로는 협동적 학교 공동체를 적극 지원해주는 데 무리가 있다. 대부분의 혁신학교가 학교 운영 시스템을 바꾼 이유도 거기에 있다. 모든 교사가 교실 활동에 집중할 수 있도록 하기 위해 학교는 왜, 무엇을, 어떻게 바꿀 것인가에 대한 심층적인 고민이 필요하다. 하지만 그동안의 관행이 이런 것들을 쉽게 바꾸도록 허락하지 않는다는 점에서 상당히 큰 시련이 따를 것으로 생각된다. 그 이유 몇 가지를 살펴보면 다음과 같다.

첫째, 학교 안에 존재하는 권력 구조의 문제

---

3 『협동학습 교사를 바꾸다』, 이상우(2012, 시그마프레스), pp. 138~186 참조.

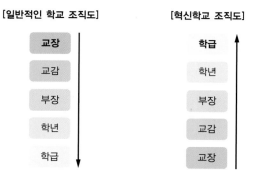

[일반적인 학교 조직도]

교장
교감
부장
학년
학급

[혁신학교 조직도]

학급
학년
부장
교감
교장

둘째, 학교 평가, 교원 평가, 승진구조와 무관하지 않은 학교 행정

셋째, 교사가 수업에 집중하기 힘든 행정 체계 및 업무 시스템, 구조

넷째, 수많은 행사와 사업, 지시, 통제로 인한 학년/학급 자율성 훼손

다섯째, 교육청 하달 공문 중심으로 만들어진 학교 행정 체계

여섯째, 민주적 의사소통 구조, 수평적 논의 구조의 부재

일곱째, 학교 현실에 맞는 조직 운영의 부재(예 : 미니스쿨, 학년군, 각종 TF팀)

이와 같은 문제점을 해결하기 위해서는 아래와 같이 학교 운영 시스템을 개선하고, 시스템이 잘 정착될 수 있도록 함께 노력해 나가야 한다.

- 학교 운영 중심 행정 체계 마련하기[4]
- **불필요한 회의 없애기** : 회의 체계 개편, 정례화
- 교수 · 학습 활동 중심으로 학교 운영 시스템 강화하기
- 교사 다모임을 의사결정기구로 만들기, 필요시 TF팀 운영
- 학년, 학년 군 단위의 자율 경영을 위한 권한 이양(예산, 교육과정 편성 운영권)
- 선택과 집중을 통해 학년/학급별 연구 시간 최대한 확보하기
- 교육과정 재구성, 수업 연구를 위한 전문적 학습공동체 조직, 활성화, 지원
- **책임 교육 실현을 위한 지원 방안 모색** : 배움이 느린 학생 지원

---

4 필자가 근무하는 학교에서는 이를 위해 업무전담팀을 구성하여 운영하고 있다. 그 핵심만 몇 가지 소개해본다 ― ① 격주로 팀장(부장) 회의, ② 격주로 교사 다모임(안건 없으면 휴회 또는 연수로 대체), ③ 꼭 필요한 사안 발생 시 임시 다모임, ④ 업무전담팀에서 행정업무 통합, 교장 교감도 업무 지원, 보조인력 지원, ⑤ 학년/학급 행정 업무 적극 지원(체험학습, 에듀파인, 각종 공문 작성 및 처리), ⑥ 학급 담임 업무 '0'화(공문을 한 장도 만지지 않음), ⑦ 각종 행사, 교육 프로그램도 학년 자율(학교 차원에서는 학년 말 전체 발표회만 주관함), ⑧ 업무전담팀은 주당 10시간 정도 교과전담 수업 담당.

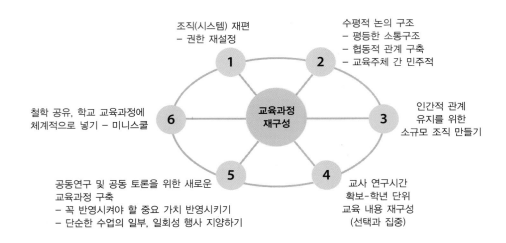

조직(시스템) 재편
– 권한 재설정

수평적 논의 구조
– 평등한 소통구조
– 협동적 관계 구축
– 교육주체 간 민주적

철학 공유, 학교 교육과정에
체계적으로 넣기 – 미니스쿨

교육과정
재구성

인간적 관계
유지를 위한
소규모 조직 만들기

공동연구 및 공동 토론을 위한 새로운
교육과정 구축
– 꼭 반영시켜야 할 중요 가치 반영시키기
– 단순한 수업의 일부, 일회성 행사 지양하기

교사 연구시간
확보–학년 단위
교육 내용 재구성
(선택과 집중)

위와 같은 내용 가운데 필자가 가장 아쉬움을 많이 갖고 있는 부분은 바로 배움이 느린 학생에 대한 방안 모색 및 지원이다. 거의 대부분 학교에서 이와 관련된 문제 해결이 잘 이루어지지 않고 있다. 이 또한 철학의 문제(예산 지원 또한 철학의 문제, 왜냐하면 예산 운용에 있어서 우선순위를 정하는 것도 결국 철학과 가치관의 문제임에 분명)라 할 수 있다. 이와 관련된 핀란드의 이야기를 소개하는 것으로 필자의 아쉬움을 달래보고자 한다.[5]

핀란드에서는 배움이 느린 학생에 대한 개념을 아래와 같이 이해하고 있다는 EBS 〈지식채널e〉 프로그램을 본 적이 있다. 다른 그 어떤 면보다 핀란드가 부러운 이유로 필자는 '그 나라에서는 기회, 과정의 평등과 함께 '결과'의 평등까지 국가에서 책임지려고 하는 자세를 보이고 있다'는 점을 꼽고 있다.

---

5 필자의 견해로는 일반학교도, 혁신학교도 이 부분에 대한 예산 지원과 대책 마련은 매우 미흡한 수준에 있다고 보고 있다. 다시 말해서 우선순위에서 뒤로 밀리고 있다는 말이다.

가정환경, 부모의 능력에 따라 달라지는 출발점, 학교에 입학한 모든 학생들이 같은 출발선에 서지 못한다. 그러니 공정한 경쟁이란 있을 수 없다. 그래서 학교에서 경쟁을 금지하는 나라, 핀란드! 성적표는 있다. 하지만 등수는 없다. 등수 대산 각자의 수준에 맞게 설정한 목표를 얼마나 달성했는지가 표시되는 성적표. 경쟁 대상은 친구가 아니라 내 자신.

그렇게 9년 과정을 마치면 실시되는 단 한 번의 일제고사의 목적은 단 한 명의 낙오자도 없어야 한다. 일제고사를 통해 가려진 더 못하는 학생, 더 못하는 학교가 받게 되는 차별!

그들에게 차별은 차이를 넓히는 것이 아니라 차이를 좁히는 도구. 거꾸로 가는 핀란드, 그들이 받게 된 등수 있는 성적표, 세상에서 가장 낮은 학생 간 학업성취도 편차, 그리고 OECD 주관 국제 학업성취도 평가 PISA 연속 1위. 경쟁은 경쟁을 낳아 결국 유치원생까지 경쟁의 소용돌이에 말려들게 될 것이란 사실을 국민들에게 설득시켰다. 학교는 좋은 시민이 되기 위한 교양을 쌓는 과정이다. 그리고 경쟁은 좋은 시민이 된 다음의 일이다.

– 에르끼 아호, 핀란드 전 국가교육청장(출처 : 핀란드의 실험 제2부 더 많은 차별)

지역사회, 학부모와 함께 하기[6]

말은 학부모도 학교 교육의 주체라고 하지만 언제 우리가 주체로 세웠던 적이 있었던가? 필요하면 부르고, 필요하지 않을 때 찾아와 제안을 하면 학교 활동에 대하여 간섭한다고 생각하고 있었던 것은 아닐까? 특히 협동적 학교 공동체를 만들기 위해서는 이 개념을 뛰어넘지 않으면 안 된다. 더군다나 협동학습이라는 맥락도 수업 차원에서만 이해하는 한 이 부분에 대한 바른 이해는 하기 어렵다. 협동적이라는

2011년 개교 이후 꾸준히 진행되어 온 필자의 학교 학부모 연수

말은 학생들끼리만 협동학습 방법을 이용해서 지식을 배우는 것이 아니라 학생들의 전면적 발달을 돕는 모든 과정을 지칭하는 말이라 할 수 있다. 돕는다는 것도 Vygotsky의 말로 설명하면 바로 비계(Scaffolding)가 될 것이다.

학부모도 학교 활동에 분명히 주체가 될 수 있는 부분과 영역이 있다. 학부모가 주체가 될 수 있는 부분을 녹색어머니 교통지도, 도서관 자원봉사, 알뜰 바자회 장터 운영, 학부모회나 운영위원회, 자료지원실, 급식 봉사 등에만 국한시키면 이를 제대로 이해할 수 없게 된다. 예를 들자면 필자의 학교에서도 학부모의 재능기부를 받아 학생들의 교육활동(문화 · 예술 · 체육 · 생태체험 활동 등)에 참여하고 있다. 교사보다 특정 분야나 영역에 더 전문성이 있다면 교사와 협동적으로 수업활동에 참여하면서 팀티칭을 얼마든지 할 수 있다. 이 밖에도 책 읽어주는 어머니 모임(실제로 오전에 학급을 돌면서 책 읽어주기 봉사활동을 자발적으로 조직하여 해주시고 계시는 사례가 많다. 필자의 학교도 하고 있다), 학교 발전을 위한 아버지 · 어머니 모임(매년 아버지회 주관으로 우리 땅 걷기 활동, 아버지 캠

---

6 『협동학습 교사를 바꾸다』, 이상우(2012, 시그마프레스), pp. 138~186 참조

프가 숙박형으로 진행되고 있음), 녹색 장터 운영(벼룩시장처럼 적정 주기를 가지고 운영되는 학부모 활동), 각종 동아리 활동(스포츠, 독서, 생태환경, 악기 등의 모임) 모임, 학부모 환경 동아리(이분들이 매년 6월 환경의 날을 기준으로 하여 하루 또는 이틀 정도 날을 정하여 환경 영화제를 직접 주관, 운영하고 있다. 학교에서는 이를 위해 행정 및 재정 지원을 하고 있다) 등이 교내에서 학부모 자발적으로 이루어지고 있고 학교는 이를 적극 지원하는 형태로 이루어지고 있다. 그리고 그의 조직 및 운영, 감사 등도 교사의 관여가 최소화된 상태에서 자발적으로 이루어지고 있기도 하다. 이런 식으로 학부모가 학교에서 함께 소통하고 생각을 나누면서 학생들의 교육활동에 자발적으로 참여한다면 학생·교사·학부모가 협동적으로 학교 공동체를 만들어 나가는 것이라 할 수 있고, 이 또한 분명히 협동학습의 개념에 포함되는 것이라 할 수 있다.

한편 지자체도 큰 도움을 줄 수 있는 부분이 많다. 학교 교육활동을 하다 보면 예산 문제가 큰 걸림돌로 작용할 때가 많다. 이럴 경우 지자체는 큰 힘이 되어줄 수 있다. 최근 들어서 '교육 혁신 지구'사업을 지자체에서 벌이고 있는 것도 같은 맥락이라고 볼 수 있다. 그리고 지자체가 열심히 하는 학교에 물질적·재정적 도움(교육 프로그램을 선정, 지원하고 강사 및 예산 지원도 해줌)을 주는 것 또한 그들의 사업 중 하나이기 때문에 학교 교육활동에 어떤 식으로든 참여시킬 수 있는 방법을 찾도록 해야만 한다.

협동학습에
실패하는 이유*

* 『살아있는 협동학습 2』, 이상우(2015, 시그마프레스),
  pp. 151~165 참조

다른 사람들이 원하는 것을 얻을 수 있도록

마음을 다해서 도와주면

당신이 원하는 모든 것을 얻을 수 있다.

- 지그 지글러 -

어떤 분야, 어떤 영역, 어떤 일이든 실패하는 데는 반드시 그만한 이유가 있다. 필자가 20년 넘게 협동학습을 연구하면서 많은 교사를 만나보았는데 협동학습을 실천하다가 어느 순간 흐지부지되어 협동학습을 포기하거나 실패를 경험하는 교사들에게서 나타나는 공통점 몇 가지를 발견하게 되었다. 이 장에서는 그에 대하여 살펴보면서 이 글을 읽는 분들이 똑같은 시행착오를 덜 겪을 수 있도록 도움을 주고자 한다.

협동학습을 수업기법으로만 인식하는 문제

앞에서도 강조한 바 있지만 협동학습을 수업법으로만 인식하면 학생 간의 관계가 잘 형성되지 않아 학급 내에서 생각보다 많은 문제들이 발생할 수 있다. 왜냐하면 협동학습은 사람과 사람 사이의 관계성과 신뢰, 공동체성을 기반으로 하는데 이것이 잘 형성되지 않은 상태에서 수업 시간에 수업방법으로만 사용하기 때문에 학생들 사이에서는 협동학습에서 매우 중요하게 생각하는 다섯 가지 기본 원리에 대한 의미를 전혀 느끼지 못하게 된다. 이로 인하여 교사가 생각하지 못하는 다양한 부정적 상호작용 결과들이 교실 이곳저곳에서 나타날 수밖에 없다. 물론 가장 쉽게 발생하는 것이 바로 갈등과 따돌림, 학교폭력 현상이다. 이를 사전에 예방하기 위한 활동이 꼭 필요한데 협동학습에서는 이를 아이세우기[1], 모둠세우기, 학급세우기라고 한다. 아이세우기, 모둠세우기, 학급세우기와 관련해서는 다음에 이어지는 장에서 보다 자세히 다루어보도록 한다.

협동학습도 결국은 교육, 수업의 문제다. 교육, 수업의 본질을 제대로 고민하고 그것을 위해 협동

아이세우기

모둠세우기

1 '아이세우기'라는 용어 및 개념은 필자가 최초로 내놓는 것으로, 그동안의 협동적 학급운영을 통해 많은 고민을 하면서 터득한 깨달음을 바탕으로 하여 만든 중요한 협동학습 핵심 열쇠 중 하나이다.

학급세우기(얼굴 트기, 학급규칙 만들기)

학습을 활용하고자 한다면 단지 방법이나 기법의 문제로 접근해서는 안 된다.[2] 협동학습을 기법으로 인식하면 수업기술만 보이게 될 것이고, 협동학습을 학급운영론으로 바라본다면 학급이라는 단위 속에서 이루어지는 모든 현상에 교사가 관심을 갖게 될 것이고, 협동학습을 철학으로 바라본다면 사람의 마음을 움직이고 관계를 소중하게 여기며 세상을 바라보게 될 것이다. 여러분은 협동학습을 어떤 관점에서 바라보려고 하는가? 지금까지 필자가 소개해 온 내용을 잘 살펴보면서 협동학습에 대한 자신의 관점을 디자인하기 바란다. 협동학습의 본질, 기법 이외에는 없는 것인가, 아니면 못 본 것인가, 그도 아니면 보려 하지 않는 것인가?

학급운영에 대한 오개념 문제

학급운영이란 학급에서 일어나는 전반적인 현상에 대하여 계획하고 실행하고 피드백하는 모든 것을 가리킨다고 말할 수 있다. 그런데 적지 않은 교사들이 학급운영에 있어서 '수업'활동을 별개의 것으로 생각하는 경향이 강하다.[3] 그와 함께 수업과 그 이외의 활동 사이에서 일관성을 중요한 원칙, 철학으로 인식하지 못하는 경향 또한 많이 나타난다. 이런 이유 때문에 협동학습을 실천하는 교실에서 학생들은 혼란을 매우 많이 겪게 된다. 그 사례는 아래와 같다.

- 수업 속에서는 협동학습을 한다고 하지만 스티커 보상 등을 통해 모둠 간의 경쟁을 조장하는

---

2 그런 문제점, 그런 한계를 극복하지 못하였기 때문에 열린교육은 실패할 수밖에 없었다.

3 학급운영=수업 + 수업 이외의 모든 활동(학급활동이라고 필자는 정의함), 이런 인식을 하지 못하는 것이 바로 오개념 이다. 특히 수업 활동이 가장 많은 시간을 차지함에도 불구하고 많은 교사들이 30% 정도밖에 되지 않는 학급활동만을 가리켜 학급운영이라고 말하고 있는 것은 아닌지 생각해볼 일이다. 그도 그럴 것이 현장에서 이루어지는 학급운영 연수를 보면 '수업'에 대하여 중요하게 다루는 연수를 본 적이 없기 때문에 더욱더 그런 현상이 심화되고 있다고 보는 것이 필자의 견해이다.

현상이 많이 일어남

- 수업 이외의 학급활동에서는 공동체를 강조하면서 학생 간의 관계를 중요시하여 갈등에 대하여 부정적인 현상으로만 인식하려는 경향이 많음
- 수업과 학급활동을 하나의 것으로 인식하지 못하면서 일관성이 깨지는 현상이 곳곳에서 일어남 (학생 간의 다양한 경쟁 현상, 모둠 간의 경쟁 현상, 아이세우기, 모둠세우기, 학급세우기 활동의 부재, 이벤트성 학급운영 프로그램으로 인한 학급 내 공동체성 및 관계성 악화 등)

적어도 협동학습을 교실에서 실천하려면 경쟁에 대한 심각한 고민과 철학을 기반으로 한 수업, 학급활동의 일관성 있는 운영이 꼭 필요하다(교실 내 모든 활동은 곧 수업이라는 발상과 인식의 전환이 꼭 필요).[4]

사례 1

학급 내 갈등, 학교폭력, 왕따 현상이 발견되면 이를 수업의 소재로 활용하여 학급, 모둠, 아이 세우기 활동을 세밀하게 진행한다(이를 연결 지을 수 있는 교과목, 단원, 차시를 찾아 교육과정 재구성을 하면 됨).

사례 2

교사가 의도하는 다양한 학급 행사를 수업이라는 맥락에서 계획적으로 실천하고 피드백하기(생일 파티, 현장체험학습 등도 수업, 교과, 단원 등과 연결 지어 학생들이 스스로 계획하고 실행하고 반성할 수 있도록 해야 함)

학급운영 생일파티 사례

[예] 생일파티 요령

- 이벤트 성격으로 인식하지 않게 하기
- 활동 목적이 무엇인지 수업 활동과 명확히 연결 짓기(관계, 감사, 우정, 친교, 이타적 마음 등)
- 학생들이 그 목표를 명확히 인지하고 수업이라는 차원에서 접근할 수 있도록 하기(생명 존중, 만남, 감사, 축하 등)
- 관련 교과 탐색 : 교육과정 재구성 수업으로 연결
- 학생 자치와 연결 짓기 : 내용, 과정, 정리까지 학생 스스로, 교사는 점검 또는 지켜보기(선물, 먹거리는 필수 아님)

---

4 협동학습을 가치라는 측면에서 바라보지 못한다면 결국 협동학습을 실천하는 교실에서도 경쟁은 난무하게 된다. 결국 그런 교실은 협동학습을 빙자한 경쟁학습을 하고 있는 것이라는 사실을 잊지 말자.

사례 3 학급운영의 주체는 교사가 아니라 학생이라는 인식을 학생 스스로 가질 수 있도록 하기(학급규칙을 학생들이 스스로 만들고 지켜 나가도록 하기 : 필요할 때마다 학급 다모임을 통해 제·개정)

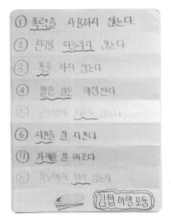

학급규칙 만들기 사례(우리반 8조의 법)

한편 "학급운영은 왜 하는가?"라는 질문으로 교사들을 만나 가면서 이야기를 나누어보면 '학생들의 성장과 발달을 돕는다'는 차원으로 생각이 모아지게 된다. 그러면 "학생들의 어떤 것을 성장시키고 발달시키려고 하는가?"하는 질문으로 다시 이야기를 나누어보라고 하면 '재능과 적성, 문제해결력, 가치관, 의사소통능력, 상상력, 창의성, 도덕지능, 자존감 등'을 많이 이야기한다. 그렇다면 이런 것을 위해 학급운영을 한다고 할 때 이런 것들을 도울 수 있는 가장 좋은 시간은 언제일까? 답은 간단하다. 바로 수업 시간이다. 학급활동에서도 이를 중심으로 다루지만 더 많이 다룰 수 있는 좋은 시간은 수업이다. 때문에 학급운영이라는 개념을 어떻게 가지느냐, 협동학습을 어떤 관점에서 바라보느냐에 따라서 협동학습의 실제는 굉장히 많은 차이를 보일 수밖에 없다.

협동학습을 학급운영이라는 관점에서 바라보게 되면 앞서 나온 의사소통능력이나 문제해결력, 창의성, 공동체성(한 마디로 핵심역량) 등은 수업 시간에 모둠 중심의 협동적 활동을 통한 소통 과정에서 자연스럽게 길러질 수밖에 없다는 것이 필자의 주장이다. 때문에 협동학습을 어떤 관점에서 바라보느냐의 문제는 협동학습의 성패에 매우 중요한 요소가 된다고 필자는 계속 강조하고 있는 것이다.

경쟁을 효과적으로 제거하지 못함에서 오는 문제

협동학습을 교실에 끌어들이는 교사 치고 이런 경험을 하지 않는 교사는 거의 없을 것이다. 필자도 초창기에 이런 문제를 경험하면서 이 문제를 철학적으로 인식하기 시작하였고 이런 현상들을 교실에서 최소화하기 위해 최선을 다해 노력해 왔다. 그 결과 필자는 '선택'을 하였다. 경쟁적 현상을 교실에서 모두 버리기로. 그랬더니 신기하게도 학생들에게서 아래와 같은 현상이 사라지기 시작하였고,

갈등 현상도 현저히 줄어드는 것을 경험하게 되었다. 그래서 20년 가까이 경쟁이 없는 교실을 만들기 위해 최선을 다하고 있고, 필자의 경험을 나누기 위해 많은 자리에서 내가 겪었던 시행착오 이야기를 강의 소재로 활용하고 있는 중이다.

협동학습 초창기에 필자가 가장 많이 경험한 사례

협동학습을 교실로 끌어들인 초창기 어느 날 모둠 점수를 걸고 완전학습을 기반으로 한 모둠 간 문제 내기 및 문제 풀기 활동을 진행했었다. 그런데 모둠원들이 서로 협동적으로 출제하는 장면을 지켜보니 문제 내용이 거의 꽈배기 수준이었다. 그리고 실제 활동을 진행해본 결과 모둠원 간, 모둠 간에 말다툼과 갈등이 크게 일어났다. 그래서 학생들에게 질문을 던졌다.

"왜 그렇게 문제를 냈나요?"
"다른 모둠이 문제를 못 풀게요. 그래야 우리 모둠이 점수를 더 많이 받잖아요."
"그렇구나.(할 말이 없었음)"

결국 문제는 학생들이 아니라 교사인 나 자신이었던 것이다. 내가 협동학습을 한다고 하면서 학생들 가슴에 '경쟁'으로 불을 질렀던 것이다. 나의 의도와 달리 이 활동을 접하는 학생들의 목적은 배움이 아니라 '승리에 대한 집착'이었던 것은 아닐까? 이런 활동을 여러 번 경험하게 되면서 협동학습에 대하여 근본적으로 다시 생각하는 시간을 오랫동안 갖게 되었다. 그러면서 필자의 협동학습에 대한 시각과 방향성은 코페르니쿠스적 전환을 맞이하기에 이르렀다. 협동학습을 실천하는 교사들이여, 부디 잊지 않기를 바란다.

경쟁심은 학생들 가슴속에 '갈등'을 유발하고
증폭시키는 매우 강력한 원동력이라는 사실을!
그리고 교실 게시판 또는 칠판 한쪽에 자리 한
모둠 점수판을 당장 치워버리자. 그리고 다시는 만들지 말자.
경쟁에 의한 보상을 칭찬수단으로 인식하지 말자.
이것은 어디까지나 학생들에 대한 통제수단임을 잊지 말자.

위와 같은 사례들은 얼마든지 찾을 수 있다. 그리고 두 번째로 많이 일어나는 현상이 바로 선착순에 의한 모둠 보상이다(예 : 빨리 끝내면 급식 먼저 먹기, 빨리 마무리함으로써 부수적인 보상이 경쟁적으로 뒤따를 때). 이럴 경우 활동이 늦는 학생은 모둠 내에서 비난을 받는 대상이 되어버릴 수밖에 없다. 아울러 모둠 활동 결과물의 질과 수준은 절대로 담보할 수가 없다. 이런 현상 또한 교사가 조장한 것이지 학생 스스로 만든 것은 아니라는 사실을 교사들은 명심해야 한다.

1) 경쟁에 대한 발상의 전환이 필요

이 즈음에서 경쟁 현상에 대하여 우리들에게 꼭 필요한 이야기를 하고 넘어가고자 한다. 경쟁은 욕구와 동반자라 할 수 있다. 쌀 아흔 아홉 섬을 가진 사람이 백 섬을 채우기 위해 한 섬 가진 사람 것을 빼앗아온다는 옛말도 있듯이 욕구의 문제에서 접근하게 되면 경쟁을 하게 되는 상황이 참으로 많다. 이 문제를 해결하기 위해서는 반드시 '발상의 전환(패

출처 : http://www.imbc.com/broad/tv/drama/sunnmoon/

러다임, 사고방식의 전환)'이 필요하다. 이를 위해 오래전에 방영했던 TV 드라마 〈해를 품은 달〉의 일부 내용을 가져와보고자 한다.

극중 성조대왕은 삼간택 된 세자빈 후보들에게 다음과 같은 질문을 던진다.

"임금의 가치를 돈으로 환산하면 얼마가 될 것 같으냐?"

세 명 중 한 명은 "임금의 가치를 감히 돈으로 환산하는 일은 있을 수 없는 일이옵니다. 그런 하문은 하지 말아주시옵소서."라고 말하였다. 그리고 보경은 "가치가 너무 높아 감히 환산할 수 있는 금액이 없을 만큼 귀하신 분이옵니다."라고 답하였다. 마지막으로 주인공인 연우는 "한 냥이옵니다."라고 답을 한다. 왕이 궁금하여 그 이유를 묻자 연우는 이렇게 답변을 한다. "굶주리고 가진 것이 없는 백성에게 가장 절실한 것은 목숨과도 같은 한 냥이니 부디 임금께서는 백성에게 언제나 한 냥의 절실하고 필요한 분이 되어 주시길 간곡히 바라옵나이다." 최종으로 세자빈은 연우가 간택된다.

이 장면을 소개하는 이유는 이렇다. 욕구의 문제에서 오는 경쟁도 선택의 문제가 걸려 있지만 여기에는 한 가지 문제가 더 걸려 있다. 바로 발상의 전환 문제이다. 자신이 처한 상황을 어떤 관점에서 바라보고 있느냐의 문제이다. 많이 갖고 있음에도 불구하고 더 많이 갖고 있는 사람의 관점에서 바라본다면 경쟁은 불가피한 선택이다. 그러나 반대의 측면을 바라본다면 그것만으로도 행복한 삶을 살아갈 수 있는 것이다.

그런데 우리 사회 전반에 흐르는 분위기는 자꾸만 더 많이 가진 사람을 보며 살라고 강요하고 조장하는 것만 같아 안타깝다. 방송이, 광고가, 언론이, 각종 매체가 그것을 부추기고 있다. "원조, 일류, 최초, 최고, 나는 너와 달라"라고 말하면서 말이다.

우리 사회는 경쟁과 관련하여 발상의 전환 문제가 가장 시급하다고 필자는 생각한다. 발상의 전환과 관련하여 이런 이야기로 정리해볼까 한다.

발상의 전환이 우리 사회를 바꿀 수 있다.

어느 날 저녁 몇 명의 회사원은 한 주 동안의 피로를 풀기 위해 저녁 약속을 하고 어느 한 음식점에서 모이기로 하였다. 하지만 한 사람은 일이 조금 늦게 끝나 약속에 늦게 되었다. 그 사람이 약속 장소로 들어가려 하는데 입구에서 한 할머니가 그의 손을 꼭 붙들고 하소연을 하는 것이었다.

할머니 : 여보게 젊은이, 이 장미 한 송이 좀 사 주지 않겠나?

남자 : 할머니, 저 바빠요.

할머니 : 젊은이, 내가 이 장미 한 송이라도 팔아야 내 손자가 사네.

남자 : 왜요, 할머니?

할머니 : 내 손자가 아주 몹쓸 병에 걸려서 수술을 받지 않으면 살 수 없다네. 내가 이것이라도 팔아 수술비를 마련하지 않으면 내 손자는 죽네. 그러니 나 좀 도와주지 않겠나?

남자 : 그래요? 그럼 한 송이만 주세요. 힘 내시구요.

그렇게 장미 한 송이를 사들고 들어간 남자는 먼저 있던 동료들을 만나자마자 늦은 것에 대하여 미안해하며 장미 한 송이를 쑥 내밀었다. 그러자 동료들 가운데 한 명이 이렇게 물었다.

동료 : 너, 그 장미 입구에서 어떤 할머니한테 샀지?

남자 : 그래. 그런데 왜? 뭐가 문제야?

동료 : 너, 그 할머니에게 속았다.

남자 : 내가 속았다고? 왜?

동료 : 그 할머니가 나쁜 병이 든 손자 이야기를 하지? 그런데 그 할머니에게는 손자가 없다. 그러니 네가 속았다는 것이지.

이런 말을 들은 순간 장미 한 송이를 사 들고 들어갔던 남자의 얼굴표정은 갑자기 환한 표정으로 바뀌었다. 그러면서 그 남자에게서 나온 첫 마디는 바로 이것이었다.

남자 : 그래, 정말 다행이다.

만약 그 할머니에게 정말 아픈 손자가 있었다면 그 할머니의 삶은 얼마나 고되고 힘들었을까? 그런데 그런 손자가 없다는 말에 자신의 속았다는 것보다 다행이라는 것을 생각한 그 남자의 발상. 이것이 바로 내가 하고 싶은 이야기의 핵심이다. 똑같은 것을 보더라도 어떻게 바라보고 생각하느냐에 따라서 우리의 삶은 전혀 달라진다. 살아생전에 전쟁을 반대하는 집회에 한 번도 참여하지 않았다는 테레사 수녀, 평화를 사랑하는 집회에만 참여했다는 테레사 수녀의 이야기도 같은 맥락에서 생각해볼 필요가 있다.

2) 경쟁을 조장하지 않기

우리가 경쟁에 대하여 문제의식을 갖는 경우는 대부분 이 상황에 해당된다. 경쟁을 조장하는 상황에서 선택권의 문제는 '나'에게 있지 않기 때문에 모두가 힘들어한다.

경쟁에 대한 고민을 위해 이 책을 참고하기 바란다.
(알피 콘 저, 이영노 역)

예를 들어 우리나라의 고질적인 입시문제를 살펴보면 쉽게 알 수 있다. 우리나라 입시문제에 있어서 학생들에게 과연 선택권이 있다고 생각하는가? 쉽게 생각하면 있다고 볼 수 있겠지만 우리 사회를 좀 더 깊이 들여다보면 없다는 것을 알게 된다. 우리 사회가 대학을 나오지 못한 사람을 어떻게 바라보는가? 그다지 곱지 않은 시각으로 바라본다. 대학을 나오지 못하면 우리 사회는 루저, 패배자, 낙오자, 무언가 부족한 사람으로 바라본다. 나는 대학을 나오지 않아도 된다고 생각할지 모르겠지만 사회는 그런 사람을 원하지 않는다. 그리고 대학도 일류대학만을 바라보게 만들면서 그중에서도 서열화를 조장하고 있다. 그래서 선택권이 나에게 없는 것과 다름이 없다.

다 키워 놓은 자녀를 놓고 이야기하다가도 대학 이야기가 나오면 서울대를 간 부모는 어깨에 힘주며 이야기하고 지방대학이나 아예 가지 못한 자녀를 둔 부모는 고개를 숙여야만 하는 이런 현상과 사회. 필자는 이런 현상을 경쟁을 조장하는 현상, 우리 사회를 경쟁을 조장하는 사회라고 바라보고 있는 것이다. 그 속에서 경쟁은 많은 문제를 야기한다.

이런 관점에서 교육 현장을 들여다보자. 학교 현장에서, 자신의 교실에서(심지어는 협동학습을 한다고 하는 교사들의 교실에서도) 우리 교사들은 학생들을 어떻게 경쟁 속으로 몰아넣고 있는가? 학생들에게 선택권은 주고 있는 것인가? 내가 바라보는 관점은 그렇지 않다. 교육부가, 교육청이, 학교가, 교사들이 학생들을 경쟁 속으로 내몰고 경쟁적인 상황을 자꾸만 조장하고 있다. 강의를 하면서 문제의식을 가지고 바라보아야 할 '경쟁을 조장하는 현상'에 대하여 교사들에게 이야기해보라고 하면 대체로 이런 것들을 꼽는다. 선착순, 모둠 점수, 각종 보상제도, 성적을 바탕으로 한 서열화, 각종 인증제도 및 시상제도, 회장 선출, 교사의 무조건적인 칭찬, 순위나 서열을 매기는 각종 활동들. 그리고 이런 것들에 대하여 문제의식을 가지면서도 어쩔 수 없이 한다고 말하기도 한다. 특히 스티커나 보상제도는 사실상 칭찬의 측면보다는 통제수단으로 활용하는 경향이 더 강하다는 자성적인 목소리도 섞여 있다.

필자는 이런 것들에 대하여 고민하지 않으면 진정한 협동학습은 이루어질 수 없다고 감히 말한다. 이런 현상 속에서 발생하는 문제점을 보완하기 위한 노력이 동반되어야만 협동적 학급운영은 비로소 가능해질 수 있는 것이다. 필자의 경우 보완책을 마련해보려고 많은 수단과 방법을 동원해보았지만 모두 잘 되지 않았다. 그래서 가장 쉬운 방법으로 2000년대 초반부터 '경쟁을 조장하는 행위를 최소화하기'를 선택하였고 지금까지 꾸준히 실천해 오고 있다. 적어도 내 교실에서 경쟁을 조장하는 현상은 거의 없다고 해도 과언이 아니다. 그 속에서 학생들도 나도 경쟁적 현상 속에서 겪게 되는 불편함으로부터 자유로워졌고 매우 행복해졌다고 감히 말할 수 있다.

앞서서 '불편한 진실'이라는 제목으로 경쟁에 대하여 한 번 다룬 적이 있다. 인정하지 않고 싶지만 인정하지 않을 수 없는 그런 것. 나는 하고 싶지 않지만 남들도 다 하는 것이라서 하지 않을 수 없는 그런 것. 하지 않으면 좋다는 것을 알지만 내가 불편해지는 것이 싫어서 하게 되는 그런 것. 이제는 경쟁이 가진 장점보다 문제점을 더 심각하게 들여다보아야 하는 시대가 되었다. 나도 경쟁을 부정하지는 않는다. 다만 경쟁을 조장하는 것을 반대할 뿐이다.

필자는 학생들의 자존감이 충분히 자리 잡을 수 있을 때까지만이라도 학생들이 경쟁을 조장하는 행위 속에 휘말리지 않도록 해주었으면 하는 바람이 간절하다. 학생들의 자존감이 충분히 자리 잡는다면 그 이후에 겪게 될 다양한 경쟁적 현상 속에서도 어려움을 충분히 극복하며 살아갈 수 있게 될 것. 학생들을 경쟁적 현상 속으로 몰아가는 시기는 자존감이 충분히 자리 잡은 이후에 해도 늦지 않다는 것이 필자의 주장이다. 그러니까 적어도 교실에서 협동학습을 실천하고자 하는 교사들이라면 이 문제에 대하여 깊이 있게 고민하면서 접근하기를 바랄 뿐이다.

3) 칭찬의 역효과를 고민하라

특히 협동학습을 하면서 우리나라에서 당연한 것처럼 여겼던 칭찬스티커, 칭찬 점수 등에 대하여 이제는 뿌리를 뽑을 때가 되었다는 생각이 든다. 아직도 협동학습을 하면서 이런 제도를 운영하는 사람들이 꽤 많다. 심지어는 아예 스티커나 스티커판을 디자인하여 판매하는 사이트도 있다.[5] 철학적으로 접근한다면 이러면 안 되는 것 아닐까? 경쟁의 조장은 협동학습과 적이다. 이제는 칭찬의 역효과를 고민하지 않으면 안 된다.

(1) 학생들을 경쟁 속으로 몰아넣는 것들(칭찬스티커 등)

모둠 활동을 할 때 가장 열심히 참여한 개인 또는 모둠에게 주는 칭찬스티커나 칭찬 점수. 무임 승차자가 되지 않고 상호의존적인 학습을 위해서 아이들의 적극적인 참여를 동기부여하는 데 유용하다고 흔히 말하지만 그 역효과가 사실 더 크고 무섭다. 스티커를 하나라도 더 받기 위해 타인의 것을 그냥 베끼거나 부정, 반칙 행위를 하기도 한다. 그리고 이는 학생의 도덕성과도 직결된다. 다시 말해서 학생들의 도덕성까지 악화시키는 원인이 되기도 한다.[6]

---

5 칭찬 점수(스티커, 모둠 점수 등)를 운영하다 보면 최고점수를 받은 개인이나 모둠은 무엇인가 또 다른 보상을 걸고 할 수밖에 없다. 그것이 아니면 학생들은 움직일 이유가 별로 없다. 그런데 또 다른 보상, 이것이 학생들로 하여금 부정, 반칙, 갈등, 비난, 폭력을 불러와 협동적 학급운영을 어렵게 만든다. 이제 이런 보상들은 칭찬보다는 '통제'라는 관점에서 바라보아야 한다.

6 그런 행위를 알고 선생님께 말하는 학생과의 갈등도 유발시켜 관계 문제까지 나빠지게 되는 악순환에 빠지게 된다.

에듀니티 교육쇼핑몰 판매

아이스크림 교육쇼핑몰 판매

티처몰 판매

EBS 〈다큐프라임〉 아이의 사생활 2부 도덕성 - 눈을 가리고 맞춘 표적 수에 따라 상품을 준다는 약속에 반칙도 서슴지 않고 일단 표적부터 맞히고 보는 학생들의 실험 장면

책 소개

뻔뻔한 칭찬 통장

김성범 글, 이수영 그림, 미래아이 출판사, 2009

이 책은 엄마 아빠나 학원 선생님이 아이들의 작품을 대신 해주는 현실을 꼬집고 그 가운데서 소외되는 아이들의 이야기를 다룬 동화로, 2학년 주인공 하리의 시각으로 솔직하고 귀엽게 글을 풀어 나간다. 글쓴이는 주인공 하리를 통해 자기 실력으로 쓰고 그렸지만 늘 대회에서 떨어지거나 선생님에게 칭찬받지 못하는 아이들에게, 예술이란 1, 2등으로 뽑히려는 것이 아니라 스스로 느끼고 마음껏 표현하는 즐거운 놀이라고 말한다. 또한 아무도 도와주지 않고 자기 혼자 힘으로 무언가를 해낸 사람만이 진정 자신이 원하는 사람이 될 수 있다는 것을 보여준다. 숙제의 의미가 변질되어 가는 요즘, 과도한 교육열과 1등 위주의 풍토를 재미있는 동화를 통해 꼬집고 있다.

(2) 학생들을 망치는 위험한 칭찬

오래전 방송된 EBS 교육다큐 〈학교란 무엇인가〉 중 '칭찬의 역효과' 편을 본 부모들과 교사들은 모두 경악을 금치 못했다. 이 영상물은 지금 보아도 역시 그렇다. '늘 내가 하던 칭찬이 학생들을 망치고 있었다니!'하고 말이다.

이 다큐는 여러 실험을 통해 '칭찬의 역효과'를 입증했다. 예를 들어 선생님에게 근거 없이 과하게 (잘한다, 천재다, 정말 똑똑하다 등) 칭찬을 받은 학생들은 선생님 부재 시 선생님의 기대에 부응하려고 부정행위를 서슴지 않았다. 이 현상은 비단 어린아이들이나 학생들에게만 나타난 것이 아니라 성인 남녀에게서도 똑같이 나타났다. 또 야채주스를 먹을 때마다 스티커를 받던 어린아이들은, 스티커가 주어지지 않자 야채주스를 반도 안 먹게 되었다. 지금까지 하면 할수록 좋은 줄만 알았던 칭찬이 어린아이들에게 이렇게 독이 되리라고는 어떤 부모도 상상하지 못했을 것이다. 이러한 칭찬들이 모여모여 어린아이들, 학생들을 짓누르는 무거운 짐이 되거나, 동기부여에 장애가 되는 줄 알았다면 어느 부모도, 교사도 이러한 칭찬은 하지 않았을 것이다.(중략)

'칭찬'은 그야말로 놀라운 힘을 가지고 있다. 단순히 칭찬은 '하면 좋은 것'이라는 평가를 받기에는 무한한 재주를 가지고 있다. (중략) 무조건 칭찬은 많이 할수록 좋다고 생각했던 부모들, 교사들에게 오히려 그런 칭찬이 어린아이들에게, 학생들에게 독이 된다고 하면 의아하고, 칭찬을 안 하는 게 낫다고 생각할지도 모른다.(이하 생략)

특히 『내 아이를 망치는 위험한 칭찬』이라는 이 책은 학부모들을 대상으로 하고 있지만 교사들도 결코 예외일 수는 없는 책이다. 특히 제2장의 내용은 필자가 말하고자 하는 것들(스티커 보상의 위험성)을 대변해주고 있으며, 제5장에서는 칭찬을 위한 구체적인 방법도 안내해주고 있어 적극 권해주고 싶은 책이기도 하다.

제2장 칭찬이 되려 독이 될 수도 있다.

03 동기를 말살하는 칭찬이 있다.

- '칭찬스티커'가 아이에게 동기가 되어서는 안 된다.
- 내적 동기와 외적 동기
- 보상은 오히려 학습 의욕을 떨어뜨린다.
- 칭찬스티커가 독이 될 수 있다.

04 칭찬도 중독된다.

- 중독된 칭찬에는 감당하기 힘든 보상이 따른다.
- 규칙처럼 반복된 칭찬에는 무감각해진다.
- 칭찬할 때 보상하지 마라.

『내 아이를 망치는 위험한 칭찬』 중에서 발췌

이 책에서 빠진 한 가지를 더 추가하자면 이렇다. 칭찬(특히 스티커 등)은 독이 되기도 하지만 학생들에게 심각한 경쟁을 유발하거나 조장하는 역할도 한다는 것이다.

스티커 등의 칭찬이 가지고 있는 독소

결과 중심적이다. 비교하는 칭찬이다. 평가 중심적이다. 경쟁을 유발한다. 더 강한 것을 요구하게 된다. 학습 자체보다 보상에 관심을 두게 만들 위험성이 있다.

위와 같은 면에서 교실을 살리는 데 도움을 주지 못한다는 점은 우리 교사들이 반드시 깊게 재조명해봐야 할 일이다. 그것이 가진 순기능 또한 있다는 것을 무시하거나 부정하는 것이 아니다. 다만 필자는 그것이 가진 역기능, 그 위력을 경계하자는 것이고, 현장에서 나타나는 현상을 보면 순기능보다는 역기능이 더 부각된다는 점, 참 많은 경우에 순기능보다도 통제수단에 가까운 용도로 활용되고 있다는 점에서 우려되는 바가 크기 때문에 이렇게까지 강조하여 말하고 있는 것이다. 특히 협동학습(협동적 학급운영)을 실천하는 교사라면 더 이 부분에 대하여 신경을 써야 한다. 그것이 가진 단점을 충분히 없애거나 보완하면서 실천할 수 있는 교사라면 필자는 말리지 않는다. 그리고 그런 방법이 있다면 필자에게 꼭 연락을 주기 바란다. 나도 그런 것을 해보고 싶다. 그리고 아직도 그런 것이 뭐가 있을까 하고 고민 중에 있다. 하지만 아직은 대안이 없어서 교실에서 그런 경쟁적·부정적 요소를 완전히 제거하기 위해서 지금도 최선을 다하고 있다.[7]

앞서 이야기했던 것들 말고도 교실 속에는 다양한 경쟁적 요소들이 있다. 간단히 살펴보면 다음과 같다.

교실(학교) 속에 존재하는 경쟁적 요소들

선착순(시간 순)에 따른 권한 부여, 정답만을 추구하는 것과 보상과의 연계, '빨리'만을 강조하는 풍조, 시험과 성적에 따른 서열화(일제고사 등), 교사의 차별(의도하지 않았더라도 아이들에게 그런 현상을 부추기는 것들이 있다)과 비교하는 현상, 결과중심주의, 각종 시상제도, 다양한 인증서 제도, 양적인 것만을 추구하는 현상(다독상, 독서량 기록판 등), 외적 동기로서 아이들을 끌어가려는 다양한 노력들(결국 이는 통제수단일 뿐), 부진아에 대한 개념도 일종의 경쟁적 상황에서 발생한

---

7 협동학습을 연구하고 실천하는 교사로서 이 부분의 문제점을 가장 먼저 짚어 가면서 칭찬스티커, 보상 문제를 교실에서 최소화하거나 지양해야 한다는 주장을 가장 먼저 한 교사가 바로 필자이다. 협동학습을 하면서 스티커나 점수를 통해 경쟁을 조장하면 안 된다는 것을, 교실에서의 경쟁은 협동학습의 적이라는 사실을, 철학을 바탕으로 한 협동학습을 해 나가야 한다는 것을 대한민국, 아니 전 세계에서 필자가 가장 먼저 주장하였다고 해도 과언이 아닐 것이다. 필자 이전의 어떤 강사들에게서도, 어떤 협동학습 실천가들에게서도 그런 이야기, 강의, 주장을 들어 본 적이 없었을 것이라 생각한다. 필자는 이런 주장을 2000년대 초반부터 하기 시작하였고 그에 대한 이야기를 2009년에 출간한 『살아있는 협동학습』을 통해 본격적으로 널리 알리기 시작하였다. 그리고 이와 관련된 이야기를 전국적으로 돌아다니면서 지금까지도 해 오고 있지만 필자의 강의는 누구에게서도 들어 볼 수 없는 그런 이야기들이 많아 너무 좋았다는 말을 들어 오고 있는 중이다. 그렇게 오랜 시간이 지났지만 완전히 뿌리를 뽑지는 못하였던 것 같다. 하지만 그래도 많이 개선되었다는 생각이 든다.(심지어는 교사 연수에서도 교사들에게 스티커를 주면서 연수를 진행했던 강사들도 있었으니 말이다.)

부정적 인식의 결과, 학교에서 이루어지는 다양한 게임 속의 경쟁적 요소들(피구, 축구, 퀴즈식 수업, 1차 보상 결과에 따른 2차 보상—특권의 부여 등), 무조건적인 칭찬, 각종 경연제도 등.

(3) 칭찬의 효과를 경고하는 이야기들 : 칭찬의 역효과

8살엔 '칭찬', 12살 이후엔 '꾸중'이 효과적

초등학교 2~3학년에는 인지능력을 관장하는 뇌 영역이 '칭찬'에 더 활발하게 반응하는 반면 5~6학년 이후가 되면 '꾸중'에 더 활발히 반응함으로써 연령에 따라 학습이 다르게 이뤄진다는 연구결과가 나왔다.

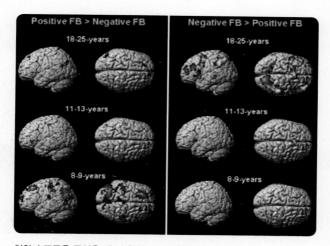

칭찬과 꾸중을 들었을 때 뇌 활성도를 연령대별로 촬영한 사진

네덜란드 라이덴대학 발달심리학자인 에블린 크론 박사팀은 26일 학술지 〈신경과학 저널(Journal of Neuroscience)〉에서 특정 과제를 수행하면서 칭찬과 꾸중을 들었을 때 뇌 활성 정도를 기능성 자기공명 영상장치(fMRI)로 관찰한 결과 연령대별로 특정 영역의 활성도가 크게 달랐다며 이같이 밝혔다.

연구진은 실험 참가자들을 8~9세와 11~13세, 18~25세 그룹으로 나누고 컴퓨터 화면에서 어떤 규칙을 찾는 과제를 주고 나서 칭찬(잘했어)과 잘못을 지적하는 말(이번엔 틀렸네!)을 들었을 때 뇌의 활성 변화를 fMRI로 관찰했다.

그 결과 인지능력을 관장하는 것으로 알려진 대뇌피질 부위가 8~9세 그룹에서는 칭찬에 강하게 반응하고 꾸중에는 거의 활성화되지 않은 반면 11~12세 그룹과 18~25세 그룹에서는 정반대로 잘못을 지적하는 말에 더 강하게 반응하는 것으로 나타났다.

연구진은 이는 8살 어린이들은 긍정적 피드백을 통해 주로 학습을 하는 반면 12살 이상이 되면 부정적 피드백을 더 잘 처리할 수 있게 됨에 따라 실수를 통해 배울 수 있는 능력이 좋아진 것으로 볼 수 있다고 밝혔다.

연구진은 그러나 8살과 12살 이후 사이에 나타나는 이런 차이가 경험에서 비롯된 것인지, 아니면 뇌 발달 방식의 차이에 의한 것인지는 아직 알 수 없다며 아마도 두 가지가 함께 작용한 결과일 가능성이 있다고 말했다.

크론 박사는 "우리는 8살이나 12살이나 뇌가 똑같이 반응할 것으로 예상했었지만 결과는 매우 달랐다"며 "이 연구결과는 어린이들에게는 처벌보다는 칭찬이 더 좋은 교육법이라는 오랜 지혜를 다시 한 번 확인시켜준다"고 말했다.

출처 : http://woorok.tistory.com/2548

특히 교사라면 『칭찬은 고래도 춤추게 한다』라는 책과 『칭찬의 역효과』 이 두 권을 늘 곁에 두고 반복해서 읽어야 한다고 생각한다. 무엇보다도 책의 내용 가운데 '고래 반응'이라는 것은 학교 현장에서 매우 유용한 기술이라 할 수 있기에 교사들은 이를 적절하게 활용할 수 있도록 늘 신경을 써야 한다.

고래 반응(Ken Blanchard, 2002)

- 즉각적으로 칭찬한다.
- 잘한 일에 대하여 명확하게 말하라.(실수를 했을 때는 분위기를 다른 쪽으로 유도하라.)
- 사람들이 한 일에 대해 느끼는 긍정적인 감정을 공유하고, 계속해서 격려하라.

그런데 위의 책을 잘 읽어보지 않은 사람은 칭찬의 역효과를 말할 줄 모른다. 위의 책은 칭찬의 긍정적 효과와 함께 위험성 또한 경고하고 있기도 하다. 그것이 바로 뒤통수치기 반응이다.

책 소개

칭찬은 고래도 춤추게 한다

Ken Blanchard 저, 조천제 역, 21세기북스, 2002

'뒤통수치기 반응'은 가정과 회사를 망친다!

누구나 인간관계에서 긍정적 관심과 칭찬 그리고 격려가 중요하다고 생각한다. 그러나 실제로 가정과 직장의 일상생활에서 다른 사람에 대해 긍정적 관심을 가지고 지속적으로 칭찬과 격려를 하는 사람은 드물다. 오히려 우리 삶은 타인에 대한 무관심과 부정적 반응으로 둘러싸여 있다. 잘 생각해보면 우리 모두는 가정과 직장에서 다른 사람들이 일을 잘하고 있을 때는 무관심하다가 잘못된 일이 생겼을 때만 흥분하고 질책한다. 이 책에서는 그러한 부정적 반응을 '뒤통수치기 반응'이라고 말한다. 사람들이 실수를 저지를 때 뒤통수를 치듯 반응한다는 의미이다. '뒤통수치기 반응'에 둘러싸인 환경에서는 결코 사람들이 최선을 다하지도 않고 열정을 바치지도 않는다.

'고래 반응'이 존경받는 부모, 성과 높은 비즈니스맨을 만든다!

무게 3톤이 넘는 범고래의 쇼를 본 적이 있는가? 여러 나라, 여러 해양 테마 공원에서는 바다의 포식자로 알려진 거대한 몸통의 범고래가 환상적인 점프를 통해 멋진 쇼를 펼쳐 보인다. 그런데 조련사는 어떻게 해서 범고래로 하여금 그렇게 멋진 쇼를 펼쳐 보일 수 있게 만든 것일까? '고래 반응(Whale Done response)'이라 불리는 범고래 훈련법은 성공적인 인간관계를 위한 훈련법과 다르지 않다.

　고래 반응이란 ① 범고래가 쇼를 멋지게 해냈을 때는 즉각적으로 칭찬하고 ② 실수를 했을 때는 질책하는 대신에 관심을 다른 방향으로 유도하며 ③ 중간 중간에 계속해서 격려하는 것이 핵심이다. 가정과 직장에서 '고래 반응'을 사용한다면 존경받는 부모, 성과 높은 비즈니스맨이 되는 것은 어렵지 않은 일이다.

　EBS 교육다큐 〈학교란 무엇인가〉 중 '칭찬의 역효과' 편에서 교사들이 특히 주목해야 할 말은 다음과 같다.

『경쟁에 반대한다』의 저자 : 알피 콘의 이야기

제 생각에 문제는 저희가 무엇을 칭찬하는가 혹은 얼마나 칭찬하는가에만 있는 것이 아니라 아이들을 평가하려는 그 생각 자체에 있다고 보기 때문입니다. 칭찬한다는 것은 평가를 한다는 것입니다. 칭찬을 하지 않으면 아이들을 차갑게 대하는 것이고 쌀쌀맞게 대하는 것이고 다정하지 않은  것이라고 말하는 것은 잘못된 이분법적 사고입니다. 사실 칭찬을 하는 것은 통제를 하는 것이지 사랑을 주는 것이 아닙니다.(중략)

　우선 가끔은 아무 말도 할 필요가 없어요. 그냥 보기만 하면 되죠. '잘했어. 네가 한 일이 마음에 든다.'라고 하며 아이들을 계속 평가하려는 분들은 아이들을 별로 믿지 않는 분들입니다. 칭찬을 통해 아이들을 조종해야 한다고 생각하는 분들입니다.

　두 번째로는 그저 우리가 보는 것을 설명해주면 됩니다. 만약에 아이가 그림을 그린다면 '그림에 보라색을 많이 사용했구나.'라고 하거나 '사람들의 발가락을 그렸구나.'하고 하거나 '과자를 친구에게 좀 주었구나.'라고 말하는 겁니다. 그런 말은 아이들로 하여금 스스로 어떻게 느껴야 할지 결정하게 만들어주고 스스로에 대해서 어떻게 생각할지 결정하게 해줍니다.

　세 번째로는 질문을 할 수 있어요. "그 발가락 그리는 방법 어떻게 생각해 냈니?"라고 하거나 "네가 가장 좋아하는 색깔이 보라색이니?"라고 하거나 "왜 과자를 나누어 먹기로 했니?"라고 묻는 겁니다. "네가 이것을 한 것이 마음에 들어."라고 하면서 아이를 평가하는 것이 아니에요. 저희가 본 것을 말하고 질문을 함으로써 아이들이 반응을 하게 만드는 것이죠. 그런 것이 아이들로 하여금 도덕적인 사람들이 되도록 만들고 그런 행동을 하는 것을 즐기는 사람들로 만듭니다. 외적 권위자의 지지나 인정에 절절매는 사람 말고요.

『청소년 감정코칭』의 저자 : 최성애 박사의 이야기

칭찬의 역효과요? 칭찬의 역효과는 제가 볼 때 자기의 자발성이라고 할까요. 순수한 기쁨, 내적으로 그냥 자연히 성장하는 것에서 오는, 배우는 것에서 오는 굉장히 즐거운 기쁨이 있거든요. 그 기쁨을 오히려 빼앗아가는 거죠.

워싱턴대학교 신경정신과 박사 : 로버트 클로닌저의 이야기

지속적인 칭찬은 항상 성공할 것이라는 자만심을 키워주고 쉽게 포기하게 만듭니다. 아이들에게 어떤 부분이 잘못됐고 그것에 대한 의견과 존중, 그리고 미래에 더 잘할 수 있는 방향을 제시해주는 것이 좋습니다. 그렇지 않으면 아이들은 자신이 일을 잘했을 때나 잘못했을 때에도 항상 칭찬받기만을 기대하게 됩니다.

이 영상물이 우리에게 전하는 메시지는 하나다.
아이들이 배우는 것을 즐거워한다면 칭찬스티커는 필요하지 않다는 것!

- 결과보다는 과정을 칭찬하라 : "이번에 굉장히 노력을 많이 했구나." 식으로 과정을 평가하기
- 보상과 연관 짓지 마라 : 칭찬은 물질적 보상이라는 개념보다는 정서적인 충족과 관련이 높다. 칭찬스티커를 당연한 수단으로 사용해서는 안 된다.
- 지속적인 칭찬은 금물 : 칭찬은 과해도 문제, 인색해도 문제. 적절한 칭찬은 효과적이지만 지속적인 칭찬은 항상 성공할 것이라는 아이의 자만심을 키우고 쉽게 포기하게 만들 수 있다.
- 질문은 또 하나의 가치 있는 칭찬이다 : 가끔은 그저 "친구한테 과자를 주었구나. OO가 참 좋아하네."처럼 아이가 한 일을 말해주는 것만으로도 큰 효과가 있다. "퍼즐을 다 맞췄구나. 가장 힘들었던 게 어떤 부분이니?" 등 이후 이어지는 대화는 아이에게 자신감을 줄 수 있다.
- 격려도 칭찬이다 : "오늘은 블록을 하나 더 쌓았구나. 엄마도 따라 해봐야겠는 걸", "정말 노력을 많이 했구나." 등의 말은 아이에게 자발성과 동기를 유발할 수 있다.
- 구체적으로 칭찬한다 : 7세가 넘으면 자신이 칭찬받을 만한 일을 한 것인지 아닌지 스스로 인지할 수 있다. 의미 없는 칭찬을 쏟아내면 아이가 칭찬에 대해 무감해지는 역효과를 줄 뿐이다. "싫어하던 시금치를 두 번이나 먹었네."처럼 구체적인 행동을 칭찬해주자.
- 스킨십과 함께 하면 좋다 : 칭찬의 궁극적인 목적은 아이 스스로 자신이 사랑받고 있다는 것을 느끼게끔 하는 것이다. 특히 부모와의 스킨십은 아이에게 정서적인 안정감을 줄 수 있다.
- 의도적인 칭찬은 삼간다 : 아이러니한 점은 대부분의 아이들이 이런 칭찬 속에 숨은 기대치를 이미 눈치채고 있다는 것이다. "잘할 수 있지?"란 말은 아이에게 이만큼의 결과를 내야 한다는 부담감을 심어줄 수 있다.
- 아이 입장에서 칭찬한다 : "OO가 이를 닦아서 엄마가 정말 좋구나." 등 엄마의 기준으로 말해서는 안 된다. 그보다 "스스로 이를 닦으니 기분이 참 좋겠구나."라는 식으로 아이 입장이 되어 칭찬하는 것이 더 효과적이다.

자기만족의 세계에 빠져 있는 문제

누구나 혼자의 힘으로는 충분히 성장하기 힘들다는 것을 우리는 잘 알고 있다. 협동적 학급운영도 마찬가지다. 진짜 협동적 학급운영의 전문가가 되려면 교육이란 무엇인가에 대한 본질적인 이해의 바탕 위에 협동학습에 대한 전문성을 얹을 수 있어야 한다. 그리고 그 길은 결코 혼자만의 힘으로 갈 수 없다.

에코와 나르키소스
출처 : 위키백과사전

　그러나 특히 협동학습 구조를 어느 정도 적용할 줄 알게 되면 빠지게 되는 큰 함정이 바로 '자기만족의 세계 — 정저지와(井底之蛙)의 세계'이다. 처음에는 협동학습 기법의 적용에 신이 나서

마구 사용하게 되지만 이것도 얼마 지나지 않아 여러 문제 상황 앞에 봉착하게 되고 해결방안을 찾지 못해 혼자 끙끙 앓고 있는 자신을 발견하게 된다. 그러다가 그 문제의 대부분은 기술적 접근으로는 풀리지 않는다는 것 또한 저절로 알게 된다.

어느 길이든지 전문가가 되는 길은 같다. 그 출발점은 바로 기본을 아는 일이요 혼자가 아니라 함께하는 일이다. 협동학습의 기본이 아니라 바로 교육의 기본, 교육의 본질을 아는 것이고 혼자 고민하는 것이 아니라 함께 고민할 때 교육도, 협동학습도 바람직한 방향으로 나아갈 수 있다는 사실을 깨닫지 못하면 협동학습은 아주 잘 드는 칼 하나를 아무것도 모르는 아이의 손에 쥐어주는 것과 같다. 그 아이는 그것으로 무엇을 할지 모른다. 다행히 사람을 살리는 일에 쓴다면 다행이지만 사람을 해치는 일에 쓴다면 그것은 잘못된 사용이라 할 수 있다. 우물 안 개구리 격인 자신의 협동적 학급운영을 극복하려면 무엇보다도 먼저 교육의 본질에 대한 이해를 바탕으로 해야 한다. 그 위에 여러 교사들과 함께 고민하고 생각을 나누며 얻게 된 협동적 학급운영에 대한 노하우를 '나'다운 방식으로 풀어낸다면 협동적 학급운영은 성공적으로 이루어질 수 있다.

이를 극복하기 위한 방안으로 필자는 아래와 같은 노력을 할 것을 제안한다.

첫째, 연구회 또는 모임을 찾아 자신의 성장에 도움을 줄 수 있는 멘토를 찾는 일이다. 멘토(한 사람이 될 수도 있고 여러 사람이 될 수도 있다)를 정하고 그를 따라 하거나 모방하라는 것이 아니다. 그의 지혜를 배우라는 말이다. 멘토의 것을 그대로 따라 하게 되면 다음에서 이야기하게 될 내 비게이션식 협동학습의 함정에 빠지게 된다. 지혜는 방법이나 기술 속에 자연스럽게 녹아들어 가지만 기술이나 방법을 쓴다고 해서 지혜를 터득하게 되는 것은 아니다. 그리고 협동적 학급운영에서 지혜란 바로 철학이자 교육의 본질이라 말할 수 있다. 원리나 원칙이 없는 방법이나 기술은 매우 위험한 것이며 무미건조할 따름이다. 따라서 자기 자신의 발전을 위해서 철학이라는 지혜를 얻을 수 있는 멘토를 두는 일은 절대적인 것이라 할 수 있다.

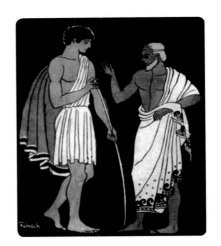

그리스 · 로마신화에서 유래한 멘티와 멘토(멘토르와 오디세우스의 아들 텔레마코스)
출처 : 보건복지부 멘토링 홈페이지

둘째, 교육의 기본으로 돌아가라는 것이다. 협동학습도 결국 교육의 문제인 만큼 교육의 기본이라는 관점에서 해결의 실마리를 찾을 필요가 있다. 결국은 소통의 관점에서 학생을 변화시킬 수 있는 말 한 마디를 찾아 적절한 시점에 던지는 일이라 필자는 감히 말하고 싶다. 그리고 협동학습 차원에서는 그것을 교사가 직접 하는 것도 좋지만 또래와의 긍정적 상호작용을 통해 이루어질 수 있도록 돕는 일이라 할 수 있다. 결국 협동학습의 기본은 '긍정적인 상호의존, 개인적인 책임, 동등한 참여, 동시다발적 상호작용, 한 사람도 포기하지 않기'라는 다섯 가지 기본 원리에 있다. 항시 협동학습을 실천하는 교사라면 다섯 가지 기본 원리를 잊어서는 안 된다. 어떤 순간에서도 이것이 잘 스며들어 있는지를 살펴야 한다.

셋째, 다른 교사의 수업을 많이 들여다보고 자기의 수업을 많이 열어야 한다는 것이다. 남의 수업을 보지 못하면 자신의 수업에 어떤 점에 개선이 필요하고 보완이 필요한지 모르게 되어 자아도취에 빠지기 쉽다. 더군다나 협동학습은 구조라는 다양한 사고의 틀이 교사로 하여금 자신을 '수업기술을 잘 갖춘 교사'로 착각하게 만들어주기 때문에 더욱더 위험할 수 있다. 수업을 잘하는 교사의 수업을 보면 무엇인가 다르다. 때문에 다른 교사들의 수업을 들여다보고 자신의 수업을 다른 교사들에게 보여주면서 보완해야 할 점들을 찾아가는 일은 협동학습 전문성 신장에 매우 중요한 일이 아닐 수 없다. 개인적으로 필자는 100회 이상의 협동학습 수업 보기와 100회 이상의 협동학습 공개수업을 매우 강조하고 싶다. 그렇게 한번 해보자. 그러면 어느새 성장해 가는 자신의 모습을 발견하게 될 것이다.

끝으로, 투자를 아끼지 말아야 한다는 것이다. 여기서 말하는 투자란 협동학습 전문성 신장을 위해 연수, 연구회 활동, 전문서적 읽기, 스스로 연구 활동을 하고 실천하고 피드백하고 데이터화하기 등을 총체적으로 일컫는 것이다. 특히 시간적, 금전적 투자가 가장 핵심일 것이다. 10년 1만 시간의 법칙이 그것을 잘 말해주고 있다. 그런데 협동학습에 있어서 전문성을 신장시키고자 하는 욕심은 많지만 투자와 노력 없이 이루려는 사람들이 주변에 너무 많이 보인다. 연수도 듣지 않으려 하고 책도 읽지 않으며 개인적인 연구도 게을리하고 그저 연구회를 찾아 남들이 하는 이야기를 듣기만 하고 남들이 만들어 놓은 자료를 가져다가 따라 적용해본다 한들 전문성이 신장될 까닭은 없다.

내비게이션식 협동학습의 문제[8]

한때 다른 사람들과 나의 경험을 공유하는 일을 그만두었던 적이 있었다. 필자는 협동적 학급운영을 하면서 경험했던 것을 단지 공유했을 뿐인데 다른 교사들은 내가 했던 것을 그대로 가져가 똑같이 따라 하면서 협동학습을 실천하고 있다고 생각하게 만드는 모습이 보였다. 그래서 순간 두려웠다. 물론 처음에는 다른 사람들이 했던 것을 모방하는 것은 어떤 측면에서는 당연할지도 모른다. 하지

---

8 다른 표현으로 '암죽식으로 협동학습 배워 사용하기'라고 필자는 말한다. 부모가 먹기 좋게 암죽을 만들어 아이에게 떠먹여주는 것처럼 타인들이 보기 좋게 만들어 놓은 자료들이나 사례들을 자신의 관점에서 다시 한 번 생각해보고 재구성, 변형해보는 과정이나 고민도 없이 그대로 따라 하는 식으로 협동학습을 적용하는 상황을 일컫는다. 교육학에서는 이를 '토파즈 효과'라고 한다. 이런 교사들은 '나다움'이 물씬 풍기는 자신만의 협동적 학급운영, 협동학습 수업, 교과서만 가지고 협동학습의 장점이 잘 살아나는 수업 설계를 하기 힘들어할 가능성이 높다(수업 중 교사가 아직 해당 개념을 접하지도 못한 학생에게 결정적 증거를 제시함으로써 학생의 생각을 방해하고 최종적으로 수학적 사고능력을 지체시키는 것을 말한다-나무위키).

만 모방에서 멈추기 때문에 문제가 되는 것이다. 이는 단지 협동학습만의 문제가 아니다. 교단에는 남들이 해 놓은 것을 마구 가져다 쓰는 풍토가 매우 크게 확대되어 있다. 이 모든 것이 멀티미디어와 인터넷이 발달한 덕분이다. 그래서 자기 스스로 많이 고민하지 않아도 조금만 시간 투자를 하면 쓸 만한 자료들이 널려 있다고 생각하기 때문에 발생하는 문제이다. 필자는 이런 식의 수업이나 학급운영을 내비게이션 식이라 말한다.

사교육 걱정 없는 강좌(지금 아이가 배우는 게 수학 맞나요?) : 암죽식 수업 사례

내비게이션식 협동학습은 교사로 하여금 많은 고민을 하지 않아도 된다고 여기게 만든다. 그리고 누구도 뭐라 하지 않기에 쉽게 가져다 쓰게 되어 교사로 하여금 협동학습에 대한 전문성이나 발전에 별로 신경을 쓰지 않게 만든다. 그래서일까 최근 들어 교과서만 가지고 협동학습 수업 연구 및 지도안 짜는 것에 대하여 굉장히 큰 어려움을 호소하는 사람들이 많다. 물론 공유되는 모든 자료들이 나쁘거나 잘못되었다는 것은 아니다. 문제는 고민 없이 마구 가져다 쓰는 교사에게 있다는 것을 짚고 넘어가자 하는 것이다.

이를 극복하기 위해서는 아래와 같은 과정이 필요하다.

첫째, 일단 곁에 있는 멘토로부터 좋은 사례를 자주 접하고 배워서 자기의 교실로 끌어들여라. 그렇지 않으면 우물 안 개구리 상태를 벗어나기 어렵다.

둘째, 어느 정도 좋은 사례를 자기 교실로 끌어들이는 것을 넘어서 자신의 생각을 담아 부분적으로 바꾸어 실천해 나가라. 그러면 어느새 멘토의 지혜가 자신의 수업 속에 스며들어 자신이 조금씩 성장해 나가는 모습을 보게 될 것이다.

끝으로, 자신의 생각을 담는 일에 자신감이 생기면 멘토로부터 독립하여 자신만의 것(나다움이 물씬 풍기는 수업)을 쌓아 나가라.

당신을 끊임없이 다른 무언가로 바꾸려 하는 세상에서는 나다움을 유지하는 것이 가장 큰 업적이다.

- Ralph Waldo Emerson

출처 : 파주시청 홈페이지

이런 단계를 거치면서 10년만 몰입해보자. 그러면 어느새 자신도 전문가라는 단계에 들어서게 될 것이다.

교사로서 내 삶의 문제 — 내 삶은 교육적인가?

협동학습도 결국 가르침의 본질에 대한 문제로부터 풀어 나가야 제대로 이해할 수 있다는 것을 안다면 가르친다는 행위의 주체인 교사의 교육적 삶에 대한 고민도 반드시 필요하다고 말할 수 있다. 왜냐하면 학생들은 교사의 말과 행동이 다를 때 굉장히 빨리 알아차리고 그런 교사로부터 아무것도 배우려 하지 않기 때문이다. 보통 교사가 열정적인 척, 전문가인 척, 학생들을 사랑하는 척해도 어느새 학생들은 그걸 알아차린다. 그리고 진심으로 교사를 받아들이지 않으려 한다. 학생들은 '저 모습이 선생님의 진짜 모습이 아니야. 언제 자신의 본모습을 드러낼지 몰라.' 하며 교사와 거리를 두고 마음의 문을 열지 않는다.(학생들은 이런 것들을 교사의 표정, 눈빛, 행동 등을 통해 금방 알아챈다.) 그런 교실에서 학생들과 교사 사이에 의미 있는 가르침과 배움은 일어나지 않는다. 따라서 이를 극복하기 위해서는 아래와 같은 질문을 통해 수시로 교사로서 자신의 삶을 돌아볼 필요가 있다.

선생은 많은데 스승이 없고
학생은 많은데 제자가 없는 시대

출처 : https://www.godpeople.com

- 내가 학생들이 배우는 내용에 대하여 잘 모른다면?
- '협동'을 강조하지만 나의 삶이 협동적이지 않다면?
- '책임'을 강조하지만 내가 책임감 있게 살지 못한다면?
- '소통'을 강조하지만 나의 소통능력이 떨어진다면?
- 다른 사람을 배려하라고 말하지만 내가 학생들을 배려하지 못한다면?
- 학생들에게 사회적 기술을 강조하지만 정작 나의 사회적 기술이 부족하다면?
- 학생들을 늘 평가하지만 나 스스로를 제대로 평가하지 못한다면?
- 교과서에 있는 내용대로 열심히 가르치지만 왜 가르쳐야 하는지를 나 자신도 잘 모른다면?
- 수업은 열정적으로 하지만 나 자신이 가르치는 교과에 대한 열정이 없다면?
- 학생들에게 일기쓰기가 좋다고, 중요하다고 하면서 정작 나는 내 삶을 글로 표현하는 것을 싫어하거나 실천을 게을리한다면?
- 학생들에게 삶을 즐기라고 말하지만 정작 교사로서 나 자신의 삶을 즐길 줄 모른다면?
- 교사로서 학생들에게 좋은 말은 잘하지만 그 말의 대부분이 나의 실제 삶과 다르거나 거리가 멀다면?(어려운 이웃을 도우라고 하지만 정작 자신은 어려운 이웃을 돕는다거나 기부를 한 경험이 없다면?)
- 교사로서 수업은 열심히 하는데 학생들이 잘 이해하지 못한다면?
- 내가 아는 것은 많지만 학생들에게 그것을 제대로 설명하지 못한다면?
- 교과목을 특정 주제로 묶어 통합을 하려고 하지만 전체를 보는 나의 안목이 부족하다면?

위와 같은 질문은 수없이 만들 수 있다. 이런 질문들을 중심으로 '자신의 실제 삶과 교실에서 학생들과 교사로서 만나는 삶'이 어느 정도 일치하는가를 고민해볼 필요가 있다. 아마도 서로 모순이 되는 삶을 살아가고 있는 경우가 꽤 많을지도 모를 일이다. 만약 실제 자신의 삶과 교사로서 교실에서 학생들에게 보여지는 모습이 다르다면 그 교실은 '교사는 부재중'이라고 해도 과언이 아닐 것이다. 그저 교실에서 물리적인 공간만 차지하면서 권위주의를 가지고 학생들 앞에서 권력을 휘두르는 독재자의 모습만 존재할지도 모를 일이다. 그런 교사에게서 학생들은 진짜로 배우려 하지 않는다. 그런 교사는 학생들 삶에 어떤 가르침도 줄 수가 없다.

> 교사에게서 나오는 모든 것이 학생들 삶에 긍정적인 방향으로
> 큰 영향을 미칠 때 우리는 그 사람을 참스승이라 이름 붙인다.

좋은 수업, 그리고 좋은 교사에 대한 이해 부족

사실 진짜 가르침과 배움은 무엇이고 좋은 교사란 무엇인가에 대한 고민이 없거나 부족하다면 협동적 학급운영을 성공적으로 이루어 나가는 데 어려움이 발생할 수밖에 없다. 수업이란 단순히 교과서 속의 정보를 전하고 이해하고 기억하게 하는 일을 넘어서는 것이다. 가르친다는 것은 먼저 행함으로써 배우도록 이끌어주는 일이고, 배운다는 것은 앞서 간 사람들의 발자취를 따르는 것이라 본다면 적어도 가르치는 교사는 학생들보다 나은 존재여야 하지 않을까 생각된다.

교과란 무엇인가? 교과를 가르친다는 것은 무엇인가? 학생들이 교과를 배운다는 것은 무엇인가? 수업은 왜 하지? 등의 질문에 대한 답을 생각해본 적이 있는가? 이에 대한 나름의 답을 가지고 할 때와 그렇지 않을 때는 확연히 다르다. 예를 들어 내가 만약 지금 수학 수업을 하고 있다면 이는 수학을 통해 학생들 스스로 자신의 가능성을 깨달을 수 있도록 돕는 일이고 배움에 대한 책임을 가르친다는 것이며 수학을 통해 세상의 이치를 깨닫고 있는 그대로의 자기 삶과 세상을 바라볼 수 있도록 돕는다는 뜻으로 필자는 해석한다. 겉으로 보기에는 교과와 관련된 지식을 전수한다는 것으로 보일지 모르겠지만 그 바탕에는 그것(교과나 수업 시간에 다루는 내용)과 학생 자신을 포함한 우리의 삶과 연결 짓기 위한 과정 및 노력이 들어 있는 것이다. 이런 생각을 바탕으로 배운다는 것과 가르친다는 것 그리고 좋은 교사의 의미를 교과와 연결 지어 정리하면 다음과 같다.

1) 학생들이 교과를 제대로 배운다는 것

교과가 실제의 삶 속에서 어떤 모습으로 존재하고 어떤 식으로 유용하게 이용되고 있는지를 깨닫고 자신의 삶과 의미 있는 연결 짓기를 할 수 있다는 것을 의미(교과는 학생들이 세상을 들여다보는 창이 됨과 동시에 자신의 삶 속으로 들어가는 통로가 됨을 의미)

2) 교사가 교과를 제대로 가르친다는 것

교과를 배울 필요성과 그것의 소중함 그리고 그것의 결핍에 대한 불편함을 학생들이 잘 이해할 수 있도록 돕고 교과가 사랑받을 수 있도록 교과 및 내용을 소개할 줄 안다는 것을 의미(학생들의 삶과 교과 간에 중요한 연결 고리를 만들어줌)

3) 좋은 수업을 위한 좋은 교사란

교과를 왜 배워야 하고 무엇을 어떻게 배우는 것이 좋은 것인지 그리고 어떻게 하면 학생들이 교과를 사랑하게 되는지에 대하여 잘 알고 있는 교사(존재 자체가 교과로 인식되게 만드는 교사, 교과에 대한 감각을 지니고 있는 교사, 교과에 대한 사랑을 보여주고 그를 통해 세상을 노래할 줄 아는 교사, 교과를 통해 학생들과 인간적인 관계 맺기를 할 줄 아는 교사)

필자가 당부하는 말 : 협동학습에게 길을 묻다

우연히 〈K팝 스타 4〉(2014년 12월 7일 방송)를 보다가 가슴 깊이 새겨둘 만한 장면이 나와 한 번 소개해 보면서 교육적 상황으로 바꾸어 표현해보고자 한다.

이날 뛰어난 기교와 가창력을 선보이며 본선 1라운드 심사를 받는 이희주양의 무대를 본 후 박진영은 이런 감상평을 해주었다.

"심장을 잃어버린 듯한, 머리만 남은 느낌이다. 불합격이다."

협동학습을 단순한 교육학적 지식 또는 서적으로도 충분히 익힐 수 있는 기술이나 법칙 정도로 인식하며 수업 기법으로만 풀어나가려는 교실의 상황을 바라본다면 위의 말이 이렇게 바뀔 것이다.

"가슴으로 협동학습을 실천하지 못하고 머리로만 협동학습을 실천하려 한다는 느낌이다. 안타깝다."

SBS 방송 K팝스타4(2014년 12월 7일 방송 캡처)

같은 무대를 보며 유희열은 이런 말을 해주었다.

"나도 음악 공부를 했던 사람인데 교수님이 말씀하신 게 기억난다. 졸업하기 전에 '왜 그렇게 작곡가들 공부, 이론 공부 시킨 줄 아니? 그거 따라 하지 말라는 것이다.'라고 했다."

마찬가지로 위와 같이 바꾸어본다면 아래와 같이 바뀔 것이다.

"나도 여러 교육학 서적을 읽고 나름 공부를 하며 협동학습을 연구했던 사람이지만 왜 그렇게 열심히 교육학 서적을 읽고 이론 공부를 하며 협동학습 관련 서적들을 빠짐없이 탐독했느냐 하면 단순히 책 속에 있는 것 또는 앞서 실천한 사람들의 이야기들을 진리나 법칙인 것처럼 여겨 그들이 했던 것과 똑같이 무조건 따라 하는 것을 내 스스로 우려하고 거부했기 때문이다."

한편 같은 무대를 본 양현석은 이렇게 말을 해주었다.

"실용음악과 다니면서 많은 지식을 습득하고 많은 길을 알고 있는 것 같다. 하지만 왜 대부분 실용음악과 나온 참가자들이 〈K팝 스타〉에선 혹평을 받을까에 대하여 고민하지 않으면 안 된다. 무조건 지식을 습득하려 하지 말고 자기에게 필요한 것만 받아들이려 하되 최소한의 것만 받아들이고 나머지는 자기만의 것으로 채워 넣어야 한다. 그래야 다른 사람과 다른 훌륭한 가수가 될 수 있다."

마찬가지로 위와 같이 바꾸어본다면 아래와 같이 바뀔 것이다.

"협동학습을 실천하고 있는 대부분의 교사들은 나름대로 많은 지식을 습득하고 많은 정보들을 알고 있는 것 같다. 하지만 자신의 협동적 학급운영이 왜 어려움을 겪고 있는가 하는 것을 깊이 고민하지 않으면 안 된다. 무조건 협동학습 관련 기법이나 법칙, 남들의 사례를 따라 하려 하지 말고 자기에게 부족한 것을 찾아 채우려 하되 최소한의 것만 받아들이고 나머지는 자신만이 할 수 있는 것, '나'다운 것으로 채워 넣어야 한다. 그래야 다른 교사와 다른 자신만의 훌륭한 협동적 학급운영을 해나갈 수 있게 된다."

가끔 사람들에게 이런 질문을 받는다. 어떻게 하면 협동학습을 잘할 수 있느냐고 말이다. 그 답은 필자에게 물을 것이 아니라 협동학습에게, 협동적 학급운영에게 물어야 할 것이다. 그리고 그 답은 협동적 학급운영을 꾸준히 실천해 나가는 과정에서 시행착오도 겪으면서 자기 자신과 성찰적 대화를 꾸준히 하는(머리가 아닌 가슴으로 가르칠 줄 아는) 교사들만이 얻을 수 있을 것이라 필자는 확신한다. 그리고 그렇게 답을 얻었을 때 필자는 '각성'하였다는 표현을 쓴다.

자기 자신과 대화를 하는 일, 이를 위하여 시간적 여유를 갖는 일, 협동적 학급운영을 꾸준히 실천하는 과정 속에서 협동학습과 대화하는 일 등을 자주 하다 보면 어느새 각성의 단계에 들게 된다. 하지만 거기서 멈추어서는 안 된다. 각성이란 단지 그것의 힘을 깨닫기 시작했을 뿐, 아직 그것이 가진 무한한 힘을 활용할 수

방해받지 않고 명상하기(내면과 대화)
출처 : https://www.yaoyaomavanas.com

있는 경지에는 이르지 못했다는 것이다. 각성의 단계에서 더 나아가면 진각성의 단계에 이르게 된다. 그 수준이 되면 그것이 가진 힘을 제대로 사용하여 많은 것을 변화시킬 수 있게 된다.

여러분도 협동학습을 제대로 하고자 한다면 자기 자신과, 협동학습과 많은 대화를 할 것을 권한다. 협동적 학급운영에게 길을 물어보라. 그리고 자기 가슴속 한가운데서 울려오는 목소리에 귀를 기울여라. 그리고 그 길에 자신의 모든 것을 걸어라. 그 자체를 즐겨라. 즐기는 사람은 당해낼 재간이 없는 법이니까. 그 순간이 되면 협동학습은 여러분에게 자신의 곁을 내어 줄 것이다. 그 순간까지 힘들고 어렵지만 포기하지 말고 가라고 말해주고 싶다.

**기는 사람 위에 걷는 사람이 있고
걷는 사람 위에 뛰는 사람이 있고
뛰는 사람 위에 나는 사람이 있고
나는 사람 위에 노는(즐기는) 사람이 있는 법이다.**

CHAPTER

O8

소소한 행복이 성공적으로 넘쳐나는 협동적 학급운영

① 목표를 향한 통합적 시각의 협동적 학급운영

② 협동적 학급운영 기술의 핵심

③ 협동적 학급운영 시스템 만들기 및 실제 사례
   (P·I·E·S·N과 C·A·M·P가 살아 숨 쉬는 활동들)

누군가는 성공하고

누군가는 실수할 수도 있다.

하지만 이런 차이에 너무 집착하지 말라.

타인과 함께, 타인을 통해서 협동할 때에야

비로소 위대한 것이 탄생한다.

- 생텍쥐페리 -

협동학습의 다섯 가지 기본 원리[1]를 기본으로 하여 교실에서 이루어지는 모든 활동을 협동적 학급운영이라고 한다. 그리고 여기에는 '협동'이라는 가치를 최우선으로 여기는 철학이 존재한다. 협동적 학급운영은 곧 철학이 있는 학급운영이며 그 교실을 운영하는 교사만의 빛깔이 있는 학급운영이라고 말할 수 있다.

목표를 향한 통합적 시각의 협동적 학급운영

실제로 수많은 교실 속에는 나름대로의 다양한 학급운영 요소들이 존재한다. 그런 요소들이 모이고 모여서 유기적으로 움직이며 하나의 학급을 만들어 나가게 되는데 이를 시스템이라 하며, 그런 학급은 하나의 목표를 향하여 움직여 나간다. 필자는 이를 가리켜 시스템 학급운영이라 말한다.

1) 협동적 학급운영은 곧 시스템＝한국적 협동학습

시스템이란 어떤 목적을 위하여 체계적으로 짜서 이룬 조직이나 제도를 말한다. 필자는 학급운영 상황에서 이를 '문화'라고 표현하기도 한다. 나라, 지역사회, 학교, 교실마다 나름의 문화가 있다. 그리

필자가 생각하는 현재 협동학습의 역할과 그 위상

시스템 소프트웨어(Windows 등)

교사와 학생(사용자)

협동학습

하드웨어

학교, 교실

데이터

교사와 학생이 협동학습이라는 시스템 소프트웨어(운영체제)를 기반으로 다양한 응용 소프트웨어를 사용하고 있는 것과 같은 맥락으로 말할 수 있다.

주제 통합 교육과정 재구성, 토의 토론, 교과별 수업, 프로젝트 수업, 하브루타

---

1 협동학습의 다섯 가지 기본 원리 : 긍정적인 상호의존, 개인적인 책임, 동시다발적 상호작용, 동등한 참여, 한 사람도 포기하지 않기를 가리킨다. 다음 장에서 좀 더 자세히 다루었으니 참고하기 바란다.

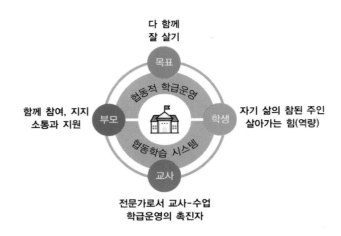

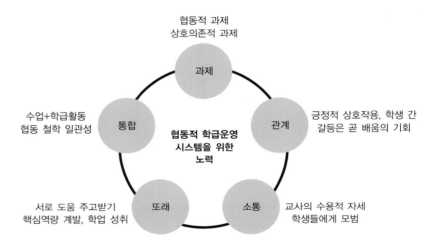

고 그것은 그곳의 다양한 삶의 방식과 양식을 결정한다. 시스템이라는 차원에서 협동적 학급운영을 바라본다면 여기에는 반드시 나름대로의 목적과 체계, 조직과 규범, 문화 등이 존재해야만 한다. 그리고 이런 협동학습을 필자는 한국적 협동학습이라 말한다.

협동적 학급운영 목표=다 함께 잘 살기!
협동학습=학급이라는 하나의 공동체 조직을 운영하고
이끌어나가는 데 필요한 운영 체계
기본 조직=모둠

2) 철학을 기반으로 한 협동적 학급운영

앞의 제3장에서 협동적 교육철학이 추구하는 교육은 무엇이고 협동적 교육철학이 학생들에게 전하고자 하는 핵심은 무엇인지에 대하여 살펴보았다. 짧게 핵심만 요약하면 바로 이것이다.

'평등 - 평화 - 인권 - 생태'를 핵심으로 건강한 민주시민을 양성
이런 모든 것을 위해 필요한 것이 바로 핵심역량
학급운영 전반에 '협동' 철학이 일관성 있게 적용되어야 함
협동적 학급운영으로 이루기
HOW? ⇨ 교육과정 재구성 수업을 통해서!

'협동'이라는 철학의 밑바탕에 흐르는 기본적인 가치 ⇨ 상호존중

상호존중이란 먼저 자신을 있는 그대로, 긍정적으로 받아들이고, 자신과 마찬가지고 타인을 존중함으로써 '나, 너, 우리' 모두가 긍정적인 관계를 형성해 나가면서 공동체의식을 가지고 사회에 참여해 나가는 것이다(풀어서 보면 '믿음'과 '신뢰'와 '공감'과 '배려'가 된다).

※ '긍정적인'에 대한 해석 : 자신과 타인을 존중하고 바른 관계를 형성하는 것.

---

3) 협동적 학급운영＝철학의 일관성 유지가 핵심

집필한 책 『살아있는 협동학습』에서 협동적 학급운영에 대하여 아래와 같이 정의한 바 있다.[2]

협동적 학급운영이란?

'다 함께 잘 살기'라는 학급운영의 목표를 두고, 보다 효율적인 학급운영을 위해 기존의 학급운영 전반에 다섯 가지 협동학습 기본 원리를 적용한 것을 말한다.

협동학습 기본 원리＝학급운영 시스템 역할
① 긍정적인 상호의존, ② 개인적인 책임, ③ 동시다발적 상호작용, ④ 동등한 참여, ⑤ 한 사람도 포기하지 않기

그러나 단지 기본 원리의 적용에 그치는 것이 아니라 '협동적 삶' 그 자체를 추구한다. 다시 말해서 '협동적 학급운영'은 수단이나 방법으로서가 아니라 원리이자 목적 그 자체로서 커다란 존재가치를 지닌다.

---

2 『살아있는 협동학습』, 이상우(2009, 시그마프레스), pp. 98~101.

학급운영이란 교실에서 일어나는 모든 현상에 대한 것으로 크게 수업과 학급활동으로 분류할 수 있다. 이러한 학급운영의 개념에 '협동'이라는 철학과 협동학습을 접목한 것을 협동적 학급운영이라 말한다.

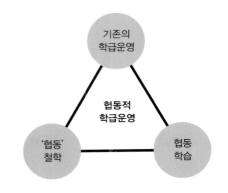

[학급운영이란?]
● 수업 : 수업 및 그와 관련된 전반적인 활동을 가리킨다. 가장 핵심은 역시 재구성!
● 학급활동 : 수업 이외의 모든 활동을 가리킨다. 상담, 자습, 청소, 급식, 1인 1역, 생활지도 등을 모두 포함한다.

협동적 학급운영은 공동체적 삶을 추구하면서 그 원리가 수업 및 학급활동 전반에 스며들어 갈 수 있도록 한다는 것이 가장 핵심이다.[3]

학급운영을 통해 자신에 대한 세 가지 깨달음을 얻게 됨	삶의 질을 향상시키는 다섯 가지 능력
첫 번째 깨달음 : 자기 능력에 대한 인식	자기통제 능력
두 번째 깨달음 : 인간관계의 중요성 인식	대인관계 능력
세 번째 깨달음 : 자아 정체성 인식	전략수집 능력
	의사결정 능력
	기본 생활습관

2009년 당시 필자가 『살아있는 협동학습』에서 학급활동의 목적으로 제시했던 내용, 2015 개정 교육과정에서는 이런 점들을 '핵심역량'이라는 용어로 대신하여 교육목표로 제시, 2009년 상황과 다른 점 : 학급활동이 아닌 교육활동 전반(특히 수업)을 통해 달성해야 함

위와 같은 내용을 협동적 학급운영이라고 한다면 여러분은 협동적 학급운영을 통해 핵심역량을 계발할 수 있도록 돕고 있는지 늘 고민을 하지 않으면 안 된다.

---

3 학급활동만을 위한 이벤트가 아니라 반드시 교육과정 재구성을 통한 수업이라는 관점에서 접근한다.

4) 소소한 행복이 성공적으로 넘쳐나는 협동적 학급운영

협동적 학급운영이 잘 이루어지는 교실은 소소한 행복이 성공적으로 넘쳐난다. 그래서 필자는 이를 아래와 같이 부른다.

> ### 소행성 협동적 학급운영

그 이유는 아래와 같다.

- 일반적 교실은 교사의, 교사에 의한, 교사를 위한 교실과 같다.[4] 그러나 협동적 학급운영 교실은 소소한 일상에서 학생의, 학생에 의한, 학생을 위한 교실이 만들어진다. 왜냐하면 교사와 학생 모두가 주인이 되는 교실을 만들기 위해 노력하고, 그 속에서 교사는 촉진자 역할을 하기 때문이다. ⇨ 수시로 학급 다모임 실시
- 소소한 일상 모두에서 학생이 활동의 중심이 되기 때문에 교사와 학생 모두가 교실에서 평화와 인권이 살아 흐르는 교실을 만드는 데 최선을 다하기 때문이다. ⇨ 폭력 없는 교실[5], 평화와 인권이 살아 숨 쉬는 교실 만들기 ⇨ 이를 위하여 수시로 교과 수업 활동과 연결 지어 예방적 차원의 수업 실시

> ### 학교폭력 현상을 바라보는 필자의 견해[6]
>
> 지금의 문제는 원인과 그에 대한 증상의 혼돈에서 오는 것이다. 마치 감기 걸린 사람에게 기침하지 말라고 하는 것과 같다. 학교폭력 현상에 관련된 학생들에게 우리 사회는 폭력을 쓰지 말라고 말하기만 한다. 이는 매우 잘못된 처방이다.
>
> 어떻게 감기에 걸린 사람이 기침을 하지 않을 수 있겠는가? 그리고 나서 기침을 하면 그 사람을 처벌하려고만 한다. 그런다고 기침을 하지 않겠는가?
>
> 이 문제를 해결하기 위해서는 원인과 그 증상을 명확히 구분하는 지혜가 필요하다고 나는 생각한다. 다시 말해서 기침이 증상이라면 그 원인은 기침을 한 사람이 아니라는 점, 그리고 기침한 사람의 몸에

---

4 이런 교실에서 학생은 수동적 존재이다. 교사에 의존하는 경향도 강하다. 그런 교실에 교사는 없다. 오직 경찰관, 심판관, 검사, 장학관, 임금만 존재할 뿐이다.

5 현재 학교 현장에서 이루어지고 있는 학교 폭력 현상에 대한 대책 및 처리 과정을 보면 안타까운 마음이 든다. 그 원인과 책임을 학교, 가정, 사회, 게임, 친구 등에 떠넘기기에 급급하여 근본적인 원인을 찾지 못하고 있는 것은 아닌가 하는 의구심마저 든다. 그게 아니라면 아니면 이 문제를 해결하기 위한 의지는 과연 있는 것인가 하는 생각도 들 정도이다.

6 『살아있는 협동학습 2』, 이상우(2015, 시그마프레스), pp. 127~130.

어떤 이상이 있는지를 살펴서 그것을 치유해야 한다는 것을 필자는 꼭 강조하고 싶다.

그렇다면 이를 위해 어떤 처방이 필요하겠는가?

현재 우리 학생들은 아픈 상태다. 어디가? 마음이 아픈 상태다. 사람들은 몸이 아프면 어디에 가는가? 바로 병원에 간다. 병원이 몸을 치료한다. 그렇다면 마음이 아프면 어디서 그를 치유받겠는가? 그곳은 바로 학교요, 가정이다. 가장 좋은 곳은 가정이라고 말하고 싶은데, 가정이 그것을 할 수 없다면 아픈 학생들을 치유할 수 있는 유일한 곳은 바로 학교라 할 수 있다. 가정과 학교가 함께 한다면 더할 나위 없겠지만 말이다.

교사와 학교가 내려야 할 처방

> 1. 아이들끼리 서로 좋아하게 하라!
> 2. 인권과 평화가 살아 숨 쉬게 하라!
> 3. 생태적 감수성이 살아 숨 쉬게 하라!
> 4. 서로 도움을 주고받으며 살게 하라!

1. 가능한 처벌이나 감시, 통제는 없어야 한다.
2. 정확한 원인을 파악하여야 한다.
3. 치유와 소통이 이루어지는 교실을 만들어주어야 한다.
4. 갈등이 발생하면 학생들끼리 문제를 스스로 해결해 나갈 수 있도록 곁에서 지켜봐주고 적극 지원해주어야 한다.
5. 지도나 처벌보다는 예방에 우선적인 노력을 기울여야 한다.
6. 그런 교실을 만들어 나가는 것이 바로 협동적 학급운영이다.

우리의 할 일

교사원인 파악하기

처벌, 감시, 통제 NO!

치유와 소통의 교실 만들기, 아이들끼리 갈등과 문제를 서로 해결해 나가도록 하기, 교사는 옆에서 적극 지원하기, 지도보다는 예방에 우선

협동적 학급운영

성적 중심의 교실을

사람 중심의 교실로!

믿음과 소통을 지향하는 교실로!

그 속에 존중과 배려가 녹아들게!

학생들의, 학생들에 의한, 학생들을 위한 협동적 학급운영을 위해서는 다음과 같은 대전제가 필요하다.

<table>
<tr><td>

협동적 학급운영을 위한 대전제

1. 누구나 교실에서 행복할 권리가 있다.
2. 서로를 존중할 의무가 있다.
3. 하나는 모두를, 모두는 하나를 위하여
4. 육체, 정신, 마음의 키가 다름을 인정
5. 위의 것들이 교실 속에 항상 녹아들게!

</td><td>

협동적 학급운영, 3월 한 달이 좌우!

1. 특히 1일, 1주 동안의 것들이 핵심
2. 수업보다 협동적 교실 문화 정착이 우선
3. 업무, 공문, 수업보다 최우선
4. 이에 대한 교사의 인식, 의지가 꼭 필요
5. 학교는 이를 위해 적극 지원

</td></tr>
</table>

그리고 위와 같은 일을 해내기 위해서 교사들이 심각하게 고민해야 할 것들이 있다. 그것은 바로 아래와 같은 일이다. 그리고 이를 위해 학교와 교육청은 적극 지원을 아끼지 말아야 한다.

<table>
<tr><td>

협동적 학급운영의 3원칙

1. 교사와 학생이 함께 만들어 나간다
2. 문제가 생겼을 때 : 스스로 해결방법 찾기
3. 사회적 기술은 매우 중요한 요소

길동이가 ~하면
내 마음이 ~해져!
왜냐하면 ~하니까!

</td><td>

난 누구를 위해 일하고 있는가?
난 무엇을 위해 일하고 있는 것인가?
교육청을 위해 일하는 것인가?
성과를 위해 일하는 것인가?
승진이나 실적을 위해 일하고 있는 것인가?
그게 아니라면 진정으로
학생들의 성장과 발달을 위해서 일하고 있는 것인가?

</td></tr>
</table>

진정으로 학생들의 삶을 가꾸어주고 싶다면 위에 제시한 협동적 학급운영의 3원칙만이라도 꾸준히 실천해보도록 하자. 그러면 소행성 협동적 학급운영은 어느새 모두의 교실에 와 있을 것이고 그곳에서 아이들과 교사는 모두 행복할 것이다.

협동적 학급운영 기술의 핵심

핵심은 바로 교사의 질, 높은 수업 능력[7]
수업의 질=철학이 있는 교과 지도, 교육과정 재구성 역량이 좌우
학급활동과 수업의 통합적 시각이 필수

강의로 인하여 전국을 다니면서 많은 교사들을 만나다 보면 이런 이야기를 자주 듣게 된다.

"저는 학급운영 계획을 수립하면서 교과 지도와 학급운영 사이에서 많은 고민을 하게 됩니다. 둘 다 완벽하게 해낸다는

---

7 이와 관련된 내용은 제10장에서 보다 자세히 다루었으니 참고하기 바란다.

것은 무척 힘든 것 같아요. 그렇다고 해서 어느 한쪽도 소홀히 할 수 없는 일이기도 하구요. 욕심 같아서는 학급운영도 잘하고 싶고, 교과 지도도 잘하고 싶습니다. 두 마리 토끼를 모두 잡고 싶어요."

위의 연장선상에서 같은 맥락으로 이런 질문을 많이 던지곤 한다.

'학급운영' 하면 가장 먼저 떠오르는 활동들은 무엇입니까?

위의 질문에 가장 많이 나오는 답변은 '학급 행사, 1인 1역, 학급 규칙, 생활지도, 상담, 급식지도' 등이다. 그런데 '수업'을 1순위로 떠올리는 교사는 거의 찾아보기 힘들 뿐만 아니라 아예 학급운영이라는 범주에 넣는 교사 또한 찾아보기 힘들다. 그 이유는 학급운영에 대한 왜곡된 시선이 교육 현장에 자리하고 있기 때문이다.

협동적 학급운영을 위해서는 앞에서도 이미 밝힌 바와 같이 수업과 학급활동을 통합적으로 바라보는 시각, 그리고 '학급운영의 중심에 수업이 있다!'는 시각이 반드시 필요하다.[8] 단순 사례를 통해 이해를 돕고자 한다.

학급운영에 대한 思고치기

어떤 교실에서 학생들은 더 행복감을 느낄까?

교실 A
- 학급 내 다양한 행사, 프로그램 있음
- 수업은 교과서 내용 중심, 강의, 전달, 암기 중심

교실 B
- 학급 내 행사, 프로그램 거의 없음
- 수업이 학생들의 삶을 가꾸는 활동 중심, 배움 중심

단순 비교일 수는 있겠지만 학생들은 분명히 B와 같은 교실에서 더 행복함을 느낄 가능성이 높다. 행사, 프로그램은 순간의 기쁨, 재미일 수는 있어도 지속적일 수는 없다. 반면에 수업은 순간이 아니라 지속적인 만족과 즐거움을 줄 수 있다. 또한 시간적 비중만 비교해보더라도 매우 큰 차이를 볼 수 있다. 그렇다면 여러분은 30% 정도밖에 되지 않는 학급활동을 통해 학생들을 즐겁게 해주고 싶은

---

8 협동적 학급운영에서 수업과 학급활동(수업 이외의 모든 활동)은 하나의 목표를 향하여 유기적 관계를 맺어 나가면서 서로 맞물려 돌아가는 기계 장치와도 같다. 그 속에서 협동학습은 목표를 이루어 나가는 과정에서 토대(철학적 원리, 기반)가 되는 중요한 시스템 역할을 하게 된다.

가? 아니면 70% 넘는 비중을 차지하고 있는 수업을 통해 학생들을 즐겁게 해주고 싶은가? 물론 모두 잘하면 최상이다.

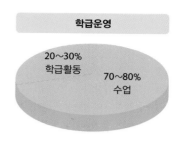

학급운영

20~30% 학급활동
70~80% 수업

아울러 학급운영의 두 가지 영역, 학급활동과 수업을 통합적으로 바라보면서 두 가지 활동의 경계가 허물어지고 두 영역의 교집합 범위가 넓어질수록 협동적 학급운영은 완성도가 높아질 수 있다고 바라보는 것이 매우 중요하다.[9]

학급운영

학급 활동　이 영역의 확장이 가장 중요　수업

학급운영

가장 이상적인 학급운영

수업 영역과 학급활동 영역의 완벽한 융합

한 가지 사례(영상물을 통한 수업)를 예로 들어 이해를 돕는다면 다음과 같다.

〈헤이세이 폼포코 너구리 대작전〉	〈원더〉

(계속)

9　놀이 시간, 급식 시간, 청소 시간, 1인 1역 활동 등도 '수업'의 연장선상에서 생각한다면 충분히 가능한 일이다. 학생들은 놀이를 통해서도, 식사를 통해서도, 청소를 통해서도 배우는 것들이 매우 많다. 물론 완벽한 100% 통합은 불가능할 것이다. 하지만 관점을 바꾼다면 교집합 영역을 최대한 늘릴 수는 있다는 것이 필자의 견해이다. 일례로 두 영역의 분리적 시각에서 학급활동을 위해 특정한 수업 시간을 할애하여 학급행사를 계획하면서 '교과 수업'과 전혀 상관이 없는 활동을 하는 모습을 종종 보게 된다. 그러나 이런 행사도 교과와 관련이 없다고 해도 분명 수업은 맞다. 어떤 교사는 '창의적 체험'활동이라서 교과와 관련 없어도 좋다고 생각하기도 한다. 하지만 필자는 이런 시각을 경계한다. '창체'활동은 그냥 이렇게 진행해도 되는 것인지 고민하지 않을 수 없다. 필자는 교실에서 이루어지는 모든 활동이 '교육적인 가치'를 지니고 있어야 한다는 관점을 가지고 있다. 이런 시각을 갖지 않는다면 지금까지 학교 현장에서 이루어지고 있는 수많은 행사들(학급 파티, 학급 잔치, 각종 발표회, 생일 파티, 영화 상영, 놀이 지도 등의 활동)이 단순 이벤트 활동으로 전

1. 개발과 보전의 문제(환경, 생태) 2. 자신의 입장과 근거 마련, 토의 토론으로 이어가기 3. 학급 자치와 연계(쓰레기, 재활용 등) 4. 이야기 속 인물의 생각과 인물의 삶을 통해 우리 현실 돌아보기 5. 합리적인 문제 해결 방안 모색(포스터 그리기, UCC 만들기 활동과 연계)	1. 인권의 문제 : 차별, 괴롭힘, 학교폭력 문제, 다름에 대한 고민과 이해 2. 학급 자치와 연계(폭력이 없는 교실, 평화로운 교실 만들기) 3. 이야기 속 인물과 삶을 통해 우리 현실 돌아보기 4. 합리적인 문제 해결 방안 모색(포스터 그리기, UCC 만들기 활동과 연계)
국어, 사회, 학급 다모임, 미술, 정보통신교육, 실과 등의 수업과 연계한 프로젝트 수업 또는 주제 통합 수업	국어, 사회, 학급 다모임, 미술, 정보통신교육, 실과 등의 수업과 연계한 프로젝트 수업 또는 주제 통합 수업

협동적 학급운영 시스템 만들기 및 실제 사례 (P·I·E·S·N과 C·A·M·P가 살아 숨 쉬는 활동들)

> 협동적 학급운영의 기저='협동' 철학이 존재
> 협동적 학급운영의 시스템=협동학습
> 시스템 운영의 기본 원칙=다섯 가지 기본 원리 P·I·E·S·N
> 다섯 가지 기본 원리의 조력자=C·A·M·P
> 협동학습 시스템과 협동학습의 여덟 가지 열쇠로
> 소행성 협동적 학급운영의 문을 열어 즐겁게 배우자!

협동적 학급운영은 철학을 기반으로 하며 협동적 학급운영 시스템이 바로 협동학습이고, 시스템 운영의 기본 원칙은 다섯 가지 기본 원리라는 것을 지금까지 지속적으로 강조해 온 바 있다. 이번 장에서는 협동적 학급운영 시스템에 대하여 보다 자세히 알아보도록 하겠다.

락할 수밖에 없게 된다. 다행히도 최근 들어 교육과정 재구성, 주제통합 수업이 확산되기 시작하면서 어떻게 해서든 교과 수업과 연계시키기 위한 노력이 점점 늘어나고 있다는 점에서는 매우 긍정적이라 할 수 있다. 하지만 억지스러운 주제통합 수업과 무리하고 과도한 교육과정의 재구성이라는 문제점도 날로 늘어가고 있다는 점에서 또 다른 고민이 필요한 시점이다.

1) 협동적 학급운영 시스템에 대하여

이에 대하여 컴퓨터를 생각하면 훨씬 이해가 빠르니 이를 통해 설명해보고자 한다.

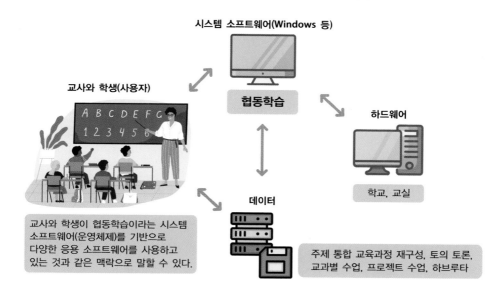

필자가 생각하는 현재 협동학습의 역할과 그 위상

시스템 소프트웨어(Windows 등)

협동학습

교사와 학생(사용자)

A B C D E F G
1 2 3 4 5

하드웨어

학교, 교실

데이터

교사와 학생이 협동학습이라는 시스템 소프트웨어(운영체제)를 기반으로 다양한 응용 소프트웨어를 사용하고 있는 것과 같은 맥락으로 말할 수 있다.

주제 통합 교육과정 재구성, 토의 토론, 교과별 수업, 프로젝트 수업, 하브루타

학교, 교실=컴퓨터 하드웨어

협동학습=운영 시스템(윈도우즈)

실제 학급활동, 수업=응용 소프트웨어, 데이터

위와 같은 맥락에서 생각해본다면 협동적 학급운영 시스템에 대한 이해가 비교적 쉽게 될 것이라 생각된다.

소행성 협동적 학급운영 시스템(윈도우즈 역할)=협동학습
시스템 체계의 기본 원칙=다섯 가지 기본 원리 P·I·E·S·N(긍개동동한)
다섯 가지 기본 원리의 조력자=C·A·M·P(일목동재)
응용 소프트웨어 : 협동학습 수업과 학급활동, 여덟 가지 핵심 열쇠
위의 모든 것들을 관통하는 하나의 가치이자 철학='협동'

필자가 20년 넘게 현장에서 협동학습을 연구하고 실천해 오면서 깨닫게 된 것은 협동학습의 실체가 바로 위와 같다는 것이었다. 혹자는 협동학습 실천 사례의 하나로 협동적 학급운영을 두기도 하는가 하면 그런 협동적 학급운영 사례 가운데 하나로 시스템 학급운영을 말하기도 한다. 하지만 필자의 견해는 위와 같이 분명히 다르다. 그래서 협동학습을 이해하고 바라보는 관점 측면에서는 다른 사람들과 확연한 차별성이 존재한다. 그래서 필자의 협동학습, 협동적 학급운영은 분명히 다르다.

2) 협동적 학급운영 시스템과 협동학습 P·I·E·S·N

기저에 '협동' 철학을 둔 소행성 협동적 학급운영의 기본 시스템이 바로 협동학습이라고 한다면 협동학습이라는 기본 시스템이 작동되는 원리가 반드시 존재해야만 한다. 원리가 없다면 각각의 응용 소프트웨어 간 충돌이 일어날 가능성이 높기 때문이다. 학급운영으로 말하자면 협동을 하라면서 경쟁과 갈등을 조장하는 현상이 동시에 일어나는 것과 같은 맥락이다. 이런 문제를 해결하기 위해서 협동적 학급운영 시스템에는 협동학습의 다섯 가지 기본 원리가 원칙으로 자리매김하고 있다.

협동학습의 다섯 가지 기본 원리 P·I·E·S·N

긍정적인 상호의존(Positive Interdependence) 개인적인 책임(Individual Accountability)

동등한 참여(Equal Participation) 동시다발적인 상호작용(Simultaneous Interaction)

한 사람도 포기하지 않기(Not one person gives up)(필자가 개발하여 추가한 원리)

1인 1역 활동을 통한 이해 돕기

1. 긍정적 상호의존 : 개인 또는 모둠이 어떤 학급활동 역할을 맡았을 때 혼자 또는 모둠원의 힘만으로는 해결하기 어려울 때 모둠원 간, 모둠 간 긍정적인 상호의존 현상이 얼마든지 일어나게 된다.(칠판을 지울 때도 같이, 분필 지우개를 털어 올 때도 같이 : 백짓장도 맞들면 낫다!)

2. 개인적인 책임 : 기본적으로 1인 1역은 개인마다 맡은 역할 책임을 다할 때 모둠, 학급이 잘될 수 있다.(이를 학생들이 명확히 인식할 수 있도록 해야 한다.)

3. 동등한 참여 : 어떤 역할이나 활동이든 모두에게 기회가 공정·공평하게 돌아가도록 해야 한다. 이를 위해 1인 1역 등의 활동은 개인별로, 모둠별로 돌아가면서 맡게 하는 것이 좋다.

4. 동시다발적 상호작용 : 모든 1인 1역 활동은 결코 순차적으로 이루어지지 않는다. 매 순간 다양한 활동들이 순서와 상관없이 여기저기에서 동시에 이루어지고 있다는 것을 알 수 있다.

5. 한 사람도 포기하지 않기 : 이 원리는 필자가 개발한 것으로 모든 사람이 맡은 책임을 완수하여 공동의 목표에 도달할 수 있도록 해야 한다는 것을 말한다. 교실 전체 가운데 한 사람이라도 책임을 다하지 못하였다면 누구도 그 사람을 그냥 보고만 있거나 놓아두어서는 안 된다는 것이다. 한 사람이라도 자신의 책임을 다하지 않았다면 그 순간 협동학습은 실패한 것과 다름없다는 생각을 가져야 한다.

---

3) 시스템이 필요한 이유

어떤 조직이든 운영이 원활히 이루어질 수 있도록 기본 시스템을 두고 있다. 왜냐하면 소수 몇 사람의 힘으로는 운영이 어렵기 때문이다. 예를 들자면 학교에서 행정업무에 기반을 둔 업무체계와 교육과정 운영에 기반을 둔 학년체계가 바로 그 운영 시스템이라 할 수 있다. 이와 같은 맥락에서 학급에도 운영 시스템이 필요하다고 볼 수가 있다.[10] 그 이유는 다음과 같다.

- 교사 혼자 또는 소수의 학생만으로는 소행성 협동적 학급운영이 불가능
- 민주적 학급운영, 민주시민 육성을 위해 필수[11]
- 교사, 학생 모두가 주인이 되는 교실을 만들기 위해 필요
- 능동적으로 학생들이 움직일 수 있도록 하기 위함
- 소행성 협동적 학급운영＝교사도 신나고 학생도 신나는 교실

4) 시스템 효율성을 뒷받침하는 4요소(C · A · M · P)

협동학습의 다섯 가지 원리만 가지고는 소행성 협동적 학급운영을 이루기가 매우 힘들다는 것을 우리는 경험적으로 너무 잘 알고 있다. 이를 뒷받침하는 또 다른 든든한 지원군이 필요하다. 그 핵심요소로 필자는 네 가지를 꼽는다.[12]

(1) Consistency, 일관성

어떤 일이든 목표를 설정하였으면 꾸준히, 일관성 있게 밀고 나가야 한다. 중간에 중단하거나 방향을 바꾸게 되면 학생들은 혼란을 경험하게 되고 결국에 가서는 교사에게 신뢰를 보내지 않게 된다.

(2) Aim, 목표

학년 초에 학생들과 1년 동안 어떤 생활을 해야 하는지, 왜 그렇게 해야 하는지에 대한 목표와 의미를 공유하는 일은 매우 중요하다. 어떤 일을 하더라도 왜 하는지 알고 하는 것과 모르고 하는 일은

---

10 학교운영 시스템은 교사 개인을 기반으로 한 '팀 또는 부서, 학년'이 중심이 된다. 협동적 학급운영에서는 학생 개인을 기반으로 한 '모둠'이 중심이 된다. 그리고 여기에는 시너지라는 중요한 힘이 작동되고 있다. 1＋1＝2가 아니라 10, 100, 1,000이 될 수 있다는 믿음이 바탕에 깔려 있다는 것이다. 그래서 '하나는 모두를, 모두는 하나를 위하여'라는 구호가 나올 수 있었던 것이다.

11 민주시민으로서의 자질은 개인의 자유로운 삶과 공동체의 평등한 구조 사이의 간극을 조정해야 할 기회를 자주 접할 때 비로소 길러질 수 있다. 그리고 그 장은 교실에서 제일 많이 제공할 수 있다(예 : 역할을 미루고 놀 것인가 책임을 다하고 놀이는 포기하거나 뒤로 미룰 것인가. 모둠 내 역할을 소홀히 하고 무임승차할 것인가 아니면 적극적으로 책임을 다할 것인가 등의 문제와 관련).

12 소행성 협동적 학급운영은 협동학습 다섯 가지 기본 원리만 가지고 운영하는 데 매우 어려움이 많다. 이는 말을 강제로 물가까지 끌고 갈 수는 있어도 억지로 물을 먹일 수는 없는 것과 같은 이치라 할 수 있다. 우리는 어떤 일을 하면서 흔히 "무엇인가 2% 부족한데…"라는 말을 가끔 한다. 여기에서 다섯 가지 기본 원리가 98%라고 한다면 나머지 부족한 2%에 해당되는 것이 바로 이 네 가지 요소라고 필자는 생각한다. 그리고 영문의 앞글자만 가져와 의미를 부여하고자 'C·A·M·P'라 하였다. 왜냐하면 영어 사전에 나와 있는 camp의 다양한 의미 가운데 '이상, 주의가 같은 동지들의 그룹'이라는 뜻이 마음에 와 닿았고 협동적 협동운영의 철학이 이런 의미와 통하는 점이 많기 때문이다.

굉장히 큰 차이를 보일 수밖에 없다. 다시 말해서 활동 자체보다 의도가 무엇인지 학생들이 정확히 인지할 수 있도록 하는 일이 우선되어야 한다.

(3) Motivation, 동기

모든 일에 동기가 없다면 강제가 된다. 특히 학급운영만 자발성을 이끌어내기가 매우 어려운 활동들이 많다. 학급운영 중 80% 가까운 비중을 차지하고 있는 수업만 보더라도 동기유발이 얼마나 큰 역할을 하는지 잘 알고 있을 것이다. 여기에서 한 가지 주의할 점이 있다면 물질적 보상이나 상점, 스티커 등을 통해 동기를 유발하는 일이다. 필자는 이를 적극적으로 반대한다. 통제 수단으로 전락하거나 학생 간 갈등, 경쟁을 유발하는 강력한 도구가 될 수밖에 없다는 점을 잊지 말기 바란다.

(4) Pleasure, 재미

재미 요소가 가미된다면 학생들은 매우 적극적인 태도를 보이게 된다. 다만 재미가 그 자체에서 끝나지 않도록 하는 것, 경쟁이나 갈등이 발생하지 않도록 하는 것이 매우 중요하다.

[필자의 협동적 학급운영 목표]

DREAM으로 다 함께 잘 살기		
다 함께 잘 살기	**D**evelopment	핵심역량, 살아가는 힘
	Respect	인성, 관계, 존중과 배려, 소통
	Enable	가능성, 재능과 적성, 꿈, 진로
	Achieve	배움과 성취, 독서, 체험
	Make	소소한 행복의 성공적 완수

5) 협동적 학급운영 시스템 사례 1(1인 1역과 학급 자치)

협동적 학급운영은 기본적으로 모둠을 기반으로 한다. 그리고 그 모둠은 협동적 학급운영의 차치활동을 위한 시스템과 일원화하는 것이 가장 좋다. 일반적으로 교실 내에는 수업을 위한 조직과 자치활동을 위한 조직이 존재한다. 그런데 수업을 위한 모둠과 자치활동을 위한 모둠이 각각 별도로 존재하게 되면 학생들은 학급 내에서 2개의 서로 다른 소속감을 가져야 하기 때문에 어느 한 곳에도 확실한 소속감과 정체성을 갖기 힘들 가능성이 높다. 따라서 두 조직을 하나로 합쳐서 일원화하려는 노력과 지혜가 필요하다(모둠 내 개인적인 역할 책임 관련 내용은 제9장에서 다루었다).

[수업을 위한 모둠과 자치활동을 위한 모둠 일치시키기]

부서명	역할	부서명	역할
교육 지원부 1모둠	과제 점검-1, 윤독 도서 관리	자치 안전부 4모둠	규칙, 질서, 안전 유지(폭력)-1
	과제 점검-2, 윤독 도서 관리		규칙, 질서, 안전 유지(폭력)-2
	활동지, 모둠 활동 보조자료 담당-1		특별실 이동, 수업 시작 및 인사-1
	활동지, 모둠 활동 보조자료 담당-2		특별실 이동, 수업 시작 및 인사-2
문화 체육부 2모둠	체육 시간 질서, 체육 자료, 체조-1	자료 지원부 5모둠	학습 자료 지원, 놀이도구 관리-1
	체육 시간 질서, 체육 자료, 체조-2		학습 자료 지원, 놀이도구 관리-2
	음악 방송, 음악 시간 자료-1		가정통신문, 우유 배부 및 관리-1
	음악 방송, 음악 시간 자료-2		가정통신문, 우유 배부 및 관리-2
환경 지원부 3모둠	칠판, 냉난방, 분리수거, 책꽂이 관리	보건 복지부 6모둠	점심시간 1회 복도 청소
	칠판, 우산꽂이, 쓰레기, 전등 관리		점심시간 1회 교실 뒤편 청소
	게시판, 청소도구, 먼지, 화분-1		점심시간 1회 교실 앞쪽 청소
	게시판, 청소도구, 먼지, 화분-2		점심시간 1회 분필 먼지 물걸레 청소

게시물 자료 공유 : 다음 카페(http://cafe.daum.net/hwork)

※ 부서 운영은 모둠 순서에 따라 적정 기간(2주씩) 동안 운영, 순환할 수 있도록 한다.
※ 모둠 내에서 각 자치 부서 활동을 맡게 되면 모둠 내에서도 고르게 돌아가며 역할을 맡아 수행할 수 있도록 하는 것이 좋다(필자의 경우 모둠 내에서도 1주일 단위로 순환).
※ 중요한 행사나 프로그램 운영 : 모둠별 대표 1명씩 뽑아 TF팀을 별도로 조직, 운영한다.
※ 매일 1~2명 역할 수행을 잘한 학생을 추천하여 소정의 상품을 지급한다.

위와 같은 조직표는 크게 인쇄하여 잘 보이는 곳에 붙여두고 늘 참고할 수 있도록 하여야 하며, 모둠이 바뀌거나 모둠 내 역할이 바뀔 때마다 적절한 인수·인계 활동이 필요하다(학급 다모임 활동시간을 통해 인수·인계 시 중요한 내용에 대하여 안내, 부탁할 수 있도록 한다).

중학교, 고등학교의 경우 초등학교와는 달리 학급운영 조직 및 운영에 있어서 담임교사가 수시로 관리하기 힘들다. 이럴 경우 더욱더 체계를 잘 세워 모둠 중심으로 돌아가면서 역할을 관리할 수 있는 학생을 두고 조회 또는 종례 시에 점검, 보고할 수 있도록 하면 된다.[13]

---

13 필자의 경우 지나치게 1인 1역을 많이 만들고 그것을 자치 부서에 적절히 배부하여 운영하는 방향을 선호하지 않는 편이다. 이렇게 하면 동등한 역할 배분과 운영에 무리(교사도 학생도 역할을 모두 기억하기 힘들고, 관리가 어려움)가 따르기 때문이다(예 : 학급당 학생 수가 25명일 경우 1주일씩 돌아가며 역할 수행을 한다고 할 경우 1번 하게 되면 25주, 2번 하게 되면 50주가 필요한데 그렇게 수업 일수가 되지 않는다. 그렇다고 하여 매일 돌아가면서 운영하게 되면 너무 복잡하고 혼란스럽기도 하여 별로 선호하지 않는 편이다(필자의 개인적 성향 탓도 있으니 참고하기 바란다). 그래서 최대한 모둠 수에 맞게 부서를 조직, 운영하고 1인 1역 활동의 수를 최대한 축소하여 각 모둠에 적절히 배치한 후 운영하려고 애를 쓰는 편이다.

교사의 관점에 따라 수요일, 금요일(주 2회 정도) 오후 역할 수행을 잘한 모둠에 대한 약간의 보상(막대 사탕, 비타민 등)을 주는 것도 나쁘지 않다는 생각이 든다. 이런 활동은 경쟁적 활동이라 보기 어렵다. 누구나, 어떤 모둠이든 활동을 완수하면 보상을 받을 수 있기 때문이다. 다만 누군가로 인하여 어떤 모둠이 보상을 받지 못하는 상황이 발생하였을 경우 해당 모둠 내에서 갈등이 일어나지 않도록 교사가 잘 관리를 하여야 한다(잘 이루어지지 않는 것이 있다면 의도적으로라도 그 역할을 맡은 학생에게 자신의 역할 책임을 완수할 수 있도록 지도하여야 한다).

 필자의 팁 1

1인 1역을 정하거나 모둠별 자치 활동 부서를 정할 때도 지혜가 필요하다. 1지망, 2지망 등으로 써 내게 한 뒤 조정, 결정하는 방법도 있지만 너무 번거롭고 조정이 잘 되지 않거나 특정 역할, 부서에 몰리는 학생이 많을 경우(보통은 가위바위보로 결정하는데 협동학습의 기본 원리에 부합되는 활동이라 보기 어렵다는 것이 필자의 견해이다. 그래서 필자는 이런 식의 결정 방법을 별로 좋아하지 않는다.) 원하는 대로 되지 않아 실망을 하는 학생이 많아져 흥미가 떨어지는 상황이 발생하기도 한다. 협동학습의 다섯 가지 기본 원리를 생각한다면 단지 먼저 하느냐 나중에 하느냐의 차이일 뿐 누구나 한 번씩은 어떤 부서이든 어떤 역할이든 다 경험하게 될 것이라는 사실을 학생들이 이해할 수 있도록 설명, 안내하고 적당한 주기별로 돌아가며 운영하는 것이 제일 합리적이다.

 필자의 팁 2

역할 수행을 잘한 학생이나 모둠 이름을 쪽지에 적어 추첨 상자에 넣은 후 딱 1~2개 정도 모둠만 뽑아 약간의 보상을 하기도 한다. 이 경우 학생들은 별것 아닌 상품임에도 불구하고 약간의 기대와 짜릿함을 맛보게 된다. 아무리 작은 것이라도 모두 받게 되면 그 효과가 감소되지만 받는 사람의 수가 줄어들게 되면 기쁨은 몇 배가 된다.

 필자의 팁 3

역할 수행을 잘했는지, 아직 못했는지를 알아보기 위한 확인표가 눈에 잘 띄는 곳에 있으면 좋다. 필자는 이를 위해 아래와 같은 '다했어요!' 점검판을 만들어 운영하고 관리하고 있다.

　여기에서 번호는 학생 출석번호이다. 번호 대신에 이름을 써도 좋다.

　자석으로 만들어 칠판에 붙여 놓고 활용하면 더 좋다. 이때 학생의 출석 번호 또는 이름이 적힌 자석표는 추첨 상황이 되면 일종의 행운권으로 그 기능과 가치가 달라진다.

　역할 수행을 잘한 친구 이름이나 번호만 떼어서 추첨 통에 넣은 뒤 1~2명 정도만 뽑아 막대 사탕이나 마이쮸, 새콤 달콤, 비타민 등의 상품을 주기도 한다. 작은 것 하나에도 학생들은 굉장히 좋아한다.

　이 점검판은 눈에 잘 띄기 때문에 역할 수행을 다 하지 못한 학생이 쉽게 자극을 받는다(한 사람이 안 한 사람이 구별되기 때문). 게다가 행운권 추첨이라는 재미 요소와 당첨 기회라는 확률적 동기 요소가 함께 작용하고 있어서 사소하게 보일 수 있겠지만 꾸준히만 한다면 매우 큰 1석 2조의 효과도 노릴 수 있게 된다[이렇게 P·I·E·S·N 원리(긍개동동한)와 C·A·M·P 요소(일목동재)가 모두 작동할 수 있게 개발한 아이디어라 할 수 있다.]

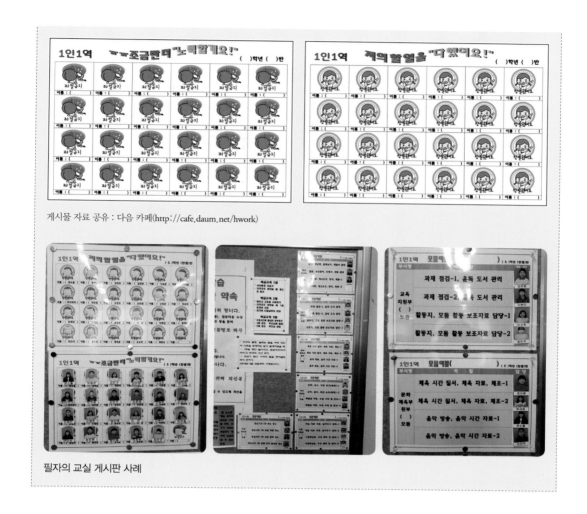

게시물 자료 공유 : 다음 카페(http://cafe.daum.net/hwork)

필자의 교실 게시판 사례

6) 협동적 학급운영 시스템 사례 2(경계 세우기 : 학급 규칙, 약속)

어떤 조직이든 기본적으로 운영에 기본이 되는 규범이 필요하다. 학급에도 최소한의 학급 규칙 또는 약속이 필요하다. 다만 규칙이나 약속 항목 수가 너무 많으면 융통성이 떨어지고 운영에 있어서 학생도 교사도 모두 그 틀에 얽매여 어느 순간 피로감을 느끼게 된다. 따라서 규범(법율, 약속 등)은 최소한의 것이어야 함을 잊지 말고 그 숫자를 적절히 유지, 운영할 수 있도록 지혜를 발휘하여야 한다.

학급규칙의 역할	학급규칙 만들기를 위한 대전제
1. 학급 생활의 경계로서 역할 2. 생활지도의 기준이 됨 3. 학급 생활에 최소한의 질서를 부여 4. 민주시민의 기본자세를 익히게 함 5. 참여와 책임의식을 가질 수 있게 함	1. 학생 스스로 만들어야 함 — 다모임 2. 가능한 긍정적, 쉬운 말투로 만들기 3. 현실적, 구체적인 내용이 되게 하기 4. 수시로 제정, 개정이 가능하게 하기 5. 10개 내외로 만들기

학급규칙을 만들고 활용할 때 주의할 점 몇 가지	
1. 동등하고 공정하게 적용, 지속적 시행	5. 저학년의 경우 교사가 제시
2. 벽면 게시물로 전락시키지 않기	6. 고학년으로 갈수록 학생 스스로 만들기
3. 일관성 있게 활용하기	7. 교사 자신도 참여하기 의견 제시하기[14]
4. 교사가 마음대로 바꾸지 않기	8. 만든 후 학부모에게도 알리기

학급규칙 활용하기
1. 학급 생활에 있어서 명확한 경계 세우기로 활용 — 초기 몇 주 동안 엄격히 시행
2. 규칙을 위반하였을 경우에 대한 대책도 함께 수립하기(벌칙 등)[15]
3. 항상 잘 보일 수 있는 곳에 게시하고 매일 읽으면서 하루를 시작할 수 있게 하기
4. 학생별로 모니터링하여 생활 지도 자료로 활용할 필요도 있음

[학급규칙을 만드는 효과적인 방법 : '생각 내놓기' 구조 활용하기]

0단계 규칙이 없는 교실 상상하기	눈을 감고 규칙이 없는 교실 상상하기, 학생들과 상상한 것 공유하기, 함께 행복한 교실을 만드는 데 필요한 규칙에는 어떤 것이 있을지 혼자 생각해보게 하기(학습, 친구 관계, 공부 시간, 인권 존중, 질서 유지 등)
1단계 혼자 생각하기	꼭 있으면 좋겠다고 생각하는 학급규칙을 각자 4개 정도씩 생각하여 기록하기 (생각한 규칙을 한 가지씩 작은 종이에 나누어 적기 — 모두 5장)

(계속)

---

14 때로는 교사 자신도 참여하여 학생들이 학교생활에서 중요한 것을 놓치지 않을 수 있도록 해야 한다. 아울러 아무리 학생 자치가 중요하다고는 하지만 교사의 최소한의 기대가 반영될 수 있도록 할 필요도 있다(규칙을 만들기 전에 교사가 바라는 점, 절대로 해서는 안 되는 것, 말과 행동에 있어서 최소한의 기대, 학급운영 목표 등을 공유하는 것은 매우 중요한 일이 될 수 있다).

15 벌칙 마련 시에는 교사의 적극적인 개입이 필요하다. 비교육적인 내용을 벌칙으로 제안하고 결정할 가능성도 있다(체벌, 벌금, 벌 서기, 운동장 돌기 등과 같은 비교육적인 내용). 중·고등학교의 경우 '벌금 내기' 벌칙이 있는 경우를 종종 보게 된다. 물론 그렇게 마련된 기금은 학급 전체를 위해 활용한다는 전제가 깔려 있겠지만 필자의 입장에서는 고민이 된다("까짓것, 돈으로 해결하면 돼!" 하는 생각과 가치관을 갖게 만들 우려 등).

2단계 모둠원들과 나누기 (모둠 내에서 생각 내놓기)	'돌아가며 말하기' 구조를 통해 모둠 내에서 나눈다. 1번이 먼저 한 장을 내려놓으면서 규칙과 그 규칙이 있으면 좋겠다고 생각한 이유를 말하면 다른 사람들은 그와 같은 생각을 쓴 것이 있다면 그 위에 겹쳐서 내려놓는다. 다음 2번이 또 한 장을 내려놓으면서(앞의 의견과 따로 분리하여 내려놓음, 한 곳에 모든 쪽지가 쌓이지 않게 함) 앞 사람과 같은 활동 과정을 반복한다(이런 과정을 계속 반복). 한 사람도 손에 든 의견 쪽지가 없으면 활동을 멈추고 다음 과정으로 진행할 준비를 한다.
3단계 분류된 것을 따로 모아서 하나의 의견으로 정리하기	모둠 내에는 이미 분류된 의견 덩어리들이 여러 개 존재하게 된다. 한 번 더 모둠원들과 분류된 의견들을 살펴보면서 비슷하다고 생각되는 의견들은 합쳐서 의견 수를 줄여 나간다. 다음으로 모둠원들은 분류된 각 의견 덩어리들을 하나의 문장으로 정리한다.
4단계 정리된 문장마다 몇 명이 의견을 냈는지 기록	하나의 문장으로 정리된 각 의견 덩어리들마다 모둠에서 몇 명이 의견을 냈는지 숫자로 기록해 둔다.
5단계 각 모둠에서 나온 의견들을 학급 전체에서 나누기 (학급 전체에서 생각 내놓기)	1조가 먼저 한 가지 의견을 발표한다. 다른 모둠에서 같은 의견이 있으면 몇 명이 그런 의견을 냈는지 발표한 모둠에 가서 알려준다. 발표한 모둠은 다른 모둠에서도 같은 의견이 몇 명 나왔는지 모두 수합하여 칠판에 기록한다(의견을 문장으로 쓰고 학급 전체에서 몇 명이 같은 의견을 냈는지 기록하기). 이어서 2조가 한 가지 의견을 말하면서 앞의 과정과 같은 활동을 반복한다. 이 과정을 계속 반복해 나간다(한 모둠도 들고 있는 것이 없을 때까지).
6단계 의견 덩어리들의 가치 매기기 및 서열화 (순서대로 규칙 결정)	앞 단계까지 마무리되면 칠판에 학급 구성원 전체의 의견이 빠짐없이 들어 있게 된다. 그 내용들은 따로따로 분류가 되어 있고, 각 분류마다 학급 구성원 가운데 몇 명이 그런 의견을 냈는지도 알 수 있다. 자연스럽게 서열화가 이루어지고 가치가 매겨진다는 것이다(일반적으로 의견을 낸 사람 수가 많다는 것은 그만큼 그 규칙을 원하는 사람이 많다는 것을 의미, 그러나 절대적인 것은 아니기 때문에 한 번 더 걸러줄 필요가 있음).
7단계 몇 개의 규칙을 만들 것인가 정하기	순서에 따라 몇 개의 항목을 규칙으로 정할 것인가 회의를 통해 결정한다. 이때 교사도 적극 개입하는 것도 생각해볼 일이다. 너무 많아도 좋지 않고, 너무 적어도 좋지 않다.
8단계 결정된 규칙을 다시 한 번 살피기	결정된 규칙을 다시 한 번 살피고 좋은 문구(문장)로 다듬는 시간을 가져본다.(다듬을 때 교사가 적극 도움을 준다.)
9단계 규칙 공표	학급 규칙을 공표하고 게시한 뒤 곧바로 활용한다.
10단계 각 가정에 알리기	가정통신문으로 만들어 각 가정에 배부하고 학부모로부터 동의를 구한다. 이는 학급이 어떻게 운영되는지에 대한 최소한의 규범을 학부모도 이해할 수 있도록 돕고자 하는 데 그 목적이 있다.

개인적인 의견 기록하기

생각 내놓기 · 분류 · 정리하기

전체 공유 · 의견별로 수합

전체 의견이 모두 수합된 것

칠판에 학급 전체 의견 정리

결정된 규칙 가정에 알리기

7) 협동적 학급운영 시스템 사례 3(효율적인 자리 배치)

학습의 형태나 구조에 따라 자리 배치도 효율적으로 가져가야 한다. 하지만 어떤 방식의 자리 배치를 하더라도 공통적인 몇 가지 원칙은 꼭 지켜야만 한다. 첫째, 학생들이 앞쪽(교사나 칠판)을 쉽게 볼 수 있어야 하고 둘째, 같은 모둠 친구들도 잘 볼 수 있으며 셋째, 모둠원들과 동일하게 닿을 수 있는 가까운 거리에 있어야 하고 넷째, 동선을 고려하여 학생들이 이동하는 데 불편함이 없어야 한다.

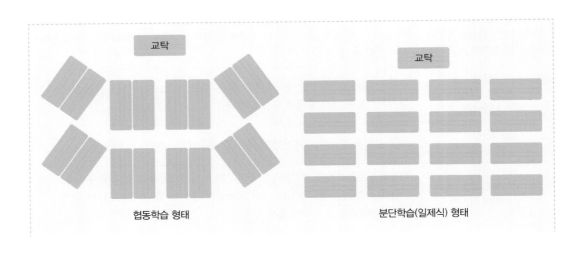

협동학습 형태

분단학습(일제식) 형태

협동적 학급운영을 할 때와 그렇지 않을 때를 잘 구분하여 자리 배치를 수시로 변경해야 한다. 협동학습 수업을 할 때는 협동학습 형태로, 그렇지 않을 때는 분단학습 형태로 바꾸는 훈련을 몇 번만 하면 금방 바꾸어 놓는다.(특히 쉬는 시간에 미리 준비해달라고 부탁하면 쉽게 한다.) 급한 경우에는 홀수열의 학생들이 뒤로 돌아 앉도록 하면 된다.

한편 동심원 활동을 자주 활용한다면 일상적으로 '마제형-ㄷ자형'배치도 고려해볼 필요가 있다. 중간의 공간 활용 측면, 교사가 학생들과 좀 더 가까운 곳에서 이야기를 나눌 수 있다는 장점도 있다.

※ 협동학습 형태의 자리 배치를 해 놓고 강의식 수업을 하면 교사는 무척 힘들어진다. 왜냐하면 얼굴을 마주 보고 앉게 되는 상황이기 때문에 다른 형태의 자리 배치보다 훨씬 분위기가 어수선하며 불필요한 행동(특히 잡담)을 하는 학생들이 많아진다.

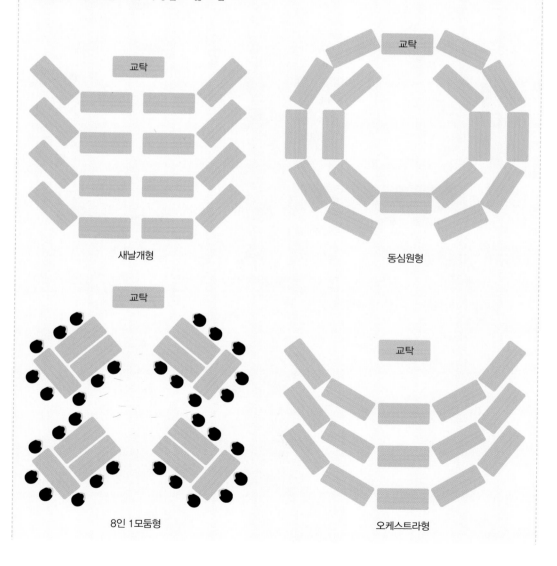

새날개형

동심원형

8인 1모둠형

오케스트라형

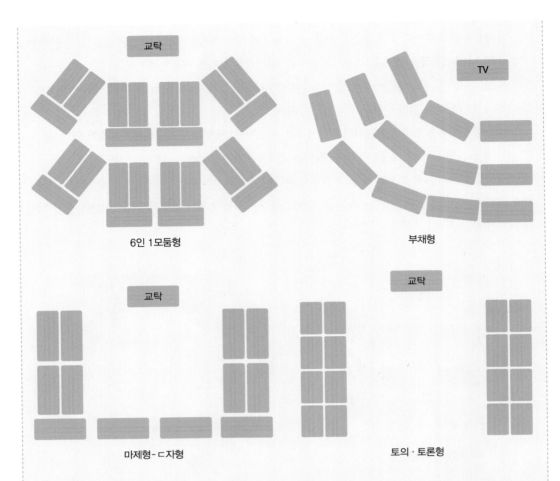

6인 1모둠형

부채형

마제형 - ㄷ자형

토의 · 토론형

협동적 학급운영을 하면서 모둠식 자리 배치를 한 후에는 1주일마다 모둠의 자리를 순환시켜주어야 한다. 그렇게 하지 않으면 학생들의 자세가 한쪽 방향으로만 고정되어 있어서 자세의 불안정과 잘못된 자세 습관을 고착화시킬 수 있기 때문이다.

8) 협동적 학급운영 시스템 사례 4(목소리 크기 조절하기)

0단계	혼자 생각하기(머릿속으로 생각하기)	4	**운동장** (힘차게 외쳐요!)
1단계	소곤소곤 말하기(귓속말 크기로 말하기 : 짝끼리 활동)	3	**발표** (큰 소리로 말해요!)
2단계	도란도란 말하기(조금 작은 소리로 말하기 : 모둠 활동)	2	**모둠** (소곤소곤 말해요!)
3단계	발표하기(모든 사람 앞에서 큰 소리로 발표할 때)	1	**짝꿍** (귓속말로 말해요!)
4단계	환호하기(운동장에서 큰 소리로 다른 사람을 부를 때)	0	**침묵** (마음으로 말해요!)

3월, 협동적 학급운영이 처음 시작되는 순간부터 반드시 목소리의 크기를 조절하는 훈련 시간을 충분히 가져야 한다. 그 이유는 다음과 같다.

- 언어를 매개로 한 상호작용이 매우 활발하게 일어나기 때문에 큰 소음이 발생
- 교실이 금방 혼란 속으로 빠져들 수 있음
- 다른 학급의 활동에 방해가 될 수도 있음

이를 방지하기 위해서는 많은 시간 그리고 끊임없는 노력과 훈련이 필요하다.[16]

필자의 경험에 의하면 초등학생의 경우 매일 적극적이고 지속적인 훈련을 전제로 할 때 약 30일이면 충분히 자기의 것으로 만든다. 이를 의도적으로 중요하게 다루지 않는다면 1년이 지나도 잘 되지 않는다.

물론 여기에도 주의해야 할 점이 있다. 수업을 해 나가면서 목소리 크기 조절에 너무 신경을 쓰다 보면(교사가 너무 민감하게 반응하게

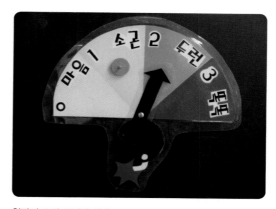

칠판의 소리 조절판 사례

---

16 적절한 크기의 목소리로 소통을 해야 하는 이유를 학생들에게 충분히 설명하고 이해할 수 있도록 해야 한다(타인에게 피해를 주지 않도록 배려하기 위함 – 수업 시간에 큰 소리로 말하고 있는 사람은 타인의 활동을 방해하거나 피해를 줄 수 있기 때문). 이유에 대한 충분한 설명이 부족하면 학생들은 '선생님은 조금만 시끄러워도 싫어하셔. 선생님은 시끄러운 것을 잘 참지 못하시나보다.'하고 생각하는 경향이 강하다.

되면) 수업의 흐름을 자꾸 끊어서 오히려 수업을 방해할 수도 있다는 것이다. 이를 위해 적절한 개입 시점을 찾아야 한다. 아울러 교사가 소음에 너무 예민하게 반응한다면 오히려 목소리 조절 활동이 모든 활동에 독이 될 수도 있다는 점을 아는 것도 중요하다. 소음에 너무 예민한 교사는 협동학습을 해 나가기 참 힘들다. 그러니 어느 정도 크기의 소음은 인정할 수 있어야 한다는 것을 잊지 않도록 하자.

필자의 학년 초 목소리 크기 조절 훈련 방법

1. 첫 주부터 '돌아가며 말하기'를 통해 활발한 대화가 일어날 수 있도록 하기
2. 필자가 '1단계'라고 말하면 학생들은 '소곤소곤' 말하기를 통해 대화하기
3. 적절한 시간이 흐른 뒤 '3단계'라고 말하면 학생들은 그 수준에 맞게 목소리 크기를 바꾸어 대화하기(이처럼 단계를 바꾸어가며 목소리 크기를 조절하는 데 익숙해질 수 있도록 하기)

학년 초 국어책 읽기를 통한 목소리 조절 훈련 과정 장면

4. 충분한 활동 후 각 단계별로 목소리의 크기를 구별할 수 있었는지, 그 느낌은 어떠했는지, 단계별 목소리의 크기가 잘 지켜진다면 어떻게 될까, 잘 지켜지지 않는다면 어떻게 될까, 활동을 하면서 무엇을 느꼈는지 등에 대하여 소감 나누기
5. 다른 사람이 말할 때 끼어들지 않도록 하기, 30cm 안쪽으로 서로 간의 거리 좁히기(30cm 스피치), 적극적으로 듣기 등도 중요하다는 것을 함께 알게 하기

게시물 자료 공유 : 다음 카페(http://cafe.daum.net/hwork)

---

9) 협동적 학급운영 시스템 사례 5(지시 및 전달하기)

협동적 학급운영을 하면서 학생들에게 하고 싶은 말을 전할 때도 중요한 요령이 있다. 몇 가지만 살펴보면 다음과 같다.

(1) 언어를 이용한 전달(말과 글)

학생에 따라 듣는 것, 시각적인 것에 익숙한 정도가 각기 다르기 때문에 지시를 내릴 때는 말과 글을 함께 사용하는 것이 효과적이다.

(2) 한 번에 할 수 있는 만큼씩만 전달

지시는 한 번에 소화할 수 있는 만큼씩만(조금씩) 구체적으로 예를 들어서 안내한다. 아이들이 잘 따라 하지 못하는 것은 교사 탓!

(3) 시범 보이기(모델 활용하기)

가끔은 말보다는 시범을 보이는 것이 훨씬 더 효과적일 수 있다. "말을 하지 말고 보이기만 하라!" ─ 교사 또는 잘하는 학생을 통해 시범

(4) 이해 정도 점검하기

지시한 후에는 반드시 잘 들었는지, 이해하였는지 점검하도록 해야 한다(한 목소리로 답하기, 지시 내용 반복하기, 지시에 따른 구체적 질문 등).

(5) 활동을 구조화하기

구조화는 모둠 과제의 양과 질 그리고 결과적으로 나타나는 '도움 주고받기'의 정도를 좌우한다. 모든 학생의 적극적인 참여와 긍정적인 상호작용 '의존'을 유도하기 위하여 짝을 지어 활동하게 하거나 순서를 정하여 활동하는 등의 구조화가 이루어져야 한다.

10) 협동적 학급운영 시스템 사례 6(모둠 질문 유도하기)

협동적 학급운영을 하면서 궁금한 점이 있는 학생들의 질문을 일일이 교사가 다 받아주면 또래 가르치기 효과가 줄어들 수 있다. 이를 위해 원칙을 정하고 학생들에게 반드시 안내해주는 것이 좋다.

[모둠 질문 요령]

- 궁금한 점은 우선 모둠 내에서 해결하기
- 모둠에서 해결이 안 될 경우 다른 모둠에 도움 구하기
  (피해 주지 않기)
- 그래도 해결이 안 되면 모둠원 모두가 손을 들어 질문하기(모둠 질문)

11) 협동적 학급운영 시스템 사례 7(동시다발적 운영)

활동	순차적 구조	동시다발적 구조
학습지나 가정통신문 나누어주기	교사가 한 분단씩(한 모둠씩) 다니면서 활동지를 직접 헤아려서 나누어준다.	각 모둠별 전달함에 넣어두고, 책임을 맡은 모둠원이 가져다가 나누어준다.
발표하기	한 번에 한 명씩 자기 의견을 발표한다.	모든 학생이 짝을 지어 자기 생각을 발표한다.
질문에 대답하기	한 번에 한 명씩 지명하고, 답을 한다.	모두가 한 목소리로 동시에 답을 말하거나 모둠 칠판에 써서 들어올린다.
도움 받기	손을 들고 교사가 다가올 때까지 기다린다.	각 모둠 내에서 친구들에게 묻고 답하면서 즉각적으로 도움을 주고받는다.
책 읽기	손을 들은 학생들만 지명하여 읽게 한다.	각 모둠에서 돌아가며 읽기 구조를 활용하여 동시다발적으로 읽게 한다.

12) 협동적 학급운영 시스템 사례 8(기타 활동)

모둠별 활동지 · 가정통신문 전달 박스 : 쉬는 시간에 미리 담당 학생에게 분배해 두도록 하면 좋음

침묵신호 약속
경청, 작업 중단

처음 발표

두 번째 발표

보충 발표

모둠 명패 신호 : 우린 다 했어요!

모둠 활동 종료 신호로 모둠 구호를 외치거나 "짠~짠~짜잔!"하고 외치도록 하는 교사들도 있는데 이런 신호가 다른 모둠 활동에 방해가 될 수도 있음을 알아야 한다.

학급온도계

학급 긍정 보상

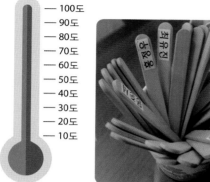

무작위 발표 학생 선정 도구

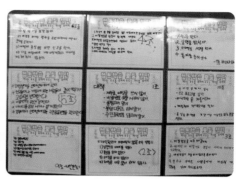

모둠의견 전체와 공유하기

학급규칙 사례

노트 및 배움 공책 사례 게시판

꿈 게시판

CHAPTER

09

성공적인 협동학습을 위한 8가지 핵심 열쇠

① 협동학습의 5가지 기본 원리(필자가 개발한 원리 1가지 추가)

② 모둠 구성 및 운영에 대한 모든 것

③ 학급세우기 : 1-1-1 법칙

④ 모둠세우기

⑤ 교사의 사회적 기술

⑥ 학생의 사회적 기술

⑦ 아이세우기 : 필자가 새로 개발한 열쇠

⑧ 협동학습 구조

미래세계의 희망은

모든 활동이 자발적인 협동으로 이루어지는

작고 평화로운 협동적인 마을에 있다.

- 마하트마 간디, 『마을이 세계를 구한다』 -

협동학습을 통해 나름 만족감, 성취감을 얻기 위해서는 협동학습을 이루는 요소들을 정확히 이해하고 이 요소들이 서로 유기적으로 맞물려 돌아갈 수 있도록 해야 한다. 협동학습에서는 이러한 요소들을 '열쇠'라고 명명하였는데 연구하는 사람마다 약간씩 다르다. 대표적으로 알려진 두 사례를 제시해보면 다음과 같다.

그런데 두 사례를 보면 크게 다른 점도 없다. 어떤 요소를 보다 세부적으로 구분하여 제시했느냐 묶어서 포괄적으로 제시했느냐 하는 문제일 뿐이다(예 : 존슨 형제 '면대면 촉진적 상호작용'=케이건 '모둠, 구조, 학급세우기, 모둠세우기').

필자는 케이건의 7가지 열쇠에서 한 가지를 더 추가하여 8가지로 제시해보았다. 그리고 필자의 열쇠는 케이건과 조금 다른 부분이 있다.

다른 점 1	필자는 철학을 기반으로 한 '협동적 학급운영'을 요소로 보지 않고 최종 완성체로 보았다. 그래서 별도로 분리하여 제8장에서 따로 제시하였다. 요소와 요소가 유기적으로 결합하여 완전체인 '협동적 학급운영'을 이루어나가는 것이라 이해하면 된다.[1]
다른 점 2	지금까지 어떤 서적에서도 볼 수 없는 '아이세우기' 열쇠를 개발하여 추가하였다. 오직 이번 책에서만 볼 수 있는 개념이면서 필자가 수년간 고민하고 연구한 끝에 필요하다고 판단하여 세운 개념이다. 이후에 어떤 협동학습 서적에서든 '아이세우기'라는 용어 또는 그와 비슷한 개념을 가진 변형된 용어가 사용된다면 필자가 그 모든 개념의 시초이자 원조라고 바라보면 틀림이 없을 것이라 생각된다.

이곳에서는 필자가 제시한 8가지 요소에 대하여 보다 자세히 알아보고자 한다.

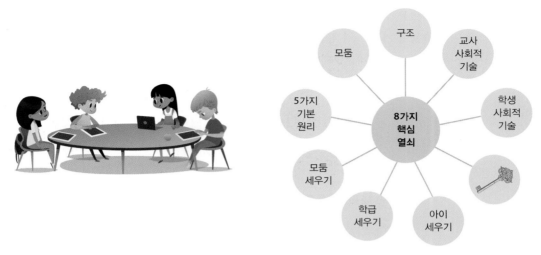

필자가 바라본 협동학습의 핵심 열쇠 8가지

협동학습의 5가지 기본 원리(필자가 개발한 원리 1가지 추가)

적어도 어떤 활동이 협동학습을 적용하였다고 한다면 기본적으로 5가지 기본 원리가 녹아들어 있다고 보면 된다. 이것이 없다면 협동학습이라 말할 수 없다. 협동학습을 실천하는 교사가 협동학습의 5가지 기본 원리를 모르고 있거나 제대로 이해하고 있지 못하고 있다면 100% 기능적으로만, 껍데기만 가져다가 사용하고 있을 가능성이 높다. 그런 곳에서 협동학습은 결코 곁을 쉽게 내어주지 않는다.

필자가 바라본 협동학습 5가지 기본 원리의 역할	
1. 협동적 학급운영 시스템의 기본 원칙(시스템 작동의 기본 원리)	2. 자신의 교실에서 협동학습이 잘 이루어지고 있는지를 판단하는 기본 척도

 그러한 협동학습 5가지 원리를 핵심만 간추려 정리해보면 다음과 같다.

---

1 『살아있는 협동학습 2』(2015, 시그마프레스)에서는 이곳에서 제시하는 8가지 요소와 함께 '협동적 학급운영', '철학' 2요소까지 합하여 10개의 열쇠로 구분하였다. 그러나 관점에 약간의 변화가 생기면서 '철학'과 '협동적 학급운영'을 따로 분리하여 독립적으로 지면을 할애하였다. 그리고 사회적 기술은 교사의 사회적 기술, 학생의 사회적 기술로 따로 분리를 하였다는 점도 눈여겨볼 필요가 있다고 생각된다. 한편 지금까지 어떤 서적에서도 보지 못했던 요소를 필자만의 시각으로 개발하여 1개를 추가하였다. 그것이 바로 '아이세우기' 열쇠이다. 이번 연구 결과를 끝으로 필자에게 있어서 협동학습의 핵심 열쇠 개념은 더 이상 수정되지 않을 것으로 판단된다.

1) 긍정적인 상호의존

이는 나의 노력이 모둠의 목표 성취에 매우 중요하고 꼭 필요한 것이라는 생각을 담고 있는 것으로 협동학습의 중요한 특징일 뿐만 아니라 협동학습의 존재 의미를 생각하게 해주는 매우 소중한 문구이기도 하다.

　그런데 이는 우리 학생들이 가진 정서상 그에 반하는 원리일 수도 있다. 왜냐하면 핵가족 시대를 살면서 그들이 경험적으로 갖게 된 기본 정서는 '네 것은 내 것이고, 내 것도 내 것이다'일 가능성이 높기 때문이다. 그러나 관심과 의지를 가지고 꾸준히 지도해 나간다면 학생들도 분명히 바뀐다.

긍정적 상호의존성이 나타나는 경우	1. 구성원 간의 믿음과 신뢰가 밑바탕에 존재할 때
	2. 한 학생의 성취(실패)가 집단 전체의 성취(실패)와 밀접한 관계가 있을 때(나의 노력＝모두의 이익을 위함)

　학생들이 긍정적 상호의존 관계를 형성도록 하기 위해 2부에서 살펴본 적이 있는 존슨 형제의 연구 결과를 그대로 활용한다면 큰 도움이 될 것이다.

[Johnson과 Johnson에 의한 사회적 상호의존성 이론의 발전]

결과적 상호의존성	목표의 상호의존	개인 ⇔ 타인과 협동적으로 연결, 함께 목표 달성 가능성이 높음, 긍정적 목표 상호의존성이 존재(사회적 상호의존성 이론 기반)
	보상의 상호의존	각 구성원의 성공적 공동과제 완수 ⇨ 주어지는 보상의 공동 분배, 긍정적 보상 상호의존성이 존재(동기론에 기반)
수단적 상호의존성	자원의 상호의존	각 구성원은 과제 완수에 필요한 정보, 자원, 자료의 유일한 보유자, 목표 달성을 위해 각 구성원의 자료가 서로 필요할 때 자원 상호의존성이 존재(인지론에 기반)
	역할의 상호의존	각 구성원은 과제 완성을 위한 책임을 맡음, 역할책임이 주어졌을 때 역할 상호의존성이 존재(인지론에 기반)
	과제의 상호의존	각 구성원은 전체 과제의 한 부분씩 책임지고 있음, 각 구성원이 각각의 책임을 완수해야 과제가 완성될 때 과제 상호의존성이 존재(인지론에 기반)

※ 핵심만 간추리면 다음과 같다 – ① 학습목표 공유, ② 보상/격려/공유, ③ 정체성 공유, ④ 약간의 경쟁 가미(깊은 고민 필요), ⑤ 혼자 하기 어려운 과제 세분하여 제시, ⑥ 과제 분담, ⑦ 상상력 공유, ⑧ 제한적 자료 활용, ⑨ 자원 및 정보 공유, ⑩ 역할 분담하기.

2) 개인적인 책임

이는 협동적인 관계를 만들어나가기 위한 개인 내적인 기본 자세를 말하고 있는 것으로, 학습과정에 있어서 집단 속에서 자신을 감추는 일이 없도록 개인에 대한 구체적인 역할을 제시하고 그에 대한 책임을 묻는 것이라 할 수 있다.

개인적인 책임이 갖는 기능	1. 긍정적인 상호의존성을 보조(각 개인의 책임 완수 ⇨ 시너지 효과로 연결됨)
	2. 무임승차, 일벌레, 훼방꾼, 봉 효과, 부익부 현상, 덜 효율적 행위자, 강력한 분쟁 유발자, 억제자 등의 예방[2]

그런데 개인적인 책임이 집단의 성공과 연관성이 떨어지게 되면 각 개인은 위의 표에서 나타난 부정적인 모습을 보이게 되고 결국에는 모둠 전체가 실패를 경험하게 되며 평가의 공정성, 구성원 간의 협동적 관계 또한 훼손될 수밖에 없게 된다. 따라서 교사는 이를 극복하기 위한 방안을 충분히 마련해 두어야 한다(필요시 교사가 개입하여 비계 역할을 해야 함).

출처 : https://kr.123rf.com

[개인적인 책임 원리 활성화 방안]

과제	1. 모두가 참여할 수 있도록 세분화 2. 과제 완수를 위한 각 개인의 역할 명시 : 교사가 정해주거나 모둠 내 협의 후 결정[3] 3. 개인의 과제 완수와 모둠 성취 사이의 관계 이해 돕기
활동	1. 각자 맡은 과제가 퍼즐 조각처럼 잘 맞추어져 공동의 과제 완수에 이를 수 있도록 활동을 구조화하기 2. 어느 한 개인이 과제 완수를 하지 못하면 다음 단계로 넘어갈 수 없게 하기(필요시 모둠원에게 도움 받기) 3. 다양한 활동과 연계 : 다중지능과 연계(반드시 글로써 제시할 필요는 없음 : 노래, 신체 표현, 이미지, 영상물 등 다양) 4. 과제뿐만 아니라 모둠 내 활동 과정에서 듣는 것도 책임, 차례가 왔을 때 참여하는 것도 책임, 다른 사람 방해하지 않는 것도 책임, 모둠 내 이끔이, 지킴이, 기록이, 도우미 등의 역할을 다하는 것도 책임이라는 사실을 잊지 않게 하기

(계속)

---

2 각 용어에 대한 의미는 앞의 제1장 '협동학습의 재개념화'를 참고하기 바란다.

평가	1. 과정 평가(보상)와 결과 평가(보상)를 구분하기 : 개인 보상과 모둠 보상을 이원화하기, 책임을 다하지 않으면 평가에 불이익을 당한다는 사실 알게 하기(개인별로도 평가가 이루어짐을 알게 하기) 2. 과정 평가 : 모둠 내에서 학생 스스로(자기 평가, 동료 평가) 3. 모둠 평가 : 과제 완성도를 교사가 평가
결과	1. 자신이 한 결과에 대하여 책임을 지게 하기 : 누구든지 발표할 수 있어야 함(무작위, random), 각 개인별로 맡은 부분을 표시하기[색깔 펜 또는 별도의 구분(맡은 분량 표시 등)] 2. 보상의 이원화 : 개인 보상과 모둠 보상

3) 동등한 참여

Equal Participation
우리 모두 다 같이 참여해요!

이는 모둠 구성원 모두가 적극적으로 참여할 수 있도록 유도하면서 소수의 학생에 의해 모둠의 의견이나 활동이 독점되는 경우를 막고, 반대로 학급이나 모둠에서 소수의 학생들이 활동에서 소외되는 일이 없도록 하자는 것을 말한다.

동등한 참여의 대의와 소의	1. 소의(부정적인 면 억제) : 활동을 소수의 학생이 독점하거나 소수의 학생이 소외되는 현상을 억제
	2. 대의(긍정적 효과 발생) : 누구나 평등한 참여 기회, 역할과 책임을 동등[4]하게 나누어 갖기

한편, 소극적인 학생들에게 있어서 참여는 또 한편의 어려움이 존재한다. 특히 자존감이라는 측면에서 볼 때 참여라는 것은 극복해야 할 큰 문제가 아닐 수 없다. 이런 교실에서는 '틀려도 괜찮아'라는 인식을 심어줄 수 있도록 해야 한다.

마키타 신지의 『틀려도 괜찮아』 내용 중

---

3 정확히 1/n을 하기 어렵다. 따라서 과제를 세분화한 뒤 모둠 내 구성원의 역량에 따라 잘하는 학생은 좀 더 어렵고 분량이 많은 것을, 도움이 많이 필요한 학생은 그나마 수월하고 분량이 그리 많지 않은 것을 분담하여 해결하는 것이 좋다.

4 여기에서 말하는 동등함이란 기회의 동등함이라는 의미가 가장 크다. 아울러 과제에 있어서 동등함이란 1/n을 말하는 것이 아니다. 사람마다 장점, 특성, 역량 등은 모두 다르다. 이를 고려하여 구성원들이 적절히 과제를 나누어 갖고 역할을 분담할 수 있는 지혜를 발휘하도록 지도해야 한다.

- 손을 들지 못하는 학생들이야말로 발표를 통해 참여 기회를 더 많이 가져야 할 필요가 있음
- 참여를 통해 자신감, 자존심 회복의 기회를 늘려주어야 함
- '틀렸다'는 것은 곧 '배움의 기회'임을 인식할 수 있도록 사고 전환시키기
- '틀렸다'는 것을 통해 메타인지를 깨닫는 기회가 됨
- '틀렸다'보다 '발표하였다'는 것에 더 무게를 두어 적극 칭찬하기(발상의 전환을 통한 칭찬 샤워)

동등한 참여 원리 활성화 방안	
제공해야 할 것들	1. 모든 활동에 역할과 책임을 동등하게 나누어 갖도록 하기 2. 다양한 활동 참여 기회가 모두에게 고르게 돌아갈 수 있도록 하기(돌아가며 모둠 내 역할 분담)[5] 3. 협동학습 구조나 도구를 적극 활용(말하기 칩, 번호순으로 등) 4. 활동 순서 제공, 활동 시간 지정, 과제의 양 등 5. 개인 사고를 충분히 가질 수 있는 시간 제공하기[6] 6. 기록하게 하기 : 노트에 기록하는 것은 곧 발표를 의미. 기록은 곧 사고의 결과물이고 타인과 공유를 통해 변화, 수정, 발전해 나간다는 것을 학생이 깨달을 수 있도록 돕기(배움의 과정) 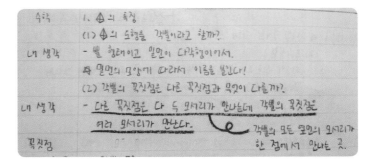 – 고쳐야 할 부분은 지우지 말고 다른 색깔 펜으로 누가하여 기록 – 생각의 수정은 곧 배움이고 오개념의 수정 : '틀렸다는 것'에 대한 인식은 곧 '사고하고 있음＝의식이 깨어 있음'을 의미 ⇨ 이것이 바로 '참여'의 진짜 의미 – 발표할 때 기록한 것을 보고 할 수 있음을 알게 하기 – 기록의 장점 : 사고가 보다 정교해지고 체계가 형성됨

(계속)

---

5 특히 이끔이, 지킴이, 칭찬이, 도우미 등의 역할은 고르게 돌아가며 하는 것도 방법이겠지만 상황, 학생 수준, 역할 수행 능력 및 책임 내용 등에 따라서 맡은 역할의 전문성 강화, 효율성이라는 측면에서 접근할 필요도 있다. 판단은 어디까지나 교사의 몫이다.

6 학생들을 참여로 이끄는 가장 좋은 방법은 바로 '개인 사고 갖기'이다. 충분한 시간을 가지고 혼자만의 생각을 정리할 수 있게 하라는 것이다. 참여를 위해서는 자기만의 생각과 사고가 필요하다. 수업 시간에 의자에 앉아 있다고 하여 참여를 하고 있다고 말할 수는 없다. 자신만의 생각과 사고 없이 앉아 듣기만 하는 것은 참여가 아니라 물리적 공간만 차지하고 있는 '출석'의 의미밖에 지니지 못한다.

제거해야 할 것들	1. 모둠 구성원들의 성향이 치우치지 않게 하기 : 어떤 모둠은 구성원 모두가 활동적이거나 그 반대의 경우가 되지 않게 하기 2. 욕구가 넘쳐나는 학생들의 조급함은 갈등의 씨앗 ⇨ 기다림 3. 지적인 불균형 : 교사가 제시한 과제나 발문에 대한 지적 불균형 현상이 일어나면 학생들은 동등한 참여라 느끼지 못함[선행학습 문제, 학생 간-모둠 간 수준 격차가 큼으로 인한 문제 ⇨ 교육과정 재구성을 통해 해결(확산적 발문 · 과제를 통해 극복)]

4) 동시다발적인 상호작용

Simultaneous Interaction
다 같이, 동시에, 여기저기에서!

이는 전통식 수업과 비교하여 학생들의 참여를 훨씬 더 효과적, 효율적으로 이끌어낼 수 있도록 한다는 점에서 매우 의미가 크다고 할 수 있다.[7] 이에 대하여 아래와 같이 순차적 구조와 동시다발적 구조를 통해 이해를 돕고자 한다.

[전통적 수업의 순차적 구조와 협동학습 수업의 동시다발적 구조 비교]

활동	순차적 구조	동시다발적 구조
각종 자료 배분	교사가 한 분단씩(한 모둠씩) 다니면서 활동지를 직접 헤아려서 나누어준다.	각 모둠별 전달함에 넣어두고, 책임을 맡은 모둠원이 가져다가 나누어준다.
발표하기	한 번에 한 명씩 자기 의견을 발표한다.	모든 학생이 모둠 혹은 짝을 지어 자기 생각을 발표한다.
질문에 대답하기	한 번에 한 명씩 지명하고, 답을 한다.	모두가 한 목소리로 동시에 답을 말하거나 모둠 칠판에 써서 들어올린다.
도움 받기	손을 들고 교사가 다가오거나 질문을 받아줄 때까지 기다린다.	각 모둠 내에서 친구들에게 묻고 답하면서 즉각적으로 도움을 주고받는다.
책 읽기	손을 든 학생들만 지명하여 읽게 한다.	각 모둠에서 돌아가며 읽기 구조를 활용하여 동시다발적으로 읽게 한다.

---

7 '동시다발적'이라는 용어의 상대어는 '순차적'이다. 20명 학생이 순차적 구조를 통해 1분씩 발표한다면 20분이 필요하다. 이에 비하여 4인 1모둠씩 5개 모둠에서 모둠원끼리 동시다발적으로 1분씩 발표를 한다면 4분이면 족하다. 다른 모둠 학생들이 들을 수 없다는 단점은 모둠 활동 이후 번호순으로 구조 또는 발표 스틱 등을 통해 몇 명의 학생을 선정하여 발표하게 하거나 모둠칠판을 활용, 칠판나누기 구조로 연결 지어 공유하도록 하면 충분히 보완할 수 있다. 가히 예술적이라 할 수 있다. 또한 전통적인 수업에서 교사의 질문에 대한 발표는 소수 학생이 독점하지만 협동학습 수업에서는 동시다발적으로 모든 모둠에서 고르게 참여할 수 있다.

동시다발적 상호작용 원리 활성화 방안	
과제	1. 어떤 과제이든 소집단 활동 결과 ⇨ 대집단 공유로 반드시 이어질 수 있도록 함(오개념, 난개념 형성 시 매우 위험할 수 있음) 2. 오개념, 난개념은 대집단 활동과 연결 지어 수정, 극복해 나갈 수 있도록 하는 것이 좋음 3. 학생 스스로 극복이 어려울 경우 교사가 약간의 힌트 제공하기 4. 과제 책임 명확히 하기
활동	1. 동시 시작, 동시 멈춤이 필요(모든 활동을 구조화 : 위의 표 참고) 2. 개인 활동과 짝 활동, 개인 활동과 모둠 활동, 모둠과 모둠 간의 활동 등으로 다양하게 상호작용이 이루어질 수 있도록 하기 3. 모둠 활동 중 개별 학생의 질문이 있을 때 '모둠 질문'으로 대응(먼저 모둠 내에서 해결 ⇨ 안 되면 옆 모둠에게 ⇨ 그래도 안 되면 모둠원 모두 손을 들어 모둠 질문하기) 4. 주어진 시간 내 과제 해결 완수하기 : 100% 완수하기를 기다릴 경우 상황에 따라서는 일찍 마친 모둠에서 너무 많이 기다릴 수 있음 ⇨ 과제 몰입도 높이기, 다음 활동 단계에서 동시에 보완이 이루어질 수 있게 하기 5. 본래 모둠을 벗어났다가 다시 돌아올 수도 있어야 함 : 직소 모형, ○가고 ○남기 구조, 하나 주고 하나 받기, 동심원 구조 등

5) 한 사람도 포기하지 않기(필자가 독자적으로 개발하여 추가한 원리)

Not one person gives up
전원 목표 달성하기, 한 사람의 실패는 모두의 실패

이는 오랜 시간 동안 협동학습을 실천해 오면서 시행착오를 거듭하며 필자가 처절하게 깨달은 중요한 원리라 할 수 있다. 이 원리를 깨닫기 전에는 몇 사람이 실패를 해도, 몇 사람이 목표에 도달하지 않아도 '그럴 수 있지 뭐.' 하고 그냥 넘겼었다. 또한 어떤 모둠에서 한두 명이 목표에 도달하지 않더라도 그냥 넘기기도 하였다(예 : 수학 시간에 소수의 학생이 그 시간에 활동한 것을 잘 모르고 지나더라도 그냥

확실히 닌자의 세계에서 틀어나 규칙을 어기는 녀석은 쓰레기라 불리지. 하지만 동료를 소중히 여기지 않는 녀석은 그보다 더한 쓰레기이다.

일본 애니메이션 〈나루토〉 명대사

그렇게 넘겼다). 그런데 협동학습을 한다면서 '한 명이라도 놓치거나 포기하면 안 되는 것 아닌가?' 하는 물음이 내면에서 일어나기 시작하였다.[8] 그 이후부터 교실에서 어떤 활동을 하든지 모두가 성취

---

8 나의 내면과 대화를 통해 또 하나의 각성을 이루어낸 결과가 바로 다섯 번째 원리라 할 수 있다. 그리고 하나 더 알아낸

를 이루어낼 때마다 적극적으로 칭찬을 하고 격려를 해주었고 소수의 학생이라도 목표에 도달하지 못하면 아쉬운 마음과 함께 실패를 선언하고 다음에 더 잘할 수 있기를 기대한다고 격려를 해주었다. 그랬더니 어느 순간 학생들은 한 명이라도 목표에 도달하지 못하면 그 학생 개인의 책임으로 돌리기보다는 모두의 책임으로 함께 인식하려는 모습, 도움이 필요한 친구들을 더 적극적으로 도와주려는 모습이 보이기 시작했다. 그리고 시간이 지날수록 목표에 도달하는 횟수는 점점 늘어나기 시작하였다. 그제야 비로소 필자는 '아, 바로 이것이었구나. 한 사람도 포기하지 않는 것!'하고 '유레카!'를 마음속으로 외쳤다. 그 이후부터 필자는 협동학습의 기본 원리를 하나 더 추가하여 5가지로 수정하였고, 그 원리가 교실 속에 넘쳐날 수 있도록 하기 위해 지금도 최선을 다하고 있는 중이다.

아직은 더 연구하여 알아내야 할 것이 많겠지만 필자가 이 원리를 각성한 뒤에 나름 고민하고 실천하고 피드백하며 시행착오를 통해 알아낸 결과들을 정리하면 다음과 같다.

(1) 이상적인 협동학습 모둠

- 잘하는 학생이 도움이 필요한 학생을 적극적으로 지지하고 지원
- 나머지 학생도 함께 나서서 도움이 필요한 학생을 적극적으로 지지하고 지원
- '함께 배움, 한 사람도 포기하지 않는 배움'이 실현됨
- '나 좀 도와줄래?'라고 부탁하기 및 '도움이 필요한 사람 없니?'라고 질문하기가 자연스럽게 이루어짐[9]

(2) 일반적인 협동학습 모둠의 퇴락 과정(다섯 번째 원리가 적용되지 않았을 경우)

1단계	대체로 3~4주 정도 가까이는 그럭저럭 잘 지내는 것처럼 보임
2단계	잘하는 학생이 도움이 필요한 학생을 포기 또는 소홀히 하거나 귀찮게 생각하기 시작하고 까칠하게 대하는 모습이 나타나기 시작함, 이와 함께 나머지 모둠원도 관심을 보이지 않으려 함(과제 수행에 대한 부담 때문)
3단계	도움이 필요한 학생에 대한 모둠원의 인식이 '싫음'으로 변질되기 시작 ⇨ 더 지나면 '비난' 수준으로 악화 ⇨ 이런 분위기를 잘하는 학생이 주도, 나머지 모둠원은 이를 방관하거나 비난에 동조하기 시작(과제 수행에 대한 책임 전가)

(계속)

것이 있다면 '교사가 한 사람이라도 포기하게 되면 두 번째, 세 번째 포기하는 학생이 나타날 수 있다는 점'이고 그것을 학생들은 귀신같이 알아냄과 동시에 그들도 친구들을 포기하기 시작한다는 점이었다. 이번 개정판은 이런 내용들을 최초로 공식화한다는 점에서 매우 큰 의미가 있다고 보고 있으며 필자 스스로 이런 점에 큰 자부심을 갖고 있다. 이번 원고를 기준으로 협동학습의 기본원리가 4개에서 5개로 바뀌기를, 그런 전환점에 초석이 되기를 필자는 소망한다.

9 이상적이지 않은 모둠에서는 도움이 필요한 학생에 대한 지원을 잘하는 학생에게만 일임하는 경향이 강하다. 그리고 나머지 학생들은 이에 대해 신경도 안 쓰고 놀고 장난치거나 개별 활동에 몰두하려고 한다. 그러다가 어느 순간 잘하는 학생은 '왜 나 혼자만 하지? 힘든데?'라고 생각하게 된다. 그게 몇 번 반복되면 잘하는 학생은 결국 도움이 필요한 학생에 대한 지원을 끊고 만다. 다시 말해서 포기하고 신경을 쓰지 않으려 하거나 귀찮아하기 시작한다. 그리고 힘들어하는 모습을 보면서도 모른 척하는 모습을 보이기 시작한다.

4단계	도움이 필요한 학생에 대한 잘하는 학생의 행동이 '비난' ⇨ '공격'으로 변질됨, 나머지 모둠원은 이를 방관하거나 동조하게 됨, 도움이 필요한 학생은 모둠에서 '소외 또는 왕따'를 경험하게 됨, 결국 도움이 필요한 학생은 모둠에서 벗어나고 싶은 마음을 토로하게 됨(모둠 언제 바꿔요?)

이렇게 심각한 단계에 이르게 되면 모둠을 바꾸어줄 수밖에 없는데, 그 학생만 바꾸어주게 되면 일시적으로 비난과 공격의 대상이 사라져 누구에게도 방해받지 않고 과제를 수행하게 된다. 그런데 비슷한 수준의 또 다른 학생이 오거나 이전에 있던 학생 다음으로 도움이 필요한 수준의 학생이 모둠 내에 있을 경우 앞의 2~4단계를 다시 경험하게 될 가능성이 높다. 결국 모둠은 붕괴될 수밖에 없게 된다.

협동적 학급운영을 실천하는 교실에서 위와 같은 모둠을 만들지 않기 위해서는 교사가 가장 먼저 도움이 필요한 학생에게 관심을 보이고, 그 친구를 모두가 적극적으로 지원하는 것이 결국에 가서는 구성원 모두의 득(得)으로 돌아오게 된다는 사실을 학생들에게 확실히 알려주어야 한다. 결국 모둠의 퇴락은 교사의 마음과 의지에서 온다고 볼 수 있다. 교사가 솔선수범하여 '나는 한 사람도 포기하지 않을 것이다'라는 강력한 의지를 표명함과 동시에 학급 구성원 모두가 한 사람도 포기하지 않는 실천력을

일본 애니메이션 〈하이큐〉 명대사 : 각성의 순간 몰입의 길로 들어서게 된다.

보여주었을 때 모두에게 충분한 보상(물질적인 것일 수도 있고, 학업 성취의 향상일 수도 있고, 학생 모두가 원하는 그 어떤 것을 갖게 되는 것일 수도 있음)을 제공함으로써 학생 모두에게 득이 된다는 것을 직접 몸으로 느낄 수 있도록 해주어야만 모든 모둠은 성공할 수 있다는 것이 필자의 각성 내용이었다. 그렇게 또 한 번의 각성을 통해 필자는 매우 큰 기쁨을 얻게 되었고 협동학습에 더 깊이 빠져들게 되었다. 다섯 번째 원리에 대한 더 많은 연구를 위해 이 글을 읽는 독자 여러분도 꾸준히 연구를 거듭하여 나름의 깨달음을 얻는 순간을 경험해보기 바란다. 아마도 그 순간이 여러분이 협동학습에 대한 완전한 몰입의 세계에 빠지는 순간이 될 것이라 필자는 확신한다.

(3) 모둠의 퇴락을 막고 포기하지 않는 성장으로 갈 수 있게 돕는 방법

'나, 이것 잘 모르겠는데. 가르쳐 줄 수 있니?'라고 부탁하는 것은 권리이며 능력
'도움이 필요한 사람 없니?'라고 물어보는 것은 민주시민의 소양이며 능력
교사는 그 권리와 능력의 가치를 학생들이 소중히 여길 수 있도록 하기

위와 같은 교실을 만들기 위한 기본 원칙은 이미 앞에서 꾸준히 밝혀 온 바 있다.

- 철학 기반의 소행성 협동적 학급운영을 통한 다 함께 배움의 실현

- 경쟁을 통한 성공이 아님 ⇨ 자발적 협동을 통한 민주시민 양성
- 나 혼자만 잘 사는 것이 아님 ⇨ 한 사람도 포기하지 않음, 다 함께 잘 살기

위의 원리에 입각하여 한 사람도 포기하지 않는 모둠, 교실을 만들 수 있는 구체적인 방법은 다음과 같다.

첫째, 기존의 수업에 대한 관행을 극복하는 것으로부터 한 사람도 포기하지 않는 배움 중심 협동학습 수업이 시작될 수 있게 해야 한다.

기존 수업 관행	필자가 제안하는 배움 중심 협동학습 수업
동기유발 ⇨ 학습문제 제시 ⇨ 전개(활동 1, 2, 3) ⇨ 정리[10]	목표(과제) 제시 ⇨ 과제 해결 ⇨ 형성평가

① 수업 시작과 동시에 5분 안에 목표 및 과제 제시, 반드시 필요한 설명, 어떻게 전원 목표 달성 여부를 확인할 것인지에 대하여 명확히 제시하기(시간 및 노력 투자에 비하여 효율성이 떨어지는 동기유발은 과감히 생략하기 ⇨ 한 사람도 포기하지 않음으로 인하여 얻게 되는 전원 통과, 전원 목표 달성이라는 기쁨과 희열 자체가 바로 내적 동기이기 때문 : 배움의 심화, 학력의 신장, 목표 달성의 기쁨 등)

[목표 및 과제 제시 사례]
예1 ◎쪽 ○번 문제를 전원이 해결하고 설명할 수 있도록 하기
예2 교과서 ○쪽~○쪽까지 모두가 코넬식 또는 마인드맵 형식으로 핵심만 뽑아 요약 정리하기

[반드시 필요한 설명 사례]
예1 '나 잘 모르겠는데 도와줄 수 있는 사람?'하고 도움 구하기
예2 '아직 못해서 도움이 필요한 사람?'하고 물어보고 주변 살피기
예3 다른 사람의 것을 그대로 베껴 쓰지 않기 ⇨ 완전히 이해하여 자신의 입말로 바꾸어 설명하기 ⇨ 모든 모둠원에게 확인받기(1대 1로 확인 받기 ⇨ 2~3회 반복하여 설명하고 검증받기, 필요시 사인하기)

---

10 교사들은 '도입(동기유발), 전개(활동 1, 2, 3), 정리'라는 3단계 수업 설계를 마치 철칙인 양 지키고 있는 모습을 볼 때마다 무엇인가 불편해지는 느낌을 갖는다. 수업 시작과 동시에 곧바로 중심 활동으로 들어가면 안 되는가? 활동은 왜 항상 1, 2, 3인가? 활동 1만으로 수업 시간을 다 쓰면 안 되나? 이런 관행으로부터 하루 빨리 벗어나야만 한다.

예1   30분 뒤에 3명 정도를 무작위로 뽑아 설명할 수 있게 한다.

예2   30분 뒤에 '번호순으로' 또는 '칠판 나누기' 구조를 활용하여 확인한다.

②   제한 시간 두기 : 최대한 모든 시간을 학생들에게 전부 투자하기, 30분 정도의 시간을 학생들에게 통째로 넘겨주기(협동적 과제 해결), 평가 시간만 남겨두기

예1   시간은 정확히 30분 준다. 그 안에 전원 목표 달성을 이룬다. 30분을 넘기면 전원 목표 달성은 아쉽지만 실패로 돌아가게 될 것이다. 자, 이제 시작!

예2   타이머 시간을 잘 확인하기 바란다. 시간은 30분이 주어진다. 시작!

둘째, 교사가 가르침을 포기함으로써 학생들 스스로 한 사람도 포기하지 않는 배움 중심 협동학습 수업이 이루어질 수 있게 지혜를 발휘한다.

①   바람직한 협동학습 수업은 가능한 모든 배움을 학생 스스로 이룰 수 있게끔 수업을 설계한다.

②   교사는 가르침을 포기함으로써 학생 스스로 배울 수 있도록 수업을 설계한다.

③   가르침을 포기한다는 것은 학생 간의 도움 주고 받기를 통한 배움이 일어나도록, 스스로 배우도록 · 스스로 배우게 하도록 수업을 설계한다는 것을 의미하는 것이다.

④   이를 위해 알맞은 미션 과제, 핵심 발문을 개발(분량, 난이도 조절)하려는 교사의 연구, 노력이 필요하다.

예1   교사는 적당히 학생들과 거리를 두고 관찰만 하기

예2   누가 힘들어하는지, 누가 과제를 잘 해결하였는지, 누구에게 좋은 아이디어나 정보가 있는지 관찰하여 넌지시 정보를 흘리기(와우, 좋은 정보를 발견했네! 야, 누군가는 좋은 아이디어를 갖고 있네! 어머나, 생각주머니가 정말로 크고 창의적인 사람이 있네!, 아직 해결하지 못한 사람이 있네! 혼자 힘들어하는 사람이 있는 것 같은데?)

예3   빨리 과제를 해결한 학생이 가시적으로 드러나게 하기 ⇨ 이를 통해 도움이 필요한 학생 스스로 도움을 요청할 수 있는 기회 제공하기

예4   필요시 정보 탐색가 활동이 가능하다는 것 알리기 ⇨ 알아온 내용은 반드시 모둠원에게 확실히 전파하기(모둠원 문제 먼저 해결 ⇨ 이후에 타 모둠 돕기)

예 5 모둠원 전부 해결 완료하면 잘하는 학생이 전문가 자리로 이동할 수 있도록 자리 마련하기 또는 도움 필요한 모둠·학생 찾을 수 있도록 하기 (도움이 필요한 학생이 모둠 내에서 해결이 안 되면 도움을 줄 수 있는 학생을 스스로 선택할 수 있게 하기)

필자의 교실 자석 이름표 사례

예 6 모든 문제는 1차적으로 모둠원끼리 먼저 해결 ⇨ 2차적으로 주변 모둠 해결 돕기 ⇨ 3차적으로 학급 구성원 전원의 문제 해결 돕기

예 7 도움이 필요한 학생은 이해가 될 때까지 물어보고 또 물어보기, 여러 사람에게 도움 구하기

예 8 선생님 찬스는 최후의 보루로 남겨두기 : 필요할 때는 약간의 힌트만 제공

셋째, 과제와 수업과 평가가 일체화될 수 있게 지혜를 발휘하여야 한다. 다시 말해서 수업 시간에 제시한 과제 그대로 또는 그와 유사한 질문을 통해 평가를 하여야 한다는 말이다(가르친 대로 평가하기, 수업과 평가가 다르지 않게 하기).

① 평가 시기, 방법, 인원 등을 수업 시작과 동시에 명확히 밝힌다.[11]
② 평가는 과제와 동일하거나 유사한 것이어야 한다.

예 1 끝나기 5분 전에 발표자 뽑기 막대로 3명을 뽑아 목표 달성 여부를 확인하도록 하겠다(또는 칠판 나누기, 번호 순으로 활용하기).

예 2 테스트 방법은 칠판 앞에 나와 선생님이 제시하는 문제를 풀고 설명하기다.

예 3 모두 문제 풀이 및 설명을 완료하면 오늘 목표는 달성한 것으로 한다. 만일 한 명이라도 해결하지 못하면 오늘 목표는 실패한 것으로 간주한다.

예 4 평가가 완료되면 과정을 돌아보며 수업 과정 및 태도 등에 대한 성찰 시간도 간간이 갖는다 (특히 전원 과제 해결 목표에 도달하지 못하였을 경우 한 사람도 포기하지 않기 위해 열심히 노력을 하였는지, 부족한 점은 없었는지, 더 잘하려면 어떻게 해야 하는지 등에 대한 반성 : 자기 평가 및 동료 평가 실시).

넷째, 진정한 과제는 주어진 학습 문제의 해결이 아니라 한 사람도 포기하지 않는 교실(과제 해결 100% 달성하기) 만들기라는 사실을 모두가 명확히 깨달을 수 있게 해야 한다. 이를 위한 방안은 아

---

11 이를 명확히 하지 않으면 학생들은 과제에 대한 인식 수준, 해결에 대한 의지, 학습동기 등이 현저히 낮아질 수밖에 없다(무엇을, 언제, 어떻게 평가하는지 확실하게, 구체적으로 밝혀야 한다).

래와 같다.

예1 실력 및 학력 신장으로 이어질 수 있게 하기, 이를 통한 희열 느끼게 하기

예2 전원 해결을 이루면 학급 온도계 등을 올려주기

예3 특별한 보상 제시(약간의 물질적, 정신적 보상 등 : 이 경우에도 경쟁은 절대 금지)를 통해 모두에게 이득이 됨을 피부로 느낄 수 있게 하기

한 사람도 포기하지 않기 원리 활성화 방안 요약 정리	
학생들이 꼭 쌓아 나가야 할 능력	1. '나 좀 가르쳐줄 수 있겠니?'하고 부탁하는 능력 2. '누구 도움이 필요한 사람 없니? 누구 도와줄까?'하고 물어볼 수 있는 능력 3. 홀로 힘들어하는 친구가 있는지 살필 줄 아는 능력
위의 능력을 키워주기 위한 방안	1. 학생 : 적극적으로 도움 구하기 '나 좀 도와줘!' 2. 학생 : 적극적으로 도움 주기 '도움 필요한 사람 있나요?(주변을 살피고 확인하기)' 3. 교사 : 가르침을 포기함으로써 가르치기
이를 위한 팁 몇 가지	1. 전원이 달성할 수 있을 정도 수준의 목표, 과제를 제시하기 2. 목표(과제) 제시와 과제 해결, 평가가 서로 일치하게 하기(과제 자체가 곧 평가 : 가르친 내용 그대로 평가) 3. 언제 과제에 대한 평가가 이루어질 것인지 명확히 알리기 4. 도움을 주는 친구보다 가르쳐 달라고 말하는 친구를 더 먼저 칭찬하기(가르치는 행위는 그다음) : '도움 구하기'의 위력('모름'의 극복 ⇨ '모두의 앎'으로 전환)을 인식하게 하라! 5. 친구의 것을 그대로 베끼는 행위는 철저히 경계하기 ⇨ 반드시 자신의 입말로 이해하여 모둠원 모두에게 설명하고 검증받기 ⇨ 이것이 안 되면 예고된 평가에서 이해하고 있지 않음이 그대로 드러나 모두의 실패로 이어지게 됨 ⇨ 이렇게 되지 않게 하는 것도 '책임'이며 '능력'임을 경험으로 느낄 수 있게 하기

모둠 구성 및 운영에 대한 모든 것

모둠을 생각해보면 전통적으로 그 역사가 꽤 깊다. 오래전부터 생활지도와 학습에 활용해 왔다. 그러나 전통적인 교실에서의 모둠은 어떤 철학적 기반이나 원리 위에 세워진 것이라기보다는 학급운영, 생활지도-자치활동, 학습지도를 위하여 의도적으로 학생들을 소집단으로 나누어 놓은 것에 불과하다고 볼 수 있다. 그런데 전통적인 교실에서 모둠은 그 중심이 수업보다는 자치활동과 생활지도에 놓여 있다고 볼 수 있다. 왜냐하면 전통적인 교실에서 모둠 중심 수업 활동은 그 빈도가 그리 높지 않았을 가능성이 높기 때문이다. 그러나 협동학습에서의 모둠은 분명히 다르다. 이번 장에서는 그에 대하여 무엇이 어떻게 다른지 차근차근 살펴보도록 하겠다.

1) 모둠에 대한 고민

아래와 같은 질문으로 이야기를 시작해보고자 한다.

여러분은 모둠을 왜 만드나요?

이런 질문을 받아본 적이 있는가? 그리고 이에 대한 자신만의 답을 갖고 있는가?

이 두 가지 답변은 매우 중요하다고 필자는 생각한다. 왜냐하면 어떤 생각을 갖느냐에 따라 모둠의 운용은 그 수준과 질, 그리고 활용 내용 등 모든 측면에서 확연히 달라지기 때문이다. 게다가 협동학습을 실천하면서 모둠에 대한 자신만의 명확한 철학과 가치관을 갖고 있지 못하다면 그야말로 내비게이션 협동학습을 하고 있다고 볼 수밖에 없다. '남들도 다 하니까!'하는 식의 모둠 구성, '협동학습은 모둠 활동이 중심이라고 하니까 만든다'는 식의 모둠 구성 및 운용 수준을 뛰어넘기 위해서 어떤 고민이 필요한지 알아보도록 하겠다.

2) 모둠에 대한 철학적 바탕

교육과정이 개정되고 교과의 경계가 조금씩 허물어져 가고 있으며 수업의 목적이 지식 습득에서 '살아가는 힘=역량'으로 바뀌면서 '학급운영(학교 교육)=학생들의 삶=배움'이라는 공식이 만들어지고 있는 시대에 우리는 서 있다. 그렇다고 한다면 모둠도 그와 같은 맥락에서 고민하지 않으면 안 된다. 필자가 협동학습을 실천해 오면서 모둠에 대하여 갖고 있는 생각은 다음과 같다.

[시대의 흐름을 반영한 '모둠'의 철학적 바탕]

1	자기 삶의 주인	2	공동체적 삶('협동'철학 기반)
3	민주시민으로서의 삶(자치)	4	살아가는 힘(핵심역량)

- 학교생활 전반에서 스스로 주인이 되어 결정, 계획, 실행, 책임을 경험하는 최소 단위(자치)
- 그 속에서 삶의 주인이 됨=자기의 인생에서 나름의 역사가 있는 삶의 주인공임을 인식할 수 있는 최소 단위(자기 삶의 주인)
- 개인의 자유로운 삶과 공동체의 평등한 구조 사이의 간극을 조정할 줄 아는 능력을 키워 나갈 수 있는 가장 효율적인 최소 단위(공동체적 삶)
- 살아가는 힘을 키워 나가는 데 가장 큰 도움을 줄 수 있는 최소 단위(핵심역량)

학생＝삶을 가꾸는 최소한의 단위이자 소속 집단

교사＝소행성 협동적 학급운영을 위한 조직

궁극＝학생의 배움(살아가는 힘), 교사의 보람

선생님도 신나고 학생들도 신나는 '배움 공동체'를 만들기 위한 전략적 활동

3) 모둠 운영의 원칙

필자가 협동학습을 실천하면서 세워 놓은 모둠 운영의 원칙은 다음과 같다.[12]

- 학급운영 전반을 위한 조직(수업 및 학급활동 모두를 위한 조직-일원화[13] 필요)
- 모둠을 최대한 활용하기＝협동적 학급운영의 핵심 조직은 모둠
- 모둠 활동을 위해 최대한 구조화하기(협동학습 5가지 기본 원리)
- 모둠 활동을 위한 과제 개발에 최선을 다하기 (특히 수업 : 교육과정 재구성)
- 경쟁보다는 협동(경쟁 조장하지 않기)
- 문제 발생 시 소통으로 해결(다모임, 스스로 원칙)
- 교사와 학생 모두가 신나는 활동이 되게 하기(서로에게 삶의 의미 되어 주기)[14]
- 활동 과정 및 결과에 대하여 꾸준히 관찰하고 평가하기(적절한 칭찬과 상벌)
- 모둠원 모두가 적극적 행위자, 효율적 행위자가 될 수 있도록 하기(모둠세우기)
- ※ 모둠을 구성한 그 주에 학급활동을 위한 조직(1인 1역 부서 조직)도 함께 결정 ⇨ 순서를 정하여 정기적으로 돌아가며 부서 활동을 모두 경험할 수 있게 하기

---

12 철학이나 원칙은 평상시에도 큰 힘을 발휘하지만 어떤 문제가 발생하였을 때 문제를 해결해 나가는 데 중요한 열쇠 역할을 한다. 다시 말해서 방향성을 잃었을 때 '나침반'과도 같은 역할을 한다고 볼 수 있다.

13 일원화되지 않을 경우 정체성 형성에 어려움이 발생할 수 있다(수업 중심 모둠과 학급활동 중심 모둠을 별도로 운영할 때 2개의 집단 모두에 소속감을 높게 둔다는 것은 매우 어렵고 힘든 일). 또한 교육과정이 바뀌고 수업일수가 줄어들면서 과거처럼 H·R(학급회의)시간을 교육과정 속에 명시해두는 학교와 교실이 많이 줄어들어 학급 자치 활동의 시간과 장이 많이 줄어들었다는 점도 중요한 요인이 되고 있다. 게다가 창의적 체험활동 시간조차 학급별로 권한이 주어져 있지 않아(대부분 학교/학년 단위에서 획일적으로 통일시켜 적용하기 때문) 자치활동보다는 수업을 위한 조직에 더 무게 중심이 놓여 있다는 점도 일원화의 필요성을 더욱더 증대시키고 있다(실제로 협동학습을 적극적으로 실천하다 보면 수업 활동 속에서 모둠을 더 많이 활용하고 있음을 알게 된다).

14 교사 ⇨ 학생 : 깨달음, 배움의 촉진자, 학생 ⇨ 교사 : 가르치며 배우는 존재로서 성찰의 원천, 학생 ⇔ 학생 : 서로 도움을 주고받으면서 살아가는 힘이 되어 줌

4) 생명체와 같이 성장·진화하는 모둠

모둠도 살아있는 유기체와 비슷한 점이 있다. 바로 진화(변화)를 한다는 것이다. 이와 관련된 가장 유명한 이론은 Bruce W. Tuckman의 것인데 그는 모둠이 생성, 소통, 규범, 수행, 해산의 5단계를 거친다고 밝히고 있다.[15]

1단계 생성	구성원들이 집단 내에서의 위치와 집단의 과정과 법칙을 결정하는 불확실한 기간
2단계 소통	구성원들이 집단의 영향력에 저항하고 성취에 대항하면서 투쟁이 일어나는 기간
3단계 규범	집단이 역할 구성과 적절한 행동에 대한 집단 규범의 설정에 대한 어떠한 일치를 성립하는 기간, 결합과 행함이 늘어남
4단계 수행	구성원들이 집단의 목표를 달성하기 위해 함께 일하고 수행의 유형을 더욱 융통성 있게 발전시키는 기간
5단계 해산	집단의 종료를 준비하고 맞이하는 기간

필자의 경험으로 비추어볼 때 5단계까지 발전하는 모둠도 있지만 구성된 기간 내내 2단계나 3단계 어느 즈음에서 계속 발전을 하지 못하고 머무르게 되는 모둠도 있다. 이럴 때 교사는 그 모둠에 의도적으로 개입하거나 학급 구성원 전체를 대상으로 하여 모둠세우기 활동이나 학급세우기 활동을 통해 적절하게 대응을 해 나가야만 한다.

시간의 흐름에 따른 모둠의 발달과 성장에 대하여 단계를 좀 더 세분화하여 분석·정리해보면 다음과 같다.[16]

출처 : https://m.post.naver.com

1단계 : 집단의 생성에 따른 절차 정의 및 구조화 단계

집단이 생성되면 구성원들은 그들이 기대하는 것(무슨 일이 일어날지, 그들이 기대하는 것은 무엇인지, 그들이 수용하고 영향을 미치고 좋아하게 될 것인가 등)과 집단의 목적과 특성에 대해 관심을 가진다. 이 단계에서 교사는 집단의 목적을 충분히 설명, 이해시키고, 구성원들 사이의 정체성 및 상호의존성을 만들어주며 집단 작업의 시작을 알려야 한다.

---

15 『협동학습을 위한 참여적 학습자』, David W. Johnson·Frank P. Johnson 공저, 박인우·최정임·이재경 공역(2004, 아카데미프레스), p. 33.

16 위의 서적 David W. Johnson·Frank P. Johnson 공저(2004, 아카데미프레스), pp. 33~37.

2단계 : 절차 순응 및 익히기 단계

이 단계에서 집단 구성원들은 규정된 절차에 따르고 과제와 관련하여 상호작용하면서 서로에게 익숙해지고 절차에도 익숙해져 쉽게 따를 수 있게 된다. 구성원 각자는 집단 내에 있는 서로 다른 구성원의 장점과 약점을 알고 익히게 된다. 이 단계에서 교사는 집단 구성원들에게 다음과 같은 것을 강조해야 한다.

- 개인의 수행과 집단의 다른 구성원들의 수행에 대해 책임감 갖기
- 다른 구성원들과 도움 주고받기
- 수용하고 지원적이고 신뢰할 만한 방법으로 다른 구성원들에게 대응하기
- 합의를 통해 결정하기
- 집단 기능 내에서 문제를 직면하고 해결하기

3단계 : 상호성 인식과 신뢰 형성 단계

집단의 발달에 대한 세 번째 단계는 집단의 상호의존성을 인식하고 신뢰를 형성한 집단 구성원들로 이루어진다. 상호작용에 대한 인식은 집단 구성원들이 같이 익사하거나 함께 헤엄쳐 건너간다는 것을 인식함으로써 생겨난다. 이에 따라 구성원들은 서로의 수행과 적절한 행동에 대하여 서로 책임을 지기 시작한다. 여기에 가장 큰 영향을 주는 것은 바로 신뢰이다. 이 단계에서 교사는 모둠원들끼리 서로 믿고 신뢰할 수 있도록 다양한 활동을 펼쳐 나가야 한다. 그러면 구성원들은 "우리는 하나!"라는 신뢰를 쌓아나가게 된다.

4단계 : 반항과 차별화 단계

이 단계에서는 교사와 절차에 대한 반대, 그리고 불일치 및 투쟁을 통해 서로를 구별하는 집단 구성원들이 나타나게 된다(그동안의 과정을 통해서 생겼던 갈등이 표면화되면서 문제 상황에 봉착하게 된다). 이 단계에서 교사가 가져야 할 태도는 아래와 같다.

출처 : 시사IN(2016. 9. 12) 박해성

- 통제를 엄격하게 하지 말고 규정된 절차에 대하여 확신을 주도록 노력하라. 즉 근거를 제시하고 협상을 하라.
- 구성원들이 상호의존을 하는 것에서 벗어나고자 반항할 때 이를 직면하고 문제를 적극 해결하라.
- 집단 구성원들의 자율과 개별성을 확립시키도록 도와주는 구성원들 사이의 투쟁을 적절히 조정하고 이용하라.
- 구성원들이 절차에 대한 소유권을 갖고 다른 사람들의 성공을 위해 헌신할 수 있도록 의도적으

로 계획하고 경험하게 하라.

5단계 : 목표와 절차, 그리고 다른 구성원에 대한 헌신 단계

이 단계에서 집단의 구성원들은 그 집단이 바로 자신들의 것임을 느끼고 확신하게 되며, 교사로부터 독립하여 움직이게 된다. 물론 그런 움직임의 시작은 바로 이전 단계에서부터 시작하게 된다. 이 정도가 되면 집단 규범은 내면화되고 집단 구성원들은 서로를 포용한다. 동기는 외재적이기보다는 내재적이 된다. 구성원들은 모든 집단 구성원들의 수행을 극대화하기 위해 절차에 따르고 책임을 수용한다. 그러면서 서로 도와주고 관심을 갖게 되며 다른 집단 구성원들에게 지원과 도움을 기대할 수 있다는 것을 믿고 진실로 친구가 된다. 이 단계에서 교사는 학생들에 대한 믿음을 가지고 적극적으로 지원해주고 후원해주는 역할을 적극적으로 해 나가야 한다(시너지를 느낄 수 있는 활동의 투입).

6단계 : 상호적, 생산적으로 기능하는 단계

집단이 성숙, 상호작용성과 자율, 생산성을 달성하면서 확실하게 정체성이 나타난다. 집단은 그들의 다양한 목적을 성취하고 건설적인 방법으로 갈등을 처리하기 위해 함께 노력한다. 그들은 서로의 관계가 높은 수준에서 유지될 것이라고 믿으면서 집단의 목적 달성을 위해서 협동한다. 이 단계에서 교사는 지시적인 역할보다는 조정자의 역할이어야만 한다. 그러나 많은 모둠이 이 단계까지 도달하지 못한다.

종료 및 해산 단계

모든 집단은 존속이 유한하다. 집단은 결국 끝이 나고 구성원들은 각자의 길로 가게 된다. 집단이 상호작용을 더 많이 하고, 응집력이 있고, 집단 구성원 사이의 감정적인 유대감이 더욱 강하게 형성될수록 종결 기간에 감정은 더욱 복잡해진다. 그럼에도 불구하고 집단 구성원들은 분리 문제를 해결하고, 집단 경험을 남겨두고 새로운 경험을 찾아 떠날 수 있도록 해야 한다. 이를 위해 교사는 그동안의 감정을 잘 정리할 수 있는 프로그램을 마련하여야 한다.

한편 정문성 교수는 그의 저서에서 모둠의 발달 단계에 대하여 아래와 같이 4단계로 정리·설명하고 있다.[17]

---

17 『협동학습의 이해와 실천』 정문성(2002, 교육과학사), pp. 118~119.

1단계 : 생성 단계

모둠이 처음 조직되어 구성원 간의 긍정적 상호작용의 기초(말하기, 듣기, 도움 주고받기, 동료 이해하기 등)를 배우는 시기다. 이 시기에 특히 중요한 것은 동료 간 '신뢰'의 경험이다. 신뢰가 있어야 학생들은 자유롭게, 안심하고 자신의 의견을 말하고, 들으며 자신이 속한 모둠의 공동목표를 향하여 자신의 능력을 발휘할 수 있다.

2단계 : 규범화 단계

모둠원이 모둠 활동을 하면서 지켜야 할 것과 기대되는 행동들을 하는 과정이다. 이 단계에서 학생들은 자신의 모둠이 지켜야 할 규칙과 각자가 맡은 책임을 다하고, 더 나아가 모둠에 도움이 되는 바람직한 행동들을 스스로 해 나가는 과정을 배우게 된다.

출처 : 산그림 〈대교〉눈높이 학습지(http://picturebook-illust.com)

3단계 : 갈등 단계

모둠 활동이 본격적으로 시작되면 자연스럽게 구성원 간의 갈등이 발생하게 된다. 이 갈등은 구성원 간의 서로 다른 의견이나 서로 다른 감정의 표현이 원인이 된다. 구성원은 과제나 자신들의 모둠에 대한 불만을 나타내기도 한다. 또한 모둠 규칙의 한계를 실험하는 모습도 나타나고, 구성원의 부적절한 행동에 대처하려는 사회적 기술들도 나타나며, 구성원 각자의 개성이나 역할 조정도 나타난다. 이 단계를 잘 극복하기만 하면 그 모둠은 더욱 성숙한 모습으로 성장하게 된다.

4단계 : 실행 단계

이 단계에 이르게 되면 모둠의 조직은 탄탄해진다. 효과적인 사회적 기술들을 잘 사용할 줄 알게 되고, 갈등을 스스로 해결할 줄 알며, 외부의 도움 없이도 효율적으로 모둠 활동을 할 수 있게 된다.

지금까지 살펴본 바와 같은 과정을 거치는 것이 이상적이겠지만 꼭 그렇게 상황이 흘러가지는 않는다. 그리고 모둠을 운영해 나가다 보면 여러 가지 상황이 발생하게 되는데, 그 상황이 어떤 상황이냐에 따라 모둠 세우기 5대 목표 가운데 알맞은 프로그램을 적용하여 학생들이 자신들의 문제를 지혜롭게 극복해 나갈 수 있도록 해야 한다. 모둠 세우기 5대 목표에 대해서는 뒤에서 좀 더 자세히 다루어보도록 하겠다.

5) 모둠을 살리는 교사의 지혜

- 모둠원을 끊임없이 훈련시키기(활동, 역할 및 책임, 자세 등에 대하여)
- 모둠원을 쉽게 바꾸지 않기(적당한 시간 지속)
- 지속적으로 모둠을 관찰하고, 모니터링하고, 지도하고, 상담하기
- 수업 시간과 적극 연계하기(학습 활동에 적극 활용해야 함)
- 모둠별 활동과 과제, 프로젝트 등을 개발하는 것이 중요

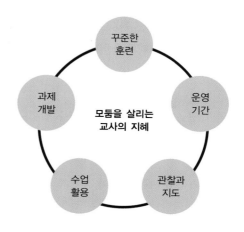

6) 모둠 활동 중 갈등에 대처하는 자세

> **교사에게 갈등은 곧 교육의 기회**
> **학생에게 갈등은 곧 배움의 기회**

학교라는 곳은 단순히 학습만을 위한 장소가 아니라 그들이 성인으로 자라는 과정 속에서 지혜롭게 갈등을 해결해 나가고, 갈등 해결에 필요한 기술과 지혜를 배우는 훌륭한 배움의 장소이기도 하다. 이런 관점에서 본다면 갈등은 피해야만 할 것이 아니라 좋은 교육의 기회이자 훌륭한 교육 자료라는 관점도 필요하다.

갈등이 벌어지지 않는 학급은 분명히 둘 중 하나이다. 최선이거나 최악이거나.[18] 그러나 현실적으로 갈등이 없는 교실은 없다. 그러니 피할 수 없다면 이에 대처하는 지혜로운 자세가 필요하다. 교사도 학생도.[19]

---

18 최선인 경우 : 학생들의 관계 기술이 잘 발달되어 있어 갈등 상황도 지혜롭게 넘기기 때문에 갈등이 없는 상황을 유지해 나가는 학급. 최악인 경우 : 카리스마 넘치는 무서운 선생님이 계셔서 겉으로 표출되지 않고 억압된 분위기 속에서 안으로 곪아 가는 학급.

19 어떤 시각에서 본다면 갈등이 표출된다는 것은 건강하다는 증거일 수 있다. 왜냐하면 분노의 표출을 통해 무엇인가 극복해보자는 의지의 표현이 바로 감정이기 때문이다. 그러나 갈등 상황에서 겉으로 감정이 표출되지 않는다면 오히려 걱정할 만한 중요한 무엇인가가 있을 가능성이 높다. 이런 경우는 대체로 희망이 없어서 생기는 것이기 때문이다. 대표적으로 포기와 무기력감이 바로 그것이다. 따라서 교사는 교실에서 갈등이 건전하게 겉으로 표출되고 그것을 잘 다스리면서 서로 간의 갈등이 지혜롭게 극복될 수 있는 방안을 학생들과 함께 찾아 나가려는 노력이 필요하다. 협동학습에서는 이를 '사회적 기술'이라 말한다. 그리고 그 과정에 모둠세우기와 학급세우기가 존재한다. 이와 관련된 학문 영역으로는 '감정 코칭, 비폭력대화, 교사역할훈련, 학생 상담, 학급 긍정 훈육법' 등이 있다.

(1) 갈등에 대한 면밀한 분석이 필요

학급에서 일어나는 일반적인 갈등 상황을 면밀하게 들여다보면 상당히 많은 경우 갈등의 중심에 놓이는 몇 명의 특정 학생이 있고, 그 학생을 둘러싸고 다른 학생들과 번갈아가면서 갈등이 발생하고 있다는 것을 알 수가 있다. 다시 말해서 많은 학생들이 갈등을 일으키는 것이 아니라 단지 몇 명의 학생들에 의해서 교실이 갈등 상황으로 빠져들게 된다는 것이다. 학생의 성격 자체가 특이한 경우(이기적, 공격적)도 일부 있겠고, 특정 대상이나 어떤 특성을 가진 다른 학생을 향해서 집단적으로 무시하거나 공격적 성향을 보이는 경우도 있다.[20] 그들은 서로가 서로를 놀리거나 비난하는 상황 속에서 기분이 나쁜 상황에 놓이게 되고, 그로 인해서 서로에게 폭력적인 모습을 드러내곤 한다. 결론적으로, 학급에서 일어나는 갈등은 아무리 많아도 몇 가지 상황으로 압축될 수 있으며, 이를 조심스럽게 접근하여 분석해보면 그 상황이 훤히 들여다보이게 된다. 그리고 원인이나 그 상황을 머릿속에 훤히 그리고 있다면 해결을 위한 방안도 쉽게 마련할 수 있게 되는 것이다.

(2) 때로는 의도적으로 갈등을 만들 필요도 있다

여러 가지 상황을 고려하여 모둠을 구성한 후에는 학생들이 보다 성숙한 단계로 한 발 나갈 수 있도록 하기 위해서 의도적인 갈등 상황을 만들어주는 것도 매우 중요한 일이다. 주로 이런 상황은 교수-학습활동 속에서 교사가 의도적으로 만들어 나가게 되는데, 학생들은 토론, 토의 활동을 통해 문제를 해결하고 의사를 결정해 나가는 상황 등을 경험하게 된다. 이런 상황은 서로 간의 생각이 조금씩 달라 논쟁이 벌어지더라도 감정을 크게 상할 일이 별로 없기 때

출처 : https://kr.123rf.com/

문에 주어진 문제 상황과 학습활동에 집중할 수 있게 되고 그 과정 속에서 자신의 생각과 다른 사람의 생각에 대한 차이점을 인정도 하게 되며 공감도 하게 된다. 그 결과 학생들은 한층 더 성숙된 단계로 나아가게 된다.

학생들에게 독이 되는 갈등을 막을 수 있는 지혜로움도, 학생들의 성장과 발전에 밑거름이 되는

---

20 문제는 포기와 무기력감에 빠진 학생이 있는 교실이다. 이런 학생의 경우 학교폭력 현상에 심각하게 노출되어 있을 가능성이 높다. 그럼에도 불구하고 이런 경우는 절대로 드러나지 않는다. 이런 학생은 평상시 아무렇지 않은 모습을 보인다. 이런 모습을 '거짓 자아'라고 한다. 교실은 그래서 평화로워 보인다. 그러다 어느 순간 그 학생은 점점 견디기 힘든 상황에 놓이게 되면서 갑자기 아파하기 시작한다. 그리고 결석이 잦아진다. 그런데도 불구하고 교사가 눈치를 채지 못하면 문제는 매우 심각해진다. 심하면 학생은 자신을 놓아버리게 될 수도 있기 때문이다. 특히 교실에서 복통, 두통 등을 이유로 자주 결석하는 학생이 있다면 '그냥 아픈가보다.'라고 생각하여 지나치지 말고 의심의 눈초리로 세밀하게 관찰하고 반드시 그 학생과 상담을 해보아야 한다. 또한 그 상황에 합당한 문제 해결 프로그램을 교실에 적용해야만 한다. 필자의 경우 학년 초만 되면 미리 예방적 차원에서 올베우스 4원칙을 기반으로 한 '폭력 없는 교실 만들기' 수업을 4시간 정도 운영하면서 학생들과 차근차근 '폭력' 현상에 대하여 생각해보는 시간을 갖는다. 나름 효과가 크다. 이에 대해서는 학급세우기 부분에서 좀 더 자세히 다루었으니 참고하기 바란다.

갈등을 잘 만들어나가는 혜안도 결국 교사의 생각과 노력에 달려 있다. 이것이 바로 교사들에게 있어서 매우 중요한 전문성인 것이고, 교육의 질은 교사의 질을 넘지 못한다는 말에 대한 생생한 입증 자료가 되는 셈이기도 하다.

7) 협동학습에서의 모둠과 전통적인 교실에서의 '조'와 비교

협동학습에서 '모둠'이란 좁은 의미로 해석하면 학습활동의 기본 단위라고 말할 수 있고 넓은 의미로 해석하면 협동적 학급운영을 위한 기본 조직이라 말할 수 있다.

전통적인 교실에서의 '조(소집단)'는 주로 학급활동(특히 자치활동)을 목적으로 조직되어 왔다. 전통적인 교실에서의 소집단은 동질적인 흥미와 호기심, 관심사에 따라 만들어졌지만 소집단의 정체성이나 모둠 내에서의 역할 분담 및 그에 따르는 책임감을 모둠 내에서 공유할 수 있는 기회를 제공받지 못했다고 볼 수 있다. 이와는 달리 협동학습 '모둠'에서는 소속감이 매우 강하게 나타나고, 일정 기간 동안 지속되며, 구성원들 사이에 생겨난 강력한 정체성을 바탕으로 긍정적인 상호작용이 일어난다.

전통적인 교실에서의 '조(소집단)'와 협동학습에서의 '모둠'을 좀 더 자세히 비교해보면 다음과 같다.[21]

전통적인 교실에서의 조(소집단)	항목	협동학습에서의 모둠
조(소집단)	명칭(이름)	모둠, 두레
동질 집단	구성(조직) 원칙	이질 집단
큰 의미가 없음(6명이 보편적임)	인원수	4명을 선호함
모호함(있으나 명확치 않음) 자신에게만 책임	개인적 책임 여부	확실하게 구분하고 책임을 짐 상호 간에 책임성을 공유
비구조화 혹은 낮음	구조화 정도	구조화 정도가 매우 높음
과제만 강조	학습과제와 구성원	과제와 구성원 사이의 관계 지속성을 매우 중요하게 생각함
거의 없거나 최소한의 활동	상호작용	구성원 간의 적극적인 상호작용
배우지 않음	사회적 기술	교사가 의도적으로 지도, 직접 배움
비교적 낮음	상호 의존도	상호 의존적임(긍정적임)

(계속)

---

21 『협동학습의 이론과 실제』, 변영계·김광휘 공저(1999, 학지사), p. 39.

독점(능력 있는 학생 – 모둠장을 중심으로 모둠이 운영됨)	지도력	공유(리더를 따로 두지 않음 – 모두가 리더)
없거나 미약함	모둠 정체성	강하고 긍정적임
단기 혹은 장기	지속성	중·장기
교사 개입의 최소화(자치) 집단기능을 무시함(꼭 필요한 경우가 아니면 관여하지 않음)	교사 개입의 정도	상호작용을 통한 개인과 집단의 목표를 최대한 달성하기 위해 교사의 적극적인 관찰과 개입이 필요
생활 모둠 – 학급 활동 중심 (학급자치활동에 치중)	활동의 중심 (모둠의 성격)	학급 활동 및 교수–학습 활동 모두를 위한 조직
구성원 간의 '다양한 만남(활동)'을 통한 성장 및 효율적인 학급운영	활동 목표	효율적인 학급 운영 – '우리는 하나' 함께 공부(생활)하는 법 익히기
활발하지 못하거나 소극적임	소집단 활동	매우 활발함

8) 협동학습을 위한 가장 효율적인 모둠의 규모

가장 적은 규모의 모둠은 2인이라 할 수 있다. 그리고 교실에서 소집단 활동을 할 때 가장 많은 규모의 모둠은 최대 8명 정도를 보지만 실제로는 6명 이상은 잘 구성하지 않는다. 왜냐하면 상호작용의 효율성이 매우 떨어지기 때문이다.

보통 소집단이라고 하면 2~8명 사이의 인원을 가장 많이 말하고 있고 협동학습도 소집단 활동을 기반으로 하는데 협동학습을 연구, 실천하는 사람들은 가장 효율적인 모둠 규모로 4인 1모둠을 선호한다. 그 이유는 다음과 같다.

- 교실 규모상 가장 적당한 면적 차지
- 가장 효율적인 상호작용 경우의 수가 나타날 수 있음(짝 활동만 해도 6가지가 됨 : 오른쪽 그림)
- 얼굴을 마주하는 거리가 멀지 않음
- 다양한 아이디어 개진이 가능
- 짝수라서 소외되는 학생이 없음
- ※ 단점 : 의사결정 상황에서 2 : 2가 될 경우 결정이 어려움, 한 사람이 결석할 때 소외되는 학생이 발생할 수 있음

그런데 학급마다 인원수가 달라 4배수가 안

산그림 초등사회교재
출처 : http://picturebook-illust.com

될 경우가 있다. 이럴 경우 다음과 같이 모둠을 구성하면 된다.

- 1명이 남을 경우 : 어쩔 수 없이 한 모둠은 5인 1모둠으로 편성[22](저학년일 경우 군이 4인 1모둠으로 구성하지 않아도 됨, 짝 활동 중심으로 진행하는 것이 더 효과적), 1명이 남는 경우 교사가 짝을 해주면 됨, 교실 공간 활용에 무리가 없다면 3인 1모둠을 3개 편성하는 것도 고려해볼 수 있음

- 2명이 남을 경우 : 학습능력 측면에서 편차가 크지 않은 학생을 중심으로 3인 1모둠을 2개 편성, 짝 활동이 필요할 때 두 모둠에서 남는 1명끼리 모둠을 뛰어넘어 짝 활동 진행(이럴 경우 두 모둠이 항상 옆에 자리할 수 있도록 배치하기)

- 3명이 남을 경우 : 그냥 그대로 1모둠으로 편성, 짝 활동이 필요할 때 교사가 짝을 대신하여 활동하기(도움을 많이 필요로 하는 학생은 가능한 이 모둠에 편성하지 않는 것이 좋음, 나머지 2명의 학생에게 부담이 크기 때문)

모둠 인원이 다른 경우에 대해서도 특징을 간략히 살펴보면 아래와 같다.

	장점	단점
2인	가장 상호의존성이 높음, 선택지가 없기 때문에 서로는 '필요'라는 동기로 연결, 저·중·고학년 모두에게 매우 유용(특히 저학년의 경우 가장 효율적)	(1) 1명이 결석할 경우 상호작용이 불가능 (2) 수준차가 클 경우 1인에 대한 의존도, 영향이 지나치게 커질 수 있음 (3) 갈등 발생 시 활동이 불가능 (4) 남녀 구성 시 동성에 대한 경험이 無 (5) 동성 구성 시 이성에 대한 경험이 無 (6) 다양한 생각과 경험의 공유에 취약
3인	의사결정이 용이	(1) 짝 활동 시 1명이 소외됨 (2) 관계적 측면에서 1명이 외톨이로 남을 가능성이 큼
5인	의사결정이 용이, 다양한 생각과 경험의 공유 가능	(1) 짝 활동 시 1명이 남아 어려움 (2) 관계적 측면에서 1명이 외톨이로 남을 가능성이 큼

(계속)

---

22 이 경우 좀 더 세심한 주의를 기울여 편성 : 필자의 경우 도움을 가장 많이 필요로 하는 학생 1명에게 도움이 가장 필요 없는 학생을 마치 그림자처럼 붙어 있게 하여 1명처럼 인식하게 만드는 방법을 선호한다. 물론 이럴 경우 특히 도움이 가장 필요 없는 학생을 따로 만나 상황을 잘 설명하고 의사를 묻는다. 거절하면 다른 학생을 찾으면 된다.

6인	다양한 생각과 경험의 공유 가능, 짝 활동이 가능	(1) 의사결정이 안 될 수도 있음(3대 3) (2) 인원이 많아 산만해질 우려도 있음 (3) 짝 활동 시 대면적 접촉을 위한 거리가 먼 학생도 발생하여 비효율적 (4) 한 사람 결석 시 짝 활동이 불가능

9) 협동학습에는 이질 모둠이 제격

모둠을 구성할 때 어떤 특성을 중요하게 여기느냐에 따라 보통 이질 모둠, 동질 모둠, 무작위 모둠 3가지 정도로 나눌 수 있다. 여기에서 동질 모둠이란 특정한 조건[23]을 중심으로 집단을 구성한 경우를 말한다. 반면에 이질 모둠이란 특정한 조건이 어느 한 모둠에 쏠리지

사람과 사회 TM 뉴스 다문화 가족 : 문화적 특성도 '이질'의 한 요소
출처 : http://www.peopleciety.com

않게 고르게 분배하여 다양한 특성이 나타나도록 구성한 모둠을 말한다. 끝으로 무작위 모둠이란 특정 조건에 상관없이 말 그대로 무작위로 구성한 모둠을 말한다.

그런데 이 가운데 협동학습은 이질 모둠을 가장 이상적으로 여긴다.[24] 그 이유는 다음과 같다.

- **교실, 모둠은 하나의 작은 사회** : 세상은 이질적 특성이 기본
- 다양한 이질적 특성을 가진 사람들과 만나 조화를 이루는 데 필요한 공동체 역량을 계발할 수 있는 배움의 기회 제공
- 또래 가르치기를 통한 상호 배움 효과가 큼(특히 학습능력이 높은 학생도 가르치면서 자신이 알고 있는 것을 더 확실히 다지는 효과가 매우 큼)
- 이질적 특성으로 인한 다양성 경험 기회 확대
- '차이'에 대한 관점이 '옳고 그름'에서 '다름'으로 전환되는 긍정적 효과가 큼
- 특히 교실에서 학습능력의 쏠림 현상을 막을 수 있음(모둠 간 학습 편차 축소)
- 다양한 친구들과 만날 수 있어 교우 관계 개선 효과가 큼
- 이성에 대한 이해의 폭을 넓힐 수 있음

---

23 인종, 성별, 학습능력, 주요 관심사 또는 학습 주제(예 : 장래 희망이 같은 사람 등)를 말한다.
24 협동학습을 실천하는 교사들은 교우 관계 문제, 학습능력의 쏠림 현상으로 인한 모둠 편차 문제, 동성끼리 몰려 있음으로 인한 다양성 해체 문제 등을 고려하여 특별한 경우가 아니면 동질 모둠, 무작위 모둠을 구성하지 않으려고 한다.

그러나 이질 모둠의 구성을 위해서는 교사의 어려움이 매우 크다는 단점도 있다. 다양한 요인을 고려해야 하기 때문에 모둠을 편성할 때 매우 오랜 시간 동안 고민을 해야만 한다. 물론 학생들로부터 약간의 저항을 받기도 한다. 이럴 때는 합리적인 이유를 들어 설득을 해야 하고 이질 모둠 운영 도중에 적절한 탈출구를 가끔 마련해주는 지혜도 발휘해야 한다.

학생들 설득을 위한 논리

1. 실제 우리들의 삶은 자신의 선택에 의해 소속 집단을 갖는 경우보다 자신의 의지와 상관없이 주어지는 경우가 더 많음(예 : 현재 자신의 가족, 자신이 다녔던 유치원, 학교, 자신이 배정된 학급, 친구, 선생님, 학원 등)
2. 중요한 것은 다양한 사람들과 만나 함께 소통하고 어울리는 지혜를 배우는 것
3. 다양한 사람들과 만나 공통의 목표를 이루기 위해 노력하는 과정에서 공동체 역량을 키워나갈 수 있고 삶의 지혜도 배울 수 있음
4. 다양한 관점과 가치관도 경험할 수 있어 세상을 바라보는 눈이 향상될 수 있는 기회를 갖게 됨
5. 서로가 도움을 주고받는 과정에서 '삶의 의미'가 되어줄 수 있음
6. 함께 성장할 수 있는 기쁨을 누릴 수 있음(특히 정신적 키, 마음의 키)

적절한 탈출구 제시 방안

1. 월 1~2회 정도 '하루 동안 원하는 친구와 앉는 날' 만들기(키가 큰 사람은 뒤에 앉는 센스) : 여기에도 조건은 있다. 미리 와서 아직 오지도 않은 친구 자리 맡아주기 없기, 누군가 앉으려고 할 때 불편한 표정, 불편한 언행을 보이지 않기 ⇨ 이와 같은 모습을 보이면 이런 날을 앞으로는 제공하지 않을 것이라 말하기
2. 교육과정 재구성을 통해 과제 수행을 위해 원하는 사람과 같은 모둠을 구성할 수 있는 기회를 자주 제공하기
3. 모둠을 넘어 모두 함께 단합할 수 있는 기회를 자주 마련하기 : 학급세우기 활동, 학급 행사, 학급 단합대회 등

10) 이질 모둠을 구성하는 방법

협동학습을 실천하는 교사들은 보통 많은 고민을 해야 하는 어려움은 있겠지만 나름의 지혜를 발휘하여 다양한 방법으로 직접 이질 모둠을 구성하고 있다. 그 방법 몇 가지를 살펴보면 다음과 같다.

(1) 성적 중심으로 교사가 이질 모둠을 편성하여 제시

이질적 특성에 대하여 많은 교사들은 학생들의 '성적'을 최우선으로 놓는 경향이 강하다. 특히 중·고등학교로 갈수록 더욱 그러하다. 초등학교에서도 이 부분은 무시할 수 없는 요소이기도 하다.

성적 중심으로 이질 모둠을 편성할 때 다음과 같은 방법을 주로 활용한다.

- 아래와 같이 성적을 중심으로 등위를 매겨 나열[25]

1	2	3	4	5	6	7	8	9	10	11	12	13	14	15	16	17	18	19	20
상	상	상	상	상	중상	중상	중상	중상	중상	중하	중하	중하	중하	중하	하	하	하	하	하

- 성적을 중심으로 〈상, 중상, 중하, 하〉 수준의 학생들이 한 모둠에 편성될 수 있도록 뽑는다(위에서 보는 바와 같은 색깔끼리 한 모둠으로 구성).
- 주의할 점 : 가능하면 이렇게 성적순으로 서열화한 자료는 학생에게 유출되지 않도록 해야 함(학생의 자존감 문제), 어떤 방법으로 모둠을 구성하였는지에 대해서도 가능하면 이야기하지 않는 것이 좋음
- 이렇게 편성된 학생들의 모둠 자리 배치 방법('상, 중상, 중하, 하' 수준 학생들의 자리배치는 각 모둠마다 일치함) ⇨ '하' 자리 학생에게 낙인 효과 발생 주의

11등(중하)	20등(하)	
:)	:)	이렇게 자리 배치를 하는 교사들은 비슷한 수준의 학생들끼리 어깨를 나란히 하고 앉아 짝 활동을 할 때 상호작용이 가장 활발하게 일어난다고 말하고 있다.
⌢	⌢	
1등(상)	10등(중상)	

---

25 '이질'이란 요소에 '성적'만 반영시킬 경우는 위와 같겠지만 초등학교처럼(중·고등학교에서도 남녀가 함께 공부하는 경우도 있음) '성별'도 함께 반영시킬 경우 '남녀 각각 2명-상, 중상, 중하, 하'에 맞게 모둠 구성을 한다는 것은 여간 힘든 일이 아니다. 그렇다고 하여 남녀가 같이 공부하는 교실에서 남자들끼리 한 모둠, 여자들끼리 한 모둠을 구성한다는 것도 그리 쉬운 일만은 아니다(4인 1모둠을 동성끼리 맞추는 데 발생하는 어려움, 성별에 따른 특성으로 인한 모둠 간 다양한 편차 문제 등). 여기에 '교우 관계'도 결코 무시할 수 없는 요소이기 때문에 변수가 1개씩 추가할 때마다 한마디로 '뼈 때리는 작업'이 이루어질 수밖에 없다. 어찌 되었든 완벽한 방법은 없다는 것은 분명한 사실이다.

11등(중하)	10등(중상)
😊	😊
😐	😐
1등(상)	20등(하)

필자의 경우는 이렇게 하는 것을 선호한다. 그 이유는 위와 같은 경우 '중하 ⇔ 하' 수준 사이에서 특히 수학 시간에 확실한 개념 설명과 이해에 어려움이 발생하기 때문이다.[26]

(2) '성적'+'성별'을 중심으로 교사가 이질 모둠을 편성하여 제시

성적 다음으로 가장 쉽게 고려할 수 있는 이질적 특성은 바로 '성별'이다. 그러나 성별은 이질 모둠 구성을 위한 핵심 요인은 되기 어렵다. 왜냐하면 이 경우 모둠 간 학습격차를 고르게 맞추기 매우 어렵기 때문이다.(대체로 보면 남학생들이 학습이라는 측면에서 볼 때 성실성, 과제 집중력, 완성도 등 많은 부분에서 여학생들보다 미흡한 부분이 많이 보이기 때문이다.)

보통 '성별'을 맞출 때는 남자 2명, 여자 2명을 맞추려 한다. 하지만 대체로 교실마다 성비의 불균형 현상이 늘 존재하기 때문에 아래와 같은 문제는 피할 수 없다.

- 남자 4명만 남을 경우 : 남학생들은 무척 좋아한다. 그러나 실제 활동하다 보면 타 모둠에 비해 어려움이 많을 때도 있다(집중력 문제, 과제 해결 과정 및 결과물의 완성도, 역할 및 과제에 대한 책임성 등에서 타 모둠과 차이가 분명히 존재).
- 여자 4명만 남을 경우 : 거의 경험하기 어려움(필자의 경우 한 번도 없었음)[27]
- 남자 3명에 여자 1명이 남을 경우 : 그 모둠에 배정된 여학생의 경우 무척 힘들어한다. 그냥 이렇게 운영하고자 할 때 3명의 남학생은 비교적 '효율적 행위자'라고 생각되는 학생들을 함께 편성해주고, 여학생은 어느 정도 학습능력이 있으며 능동적이고 열의가 있는 학생을 배치하는 것이 좋다고 볼 수 있다. 그래도 여학생은 힘들다. 그래서 교사가 자주 만나 격려하고 지지하고 자주

---

26 필자는 초등교사라서 그런지 성적을 중심으로 위와 같이 자리배치를 하지 않는다. 하지만 협동학습을 처음 시도할 때는 성적을 중심으로 배치하였던 적도 있었는데 이 경우 차라리 '상 ⇔ 하' 수준 학생 간에 확실한 도움 주고받기가 이루어질 수 있도록 하고 '중상 ⇔ 중하' 수준 학생 사이에 활발한 상호작용이 일어날 수 있도록 하는 것이 더 좋다고 보았고 필자의 경험으로는 실제로도 그러했다. 그러나 이 또한 교사들마다 경험이 서로 다를 수 있기 때문에 절대적이지 않다는 것은 분명한 일이다.

27 필자의 경우 가끔 남자들끼리, 여자들끼리 구성할 경우도 종종 있다. 특히 학년 말에 가서 마지막 모둠 편성을 할 때 이런 방법을 활용하기도 한다. 그런 경우에 보통 여자 4명으로 구성된 모둠은 잘 운영되는 모습을 보인다. 하지만 갈등이 한 번 생기면 그 모둠은 무척 힘들어지기도 한다. 또한 남자 4명으로 구성된 모습은 학습활동에 집중하지 않는 모습이 자주 발생하고, 학습 결과물이 다른 모둠에 비하여 약간 떨어지는 모습도 보인다. 그래서 필자는 모둠 활동을 할 때 남학생 모둠 가까이에서 가만히 서 있는 경우가 많다. 그것만으로도 그들은 긴장하고 활동에 집중한다. 그렇다고 하여 남자 4명인 모둠이나 여자 4명인 모둠이 활동을 잘하지 못한다는 것은 아니다. 오히려 상당 기간 협동학습을 경험하면서 사회적 기술을 잘 갖추어 나갔다면 이 경우 학생들이 더 활동을 잘할 수 있다.

관심을 가지고 들여다보아야만 한다. 물론 같은 반에서 남자끼리, 여자끼리 모둠을 구성하는 방법도 있겠지만 필자의 경우는 별로 선호하지 않는 편이다. 왜냐하면 과제 수행 과정 및 결과를 볼 때 여학생들끼리 있는 모둠에 비하여 편차가 크게 나타나는 경우가 많기 때문이다. 하지만 이 또한 절대적일 수는 없으니 판단은 어디까지나 각자의 몫이다.

다문화가족 문제(우리나라도 모둠 편성 시 이런 요인까지 고려해야 하는 지역이 점점 늘어나고 있음)
출처 : 한겨레 뉴스(2019. 5. 2)

- 여자 3명에 남자 1명이 남을 경우 : 남자 1명은 3명의 여자들 틈 속에서 기를 펴지 못하고 힘들어하는 모습을 많이 보게 된다. 여러 면에서 꽤 우수한 학생이어도 마찬가지다. 그래서 그 남학생은 몇 번이나 찾아와 "선생님, 모둠을 바꾸어주시면 안 되나요?"하고 애원을 하기도 한다. 그러나 이런 경우는 정말 흔치 않다.

(3) '성적'+'성별'+'성격적 특성'을 중심으로 교사가 이질 모둠을 편성하여 제시

고려해야 할 요인이 늘어날수록 머리는 더 복잡해지고 시간도 오래 걸린다. 그러나 특히 성격적 특성은 고려하지 않을 수 없는 요인이다. 이로 인하여 '교우관계' 문제가 매우 크게 불거지기도 하기 때문이다. 심한 경우에는 학교폭력 문제로 확대되기도 하고 학부모 또는 학생으로부터 '모둠 교체' 요구를 자주 받기도 한다. 따라서 첫 번째 모둠 구성에는 이 요소를 반영시키기 어렵지만 두 번째 모둠 구성부터는 이런 요소도 충분히 반영시키는 것을 고민해보아야 한다. 물론 두말할 나위 없이 활동적인 성격의 학생과 차분한 성격의 학생, 외향적 성향의 학생과 내성적 성격의 학생들을 고르게 섞는 것이 좋다는 것은 부정할 수 없는 사실이다.

초등학교의 경우 교사가 늘 교실에 상주하기 때문에 관찰이 가능하지만 중·고등학교의 경우 관찰이 어렵다. 따라서 수시로 회장, 부회장 또는 학급 자치 부서장들과 함께 소통하면서 모둠 활동과 관련한 다양한 정보를 수집하는 지혜가 필요하다. 가끔은 각 교과 담당 선생님으로부터 정보를 얻을 필요도 있다.[28]

---

28 이렇게 얻은 정보를 통해 특별히 배려가 필요한 학생이 있다고 파악된다면 그 학생에게 도움을 줄 수 있는 학생을 같은 모둠에 편성하려는 지혜가 요구된다. 반대로 함께 모둠에 편성하면 부정적 상호작용이 발생할 가능성이 높은 학생은 반드시 멀찍이 떨어뜨려 놓는 것이 좋다.

(4) '교사의 최소한 개입＋학생 주도'의 이질 모둠 편성

이 경우 완벽히 학생에게 모둠 편성을 전적으로 맡기는 것은 아니다. 모둠 구성의 책임은 학생들에게 맡기면서도 모둠 구성을 주도할 최초의 학생(모둠 구성의 마중물 역할을 할 학생)을 모둠 수만큼 교사가 먼저 세운 뒤에 그 학생들이 중심이 되어 자신의 모둠을 선정해 나갈 수 있도록 하는 방식이라 말할 수 있다. 다시 말해서 교사가 세운 최초의 학생이 스카우터가 되는 셈이다.

교사가 세우는 최초의 학생은 리더십이 우수한 학생일 수도 있고, 학습능력이 뛰어난 학생일 수도 있고, 그 반대일 수도 있다. 그러나 이 경우 문제 발생 소지가 매우 크다. 왜냐하면 학생들로부터 관심을 끌지 못하는 학생이 있을 경우(특히 무임승차자, 강력한 분쟁 유발자, 훼방꾼, 억제자, 왕따를 당하는 학생 등) 심한 모멸감과 수치심으로 인하여 자존감에 큰 상처를 받을 우려가 높고 싸움이 벌어지기도 하기 때문이다. 그래서 필자는 별로 권하고 싶은 마음이 없다.

1단계	교사가 마중물 학생(스카우터) 6명 세우기 : 24명을 기준으로 설명 － 남녀 합반일 경우 남학생 3명, 여학생 3명
2단계	마중물 학생(스카우터)은 함께 하고 싶은 모둠원 1명 뽑기 － 이때 반드시 이성을 뽑는다.
3단계	남은 학생들은 남자 1명, 여자 1명씩 1차로 편성된 모둠 구성원을 보고 자신이 가고 싶은 모둠으로 이동하기(반드시 남녀 성비를 맞추어 이동)
4단계	많이 몰린 모둠은 신청자 스스로 협의하여 결정하게 하거나 2단계에서 만들어진 2명의 학생이 협의하여 각각 남자 1명, 여자 1명을 영입할 수 있게 하여 최종 결정(끝까지 남는 학생이 마음의 상처를 받지 않게 주의하기)

(5) 무작위로 구성하는 방법

학생들에 대한 정보가 아무것도 없을 때 사용하는 방법이라 할 수 있다. 주로 학년 초에 많이 사용한다. 요즈음 이를 위한 간단한 프로그램들을 온라인상에서 많이 구할 수 있어서 쉽게 모둠을 편성할

클래스 123 사이트를 활용한 모둠 만들기

모둠편성 인물카드 및 속담카드

출처 : 다음 카페 http://cafe.daum.net/hwork

수 있다. 그 밖에 돌아다니면서 인물카드나 속담 조각을 맞추어 완성하기, 트럼프 카드 모으기, 돌아다니면서 퍼즐 조각 맞추어 완성하기, 퀴즈나 수학 문제 풀이 후 답이 같은 사람 찾아 모둠 만들기, 제비뽑기, 사다리타기 등 다양한 방법이 활용되고 있다.

아이스크림 막대를 이용한 모둠 뽑기

1. 번호 또는 학생 이름이 적힌 아이스크림 막대 준비하기(중·고등학교의 경우 이름이 적힌 막대를 반별로 따로 통에 담아 준비하면 발표 학생을 선정할 때도 도움이 된다. 번호를 적으면 한 번만 만들어 모든 학급에 활용할 수 있다.)
2. 순차적으로 뽑아 가면서 모둠 편성하기(학년 초 첫 모둠 선정)
   - 학생들에 대한 아무런 정보가 없을 경우 간편하게 모둠 구성

번호 추첨, 속담 카드, 인물 카드 등 활용하기

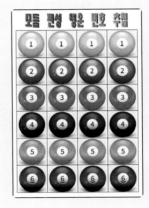

1. 학급 인원수만큼 공 또는 번호 카드를 준비
2. 번호가 적힌 카드를 박스에 넣고 섞기
3. 학생들이 각자 1장씩 뽑기
4. 같은 번호(같은 작품 속 인물, 같은 속담 연결하기)끼리 모여서 모둠 확인하기

수학 교육과정 중 연산 활동을 이용한 모둠 편성

1. 해당되는 각 학년 수학 교육과정 내용을 참고로 하여 학습하고 있는 단원 내용에 맞게 간단한 문항을 인원수만큼 출제한다(문항 출제 아이디어는 다양함).
2. 모둠 편성 방법을 알려주고 학생들이 1장씩 문제지를 뽑을 수 있게 한다.
3. 각자 문제를 해결한 후에 답이 같은 학생끼리 모인다.
4. 모둠원이 모두 모이면 확인 후 빨리 모인 순서대로 모둠 자리를 선정한다(빨리 모이면 그 팀에게 모둠 자리 선정

문제를 프린트하여 돌돌 말아 담아 놓은 것

모둠편성을 위한 수학수업	
반드시 기약분수로 답을 구하시오. $\frac{1}{2} + \frac{2}{3} = \square$	반드시 기약분수로 답을 구하시오. $\frac{2}{3} + \frac{2}{4} = \square$
반드시 기약분수로 답을 구하시오. $\frac{3}{6} + \frac{2}{3} = \square$	반드시 기약분수로 답을 구하시오. $\frac{2}{3} + \frac{4}{8} = \square$

모둠편성을 위한 수학수업	
반드시 기약분수로 답을 구하시오. $\frac{2}{3} + \frac{3}{4} = \square$	반드시 기약분수로 답을 구하시오. $\frac{4}{6} + \frac{3}{4} = \square$
반드시 기약분수로 답을 구하시오. $\frac{2}{3} + \frac{6}{8} = \square$	반드시 기약분수로 답을 구하시오. $\frac{4}{6} + \frac{6}{8} = \square$

모둠편성을 위한 수학수업	
반드시 기약분수로 답을 구하시오. $\frac{3}{5} + \frac{2}{3} = \square$	반드시 기약분수로 답을 구하시오. $\frac{3}{5} + \frac{4}{6} = \square$
반드시 기약분수로 답을 구하시오. $\frac{6}{10} + \frac{2}{3} = \square$	반드시 기약분수로 답을 구하시오. $\frac{6}{10} + \frac{4}{6} = \square$

모둠편성을 위한 수학수업	
반드시 기약분수로 답을 구하시오. $\frac{4}{5} - \frac{2}{3} = \square$	반드시 기약분수로 답을 구하시오. $\frac{8}{10} - \frac{2}{3} = \square$
반드시 기약분수로 답을 구하시오. $\frac{4}{5} - \frac{4}{6} = \square$	반드시 기약분수로 답을 구하시오. $\frac{8}{10} - \frac{4}{6} = \square$

모둠편성을 위한 수학수업	
반드시 기약분수로 답을 구하시오. $\frac{5}{6} - \frac{3}{4} = \square$	반드시 기약분수로 답을 구하시오. $\frac{10}{12} - \frac{3}{4} = \square$
반드시 기약분수로 답을 구하시오. $\frac{5}{6} - \frac{6}{8} = \square$	반드시 기약분수로 답을 구하시오. $\frac{10}{12} - \frac{6}{8} = \square$

모둠편성을 위한 수학수업	
반드시 기약분수로 답을 구하시오. $\frac{6}{7} - \frac{4}{5} = \square$	반드시 기약분수로 답을 구하시오. $\frac{12}{14} - \frac{4}{5} = \square$
반드시 기약분수로 답을 구하시오. $\frac{6}{7} - \frac{8}{10} = \square$	반드시 기약분수로 답을 구하시오. $\frac{12}{14} - \frac{8}{10} = \square$

초등 5학년 진분수의 덧셈과 뺄셈 문제

에 대한 우선권 부여).

※ 모둠원 수가 3명인 모둠을 만들어야 할 경우 교사가 임의로 1장을 뽑아 풀이 후 먼저 답을 칠판에 공개한다. 그렇게 하면 교사가 풀이한 답과 같은 학생 3명이 모여 한 모둠을 구성하면 된다.

※ 이렇게 하면 1석 4조의 효과를 노릴 수 있다(1. 모둠 편성, 2. 재미, 3. 도움 주고받기, 4. 평가가 아니라서 부담이 없음).

출처 : 다음 카페(http://cafe.daum.net/hwork)

(중학교 수학) 공통인수를 찾아라!				공통인수(답)
$\chi^2 - \chi$	$2\chi^2 - \chi - 1$	$2\chi^2 - 3\chi + 1$	$-\chi^2 + 2\chi - 1$	$(\chi - 1)$
$-2a\chi - 2a$	$\chi^2 + 5\chi + 4$	$3\chi^2 + 2\chi - 1$	$\chi^2 - 5\chi - 6$	$(\chi + 1)$
$4\chi^2 - 9\chi + 2$	$\chi^2 + 3\chi - 10$	$\chi^2 - 7\chi + 10$	$2\chi^2 - \chi - 6$	$(\chi - 2)$
$4\chi a^2 + 8a^2$	$\chi^2 - 2\chi - 8$	$\chi^2 + 4\chi + 4$	$6\chi^2 + 11\chi - 2$	$(\chi + 2)$
$-3\chi y - 9y$	$\chi^2 + 11\chi + 24$	$2\chi^2 + \chi - 15$	$2\chi^2 + 12\chi + 18$	$(\chi + 3)$
$\chi^2 - 6\chi + 9$	$2\chi^2 - \chi - 15$	$\chi^2 + 4\chi - 21$	$5\chi^2 - 14\chi - 3$	$(\chi - 3)$

초등 저학년에서는 무작위 모둠 운영이 더 효율적일 수 있다.

저학년은 특별한 모둠을 정해주기보다는 수업 시간에 짝끼리 활동을 좀 더 많이 하는 것이 좋고, 4명을 필요로 할 때는 그때그때 책상을 돌려서 모여 앉게 하는 것이 좋다. 왜냐하면 저학년에서는 특별히 뛰어난 학생들이 따로 없고 다루는 내용도 그리 어려운 내용이 아니기 때문에 오히려 토론이나 발표가 활발하다고 볼 수 있다. 물론 특정 모둠에 관심을 많이 기울여야 하는 학생이 치우칠 때는 약간의 조정을 해줄 필요도 있다.

(6) 필자가 선호하는 모둠 구성 방법

필자의 경우 다중지능 요소를 최대한 활용하여 모니터링한 후 모둠을 편성한다.

[필자의 모니터링 양식 사례 : 학생들에 대한 다양한 정보 수집]

아래 표에 '우수함', '보통', '부족함' 등의 평가를 기호(☆, ○, △)로 표시한다.

번호	이름	성별	학습활동		인성(성격)			특기(소질)			
			발표력	성취도	협조성	리더십	책임감	글(씨)	그림	신체표현	음악성
다중지능과의 연계성			논리수학지능 자연탐구지능		자기성찰지능 대인관계지능			언어지능, 공간지능 신체운동지능, 음악지능			
1											
2											
3											
4											

자료 공유 : 다음 카페 http://cafe.daum.net/hwork

이를 위해 보통 3월 한 달은 학생들에 대한 정보 수집 기간으로 삼으면서 매우 다양한 활동을 제공하고 학생들을 관찰, 기록, 정리한다. 물론 간략히 만든 다중지능 검사도 활용한다(3월 한 달은 학생들에 대한 진단활동 기간으로 삼기).

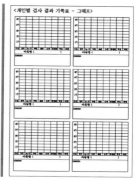

필자가 활용하고 있는 간단한 다중지능 검사 활동지

자료 공유 : 다음 카페(http://cafe.daum.net/hwork)

이렇게 정보를 수집한 뒤 3월 말에 많은 고민을 하여 1차 모둠을 구성, 4월 1일에 발표하여 5월까지 운영, 6월 1일에 2차 모둠을 구성 1학기 마무리, 9월 1일에 3차 모둠을 발표하여 10월까지 운영, 11월 1일에 4차 모둠을 구성하여 2학기를 마무리한다. 필자는 안내한 바와 같이 1년에 모둠을 4번 구성한다. 한 번 구성하면 약 2달 정도씩 운영하고 있다.

[이질 모둠 구성 시 꼭 고려해야 할 점]

- 발표력이 좋은 학생이 각 모둠에 고루 배치되도록 하고, 다양한 교과에 대한 지식이 풍부한 학생도 고루 배치하도록 한다(학습능력 고려).
- 필자의 경우에는 리더십이 우수한 학생, 특히 가슴이 따뜻하여 포용력이 높은 학생을 매우 높게 평가한다.
- 협조성과 책임감도 충분히 반영하도록 한다.
- 학생들의 다양한 특성이나 특기 등을 고려하여 각 모둠에 고르게 안배할 수 있도록 한다. 교수-학습활동을 하다 보면 학습 결과를 다양한 형태로 보고하거나 발표를 해야 할 경우가 많다. 그럴 경우를 대비하여 글 솜씨, 글씨 쓰기와 그림 그리기 능력, 신체표현이나 활동 능력, 음악성(노래, 악기 연주 등) 등을 잘 파악한 뒤 해당하는 학생들을 각 모둠에 고르게 분포하도록 하는 것이 바람직하다.(교수-학습활동과 관련하여 학생들에 대한 다중지능 프로파일을 잘 정리해두는 습관을 갖는 것이 좋다. 이 자료들은 학생들에 대한 장점 파악을 통해 좋은 것은 더 발전시키고, 부족한 점은 장점을 통해 보완해 나갈 수 있도록 해 주기도 하지만 모둠 구성에도 유용한 자료가 된다.)

[학생들에 대한 다양한 정보 수집을 통한 모둠 구성의 사례]

상 최○○	발표력이 우수하고 글씨를 잘 씀	중하 김○○	발표력이 부족하고 그림을 잘 그림
하 박○○	학습력 및 책임감이 부족함	중상 김○○	학습력이 보통이고 협조적임

상 나○○	학습력이 보통이나 리더십이 우수함	중하 오○○	발표력이 보통이나 글씨를 잘 씀
하 손○○	학습력은 부족하나 그림을 잘 그림	중상 박○○	학습력은 우수하나 책임감은 부족

상 김○○	발표력, 학습력, 리더십이 뛰어남	중하 조○○	학습력은 보통이나 글씨를 잘 씀
하 박○○	학습력은 부족하나 협조적임	중상 유○○	학습력은 보통이나 책임감이 강함

(7) 수업 속에서 일시적인 모둠 구성하기

가끔 보면 본래의 모둠보다는 별도의 주제나 흥미를 중심으로 모둠을 일정 기간 동안 편성하여 운영할 필요도 있는 경우가 꽤 있다. 이럴 경우 계획적으로 동질 모둠을 구성하여 운영하는 것이 더 좋다. 왜냐하면 관심사, 흥미 등이 달라서 활동에 방해가 될 수 있기 때문이다. 대표적으로 프로젝트 수업을 할 때 등이 그러하다.

직업 탐색 수업을 위한 프로젝트 모둠 구성 안내

1. 모둠 편성 방법 : 동질 모둠 구성
2. 모둠당 최대 인원 : 4명 이내, 모둠당 최소 인원 : 2명 이상
3. 자신이 관심을 갖고 있는 직업을 서로 공유 ⇨ 같은 사람끼리 프로젝트 모둠 만들기, 한 모둠에 사람이 많이 몰리면 2~3개 모둠으로 나누기
4. 자신의 흥미나 관심과 상관없이 친한 친구를 따라서 모둠 구성하지 않기

---

11) 모둠 편성 및 운영의 핵심 두 가지만은 잊지 말자

(1) 어떻게 만드느냐보다 어떤 모둠을 만들어 가느냐가 더 중요

모둠세우기 5대 목표에 맞게 시의적절한 활동이 제공되어야 모둠은 성장해 나갈 수 있다. 이렇게 되면 어떤 방식으로 모둠을 편성해도 큰 차이가 없게 된다. 결론은 하나다 — 교실 전체 및 모둠원 간의 분위기를 협동적, 긍정적으로 만들 수 있느냐 하는 점.

(2) 모둠의 순기능도 좋지만 역기능에도 신경을 써야 함

모둠을 짜 놓고 모둠세우기 5대 목표에 맞게 활동을 적절히 제공하지 못하거나 학생들의 역할을 하나로 고정시켜 놓는 경우, 모둠 간 경쟁을 조장하는 경우 오히려 역기능이 더 많아지게 된다 — 잘하는 학생이 못하는 학생의 '대행교사'가 되어 학생을 닦달하고, 못하는 학생은 남의 것 베끼기에 정신이 없다. 이는 학생 간 관계에 대하여 교사가 신경 쓰지 않기 때문에 발생하는 현상이다. 이럴 경우 차라리 모둠을 만들지 말고 필요에 따라 그때그때 만드는 것이 더 좋다.

12) 협동학습을 위한 자리 배치

보통 협동학습 활동을 할 때 모둠 자리 배치는 아래와 같은 방법을 주로 사용한다.

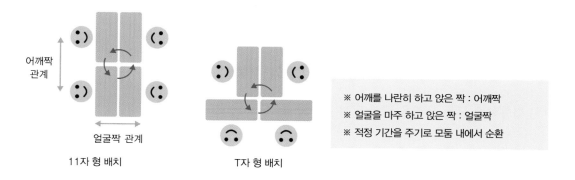

11자 형 배치　　　　T자 형 배치

※ 어깨를 나란히 하고 앉은 짝 : 어깨짝
※ 얼굴을 마주 하고 앉은 짝 : 얼굴짝
※ 적정 기간을 주기로 모둠 내에서 순환

　필자의 경우 모든 수업을 협동학습으로 진행하지 않기 때문에 평상시에는 칠판을 바라보며 분단식으로 앉아 있게 한다. 그러다가 협동학습을 하게 되면 11자 형 또는 T자 형으로 자리 배치를 하라고 안내한다.

- 작업 공간이 많이 필요한 활동이면 홀수열과 짝수열 모두 책상과 의자를 돌려서 11자형으로 자리 배치하기(항상 이렇게 앉으면 집중력이 떨어질 우려가 있음)
- 작업 공간이 많이 필요 없고 보다 가까운 거리에서 긴밀한 상호작용을 필요로 할 때는 홀수열에 앉은 학생만 뒤로 돌아 앉으라고 하여 11자 형 자리 배치하기(이 경우 홀수열 학생은 칠판을 등

지고 앉게 됨) ⇨ 작업이 마무리되면 다시 원래 상태로 되돌아 앉기

- 위의 두 가지 목적을 적절하게 충족시킬 수 있는 형태의 자리배치를 원하면 홀수열에 앉은 학생만 책상과 의자를 돌려 T자 형으로 배치하기(협동학습 수업을 하지 않아도 이렇게 앉아 수업하는 데 큰 지장은 없음) : 이럴 경우 적당한 주기를 정하여 모둠 내에서 자리를 순환시키는 것이 좋다. 자세가 불편할 수 있기 때문이다.

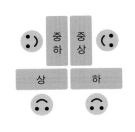

왼쪽에서 보는 바와 같이 필자는 토론 수업(특히 수학은 거의 매차시를 토론 수업으로 진행)을 많이 하는데 '상'수준 학생과 '하'수준 학생을 어깨짝으로 둘 때 또래 가르치기를 통한 개념, 원리 이해에 더 큰 도움이 되었다. 그래서 보통은 이러한 형태의 자리배치를 선호한다(중하 ⇔ 하 수준 학생 간에는 개념, 원리 이해가 부족할 경우 활발한 의사소통을 기대하기가 매우 어렵다).

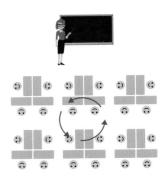

교실 내에서도 모둠 자리가 어떤 위치냐에 따라 학생들의 수업 집중력 및 학습 태도, 교사와의 시선 교환 정도 등이 달라질 수 있다. 또한 자세가 한쪽 방향만 응시하게 되기도 하여 불편함을 초래할 수도 있다. 따라서 적정 기간(보통은 1~2주일)을 주기로 순서에 따라 모둠 자리를 순환시켜주어야 한다.

13) 협동학습 모둠 운영을 위한 적정 기간

보통 협동학습을 위해 모둠을 편성하게 되면 한 달(3~4주)에서 두 달(7~8주) 정도를 운영한다. '반드시 이렇게 해야 한다'는 식의 원칙은 없다. 교사마다 자신이 어떤 점에 중점을 두느냐에 따라 모둠 편성 후 지속 시간은 얼마든지 달라질 수 있다.

다만 많은 사회학 이론 서적을 참고로 하면 집단이 '생성 ⇨ 완전한 성장 및 해체'에 이르기까지 걸리는 시간을 보통 8주 정도로 보고 있음을 알 수 있다. 이에 근거를 둔다면 학생들의 관계, 사회성, 모둠의 성장을 통한 공동체 역량 강화, 그 과정 속에서 다양한 학업 성취 및 목표 달성 등을 성공적으로 이루기 위한 충분한 시간이 필요하다고 보는 것이 필자의 견해이다. 그래서 필자는 보통 2달 정도를 주기로 운영한다(단순히 초등과 중등으로 구분하여 운영 주기를 달리 한다는 것은 논리적으로 맞지 않다. 무엇에 목적을 두느냐에 따라 초등에서도 운영 주기가 짧아질 수도 있고 거꾸로 중등에서 운영 주기가 길어질 수도 있는 법이다).

교사가 나름의 목적을 가지고 모둠을 적정 기간 동안 운영하면서 학생들이 긍정적인 관계를 맺을 수 있도록 도와주고, 다양한 경험의 제공을 통해 교육 목표를 이룰 수 있도록 한다면 학생들은 어떤 모둠에 소속되어도 신나고 즐겁게 학급에서 생활하게 될 것이라 확신한다. 모둠 운영 기간 동안 어떠한 활동을 하는 것이 좋은지에 대해서는 이후의 '모둠세우기'에서 자세히 다루었으니 참고하기 바란다.

14) 모둠원의 역할과 책임

제2장에서 Johnson & Johnson이 밝힌 사회적 상호의존성 내용 가운데 '수단적 상호의존성 중 역할의 상호의존'이라는 점에 입각하여 생각해본다면 모둠원의 역할과 책임은 매우 중요한 것이라 할 수 있다.[29]

흔히 역할이라 함은 그 조직의 구성원들에게 기대되는 행동을 말하는데, 협동적 학급운영에서는 모둠 중심 활동을 성공적이고 효율적으로 이끌어나가기 위해서는 교사가 각 모둠 구성원의 역할을 계획적으로 만들어서 제공해주는 것이 좋다. 그에 대한 내용을 간단히 정리해보면 아래와 같다.[30]

역할 부여의 목적	(1) 협동학습의 5가지 기본 원리를 충실히 이행하기 위한 수단으로서의 역할
	(2) 역할을 수행하는 과정에서 서로 도우면서 소속감과 성취감을 느낄 수 있음
	(3) 원만한 학급 활동 및 학습 활동(과제)을 해 나가기 위한 방법으로서의 역할
	(4) 모둠 활동에서 소외되는 학생이 발생하는 것을 최소화할 수 있는 장치
	(5) 각자가 무엇을 해야 할지 모르는 상황이 생기지 않도록 하는 중요한 장치

(1) 모둠 내에서의 역할을 나누고 부여한 후에는 역할에 맞는 활동을 설명하고, 각자의 책임을 다할 수 있는 여건을 마련하여 학생들이 활발하게 움직일 수 있도록 의도적으로 계획하고, 그에 따라 실행될 수 있도록 환경을 조성해야 한다.

---

29 역할 책임 부여는 일벌레, 무임승차자 발생을 억제하고 봉 효과, 부익부 현상이 일어나지 않도록 하기 위한 필수 장치라 할 수 있다. 각자의 역할 책임이 모둠의 성공과 어떻게 연결되는지에 대하여 학생들이 정확히 인지하고 자신의 역할 책임을 다하기 위해 최선을 다한다면 구성원 모두 적극적 행위자(필자가 개발한 용어) 또는 효율적 행위자(필자가 개발한 용어)가 될 수 있다. 하지만 역할 책임 부여가 명확하지 않고 책임을 완수하는 데 소홀히 하는 학생이 있거나 이에 대한 교사의 관리와 지도가 부실하다고 한다면 학생들은 언제든지 덜 효율적인 행위자(필자가 개발한 용어), 강력한 분쟁 유발자(필자가 개발한 용어), 억제자(필자가 개발한 용어)로 바뀔 태세가 되어 있다고 볼 수 있다.

30 『협동학습의 이해와 실천』, 정문성(2002, 교육과학사), p. 133.

(2) 역할을 정할 때 생각해야 할 점 몇 가지

- 모든 협동학습 활동에서 모둠마다 역할은 통일시키는 것이 좋음 : 보통 이끔이, 지킴이, 칭찬이, 기록이 역할로 통일시키는 경우가 많다.
- 활동의 수준, 활동 내용 등에 따라 역할 책임 비중이 달라질 수 있음 : 예를 들어 "겨울에 할 수 있는 바깥 운동 한 가지씩 말해보자."와 같이 간단한 질문으로 '돌아가며 말하기'와 같은 활동을 한다면 굳이 모둠원이 각자 역할 책임에 대하여 굉장히 큰 무게감을 느끼면서 할 필요까지는 없을 것이다. 이런 활동에서는 이끔이의 가벼운 진행 책임, 지킴이의 활동 조절 정도의 역할 책임 정도 선에서 가볍게 이루어질 수 있을 것이다. 그러나 모둠원이 중요한 공동의 과제를 해결하거나 공동 작품을 만들거나 프로젝트 수업을 해야 한다면 그때는 역할 책임의 무게감이 확실히 달라질 수밖에 없게 된다. 따라서 교사는 자신이 지도하고 있는 학생의 역량과 수준이 어느 정도인가에 따라 적극적으로 강조하고 안내하고 체크하고 점검해 나가야 한다.
- 역할 책임은 교사가 지정해주는 방식과 모둠 내에서 학생들이 협의를 통해 결정하는 방식이 있음 : 결정하기 전에 각 역할별로 어떤 책임이 주어지고 하는 일이 무엇인지 명확히 안내해야 하고, 모두가 일정 기간마다 돌아가면서 하게 될 것이라는 사실을 확실히 해 두고 결정하는 것을 잊지 말아야 한다.

(3) 역할이 결정된 후에는 협동학습 활동을 할 때마다 강조하여 익숙해질 수 있도록 해야 한다. 아울러 모둠을 운영하는 동안 4가지 역할을 모두 맡아서 해볼 수 있도록 주기적으로 모둠 내에서 역할을 돌리도록 한다(1주일씩 혹은 2주일씩 맡아서 하기).

(4) 어떤 교사는 4가지 역할만 두고 상시적으로 운영하는가 하면 어떤 교사는 상시적으로 부여한 역할 외에 활동 특성에 따라 그에 맞는 역할 책임을 일시적으로 부여하기도 한다. 예를 들어 이끔이, 지킴이, 칭찬이, 기록이를 상시 운영하다가 프로젝트 수업을 진행하면서 '정보 탐색가(다른 모둠의 활동을 탐색해보고 오는 역할)' 또는 '큐레이터(발표자)' 등을 추가로 부여하여 진행하기도 한다.[31]

---

31 필자의 경우는 4가지 역할을 상시적으로 운영하면서 별도의 역할 책임은 두지 않는 편이다. 왜냐하면 특별한 활동을 할 때마다 별도의 역할을 만들어 운영한다는 것은 교사도 힘들지만 학생도 익숙하지 않은 역할을 갑자기 맡아 수행하면서 혼란스럽기도 하고 부담감만 가중될 우려가 높기 때문이다. 필자는 가능한 이끔이, 지킴이, 칭찬이, 기록이 역할로 모든 활동을 소화할 수 있도록 하고 특별한 활동을 위한 자료 수집, 발표 등의 활동은 모두가 함께 참여할 수 있도록 유도하고 있다(자료 수집도 모두가 하고, 발표도 누구나 할 수 있어야 함).

(5) 필자가 상시적으로 운영하고 있는 '역할 명칭과 그에 따른 역할' 사례를 소개하면 다음과 같다.

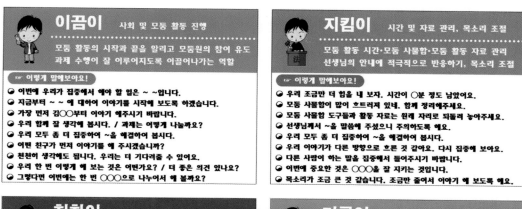

필자가 활용하고 있는 역할별 이끔말 카드
출처 : 다음 카페(http://cafe.daum.net/hwork)

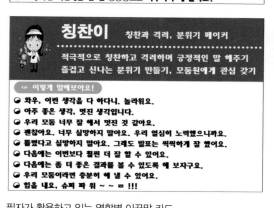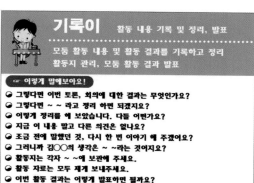

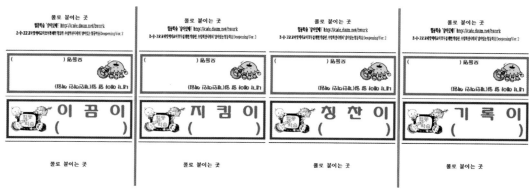

삼각기둥 명패 모양의 역할 명칭 역할 책임판
출처 : 다음 카페(http://cafe.daum.net/hwork)

※ 역할 카드는 책상에 붙여 놓고 활용하면 항상 볼 수 있어서 좋다.

※ 모둠 활동 중에도 수시로 보고 이끔말을 사용하면서 익숙해질 수 있도록 한다.

다양한 역할 명칭과 그 활동을 살펴보면 아래와 같다.[32] 이 밖에도 교사의 의도에 따라 다양한 역할 및 명칭을 만들어 활동하는 것도 좋은 방법이다. 아래의 사례는 예시일 뿐이고 이보다 훨씬 더 많은 역할과 명칭이 개발되어 활용되고 있는 것으로 필자는 알고 있다(다양한 역할을 많이 활용한다고 좋은 것은 아니다).

- 세우미 : 소그룹에 활기를 불어넣기
- 칭찬이 : 다른 사람의 의견을 칭찬하기
- 신나리 : 전체 분위기를 띄우고 한 사람의 의견을 다 같이 칭찬해주기
- 지킴이 : 구성원들이 골고루 참여하게 하고 대화를 독점하지 않도록 하기
- 이끔이 : 문제를 푸는 데 힌트 제공하기. 코치 역할
- 궁금이 : 질문 있는 사람 확인하기, 소그룹 질문 정리해서 질문하기
- 꼼꼼이 : 학습도구 준비, 문제 푼 정도 등을 체크하기
- 점검이 : 모두가 주어진 과제를 해결할 수 있도록 돕기
- 기록이 : 토의 내용, 문제풀이 과정 및 해답 등을 기록 · 발표하기
- 생각이 : 지난 활동이 잘 이루어졌는지 확인하고 반성하기
- 조용이 : 자기의 소그룹이 너무 소란하거나 다른 소그룹에 방해가 되지 않도록 하기
- 도우미 : 학습도구와 학습지를 나누어주거나 걷기, 정리하기

모둠 내 자리 번호	교실 내 모둠 순서
때로는 역할 명칭을 부르는 것보다 모둠 내 자리 번호를 부르거나 자리 번호를 활용한 특별한 활동을 하는 것이 좋을 때도 있다(각 모둠별로 특정 번호 자리의 학생에게 의도된 활동을 주문하고자 할 때, 번호 순서에 따라 발표를 시키고자 할 때, 번호순으로 구조 활동 시).	중 · 고등학교에서 협동학습을 할 때 모둠 내 자리 번호와 교실 내 모둠 순서는 역할 명칭을 이용한 활동보다 유용할 때가 더 많다. 왜냐하면 여러 학급을 돌아다니면서 수업을 해야 하기 때문에 학급별로 모둠 이름, 순환되는 자리별 역할 명칭을 일일이 기억하기 어렵기 때문이다.

---

32 『협동학습』, 케이건(1999, 디모데), pp. 311~315.

(예 1) 이번 발표는 2모둠에서 하겠습니다.(모둠 이름보다 모둠 자리 번호 활용)

(예 2) 특정 역할 및 역할 책임 활용은 수업 운영의 지혜

(예시) 나의 주간 수업 시간표별 '기록이' 역할 담당 번호				
	1반	2반	3반	4반	5반
1번 자리	월	화	월	월	화
2번 자리	화	수	화	화	수
3번 자리	목	목	수	수	목
4번 자리	금	금	목	금	금

침묵 신호 활용하기	모둠 명패 활용하기

1. 작업 중단 및 선생님에게 집중, 경청하기 신호 2. 교사가 먼저 박수 두 번, 침묵 신호를 함(5초 헤아리기) 3. 학생도 하던 일을 멈추고 시선은 교사를 향하며 같은 동작을 따라 함 4. 교사가 손을 내리면 학생도 동시에 내림 ※ 5초 정도 안에 완료가 이루어지지 않을 경우를 대비한 대책 마련(약간의 패널티)	모둠 명패 신호 — 우린 다 했어요! 가능한 구호 등을 사용하지 않기

15) 협동학습 과정 중에 모둠에서 일어나는 대표적인 현상

- **부익부 현상** : 학습능력이 높은 학습자가 더 많은 반응을 보임으로써 학업 성취가 향상될 뿐만 아니라 소집단을 장악하게 되는 현상
- **일벌레 현상** : 소집단 내에서 과제를 도맡아 하는 소수의 학생이 발생하게 되는 현상
- **무임승객 효과** : 학습능력이 낮은 학습자가 적극적으로 학습에 참여하지 않고도 높은 학습 성과를 공유하게 되는 현상

- 봉 효과 : 학습능력이 높은 학습자가 자기의 노력이 다른 학습자에게 돌아가기 때문에 어느 순간 부터 학습 참여에 소극적이 되는 것
- 적극적 행위자(필자가 개발한 용어) : 소집단 내에서 과제가 무엇이고 어떻게 해야 하는지 잘 알면서 실제로 과제 해결을 위해 적극적으로 나서고 활동을 엄청나게 도와주는 구성원을 가리킴(일종의 리더와 같은 역할을 하는 구성원을 말함)
- 효율적 행위자(필자가 개발한 용어) : 소집단 내에서 과제가 잘 해결될 수 있도록 기꺼운 마음으로 참여하여 노력하는 구성원을 가리킴. 대부분의 구성원이 효율적 행위자일 때 가장 이상적이며, 소수의 구성원만 고분분투하는 현상이 사라짐
- 덜 효율적인 행위자(필자가 개발한 용어) : 소집단 내에서 과제 해결을 위해 어느 정도 도우려고 하기는 하나 그의 기여가 전체적인 결과에 그다지 영향을 미치지 않는 구성원을 가리킴
- 강력한 분쟁 유발자(필자가 개발한 용어) : 소집단 내의 과제 해결 과정에서 도움과 분쟁 유발 사이를 오고 가는 구성원을 가리킴(과제 완수를 힘들게 하기도 하고 덜 힘들게 하기도 함)
- 억제자(필자가 개발한 용어) : 소집단 내의 과제 해결 과정에서 과제 해결 임무를 돕는 척하면서도 구성원들이 보지 않을 때는 과제 해결에 전혀 도움을 주지 않거나 오히려 방해하는 구성원 또는 과제 해결 임무 자체를 거부하거나 도움을 주려 하지 않는 구성원을 가리킴

위와 같은 문제점을 해결하기 위해서는 아래와 같은 원칙이 필요하다.

- 교실에서 이루어지는 모든 일에 원칙과 경계 명확히 세우기
- '학생 스스로' 원칙을 명확히 하기 ⇨ '자율'에는 '책임'이 따름
- '책임'을 다하지 않았을 경우 이에 대한 '엄격함'이 필요
- 무엇이든 충분히 익숙해질 수 있도록 자주, 꾸준히 활용하기
- 너무 욕심 부리지 않기(많은 활동보다는 작고 알차게 : 살 빼기)
- 계획적으로 적재적소에 학급세우기, 모둠세우기 활동 실시하기

학급세우기 : 1-1-1 법칙

학생들에게 협동하라고 아무리 강조해도 학생들은 알아서 움직여주지 않는다. 이런 경우 협동하라는 이유가 추상적이거나 학급 내 학생들의 관계가 그리 우호적이지 않기 때문일 가능성이 높다. 이럴 경우 협동학습을 실천한다는 것이 쉽지 않다. 이런 현상의 가장 밑바닥에는 학급세우기 및 모둠세우기 문제가 존재한다. 학급세우기 및 모둠세우기를 제대로 하지 않았기 때문이라는 말이다. 이런 어려움을 극복하기 위한 방안으로 이 절에서는 "학급세우기와 모둠세우기가 무엇이고, 왜 하는가? 그를 위한 다양한 활동들에는 어떤 것들이 있는가?" 등에 대하여 차례대로 자세히 알아보도록 하겠다.

학급세우기

학급세우기란 학급 내에서 이루어지는 전반적인 활동(교수-학습활동 및 학급 활동)을 통하여 같은 반에서 생활하는 학생들 사이에 상호관계를 돈독히 하고, 학급 내 긍정적인 환경을 만들어나가면서 궁극에 가서는 비전과 목적, 공동체 의식을 서로 나눌 수 있도록 돕는 것을 말한다.

학급 활동 수업 ➡ 관계 개선 ➡ 긍정적 환경 ➡ 비전, 목표 달성 ➡ 협동적 공동체

서로에 대해 잘 알기 ⇨ 구성원 간 긍정적 상호작용 ⇨ "우리는 하나(소속감)"

협동학습

집을 튼튼히 받치고 있는 기둥 → 모둠

집을 짓는 토대가 되는 곳(지반) → 학급
(지반이 튼튼하지 않으면 집은 쉽게 무너져 내린다.)

> 학급세우기란 다른 환경과 경험을 가진 개인들로 가득 찬 학급이 적극적인 학습공동체가 되어 가는 과정(동사형 명사, 1980년경부터 쓰임)을 말한다. 학급의 분위기를 향상시키는 학급 활동이라면 그 어떤 것도 학급세우기가 될 수 있다.
>
> 『협동학습-학급세우기』, 미구엘 케이건, 로리 케이건, 스펜서 케이건,
> 중앙기독초등학교 협동학습연구회 옮김(2007, 디모데), pp. 10~11.

	학급세우기가 강조되는 이유
1	지나친 모둠 간의 경쟁으로 인한 '학급' 전체 구조의 약화를 막기 위함[33]
2	학급 구성원 간의 공동체 의식이 깨어지는 것을 막기 위함(정체성 강화)
3	학급 구성원 간의 긍정적인 상호의존도를 높이기 위함(학급운영, 관리 도움)
4	학급운영의 교육적 취지와 효율성 측면에서의 영향력 강화를 위함(인간관계 기술 익히기, 사회 역할을 충실히 배울 수 있도록 함)

케이건은 그의 저서에서 학급세우기 5대 목표를 아래와 같이 제시하였고, 이에 대하여 필자가 지금까지의 경험을 바탕으로 재해석하여 도식화해보았다.[34]

(1) 서로에 대해 알기

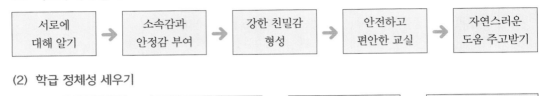

(2) 학급 정체성 세우기

(3) 서로 도움 주고받기

(4) 차이점 존중하기

(5) 시너지 효과

미구엘 케이건, 로리 케이건, 스펜서 케이건은 학급세우기의 유형을 아래와 같이 밝히고 있다.[35]

- 서로 협동하고 구조화된 학급으로 재구성하는 것이다.
- 친사회적 행동을 학급에서 분명하게 가르치는 것이다(친사회적 행동 : 즉각적이거나 가시적인 보상을 기대하지 않고 하는 협조 행동을 말한다. 소위 사회적 기술을 말한다).

---

33 협동학습은 '모둠'을 중심으로 하기 때문에 자칫하면 '모둠'에 대한 소속감이 '학급'이라는 공동체성을 약화시킬 가능성이 높다(특히 모둠 간 경쟁이 발생할 경우 더 심각 ⇨ 긍정적 상호의존성이 깨짐, 다른 모둠의 실패를 업고 자신의 모둠이 성공하려고 하기 때문). '모둠'에 대한 소속감도 중요하지만 모둠원이기 이전에 '학급'이라는 공동체에 대한 소속감이 더 우선하고 중요하다는 점(학급이라는 전체 구조를 무너뜨리면 협동적 학급운영은 불가능, 일부 모둠만 행복한 것이 아니라 모든 모둠이 행복해야 함)을 학생들에게 인식시키기 위해서 반드시 필요한 활용이 바로 학급세우기 활동이라 할 수 있다.

34 『협동학습』, 케이건(1999, 디모데), pp. 172~185.

35 『협동학습-모둠세우기』, 2007, p. 12.

- 개인과 문화 집단의 환경과 경험들을 수용하고 이해하도록 하는 일이다(자기 스스로 존중하기, 타인 존중하기, 포용적인 학급 만들기).
- 학급세우기를 위한 활동을 해 나가는 일이다.

학급세우기 활동 시 유의점

1. 재미만을 위한 활동이어서는 안 된다. ➪ 수업 차원에서 반드시 교과, 단원, 차시 활동과 연결 짓기가 필요하다. 그렇게 하지 않으면 학생들은 '시간 때우기 활동, 재미를 느끼기 위한 활동'으로밖에 느끼지 않는다(활동 후 반성과 성찰 시간 갖기).
2. 학년 초에만 하는 활동이 아니어야 한다. 학급 전체의 공동체성이 흔들리고 있다는 느낌과 판단이 설 때면 언제든지 이와 관련된 활동을 하는 것이 좋다. 다시 말해서 학급세우기 활동은 1년 내내 이루어져야만 하는 활동인 것이다.
3. 학급활동에서만 '협동적 삶, 공동체'를 외치지 말고 모든 교과 수업 속에서도 그 철학과 가치가 스며들어갈 수 있도록 해야 한다. 특히 수업 속에서 경쟁을 조장하지 않아야 한다.
4. 교사가 의도적으로 교실 환경을 개선해 나가야 한다. 특히 모둠 간 경쟁을 최소화하고 '다 함께'라는 가치와 '나눔'의 기회를 수시로 제공할 수 있어야 한다. 그래야만 '나' 중심에서 '우리' 중심으로 사고가 바뀌어 나갈 수 있다. 그 결과 비로소 '나와 타인 사이의 평등, 개인의 자유로운 삶과 공동체의 평등한 구조를 조정할 줄 아는 능력'이 생겨나고 향상될 수 있는 전기가 마련될 수 있게 된다.

1) 학급세우기에서 교사의 중요한 역할

(1) 학급을 협동적으로 운영하라

학생들끼리의 관계가 비협동적인 교실 속에서 수업시간에 협동학습 구조를 활용한다고 해서 협동적인 학생이 되지는 않는다(그들의 삶은 협동적일 수 없다). 학생들의 삶을 협동적으로 바꾸어나가기 위해서 교사는 교실의 풍토를 개인주의적, 경쟁적 풍토에서 협동적인 풍토로 바꾸어가야만 한다.

(2) 학년 초부터 사회적 기술을 지도하라

사회적 기술은 학년 초부터 지도해야 한다. 학년 초부터 학급 구성원들끼리(개인 간, 모둠 간, 모둠 내) 꼭 익혀나가지 않으면 안 될 대표적인 사회적 기술은 공감, 이해, 수용, 분별, 자제, 배려, 경청, 지지, 격려, 칭찬, 존중, 도움 주고받기 등이다(이후에 사회적 기술 부분에서 자세히 다루도록 하겠다).

(3) 교사 자신이 학생들에게 모델이 되어 주어라

학교에서 학생은 가정의 거울인 것처럼, 가정에서 학생은 교사의 거울일 수 있다. 왜냐하면 학교에서 교사와 생활하는 시간이 매우 많기 때문이다. 이렇게 볼 때, 교사는 자신의 변화된 패러다임을 바탕으로 학생들에게 말과 행동에 대한 모델이 되어 주어야 학생들이 교사를 닮아가게 된다.

> 협동적 학급운영 속에서 해결의 실마리는 대체로 교사 자신에서부터 나온다는 점을 우리는 잊어서는 안 된다. 교사가 질서를 지켜야 학생들도 질서를 지킨다. 교사가 말과 행동을 바람직하게 이끌어주어야 학생들도 그를 따라 한다. 교사가 학생들을 존중해주어야 학생들도 타인을 존중하게 된다. 교사가 사회적 기술들을 잘 활용해야 학생들도 그를 잘 활용한다.

(4) 학부모에게 적극 홍보하여 공감대를 형성하고 지지를 받아라

아무리 좋은 것이라도 이를 지지해주는 이가 없으면 혼자만의 것이 되고 만다. 협동적 학급운영도 마찬가지다. 요즈음같이 경쟁사회라고 생각하는 사람들이 많은 시점에서 학부모를 적극적으로 설득하여 경쟁보다 협동이 더 중요하고 필요한 것이며 학생들의 바른 성장에 더 큰 도움을 준다는 확신을 심어주고 공감대를 형성시켜주어야 한다.

(5) 협동적 상황을 의도적으로 계획하고 투입하라(갈등까지도!)

경쟁을 조장하고 부추기는 현실 속에서 교사도, 학생도 협동적으로 문제를 해결해본 경험은 과히 많지 않을 것이다. 협동적으로 문제를 해결해본 경험의 부재는 곧 교사와 학생 모두에게 사회적 기술의 부재를 불러오게 되고, 그 결과로 갈등, 불협화음만 생기면서 바람직한 협동적 삶의 매우 커다란 장애 요인, 불안 요인으로 자리할 가능성이 높다.

이를 극복하기 위해서는 협동적 상황, 갈등 상황을 의도적으로 계획·투입하면서 학년 초부터 학생들에게 갈등해결기술을 지도하고, 실제 상황 속에서 갈등을 잘 풀어나갈 수 있도록 최선을 다해야 한다. 이에 대한 자세한 내용은 사회적 기술 부분에서 다루어보고자 한다.

(6) 교사 자신이 중요하게 여기고 있는 것을 늘 강조하라

교사 자신이 중요하게 여기고 있는 것(협동적 삶, 공동체적 삶)을 학생들에게 수시로 강조하고 알려서 학생들이 늘 인식하며 생활할 수 있도록 해야 한다.

대학생 인생 롤 모델에 대하여
출처 : Young현대 매거진(2010. 6. 13)

단순히 협동한다는 피상적인 이해를 넘어서 협동적인 삶을 중요하게 여기고, 경쟁보다는 협동이 더 중요하다는 점, 우리 사회는 경쟁사회가 아니라 협동사회라는 점을 깨달아 나가도록 해야 한다.

(7) 1년을 통째로 가져가라(학년 초에만 하는 활동이 아니다)

간혹 보면 학급세우기 활동을 한다고 하지만 학년 초 한 시기에만 학급세우기 활동을 반짝 해주는 교사들이 있다. 학급세우기 활동은 1년을 통째로 가져가야 할 활동이다. 그런 만큼 꾸준히, 의지를 가지고 해 나가지 않으면 안 된다. 이를 위해서는 월별로 테마나 계획을 가지고 있어야 하며, 월별로 시기별로 그 목적에 따른 학급세우기 활동(다양한 프로그램을 도입)을 해 나가는 것이 제일 바람직하다 할 수 있다. 뒤에 관련 사례를 제시해보았다.

2) 학급세우기의 1 - 1 - 1 법칙

효과적인 학급세우기를 위해서는 1-1-1 법칙을 이해해야 한다.

1-1-1 법칙
성공적인 협동적 학급운영은
새 학년 1일-1주-1달이 좌우한다.

첫날 아침 학생을 맞는 인사

1일 차, 1주 차, 1개월 동안에 펼치는 활동이 1년이라는 협동적 학급운영의 성패를 좌우한다. 따라서 (1) 절대로 욕심 부리지 않기, (2) 작은 것 하나라도 꾸준히 제대로 실천하기를 목표로 미리 준비하고 계획하여 차근차근 풀어나가야 한다. 절대로 무조건 다양하고 많은 프로그램을 적용한다고 능사는 아니라는 인식 또한 필요하다.

(1) 협동적 학급운영을 위한 학급세우기는 새 학년 첫날이 매우 중요

첫날 아침은 학생들에게 설렘, 기대감, 걱정, 불안 등의 복잡한 감정이 자리하는 날이다. '어떤 선생

미리 준비하여 놓아 둔 삶을 가꾸는 글쓰기 노트, 가정통신문과 설문지, 첫날 느낌 글쓰기

님을 만나게 될까? 어떤 친구들이 기다리고 있을까?'와 같은 감정이 대표적일 것이다. 이런 학생들의 소중한 생각과 감정들을 고스란히 담아내는 것, 이를 통해 학생들의 마음을 읽고 헤아려주는 것, 자연스럽게 소통의 첫 매듭을 풀어나가는 것이 첫날 첫 번째 활동으로 매우 중요한 가치가 있다고 말할 수 있다. 필자는 이런 의미에서 오래전부터 아래와 같은 활동지를 제작하여 활용하고 있다.

2011년 상상력이 꽃피는 배움·자람·나눔터
서울은빛초등학교 6-마루반에서의 생활을 시작하며

서울은빛초등학교 6-마루반 이름(   )

서울은빛초등학교 6-마루반에서 함께 생활하게 된 것을 진심으로 환영합니다.
1년 동안 6-마루반 친구들과 함께 즐겁고 행복한 생활을 해보도록 해요.
6학년 생활을 여는 첫 활동으로 아래의 질문에 대하여
자신의 생각을 나름대로 정리하여 보도록 해요.

1. 6학년이 되었다는 것에 대한 솔직한 생각이나 느낌은 어떠한가요?

_____

_____

2. 오늘 아침 6학년 첫날을 맞이하여 집에서 나오기 전에 어떤 생각을 하였는지요?

_____

_____

3. 6학년 첫날 학교로 오는 길에 본 것, 들은 것, 만난 친구, 오면서 생각한 것 등에 대하여 기억나는 대로 자세하게 써 보세요.

_____

_____

4. 6-마루반 교실을 찾아 들어왔을 때 첫 느낌은 어떠하였는지요?(소감, 느낌, 교실에 들어오면서 떠오른 생각 등 : 그렇게 생각한 이유도 써 봅시다.)

_____

_____

5. 6-마루반 친구들을 하나 둘씩 만나 가면서 어떤 생각을 갖게 되었는지요?(첫 느낌이나 생각, 앞으로의 다짐이나 각오 등을 솔직하게 써 주세요.)

_____

_____

6. 교실로 들어오면서 선생님에 대하여 어떤 기대와 생각을 가지고 왔는지요?(어떤 선생님을 만났으면 좋겠다는 기대를 하며 왔는지에 대하여 솔직하게 써 보세요.)

_____

_____

7. 실제로 선생님을 만나 본 첫 인상이나 느낌, 소감을 솔직하게 적어 봅시다.

_____

_____

8. 행복한 1년을 위해 학생으로서 내가 꼭 해야 할 중요한 것은 무엇인지 생각해 봅시다.

_____

_____

9. 행복한 1년을 위해 선생님께 진심으로 바라는 것은 무엇인지 생각해 봅시다.

_____

_____

'학교 가는 길' 활동지 자료 공유 : 다음 카페 http://cafe.daum.net/hwork

(2) 필자의 1일 차 수업 시간 계획(이를 참고하여 자신만의 학급운영 노하우 쌓기)

아침 활동	1교시	2교시	3교시	4교시
학교 가는 길 활동지	생각 내놓기 행복한 1년을 위해 내가 노력해야 할 중요한 것 1가지, 선생님께 바라는 것 1가지	협동적 학급운영 오리엔테이션	감수성을 키우는 협동적 학급운영 1탄 눈에 보인다는 것, 눈에 보이지 않는다는 것	친교 활동 '특명! 이 사람을 찾아라!' 또는 '당신의 이웃을 사랑하십니까?' 또는 '나는야 점박이'

- 1교시 : 포스트잇을 활용하여 각자 1가지씩 적어 붙이기 ⇨ 함께 나누기(적응)
- 2교시 : 교사가 준비한 자료 배부 ⇨ '협동적 학급운영'오리엔테이션(적응)
- 3교시 : 영상물 활용 수업(도덕 또는 국어 시간 등을 활용)
- 4교시 : 친교 활동 ⇨ 자율 활동(국어 또는 체육 시간 활용)
- 틈이 나는 대로(쉬는 시간 포함) 개별 얼굴 사진 촬영 : 얼굴 명부 만들기

학교 가는 길 활동 결과물

1교시 생각 내놓기 활동 결과물

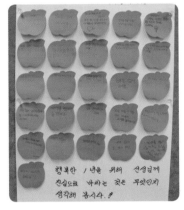

1교시 활동 결과물

오리엔테이션 자료 사례

[특명! 이 사람을 찾아라!] 활동 방법

- 활동지를 나누어 주면 학생들은 돌아다니면서 짝을 만나 정보 교환하기(같은 이름 2번 적지 않도록 하기)
- 서로 1가지씩 정보 교환을 할 때까지 계속 질문을 주고받기("예"라는 답이 나올 때까지)
- 다 채울 때까지 돌아다니면서 정보 교환하기
- 활동을 마무리하면 '빙고 게임'으로 최종 정리를 한다(교사가 먼저 1명 이름 호명 "야구 좋아하는 김○○" ⇨ 그 이름을 적은 칸은 모두 지우기 ⇨ 김○○ 학생이 다른 이름 부르기 ⇨ 앞의 과정 계속 반복하기).
- 직접 질문을 주고받으면서 정보 알아내기(활동지를 펼쳐 보이고 알아서 찾아 적도록 하는 일은 없도록 하기)

특명! 이 사람을 찾아라!
1. 반드시 여학생 8명, 남학생 8명 이름 적어오기
2. 먼저 인사부터 나누고 1가지씩 정보 교환하기
3. "예"라고 답할 때까지 정보교환하기(해당 칸에 싸인)

이웃집 토토로 애니메이션을 본 사람	자전거를 탈 수 있는 사람	해외여행을 다녀온 적이 있는 사람	공포 영화를 좋아하는 사람
( )	( )	( )	( )
집에서 애완동물 기르는 사람	북한산에 올라 가 본 사람	수영(자유형)을 할 수 있는 사람	BTX 가수를 좋아하는 사람
( )	( )	( )	( )
인라인 스케이트를 탈 수 있는 사람	수학을 좋아하는 사람	워드 1분에 150타 넘는 사람	겨울을 좋아하는 사람
( )	( )	( )	( )
야구를 좋아하는 사람	줄넘기 2단 뛰기 5회 이상 할 수 있는 사람	나와 생일이 ○월로 같은 사람	나와 가족의 수가 같은 사람
( )	( )	( )	( )

● 여름, 겨울 방학을 마치고 개학 첫날, 방학 중 경험 활동지를 만들어 활동을 해도 좋음

오리엔테이션 자료 사례

나는야 점박이(가위-바위-보)

'이웃을 사랑하십니까?' 활동

이런 사람 있으면 나와 봐

친교활동 후 단체 사진

3교시 감수성 협동학습 1탄

'이 사람을 찾아라!' 활동

이어진 빙고게임 활동

빙고게임 활동 결과물

위의 모든 자료 공유 http://cafe.daum.net/hwork

(3) 필자의 3월 첫 주 협동적 학급운영 학급세우기 계획 사례

	월(3/2)	화(3/3)	수(3/4)	목(3/5)	금(3/6)
아침	학교 가는 길(활동지-새 학년을 맞이하여)	학급 친구 이름 외우기	학급 친구 이름 외우기	학급 친구 이름 외우기, 사물함 준비물 점검	학급 친구 이름 외우기, 사물함 준비물 점검
1교시	1. 행복한 1년을 위해 내가 해야 할 중요한 것?(학생으로서)-쪽지 ⇨ 칠판 2. 행복한 1년을 위해 선생님께 바라는 것?-쪽지 ⇨ 칠판	1. 개인 설문 및 문장 완성 검사 2. 다중지능 검사 (다중지능에 대한 설명 및 안내) 3. 아이세우기(1) (나르키소스 이야기)	아이세우기(2) (나는 무엇을 좋아할까?)	감수성을 키우는 협동적 학급운영 3탄 (꿈이 있는 교실, 질문이 있는 교실 : 틀려도 괜찮아-책 읽어주는 선생님)	이름 외우기 게임 '시장에 가면' 게임, 특명! 이 사람을 찾아라!
2교시	학급운영 오리엔테이션 (2번 자료)		감수성을 키우는 협동적 학급운영 2탄 (자기 자신에 대한 믿음과 노력 ⇨ 기다리기)	노트 기록 방법 안내 1 (코넬식 노트 기록 방법)	교과 전담 교사 수업
3교시	친교 활동 "특명! 이 사람을 찾아라!" (당신의 이웃을 사랑하십니까?, 나는야 점박이)	진급식 1. 5학년이 된다는 것(숫자 12의 의미) 2. 결심문장 만들기(선서문 작성) 3. 함께 선서문 낭독 4. 함께 진급을 축하하는 시간(약간의 간식 마련하여 나누기) 5. 소원 탑 쌓기 : 나무 팻말(카프라)에 '내 2015년 목표, 꿈' 새기기(꾸미기, 탑 쌓기)	타임캡슐 제작 (과제물로 미리 써 오기-상자 또는 케이스에 넣고 밀봉하기) 다중지능 수업 1차시	감수성을 키우는 협동적 학급운영 4탄 책 읽어 주는 선생님 (돌맹이국)	감수성을 키우는 협동적 학급운영 5탄 (나눔, 아름다운 기적)
4교시	감수성을 키우는 협동적 학급운영 1탄 (눈에 보이는 것만 보려 하지 않기 : 친구의 장점, 좋은 점을 많이 찾아 이야기하자.)		진단활동 1차 (읽기 활동, 기초 셈하기)	체육 시간 친교 활동 (팀 게임) 곰, 연어, 모기	
5교시		5~6교시 미술 내 명패 또는 명함 만들기, 내 소개하기		교과 전담 교사 수업	진단활동 2차 (학년 교과 출발점 행동 진단)
6교시	1일, 1주, 한 달에 펼치는 활동이 1년 협동적 학급운영의 성패를 좌우한다. 절대로 욕심 부리지 않기, 작은 것 하나라도 꾸준히, 제대로 실천하기 다양하고 많은 프로그램의 적용이 능사는 아니다! 1. 첫날에 가정통신문, 둘째 날에 학부모 설문지 배부(명함도 함께) 2. 3월 첫 주는 협동적 학급운영의 기초 마련하기, 진단활동(특히 수학, 국어 교과 학습 출발점 진단 활동)도 함께 체계적으로 실시하기 3. 틈이 나는 대로 다양한 진단활동 및 정보 수집 ⇨ 그 결과를 바탕으로 1차 '소통'시간을 갖기(아침시간, 점심시간, 방과 후 등 : 3월 한 달간)			노트 기록 방법 안내 2 (마인드맵 노트 기록 방법)	체육 시간 (협동 놀이) 다 함께 일어서기, 협동 생태 의자, 업어주기 가위바위보

※ 7~8년 가까이 계속되고 있는 필자의 협동적 학급운영 학급세우기 학년 초 사례

※ 매년 학년 수준에 따라 약간의 변화는 있지만 비교적 꾸준히 지속되어 오고 있음

※ 비슷한 맥락으로 2주 차도 세밀한 계획을 세워서 진행(최대한 각각의 수업을 해당 학년의 관련 교과, 단원, 차시와 연결 지어 진행하려고 노력함)

※ 필자의 경우 거의 2주 차까지는 1주 차와 같은 계획을 세워 진행, 교과서를 펴고 수업을 진행하지 않음, 3주 차부터 교과서를 펴고 수업 진행 — 최대한 교육과정 재구성을 통해 수업 운영(3~4년 정도만 꾸준히 진행하면서 다듬고 보완해 나가면 자신만의 빛깔이 있는 협동적 학급운영 학급세우기 활동 노하우로 자리매김을 하게 됨)

1-1-1 법칙 실천 시 주의할 점

1. 협동적 학급운영 목표와 연계
2. 살 빼기(무리한 활동 금지 — 욕심은 금물)
3. 계획하였으면 반드시 실천하고 피드백하기
4. 수정, 보완하여 자료 정리
5. 월별로 테마를 정하여 운영할 때는 신중한 접근이 필요(시간 확보 필요)

---

(4) 필자의 첫 1개월(한 달) 3월의 학급세우기 테마 및 활동 사례

3월의 테마 : 새로운 만남과 시작			
1주	2주	3주	4주
새 학년 진급식	학급 티셔츠 디자인 ⇨ 제작 맡기기 학급규칙 만들기	자기소개 명함 만들기 ⇨ 돌려 읽기 ⇨ 꼬마 출석부	협동적 삶 — '나눔'의 실천 : 나눔 연대기 활동

3월 1주 진급식	
활동 목표	(1) 새 학년, 새 출발을 모두 함께 축하하기 (2) 새로운 각오와 희망으로 1년을 맞이하기
준비물	'축'진급 글자, 책상 배치 마제형, 껍질 안 깐 땅콩(1봉지), 나무젓가락(학생 수만큼), 약간의 간식, 종이컵, 선서문(결심 문장), 색종이 등

활동 과정	자료, 유의점
1. 진급의 의미 나누기(5학년 사례) : 5학년 12살은 12간지로 볼 때 한 주기의 끝으로 꽉 채워지고 완성됨을 의미하는 해 ⇨ 한 주기를 의미 있게 매듭짓는 해  칠판 진급식 안내	참고자료 1
2. 거듭 태어나기 : 껍질을 까지 않은 땅콩을 준비하여 나누어주고 땅콩의 겉과 속을 만져보며 이야기 나누기(예 : 지금 여러분의 모습은 땅콩처럼 덜 다듬어져 있지만 올 한 해 열심히 노력하여 속에 있는 땅콩처럼 예쁜 모습으로 태어나기를 바란다.)	참고자료 2
3. 친구 되기 : 껍질을 까지 않은 땅콩과 나무젓가락을 2명당 1개씩 나누어줌 ⇨ 땅콩 1개의 껍질을 벗겨보면 1개가 아니라 둘 ⇨ 혼자서 거친 바다를 헤엄쳐 나가는 것보다 둘일 때 더 힘이 되고 어려운 일도 쉽게 해결할 수 있음 ⇨ 올 한 해도 친구들과 사이좋게 지내고 내 인생의 지지자가 되어 줄 친구를 사귀기 ⇨ 깐 땅콩을 나무젓가락 한 짝씩만 나누어 갖고 집어보기(되지 않음) ⇨ 짝과 힘을 합하여 집어보기(힘들지만 가능) ⇨ 친구란 나의 부족함을 채워주고 받쳐주는 사람 ⇨ 친구가 나에게 잘 해주기 바라기 전에 내가 먼저 친구의 좋은 친구가 되려고 노력하자.  땅콩 관찰하기	
4. 협동의 힘 : 나무젓가락 부러뜨리기(1개 ⇨ 2개〈짝〉 ⇨ 4개〈모둠〉 ⇨ 8개〈2모둠〉 ⇨ 16개〈4모둠〉 등) ⇨ '뭉치면 살고 흩어지면 죽는다' 의미 이해	부러뜨리기 전에 단단히 감싸기
5. 생각 다지기 : 지금까지 활동을 통해 느낀 점 공유(새 학년, 새 학급, 새 친구 등의 의미, 느낌, 각오, 다짐 등)	
6. 하나 되기 : 우리는 한 배를 탄 운명, 싫다고 마음대로 바꿀 수 없음 ⇨ 다른 사람을 바꾸는 것보다 자신이 바뀌는 것이 더 쉬움 ⇨ 어제까지는 남이었지만 이제는 같은 반, 우리 친구, 한 식구 ⇨ 1년이라는 긴 시간 동안 추억을 함께 만들어 나가야 할 소중한 사람 ⇨ 김춘수 〈꽃〉을 차분하게 들려주기 ⇨ 시의 말처럼 우리 모두 서로에게 잊히지 않는 의미가 되기 위해 노력하기	참고자료 3
7. 진급의 문 통과하기 : 진급의 문을 통과하고 준비한 음식 나누기(간단한 간식과 음료) ⇨ 다함께 간식을 먹으며 건배하기("꿈은 높게, 우정은 깊게, 권리는 평등하게!")	참고자료 4

(계속)

8. '결심 문장' 만들기 및 선서 : 자신, 우리 모두의 다짐과 각오를 결심 문장으로 만들고 함께 선서문 낭독하기

9. 색종이를 활용한 소원 띠 만들기 또는 카프라로 소원 탑 쌓기 : 올 한 해 자신의 소원을 담아 색종이 띠에 쓰기 ⇨ 고리 모양으로 만들어 서로 연결하여 붙이기 ⇨ 짝과 연결 ⇨ 모둠원 연결 ⇨ 옆 모둠과 연결 ⇨ 학급 전체와 연결 ⇨ 교실 앞 또는 뒤에 장식물로 활용

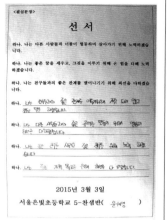

진급식 결심 문장

소원띠

 참고자료

1

- 1학년 : 초등학교 입학에 의미 두기
- 2학년 : 동생이 처음으로 생기는 학년에 의미 두기
- 3학년 : 10살이 되는 해, 예로부터 10년이면 강산도 변한다고 함, 아기 때 부모님으로부터 몸을 받아 태어났다면 10살은 나의 정신이 새롭게 태어나는 해라는 것에 의미 두기
- 4학년 : '위의 형님'보다 '동생 학년'이 더 많아지는 해, 기초 학습의 역량이 1차적으로 마무리되는 해

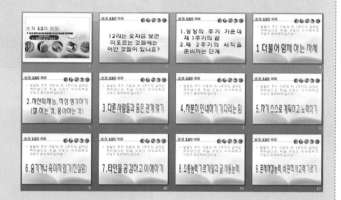

- 5학년 : 12간지로 볼 때 한 주기의 끝으로 꽉 채워지고 완성됨을 의미하는 해, 한 주기를 의미 있게 매듭짓는 해
- 6학년 : 최고의 학년으로서 초등 시절을 마무리하고 좀 더 넓은 세계로 나아갈 준비를 하는 해, 더 넓은 바다로 나아가 거센 풍랑과 맞서 이겨낼 역량을 준비해야 하는 해, 더 튼튼한 배를 준비해야 하는 해

2

껍질 안 깐 땅콩(겉을 만져보면 우둘투둘, 못생겼음) ⇨ 속을 까서 만져보기(맨질맨질, 부드럽고 예쁨) ⇨ 지금 여러분의 모습은 껍질을 까지 않은 땅콩처럼 덜 다듬어져 있지만 올 한 해 열심히 노력하여 속에 있는 땅콩처럼 예쁜 모습으로 거듭 태어나기를 바람 ⇨ 겉껍질을 벗기지 않으면 속의 모습은 보이지 않음 ⇨ 새롭게 태어나기 위한 노력을 해야 함, 알 껍질을 깨고 밖으로 나와야 하는 새처럼 ⇨ 노력을 통해 새롭게 태어나는 한 해로 여기기

❸
[김춘수의 '꽃']

내가 그의 이름을 불러주기 전에는 그는 다만 하나의 몸짓에 지나지 않았다.	내가 그의 이름을 불러주었을 때 그는 나에게로 와서 꽃이 되었다.	내가 그의 이름을 불러준 것처럼 누가 나의 이름을 불러다오. 그에게로 가서 나도 그의 꽃이 되고 싶다.	우리들은 모두 무엇이 되고 싶다. 너는 나에게 나는 너에게 잊혀지지 않는 하나의 눈짓이 되고 싶다.

❹
진급의 문은 굳이 만들 필요는 없지만 의미 부여 차원에서 훨씬 효과가 크다. 철사를 둥글게 만든 후 풍선 몇 개만 달고, 맨 꼭대기에 '진급의 문'이라는 글자만 뽑아 달면 된다. 그게 아니면 교실 밖 복도에서 학생들을 대기하게 한 후 교실 앞문에 '진급의 문'이라고 이름을 달아 붙인 후 통과하게 하여도 좋다. 이때 '진급의 문'이라는 제목은 조금 낮게 달아 몸을 굽혀서 들어갈 수 있게 하고, 그 의미도 설명해주면 좋다(지금까지 좋지 않았던 자신의 모습을 버리고 더 낮은 자세로, 겸손한 자세로 새롭게 태어난다는 의미에서 허리를 굽힘).

축하 다과 및 건배, 결심 문장 낭독(선서)

진급식 후 단체사진 촬영

카프라에 소원 새기기

소원 탑 쌓기 전 기도하기

소원 탑 쌓기

	3월 2주 학급 티셔츠 디자인 및 제작, 학급규칙 만들기
활동 목표	(1) 학급 정체성 형성 ⇨ 학급 티셔츠 디자인 공모, 제작 (2) 학급 질서 유지, 행복한 교실 만들기 위한 약속 정하기

활동 과정	자료, 유의점

1. 1주 차에 학급 티셔츠 디자인 공모 안내하기

2. 학생들이 제출한 응모작품 가운데 학급 다모임을 통해 1작품 선정(칭찬 샤워, 약간의 상품 증정), 학급 티셔츠 제작사에 의뢰

3. 의뢰 전 학급 티셔츠 색깔 등도 함께 협의, 학생별 셔츠 크기를 정하여 치수별로 신청 학생 이름, 수량 파악해두기(반드시 기록)

완성된 학급 티셔츠   2019년 5-찬샘반 디자인(차가운 샘물)

4. 학급 규칙 만들기 : 학급 다모임 시간을 활용, 생각 내놓기 구조를 활용하여 규칙 만들기

학급 다모임(규칙 만들기) : 자세한 과정은 제8장에서 자세히 소개하였음

저학년의 경우 만들어진 학급 규칙은 학생들이 좋아하는 노래에 가사를 바꾸어 붙여서 불러도 좋다.

'네거리 노래' 개사

1절
우리 반 규칙은 사이 좋게 지내요. 소곤소곤 말해요. 사뿐사뿐 걸어요.

2절
우리 반 규칙은 똑똑하게 발표해요. 깨끗하게 청소해요. 맡은 일도 척 척 척!

	3월 3주 자기소개 명함 만들기
활동 목표	(1) 서로에 대하여 알기, 타인에 대한 이해, 자신에 대해 알리기 (2) 나와 다름을 이해하고 타인에 대하여 관심 갖기

활동 과정	자료, 유의점
1. 미술 시간을 활용하여 자기 명함 만들기(다양한 형태) 2. 도화지 또는 A4 용지를 활용하여 자기소개 명함 만들기 ⇨ 돌려 읽기 ⇨ 꼬마 출석부로 활용(명함 형식이 아니라 미니 북, 활동지, 설문지 형식이어도 좋음) 3. 완성되면 학생들이 돌려 가면서 읽고 타인에 대하여 이해하기(내용에 대하여 비웃거나 장난하지 않도록 주의) 4. 모두가 돌려 가며 읽었으면 교사가 모두 수합한 뒤 매 시간 수업 시작 전 1~2명씩 내용을 읽어 주면서 어떤 학생에 대한 내용인지 말해보게 하기('꼬마 출석부' 활동) 5. 여러 시간을 통해 소개가 끝나면 게시판에 게시하기(아래와 같은 자료를 활용해도 좋음 : 시간 절약될 수 있음) 	

3월 4주 협동적 삶―'나눔'의 실천 : 나눔 연대기 활동	
활동 목표	(1) '협동적 삶=나눔의 실천'임을 이해하기 (2) '나도 줄 것이 많은 사람'임을 인식, 자존감 향상
준비물	포스트잇(2종류 : 색깔, 모양이 다른 것. 1장은 내가 준 것을 기록, 1장은 내가 받은 것을 기록)

활동 과정	자료, 유의점
1. 지금까지 살아오면서 누군가로부터 받은 것 중 기억에 많이 남는 것을 포스트잇 1장에 1가지씩 써 보기, 여러 장 써도 좋음 2. 지금까지 살아오면서 누군가에게 자신이 준 것 중 기억에 많이 남는 것을 포스트잇 1장에 1가지씩 써 보기, 여러 장 써도 좋음 3. 충분한 시간을 가지고 오랜 기억을 되짚어보면서 기록하기 : 아주 정확하지는 않아도 대강 몇 년, 어느 시기에 있었던 일인지도 기록하게 하기 4. 기록이 끝나면 칠판 앞에 나가서 해당하는 연도 칸에 붙이기 5. 받은 나눔과 준 나눔에 대하여 함께 생각해보기 　　– 오래전 나눔 중 준 나눔에 대한 기억은 많은가? 　　– 오래전 나눔 중 받은 나눔에 대한 기억은 많은가? 　　– 받은 나눔이 더 잘 기억되는가? 준 나눔이 더 잘 기억되는가? 　　– 왜 이런 현상이 나타날까?	1번 활동과 2번 활동은 서로 다른 색깔, 모양의 포스트잇에 기록하기 대체로 준 것보다는 받은 것에 대한 기억이 많음, 오래전 기억보다 최근 기억이 더 많음, 대체로 받은 것은 오래전 기억도 많지만 준 것은 오래된 것에 대한 기억이 많지 않음

 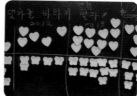 

6. 결론
　– 나눔은 주는 것보다 받는 것이 더 많을 수도 있고 그 반대일 수도 있음(사람마다 다름)
　– 대체로 사람들은 내가 누군가에게 주는 것보다 받는 것을 더 소중하게 여기고 있을 가능성이 높음
　– '나눔'은 받기만 하는 것이 아니라 주기도 하는 것
　– 우리가 협동해야 하는 이유, 나눔을 실천해야 하는 이유 : 무엇인가를 주어서 내가 좋고 기쁘고 편안해지기 때문이 아니라 그 사람에게 무엇인가를 줄 수밖에 없는

(계속)

월	테마	1주	3주
월	별도로 적절한 시기를 잡아 학교폭력 예방교육을 수업 차원에서 체계적으로 실시하기 (폭력 없는 교실 만들기 수업 4차시 ─ 올베우스 4원칙)		
	아래 활동들이 반드시 별도의 시간 마련 없이 교과 수업 속에서 이루어질 수 있게 하기		
4월	서로에 대해 깊이 알기	이 사람을 찾아라! 빙고게임, 검은 툭 눈 금붕어 동화 ─ 나눔 필요성	내 친구, 우리 친구(친구 관계 파악 ─ 동심원), 친구 얼굴 그리기
5월	사랑과 감사 (갈등 해결)	출생 그리고 나, 부모님께 감사 (프로젝트 수업)	갈등 해결 기술 익히기, 말의 힘(바른 말, 고운 말)
6월	차이점 존중하기	다른 것이 아름답다 (인권 수업 ─ 감자 이야기)	내 안에 진주 있다(다름, 장점 찾기) ─ 자존감
7월	어울림(화합)	한솥밥 먹기(학급 야영)	
9월	또 다른 시작	여름방학에 한 일이 궁금해 (방학 중 나눔 실천 보고서)	띠앗 놀이-1
10월	협동과 나눔	함께 만들어요(학교 축제)	띠앗 놀이-2
11월	소통과 배려	소통 게임, 낙서 예술	띠앗 놀이-3
12월	변화된 우리	나눔 장터	기부 게임
2월	돌아보기, 추억	롤링페이퍼, 타임캡슐, 나눔 상장	

['5월의 사례' 가정의 달을 맞이한 프로젝트 활동 : 행복한 가정 지킴이]

1. 목적
   - 가정의 주인이 부모님이라고 생각하고 있는 학생들에게 자신도 가정의 소중한 주인임을 깨달을 수 있도록 한다.
   - 가정의 화목이 어른들에게만 달려 있는 것이 아니라 학생들 자신도 어떤 역할을 하느냐에 따라 가정이 화목해질 수 있음을 직접 체험할 수 있도록 한다.

2. 가정 지킴이 활동 일정
   - 가정 지킴이 출범식(5월 첫날) ⇨ 나의 다짐(결심 문장) ⇨ 선서식
   - 실천 기록장 누가 기록하기, 용돈 모으기(5월 첫날부터 시작)
   - 부모님 관련 재미있는 과제 정리 및 소감문 기록하기(5월 첫날부터 시작)
   - 5월의 마지막 날 부모님 몰래 자신이 준비한 선물과 소감문 전달하기
   - 부모님과 대화를 나눈 후 소감문 기록 및 발표하기
   - 학생들이 가정 지킴이 활동을 하는 동안은 철저하게 약속을 지키게 하는 것이 중요함(교사의

꾸준한 점검 및 강조)

[가정 지킴이 출범식]

- 취지 및 목적 설명(학생 및 가정에 충분한 취지를 설명하고 안내하는 자리 및 가정통신이 필요하다. 가정에서 비협조적일 경우 본 프로젝트 활동은 의미를 잃어버린다.)
- 약속 정하기(선서문으로 대체 가능)
- 선서하기

[선서]

나는 가정 지킴이로서 다음의 약속을 굳게 지킬 것을 다짐합니다.

하나, 나는 가정 지킴이 활동에 대하여 우리 반 외에 어느 누구에게도 말하지 않는다.

하나, 나는 가족을 위하여 정한 선행은 어떤 일이 있어도 그날에 실천하도록 노력한다.

하나, 실천 기록장은 반드시 매일 기록한다.

하나, 선물을 살 돈은 아무도 모르게 모으고 억지로 받아내지 않는다.

3. 부모님 관련 자료 모음(소감문 기록 노트)
   - 5월 ○일 : 부모님 발 씻어 드리기, 소감문 써 오기
   - 5월 ○일 : 학생들의 가족 관심도 알아보기
   - 5월 ○일 : 가족 발 도장 찍기, 소감문 써 오기
   - 5월 ○일 : "나는 누구일까" 자료 모으기
   - 5월 ○일 : 부모님 표정을 관찰한 후 소감문 써 오기
   - 5월 마지막 날 : 부모님께 드릴 선물 준비하기 – 선물을 준비하며 느낀 소감문 써 오기

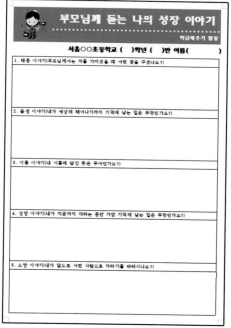

4. 부모님께 선물 및 소감문 공책 전달하기
   - 5월 마지막 날 또는 6월 첫 주의 어느 하루 등을 정하여 부모님께 전달
   - 선물과 자료 모음이 전달된 후 부모님의 표정이 어떤지, 무슨 말씀을 하셨는지, 그때 학생들 자신은 어떤 느낌을 가지게 되었는지를 기록하여 함께 나누기
   - 6월 첫 주 혹은 둘째 주 : 가정 지킴이 활동을 마친 후 자기가 쓴 소감문을 발표하거나 게시

5. 실천 기록장 만들기
   - 기록 대상 : 아버지, 어머니, 기타 가족 기입

- 실천 내용 : 대상에게 해줄 선행 활동 기입(예 : 어머니 — 설거지 해 드리기 등)
- 누가 기록 : 매일 자기 스스로 실천 여부를 누가 기록

중등의 경우 어떻게 학급세우기를 할까?

중·고등학교의 경우 초등학교와 달라서 이러한 다양한 활동을 하기가 어렵다. 따라서 최대한 자투리 시간, 교육과정 계획을 철저히 수립하여 시간을 만들어야만 한다. 조금만 생각한다면 얼마든지 만들 수 있다. 그렇게 만든 시간을 활용하여 무리한 활동이 아니면서도 의미 있는 활동 계획을 수립, 실천해 나가려는 지혜가 요구된다고 말할 수 있다.

1. 자투리 시간 : 조회 시간, 종례 시간 5분만 투자해도 많은 것이 가능(주제 발표, 일상의 생각 나눔, 서로에 대해 알기 — 꼬마 출석부 등)
2. 담임교사의 경우 자신이 담당한 교과 수업을 담임 학급에 들어가는 경우도 많다. 이럴 경우 월 1회, 1시간 정도 교육과정 재구성을 통해 확보한 후 계획적인 활동을 실천해 나간다면 매우 의미 있는 시간을 가질 수 있다(간단한 월별 파티, 행사, 프로그램 운영 등).

올베우스 4원칙에 기초한 폭력 없는 교실 만들기 수업 자료 PPT 사례

3) 월별 테마에 따른 프로그램식의 학급세우기 뛰어넘기

교육과정이 바뀌고 수업에 대한 질적인 고민을 함께 하기 시작하면서 과거에 비하여 수업 일수도 짧아졌고 학급 담임교사의 수업 운영에 대한 재량권이 많이 사라졌다(특히 자율 활동, 창의적 체험활동 시간에 대한 담임교사의 자율적 운영권 축소). 그래서 의도된 활동을 하려면 교육과정을 재구성하지 않으면 안 되게 되었다. 이런 맥락에서 볼 때 월별 테마에 따른 프로그램식의 학급세우기를 뛰어넘어야만 한다는 결론에 도달하게 된다.

필자는 과거 주 5일 수업 이전, 교육과정 개정 이전에는 아래와 같은 시간을 확보하여 미리 계획한 테마에 따라 모둠세우기, 학급세우기 활동을 운영하였었다.

월	3	4	5	6	7~8	9	10	11	12	2	총계
시간	3~4	3~4	3~4	3~4	3~4	3~4	3~4	3~4	3~4	3~4	최소 30~ 최대 40

이처럼 운영하려면 최소한 30시간, 최대 40시간까지 시간이 필요하다. 이마저도 모둠세우기 및 학급세우기 활동을 통합적으로 운영할 때의 시간이다. 만약 모둠세우기 활동과 학급세우기 활동을 따로 운영한다고 한다면 시간은 둘 다 합하여 최소 60시간, 최대 80시간까지 필요한 상황이다. 그것은 웬만한 1개의 교과목 수업 시수와 맞먹는다. 이전에도 가능하면 교육과정 속에 풀어내어 교과 수업 차원에서 재구성하여 실시하려고 많은 노력을 하여 겨우 가능하게 만들었지만 그마저도 결코 쉽지 않은 일이었다. 또한 이런 활동들은 꾸준히 일관성을 가지고 실천하지 않으면 결코 그 의미를 살릴 수 없기 때문에 어느 주나 달은 잘 실천하고 어느 주나 달에는 그냥 넘겨버리는 식으로 운영해서는 안 되었기에 계획을 세우고 나면 어떤 활동보다도 더 적극적으로 시간을 확보하여 실천하려고 애를 썼다.

그러나 현재의 주 5일 수업 운영 체제와 그에 맞춘 교육과정 속에서 앞의 사례와 같은 방식의 운영은 결코 실현할 수 없는 내용들이라 해도 과언이 아니다. 그럼에도 불구하고 아직도 그런 활동들을 강조하거나 굉장히 좋은 프로그램인 양 포장하여 내놓고 협동적 학급운영을 해보고자 하는 교사들을 현혹하거나 또는 그렇게 실천하지 못하여 자신의 협동적 학급운영을 늘 부족하게만 여기고 있는 교사들을 더 깊은 자괴감에 빠뜨리거나 협동적 학급운영을 나름대로 열심히 실천해 나가고자 하는 교사들을 혼란에 빠뜨린다면 이는 심각하게 생각해볼 문제가 아닐 수 없다고 본다. 이런 사례들을 접하면 절대로 부러워하지 말기 바란다. 그냥 '으흠!'하고 넘기면 된다.

월별 테마에 따른 프로그램식의 학급세우기 수준을 뛰어넘으려면 테마를 정하여 운영하되 철저히 수업이라는 차원에서 교과, 단원, 차시와 연결 지어 운영하면 된다. 아울러 교육과정을 재구성하고 주제에 따른 통합 수업도 세밀하게 준비하여 시간적 여유를 확보하려는 노력도 함께 이루어져야 한다. 예를 들면 다음과 같다.

3월에 협동적 학급운영을 시작하면서 학급세우기 및 모둠세우기 모두를 목적에 두고 교실에서 소통하면서 상대방을 배려하는 말을 해야 할 필요성을 알고 그를 실천할 수 있다는 목적 아래 국어 수업 차원에서 교과 수업을 펼칠 수 있다. 특히 최근에 개정된 초등교육과정에서는 그에 대한 내용이 국어과 및 도덕과 1학기, 2학기 교과서에 모두 들어 있어서 매우 다행이라 할 수 있다(사회적 기술도 같은 맥락에서 접근).

아래와 같거나 비슷한 내용을 포함하고 있는 단원들이 국어 교과서에 들어 있다.

1. 상대방을 배려하는 말하기가 필요한 까닭 알기
2. 상대방을 배려하여 말하는 방법 알기
3. 상대방을 배려하는 말하기

요약하기	상대방의 처지를 생각하며 상대가 한 말을 차분히 요약하여 다시 말한다.
공감하기	상대방의 기분에 공감해준다.
친밀감 확인하기	상대방의 반응을 생각하면서 서로 친밀한 사이임을 말로 확인한다.
격려하기	상대를 격려하는 말을 해준다.

또한 위의 내용은 협동학습의 사회적 기술 센터 활동과도 딱 맞아떨어지기도 하기 때문에 순서에 따라 1학기 맨 마지막 활동으로 하기보다는 제일 처음 활동으로 순서를 바꾸어 진행한다면 아주 훌륭한 협동적 학급운영이 될 수 있다.

4) 몇 가지 학급세우기 활동 자료 공유[36]

앞에서 제시하지 못한 몇 가지 학급세우기 활동 자료를 소개해보고자 한다. 가능하면 수업이라는 맥락에서 배움이 일어날 수 있도록 계획하는 것이 좋다.

활동을 마치고 나면 반드시 반성의 시간을 갖도록 한다.

---

[36] 모든 자료 공유 http://cafe.daum.net/hwork.

'왜 하는가?'에 대한 명확한 답과 목적의식(물론 목표는 공동체를 세우는 차원이어야 함)을 가지고 학생들이 그 활동을 하게 된 이유와 활동 결과로 깨닫게 될 점, 그 결과로 어떤 변화의식을 갖게 될 것인가, 학생이 어떻게 변화될 것인가에 중심을 두면서 활동을 한다면 충분히 가치가 있는 활동이 될 것이라 생각한다. 학급세우기 활동을 하면서 단순한 이벤트가 되지 않도록 늘 고민하는 자세가 필요하다.

반성의 시간은 학급세우기 활동에서 실제적으로 가장 중요하다고 필자는 생각한다. 활동을 마치고 그냥 끝낸다면 활동의 의미와 목적을 학생들이 제대로 이해하지 못하고 넘어가게 된다. 그러면 단지 놀이나 이벤트가 될 가능성이 크다. 특히 게임이나 놀이 활동에서!

- 반성의 시간에 주고받으면 좋은 내용들(체크리스트에 꼭 들어갈 내용들) : 활동을 하면서 어떤 생각을 하게 되었는가, 활동을 하면서 어떤 느낌이 들었는가, 어떤 점이 중요하다고 생각하였는가, 활동을 통해서 배운 점은 무엇인가, 앞으로 나의 다짐과 각오는 어떠한가, 모두가 적극적으로 참여하였는가, 서로 존중하고 배려하며 활동에 참여하였는가, 활동을 하면서 아쉬운(어려운) 점이 있다면 - 그렇게 생각하는 이유는(하면서 어려움을 겪었다면 왜 그런 어려움을 겪게 되었는가)? 등.

(1) 3단계 인터뷰 활동(모둠세우기 활동 차원에서도 가능 : 모둠세우기 참고)

목적. 대상	서로 알아가기 - 2학년 이후(1학년 - 필기 능력으로 인한 어려움)
개요	두 명씩 서로 짝을 지어 인터뷰하는 활동을 말한다. 모둠이 아직 구성되기 전이라도 분단 형태로 앉은 상태에서 짝, 앞뒤로 앉은 친구들과 얼마든지 가능하다.
효과	소통의 대상을 모둠으로 하면 모둠세우기 활동이 되지만, 3단계 나누기 과정을 학급 전체로 넓혀서 하게 되면 학급세우기 활동이 된다. 이를 통해서 자기 소개하기 과정으로 학년 초에 좋은 시간을 가질 수 있다.

(2) 협동 놀이 - 동시에 일어서기

목적. 대상	학급 전체 및 모둠원이 서로 친해지기 - 전 학년
개요	서로 마주 보고 발끝을 대고, 손을 잡아당겨서 일어나는 놀이
효과	인원을 모둠(2명으로 시작, 4명까지 활동)으로 한정시키면 모둠세우기 활동이 되지만 8명, 16명까지 확장시키면 학급세우기 활동이 된다.

(3) 이런 사람 있으면 나와 봐

목적. 대상	학급 전체 및 모둠원이 서로 친해지기 — 전 학년
개요	학급 및 모둠 구성원들의 독특한 경험을 서로 나누는 활동
효과	인원을 모둠으로 한정시키면 모둠세우기 활동이 되지만 학급 구성원 모두를 대상으로 나눈다면 학급세우기 활동이 된다. 1. 학년 초 서먹한 분위기에서 흥미를 느끼고 분위기를 고조시킬 수 있다. 2. 서로 재미있는 특징을 말하고 들으면서 친밀감을 느끼게 된다.

[활동 방법]

① 각 개인에게(모둠 혹은 학급 전체) 종이와 연필을 나누어준다.

② 오직 나만이 가진 특징, 오직 나만이 할 수 있는 장기, 오직 나만이 했을 법한 경험 등을 1가지만 생각(다른 사람 발표 내용 가운데 자신이 쓴 똑같은 것이 있을 경우 발표한 것으로 치고, 발표자와 동일한 점수를 가져감)

③ 출석 번호 순서대로 자신이 생각해 놓은 것을 소개(예 : 이가 한 개도 썩지 않은 사람은 나와 봐!!)

④ 학급 혹은 모둠 구성원 가운데 "나도 마찬가지야!"라고 말하는 사람이 있으면 아래와 같은 규칙에 따라 감점을 받게 된다. 점수 규칙은 아래와 같다.

- 똑같은 경험을 가진 사람이 한 명도 없을 때 : 10점
- 똑같은 경험을 가진 사람이 1~3명 : 8점
- 똑같은 경험을 가진 사람이 4~6명 : 6점
- 똑같은 경험을 가진 사람이 7~9명 : 4점
- 똑같은 경험을 가진 사람이 10명 이상 : 2점

⑤ 위와 같은 활동을 모든 사람이 돌아가면서 진행

⑥ 점수 기록 및 합산은 개인별로 솔직하게 기록하고 정리

⑦ 다른 친구 발표 내용이 자기에게 해당되면 자기가 적어 놓지 않았더라도 거수

⑧ 마지막 1명까지 모두 발표 ⇨ 점수 합산

⑨ 가장 높은 점수 학생 '희귀 상', 가장 낮은 점수 학생 '두루뭉술 상'

[활동 시 주의할 점]

① 자기의 특징 자랑이 목적이 아닌, 자신의 노출을 통해 서로를 이해하고 알아감과 동시에 마음의 창을 열어 편안한 마음을 갖도록 하는 데 그 목적이 있다.

② 여기에서 나온 내용을 가지고 놀리거나 수치심을 느끼게 하지 않도록 주의한다.

(4) 손뼉 치기

목적, 대상	소속감 · 공동체성 · 믿음을 갖게 되면 어떤 상황에서도 서로 도울 수 있는 긍정적 상호의존감이 형성됨. 학급 전체 — 전 학년
개요	학급 구성원 가운데 1명은 술래가 되어(위험하지 않은 상황이면 눈을 가리고 해도 좋다) 보물을 찾고, 나머지 모두미들은 보물을 정하여 그에 술래가 가까이 가면 박수를 크게 쳐서 위치를 알려주게 된다. 활동을 시작하기 전에 친구들을 믿고 의지할 수 있도록 미리 안내해주고, 활동이 끝나면 그 느낌을 반드시 나누도록 한다.
효과	학급 구성원들이 서로 도움을 주고받을 수 있다는 느낌을 가질 수 있는 계기를 마련할 수 있다.

[활동 방법]

① 술래 정하기 ⇨ 술래는 잠시 교실 밖에 나가 있기

② 학생들과 보물 1가지 결정 ⇨ 물건 또는 학생, 교사일 수도 있음

③ 술래가 교실로 들어옴 ⇨ 보물을 찾으려고 돌아다님

④ 보물에서 거리가 멀어지면 박수를 작게, 가까워지면 크게 침

⑤ 술래가 보물을 찾으면 그 친구와 모두가 즐거움을 나눔

※ 박수 대신 노래를 정하여 부르는 방법도 있다(멀어지면 작게 부르고, 가까워지면 점점 크게 부르는 방법).

(5) 협동적으로 공동작품 만들기

목적, 대상	협동작품은 혼자의 힘으로는 하기 힘든 작업을 모둠원이 협동을 통해 완성하면서 시너지, 성공의 기쁨을 느낄 수 있도록 하기 위함이다. 전 학년을 대상으로 한다.
개요	협동화, 우유팩으로 건물 만들기, 다양한 학급 공동작품 만들기 등이 있다. 모둠끼리 하면 모둠세우기 활동이 되겠지만 학급 전체가 참여하면 학급세우기 활동이 된다.
효과	학생들은 협동함으로써 얻어지는 결과(시너지와 해냈다는 기쁨과 성취감 등)를 몸소 체험하게 된다.

다양한 협동화 작품 사례 1(학급 작품 및 모둠 작품 사례)

다양한 협동화 작품 사례 2(학급 작품 및 모둠 작품 사례)

(6) 교육 연극의 활용

목적, 대상	발표회, 축제, 학예회, 국어 교과 문학작품 단원 수업을 위함이다. 전 학년을 대상으로 한다. 초등의 경우 학년별로 연극 단원이 항상 포함되어 있다.
개요	교과서 속의 이야기, 다양한 동화 속 이야기 등을 연극으로 꾸며서 작품을 발표해보도록 하는 활동을 말한다. 학교에 따라 다르기는 하지만 강당이나 공연장 등이 있는 학교에서는 학예회 등을 기회로 충분히 해볼 만한 가치가 있는 활동이라 할 수 있다.
효과	갈등해결기술, 사회적 기술을 익히고, 하나는 모두를 위하여-모두는 하나를 위하여 열심히 노력하는 자세, 땀과 열정과 감동, 성취감을 느낄 수 있게 된다(시너지). 타인을 도와주고 도움을 받아야 한다는 것의 필요성, 협동의 필요성, 조화의 필요성을 느끼고 그 마음을 개발할 수 있다.

5학년 역사 수업과 국어 연극 수업의 만남 : 세종대왕과 한글 편찬(한글날 프로젝트)

(7) 꿈의 타임캡슐 활동

목적, 대상	새 학년을 맞이하여 지난 한 해를 돌아보고 한 해를 어떻게 보낼 것인가 생각해보며 자신의 목표를 세워 나가기 위한 활동이라 할 수 있다. 전 학년을 대상으로 한다.
개요	새 학년을 맞이하는 각오, 목표, 꼭 이루고자 하는 것들을 적으면서 1년 뒤의 자신에게 편지 형식으로 글을 남기는 활동이다.
효과	자신에 대한 성찰, 새해 계획과 목표 세우기, 새 학년에서의 각오 다지기 등에 효과가 있다. 이를 위해 신중하게 자신을 돌아보는 시간이 필요하다.

[활동 방법]

① 첫 만남의 날, 학생들과 함께 작성하기

② 최대한 작게 접어서 색종이 띠로 묶어주기

③ PET 병에 넣고 공기가 통하지 않게 밀봉(실리카겔 혹은 나프탈렌도 함께 넣기)

④ 화단이나 운동장 한 구석에 묻어주기(굳이 묻어두지 않아도 좋음)

※ 쉽게 밀봉하는 방법 : 마개로 꼭 잠그고 글루건을 이용해서 틈새 메우기

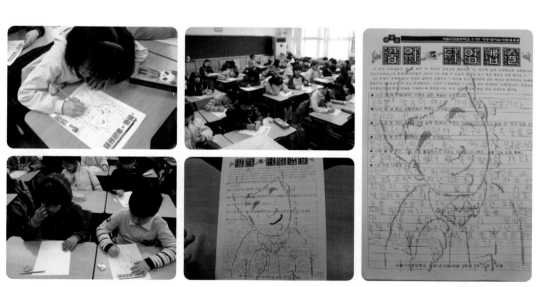

필자의 교실에서 매년 꾸준히 활동해 오고 있는 '꿈의 타임캡슐' 사례

(8) 암행어사 출두요

목적, 대상	학급세우기 차원에서 매월 1명씩 암행어사를 지정하여 봉사활동, 선행활동을 많이 하는 학생을 발굴해내기 위함이다. 중학년 이상을 대상으로 한다.
개요	정해진 기간 동안 학생들 몰래 담임교사로부터 임명받아 학급 친구들을 관찰하면서 선행활동, 봉사활동을 많이 한 친구들을 발굴해내는 활동이라 할 수 있다.
효과	학급 내 서로 도움 주고받기, 선행, 봉사, 칭찬 문화가 정착될 수 있다.

[활동 방법]

① 교사가 암행어사로 활동할 학생을 1명 선발(다른 친구들에게는 비밀)

② 정해진 기간(1주일, 보름 혹은 약 1개월) 동안 암행어사로 활동하면서 관찰한 내용들을 정확히 기록하도록 하기(일시, 장소, 활동 내용 등)

③ 암행어사 활동 마지막 날 학급 친구들은 암행어사가 누구인지 단 한 번의 기회를 통해 맞혀야 함. 만약 학생들이 정확하게 누구인지 알아낼 경우는 암행어사의 활동이 실패(이달의 인물 게시판에 오르지 못함). 다만 칭찬할 학생에 대한 발표와 선행에 대한 칭찬 고리 만들기 활동 혹은 선행에 대한 보상 활동의 기회는 그대로 유지. 알아맞히지 못할 경우 학생들은 선생님의 신호에 따라 "암행어사, 출두요!!"를 크게 외침. 그러면 암행어사가 마패를 들고 학생들 앞에 당당히 나서서 자신의 활동을 발표하고 보고를 함. 그에 해당하는 학생은 그 선행활동의 대가로 보상을 받거나 칭찬 고리를 받아들고 우정의 고리에 이어 붙이도록 함. 물론 암행어사도 자신의 역할을 충분히 해낸 것의 대가로 우정의 고리를 받아 이어갈 자격을 줌.

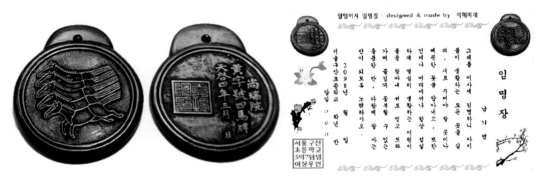

필자가 직접 만들어 활용하고 있는 암행어사 활동자료

(9) 우정의 고리

목적, 대상	수시로 협동심을 발휘하여 타인을 도와주거나 봉사활동, 선행활동을 많이 하는 학생을 발굴해내기 위함이다. 전 학년 이상을 대상으로 한다.
개요	매일 학생들이 관찰한 좋은 행동들과 그 주인공에 대해 보고한 학생들은 우정의 고리에 붙일 수 있는 고리 스티커를 받는다. 이렇게 해서 우정의 고리는 매일 조금씩 자라나게 되고 학생들의 선행도 그 진전을 눈으로 확인, 평가할 수 있게 된다.
효과	학급 내 협동적인 분위기, 서로 도움 주고받기, 선행, 봉사, 칭찬 문화가 정착될 수 있다.

[활동 방법]

① 친구의 선행을 학급 구성원들이 모두 관찰자가 되어 관찰하도록 한다.

② 관찰한 좋은 행동은 그날 마지막 시간 끝날 무렵에 교사에게 보고한다(종례시간에 하면 좋다). 쪽지 등을 이용하여 전달한다.

③ 우정의 고리 스티커 만들기 : 그 친구의 선행을 우정의 고리에 교사가 적거나 학생이 적어서 먼저의 고리에 이어서 붙인다.

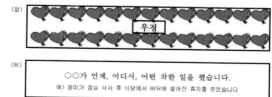

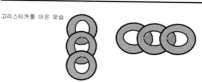

④ 학급 전체 보상을 위한 근거로 활용한다

(학급온도계 등) – 고리의 수가 일정한 개수 혹은 길이 이상이 되면 학급 전체에 보상

※ 디자인한 후 색 A4용지에 인쇄하여 만들어도 좋다(여기에는 친구의 이름과 그가 한 선행이나 봉사 내용을 기록하기).

(10) 두운법으로 이름 소개하기

목적, 대상	학년 초 학생들의 이름을 빨리 기억하기 위함이다. 학생들의 이름을 빨리 외워야 관계가 더 빨리 좋아진다. 전 학년 이상을 대상으로 한다.
개요	자신 이름의 초성자를 활용하여 자신의 장점을 잘 나타낼 수 있는 수식어를 붙여서 이름을 소개하는 활동이다(예 : 나는 상상력이 풍부한 상우야!).
효과	학급 내 긍정적이고 활기찬 분위기, 타인을 이해하고 타인의 특징을 빨리 파악할 수 있으며 이름을 빨리 기억할 수 있도록 돕는다. 가능한 2주 안에 학생들 모두 서로의 얼굴과 이름을 외울 수 있다.

[활동 방법]

① 자기 이름의 두운(성은 빼고)을 이용하여 자기 자신을 잘 표현할 수 있는 수식어구를 만들도록 한

다(예 : 이상우 ⇨ 상상력이 풍부한 상우라고 해!).

② 처음에는 2명이 모여서 서로 이름을 소개하고, 수식어구를 익혀둔다.

③ 정해진 시간이 지나면 다른 짝과 합하여 4명이 모여 활동을 한다(돌아가며 말하기 방식으로 서로 나눈다). ⇨ '시장에 가면' 놀이를 활용

④ 4명의 활동이 끝나면 다시 다른 모둠과 모여서 8명이 앞의 3단계 활동을 반복

⑤ 이와 같은 활동을 며칠 반복(틈새 시간)

⑥ 어느 정도 얼굴과 이름을 기억하게 되면 분단별로 팀을 나누어 게임을 해도 좋다(한 사람 한 사람마다 모두의 이름을 빠짐없이 말하는 데 걸린 시간 재기 등).

필자의 교실에서 매년 하고 있는 학년 초 얼굴과 이름 외우기 활동 장면

(11) 다중지능 수업 프로그램 5차시[37]

학습 주제	다중지능이란?	학습 목표	다중지능을 이해하고, 자신도 다양한 지능을 갖고 있음을 알 수 있다.
교육과정 목표			협동학습과 다중지능의 효과적인 만남을 위해서는 아동 스스로 다중지능에 대해 이해하고 자신의 강점지능과 약점지능을 파악하여 강점지능을 살리고, 약점지능을 보완하도록 해야 할 필요가 있다. 다중지능을 협동학습 구조 활동에 활용, 다양하게 발달한 지능들을 가진 각 개인들이 서로 힘을 모아 과제를 해결할 때 더 큰 성과를 얻을 수 있음을 깨닫도록 하는 데 목표가 있다.
준비물			다중지능 피자, 다중지능 영역(명칭) 카드, 다양한 직업 관련 그림 PPT, 직업관련 개별 학습지, "이 사람을 찾아라 !(우리반 살아 있는 보물찾기)" 학습지, 다중지능 센터 체험을 위한 미션 카드

---

37 자세한 내용은 http://cafe.daum.net/hwork를 참조

(12) 기타 다양한 활동 : 활동들은 무궁무진하다

개인 명함 만들기(전시물)

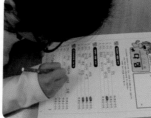

나의 다짐 선서문 만들기

인터뷰 활동(친구 소개하기)

자기 소개(개인 명패 만들기)

친구 얼굴과 이름 익히기

협동놀이 ─ 생태의자

협동놀이 ─ 고리 풀기

내 지문 만들기 ─ 나는 특별해

신나는 학급 야영

(13) 필자가 제작하여 학생들에게 배부하고 지도하는 코넬식 노트 기록방법 자료

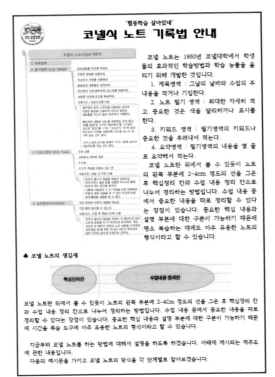

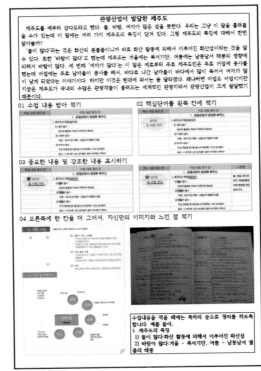

(14) 필자가 직접 제작·사용하고 있는 학생 정보 수집 설문지

설문지도 무엇을 위해 하느냐에 따라 그 내용이 매우 크게 달라진다. 필자는 학생들이 어떤 색깔을 좋아하는지, 어떤 음식을 좋아하는지 등에 별로 관심 없다. 이런 것을 설문 문항으로 받아 무엇에 활용하려는지 잘 알 수가 없다. 그냥 상투적인 질문일 뿐이다. 설문도 깊이 생각하고 해야 한다. 필자는 설문지 내용을 학생 상담에 적극 활용한다. 그렇다면 상담에 도움이 될 수 있는 내용을 설문 문항으로 제시해야 마땅하다. 설문 하나에도 교사의 철학과 고민이 고스란히 담겨 있다고 필자는 생각한다. 그리고 설문을 하였으면 반드시 그 자료를 활용하여 무엇인가 하도록 하자.

서울		초등학교
학년	반	번
이름 :		

선생님 저는요~!

1. 아침에 일어나서부터 학교에 오기까지의 과정을 아주 자세하게 쓰세요.

　－ 몇 시에 일어나는가? (　　　　시 정도), (혼자 일어난다, 누군가 깨워준다)

　－ 일어나자마자 무엇을 하는가? (　　　　　　　　　　　　　　　　　　　　　　　)

　－ 아침밥은 먹고 오는가? (예, 아니요)

　　→ 안 먹는다면, 그 이유는?

_____

_____

　－ 학교 오기 전까지 씻고, 옷 입고, 식사하는 것 이외에 무엇을 하나요? (자세히 쓰세요.)

_____

_____

2. 학교에 오는 방법(교통수단) :　　　　　　　　　걸리는 시간 :

3. 학교가 끝나면 잠을 잘 때까지 무엇을 하고 지내나요? (놀이, 학원 등 자세히)

학원 (요일별, 시간별)	
컴퓨터, 스마트폰 하기 (요일/시간)	
TV시청하기 (주요 프로그램)	
독서 및 공부 (과제 포함)	
친구와 함께 하기 (주로 하는 것)	

4. 알림장은 언제 보나요? (저녁에, 잠자기 전에, 아침에, 안 보는 때가 많다)

5. 준비물 챙기기와 과제는 주로 언제 하고, 누가 도와주나요?

_____

_____

(계속)

6. 과제를 해결하고 준비물을 챙기는 데 있어서 나에게 어려운 점, 문제점 등이 있다면?

_____

_____

7. 저녁에 부모님과 대화는 자주 하나요? (예, 아니요)

　→ 자주 한다면 주로 어떤 내용을 이야기하나요?

_____

_____

　→ 자주 하지 않는다면 그 이유는 무엇 때문이라 생각하나요?

_____

_____

8. 현재 새 학년 우리 반에서 친한 친구가 있다면 누구? (　　　　　　　　　　　)

9. 다른 반에 있는 친한 친구는 누구? (몇 반, 누구) (　　　　　　 .　　　　　　)

10. (1) 자신 있는 과목(공부)은 ?

　　　　　⇨ 이유 : _____

(2) 자신 없는 과목(공부)은 ?

　　　　　⇨ 이유 : _____

(3) 평소 내가 잘하는 것(자랑거리)이 있다면?

_____

_____

11. 평소 자주 아픈 곳은 있는가? (머리, 배 등)

_____

_____

12. 학교 급식을 하면서 먹기 힘든 음식물 종류는?(예 : 알레르기가 있는 것-우유 포함)

_____

_____

13. 올해(2014년) 고치고 싶은 습관이나 버릇이 있다면?(예 : 손톱 깨물기 등)

_____

_____

(계속)

14. 20○○년 한 해, 내가 꼭 하고 싶은 일이 있다면?(나의 꿈, 목표, 다짐 등)

내용	지난해 모습 중 고칠 점	올해 꼭 실천할 일
학습면		
친구 관계		
생활 습관		
20○○년 꼭 이루고 싶은 일		

15. 담임선생님께 꼭 하고 싶은 말이 있다면 반드시 써 주세요(선생님이 꼭 알고 있어야 할 점, 선생님이 꼭 알아주었으면 하는 점, 선생님에게 바라는 점, 자신에 대하여 선생님에게 알리고 싶은 점, 그 외에 선생님에게 하고 싶은 말 등을 최대한 자세하게 쓰기).

_____

_____

_____

(15) 학생, 학부모 학급 규칙 동의서

학급 규칙을 학생들과 함께 제정하면 이를 학부모에게도 알릴 필요가 있다. 교실에는 최소한의 학급 규칙이 존재하고 그것에 따라 일관성 있게 교실이 운영된다는 것을 학부모도 알 필요가 있다. 이를 위해 학생들과 함께 만든 규칙을 학부모에게 알리고 그것에 대한 의견, 동의 여부를 묻는 것도 큰 의미가 있다. 아래 예시는 필자가 늘 사용하고 있는 동의서 사례이다. 참고하기 바란다.

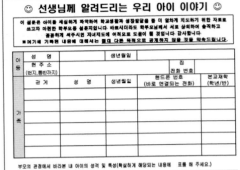

☺ 선생님께 알려드리는 우리 아이 이야기 ☺

이 설문은 아이를 세심하게 파악해서 학생발달을 돕 더 알차게 지도하기 위한 자료로 쓰고자 마련한 학부모용 설문지입니다. 바쁘시더라도 학부모님께서 서로 상세하고 솔직하고 풍족하게 써주시면 자녀지도에 여러모로 도움이 될 것입니다. 감사합니다.
※여기에 기록된 내용에 대해서는 필요 다른 목적으로 공개하지 않을 것을 약속드립니다.

아동	성 명			생년월일			
	현 주 소 (번지, 통반까지)					집 전화 번호	
가족	관 계	성 명	생년월일	핸드폰 번호 (바로 연결되는 전화)	본교재학 (학년/반)		

부모의 관점에서 바라본 내 아이의 성격 및 특성(확실하게 해당되는 내용에 표를 해 주세요.)

R	I	A	S	E	C
솔직하다	탐구심이 많다	상상력이 풍부	사람을 좋아함	지배적이다	정직하다
성실하다	논리적이다	감수성이 풍부	즐거워함	통솔력이 있다	조심성이 많다
지구력이 있다	분석적이다	자유분방하다	친절하다	말을 잘 한다	세밀하다
건강하다	합리적이다	개방적이다	이해심 많음	설득력이 강함	계획적이다
소박하다	호기심이 많다	직관력이다	우호적이다	경제적이다	보수적이다
말이 적다	지적이다	개성적이다	사회성이 있다	정치적이다	관습적이다
냉정하다	학구적이다	관념적이다	외향적이다	모험심이 강함	정확하다 있다
구체적이다	나서질 않는다	복잡하다	활동적이다	과시적이다	순응적이다
실리적이다	소극적이다	순응하지 않음	재치가 있다	열기있다	방어적이다
비사교적이다	인기가 없다	독립적이다	협동적이다	자신감이 넘침	실천적이다
순응적이다	호기심이 많다	감정이 풍부함	낯을 잘 좋는다	야심적이다	능률적이다
거칠다	비판적이다	독창적이다	봉사적이다	외향적이다	질소하다
고집이 있다	내성적이다	개성적이다	감동을 잘 한다	낙관적이다	질서정연하다
직선적이다	수줍음이 많다	비협동적이다	이상적이다	열성적이다	상상력이 없다
단순하다	신중하다				책임감이 강함

---

1. 자녀의 남다른 관심사나 재능이 있다면 무엇이라 생각하며, 장차 어떤 직업을 가졌으면 합니까?
   - 재능:
   - 직업: 자녀의 희망 ( ) 부모님의 희망 ( )
   - 자녀의 모델(자녀가 닮고 싶은 사람) : ( ) 이유 :

2. 올 한 해 동안 자녀의 어느 부분이 특히 발전했으면 좋겠습니까?
   ① 건강증진 ② 성격성숙 ③ 바른 생활습관 ④ 학력향상 ⑤ 기타 ( )

3. 부모님께서는 맞벌이 부부입니까? (예) (아니요)
   - 아버지: 출근시간 ( ) 귀가시간 ( )
   - 어머니: 출근시간 ( ) 귀가시간 ( )

4. 자녀가 지난 해 1년 동안 학교생활에서 어떤 어려움이 있었습니까? (예) (아니요)
   → 있었다면 어느 영역이었습니까?
   ① 친구관계 ② 학습 ③ 교사와의 관계 ④ 선배와의 관계 ⑤ 기타 / 자세히:

5. 자녀의 학교생활 및 자녀의 진로 고민 등에 관한 대화는 평소에 어떻게 나누십니까?
   ① 아이와 친밀감 있게 자주 한다 ② 사안이 생길 때마다 한다 ③ 별로 대화를 하지 않는다
   ④ 정기적으로 한다(가족회의 등) ⑤ 기타 ( )

6. 자녀가 공부를 하는 데 가장 큰 방해요소는 어떤 것이라고 생각합니까?
   ① 텔레비전/비디오 ② 컴퓨터/게임/인터넷 ③ 만화책 ④ 친구 ⑤ 기타 ( )

7. 자녀의 과제 알림장을 확인하고 돌봐주는 편입니까?
   ① 거의 빠짐없이 하는 편이다 ② 가끔 한다 ③ 전혀 하지 않는다.

8. 사교육(학원, 학습지, 과외동)을 시키고 있습니까? 시키고 있다면 요일별로, 시간까지 적어주세요.

월	화	수	목	금	토

9. 사교육을 시키는 주된 이유는 무엇입니까?

10. 자녀의 공부는 주로 누가 봐 주는가요?
    ① 아버지 ② 어머니 ③ 형제 자매 ④ 조부모 ⑤ 혼자 ⑥ 기타 ( )

11. 자녀만을 위한 공부방은 따로 마련되어 있는지요? (O . X)

12. 자녀의 컴퓨터, 스마트폰 사용은 어떤 상태이고 평소 어떻게 지도하시는지요?

13. 자녀의 TV 시청 지도는 어떻게 하시는지요?

---

14. 돈은 어떻게 줍니까?
    ① 필요할 때 준다 ② 하루에 정해서 매일 ( )원 씩
    ③ 주일 단위로 정해서 매주 ( )원 씩 ④ 월 단위로 정해서 매달 ( )원 씩

15. 자녀의 교우관계는 어떠하다고 생각하십니까?
    ① 친구가 많고 잘 사귄다 ② 몇몇 친구와 깊이 사귄다
    ③ 쉽게 친구를 사귀지 못하는 편이다 ④ 기타 ( )

16. 자녀의 바르지 못한 생활습관이나 태도를 보았을 때 어떻게 하십니까?
    ① 꾸짖는다 ② 대화로써 해결한다 ③ 매로 다스린다 ④ 간접적으로 해결할 방법을 찾는다.
    ⑤ 기타 ( )

17. 자녀의 성격 가운데 좋은 점과 고쳐야할 점이 있다면 적어 주십시오.

18. 자녀의 학습습관과 생활태도에서 꼭 고쳤으면 좋겠다고 하는 것이 있다면 적어 주십시오.

19. 자녀의 건강 상태에 대하여 꼭 기록해 주시기 바랍니다.

1. 현재 앓고 있는 질병이 있습니까?	
2. 현재 건강상 복용하고 있는 약이 있습니까?(감기약 제외)	
3. 어딸 때 앓았던 질병이 있습니까?(감기, 장병은 제외)	
4. 건강상 혹은 여러 학교생활면에서 담임교사가 꼭 알아두어야 할 사항이나 당부할 일이 있으면 적어주세요.(신체적 장애, 학습 장애, 정서적 어려움-우울, 불안, 성격 등, 행동 장애-주의력 결핍, 과잉행동, 집단 따돌림 경험, 인터넷 혹은 스마트폰 중독 등에 대한 사항 혹은 걱정이 되는 점)	

20. 자녀가 주로 잠을 자는 시각과 일어나는 시각은 몇 시 정도인가요? 취침 ( )시, 기상 ( )시

21. 등교 전에 자녀가 항상 하는 습관에는 어떤 것이 있나요?
    ① 책 보기 ② TV보기 ③ 장난감 가지고 놀기 ④ 부모와 이야기 하기 ⑤ 기타 ( )

22. 저녁시간에 자녀는 주로 누구와 함께 하나요?
    ① 부모님 ② 조부모 ③ 형제 자매 ④ 혼자 ⑤ 기타 ( )

23. 아이가 실수하거나 잘못했을 때는 어떻게 지도를 하시는지요?
    ① 체벌한다.(엄하게 다스린다.) ② 대화를 통해 문제를 해결한다. ③ 아이가 잘못을 빌고 끝난다.
    ④ 부모님이 무조건적으로 수용하신다. ⑤ 기타 ( )

24. 평소 집에서 체벌은 어떻게 하시나요?
    ① 절대로 하지 않는다. ② 잘못했을 경우 1~2대 정도로 체벌한다.
    ③ 잘못했을 경우 2~3대 이상으로 체벌한다. ④ 자주 체벌하는 편이다.
    ⑤ 기타 ( )

24-1. 체벌에 대한 부모님의 견해는 어떠합니까?(솔직하게 써 주세요.)

25. 휴일에는 자녀가 주로 무엇을 하며 지내는지요?
    ① 집에서 그냥 잠이나 논다. ② 가족과 함께 활동을 하는 편이다. ③ 밀린 숙제와 공부를 한다.
    ④ 컴퓨터 게임을 한다. ⑤ 주로 친구들과 밖에서 논다.
    ⑥ 기타 ( )

26. 자녀의 학습 수준에 대하여 어떻게 바라보시는지요?
    · 내 자녀는 학습력은 (상상, 상중, 상하, 중상, 중중, 중하, 하상, 하중, 하하) 수준이라 봅니다.

27. 자녀의 식생활 습관에 대하여 알고 계신대로 써 주시기 바랍니다.
    - 일상적인 식생활 습관 : _____
    - 먹으면 안 되는 음식(알레르기 반응 등) : _____

28. 부모님께서 생각하시는 자녀의 장점과 단점을 적어 주시면 고맙겠습니다.
    (1) 장점

    (2) 단점

29. 부모님께서 현재 자녀를 바라보면서 담임교사에게 꼭 해 주시고 싶은 말씀이 있다면 적어주시기 바랍니다.

30. 20( )년, 자녀와 함께 하게 될 담임교사에게 바라는 점이나 당부의 말씀이 있다면 적어주시기 바랍니다.

설문지 하나에도 교사에 대한 학부모의 반응, 관심, 시각은 크게 달라진다. 이렇게 꼼꼼히 설문을 받을 것이라 학부모들은 생각하지 않는다. 그래서 많은 학부모가 상담할 때 깜짝 놀랐다고 말한다. 이렇게 받은 설문지는 학생 이해에 큰 도움이 되기도 하지만 상담 자료로 매우 유용하다.

모둠세우기

모둠세우기란 같은 모둠원이 서로에 대해 잘 알고, 이해하고, 친해질 수 있는 계기를 마련하여 긍정적인 상호작용이 일어날 수 있도록 도와주는 것이라 말할 수 있다. 한 마디로 학급세우기의 축소판이라 여기면 된다.

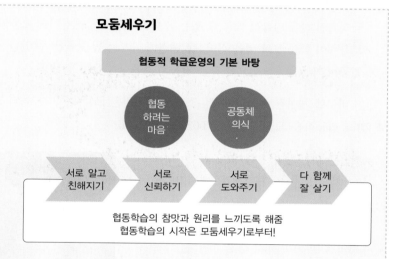

모둠 내에서 이루어지는 다양한 과제활동을 통하여 긍정적인 상호의존의 의미, 서로 돕고 의지해야 한다는 사실을 깨닫게 하며 한 모둠의 일원으로서 시너지 효과도 체험할 수 있도록 해주는 일련의 활동을 말한다.

모둠세우기

협동적 학급운영의 기본 바탕

협동 하려는 마음

공동체 의식

서로 알고 친해지기 → 서로 신뢰하기 → 서로 도와주기 → 다 함께 잘 살기

협동학습의 참맛과 원리를 느끼도록 해줌
협동학습의 시작은 모둠세우기로부터!

갈등해결기술 배움의 단위

모둠원 사이 상호 관계 돈독히

비전과 목표 공유

공동체 의식 나누기

'우리는 하나'라는 마음 갖기

모둠에 대한 소속감 갖게 하기

학급 전체가 잘 되도록 도와줌

모둠 내 정체성, 책임의식 약화 시 적용

모둠이 만들어져 해체하기까지 꾸준히 실천하도록 하는 것이 제일 중요

모둠 내 분위기가 지나친 경쟁주의로 흐르지 않게 하기

> 모둠 세우기란 모둠을 세워 나가는 과정을 말한다. 우리가 원하는 것은 단지 4명의 학생이 함께 활동하는 것이 아니다. 서로 다른 배경과 경험을 가진 4명의 학생이 하나의 협동하는 모둠을 만들어가는 과정에 그 초점을 두고 있다.
>
> 『협동학습-학급세우기』, 미구엘 케이건, 로리 케이건, 스펜서 케이건,
> 중앙기독초등학교 협동학습연구회 옮김(2007, 디모데), pp. 11.

모둠세우기가 강조되는 이유는 다음과 같다.

- 밀접한 소집단 활동을 통해 긍정적인 상호의존의 의미를 깨닫도록 하기 위함
- 모둠 구성원 간의 정체성과 공동체 의식이 깨어지는 것을 막기 위함
- 긍정적인 관계 기술을 배울 수 있는 기회의 제공(갈등해결기술 배움의 장)
- 모둠원이 힘을 모아 일을 같이, 잘 해결해 나가는 법을 배울 수 있는 기회
- 협동적 학급운영에 필요한 모든 활동의 효율성을 높이기 위함

한편 미구엘 케이건, 로리 케이건, 스펜서 케이건은 모둠세우기 활동의 필요성을 아래와 같이 밝히고 있다(『협동학습-모둠세우기』, 2007, pp. 12~14).

- **학습을 위한 환경 조성하기** : 교실 속에는 3가지 구조가 있다(경쟁적, 개별적, 협동적 구조). 그 가운데 협동적 구조가 다른 구조에 비하여 학습이나 사회성(인지적, 정의적 영역) 면에서 더 우수하다. 그러나 단지 모아놓는다고 저절로 되는 것은 아니다. 오히려 함께 모아놓을 때 문제가 일어나는 경우가 종종 있다. 이를 위해서 다른 사람과 협동하는 방법을 가르쳐야 한다.

모둠별 간식 만들기 활동

- **미래를 위한 준비** : 모둠세우기를 통해 학생들은 미래를 살아가는 데 필요한 기술을 준비할 수가 있다. 특히 다양성이 강조되는 시대에 다른 사람과 여러모로 잘 지내는 능력(상호의존성 향상을 위한 사회적 기술)은 직업을 유지하고, 그 속에서 자신을 탁월하게 하는 데 필수적이다.
- **장벽 깨기** : 모둠세우기에서 가장 주목할 것은 불필요한 장벽을 깨고 구성원들 서로를 친하게 만들어주는 데 있다. 양극화, 다원화가 심화되어 가는 시대에 팀 스포츠처럼 각자의 서로 다른 기술이나 능력을 중요하게 생각하며 공동의 목표를 향해 나갈 수 있도록 하는 데 모둠세우기 활

동은 필수적이다.(서로를 개인적으로 알 수 있도록 도와주며 공동의 목표를 행해 함께 일하고, 동등하게 발맞춰 나가도록 해주어야 한다. 그러면 상대방의 기쁨을 이해하고 그의 가치를 알며 그의 아픔을 이해해야 하게 되면 서로가 서로에게 의미 있는 인격체로 다가오게 된다.)

필자가 볼 때 모둠세우기 활동을 위해 교사가 신경 써야 할 점은 다음과 같다.

- 모둠세우기 활동은 협동하려는 마음이 약해졌다고 판단될 때마다 수시로 해주어야 함(모둠 구성 직후만 실행하지 않기 ⇨ 형식적 공동체 단계에 머무를 위험이 큼)
- 과제 구조화 : 대상이 어릴수록 교사가 과제를 미리 나누어 역할을 정해주고, 고학년으로 갈수록 학생 스스로 과제를 세분하여 역할을 정하게 하기
- 갈등해결기술 지도하기 : 수시로 직접 갈등해결기술을 반드시 지도하기
- 단순히 놀이, 재미를 위한 활동으로 흐르지 않도록 하기 : 활동 전 목표 명확히 하기, 활동 후 무엇을 느끼고 무엇을 배웠는지 성찰하고 돌아보기
- 교육과정 재구성을 통해 수업이라는 맥락에서 접근할 수 있도록 신경 쓰기
- 모둠이 구성되기 전 3월 한 달은 기본 생활태도 및 협동학습의 기본 구조를 훈련하는 기간으로 삼아서 꾸준히 익혀나갈 수 있도록 하기(소곤소곤 말하기, 침묵신호 따르기, 각종 신호 약속 지키기, 시간 조절하고 지키기, 역할 책임을 이해하고 실천하기, 기초적인 이끔말 훈련하기, 돌아가며 말하기, 돌아가며 쓰기, 돌아가며 읽기, 번갈아 말하기, 번갈아 쓰기, 번갈아 읽기, 칭찬하기, 순서 지키기, 존칭어 사용하기 등)
- 충분한 기본 훈련이 된 이후에 모둠을 구성하여 모둠세우기 활동을 시작
- 필요하다면 교수-학습활동 중간에도 해 나갈 수 있어야 함

1) 모둠세우기의 5대 목표

모둠은 여러 단계의 변화를 거치게 되는데, 각 단계에서 교사가 어떻게 도움을 주느냐에 따라 훨씬 더 큰 성장을 하게 된다. 케이건은 이를 모둠 세우기의 5대 목표로 설정하고 다음과 같이 제시하였다.[38]

- 서로에 대해 알기
- 정체성 세우기
- 차이점 존중하기
- 상호지원하기
- 시너지 개발

---

[38] 『협동학습』, 케이건(1999, 디모데), pp. 142~165.

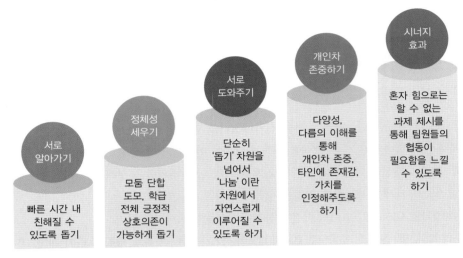

모둠 세우기 5대 목표

아래는 케이건의 모둠세우기 5대 목표를 필자가 나름대로 해석해본 것이다.[39]

1. 친해지기 : 서로에 대하여 잘 알아가기(긍정적 분위기 만들기)
2. 모둠의 정체성 세우기 : 주인의식과 단결심 세우기(우리는 하나다 ⇨ 소속감)
3. 서로 도와주기 : 같은 목표를 향하여 도움 주고받기 ⇨ 긍정적 상호작용
4. 개인차 존중하기 : 서로의 다름, 다양성 이해(학습능력, 특기, 장점 등)
5. 시너지 효과 : 한 사람의 힘보다 네 사람의 힘이 훨씬 큼을 인식

한편 필자는 협동적 학급운영을 실천해 오면서 모둠의 발전 단계에 따른 모둠 세우기의 5대 목표 적용을 아래와 같이 해 오고 있는데 나름대로 큰 효과를 보고 있다.

Bruce W. Tuckman	정문성	모둠 성장 단계별 모둠 세우기 5대 목표의 적용
생성	생성	'서로에 대해 알기'와 '정체성 세우기(소속감)'에 적합한 활동 제공 ⇨ 모둠원 사이의 관계가 빨리 개선되고 화합을 이룸
소통	규범화	'서로에 대해 알기', '차이점 존중하기'에 적합한 활동 제공 ⇨ 서로에 대한 공감과 이해, 존중감, 배려심 등을 길러나감(정서적 공감대 형성이 매우 중요하게 작용함)
규범	갈등	'상호 지원하기(너의 성공이 곧 나의 성공 : 협동하고자 하는 마음)'를 목표로 하는 활동 제공 ⇨ '갈등해결기술'을 적극적으로 지도하기

(계속)

---

39 필자는 평상시에 일상적인 협동학습 모둠의 목표를 현실적으로 보다 작게 설정하여 지금까지 운영하고 있다. 그것은 (1) 학습내용에 대한 책임과 이해, (2) 교우관계 기술 익히기 이렇게 두 가지다.

수행	실행	'시너지를 개발'할 수 있는 활동들을 다양하게 제공하기 ⇨ 그 속에서 보람과 뿌듯
해산		함을 느낄 수 있도록 해주는 것이 필요

2) 모둠 활동의 구조화[40]

(1) 목표의 상호의존

협동학습에서 학생들은 세 가지 목표에 대한 책임을 갖게 된다.

- 학습 과제 완수
- 다른 모두미의 과제 완수 돕기
- 학급 전체에 도움 주기

이를 위해 아래와 같은 구조화 방식을 선택, 책임으로 다가설 수 있게 해야 한다.

모두 일정 수준 이상 성취 달성 → 이전의 자신보다 향상된 수준 보이기 → 한 사람도 놓치지 않기 → 성공적인 모둠과제 완수

(2) 학습 자료의 상호의존

과제의 완수를 위해서 필요한 학습 자료를 상호의존 하도록 구조화해야 한다. 한 모둠원이 모든 학습 과제를 해결하기 힘든 상황에서 사용해야 효과가 있다.

(3) 보상의 상호의존

이는 모든 모둠원이 서로 돕지 않으면 보상을 얻을 수 없다는 것을 의미한다. 가장 효과적인 보상은 성취겠지만 상황에 따라 물질적, 심리적 보상도 필요하다. 다만 개인 보상과 모둠 보상으로 2원화시켜야 하며 지나친 경쟁, 갈등으로 이어지지 않도록 주의를 기울여야 한다(내적 동기 감소 위험성, 모둠 위기의 원인이 되기도 함).

프로젝트 수업을 통한 모둠세우기

---

40 『협동학습의 이해와 실천』, 정문성(2002, 교육과학사), pp. 141~145.

(4) 역할의 상호의존

모둠을 구성하고 있는 모든 모둠원에게 구체적인 역할을 부여함으로써 상호의존을 구조화할 수 있다. 이는 모둠원이 자기에게 주어진 역할행동에 대한 책임감을 갖게 하고, 역할을 수행하는 과정에서 사회적 기능을 훈련하고 경험하게 한다.

(5) 정체성의 상호의존

과제의 성공적인 해결을 위해서 모둠원이 정체성과 소속감을 가질 수 있도록 해야 한다. 정체성이 형성되면 학생들은 ① 모둠 활동이 자신에게 이롭다는 것, ② 모둠 활동을 통해 즐거움을 느낄 수 있게 된다는 것을 깨닫게 된다. 모둠의 정체성은 각 모둠원의 소속감 정도에 달려 있다. 이를 위해 교사는 즐거운 경험을 많이 할 수 있도록 활동, 과제를 제시하려는 노력을 해야 한다.

3) 다양한 모둠세우기 활동에 대한 고민

(1) 모둠세우기 활동의 적기는 언제인가?

① 모둠을 막 구성하였을 때 바로 실시하는 것이 제일 좋다.

② 교실·모둠의 분위기가 다운되어 있을 때 잠깐 동안의 학급·모둠세우기 활동은 교실을 활기차고 긍정적인 분위기로 바꾸어준다.

③ 학생들에게 학습 의욕이 없을 때 모둠세우기 활동은 학급에 신속하게 활기를 불어넣어준다.

④ 모둠 중심의 활동이 제대로 되지 않을 때 모둠세우기 활동은 효과적이다.(모둠이 수업 내용을 잘 소화해내지 못할 때, 의사결정을 하지 못할 때, 과제를 제대로 끝내지 못할 때, 과제에 대한 부담감이 있을 때, 점심 식사 후 수업을 시작할 때 졸린 상황을 극복하기 위해서, 진도 맞추기에 집중이 되지 않을 때 단지 5분간만이라도 모둠세우기 활동을 해준다면 모든 시간을 효과적으로 사용할 수 있도록 해준다.)

(2) 대부분의 게임과 놀이는 모둠세우기 활동이다?

모둠세우기 활동은 열정, 신뢰, 서로 간의 협동을 창조해냄으로써 장기간에 걸쳐 효과적인 학업 성취도와 인간관계 개선이라는 중요한 성과를 이끌어낸다. 하지만 이러한 모둠세우기 활동에 있어서 주의해야 할 점을 꼭 한 가지만 꼽으라면 이런 것을 말하고 싶다.

놀이나 게임 등의 활동으로 여겨지지 않도록 하기

모둠세우기 활동을 놀이나 게임 활동으로 여기고 있는 교사들이 많다. 온라인상에서 보면 '협동놀이'라는 이름으로 다양한 놀이와 게임 활동을 접할 수 있다.[41] 그러나 필자는 놀이, 게임도 좋지만 교과 수업 속에서 재미있는 과제를 통해 모둠세우기 활동을 제공하려는 자세와 노력, 연구, 지혜가 필요하다고 생각한다.

(예 1) 놀이나 게임식으로 하더라도 잘 못하는 친구를 배려, 응원, 격려하고 더 많은 기회를 주며 활동에 임하는 팀에게 승리보다 더 큰 칭찬과 점수를 주기, 반칙과 규칙 위반이 생기거나 팀 단합을 해치는 현상이 발생하면 결과가 좋더라도 반성과 성찰의 시간 갖기, 원인 찾기, 피드백하기

(예 2) 활동 시간 못지않게 목표 공유, 활동 과정 중 팀원들 간 협의와 조정, 문제 해결 방안 모색 시간 갖기, 성장의 경험 누리기, 과정 및 결과에 대한 성찰, 피드백 갖기 등에 시간 투자 많이 하기(이 활동을 통해 교사가 학생들이 배워 알기를 바라는 점이 무엇인지 명확히 하기 ⇨ 이것이 바로 수업이다!!)

① 활동, 놀이 그 자체에서 그치고 마는 경우가 대부분 : 시작 전 목표, 활동 과정 중 발전적 대안 찾기, 활동 후 과정에 대한 성찰, 피드백이 없었기 때문

② 그 활동을 통해서 확실한 자세와 마음을 갖출 수 있도록 적용하려는 노력이 필요 : 교과와 통합한 활동이 필요(교육과정 재구성을 통해 수업이라는 관점에서 접근 ⇨ 학생들도 수업이라는 맥락에서 진지하게 임할 수 있도록 하기)

---

41 특히나 초등학생 대상 활동들을 보면 팀 대항전 활동들이 많다. 설령 팀 대항전이 아니라도 학생들은 다른 사람, 다른 팀보다 잘해야 한다는 부담을 기본적으로 갖고 있다. 그래서 누군가가 잘하지 못하거나 좋지 못한 결과를 얻게 만드는 원인이 되면 그 학생이 설 자리를 잃게 만드는 경향이 강하다. 초등학생들이 매우 즐기는 피구 게임만 보더라도 그렇다. 게임을 하다 보면 못하는 학생들은 늘 주눅이 들어 있거나 적극적이지 못하고 게임을 즐기지 못하고 있다. 잘하는 학생에게 고르게 공을 잡을 수 있는 기회를 주라고 해도 그뿐이다. 그래서 다양한 학생 간의 갈등, 교사와 학생 간의 갈등도 경험하게 된다. 팀을 기반으로 하는 게임이나 팀 중심 놀이, 스포츠 등의 활동은 '경쟁'을 당연한 것처럼 느끼게 만든다는 점에서 학생들에게 게임, 놀이를 통한 모둠세우기 활동은 매우 조심스럽게 접근할 필요가 있다는 것이 필자의 주장이다.(이런 문제점을 보완하기 위해 개발한 피구 게임이 바로 'X맨 피구'이다. 의자 빼앗아 앉기 게임도 의자가 1개씩 빠질 때마다 의자 없는 학생들이 다른 학생 무릎에 앉게 하여 협동적 게임으로 전환할 수 있다. 최후에는 의자가 1개도 없지만 모두 앉을 수 있는 지혜를 발휘하게 된다.) 이보다는 집단상담 프로그램, 사회적 기술 향상 프로그램, 수업 시간에 학생들에게 제시하는 공동과제 및 활동을 통해 모둠세우기 목적을 달성하는 것이 훨씬 더 의미 있고 바람직하다는 것이 필자의 견해이다.

③ 땜질식 처방, 일회성 활동에 그치지 않도록 하기

④ 활동을 마치고 난 뒤에는 반드시 느낀 점과 반성할 시간을 가지는 것이 필수

⑤ 꾸준히, 지속적으로 해야 함을 잊지 않기

(3) 성공적인 모둠세우기를 위한 방안은 무엇인가?

성공적인 학급세우기, 모둠세우기를 위해서는 3월과 4월을 확실하게 보내야 한다. 3월과 4월 두 달을 협동적 학급운영을 위한 집중 투자 시기로 삼고, 이 시기에 학생들에 대한 모니터링 (정보 수집), 기본 생활 습관 형성, 기본 구조의 활용 및 적응 등이 이루어질 수 있도록 해야 한다(돌아가며 말하기/읽기/쓰기, 번갈아 말하기/읽기/쓰기, 사회적 기술 훈련, 목소리 높낮이 조절, 차례 지키기, 역할 책임 훈련, 시간 지키기, 각종 신호에 대한 적응, 학급 규칙 세우

학년 초 모둠별 번갈아 읽기 훈련

기 및 지키기, 협동적 학급운영과 모둠세우기 및 학급세우기에 대한 공감대 형성 등). 이를 위해서는 학급운영에 대한 통합적 시각에서 교육과정 재구성을 통해 반드시 시간 확보를 해야만 한다.

4) 다양한 모둠세우기 활동 소개

가능하면 수업이라는 맥락에서 배움이 일어날 수 있도록 계획하는 것이 좋다.

> **활동을 마치고 나면 반드시 반성의 시간을 갖도록 한다.**

(1) 창문 열기를 통한 모둠 이름 만들기(미술 시간)

목적, 대상	서로에 대하여 알기, 모둠 정체성 세우기(모둠 이름 정하기, 모둠 내에서 공통분모 찾기, 동질감 느끼기, 모둠 상징 만들기, 모둠 구호 만들기로 이어지는 활동) – 전 학년
개요	창문 열기 활동을 통해 모둠원의 공통분모를 찾고, 그를 바탕으로 하여 모둠 이름을 정하도록 한 뒤, 모둠 이름에 맞게 모둠 상징을 그려보면서 동질감을 느껴보도록 하기 위해 고안한 활동이다. 상징까지 그리고 나면 모둠 구호도 이어서 만들도록 한다.
효과	학생들이 적극적으로 활동에 참여하며 모둠 이름을 의미 있게 만들 수 있으며, 공통분모를 찾아내어 동질감을 느낄 수 있어서 모둠 정체성을 세우기에 매우 효과적인 활동이라 할 수 있다.

① 미리 그려진 활동지를 나누어주거나 아래와 같이 모둠원이 함께 그리기

② 1번 모둠원부터(순서는 임의로 정해도 좋다.) 공통점이라고 생각되는 한 가지를 제안한다. "너희들 롯데월드에 가 본 적이 있니?"(질문은 "~을 해 본 적 있니? ~에 가 본 적 있니? ~을 좋아하니?"로 정해주면 훨씬 수월함)

③ 이 질문에 대하여 모든 모둠원이 그렇다고 대답하면 번호 '4'의 칸에 '롯데월드'라고 쓴다. 만약 자신을 포함하여 2명만 가 보았다면 번호 '2'의 칸에 '롯데월드'라고 쓰면 된다(숫자는 자신을 포함하여 해당하는 모둠원의 수라 할 수 있음).

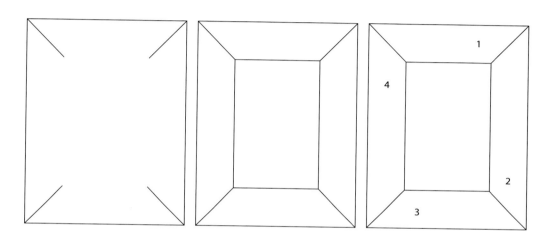

④ 그다음에는 2번, 3번, 4번 순서대로 같은 과정을 반복한다.

⑤ 일정 시간을 정해 놓고 할 수도 있고, '4번' 칸의 자리에 일정 수 이상의 낱말(6~7개 정도)이 채워질 때까지 계속 돌아가도록 한 뒤 마무리하고 정리하면 된다.

⑥ 낱말이 4번 칸에 6개 이상 모였으면 그 낱말을 조합하여 모둠 이름을 만들도록 한다. '4번' 칸에 모인 낱말은 그 모둠에 속한 모둠원의 공통분모 ⇨ 이때 글자수에 제한을 두는 것도 중·고학년에게는 좋은 방법(너무 길게 나오면 교사가 모둠 이름을 부르기에 불편한 느낌을 주기 때문)

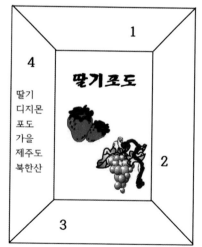

⑦ 모둠 이름이 정해졌으면 '4각형'의 가운데 부분에 큰 글씨로, 색연필이나 크레파스를 이용하여 모둠 이름을 적도록 한다.(서로 한 글자씩 적어보는 것도 좋겠다.)

⑧ 모둠 상징을 그려 나가도록 한다.

규칙 1 필요에 따라서는 각자 색연필을 1가지 색만 가지고 활동에 참여하고 나머지는 넣어두도록 한다. 이럴 경우 그 색은 그 사람만이 쓸 수 있다.(다른 사람이 가진 색이 필요하다면 달라고 해서 칠하지 말고, 그 색을 가진 모둠원에게 "여기에 그 색으로 칠했으면 좋겠어."라고 정중하게 말을 한다.)

규칙 2 그림을 그릴 때는 협동학습의 5가지 원리가 철저히 녹아들도록 한다. 4명이 동시에 그림을 그린다. 가만히 보고만 있거나 쉬고 있는 사람은 없어야 한다. 한 사람이 그림을 다 그리는 일은 없어야 한다.

규칙 3 예술 작품을 만드는 일이 아닌 만큼 조금 틀리거나 삐쳐나가거나 해도 서로 이해하고 격려하면서 그려 나간다(잘 그리지 못하는 사람에게 "하지 마! 왜 이렇게 했냐?"는 식의 이야기는 절대로 하지 않는다). 4가지 색으로 그리는 만큼 본래의 색이나 느낌 등을 벗어나도 얼마든지 좋다.

규칙 4 자신감이 부족한 친구들에게는 그 친구가 할 수 있는 일(이곳을 색칠해주면 좋겠어. 네가 그리고 싶은 것을 어떤 것이든 아무 곳에나 그려, 괜찮아!)을 안내해주면서 함께 해 나갈 수 있도록 한다(특정 색깔이 적게 나타나지 않는지 관찰).

저학년의 경우는 위와 같은 과정을 똑같이 진행하기에 어려움이 많다. 저학년의 경우 1, 2, 3, 4의 각 칸에 모둠 이름으로 사용하기에 가장 좋다고 생각하는 동물 이름(또는 악기, 먹을 것, 탈 것 등)을 돌아가면서 말하기 구조로 2~3바퀴 돌면서 7단계까지 진행한 후에, '4번' 칸에 기록된 동물 이름 가운데 회의 또는 다수결 방식 등을 통해 1가지 동물 이름으로 통일한 다음 가운데 쓰도록 하였더니 쉽게 모

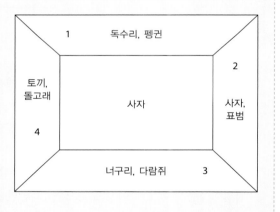

둠 이름이 만들어졌던 기억이 있다. 또는 "너는 ○○○을 좋아하니?" 등의 질문을 통해서 나온 낱말들 가운데 번호 '4'의 칸에 있는 낱말들만을 대상으로 하여 가장 마음에 드는 낱말 1개를 정하여 그것으로 모둠 이름을 정하는 방법도 비교적 간단하다고 볼 수 있겠다. 이 경우 낱말의 개수가 많아 고민이 되기도 하는데, 처음에는 모든 낱말 중에서 5개만 골라보기 → 5개 가운데 3개만 골라보기 → 그중에서 1개는 빼 버리기 → 2 낱말 가운데 1개로 정하기 등의 방법을 쓰면 비교적 잘 해결될 수 있겠다(피라미드 토의 방식).

돌아가며 질문하고 기록하기

손을 들어서 의사 표시하기

모둠 이름 정하기 협의

협동하여 모둠 상징 그리기

협동하여 모둠 상징 그리기

협동하여 모둠 상징 그리기

완성된 모둠 이름-협동화

완성된 모둠 이름-협동화

완성된 모둠 이름-협동화

(2) 모둠가, 모둠 구호 만들기

모둠별로 모둠 구호 만들고 연습하는 장면

| 모둠 구호 외치는 장면 | 모둠 구호 경연대회 모습 | 모둠가 경연대회 모습 |

(3) 우리 이익을 최대로

목적, 대상	이 활동은 공동 이익 실현을 위한 게임이다. 경쟁보다는 협동이 더 큰 이익을 가져온다는 것을 알게 해주는 게임이라 할 수 있다. 중·고학년 이상의 학생들에게 알맞은 활동이라 할 수 있다.
개요	모둠원끼리 매회 전략적으로 접근하면서 어떻게 의견을 모아야 이익을 얻을 수 있는지 협의하는 과정을 통해 '우리 이익'에 대한 개념을 확장시켜 나가는 게임이라 할 수 있다('우리'= '우리 학급 전체-사회 전체'를 의미). 반드시 활동 후 모두가 성찰, 반성, 협의 시간 갖기
효과	게임을 통해 궁극의 승리는 신뢰를 바탕으로 한 인간관계에서 나온다는 것을 깨달을 수 있다. 개인의 이기심이 집단에 미치는 영향도 알게 된다. 이 활동을 통해 '우리'라는 말의 의미를 다시 한 번 넓게 생각할 수 있는 계기가 될 수 있다(경쟁과 협동의 실상을 체험).

- 이익을 최대로 올리는 것이 목표!
- 10회까지 진행되고, 각 회마다 모둠원과 합의하여 청백을 결정
- 각 모둠은 결정된 사항을 다른 모둠이 전혀 알지 못하게 한다.
- 계산표에 의하여 이익을 계산하여 집계표에 적는다.

점수 계산 기준표
4개의 모둠이 모두 청 : 모든 모둠이 −3억씩
4개의 모둠이 모두 백 : 모든 모둠이 +1억씩
3개의 모둠이 청, 1개의 모둠이 백 : 청은 +1억, 백은 −3억
2개의 모둠이 청, 2개의 모둠이 백 : 청은 +2억, 백은 −3억
1개의 모둠이 청, 3개의 모둠이 백 : 청은 +3억, 백은 −1억

- 5회, 8회, 10회는 각 모둠의 대표가 모여 회의를 거친 후 모둠으로 돌아가 결정된 사항을 모둠원에게 알리고, 다시 모둠의 협의를 거쳐 청/백을 결정한다. 이때는 이익을 각각 3배, 5배, 10로 한다.

모둠＼회	1회	2회	3회	4회	회의	5회	6회	7회	회의	8회	9회	회의	10회	합계

(4) 3단계 인터뷰

목적, 대상	모둠 친해지기 — 2학년 이후(1학년 — 필기 능력으로 인한 어려움)
개요	2명씩 모둠 내에서 서로 짝을 지어 인터뷰 활동을 주고받으면서 서로에 대하여 알아가는 활동이라 할 수 있다.
효과	서로에 대해 알아가는 과정을 통해 모둠원이 상대방에 대한 관심을 갖게 되어 친밀감을 느끼게 하는 매우 효과적인 활동이다.

① 모둠 내에서 2명씩 짝을 지어 상대방을 인터뷰한다.
② 인터뷰하는 기자에 해당되는 아동은 인터뷰한 내용을 잘 기억하도록 학습지에 메모를 하면서 듣도록 한다. 듣는 자세도 함께 지도하는 것이 좋다.
③ 서로 역할은 바꾼다(한 사람이 모든 질문 인터뷰를 다 끝낸 뒤 바꾸기).
④ 인터뷰한 내용은 모둠 안에서 돌아가며 말한다.
⑤ 활동을 마치면 반성의 시간을 갖는다.

활동을 마치고 나면 반드시 반성의 시간을 갖도록 한다(이후에 안내되는 거의 모든 활동에 공통으로 반드시 들어가야 할 내용). 모둠세우기 활동에서 반성의 시간이 실제적으로 가장 중요한 시간이라고 필자는 생각한다. 활동을 마치고 그냥 끝낸다면 활동의 의미와 목적을 학생들이 제대로 이해하지 못하고 넘어가게 된다. 그러면 단지 놀이나 이벤트가 될 가능성이 크다. 특히 게임이나 놀이 활동에서!

- 반성의 시간에 주고받으면 좋은 내용들(체크리스트에 꼭 들어갈 내용들) : 활동을 하면서 어떤 생각을 하게 되었는가, 활동을 하면서 어떤 느낌이 들었는가, 활동 결과가 마음에 드는가, 모두가 적극적으로 참여했는가, 아쉬운(어려운) 점이 있다면 - 그렇게 생각하는 이유는(하면서 어려움을 겪었다면 왜 그런 어려움을 겪게 되었는가), 우리 모둠이 잘 했다면 그렇게 생각하는 이유는, 가장 열심히 참여했던 모둠원은, 활동을 하면서 어려운 점이 있었다면, 다음에 이 활동을 또 하게 된다면 그때는 어떤 점을 보완해야 하겠는가? 등

(5) 모둠 중심 협동작품 만들기

목적, 대상	협동작품은 혼자의 힘으로는 하기 힘든 작업을 모둠원이 협동을 통해 완성하고 성취감을 느낄 수 있도록 하기 위해 실시한다.
개요	단순한 작품 활동을 뛰어넘어 협동적 과정을 중요하게 다루어 모둠별로 완성도 높은 결과가 나올 수 있도록 지도해 나간다. 끝난 후에는 협동을 통한 시너지 효과를 정리하고 마무리하는 과정을 갖도록 한다(어려움 극복 과정, 서로 도움 주고받는 일의 중요성 등).
효과	모둠원은 협동함으로써 얻어지는 결과(시너지와 해냈다는 기쁨과 성취감 등)를 몸소 체험하게 된다.

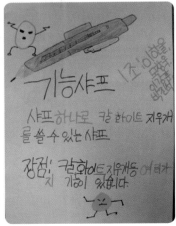

사회과 경제 단원을 재구성했던 사례 : 기회의 발견과 제품 홍보물 제작하기

'갯벌 살리기 포스터' 모둠 공동작품을 제작했던 사례

모의 서울 시장 선거 활동을 했던 사례 : 각 모둠별로 시장 후보를 내고 공약 발표하기

(6) 다양한 프로젝트 수업

목적, 대상	프로젝트 학습은 어느 학년을 막론하고 충분히 가능한 활동이다. 프로젝트 활동은 동질 모둠, 이질 모둠 모두에서 가능하다. 모둠원끼리 계획을 세우고 아침 자습, 쉬는 시간, 점심시간, 수업 시간 등을 활용하여 프로젝트를 실행한다. 이러한 장기적인 프로젝트 과제를 진행함으로써 학생들 스스로 협동하면서 얻게 되는 시너지 효과를 체험하게 하는 것이 프로젝트 활동의 목적이다. 전 학년을 대상으로 한다.
효과	학습활동과 연계된 프로젝트 활동은 관련된 주제에 대한 깊은 이해, 학습능력 향상, 모둠원의 사회적 기술 및 갈등해결능력 등의 향상, 협동적 모둠 운영을 이룰 수 있다. 장시간이 걸리는 작품 활동을 통해 과정은 힘들고 어려웠지만 "우리가 해냈다!"는 성취감과 긍정적인 상호의존성, 서로 도움을 주고받는 일의 중요성, 시너지 등을 느낄 수 있다.

(7) 모둠 졸업장

목적, 대상	끝마무리까지 잘 해줄 때, 모둠원은 지난 시간들을 추억으로 간직하며 또다시 새로운 모둠을 만나 새 출발을 하게 된다. 이럴 때 할 수 있는 활동이 바로 모둠 졸업장이다. 전 학년을 대상으로 한다.
활동 방법	1. 활동지 : 모둠 졸업장을 만들어 각 모둠에 인원수만큼 배부한다. 2. 각 활동지 맨 위에 자기 이름 기록 ⇨ 오른쪽 방향으로 순환 3. 이름을 보고, 그 친구에 대한 좋은 점, 고마웠던 점, 자신이 잘 못해서 미안했던 점 등을 잘 생각하여 기록한다(일종의 롤링 페이퍼). 4. 부정적인 말은 쓰지 않도록 반드시 지도, 시간을 정해두고, 교사가 신호를 주기 전까지는 다음 사람에게 넘기지 않도록 한다. 5. 이렇게 반복하여 자기 것이 돌아오면 활동이 끝난다.
효과	모둠원끼리 마지막까지 좋은 기억을 가질 수 있도록 해주고, 지난 시간의 반성과 함께 새 출발을 위한 준비를 도와준다. 활동지는 포트폴리오에 모아두고, 오래 간직하는 학생들도 생긴다.

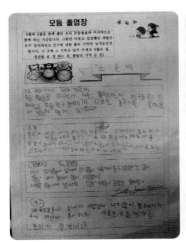 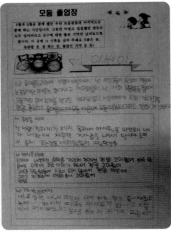 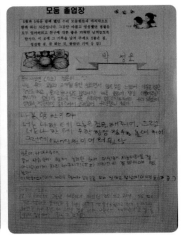

필자의 학급에서 마무리 모둠활동으로 꾸준히 하고 있는 모둠 졸업장 사례

(8) 꼬마 출석부 활동

목적, 대상	학급세우기와 모둠세우기 동시에 가능하다. 서로의 이름과 얼굴을 기억하기 위해 활동한다. 교사에게도 학년 초 학생의 얼굴과 이름을 기억하는 데 도움이 된다.
개요	 작은 정보 카드 또는 자기소개 관련된 활동지를 나누어 주면 학생들이 작성하여 교사에게 제출한다. 교사는 이를 잘 수합하여 수업 시간에 출석부 대신 활용하기도 한다. 활동지가 크면 소개 활동이 모두 끝난 후 교실 게시판에 전시해 두면 된다. 위에서 보는 바와 같이 크기가 작으면 교사가 걷어 철해 놓는다.

효과	서로에 관심을 갖도록 하며 학년 초에 자신에 대하여 소개하고 알릴 수 있는 좋은 활동 가운데 하나다. 교사가 수업 시간에 다양한 용도로도 활용할 수가 있다.
	1. 위와 같이 활동지를 만들어주고, 학생들이 다 적은 후에 짝끼리 마주 보게 하고 각각 서로를 인터뷰하게 한다.
	2. 활동이 끝나면 걷어서 고리에 묶고 매 수업시간에 활용한다.
	     – 20년 후에 축구선수가 되어 있을 멋지고 튼튼한 철민이가 9쪽 읽어보자.
	     – "하루에 한 가지씩 착한 일을 하자!"라는 멋진 좌우명을 가진 민영이가 발표해볼까.
	[활동의 효과]
	적극적으로 경청하기, 긍정적인 마음 갖기, 호응해주기, 소곤소곤 이야기하기, 기다려주기, 자신을 명확하게 표현하기
	[주의사항]
	1. 꾸준한 활용이 요구된다(계속적으로 활용하도록 한다).
	2. 질문항목을 바꿔서 상담 자료로 활용할 수도 있다.

목적, 대상	개인 이름, 모둠 이름 알리기, 전 학년 대상
개요	개인 이름을 누구나 알 수 있게 디자인하기, 모둠 이름을 잘 볼 수 있게 디자인하는 활동이다.
효과	교사, 학생 누구나 학생 및 모둠 이름을 불러줄 수 있다. 필요시 신호 체계로 활용할 수도 있다.

특히 모둠 팻말은 탁상용 달력(뒤로 넘기는 달력)을 6개 정도만 모아 갖고 있으면 쉽게, 오래 사용할 수 있도록 만들 수 있다(다용도로 활용 : 모둠 이름, 우리 모둠 다 했어요, 아직 노력 중, 모둠 질문 등).

(10) 같은 점 다른 점 찾기

목적, 대상	전 학년 대상이며 의사소통능력 및 사회적 기술 향상을 목적으로 한다.
개요	짝과 함께 극히 일부분만 다른 그림 2장을 각각 살펴보고 상대방이 가진 그림과 자신의 그림의 같은 점과 다른 점을 찾아내는 활동이다.
효과	사회적 기술, 의사소통능력 향상에 유용하다.

(11) 모둠 활동 과정 평가지

목적, 대상	모둠 과정을 돌아보고 다음 활동을 위해 피드백을 할 수 있도록 하기 위함이다. 전 학년을 대상으로 한다.	
개요	모둠 활동이 마무리된 후에 각자 모둠 활동 과정을 돌아보면서 점검하고 이야기 나눌 수 있어야 한다. 이를 위해 사용할 수 있는 활동자료라 할 수 있다. 프로젝트 수업 등에는 별도의 활동에 맞는 과정 평가지, 개인 평가지, 동료 평가지가 제작, 활용되어야 한다.	
효과	개인별, 모둠별 성찰 및 다음 활동을 위한 피드백에 유용하다.	

(12) 낙서 예술

목적, 대상	대화의 중요성, 소통의 중요성을 느낄 수 있도록 하기 위해 개발한 활동이라 할 수 있다. 전 학년을 대상으로 할 수 있다.
개요	낙서 예술 활동은 한 장의 종이를 놓고, 서로 다른 생각을 가진 모둠원이 돌아가며 선을 1개씩 그어나가는 과정을 통해서 의미 있는 1개의 그림을 그려내는 활동이다.
효과	이 활동을 통해 모둠원의 마음이 하나로 모아지는 것을 경험할 수 있을 것이다. 아울러 소통, 대화가 얼마나 중요한지 이해할 수 있는 계기가 될 수 있을 것이다.

[절대 규칙 : 어떤 이야기나 몸짓, 음성 등을 표현해서는 안 된다]

- 선 긋기 : 1번 모둠원은 먼저 선을 1개 긋기. 나머지 모둠원 잘 보고 있기
- 2번 모둠원은 건네받은 종이에 잘 생각하여 선을 1개 긋기
- 위와 같은 방식으로 모둠 내에서 계속 돌아가면서 선을 그어 활동
- 주어진 시간이 다 지나가면 모둠원끼리 그려진 그림을 놓고, 그림에 대한 느낌 이야기 나누기. 이때 단순한 평이 아니라 그림에 대한 느낌, 무엇을 상징하는 것인가, 각자 개개인은 어떤 생각을 가지고 그렸는데 다 그려놓고 보니까 어떤 그림이 되었으며 어떤 느낌을 갖게 되었는가, 그림 속에서 각각의 선이 나타내는 의미와 상징은 어떤 것인가 등의 생각을 모둠에서 모아보도록 함(느낌 정리 활동을 위한 활동지는 따로 첨부. 첨부된 활동지는 고학년 학생들에게 맞게 만들어진 활동지임. 나름대로 학년 수준에 맞게 변화를 주어 활용하기 바람)

- 정리가 끝나면 모둠별로 만들어진 작품을 발표하는 시간을 갖기
- 발표가 끝나면 작품은 전시물로 게시

필자 교실 사례

[모둠 내에서 4장으로 하는 방법(각자 1장씩 갖고 하는 방법)]

- 각각의 모둠원은 자기 앞에 주어진 종이에 선을 긋기(1개씩만 선을 그려도 되고, 2~4개 정도의 선을 자유롭게 그려도 되고, 주어진 시간 동안 자유롭게 선을 그어도 좋음)
- 선생님의 신호에 따라 자신 앞에 놓은 종이를 다음 순서의 친구에게 넘기고, 내게로 넘어온 종이의 그림에 신경을 써서 어떻게 선을 그어 나갈 것인가를 고민한 뒤 나름대로의 생각을 담아 표현해 나가기
- 나머지 과정은 위의 활동 과정과 동일
- 활동이 끝나면 모둠원끼리 그려진 그림을 놓고, 그림에 대한 느낌 정리
- 정리가 끝나면 모둠별로 만들어진 작품을 발표하는 시간을 갖기
- 발표가 끝나면 작품은 전시물로 게시

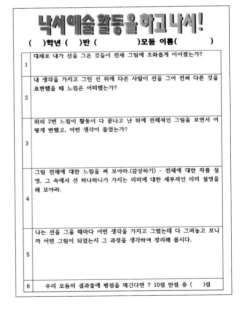

(13) 삼각 무대책으로 모둠원 자기소개하기

  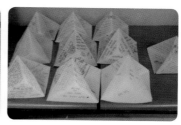

북 아트 삼각 무대책을 활용한 모둠별 자기소개 활동

(14) 기타 다양한 모둠세우기 활동들 : 활동 종류는 무궁무진하다

기본적인 말하기 듣기 훈련　　　모둠별 다 함께 일어서기　　　모둠별 릴레이 활동

북 아트를 활용한 모둠세우기 － 모둠 내 자기소개하기

프로젝트 수업 모둠별 도시의 문제 탐구 및 해결방안 모색 － 전시장 관람 활동

모둠별 이야기가 있는 그림 만들기

학생들이 만든 뉴스 – 동영상 만들기를 통한 학교 도서관(책 놀이터) 소개

탁상 달력을 재활용한 모둠 명패 만들기

책 소개

필자는 학급세우기·모둠세우기 활동으로 교육과정과 직접적인 관련이 있는 프로젝트 활동, 교육연극, 공동작품 제작, 도덕 시간 등을 활용한 집단 상담 활동 등을 더 선호한다. 이 책을 읽는 독자들에게도 이런 활동을 적극 추천하고 싶다. 왜냐하면 놀이나 게임 형식의 활동은 한계가 많고, 본래의 목적과 취지를 달성하기 힘든 면도 많기 때문이다(학생들이 단순한 놀이나 게임으로 여기는 경우가 많다). 필자가 주로 참고로 하는 집단상담 서적은 아래와 같다.

마음 열고 나를 받아 줘

◉ 마음 열기 활동

(1) 짝짓기 놀이

- 책상을 뒤로 밀어 전체가 설 수 있는 공간 마련하기
- 자연스럽게 돌아다니다가 교사가 말하는 수만큼 친구들과 짝을 짓기(음악을 틀어주면 더 좋음)
- 수에 맞추어 짝을 지은 학생들은 자리에 앉고 마지막까지 짝을 짓지 못한 학생들은 함께 재미있는 벌칙 수행
- 여러 가지 경우의 수를 제시하여 많은 학생들이 서로 짝을 지어볼 수 있도록 하기
- 마지막 짝짓기는 한 모둠 규모인 7~8명으로 하여 모둠별로 하는 다음 활동으로 이어나가는 것이 좋음

※ 교사도 함께 참여하면서 진행하면 훨씬 효과적

◉ 활동 1 : 벽 뚫기

- 7~8명씩 짝을 지어 모둠 구성
- 한 모둠은 교실 가운데 남고 나머지 모둠은 자리에 앉기
- 가운데 선 모둠원 중 한 명이 술래가 되어 원 밖에 서고 나머지는 서로 팔짱을 끼고 원 밖을 향해 서기
- 술래는 원 안으로 들어가기 위해 노력하고 나머지 모둠원은 힘을 모아 술래가 들어올 수 없도록 막기
- 술래가 벽을 뚫고 들어가면 술래가 다른 친구를 술래로 정하기
- 1~2분 정도 시간을 더 주었는데 술래가 못 들어가면 나머지 모둠원이 다른 친구를 술래로 뽑기
- 돌아가면서 한 모둠에서 여러 명이 술래를 하고 나면 또 다른 모둠이 앞에 나와서 같은 활동 진행하기
- 앉아 있는 친구들은 관찰자의 입장에서 조용히 지켜보기
- 모둠별로 한 번씩 활동을 다 하고 나서 활동 정리

이 활동은 말이 필요 없는 활동이다. 다만 어떤 기분이나 느낌이 드는지 그것을 잘 간직하도록 해야 한다. 술래가 된 친구는 들어가지 못하게 하는 친구들에 대하여 어떤 느낌이 드는지 느껴보게 한다. 벽을 뚫고 들어갔을 때 어떤 느낌이었는지 기억하게 한다. 벽을 만든 친구들은 들어오는 친구를 막을 때 어떤 기분이었는지 느껴보게 한다. 관찰하고 있는 친구들은 술래의 마음이 어떨지, 벽을 만든 친구들의 마음이 어떨지 생각하면서 지켜보게 한다.

⊙ 활동 2 : 느낌, 소감 정리하기

　– 활동지에 술래의 느낌, 벽을 만든 느낌, 관찰자의 느낌으로 구별하여 기록

　– 활동을 통해 알게 된 점, 느낌 기록하기

⊙ 활동 3 : 느낌, 소감 나누기

　– 술래였을 때 어떤 느낌이었는지 발표하기

　– 벽을 만들었을 때의 느낌 발표하기

　– 관찰자로서 가만히 지켜보는 느낌은 어떠했는지 발표하기

　– 전체적인 느낌과 소감 나누기

누구나 살아가면서 어려운 일을 만난다. 어려운 일은 친구관계일 수도 있고 공부와 관련된 것일 수도 있고 가족과 관련된 것일 수도 있다. 그런 것들이 모두 우리에게 벽이 될 수 있다. 하지만 누군가 벽을 뚫지 못해 힘들어할 때 그 사람 주변에는 많은 사람들이 있고 누군가는 도와주고 싶어 한다는 것을 알게 된다. 이 활동은 그것을 깨달을 수 있도록 하기 위해 준비한 것이다. 친구들이 마음을 닫았다고 느낄 때 혼자서 힘들어하지 말고 도움을 누군가에게 청하려고 노력해야 한다. 그리고 다른 친구에게 내가 벽이 되는 것은 아닐까 하고 돌아보려는 노력도 필요하다. 우리 반 모든 친구들이 마음의 벽을 활짝 열고 지내기를 바라면서 이 활동을 해 본다면 좋은 시간이 될 것이다.

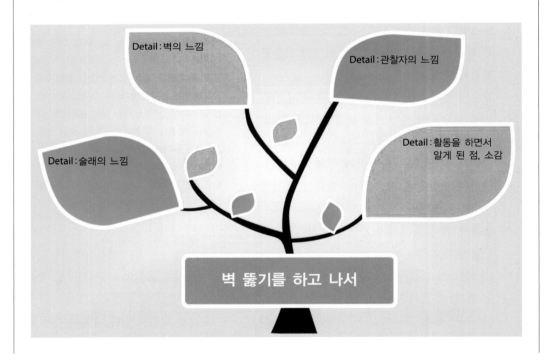

⊙ 주의할 점

(1) 상황에 따라 남자끼리, 여자끼리 하는 것도 나쁘지 않다.
(2) 힘이 센 학생의 경우 벽 뚫기 활동을 할 때 과격하게 할 수도 있으므로 다치지 않도록 주의한다.
(3) 마음이 여린 학생이 있을 경우 벽을 뚫으려는 시도를 하지 못하고 가만히 서 있거나 소극적일 수 있다. 교사가 함께 벽 뚫기를 하거나 격려해 주면서 활동에 참여할 수 있도록 한다.
(4) 활동한 뒤 느낌을 충분히 정리할 수 있도록 여러 입장을 생각해보게 한다.
(5) 느낌, 소감 나누기 활동이 더 중요하다는 것을 잊지 않도록 한다.

중등 지도서 『집단상담』 중에서

삶의 의미를 찾아서

로고테라피(logotherapy) 이론을 통한 삶의 의미와 목적 성찰

⊙ 기대효과

(1) 삶의 목적이 어느 정도 확고한지 스스로 확인하기
(2) 인생에서 뚜렷한 삶의 목표를 갖는 것이 얼마나 중요한지 깨닫기
(3) 청소년기가 불분명한 삶의 목표를 보다 구체화, 명료화해야 하는 중요한 시기임을 깨닫기

⊙ 활동 과정

(1) 요즈음 자기 생활을 돌아보며 자연스럽게 분위기 유도하기
(2) '나는 왜 사는가? 나는 무엇 때문에 사는가? 나는 무엇을 위해 사는가?'라는 질문에 스스로 확실하게 대답할 수 있는지 질문하기
(3) 오늘 이 활동이 그러한 시간을 가져보는 활동이라는 것 설명하기
(4) 10년 뒤 자신의 하루를 눈을 감고 머릿속으로 그려보기(조용한 음악)
(5) 모둠을 만들어 모여 앉은 뒤 활동지 나누어주기
(6) 지시문을 읽고 응답 방법을 자세히 설명하고 난 후 각자 답하기
(7) 응답한 수치를 모두 더해서 나온 점수를 총점란에 쓰고, 모둠 안에서 서로 비교하면서 느낌과 생각 나누기

집단 내 최고점 및 최저점, 평균 계산해보기

대체적으로 총점이 110점 이상이면 명백한 삶의 목적을 가지고 살아가고 있고, 90~110점은 불확실하지만 나름대로의 생의 목적을 추구해 가고 있으며, 90점 미만은 삶의 의미를 잃고 살아가고 있다고 해석할 수 있다.

(8) 전체적으로 이 프로그램을 하고 난 뒤의 느낌 나누기

◉ 진행 시 주의사항

(1) 삶의 의미를 찾는 활동이므로 진지한 분위기에서 진행하기
(2) 활동지의 총점을 단순히 수치상으로 비교해서 우열을 논하지 않기
(3) 청소년기는 다소 검사 결과가 낮게 나오기 쉬운 시기임을 설명하여 점수가 낮게 나와도 실망하지 않도록 지도하기

내 삶의 목적은?

왼쪽과 오른쪽의 내용은 서로가 아주 상반되는 내용입니다. 각 문항을 읽고 자신에 대해 가장 알맞다고 생각되는 숫자에 ○표 하세요.

1(7)-매우 그렇다 / 2(6)-그렇다 / 3(5)-약간 그런 편이다

1. 나는 평소의 생활에서 무기력과 권태로움을 느낀다.	1 2 3 4 5 6 7	나는 평소 의욕적이고 힘이 넘침을 느낀다.
2. 나는 '삶'이 항상 재미있는 생활의 연속인 듯하다.	7 6 5 4 3 2 1	
3. 나는 인생의 목표가 전혀 없다.	1 2 3 4 5 6 7	나는 뚜렷한 인생의 목표를 갖고 있다.
4. 나는 한 인간으로서 인생의 목적도 없는 아주 무의미한 존재이다.	1 2 3 4 5 6 7	나는 인생의 의미와 목적을 지닌 아주 가치 있는 존재이다.
5. 나의 하루하루 생활이 항상 새로워짐을 느낀다.	7 6 5 4 3 2 1	나의 매일 생활은 아무런 변화 없이 그저 똑같기만 하다.
6. 나는 내가 선택할 수 있었다면 이 세상에 태어나지도 않았다.	1 2 3 4 5 6 7	나는 지금과 같은 나의 인생을 몇 번이고 더 선택할 수 있다.
7. 나는 이 다음에 나이가 많아 직장을 그만두면 내가 늘 평소에 하고 싶었던 일을 할 것이다.	7 6 5 4 3 2 1	나는 이 다음에 나이가 많아 직장을 그만두면 아무것도 하고 싶지 않고 놀고만 싶다.
8. 나의 인생 목표 달성을 위해서 나는 아직 아무것도 추진하고 있지 못하다.	1 2 3 4 5 6 7	나는 나의 인생 목표 달성을 위해 모든 것을 만족하게 열심히 추진하고 있다.
9. 나의 생활은 허무하고 절망에 차 있다.	1 2 3 4 5 6 7	나의 생활은 대단히 즐겁고 재미있는 일로 가득 차 있다.
10. 오늘 내가 죽게 된다면 나는 그동안 나의 인생이 대단히 보람 있었다고 생각한다.	7 6 5 4 3 2 1	오늘 내가 죽게 된다면 내 인생이 전혀 보잘것없는 것이었다고 생각한다.

11. 나의 인생을 생각해볼 때 내가 왜 이 세상에 살고 있는지 자주 회의를 느낀다.	**1 2 3 4 5 6 7**	나는 내가 왜 이 세상에 살고 있는지 그 이유를 항상 잘 알고 있다.
12. 나의 삶과 관련지어 바라볼 때 나는 도저히 이 세상을 이해할 수 없다.	**1 2 3 4 5 6 7**	나의 삶과 관련지어 볼 때 이 세상은 나의 삶과 의미 있게 잘 조화를 이룬다.
13. 나는 대단히 책임감이 약한 사람이다.	**1 2 3 4 5 6 7**	나는 대단히 책임감이 강한 사람이다.
14. 선택의 자유에 대해 나는 인간 자신이 모든 인생 문제에 절대적으로 선택의 자유를 가지고 있다고 생각한다.	**7 6 5 4 3 2 1**	유전과 환경에 의해 자신의 운명이 결정되는 것일 뿐 선택의 자유가 나에게는 전혀 없다고 본다.
15. 죽음에 대하여 나는 각오도 되어 있으며 두렵지 않다.	**1 2 3 4 5 6 7**	나는 죽음에 대해 각오도 되어 있지 않고 무섭게 느껴진다.
16. 자살은 문제 해결의 한 방법이라고 심각하게 생각한다.	**1 2 3 4 5 6 7**	자살에 대해서 한 번도 생각해본 일이 없다.
17. 나는 자신의 인생의 의의 내지는 목적을 발견해낼 수 있는 능력을 충분히 가지고 있다.	**7 6 5 4 3 2 1**	나는 자신의 인생의 의의 내지는 목적을 발견해낼 수 있는 능력을 전혀 가지고 있지 못하다.
18. 나의 인생은 내 자신의 손에 달려 있는 것으로 내가 조종하는 것이다.	**7 6 5 4 3 2 1**	나의 인생은 내 자신의 손에 달려 있지 않고 외부의 요인에 의해 조종되고 있다.
19. 매일매일 할 일을 대할 때마다 즐거움과 만족을 느낀다.	**7 6 5 4 3 2 1**	매일매일 할 일을 대할 때마다 괴로움과 싫증을 느낀다.
20. 나는 인생의 어떠한 사명감도 발견하지 못한 처지이다.	**1 2 3 4 5 6 7**	나는 뚜렷하고 만족스러운 인생의 목적을 발견하였다.

총 점

교사의 사회적 기술

수업 중이나 쉬는 시간 중에도 어떤 문제 상황이 발생하였을 때 분위기를 험악한(꾸중, 야단, 체벌 등) 상황으로 몰아간다면 학생들에게는 다운-쉬프팅 현상이 나타나게 된다. 그런 상황 속에서는 우리는 학생들의 진정한 배움과 역량의 계발을 기대할 수는 없는 일이다.

학습자는 위협이나 공포의 상황에서 고차적인 사고를 하기 어렵고 생존 지향적인 기능으로 돌아간다. Hart(Caine, & Caine, 1994)는 이러한 현상을 다운-쉬프팅(downshifting)이라고 부르면서, 그것을 위협이나 공포에 대한 두뇌의 반응으로 보았다. 여기에서 우리 교사들이 염두에 두어야 할 것은 아동이 다운-쉬프트 될 경우에 그들이 초기의 프로그램화된 행동으로 돌아가게 되어 교육에서 개발하고자 하는 고차적인 기능과 창의적 사고와 같은 능력을 발휘할 수 없다는 점이다.(다운-쉬프팅 : 고차원적인 기능에서 하위기능으로 전환되는 현상을 의미한다. 두뇌가 지나친 위협, 공포, 스트레스 상황에서 고차적인 기능을 수행하지 못하고 생존 지향적이게 되는 형상을 가리킨다.)

『두뇌를 알고 가르치자』(2002), 김유미(학지사), pp. 40, 215, 286.

'말을 한다'와 '대화를 한다'는 언뜻 보면 비슷해 보일지 모르겠지만 매우 큰 차이가 있다. 말은 일방통행이지만 대화는 쌍방통행이고 의사(생각)의 교환인 것이다. 인간관계는 바로 쌍방통행에 의해서 만들어지고 관계가 개선되어 나간다. 하지만 학교에서 교사와 학생 사이의 관계를 보면 다분히 일방통행인 경우가 많다. 때문에 필자는 학교에서 사회적 기술이 가장 떨어지는 사람은 바로 '교사 자신'이라고 강력하게 말하고 싶다.

흔히 교사와 학생의 관계에서는 교사가 더 권위가 있다고 생각하는 경향이 많다. 그러다 보니 교사는 당연한 듯 학생들 앞에서 훈계와 가르침의 말을 많이 하게 된다. 하지만, 대화는 무엇보다도 그 질이 중요하다. 무엇을 말할 것인가도 중요하지만, 어떻게 말하느냐에 따라 상대방과 나, 학생과 교사 사이에 긍정적인 관계가 형성되느냐 그렇지 못하느냐가 결정된다. 아래의 상황을 한 번 보자.

[상황]

학생 　"(울면서) 선생님, 채운이가 저보고 56키로 나간다고, 돼지라고 놀렸어요."

반응 1 　선생님(A) : 그래? 채운이, 너 이리로 와. 누가 그렇게 놀리라고 했니?

반응 2 　선생님(B) : 너도 똑같이 채운이를 놀리면 되잖아.(물론 이런 교사는 없겠지만.)

반응 3 　선생님(C) : 저런, 채운이가 몸무게를 가지고 놀려서 속상했구나.

여러분이라면 위와 같은 상황에서 먼저 어떤 반응을 학생에게 보였겠는가?

- 반응 1의 경우 : 교사의 반응에 대하여 아이들은 자신을 방어하기 위한 변호를 하기 시작한다. 다시 말해서 방어 기제를 작동시키기 시작한다는 것이다.
- 반응 2의 경우 : 자신이 문제 해결 능력이 없는 것처럼 생각하기 쉽고, '이런 것으로 선생님에게 와서 이르는 일은 해서는 안 되겠구나.' 하고 생각하게 만든다.
- 반응 3의 경우 : 놀림을 받은 아이의 마음을 헤아려 선생님이 공감하고 있음을 전달함으로써 놀림을 받은 아이는 선생님이 자신을 이해하고 있다고 받아들여 선생님을 보다 신뢰하게 되어 자신을 드러낼 수 있게 된다.

우리 교사들은 교실에서 아이들과 수많은 말을 주고받는다. 그 가운데 대표적으로 문제가 되는 상황 몇 가지를 살펴보면 아래와 같다.

- 심리적으로 어려움에 처한 학생들에게 곧바로 진단하고 처방한다. "~하면 되잖아!"
- 교사의 말이 곧 '만병통치약'이라는 생각으로 가르치고 훈계하려 한다.
- 학생의 입장에서 보면 오히려 그들의 감정을 해치는 말을 많이 사용하고 있다.
- 교사의 말은 그 학생에 대해 교사가 어떻게 생각하는지를 나타내고 있다는 사실을 잊고 있다.
- 교사가 학생들에게 짜증을 내듯이 말하고 있다.(자신의 감정 조절을 하지 못하고 있다.)

위와 같은 상황들을 정리해보면 아래와 같은 방식으로 이야기를 하고 있다는 사실을 알 수 있다.

① 명령하기, 지배하기, 지시하기 ② 경고하기, 윽박지르기 ③ 교화하기, 설교하기, 의무와 당위성 강조하기 ④ 충고와 해결방법 제시 ⑤ 가르치기, 훈계하기, 논리적 논법 제시하기 ⑥ 판단하기, 평가하기, 비판하기, 의견 달리하기, 꾸짖기 ⑦ 비난하기, 꼬리표 붙이기, 정형화하기 ⑧ 해석하기, 분석하기, 진단하기 ⑨ 칭찬하기, 맞장구치기, 긍정적으로 평가하기 ⑩ 무조건 안심시키기, 공감하기, 위로하기, 지지하기 ⑪ 질문하기, 캐묻기, 심문하기 ⑫ 물러나 있기, 빈정거리기, 비위 맞추기

『교사역할 훈련』(2003), 토머스 고든 저, 김홍옥 역(양철북), pp. 78~81.

위와 같은 12가지의 대화 방법은 바람직한 대화를 가로막는 방법이라고 토머스 고든(2003)은 이야기하고 있다. 이런 말을 하게 되면 학생들은 말을 하지 않으려 하거나 죄책감 혹은 부당함이나 답답함을 느끼게 되고, 자존감에 많은 상처를 받으며 불신감을 갖게 된다. 학생들과의 관계를 긍정적으로 맺어나가는 최선의 방법은 학생들을 있는 그대로 바라보고, 그들의 입장에서 진심으로 관심을 가지고 있으며 이해를 하고 있다는 모습을 보여주는 것이다. 우리 교사들이 꼭 잊지 말아야 할 것은 학생들이 찾아와 나름대로의 속상함과 어려움을 이야기할 때, 먼저 그 학생들을 바른 자세로 바라봐주고 그 학생들이 말하고자 하는 것들을 침착하게 들어 주어야 한다는 것이다. 다시 말해서 '적극적으로 듣기'가 필요한 것이다.(앞에서 말한 12가지를 사용하지 않으려는 노력이 꼭 필요하다.)

1) 적극적 듣기에 대하여

- 1단계 : 학생의 감정과 얼굴 표정, 행동 등을 주의 깊게 살피면서 말을 듣는다.
- 2단계 : 교사는 학생의 말과 행동, 표정 등을 통해 학생의 현재 감정 상태를 읽고, 학생이 그런 감정 상태를 갖게 된 원인과 이유를 파악한 대로 말한다.
- 3단계 : 교사가 학생의 현재 감정 상태를 다시 한 번 확인한다.

사례 1

교사 : 채운이가 네게 몸무게가 많이 나간다고 해서 속이 무척 상했구나. 그래서 화가 난 것이지?

학생 : 네, 맞아요. 그래서 화가 났어요.

사례 2

교사 : 채운이는 오늘 수업 끝나고 좀 남아서 선생님과 이야기 좀 하자.

채운 : 선생님, 왜 저만 남으라고 하세요?

교사 : (학생의 감정 살피기 : 억울함, 불만 등) 너만 남으라고 해서 억울한가 보구나.

채운 : 네, 맞아요. 왜 저만 남아야 하는지 이유를 말해주세요.

교사 : 선생님이 채운이와 조용히 하고 싶은 말이 있어서 그런단다. 지금은 다른 아이들도 있고, 수업도 해야 하니까 조용히 이야기를 나누기 어렵단다. 그렇게 해줄 수 있겠니?

채운 : 네, 알았어요.

위의 사례에서와 같이 '적극적 듣기'는 심리적으로 불편함을 느끼고 있는 학생들에게 "맞아요! 지금 제 기분이 바로 그래요!"라는 반응을 보이게 한다. 제대로 된 '적극적 듣기'는 학생들이 겪고 있는 심리적 불안감에 대한 정보를 교사가 바르게 읽어서(마음읽기) 다시 아이에게 되돌려 주고, 그 마음을 확인하는 과정을 통해 학생들의 마음속으로 들어가는 문을 열게 만든다. 다시 말해서 '적극적 듣기'는 학생들의 닫힌 '마음의 문'을 열어주는 기술, 학생들의 마음을 들여다보는 기술인 것이다.

한편, 이런 상황도 있다. 학생들과 함께 하루 종일 생활하다 보니 문제를 겪는 당사자가 학생들이 아니라 교사 자신일 경우도 상당히 많다. 사실 하루 종일 학생들과 교실에서 생활하다 보면 정말 인간적으로 짜증스럽고 화가 나는 일이 하나 둘이 아니다. 수업 부담은 많고, 잡무도 많고, 시간은 부족하고, 수업 시간에 조급해하거나 느린 학생들은 또 왜 이리 많은지, 약속을 지키지 않는 학생들도 많고, 예기치 못한 돌발적 상황도 가끔 발생하고…. 그러다 보니 순간적으로 솟아오르는 화를 누르지 못해서 버럭 소리를 지르고 '화'를 내는 경우도 있게 된다. 하지만 대다수의 교사들은 화를 내고 나서 스스로 죄의식에 사로잡혀 "내가 학생들에게 참 잘못했구나. 이렇게 하지 말았어야 했는데…. 내가 교사로서 자질이, 수양이 부족한 것은 아닌가? 내가 교사로서 적합한 사람인가?"하면서 의구심도 갖게 된다.

위와 같은 상황에서 우리 교사들에게 꼭 필요한 사회적 기술 한 가지가 또 있다. 그것은 바로 '나 메시지'이다. '나 메시지'는 학생들의 행동을 있는 그대로 관찰하고, 그것을 평가하지 않고 비난하는 말 없이 관찰한 그대로 전달하게 하면서, 교사 자신이 그로 인해 느낀 감정을 솔직하게 이야기하고, 마지막으로 학생들에게 부탁을 하게 하는 대화의 최상위 기술이다. '나 메시지'는 교사 자신의 인간적인 감정을 그대로 드러나게 해주고(이를 통해 학생들은 선생님도 자신들과 똑같은 감정의 동물 — 사람이라는 것을 이해하게 된다), 그 과정 속에서 학생들이 상처를 입지 않고 교사의 말을 듣게 해준다. 방법은 생각보다 간단하다. 다만 여기에 우리가 익숙해져 있지 않기 때문에 어려운 것처럼 느껴지는 것일 뿐이다. 조금만 더 생각하고, 조금만 더 느끼고, 조금만 더 노력해보자. 누구나 충분히 가능한 대화 요령이 될 것이다.

2) '나 메시지'에 대하여[42]

[효과적으로 '나 메시지'를 전달하는 방법]
- 1단계 : 있는 그대로 관찰하기(관찰)
- 2단계 : 관찰한 결과로 자신이 갖게 된 느낌, 감정의 상태를 표현하기(느낌)
- 3단계 : 자신의 욕구를 표현하기(욕구)
- 4단계 : 부탁하기(부탁)

예1 교실 바닥에 휴지가 이리 저리 널려 있고 지저분한 상태이다.

좋지 못한 대화	"교실 바닥이 이게 뭐니? 여기가 쓰레기장이냐? 너희들은 눈이 없니? 손이 없니? 빨리 치워!"
나 메시지	(1단계) 바닥에 휴지들이 여기저기 떨어져 있는 모습을 보니 (2단계) 선생님 기분이 언짢구나.(선생님은 속이 상한다.) (3단계) 선생님은 우리 교실이 깨끗한 곳이었으면 한다. (4단계) 자기가 버린 것이 아니더라도 주위의 휴지들을 주워서 버려줄 수 있겠니? 선생님이 너희들에게 부탁하는 거야.

예2 수업 중 열심히 강의를 하고 있는데 몇몇 아이들이(혹은 한 학생이) 듣지 않고, 잡담을 하거나 떠들거나 다른 곳을 쳐다보고 있다.

좋지 못한 대화	철수, 여기 봐라.(떠드는 사람들, 일어서. 뒤로 나가. 떠드는 사람은 혼내줄 거야!)
나 메시지	(1단계) 철수야, 선생님이 설명하고 있는 것을 듣고 있지 않는 것 같아서 (2단계) 선생님은 지금 걱정이 된다. 중요한 것을 설명하고 있는데, 듣지 못하면 모르고 넘어가게 되거든. (3단계) 나는 철수가 지금 공부하고 있는 것을 꼭 알(배우고) 넘어갔으면 좋겠는데. (4단계) 집중해서 들어 줄 수 있지? 부탁한다.

바쁜 오늘날의 사회를 살아가면서 겪는 여러 가지 사회적 병폐현상(범죄와 폭력, 음란물, 가정에서의 여러 문제, 대화의 부족, 물질만능주의, 심각한 경쟁의 조장, 입시 중심의 교육으로 인하여 학원으로 내몰리는 학생들 등)으로 인하여 심신이 지친 우리 학생들에게 그 마음을 충분히 표현할 수

---

42 『비폭력 대화』, 마셜 B. 로젠버그 저, 캐서린 한 역(2004, 바오출판사), p. 22.

있도록 해주는 교사의 사회적 기술은 그야말로 우리 학생들을 정서적으로 건강하게 자라도록 만들어주는 '보약'과도 같은 것이다. 끝으로 간단하면서도 다른 사람들을 기쁘게 해주는 말 몇 가지를 제시해보고자 한다. 학생들에게 많이 해주고, 서로 주고받을 수 있도록 해보자.

다른 사람들을 기쁘게 해주는 말입니다. 내가 해서 기쁘고 남이 들어서 기분 좋은 말들을 많이 사용하게 되면 학급의 분위기가 아주 좋아집니다. 이것이 곧 사회적 기술인 것이지요. 그런데 이를 학생들만 사용하게 해서는 안 되겠지요?

1. 잘했어!   2. 고마워!   3. 미안해-괜찮아!   4. 좋은 생각이야!

5. 뭐 도와줄까?   6. 나는 네가 (   )하는 것을 보면 기뻐!

---

3) 교사의 소통 자세 : 경청

협동적 학급운영을 해 나가면서 학생들과 진정한 소통을 하고 싶다면 '듣기'에 주목하지 않으면 안 된다고 필자는 말하고 싶다.

주변에 보면 '소통'이 잘 되지 않는 사람들이 꼭 한 두 사람 있다. 학교 현장에도 꼭 있다. 그리고 학교에서 교사들은 보통 그 분(?)을 떠올리게 된다.[43] 그런데 무엇이 소통을 가로막는가에 대하여 생각해보라고 하면 답변은 거의 이런 식으로 내려진다.

"내 이야기를 잘 들어 주지 않아요. 자신의 말만 옳다고 강요해요."

그렇다. 소통이라는 맥락에서 우리가 바라고 있는 상대방에 대한 상(像)은 '나의 말을 경청해주는 사람'이었던 것이다.

말하기 위주의 소통은 갈등과 반목과 경쟁과 주장과 강요와 일방통행만이 난무하여 결국 평행선을 걷거나 권위주의에 입각한 수동적인 상황을 만들게 되고, 그런 식의 소통은 비민주적인 학교와 교실을 만들게 된다고 볼 때, 여러분의 학교와 교실은 과연 어떤 상황인지 생각해볼 필요가 있다.

그렇다면 듣기(경청하기)란 과연 무엇인가? 이를 이해하기 위해서는 그냥 듣기와 경청하기의 비교를 통해 접근해볼 필요가 있다.

---

43 그 분(?)을 떠올리게 되는 여러분 자신은 교실에서 과연 학생들과 소통을 잘하고 있는가? 반문해보지 않을 수 없다. 필자의 견해로 볼 때 학교에서 소통능력이 가장 떨어지는 사람은 그 분(?)이 아니라 바로 학생들을 만나고 있는 교사 자신이 아닐까?

듣기	경청하기
1. 들을 문(聞)	1. 들을 청(聽)
2. 귀로만 듣는 것	2. 눈과 귀와 마음으로 듣는 것
3. 영어로는 Hear	3. 영어로는 Listen
4. 그냥 이런저런 소리를 듣는 것	4. 무엇인가에 진심을 다해서 들어 주는 것

우리는 타자와의 관계 속에서 누군가가 나의 말을 들어 주기를 바랄 때 경청하지 않는 사람은 내게 조언을 하기 시작한다. 하지만 사실 그것은 내가 원하는 것이 아닐 경우가 많다. 그래서 나는 또 나의 말을 들어 주기를 바라면서 이야기한다. 그러면 그는 또 내게 잘못된 점이 무엇인지를 말하면서 충고를 하기 시작한다. 그래서 나는 또 상처를 받는다. 그러나 나는 또 나의 말을 들어 주기를 바라면서 이야기한다. 그리고 또 그 사람은 내 문제의 해결을 위해 무엇인가를 해야만 한다고 하면서 강요를 하기 시작한다. 그래서 또 내 마음은 무참히 짓밟히고 만다. 그래서 나는 그냥 돌아서게 된다. 그런 사람들은 결국 내게 아무런 도움도 되지 않는다. 내가 진실로 바랐던 것은, 내가 진실로 원했던 것은 그 사람이 나의 세계에 가만히 들어와 내게 귀를 기울여 주는 것이었는데! 내가 바랐던 것은 내가 느끼는 모든 것을 그저 함께 느껴 줄 그런 사람이었는데!

이제 교실에서 학생들이 나에게 느끼고 있을 모든 것들을 경청이라는 것에 연결 지어 생각해보자. 나는 위와 같은 느낌을 학생들에게 얼마나 많이 갖게 하고 있는 것일까? 나는 과연 학생들과 소통을 잘하고 있는가?

'청(聽)'이라는 글자의 풀이를 통해 경청의 의미를 살펴보면 다음과 같다.

- 글자의 구성 : 귀 이(耳)+임금 왕(王)+열 십(十)+눈 목(目)+한 일(一)+마음 심(心)
- 글자의 뜻 : 왕의 귀처럼 큰 귀로, 열 개의 눈을 가지고 진지하게, 온 마음으로 느끼며 들어 주어라.
- '聽'자의 풀이 : 청(聽)이라는 글자는 앞에서 말하고 있는 사람이 왕인 양 들으며 마주하고 있는 사람과 눈을 마주하며 듣고 마음을 열어 한마음으로 들으라는 의미라 할 수 있다.
- 필자는 '王'자를 구슬 옥(玉) 변으로 보고, 이를 이렇게 해석하고자 한다.
  - 구슬이 굴러가는 듯한 작은 소리에도 귀를 활짝 열고 상대방의 말에 귀를 기울여라.
  - 경청을 위한 1단계로 귀로 소리를 듣는다는 것을 의미한다.
- 필자는 '十 + 目'자를 열 개의 눈이 아니라 상형문자로 보고 이렇게 해석하고자 한다.
  - 오랜 옛날 궁병이 활을 쏠 때, 쓰고 있는 투구에서 앞으로 길게 뻗어 나온 가지와 화살촉과 목표를 일치시키고 활시위를 당겨 쏘았다고 한다.

- 궁병이 목표를 향해 활을 쏘듯 진지한 눈빛으로 상대방을 쳐다보며 들으라는 의미를 담고 있다고 필자는 해석한다. 다시 말해서 눈으로 들으라는 뜻이다.
- '聽'에 대한 필자의 견해를 모두 정리하면 다음과 같다.
  - 의식적, 무의식적인 의지를 가지고 잘 들으려고 노력하는 것
  - 그 사람이 말하고자 하는 마음까지 바라보는 것
  - 소리를 본다는 의미 : 소리를 본다는 것은 대단한 노력과 인내를 요구
  - 귀로도 듣고, 눈으로도 듣고, 마음으로도 듣는 것이 바로 '聽'
  - 말하는 것은 씨를 뿌리는 것이고 듣는 것은 수확하는 것과 같다.
  - 말하는 사람보다 오히려 말을 듣는 사람 쪽이 훨씬 더 큰 보답을 받는다.
  - 바람직한 소통은 말을 잘하는 것이 아니라 말을 잘 듣는 것이다.
  - 협동적 학급운영의 비결은 말을 잘하는 것이 아니라 잘 듣는 데 있다.
  - 경청은 듣는 사람뿐만 아니라 말하는 사람 자신도 긍정적으로 변화시킨다.
  - 경청의 가장 큰 적은 자기 자신을 비우지 못하는 것이다.(말하는 사람에게까지 자신의 눈높이를 낮추는 겸손한 태도가 필요하다.)
  - 상대방에 대하여 비판하고 판단하며 듣는 것은 금물이다.(판단을 멈추고 말하는 사람과 마음을 함께 하는 일이 매우 중요하다.)
  - '聽'의 모든 것을 교사가 먼저 학생들에게 보여주고, 학생들이 본받게 하라.

신은 인간에게 두 개의 귀와 하나의 혀를 주셨다.
인간은 말하는 것의 두 배만큼 들을 의무가 있다.

(듣기의 소중함을 강조한 말 — 그리스의 철학자 제논)

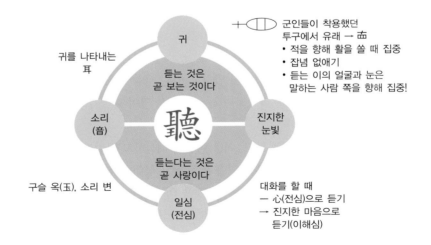

이렇게 소통이라는 것에 담긴 경청의 의미를 분석해보았다. 교실에서 학생들과 교사 사이, 학생들 사이의 소통에 있어서 경청의 의미를 담은 상호작용이 오고 간다면 협동적 학급운영은 자연스럽게 이루어질 것이고, 그곳에서 학생들과 교사는 모두가 행복한 나날을 보내게 될 것이다. 끝으로 경청을 위한 다섯 가지 요령을 제시해보면 다음과 같다.

- **공감을 위한 준비** : 나의 마음속에 있는 판단과 선입견, 충고하고 싶은 생각들을 모두 다 비워내자. 그냥 들어 주자.
- **상대를 인정하기** : 상대방의 말과 행동에 잘 집중하여 상대방이 얼마나 소중한 존재인지를 인정하자. 상대를 완전한 인격체로 인정해야 비로소 진정한 마음의 소리가 들린다.
- **말하기를 절제하기** : 말을 배우는 데는 2년 걸리지만, 침묵을 배우는 데는 60년이 걸린다고 한다. 내가 이해받으려면 내가 먼저 상대에게 귀 기울여야 한다. 먼저 이해하고 다음에 이해받으라.
- **겸손하게 이해하기** : 겸손하면 들을 수 있고, 교만하면 들을 수 없다. 상대가 내 생각과 다른 말을 해도 들어 줄 줄 아는 자세가 가장 중요하다.
- **온몸으로 답하기** : 경청은 귀로, 눈으로, 입으로, 손으로, 마음으로, 온몸으로 하는 것이다. 상대의 말에 귀 기울이고 있음을 다양한 방식으로 계속 표현하라.

4) 교사의 웃음

> **웃음은 꽃가루와 같아서**
> **어디든지 날아가 또 다른 꽃을 피운다.**

협동적 교실을 만들어나가는 데는 경청만큼 중요한 것이 또 한 가지 있다. 그것은 바로 정서적 공유이다. 그 많은 정서적 공유 중에서도 필자는 특히 '웃음＝미소'에 대하여 말해보고자 한다.

필자는 21세기 리더십에 꼭 필요한 것으로서 어떤 자리에서든 웃음을 반드시 이야기한다. 웃음이야말로 소통에 없어서는 안 될 중요한 요소이며, 이 시대에 (협동적 학급운영을 해 나가는) 교사로서 잊어서는 안 될 중요한 능력이라 필자는 감히 말하고 싶다.

이순구, 웃음으로 세상을 치유하다
출처 : (뉴스)차와 문화(2016. 6. 3)

필자는 수업이 없는 시간에 일을 보면서 복도를 걸어갈 때 가끔은 교실에서 학생들을 지도하고 계신 선생님의 얼굴 표정을 유심히 관찰하곤 한다. 그러면서 공통적으로 느끼는 것 한 가지는 교사의 웃은 얼굴이 아쉽다는 점이었다. 그러고는 내 자신의 교실과 수업을 가만히 떠올려보면서 심각한 고민에 빠지기도 한다.(사실 이 부분은 필자가 늘 고민하는 부분 중 하나이고, 그 어떤 면보다도 어렵고 부족함을 많이 느끼고 있는 점이다. 왜냐하면 매사에 늘 진지하게 접근하다 보니 그렇게 잘 못하고 있기 때문이다. 그래서 주변에서 동료들은 내게 이런 별명을 붙여주었다. '진지-맨!'이라고.)

"내 교실에서도 나의 얼굴 표정과 모습은 그러한가?"

물론 매순간, 매사가 즐거울 수만은 없는 일이다. 게다가 수업이라는 것은 매우 진지한 것이기에 웃음이 없을 수도 있다고 생각하지만 그래도 진지함 속에 웃음이 함께 있을 때 모두는 편안한 마음으로 '앎의 여행'에 동행하지 않을까?

그러나 어떤 교사는 이런 말을 한다.(가끔 이런 말이 들린다.)

"웃을 일이 있어야 웃죠? 내겐 그럴 일이 별로 없어요. 교실을 보세요. 교실을 운동장처럼 이리저리 날뛰는 학생들, 수많은 잡무, 수업, 개인적인 일 등. 그래서 별로 웃고 싶은 마음이 없어요."

그럴 때마다 나는 이런 말이 떠오른다. 그러나 쉽게 꺼내서 해주지는 못한다. 나 또한 그 한계를 느낄 때가 많으니까 말이다. 그래서 늘 내 스스로는 잊지 않으려고, 즐겁게 살아가려고 노력한다.

"행복해서 웃는 게 아니라 웃으니까 행복해지는 것입니다."
"복이 와서 웃는 게 아니라 웃으니까 복이 오는 것입니다."

이왕 이야기가 나왔으니 '웃음의 힘'에 대하여 몇 가지 더 이야기를 전개해보고자 한다.

우선, 웃음은 마음과 정서를 건강하게 하는 힘이 있다. 한 번 크게 웃을 때마다 엔도르핀을 포함해 21가지의 쾌감 호르몬이 생성된다고 한다. 웃음은 불안, 짜증, 공포와 관련된 교감신경을 억제하고 안정, 행복, 편안함을 지배하는 부교감신경을 자극해 혈압을 낮추고 혈액순환을 돕는다는 것이다. 박장대소와 요절복통으로 웃으면 650개 근육, 얼굴근육 80개, 206개의 뼈가 움직이며 에어로빅을 5분 동안 하는 것과 같아 산소공급이 2배로 증가하여 신체는 시원해지고 자신감이 생기고, 활력이 솟구치고 늘 긍정적인 상상을 지속할 수 있다고 전해지고 있다.

둘째, 웃음은 사람을 끄는 힘이 있다. 『기업을 살리는 웃음의 기술』을 쓴 가도카와 요시히코는 웃음이 기업을 살린다고 말한다. 예전에는 경쟁에서 성공하기 위해서는 기술의 발전이 중요시되었지만 현대에는 서비스, 즉 고객을 감동시키는 웃음이 성공의 중요한 열쇠라고 많은 사람들이 말하고 있다. 매일매일 뒤집어지게 웃을 거리를 찾으면 마음의 지옥도 천국이 된다는 말이 있다. 웃을 일이 없어도 웃으면 웃는 일이 생긴다. 웃을 일이 있을 때만 웃는 게 아니라 억지로 노력해서라도 웃어야 한다.

이상에서 살펴본 바와 같이 웃음은 정말 많은 것들을 가능하게 한다. 그것이 우리 교실에서도 가능한 일이라 볼 때, 필자는 소통이라는 맥락에 웃음이 더해진다면 얼마나 좋을까 하는 생각을 자주 한다. 그래서 협동적 학급운영에서의 소통을 위한 중요한 요소 중 하나로 웃음을 이야기했던 것이다. 그렇다면 웃음이 협동적 학급운영에서 어떻게 소통이라는 것을 도와줄까?

첫째, 웃음은 협동적 교실에서 상대방과 나(교사와 학생들, 학생들 사이) 사이를 연결시켜주는 파이프(정서적 교감이 서로 연결되도록 이어주는 관) 역할을 한다. 상호작용에 있어서 웃음이 사라지면 파이프(정서적 교감)가 가늘어지거나 아예 끊어져버리게 되고 그 결과로 학급과 모둠에서는 공동체성이 사라져 협동적 학급운영의 기반 자체가 흔들리게 된다. 반대로 웃음이 가미된 상호작용은 파이프(정서적 교감)를 점점 굵고 튼튼하게 만들어주어 학급 또는 모둠이라는 공동체가 매우 건강하게 성장하게 되고, 그 교실에서 학생들과 교사는 모두 행복한 생활을 하게 된다.

이순구전, 웃음꽃-함께 With
출처 : (뉴스)차와 문화(2015. 5. 14)

둘째, 웃음이 만들어준 굵고 튼튼한 연결 파이프(관)는 그 속에 흐르는 내용물(협동적 학급운영에서 이루어지는 일상적인 활동 모두 : 학급 활동, 수업 모두)을 안전하고도 자연스럽게 흘러갈 수 있도록 도와주어 학생들의 삶은 한층 더 풍요롭게 가꾸어질 수 있게 된다.

셋째, 웃음은 배움의 과정에서 윤활유 역할을 하여 앎은 즐거운 것이라는 생각을 갖게 하는 데 도움을 준다. 필자가 볼 때, 세상에는 세 종류의 교사가 있다. 첫 번째 교사는 어려운 내용을 아주 어렵게 안내하는 교사다. 그런 교사는 학생들이 어떻게 이해할 것인가에 대해 별로 안중에 없다. 그래서인지 그런 교사들과는 소통하는 데 매우 애를 먹는다. 두 번째 교사는 필자가 볼 때 제일 고민이 많이 되는 경우로, 정말 쉬운 내용도 학생들이 잘 이해하기 힘들 정도로 안내하는 교사라 할 수 있다. 그리고 현실적으로 이런 교사는 있다. 필자의 학생 시절 경험으로도 충분히 그랬다. 세 번째 교사는 어려운 내용을 쉽게 안내하는 교사다. 이런 교사야말로 최고라 할 수 있다. 그리고 이런 교사의 수업을 받고 나면 그 뒤가 매우 후련하고, 즐겁고, 무엇인가 많은 것을 느끼고 깨달은 것 같아서 참 즐거웠던 경험들을 많이 갖고 있을 것이다. 이런 과정에 바로 웃음이 큰 도움을 준다고 볼 수 있다. 그 속에서 교사와 학생들 사이는 정서적 교감을 잘 이루었기 때문에 웃음이 학생들을 즐겁게 만들어주고, 그 즐거움에 또다시 교사는 신이 나서 더 재미있게 수업을 이끌어나가게 되고, 이런 선순환의 고리는 계속 반복되면서 즐겁고 재미있는 수업이 이루어지게 된다. 그러나 이런 선순환의 고리가 갑자기 악순환의 고리로 바뀌게 되는 순간이 있는데, 그것은 바로 꾸지람, 심각한 경쟁, 훈계, 체벌, 교사의 무표정한 얼굴과 함께 진행되는 지시 · 전달식 수업에 의해서 만들어진다. 따라서 교사들은 이런 것들에 대하여 항상 세심하게 접근해야 할 것이다.

끝으로 웃음이 가져다준 필자의 행복한 이야기를 전하며 마무리할까 한다.

필자는 학생 시절 몇 번의 미팅 경험을 갖고 있다. 그러나 1 : 1 미팅은 자신이 없어서 단체 미팅만 해보았다.(왜냐구요? 얼굴이 무기라서, 큭큭!) 그러다 선생님께 걸려서 한참을 맞은 적도 있었다. 그래도 또 했었다. 그런데 특이한 경험이 있었다.

한 번은 단체 미팅을 나갔는데, 미팅을 나가게 되면 모두가 한 가지 생각(소위 킹카, 퀸카)을 갖고 나가게 되고 그때 필자의 생각도 마찬가지였다. 자기 주제는 생각도 못하면서 말이다. 역시 나가 보니 그 자리에 나온 사람들 가운데 퀸카와 뺑카(일명 '후지카'라고 할까!! 이런 표현을 써서 미안합니다.)가 구분되었다. 그리고 필자를 포함한 모든 참석자들은 서로가 생각한 퀸카·킹카의 관심을 사기 위해 모든 수단과 노력을 동원하여 시간을 보내고 있었다. 그런데, 늘 그렇듯이 사람들이 가장 많이 사용하는 수단과 노력은 역시 재미있는 이야기였고, 그 자리에서 모두는 각자 준비해 온 온갖 이야기를 다양한 표정과 함께 풀어내고 있었다. 그렇지만 퀸카·킹카는 늘 그렇듯이 잘 웃지 않는다.(나중에 알게 된 이야기지만 쉽게 웃으면 쉬운 상대로 여겨질까 그랬다고 한다. 속으로는 굉장히 웃기면서도 그 웃음을 참기가 힘든

웃는 가족-이순구 화백
출처 : 제민일보(2015. 3. 5)

경우가 많다고 한다. 재미있는 일이다.) 그렇더라도 각자는 그들의 웃음을 사기 위해 최선을 다한다. 필자도 그랬다. 그렇지만 아무리 노력해도 퀸카·킹카는 잘 웃지 않았다. 그런데 신기한 일이 그 옆에서 일어나고 있었다. 그 옆에 있는 사람은 나의 사소한 이야기에도 맞장구를 쳐 주면서 배꼽을 잡고 웃어주는 것이었다. 심지어는 눈물까지 흘리기도 하였다. 그런데 시간이 지날수록 나의 태도에 변화가 생겼다. 그는 다름 아니라 내가 퀸카·킹카를 바라보면서 이야기하고 있는 것이 아니라 나를 보고 웃어주는 사람을 바라보면서 신나게 이야기를 하고 있더라는 것이었다.

지금 생각해보면 참으로 재미있던 시절이었다. 그때 그 사람은 아니었지만 지금 필자는 뒤늦게 교대에 들어가 만난, 그리고 항상 나를 보며 웃어주는 여자와 결혼해 두 아이의 아빠로서 아주 행복하게 산다. 그리고 지금도 곁에서 항상 웃어주고 있다. 그래서 더 예쁘고 사랑스럽다. 예뻐서 사랑스러운 것이 아니라 나를 보고 웃어주어서 그렇게 보인다.(필자가 지금의 아내를 사랑하게 된 것도 다 그 웃음 덕분이었다. 그리고 그 웃음에 감사한다.)

학생의 사회적 기술

교실에서 협동학습을 실천하면서 모둠에서 발생하는 여러 가지 문제, 갈등 상황을 관찰해보면 대부분 협동기술의 부족에서 온다는 것을 알 수 있다. 그 가운데 제일 부족한 기술이 바로 사회적 기술이라 할 수 있다. 여기서 말하는 사회적 기술이란 원만한 공동체 생활을 해 나가기 위해 서로 돕고 존

중하고 배려하며 인간관계를 맺어나가는 기술을 가리킨다. 한 마디로 다 함께 잘 사는 기술이라 할 수 있다.

사회적 기술=인간관계를 맺어나가는 데 필요한 전반적인 기술

1) 사회적 기술의 필요성

- 핵가족화, 바쁜 현대생활, 가정의 붕괴(편부, 편모 등), 맞벌이 가정 증가, 출산율 저하에 따른 형제의 감소, 대중매체의 악영향 등으로 인해 가정에서 사회적 기술을 제대로 가르치지 못함으로 인한 필요
- 사회적 모델의 부재로 인해 학생들이 사회적 기술을 습득할 기회를 빼앗겨버림으로 인한 필요(특히 부모, 형제와의 대화는 줄어들고 컴퓨터, 휴대전화와 차가운 대화만 늘어감)
- 사회적 분위기(개인주의, 경쟁 조장, 1등 만능주의, 성적 지상주의 등)로 인한 폐단을 극복하기 위한 대안
- 교실 붕괴 현상(교실 내 다양한 문제와 갈등)을 극복하기 위한 대안
- 성공적인 협동적 학급운영을 위한 필수 요소
- 모두가 행복한 공동체 사회를 만들기 위한 필수 요소
- 민주시민으로서 매우 중요한 역량이자 필수 자질

협동학습이 우리나라 교육 현실에서 시사하는 바가 매우 크다고 보는 것 가운데 하나는 학생들이 자연스럽게 사회적 기술을 습득할 수 있는 최적의 기회를 제공한다는 점에 있다(물론 자연스럽다는 것은 지도하지 않아도 된다는 말이 아니다). 모둠 내에서 일어나는 구성원들끼리의 상호작용을 통해 학생들은 주의 깊게 듣고, 들은 내용을 다시 말해보며, 다른 사람의 역할을 수용하고, 함께 활동을 지속하기 위해 노력하는 모습을 보이게 된다. 또한 모둠 내에서 너무 혼자 독단적이거나 수줍어하는 (기가 죽어 있는) 친구들을 대하는 법도 배우게 된다. 그 과정 속에서 학생들은 기술에 대하여 배우는 것이 아니라 기술 그 자체를 배우게 되는 것이다. 그래서 협동학습이 학교 현장에 더욱더 필요한 것이라 말할 수 있다.

교실 속 다양한 사회적 기술 사례

칭찬하기, 서로 인사하기, 약속 및 규칙 지키기, 남의 이야기를 경청하기, 타인의 의견을 듣고 이해하기, 자신의 과제에 충실하려는 집중하기, 책임감 있게 말하고 행동하기, 효과적으로 조력자가 되어주기, 자신의 의견을 효과적으로 표현하기, 스스로 소란 정도를 적절히 조절하기, 순서와 시간을 지키기, 도움이

필요할 때 정중히 요청하기, 정보 나누기, 갈등 해결하기, 자신의 감정을 적절하게 표현하기, 자신의 분노를 잘 통제하기, 다른 사람을 존중하기, 말하고 행동하기 전에 한 번 더 생각하기, 상대방에게 허락 구하기, 실패 마주하기, 차이점을 존중하고 다름을 이해하기, 목표를 설정하고 노력하기, 결과에 대해 있는 그대로 받아들이기, 평화롭게 갈등 해결하기, 비난에 대처하기, 효과적인 감정 표현하기 등

2) 사회적 기술의 부재에서 오는 문제점

협동학습을 해 나가면서 어떤 모둠이 실패를 경험한다면 그 대표적인 원인은 다음의 두 가지 경우라고 케이건은 말한다.[44]

(1) 함께 활동하려는 마음의 부재

함께 활동하려는 마음이 없거나 한 모둠의 일원이 되기를 거부하는 상태가 되면 그 모둠은 실패를 경험할 수밖에 없다. 이를 극복하기 위해서는 모둠세우기 활동을 적절한 시기에 알맞은 내용으로 해 주어야 한다.(모둠세우기 활동은 서로 다른 학생들이 모여 활동하는 것에 대한 거부감을 감소시키는 데 매우 효과적인 것!)

(2) 협동 기술(사회적 기술)의 부재

서로 협동하려는 마음이 생겨나기 시작하면 비로소 협동 작업을 시작하게 된다. 하지만 마음만으로는 협동 작업을 제대로 완성할 수가 없다. 다시 말해서 협동하려는 마음이 협동 기술(사회적 기술)을 대신할 수는 없다는 말이다.

예1 같은 모둠에서 답을 모르는 친구가 있을 때 : 야, 7번 답은 26이야. 8번은 38이고. 빨리 써라.(답을 알려주는 것보다 답을 얻는 방법을 일러주는 것이 더 도움이 된다는 사실을 잊고 있거나 미처 깨닫지 못하고 있다.)

예2 한 학생 차례가 되었는데. 그 학생은 발표를 하지 못하고 있다 : 야, 빨리 해. 너 때문에 우리만 못하고 있잖아!(발표를 못하고 있는 학생은 울음을 터뜨린다.)

예3 욕심이 많은 한 학생이 혼자서 하려고 한다. ⇨ 왜 너만 하려고 해. 내 놔, 나도 할 거야!!(이러다 싸움이 일어난다.)

---

44 『협동학습』, Spencer Kagan 저, 기독초등학교 협동학습 연구모임 역(1999, 디모데), pp. 299~301.

3) 사회적 기술의 지도 방안

일반적으로 교실에서 사회적 기술을 지도하는 요령은 다음과 같다.

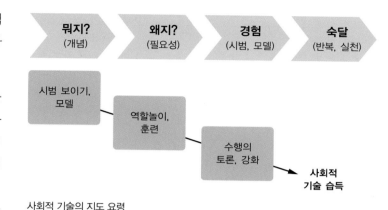

사회적 기술의 지도 요령

- 학생들이 사회적 기술이 무엇이며, 왜 필요하고, 어떤 역할을 하는지에 대하여 충분히 이해할 수 있도록 한다.
- 교실에서의 모든 활동을 구조화하여 학생들이 사회적 기술에 대하여 실제로 경험하고 체득할 수 있도록 한다.
- 적절한 시기에 사회적 기술들을 지속적·반복적으로 활용할 수 있도록 한다.(잘 되지 않는 것, 사용한 지 오래된 것)

정문성 교수는 그의 저서에서 사회적 기술을 기초 단계, 기본 단계, 발전 단계로 나누고, 그 목록을 아래와 같이 제시하였다.[45]

기초 단계	기본 단계	발전 단계
• 자리에 머물러 있기	• 점검하기	• 사람이 아니라 의견을 비판하기
• 발표자를 쳐다보기	• 질문하기	• 사람이 아니라 행동을 묘사하기
• 모둠 과제 완성 돕기	• 타인을 인정하기	• 관점 채택하기
• 자료를 공유하기	• 의사소통 기능 사용하기	• 바꾸어 말하기
• 아이디어 공유하기	• '내 생각에는' 용어 사용하기	• 문제 해결하기
• 차례 지키기	• 적극적으로 듣기	• 합의하기
• 이름 불러주기	• 재진술하기	• 요약하기
• 작은 목소리로 말하기	• 칭찬하기	• 의견 구별하기
• 과제에 집중하기		• 정당하기 반대하기

한편 케이건은 그의 저서에서 사회적 기술상의 문제별 지도 교육 과정을 다음과 같이 제시하고 있다.[46]

---

45 『협동학습의 이해와 실천』, 정문성(2002, 교육과학사), p. 105.

46 『협동학습』, Spencer Kagan 저, 기독초등학교 협동학습 연구모임 역(1999, 디모데), p. 300.

문제 상황	필요한 교육과정
모둠이	
• 너무 시끄럽다. • 과제를 하지 않는다. • 뚜렷한 목적이 없다. • 갈등이 있다. • 침체되어 있다.	• 소곤소곤 • 과제 완성 • 목표 설정 수정 • 갈등해결기술 • 격려, 브레인스토밍

문제 상황	필요한 교육과정
학생들이	
• 기가 죽어 있다. • 질문을 듣지도 않고 답을 말한다. • 모두 동시에 말한다. • 도움을 바라지도, 주지도 않는다. • 타인의 말을 듣지 않는다. • 감사의 표현을 하지 않는다. • 의견을 존중할 줄 모른다.	• 칭찬의 표현 • 돕는 기술 • 지킴이 조절(개인적 책임) • 질문 기술 및 돕는 기술 • 듣는 기술 • 감사하기 • 다시 말하기

문제 상황	필요한 교육과정
한 학생이	
• 모든 것을 다 한다. • 거의 활동하지 않는다. • 너무 소심하다. • 활동을 거부한다. • 대장 노릇을 한다. • 적대적이다.	• 지킴이 조절 • 점검이, 지킴이 조절 • 격려와 칭찬 • 격려와 칭찬 • 지킴이 조절 • 갈등해결하기

케이건이 제시한 7단계 접근법에 따라 특정 상황(교실에서 가장 많이 일어나는 사회적 기술상의 문제)에 대한 사회적 기술의 지도 사례를 살펴보면 다음과 같다.[47]

---

47 『협동학습』, Spencer Kagan 저, 기독초등학교 협동학습 연구모임 역(1999, 디모데), pp. 329~339.

(1) (교실이, 모둠이) 소란스러울 때

이 주일의 기술	소곤소곤 말하기
1. 역할과 이끔말	지킴이 : "지금은 소곤소곤 말하는 단계야, 조금만 목소리를 낮추자."
2. 시범과 강화	1단계 : 소곤소곤(30cm 간격, 귓속말 크기로 말하기, 짝끼리 활동), 2단계 : 도란도란(50cm 간격, 소리를 낮추어 말하기, 모둠원과 활동), 3단계 : 발표하기(모두에게 들릴 수 있는 크기), 4단계 : 환호하기
3. 구조와 구조화	과제를 시작할 때 말하기 크기를 강조한다.["다음 과제를 하는 시간은 10분인데, 그 시간에는 1단계 말하기(소곤소곤)로 해야 합니다.]
4. 반성과 계획	필요한 경우에는 언제든지 활동을 잠시 멈추고, 소란 정도에 대한 반성의 시간을 갖도록 하고, 어떻게 말소리 크기를 조절할 것인지 계획을 세운다.

(2) 소외된 학생이 있을 때

이 주일의 기술	참여에 대한 격려, 친절한 요청 및 안내, 적극적으로 도와주기, 생각과 경험의 차이에 대한 수용적인 태도
1. 역할과 이끔말	이끔이 : "민수가 여기에 색칠을 해주지 않을래?(해주면 좋겠다.)" (고립된 학생의 경우는 특별한 역할과 임무를 주고 부탁하는 것도 좋은 방법이다. 예를 들자면 '특파원('정탐 보고자'라고도 함)'으로 임명한다.
2. 시범과 강화	모두가 참여하는 모둠은 강화를 하고, 교사가 격려의 말로 인정해준다.
3. 구조와 구조화	3단계 인터뷰, 플래시 카드, 말하기 카드, 돌아가며 말하기, 짝 점검 등
4. 반성과 계획	질문하기("모두가 참여하려면 어떻게 해야 할까?, 어떻게 하는 것이 함께 활동하는 데 도움이 되는가?, 이끔말은 어떤 것이 좋겠는가? 모두가 참여할 수 있도록 하기 위해 우리가 한 일은?")

(3) 따돌림 당하는 학생이 있을 때

이 주일의 기술	참여 격려하기, 동등한 참여, 실수 인정하기(무안하지 않게)
1. 역할과 이끔말	칭찬이 : "네 생각도 괜찮아. 틀려도 괜찮아. 누구나 다 알 수는 없어."
2. 시범과 강화	모두가 함께 활동하는 모둠을 찾아 칭찬하고 강화하기
3. 구조와 구조화	3단계 인터뷰, 말하기 카드, 돌아가며 말하기, 짝 점검 등
4. 반성과 계획	질문하기("모두가 참여하려면 어떻게 해야 할까?, 어떻게 하는 것이 함께 활동하는 데 도움이 되는가?, 이끔말은 어떤 것이 좋겠는가? 모두가 참여할 수 있도록 하기 위해 우리가 한 일은?")

(4) 수줍어하는 학생이 있을 때

이 주일의 기술	참여 격려하기, 동등한 참여, 칭찬하기, 수용적인 태도 갖기
1. 역할과 이끔말	이끔이 : "이번에는 승민이의 생각을 듣고 싶다. 말해줄 수 있겠니?"
2. 시범과 강화	그 학생의 어려움을 교사가 이해하고 있다는 것을 알게 한다. 또한 그 학생이, 모둠이 한 일을 적극 칭찬한다.
3. 구조와 구조화	말하기 카드, 플래시 카드, 돌아가며 말하기, 돌아가며 쓰기, 짝 점검, 조각난 사각형 맞추기, 듣고 그리기 등
4. 반성과 계획	질문하기("우리 모둠이 모두 잘 참여했니? 우리 모두가 편한 마음으로 즐겁게 참여했니?")

(5) 지배욕이 강한 학생이 있을 때

이 주일의 기술	동등한 참여, 다른 사람의 의견 존중해주기, 차례 지켜 말하기
1. 역할과 이끔말	지킴이, 이끔이 등 : "다른 친구도 이야기할 기회를 주자. 순서를 지켜서 이야기를 하자. 승훈아, 영미가 한 말에 대한 너의 생각을 말해주겠니?"
2. 시범과 강화	지킴이의 역할에 대한 확인, 동등한 참여가 잘 되고 있는 모둠에 대한 칭찬과 강화
3. 구조와 구조화	말하기 카드, 다시 말하기 카드(여권), 찬성-반대 카드, 짝 점검, 돌아가며 말하기, 돌아가며 쓰기 등
4. 반성과 계획	질문하기("오늘도 고르게 참여했나요? 모두의 동등한 참여를 위한 좋은 방법에는 어떤 것들이 있나요? 오늘 여러분의 모둠에서는 동등한 참여를 위해 어떤 방법을 사용했나요?")

(6) 폭력적인 학생이 있을 때

이 주일의 기술	칭찬하기, 정중한 요청과 정중한 거절, 갈등 해결, 존칭어 쓰기
1. 역할과 이끔말	칭찬이, 이끔이, 지킴이, 기록이 모두 : 관련된 이끔말 적절하게 활용하기 ("지금 네가 내 지우개를 말도 없이 가져가서 속이 상했어. 다음부터는 말을 하고 가져갔으면 좋겠어. 문철아, 네가 함께 잘해주어서 우리 모두 너무나 기분이 좋다.")
2. 시범과 강화	교사가 그 학생에게 원하는 것이 무엇인지, 그 행동으로 인한 결과가 무엇인지, 어떤 행동이 바람직한 것인지 등을 잘 설명해주고, 때에 따라서는 폭력적인 행동은 도저히 용납할 수 없다는 것을 명확히 해 둔다.
3. 구조와 구조화	칭찬 카드 활용

(계속)

| 4. 반성과 계획 | 질문하기("서로를 존중하고 감사하는 마음을 잘 표현했나요? 의견이 서로 다를 때는 어떻게 해야 하나요? 내 것을 누군가가 허락도 없이 가져갔을 때는 어떻게 해야 하나요? 누군가에게 물건을 빌릴 때는 어떻게 해야 하나요? 오늘 정중한 요청에 대한 이끔말로 어떤 것을 들었나요?") |

(7) 모둠원끼리 잘 돕지 않을 때

이 주일의 기술	정중하게 도움 요청하기, 친절하게 도와주기
1. 역할과 이끔말	모든 구성원, 도우미 : "이것을 잘 모르겠어. 조금만 도와주면 좋겠어."
2. 시범과 강화	이끔말을 잘하는 학생 및 적극적으로 도움을 주려고 노력하는 학생을 칭찬하고 강화하기("이해가 되니? 설명해줄게. 나 이것에 대해 설명 좀 해줘!")
3. 구조와 구조화	칭찬 카드 활용
4. 반성과 계획	질문하기("친구를 도와줄 때 기분이 어떠했니? 도움을 받을 때 기분이 어떠했니? 도움을 주고받음으로 인하여 좋아진 점은 무엇이니?")

(8) 모둠 구성원 간의 갈등이 있을 때

이 주일의 기술	다른 사람의 의견 존중하기
1. 역할과 이끔말	지킴이, 이끔이 : "철수의 생각도 좋은 것 같아. 그런데 유미, 네 생각은 어떠하니?"
2. 시범과 강화	갈등이 발생하지 않고 과제를 잘 해결해 나가는 모둠에 관심을 가지고 적극적으로 강화하고 칭찬하기
3. 구조와 구조화	동전 내놓기, 만장일치, 가치 수직선, 찬반 토론
4. 반성과 계획	질문하기("이번 활동을 하면서 모든 모둠원들은 결과에 대하여 만족한 상태인가요? 과제를 해결해 나가면서 갈등을 줄일 수 있는 방법에는 어떤 것들이 있나요?")

한편 Ruth Weltmann Begun은 그의 저서 『사회적 기술 향상 프로그램』에서 사회적 기술의 지도 단계를 8단계(구조적 학습 접근법)로 제시하여 설명하고 있다.[48]

---

[48] 『사회적 기술 향상 프로그램』, Ruth Weltmann Begun, 응용발달심리연구센터 역(2002, 시그마프레스), pp. 10~12. 필자는 사회적 기술과 관련하여 이 서적을 많이 참고하고 있다.

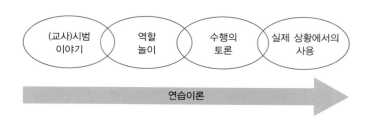

단계	내용
1단계	필요성 확립하기(가르치는 목적 포함) : 기술을 배우는 것은 어떤 이익을 제공하게 되는가? 배우지 않았을 때의 결과는 무엇인가?
2단계	주제 도입하기 : 학생들에게 사회적 기술을 더 구체적인 것으로 만들어주기 위해 이야기, 시, 손인형, 질문 등을 사용
3단계	기술요소 확인하기 : 행동을 가르치는 단계, 활동을 따라 연습함으로써 학생들은 필요할 때 행동을 보일 수 있음
4단계	기술시범 보이기 : 학생들이 모방할 수 있도록 교사나 사회적으로 숙련된 학생이 적절한 행동을 보여줌, 시범 중 기술요소들이 언급됨
5단계	행동 시연하기 : 학생들에게 행동 수행의 기회가 주어짐, 행동은 평가, 수정, 강화될 수 있음(학생 선발, 역할놀이, 완료, 강화물 — 격려 · 보상, 토론 — 느낌 · 어려웠던 점 · 관찰한 내용)
6단계	연습하기 : 학생들이 기술을 개발하도록 돕는 활동(활동 시트, 미술 과제, 이야기 쓰기, 일기 쓰기 등)
7단계	독자적으로 사용 : 학교 밖에서 사회적 기술 행동을 하도록 촉진해주는 활동(가족 등과 함께 하는 상황에서 사용하도록 하기)
8단계	지속하기 : 사회적 기술의 적용이 사회적 관계에 있어서 자신에게 이익이 된다는 것을 깨닫게 하기(학생들이 적절한 행동을 보였을 때 강화)

한때는 케이건식 사회적 기술 센터를 활용한 접근법을 많이 사용하였으나 최근 들어 필자는 위에서 소개한 사회적 기술 향상 프로그램을 통하여 지도하거나 또 다른 방법을 통해 지도하고 있다.[49] 다음 사례를 참고하기 바란다.

---

49 개정된 초등 국어과 교육과정 속에는 실제로 이와 관련된 내용이 상당히 많이 들어와 한 단원 정도 이상을 차지하고 있다. 매우 긍정적인 상황이라 말할 수 있다. 따라서 사회적 기술 지도와 관련해서는 교과서 내용과 똑같이, 한꺼번에 몰아서 지도하는 것보다는 체계적으로 계획을 세워서 차근차근 지도하려는 지혜가 필요한 시점이라 말할 수 있다.

구조화된 자연스러운 접근 7단계[50]

1. 사회적 기술 센터 만들기
2. '이 주일의 기술' 선택하기
3. '이 주일의 기술' 소개하기
4. 역할 배정 및 이끔말 만들기
5. 기술 지도를 위한 구조화
6. 시범과 강화
7. 반성
(가장 핵심은 4, 5, 6, 7단계!!)

오래전에 사용했던 필자의 교실 사례

사회적 기술은 시범, 훈련, 강화, 실제 상황에서의 활용 및
반복을 통해 해결하는 것이 가장 중요!

---

50 『협동학습』, Spencer Kagan 저, 기독초등학교 협동학습 연구모임 역(1999, 디모데), pp. 66.

『사회적 기술 향상 프로그램』 내용 중

사회적 기술
〈말하는 사람에게 집중하기〉

◉ 수업 목표

다른 사람이 말하고 있을 때 집중하여 듣기

◉ 주제 도입

교사가 학생들에게 간단한 과제를 하라고 요청하고 지시하기

◉ 반응 확인

학생들의 답지 반응을 점검한 후 어떤 학생들이 정확히 답변을 하였고 어떤 학생들이 정확히 답변을 하지 못하였는지 살피기 ⇨ 원인 살피기

◉ 사회적 기술 요소 확인하기

(1) 말하는 사람 쳐다보기
(2) 말하는 것에 집중하기
(2) 필요한 것은 메모하며 듣기
(4) 알아들었으면 머리 끄덕이기
(5) 이해가 되지 않으면 질문하기
(6) 필요하다면 더 정보를 요구하기

◉ 시범 보이기

교사는 한 학생에게 지시문을 읽게 하고 그 지시를 따름으로써 기술 시범을 보인다. 학생들에게 기술 단계를 따르는 방법을 보여준다. 이야기된 모든 것에 집중하여 듣는 것이 중요하다는 사실을 강조

◉ 행동 시연하기

역할놀이에 참여할 학생 2~3명 선발 ⇨ 역할놀이(학생들에게 지시하라고 하고 학급 학생들이 얼마나 잘 알아들었는지 알아보기 위해 반응 점검하기 ⇨ 역할놀이에서 올바른 행동 강화, 부적절한 행동은 확인하고 수정) ⇨ 역할놀이 결과 토의 토론(잘 듣지 않는 학생들의 행동 수정을 위해 어떤 노력이 필요한지 함께 알아보기)

⊙ 연습하기 : 연습 과제 제시 및 확인

이름 (　　　　　　　) 　　활동 일시 (　　　　　　　　)

여러분은 안내에 대하여 얼마나 잘 듣고 그대로 실천하였나요?

1. 책상 위에 놓여 있는 공책(또는 활동지) 한 페이지에 이름을 쓰세요.
2. 종이를 세로로 반을 접으세요.
3. 각각의 줄에 1번부터 시작해서 10번까지 번호를 쓰세요.
4. 1, 2, 3번 줄 위에 세 가지 색깔로 이름을 쓰세요.
5. 4번 줄 위에 학교 이름을 쓰세요.
6. 5번 줄 위에 담임선생님의 이름을 쓰세요.
7. 그다음 줄에 우리가 하고 있는 기술이 무엇인지 쓰세요.
8. 7, 8, 9, 10번 줄을 가득 채워 미소를 짓는(웃는) 얼굴을 그리세요.
※ 얼마나 잘 듣고 실천하였나요?

이름 (　　　　　　) 　　활동 일시 (　　　　　　　)

여러분은 안내에 대하여 얼마나 잘 듣고 그대로 실천하였나요?

1. 종이를 두 번 접어서 네 개의 면으로 나누세요.
2. 종이의 왼쪽 상단에 집을 그리세요.
3. 종이의 왼쪽 하단에 커다란 유리창 한 개와 바퀴 네 개가 달린 자동차를 그리세요.
4. 종이의 오른쪽 상단에 1~50까지 숫자를 쓰세요.
5. 오른쪽 하단에 정사각형, 직사각형, 삼각형과 원을 그리세요.
※ 얼마나 잘 듣고 실천하였나요?

이름 (　　　　　　) 　　활동 일시 (　　　　　　　)

지도 따라가기
여러분은 안내를 얼마나 잘 들었나요?

1. 선생님은 여러분이 따라갈 다음의 지도와 관련해 일련의 지시를 읽을 것입니다. 지시는 단 한 번만 읽을 것입니다. 그러므로 주의 깊게 들어야 합니다. 이제 연필을 준비하세요. 출발합니다.

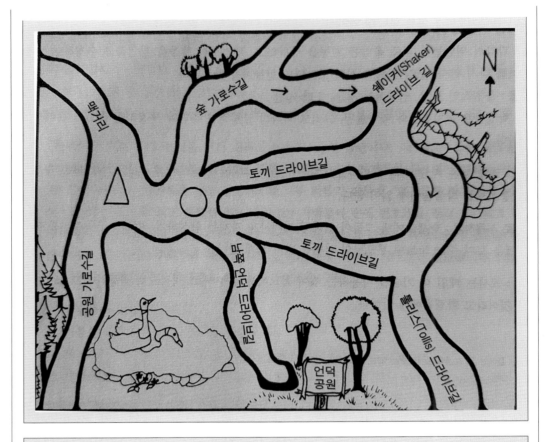

지도 따라가기 지시문

1. 여러분은 지금 지도의 왼쪽 꼭대기 맥거리가 시작되는 곳에 있습니다.
2. 이제 남쪽으로 가서 공원 가로수 길과 맥거리의 삼각 교차로에 멈추십시오.
3. 토끼 드라이브길 방향의 동쪽으로 가서 토끼 드라이브 길을 따라 완전히 한 바퀴 돌고 원으로 표시된 교차로 근처로 오세요.
4. 다음에는 숲 가로수 길을 따라 북쪽으로 가서 쉐이커 드라이브길 방향의 일방통행 지름 길로 가십시오.
5. 쉐이커 드라이브 길에서 토끼 드라이브 길을 따라 남쪽으로 가서 완전히 한 바퀴 돌고 원으로 표시된 교차로 근처로 오세요.
6. 좌회전에서 남쪽 언덕 드라이브 길을 따라 그 길이 끝날 때까지 남쪽으로 가세요.
7. 여러분은 지금 어디에 있습니까? 그 길에 'X'표시를 하고 연필을 놓으세요.

[답] 남쪽 언덕 드라이브 길에 접해 있는 공원

빅 제이크 만들기
여러분은 안내를 얼마나 잘 들었나요?

1. 이 활동지에 여러분 자신의 '빅 제이크' 햄버거를 만드는 요리법을 적어 넣으세요. 그런 다음 집에서 만들어보세요. 가족에게 여러분의 요리법을 알려주고 가족들이 여러분의 '빅 제이크'를 만들 수 있는지 알아보세요.

'빅 제이크' 햄버거 만들기 지시문

샘 존스가 첫 직장인 빅 제이크에 출근한 첫날입니다. 그의 새로운 상사인 액슬러 씨는 샘을 도와주고 싶었지만 바빴습니다. 게다가 캠핑하는 사람들을 태운 버스가 점심을 먹기 위해 막 도착했습니다. 샘의 첫 번째 임무는 빅 제이크 햄버거를 만드는 것입니다.

액슬러 씨가 샘에게 지시를 내렸습니다.

자 샘, 햄버거가 라인으로 내려오면 우선 빵 위에 고기 패티를 올려놓고, 특별소스를 약간 뿌리고, 그 위에 토마토 조각과 약간의 양파를 놓고, 그런 다음 중간 빵을 올려놓고 치즈 조각, 또 다른 고기 패티, 특별소스를 조금 더, 피클 두 조각, 마지막으로 양파 조각을 올려놓아요.

오, 그리고 양상추, 겨자, 케첩, 조미료도 잊으면 안 돼요! 질문 있나요? 그럼 행운을 빌어요.

샘은 첫날부터 그렇게 많은 책임이 주어진 것이 자랑스러웠습니다. 그는 정말로 일을 잘하고 싶었습니다. 샘은 자신의 첫 번째 빅 제이크 햄버거를 만들기 시작했습니다. 그는 양파와 조미료를 좋아했지만 케첩과 겨자는 싫어했습니다. 샘은 특별소스를 양상추 위에 뿌리는 것이 맛있겠다고 생각했습니다.

자, 샘은 과연 빅 제이크 버거를 잘 만들었을까요?

『사회적 기술 향상 프로그램』책 내용은 아래와 같은 구성을 하고 있다. 있는 그대로 사용할 수 있는 내용도 있지만 나름의 생각을 가지고 고민하여 재구성할 필요성이 있는 내용들도 많다. 참고하기 바란다.

훈육 책략	행동하기 전에 생각하기
주의 깊게 듣기	지시에 따르기
자기의 상 개선하기	결과 받아들이기
자기 통제하기	목표 세우기
과제 완수하기	문제 해결하기
분노 다루기	변화 받아들이기
감정 다루기	편견 다루기
또래압력 다루기	거짓소문 중단시키기

끝으로 사회적 기술과 관련하여 중요한 활동을 한 뒤 또는 적정 기간을 주기로 하여(주 1~2회 정도) 반성하기 차원에서 학생들로 하여금 자기 진단 혹은 자기 평가서를 작성하게 하면서 반성의 시간을 갖도록 하는 것이 좋다. 그 사례를 보면 다음과 같다.

도와주기에 대하여	칭찬하기에 대하여
필요할 때 도와주었니?	어떤 칭찬을 했었니?
필요할 때 도움을 구했니?	어떤 칭찬을 받았니?
어떤 도움이 가장 좋았니?	어떤 칭찬을 들었을 때 기분이 좋았니?

반성하기(저학년용)

○○○○초등학교
( )학년 ( )반 이름( )

차례를 잘 지켰나요?

칭찬을 해주었나요?

( )을 했나요?

( )을 했나요?

( )을 했나요?

필자가 활용한 저학년 자기 평가서

반성하기(고학년용)

○○년, ○○월, ○○일

○○○○초등학교 ( )학년 ( )반
이름( ) 모둠명( )

등급	우리 모둠은
1 2 3 4 5	1. 확실한 목표를 가지고 있다.
1 2 3 4 5	2. 목표를 향해 발전하고 있다.
1 2 3 4 5	3. 과제를 잘하고 있다.
1 2 3 4 5	4. 모두 합의하여 결정을 내린다.
등급	우리 모둠원들은
1 2 3 4 5	1. 서로의 이야기를 잘 들어 준다.
1 2 3 4 5	2. 서로 도움이 되는 제안을 한다.
1 2 3 4 5	3. 모둠원의 의견을 서로 존중한다.
1 2 3 4 5	4. 활동에 모두 적극 참여한다.

* 등급에 대한 안내
(1=매우 좋음, 2=좋음, 3=보통, 4=부족함, 5=매우 부족함)

사회적 기술 향상을 위한 의견(도움말)

필자가 활용한 고학년 자기 평가서

반성하기

○○년, ○○월, ○○일

서울　　　　　초등학교

학년　　반　　번

이름 :

1. 오늘(이번 주) 여러분의 모둠은 어떠했는지 한 마디로 적어보세요.

_____

_____

2. 모둠원이 서로 도와가면서 잘 참여했나요?

① 네, 항상 그렇습니다.　　　　② 네, 자주 그렇습니다.　　　　③ 보통입니다.
④ 거의 그렇지 않습니다.　　　　⑤ 전혀 그렇지 않습니다.

3. 여러분 자신은 모둠 내에서 다른 친구들의 기분을 좋게 해주려고 노력합니까?

① 네, 항상 그렇습니다.　　　　② 네, 자주 그렇습니다.　　　　③ 보통입니다.
④ 거의 그렇지 않습니다.　　　　⑤ 전혀 그렇지 않습니다.

4. 여러분의 생각과 의견에 대하여 친구들이 자유롭게 말할 수 있도록 돕고 있나요?

① 네, 항상 그렇습니다.　　　　② 네, 자주 그렇습니다.　　　　③ 보통입니다.
④ 거의 그렇지 않습니다.　　　　⑤ 전혀 그렇지 않습니다.

5. 여러분은 다른 모둠원들의 말에 집중해서, 고개를 끄덕이며 잘 듣고 있나요?

① 네, 항상 그렇습니다.　　　　② 네, 자주 그렇습니다.　　　　③ 보통입니다.
④ 거의 그렇지 않습니다.　　　　⑤ 전혀 그렇지 않습니다.

6. 모둠 내에서 좋은 말, 의견 등이 나올 때 "참 좋구나!"라고 칭찬하는 말을 하나요?

① 네, 항상 그렇습니다.　　　　② 네, 자주 그렇습니다.　　　　③ 보통입니다.
④ 거의 그렇지 않습니다.　　　　⑤ 전혀 그렇지 않습니다.

7. 모둠원 모두에게 다양한 질문을 하고 있나요?

① 네, 항상 그렇습니다.　　　　② 네, 자주 그렇습니다.　　　　③ 보통입니다.
④ 거의 그렇지 않습니다.　　　　⑤ 전혀 그렇지 않습니다.

8. 여러분에게 오는 질문에 대하여 솔직하게, 적극적으로 대답하기 위해 노력하나요?

① 네, 항상 그렇습니다.　　　　② 네, 자주 그렇습니다.　　　　③ 보통입니다.
④ 거의 그렇지 않습니다.　　　　⑤ 전혀 그렇지 않습니다.

9. 여러분은 다른 친구들과 배려하고 협동하며 모둠 활동을 해 나가고 있나요?

① 네, 항상 그렇습니다.　　　　② 네, 자주 그렇습니다.　　　　③ 보통입니다.
④ 거의 그렇지 않습니다.　　　　⑤ 전혀 그렇지 않습니다.

10. 모둠 내에서 혼자만 이야기하려는 친구가 있나요?

① 예   ② 아니요

11. 모둠 내에서 혼자 떨어져 지내는 친구가 있나요?

① 예   ② 아니요

12. 오늘(이번 주) 여러분의 모둠에서 좋았던 모습, 칭찬할 만한 일은 무엇인가요?

_____

_____

13. 오늘(이번 주) 여러분의 모둠에서 부족했던 모습, 반성해야 할 일은 무엇인가요?

_____

_____

4) 필자가 일상적으로 접근하는 방식

어떤 면에서 본다면 위와 같이 체계적으로 지도하기에는 현실적인 한계도 많다. 특히 교육과정 운영에도 빠듯한 시간과 잡무 등은 학생들의 사회적 기술 지도를 매우 어렵게 만들고 있다. 때문에 보다 쉽게, 일상적으로 접근할 수 있는 방안도 필요한데 필자는 아래와 같은 방법을 통해 일상적으로, 수시로 지도하고 있다.

원무지계 전략 활용하기	
원	원하는 것이 무엇이니? "넌 무엇을 하고 싶니?" "어떻게 달라지면 좋을 것 같니?"
무	무엇을 해봤니? "네가 원하는 것을 얻기 위해 어떤 것들을 해보았니?"
지	지금부터 무엇을 해야 할까? "지금부터 무엇을 할 수 있을지 그 방법을 찾아보자!"
계	계획을 세워보자 "지금부터 할 수 있는 것을 쉬운 것부터 차근차근 계획을 세워보자."

어기역차 전략 활용하기	
어	어떤 이야기인지 잘 들어 준다. "네 이야기를 들어 보니 뭔가 특별한 이유가 있는 것 같아." (친구의 말, 행동에 무엇인가 이유가 있다는 것을 전제로 물음) "좀 더 너의 생각을 이야기해주겠니? 좀 더 말해줄래?" (친구의 말을 좀 더 충분히 들어 준다.)
기	기분을 이해해준다. "그래서 그렇게 화가 난 것이구나. 그래서 그렇게 짜증이 났구나." (친구의 기분을 알아준다.)
역	역지사지(공감) 해준다. "그래, 내가 너라도 그런 생각이 들겠다. 정말로 힘들었겠구나." (입장을 바꾸어 생각해보고 친구의 말을 이해, 공감해준다.)
차	대체로 위의 상황까지 진행이 될 수 있다. 하지만 친구와 자신과의 입장이 많이 다를 때 '차'의 단계로 진행할 수 있다. 차이가 있을 때, 생각이 다를 때, 인정한다. "그렇게 생각하는구나. 그런데 내 생각과는 조금 다른 것 같아." (서로의 생각이 다름을 인정 ⇨ 친구와 다른 나의 생각 전달하기) "나는 ( )라고 생각해. 하지만 네 말도 맞을 수 있어." (의견이 다른 경우 끝까지 내 의견만 고집하지 않기 ⇨ 차이 인정)

'어기역차' 활동과 관련하여 오른쪽과 같은 책을 교사가 수업 중 읽어주고 생각해보는 시간을 가지면 좋은 활동이 이루어질 수 있다.

한편 학생들을 지도하다 보면 감정적으로 폭발하는 학생들도 종종 목격하게 된다. 이럴 때는 기다림의 지혜도 필요하다. 불편한 상황 가운데 가장 대표적인 것은 바로 학생들의 도전이다. 가끔 학생들은 교사에게 도전적으로 반응을 보인다. 이에 대하여 경북대 김두식 교수가 쓴 책『불편해도 괜찮아』(2010, 창비)의 내용을 빌려 설명하면 다음과 같다.

김두식 교수의 말에 의하면 '지랄 총량의 법칙'이라는 것이 있다. 모든 사람에게는 일평생 쓰고 죽어야 하는 지랄의 총량이 정해져 있다고 한

다. 그런데 어떤 사람은 정해진 그 양을 10대(사춘기)에 다 써버리고 어떤 사람은 나중에 늦바람이 나서 그 양을 다 소비하기도 하는데 어쨌거나 죽기 전까지 반드시 그 양을 반드시 다 쓰게 되어 있다는 것이다. 이를 바탕으로 학생들의 도전을 설명하면 다음과 같다.

음, 그래. 너희들에게 정해져 있는 지랄 총량을
미리 다 써 버리려고 그러는 것이구나.
(교사가 학생들의 상황을 바라볼 때 '아 저게 그때 일어날 수 있는 지랄이구나.'하고 이해할 필요가 있다.)

위와 같이 생각하고 학생들의 도전에 대하여 맞대응하기보다는 받아주고 이해할 필요가 있다. 학생들의 상황을 일단 지켜본 뒤 끝나고 나면 "다 했니? 내가 뭐 도와줄까?"하는 자세도 때로는 필요하다. 교사가 이런 반응을 보이면 학생들은 깜짝 놀라서 한 걸음 뒤로 물러나 생각하며 소통하려는 자세를 보이게 된다. 교사가 학생들의 도전에 같이 맞대응하게 되면 서로의 분노 게이지가 더 상승하여 돌이킬 수 없는 상황까지 치닫게 되는 상황이 더 많다.(통상 교사들은 이런 상황에 대하여 권위를 가지고 대응한다. "그래 한 번 해봐라, 누가 더 손해인가. 이렇게 한다고 네가 이길 것 같니? 이러면 부모님 모시고 오게 한다."하는 식의 반응을 보이기 십상이다. 하지만 이럴 경우 학생들은 '아, 내가 지금 선생님께 덤비고 있구나, 내가 이래서는 안 되는구나.'하고 생각하지 않는다. 특히 남학생의 경우 더 그러하다. 오히려 어떤 학생들은 일부러라도 더 도전적인 모습을 보이게 된다. 이것이 곧 학생들의 심리인 것이다.) 협동적 학급운영을 실천하는 교사라면 학생들의 도전적인 말과 행동(특히 욕설이나 주위의 물건을 던지는 등의 행위)에 대하여 '교사'에 대한 공격으로 받아들이지 않으려는 지혜가 반드시 필요하다. 그리고 학생들의 도전이 교사 자신에 대한 반응일 때는 다른 학생들이 보지 않는 곳에서 대화를 시도해보는 것이 좋다. 물론 말처럼 쉽지는 않겠지만 말이다. 한 마디로 말해서 도를 닦으라는 말이다.

도 닦기-특히 냅도, 내비도(내버려 둬)

끝으로 현재 필자의 실제 사례를 소개하면 다음과 같다. 필자는 사회적 기술을 구체적으로 지도하기 위한 수업시간을 확보하기 위해 교육과정을 가장 먼저 살펴본다. 특히 교육과정이 바뀌면서 담임 재량 시간 확보가 많이 어려워짐에 따라 이를 지도할 수 있는 시간을 교과목 수업과 최대한 관련지어 학급세우기, 모둠세우기 수업도 함께 이루어질 수 있도록 하면서 사회적 기술을 지도해 오고 있다. 예를 들자면 아래와 같이 교육과정을 살펴보면서 최대한 확보한 시간들을 한꺼번에 몰아서 집중적으로 수업하는 것이 아니라 주 1~2회 또는 필요하다고 판단되는 순간에 시간표를 조정하여 수업으로 진행해 나가고 있다. 사회적 기술 지도와 함께 학급세우기, 모둠세우기 활동도 동시에 진행할 수 있는 활동이라면 더 좋다. 집단상담 활동이나 프로그램 또는 필자가 소개한 사회적 기술 향상 프로그램 서적을 살펴보면 그런 활동들이 매우 많다.

[2015 개정 국어 및 도덕 교육과정 5학년 사회적 기술 수업 관련 단원]

국어 교과				
학기/단원	학습 목표	관련 교과 역량	내용	차시
1학기 1단원 대화와 공감	대화의 특성을 알고 친구에게 칭찬하거나 조언하는 말을 할 수 있다.	공동체, 대인관계 역량	상대를 배려하며 칭찬, 조언하는 말(공감하며 말하기)을 실천하기	10
2학기 1단원 마음을 나누며 대화해요	상대의 말에 공감하며 바르게 대화할 수 있다.	의사소통 역량	공감하며 말하는 방법 실천하기 (경청하기, 처지 바꾸어 생각하기, 공감하며 말하기)	10
도덕 교과				
2단원 내 안의 소중한 친구	감정과 욕구의 의미와 중요성에 대하여 설명할 수 있다.	의사소통 역량, 공동체, 대인관계 역량	감정과 욕구의 의미와 중요성을 알고 이들을 적절하게 조절하고 바르게 표현하기	4
3단원 긍정적인 마음으로 생활해요	긍정적인 마음가짐과 행동에 관한 체험을 통해 긍정적으로 생활하는 태도를 기를 수 있다.	의사소통 역량, 공동체, 대인관계 역량	긍정의 중요성을 알고 긍정의 말 사용 실천하기	4
5단원 갈등을 평화롭게 해결해요	갈등을 평화롭게 해결하는 모습을 살펴보고 본받을 수 있다.	의사소통 역량, 공동체, 대인관계 역량	갈등을 평화롭게 해결하는 방법을 알고 실천하기	4

그런데 오랜 세월 동안 사회적 기술을 지도하면서 필자가 내린 결론은 이렇다.

사회적 기술도 중요하지만 이보다 더 중요한 것은 아이세우기다.

- 결국 교실에 존재하는 실체는 학급이라는 집단도 모둠도 아닌 학생 개인이다.
- 학급 공동체든 모둠이든 그 밑바탕에는 학생 한 명 한 명이 존재한다.
- 학급, 모둠은 개인 간의 관계를 바탕으로 세워진다는 것을 이해하여야 한다.
- 공동체, 협동만을 강조하다 보면 개인을 죽이는 일이 발생할 수 있다.
- 개인과 집단 간의 균형을 맞추는 일도 매우 중요하다.
- 결국 학생 개인이 바로 서야 모둠도 서고 학급도 설 수 있다.

교사 자신의 경험과 성찰을 바탕으로 한 교육적 배려는
교육학적 지식과 교사로서의 센스가 융합되어 형성되는 것
냉철한 머리와 따스한 가슴으로 알아내고 이해할 수 있는 것

아이세우기 : 필자가 새로 개발한 열쇠

우리 학생들은 요즈음 매우 힘들게 살아가고 있다. 그런 학생들이 가면 갈수록 점점 무너지고 있다. 그런데 그것을 어른들은 잘 모른다. "너만 힘드냐? 누구나 다 그렇게 살아."라고만 한다. 어떻게 생각해보면 어른들이 생각하는 것 그 이상으로 불행이 학생들을 아주 어린 나이 때부터 상처를 주기 시작한다. 그리고 해가 갈수록 그 상처는 깊어지고 있다. 조기교육으로, 성적으로, 입시경쟁으로, 부모의 욕심으로. 그래서 필자는 어른으로서, 그리고 학생들을 가르치고 있는 교사로서 미안하기만 하다는 생각이 많이 든다. 그래서 안타까움과 반성, 성찰의 차원에서 학생들을 위해 무엇을 해야 할까 고민하던 끝에 필자가 개발한 독자적인 열쇠가 바로 '아이세우기'였다.[51]

아이세우기 열쇠 개발에 담긴 필자의 소망

치열한 세상을 살아가는 학생들이 절망과 좌절(특히 공부에 대한 상처[52]) 대신에 자신의 내면과 만나면서 자신의 장점과 단점을 알아가고 삶의 방향에 대하여 고민하기를 바라는 마음, 그리고 학생들 한 사람 한 사람은 자기 나름의 역사가 있는 인생의 주인공이라는 사실을 잊지 않기를 바라는 마음 간절하다.

---

51 핵심 열쇠로 지정해야겠다는 판단과 '아이세우기'라는 용어 사용 결정을 내린 것은 2015년 초였다. 그런 뒤에 좀 더 다듬고 고민하여 처음으로 '아이세우기'라는 용어를 필자가 사용하기 시작한 것이 2016년부터였다. 공식적인 사용은 2016년에 아이스크림 원격연수원과 함께 개발한 온라인 직무연수 '경이로운 수업의 시작 협동학습-30시간 과정'에서부터였다. 지금까지도 좀 더 깊이 연구를 위해 자료를 개발하고 교실에서 학생들에게 적용하고 피드백해 오고 있는 과정 중인데『살아있는 협동학습』개정판을 준비하면서 이번 원고에 이렇게 최소한의 내용이나마 싣게 되었다는 점은 매우 다행이라 할 수 있다. 그리고 이번 원고가 앞으로도 협동학습을 계속 실천하게 될 교사들에게 협동학습 핵심 열쇠에 대한 개념과 인식의 범위를 한 걸음 더 확장시키는 긍정적인 결과를 가져올 것이라는 점에 필자는 매우 큰 의미를 두고 있다. 아마도 필자의 생각에 공감하는 협동학습 실천가라면 필자가 개발한 '아이세우기'라는 열쇠를 좀 더 깊이 있고 다양하게 발전시키고 심화시켜줄 것이라 믿어 의심치 않는다. 필자는 그 길에 마중물 역할을 했다는 점만으로도 매우 만족하고 큰 자부심을 갖는다.

52 학생들이 받는 상처의 가장 큰 원인은 공부다. 그런데 원래부터 공부를 못하는 학생들은 없다. 다만 학생들이 상처를 받아 공부로부터 도주하게 만든 학교, 사회 현실이 있을 뿐이다. 그런 학생들에게 흥미를 되살려 다시 학교로 돌아오게 해주어야 한다. 그들이 도주하게 된 이유는 흥미를 잃었기 때문이지 흥미가 없었기 때문은 분명히 아닐 것이다. 이를 위해 가장 먼저 접근해야 할 점은 바로 아이세우기이다. 학생 스스로 자신을 돌아보고 배움에 흥미를 느껴 스스로 돌아오고 싶은 마음이 생기도록 도와주어야 한다. 그게 바로 아이세우기인 것이다.

※ 아이세우기 활동 결과물들은 차곡차곡 쌓여서 학생들과 개별 면담 및 상담을 위한 훌륭한 자료로도 활용될 수 있다는 점에서 일석이조라 할 수 있다.

※ 필자의 역량과 깊이가 아직은 모자라 이 정도 자료밖에 생각을 하지 못하였다. 그리고 필자는 초등학교 교사인지라 초등학생 수준에 맞게 만들어본 활동자료라는 점을 참고하여 여러분의 교실 상황, 학생 수준에 맞게 변화를 주어 개발해 주기를 바란다.

※ 이 활동자료는 수업 시간에 관련 단원, 교과 등과 연결 지어 활용해도 좋고 주 1~2회 정도씩 과제로 제시한 후 학생들과 아침 활동 시간에 이야기를 나누어도 좋다.(아침 시간 확보 방안 : 등교 시간이 9시로 되어 있지 않은 학교에서는 얼마든지 아침 활동으로 가능하다. 하지만 등교시간이 9시인 학교는 주 1~2회 8시 40분까지 등교하기 시간을 만들어 학부모로부터 동의를 구하고 진행하여도 좋다.)[53]

 ## 1단계 : 나는 누구인가 고민하기

1회	도입(나르키소스 이야기) 및 흥미 적성 찾기(나는 무엇을 좋아할까?)
2회	자신의 장점과 단점 찾기 및 다중지능 이해하기
3회	자신의 다중지능 프로파일 알아보기(분석)
4회	자신의 습관에 대하여 생각해보기
5회	긍정의 힘, 부정의 파괴력
6회	나의 일대기(내가 살아온 길)
7회	정리 - 3단계 인터뷰 활동

[1회 활동 사례]

나는 무엇을 좋아할까?(흥미, 적성 찾기)

- 학생들 스스로 자신의 흥미가 무엇인지 직접 파악해보는 일은 아이세우기 활동의 첫 출발점이라는 면에서 매우 큰 의미를 지닌다.
- 교사가 학생들 각자의 흥미와 관심에 맞는 목표를 설정하는 데 도움을 줄 수 있다.
- 교실 혹은 가정에서 자신의 의지로 많은 활동을 해 나가는 데 있어서 흥미와 적성을 고려할 수 있도록 해준다.

---

53 지면 관계상 필자가 활용하는 모든 자료를 함께 싣지 못하였음을 미리 밝힌다. 필요한 분들은 아래 자료실을 참고하기 바란다. 공유되는 자료들은 필자가 세운 아이세우기 단계에 따라 다양한 서적 및 온라인상의 자료들을 참고로 하여 제작한 것이다(http://cafe.daum.net/hwork).

- 막연하게 쓰는 것보다는 다양한 예시자료를 주고 자신의 흥미를 생각해보게 한 다음 스스로 사고를 더 확장하여 예시에 없는 것까지도 생각해낼 수 있도록 지도한다.
- 처음에는 쉽고 가볍게 쓸 수 있는 질문에서 시작하여 뒤로 갈수록 좀 더 깊이 생각할 수 있는 질문으로 나아갈 수 있도록 한다.

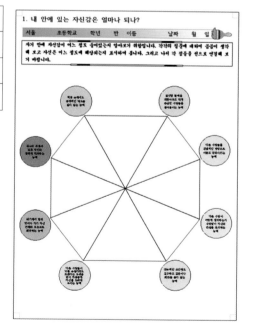

2단계 : 레벨 업, 자신감

1회	도입(닉 부이치치와 희아) 및 내 안에 있는 자신감
2회	나만의 롤 모델은 누구?
3회	나만의 계획표 짜기(주간 계획표)
4회	정리 — 3단계 인터뷰 활동

[1회 활동 사례]

내 안에 있는 자신감

- 학생들 스스로 자기 안에 있는 자신감을 곰곰이 생각해보면서 점검해보도록 한다.
- 바깥 원 안에 있는 각각의 내용을 보고 자신은 어느 정도에 해당되는지 표시한다.
- 활동이 끝나면 점들을 선으로 이어서 그린다.
- 8각형에 가까울수록, 그리고 8각형 모양이 크면 클수록 자신감 영역이 고르게 발달해 있다는 것을 의미한다.
- 한쪽으로 치우친다는 것은 그쪽의 자신감이 많이 발달해 있다는 것을 의미한다.

- 활동 결과를 살펴보면서 자신이 좀 더 신경 써야 할 점이 무엇인지 생각해보는 시간을 갖도록 한다.

3단계 : 실패에서 배운다

1회	도입(성공과 실패에 대한 생각 바꾸기) 및 자신이 걸어온 길 돌아보기
2회	진짜 실패를 찾아라!
3회	실패한 원인을 찾아라!
4회	정리 — 돌아가며 말하기

[1회 활동 사례]
내가 걸어온 길

- 자신이 지금까지 생활해 오면서 경험했던 성취 또는 실패의 경험을 생각해보면서 떠오르는 생각들을 정리해보는 시간을 가져보도록 한다.
- 자신이 살아온 인생 곡선을 먼저 그려보면서 좋았던 경험, 아쉬웠던 경험 등을 생각해보면서 자연스럽게 성취 및 실패의 경험을 떠올릴 수 있도록 한다.
- 인생 곡선을 그릴 때 구체적인 활동이 드러날 수 있도록 몇 가지 사례를 제시해주면 학생들이 활동하는 데 보다 수월할 수 있다.(각종 대회에서의 수상 경험, 끈기를 가지고 노력하여 얻어낸 성취, 시험 등에서 실패했던 경험, 장기자랑 혹은 발표회 등에 나갔던 경험, 일상생활 속에서 훌륭히 해낸 성취의 경험, 생활 속에서 목표는 세웠지만 달성해내지 못했던 경험 등의 사례를 들어 안내해준다.)

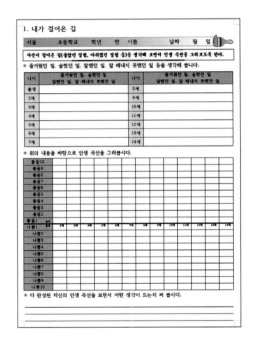

- 성공의 경험이나 실패의 경험 모두 충분한 시간을 가지고 생각하면서 기록하고 정리할 수 있도록 한다.(단, 실패의 경험에 너무 몰두하지 않도록 하는 것이 좋다.)
- 활동지를 정리한 후에 모둠 내에서 돌아가며 말하기를 활용하여 각자의 경험을 이야기할 수 있도록 한다.

4단계 : 자성예언

1회	도입(부정적 사고의 파괴력) 및 자신의 사고 패턴 점검하기
2회	천사(긍정적 사고) 대 악마(부정적 사고), 활동 정리(돌아가며 말하기)

[1회 활동 사례]

나의 사고 패턴 점검하기

- 활동지를 통해 자신의 사고 패턴을 점검해볼 수 있도록 한다.
- 실제 활동지에 대답하기 전에 자신이 원하는 정도의 수준에 나름대로의 표시를 해 두도록 한다(★ 표시 등).
- 실제 자신의 생각에 맞게 한 문항 한 문항 읽어보고 ○, × 표시를 해 나간다.
- 응답활동이 끝나면 점수를 계산하여 해당되는 만큼 색칠을 하고 ★표시를 한 자신의 사고 수준과 실제 수준과의 차이를 확인해본다.
- 본 활동을 통해 학생들 스스로 자신이 갖고 있는 사고의 패턴을 조금이나마 인식하고 이를 개선해 나가거나 더 발전시켜 가기 위한 출발점으로 삼도록 도와주어야 한다.

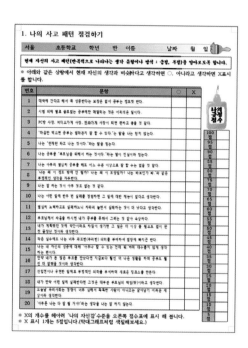

 5단계 : 꿈 만들기

1회	도입(내가 좋아하는 것, 잘하는 것) 및 자신이 좋아하면서 자신 있게 잘하는 것 알아보기
2회	나는 자라서 ○○○이 될 거야!
3회	나의 결심 — 선서문 낭독(결심 문장), 정리 — 돌아가며 말하기

[1회 활동 사례]

내가 좋아하면서 자신 있게 잘하는 것

- 자기 스스로 생각할 때 좋아하면서 자신감을 가지고 잘할 수 있다고 생각하는 것에 ○표시를 해 보는 활동이다.

- 교사는 학생들 스스로가 좋아하면서 잘할 수 있는 것을 찾을 수 있도록 안내하고 돕는다.
- 제시된 사례에 없으면 직접 생각하여 적어보도록 한다.
- 차분하게 자신이 좋아하는 것은 무엇이고 그 가운데서도 잘할 수 있는 것에는 어떤 것들이 있는지 생각해보도록 한다.
- 잘하는 것은 있지만 그것을 좋아하는지 아닌지 확신할 수가 없다고 할 경우에도 표시해보도록 한다.
- 자신이 좋아하면서 잘할 수 있는 것을 바탕으로 가질 수 있는 직업에는 어떤 것들이 있는지 생각해보도록 한다(좋아하는지는 잘 모르겠지만 잘할 수 있다는 확신이 들면 그 내용들을 중심으로 생각해보도록 한다).

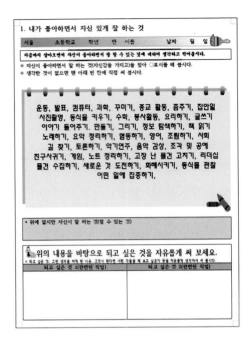

❀ 6단계 : 학교에서 공부는 왜 하지?

1회	도입(학교에서 공부는 왜 하지?) 및 공부란 무엇인지 알아보기
2회	공부하는 이유는 무엇일까?
3회	생각 열기(마인드맵) : 학교, 공부
4회	나의 스스로 학습 능력은 어느 정도?
5회	특명, 공부 방해 요소를 제거하라!

[1회 활동 사례]
공부란 무엇인가?

- 공부란 무엇인가에 대하여 생각해보는 시간을 갖도록 한다. 비유적인 표현을 사용해서 자신의 생각을 표현할 수 있도록 한다. 왜 그렇게 생각하는지도 쓰도록 한다(모둠 문장 구조 활용).
- 모둠 문장 구조 활동 전에 사례를 통해 각자 생각

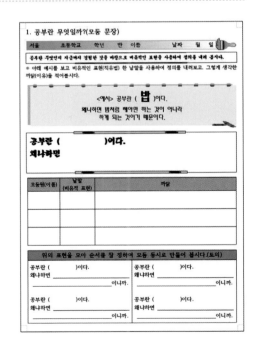

을 정리할 수 있도록 안내한다.

- 각자 생각 정리가 되었다면 모둠원과 서로 공유하고 하나의 틀에 정리하면서 다른 사람들의 생각과 자신의 생각을 비교해보도록 한다.
- 이 활동을 통해 공부에 대하여 가지고 있는 생각과 바라보는 관점, 공부를 왜 하는가에 대한 각기 다른 이유들을 간접적으로 파악할 수 있다(사람마다 다름을 이해할 수 있는 시간이기도 하다).
- 공유 활동이 끝나면 각자 발표한 문장을 모아 배치 순서를 달리해 가면서 한 편의 시가 되도록 엮어낸다(모둠 시 완성).
- 완성된 모둠시를 8절 도화지 혹은 적절한 크기의 종이에 옮겨 적고 배경이 될 수 있는 그림을 협동화로 그려서 발표, 전시해보는 것도 좋다.[54]

7단계 : 나의 미래 모습은?

1회	도입(스스로 목표 설정하기) 및 R=VD
2회	두-드림(Do-Dream)
3회	미래의 나는 어떤 모습일까?
4회	미래의 내 명함 만들기
5회	특명, 공부 방해 요소를 제거하라!

[1회 활동 사례]

R=VD

- R(Realization)＝V(Vivid)×D(Dream)
- 생생하게(Vivid) 꿈꾸면(Dream) 이루어진다(Realization)는 뜻이다.
- 작가 이지성 씨가 『꿈꾸는 다락방』이라는 책에서 제시하였다.
- R=VD를 제시한 이유는 세상에서 성공한 사람들의 공통점들이 바로 자신이 공한 모습을 생생하게 꿈꾸었다는 것이라는 점에 있다.
- 이는 단지 '상상하다, 생각하다' 그 이상의 것으로, 진정으로 '생생하게' 상상하고 꿈을 꾸었을 때 이루어진다는 것을 의미한다.
- 그 안에는 '꾸준히' 꿈을 꾼다는 의미를 내포하고 있다.

---

54 특히 공부를 힘들어하는 학생에 대해서는 '(1) 책을 가까이 하고 말하기를 익숙하게 하기, (2) 계획을 세우고 실천하기' 가 필수적이라 할 수 있으니 이에 대하여 더욱더 많은 신경을 써 주어야 한다. 특히 '계획 세우고 실천하기'와 함께 이후에 이루어질 '시간관리'도 중점적으로 해주어야 한다.(어떻게 계획을 세우고 시간표를 짜서 시간 및 자기 관리를 해야 하는지에 대하여 구체적이고 세밀하게 지도하고 점검, 피드백을 해주는 것이 좋다.)

『꿈꾸는 다락방』 책 속에 보면 실제로 원하고 바라는 사람의 체형, 키, 스타일, 외모 등을 적어놓고 매일 밤 잠자리에 누워 그 사람을 상상하다가 꿈에 그리던 남자를 만나는 여자의 사연이 나온다.

- 진정으로 '생생하게' 꿈을 꾸면 이룰 수 있는 기회가 주어진다는 것을 꼭 기억하자.
- 간절함의 정도는 말할 수 없으나 정말 '이거 아니면 안 되겠다, 이것밖에 생각나는 것이 없다' 싶을 정도의 것이어야 한다.
- 하지만 진짜 중요한 것 한 가지는 상상만으로는 아무것도 이루어지지 않는다는 것이다.
- 꿈이 이루어지는 이유는 실천이 있기 때문이다. 생생하게 상상하고 그것을 꿈꾸며 평소의 행동에서부터 변화를 가져오기 위해 노력하는 것, 그것이 바로 실천인 것이다.
- 생생하게 상상한다는 것=실천한다는 것
- 이 활동은 상상하기(꿈을 이룬 자신의 미래 모습을 수시로 상상하기 — 일종의 이미지 트레이닝), 사진이나 관련 동영상 활용하기(자신이 꿈꾸는 분야의 전문가 혹은 롤 모델이 될 수 있는 사람의 사진 또는 동영상 등을 잘 보이는 곳에 두거나 자주 동영상을 시청하면서 자신의 꿈을 키우는 일), 환경 조성하기(공부방의 환경을 꿈과 관련된 다양한 내용으로 변화시키기), 글로 표현하기(좌우명 등으로 써서 항상 눈에 보이는 곳에 붙여두기), 소리 내어 말하기(말로 입버릇처럼 말하고 때에 따라서는 큰 소리로 외치면서 항상 자기 자신에게 자극을 주거나 격려하기), 꿈과 관련된 장소 활용하기(천문학자가 꿈이라면 천문대를 방문하여 경험을 쌓는 일) 등의 방법을 활용할 수 있다.

협동학습 구조

수업 활동을 들여다보면 크게 '학습 내용'과 '구조'로 분석해볼 수 있겠다. 수업이라는 것은 '학습 내용'과 '구조'의 상호작용의 결과로 이루어진 일련의 활동이라 말할 수 있다.[55]

---

55 여기에서 말하는 '구조'란 앞의 2부에서 다루었던 Deutsch 및 Johnson & Johnson의 '구조'와 다른 개념으로 케이건이 그의 저서 『협동학습』에서 제안한 것이다.

학습 내용이란 '무엇을 가르칠 것인가?(What)'에 대한 것으로, 곧 가르쳐야 할 내용을 의미한다. 그리고 학교 현장에서는 곧 '내용≒교과서'라는 공식이 성립된다고 해도 과언이 아니다(일부의 경우 재구성하는 경우도 있기 때문에 '＝' 기호를 쓰지 않았다).

한편, '구조'란 '어떻게 가르칠 것인가?(How)'와 관련된 것으로, 곧 '교사와 학생, 학생과 학생 사이의 상호작용 방식 — 다시 말해서 교사와 학생, 학생과 학생이 어떤 방식으로 상호작용을 해 나가고 있는가에 대한 관계 방식의 틀'을 의미한다. 그 틀을 '수업 방법'이라고 칭하지 않고 '구조'라는 전혀 다른 용어를 사용하는 이유는 단순히 '어떻게 가르칠 것인가?'라는 수업 기법만을 지칭하지 않고, '사회적 상호작용'이라는 관점에서 수업을 사람과 사람(교사와 학생, 학생과 학생 — 좀 더 폭넓게 이해하자면 주변의 모든 환경까지도 포함시킬 수 있다) 사이의 상호작용 (관계)방식(의 틀)으로 이해하기 때문이다.

1) 협동학습에서 말하는 구조에 대한 이해

수업을 한다는 것은 일종의 블록 쌓기와 같다. 각기 서로 다른 블록(수업 내용)이 어떤 연결 방법(구조)과 만나 완성품을 만들어 나가는 활동 과정(활동 1, 활동 2, …)을 이루게 된다. 그리고 그러한 활동들 몇 개가 의미 있게 결합되어 하나의 완성된 블록 모형 작품(수업)을 이루게 된다.

내용(What)＋어떻게 쌓을까(How＝구조)
내용 1＋구조＝활동 1, 내용 2＋구조＝활동 2 …

활동 1＋활동 2＋활동 3 …의
의미 있는 결합이 바로 하나의 수업

구조＝내용을 매개로 한 학생⇔학생, 교사⇔학생 간의 상호작용 관계방식의 틀
구조를 이루는 3개의 요소 : 개인, 짝, 그룹

2) 협동학습에서 구조가 가진 위력

- 어떤 내용이든 담을 수 있다.
- 서로 다른 내용에의 반복 사용, 다른 구조와의 연결이 가능하다.
- 수업의 흐름을 파악하기 용이하다.
- 수업의 효율성이 증대된다.
- 학습효과가 커져 목표 달성이 용이해진다.
- 협동학습의 4가지 기본원리가 항상 녹아들어 있다.

학습 내용을 담는 틀(그릇)로서 발전된 구조에 대한 이해를 보다 명확히 할 필요는 있다. 내용을 담는 그릇이라고 하지만 아무 내용이나 무조건 담는다고 하여 효율성이 있다고 말할 수는 없다. 그릇도 그릇 나름인 것이다.

예를 들어 '접시'에 '국'을 담아 먹을 사람은 아무도 없다. 왜냐하면 '접시'라는 것은 '국'이라는 내용물을 담기에 적절하지 않기 때문이다. 다시 말해서 내용물에 따른 알맞은 그릇(틀)은 따로 있다는 것이고, 좀 더 효율적으로 내용물을 담아두기 위해 수많은 모양과 크기와 형태의 그릇이 꾸준히 만들어지고 있는 것이라 할 수 있다. 이와 같은 맥락에서 구조를 바라본다면 교수-학습 활동 상황 속에서 '어떻게 하면 학생들이 즐겁고 재미있게 활동을 하면서도 긍정적인 상호작용을 할 수 있도록 할 것인가? 어떻게 하면 그런 여러 개의 활동들을 효과적으로 연결 지어 학습 목표를 달성할 수 있도록 수업을 설계할 것인가?'에 대한 고민이 다양한 구조의 선택과 또 다른 새롭고 훌륭한 구조를 만들어내는 원천이 되고 있다고 말할 수 있다.

3) 협동학습에서 구조가 지닌 매력

일제문답 구조	번호순으로 구조
1. 교사의 질문 2. 학생이 손을 들어 지원하기 3. 교사의 지명 4. 지명된 학생이 답을 말하기 5. 학생 답변에 대한 교사의 대응	1. 각 모두미들에게 고유의 번호 부여 2. 교사의 질문 3. 모둠원 모두가 머리를 맞대고 문제를 해결하기 4. 교사가 번호를 부르면 각 모둠에서 그 번호에 해당하는 학생들만 손을 들고 대답하기

- **일제문답 구조** : 다분히 상호작용이 부정적으로 흐르는 경쟁적 구조를 보이기 쉬움. 특히 티켓, 상점, 칭찬 등이 가미될 경우는 더욱더 그런 방향으로 흐르기 십상임(친구의 실수는 곧 자신이 인정받게 되는 기회로 작용 — 부정적 느낌)
- **번호순으로 구조** : 우수한 학생도 자신의 번호가 불리지 않으면 대답할 수 없고, 각 모둠의 구성원 모두가 정보를 서로 나누고 이해를 해야만 성공할 수 있다는 생각으로 정보를 공유하게 됨.

아울러 학습능력이 부족한 학생도 언제 자기의 번호가 불릴지 몰라서 주의해서 잘 듣게 됨

수학 시간 짝 토론 장면

구조의 활용이라는 측면과 그가 지닌 예술적 가치라는 것을 부각시키기 위해서 다음과 같이 예를 들어서 이해하기 쉽게 다시 설명할 수 있다.

'수업'이라고 말하는 모든 상황에는 항상 그 순간에 학생들이 배워야 할 학습 내용과 이를 학생들에게 효과적으로 전달하는 방법으로서의 구조가 존재하고 있다. 이처럼 내용과 내용이 조합되고, 이들을 효과적으로 담아내기 위한 틀(그릇)로서 적절한 구조를 사용하는 총체적인 과정들이 바로 수업인 것이다.

예를 들어 6학년을 지도하고 있는 교사가 학생들에게 '정치는 무엇인가?'에 대해 설명하고 있다고 하자. 이 경우 학습 내용은 '정치는 무엇인가?'이며 여기에 사용된 학습구조는 '교사의 설명(일제식 구조)'이다. 똑같은 상황에 협동학습 구조를 적용하면 같은 내용이라도 매우 다르게 다루어질 수 있다.

가령, 4인 1모둠으로 앉게 하고, 각 모둠별로 '정치는 무엇인가?'에 대하여 1차적으로 혼자 생각할 시간을 주고, 2단계에서는 모둠 내에서 번호 순서대로 자기가 생각한 것을 돌아가며 말하고, 3단계에서는 말하기 카드를 이용하여 자신의 생각을 자유롭게 발표하면서 '정치는 무엇인가?'에 대하여 정리하게 한다면 여기에는 '혼자 생각하기-돌아가며 말하기-말하기 카드를 이용한 모둠 토의'라는 구조가 활용되었다는 것을 알 수 있다. 여기에서도 학습내용은 여전히 '정치는 무엇인가?'지만 이를 학습해 나가는 방식에서 구조는 전혀 다른 것이 된다.

위의 사례에서 보는 바와 같이 어떤 내용을 전달하고자 할 때 '교사의 설명'이 아닌 '혼자 생각하기-돌아가며 말하기-말하기 카드를 이용한 모둠 토의'와 같이 다양한 구조를 활용한다면 그 수업에 참여하는 학생들은 다양한 방식으로 내용을 배우고 익히게 될 것이다.

이와 같이 구조의 변화는 수업 자체를 바꾸어 놓는다. 많은 교사들이 학습 내용은 강조하지만 구조의 중요성은 간과하는 경우가 많은데, 구조 중심 협동학습은 이 같은 실수를 만회하고자 하는 시도이자 시행착오를 최소화하려는 노력이라고 이해한다면 큰 무리가 없을 것이라 생각된다.

4) 협동학습에서 구조가 지닌 장점

협동학습 구조들은 학문적, 언어적, 인지적, 사회적 영역에 걸쳐서 예상 효과를 추측할 수 있도록 고

안되었기 때문에 각 구조들이 가진 특성들을 잘 이해한다면 보다 효율적으로 협동학습 수업을 설계할 수가 있다. 그러한 구조들이 가져다주는 이로운 점을 살펴보면 아래와 같다.

(1) 수업을 바라보는 교사의 눈을 향상시켜준다

구조에 대한 이해는 수업의 흐름을 읽게 하고, 학습 내용과 그의 효과적인 전달 방법에 대한 관계를 분석하게 해주어 자신의 수업을 바라보면서 학습 목표를 효과적으로 달성해 나가기 위한 경험과 노하우를 구축하는 데 도움을 주며 타인의 수업을 바라볼 때에도 보다 쉽게 분석해 나갈 수 있도록 해준다.

평균 구하기 프로젝트 수업 장면

(2) 교사에게 다양한 수업전략을 제공해준다(손쉬운 수업 설계가 가능)

아마도 협동학습을 처음 접하고 나서 수많은 교사들이 협동학습의 매력에 쉽게 빠져드는 이유는 협동학습을 수업방법론적인 차원에서 바라보는 시각이 매우 지배적이기 때문일 것이다. 수업 연구를 해 나가는 과정에서 내용을 어떻게 전달할 것인가에 대한 문제는 매우 심각하게 다가오고 있어서 교사들에게 많은 고민거리를 안겨주고 있는 것이 현실이다. 이런 상황에서 교사가 구조에 대한 이해를 바탕으로 다양한 협동학습 구조들이 가진 특성과 효과를 충분히 파악하고 있다면 어떤 교과, 어떤 단원, 어떤 차시에서도 정해진 학습 목표에 따라 마련된 학습 내용을 효과적으로 전달할 수 있도록 하는 데 큰 힘이 될 수 있다.(물론 이 과정에 있어서 가장 중요한 것은 내가 어떤 자료를 사용하여 어떻게 전달했는가가 아니라 학생들이 그 시간에 무엇을 했고, 그 결과로 무엇을 알게 되었으며, 그들이 어떻게 변화되었는가 하는 점이라는 사실을 잊어서는 안 된다.)

(3) 수업 목표를 분석하는 힘을 길러준다

협동학습 구조를 적용한 수업이 아니더라도 제일 먼저 수업 목표를 제대로 분석해야 그에 따른 수업 내용을 적절하게 마련할 수 있고, 그런 다음에 그 내용을 효과적으로 전달하기 위한 좋은 방법을 찾을 수 있게 된다. 지금까지 개발된 협동학습 구조들을 살펴보면 각 구조마다 효과 영역, 특성이 다르기 때문에 교사는 여러 가지 구조에 대한 지식을 가지고 있지 않으면 특별한 교육 목표에 적합한 구조를 선택해서 잘 활용할 수 없게 된다. 다시 말해서 구조와 학습 목표, 기술, 인지 수준이 적절하게 조화되지 않으면 협동학습 구조를 적용한 수업은 실패할 수밖에 없다는 것이다. 따라서 구조 중심의 협동학습을 성공적으로 이끌어 나가기 위해서는 먼저 수업 목표를 제대로 분석하고, 그에 맞는 학습 내용을 선정한 뒤에 어떤 구조가 그 수업에 맞는 협동적, 인지적, 사회적(정의적) 기능을 갖는지 파악(적절한 그릇인지 고민하여 선택)하여 적용해야만 하는데, 구조에 대한 이해는 이를 충분히 가능하게 해준다.

(4) 학생들이 수업의 중심에 설 수 있도록 해준다

우리 학생들은 서로 다른 경험과 가치관, 지능, 사회적 배경, 성격과 특기 등을 갖고 있어서 그들의 다양한 성향들을 다 수용하기에는 매우 힘든 것이 오늘날의 현실이다. 이런 상황에서 협동학습 구조는 수업의 중심을 교사에게서 학생에게로 넘겨주고, 교사는 주도적 안내자 역할을 하도록 도와주는데, 그 과정 속에서 학생들은 수업에 재미를 느끼기 시작하고 학습의욕을 고취해 나가기 시작한다.

Stahl의 의사결정 모형 수업 장면

(5) 역량 중심 개정교육과정을 담기에 알맞은 그릇이다

과거의 지식 중심, 암기 중심 교육에도 효과가 입증되었지만 개정된 2015 교육과정-역량 중심 교육과정에도 효과가 입증되었다고도 말할 수 있다. 특히 의사소통 역량, 공동체 역량, 창의적 문제해결 역량이라는 측면 등에서 매우 효과가 높은 것으로 이미 검증되었다고 볼 수 있다. 예를 들자면 '번갈아 말하기'와 같은 단순한 구조 활동 속에서도 활동을 마무리한 이후에 전체 앞에서 발표할 때는 짝이 말한 것을 먼저 말하고 자신이 말한 것을 이어서 말하게 함으로써 경청하기 기술, 의사소통 능력도 동시에 향상시킬 수 있다고 말할 수 있다.

5) 협동학습 구조 활용 능력을 어떻게 기를 것인가

제3장에서 필자는 협동학습을 철학적으로 각성하라고 강조한 적이 있다. 그리고 그 단계를 '(1) 사용할 줄 모르는 좋은 검 하나 갖고 있는 수준, (2) 명검을 그럭저럭 사용하는 수준, (3) 신물의 힘을 각성한 수준, (4) 신물의 힘을 진각성한 수준'과 같이 4단계로 나누어 설명한 바 있다. 구조 활용 능력도 그 단계와 연결 지어 이해한다면 어떻게 활용 능력을 키워야 할지 충분히 짐작해볼 수 있다.

1단계	사용할 줄 모르는 좋은 검 하나 갖고 있는 수준 : 구조에 대한 이해가 부족하고 그것을 어떻게 사용해야 하는지에 대하여 깨닫지 못하고 있는 상황에 해당됨
2단계	명검을 그럭저럭 사용하는 수준 : 구조가 가진 매력은 어느 정도 이해는 하였지만 아직 자신의 것으로 받아들이지 못하여 어쩌다 가끔 사용하거나 효과적으로 사용하지 못하고 있는 상황에 해당됨
3단계	신물의 힘을 각성한 수준 : 구조에 대한 이해, 각 구조의 특성을 비교적 잘 파악하여 다양한 활동에 상당히 많이 적용하고 있기는 하지만 아직은 많은 연구 시간과 준비가 필요한 수준에 해당됨
4단계	신물의 힘을 진각성한 수준 : 구조에 대한 이해, 각 구조의 특성을 완전히 파악하여 다양한 활동에서 적재적소에 효과적으로 활용할 수 있고, 그런 수업 설계에 필요한 연구 시간과 준비가 많이 필요하지 않은 수준에 해당됨

이에 대한 결론은 하나다. 앞의 제7장 '협동학습에 실패하는 이유'에서 자세히 밝힌 바 있지만 그 힘을 온전히 자신의 것으로 받아들을 수 있을 때까지, 진각성하여 자신도 모르게 척척 사용할 수 있게 되는 수준에 이를 때까지 꾸준히, 열심히 연구하고 적용하는 방법밖에 없다. 절대로 지름길은 없다. 내비게이션식 협동학습 활동에 빠지지 말아야 한다. 자만에 빠지지도 말아야 한다. 자칫하면 자신이 구조를 잘 활용하고 있다는 착각과 자만의 늪에 빠져 허우적거리면서도 자신이 어떤 상황에 놓여 있는지 모르는 나르키소스와 같은 처지에 놓일 위험성도 상존하고 있다.(잘 이해가 되지 않는다면 앞의 제7장으로 다시 돌아가 한 번 더 탐독하기를 권하는 바이다.)

6) 협동학습 구조의 분류가 과연 유용한 것인가

케이건은 그의 저서에서 "어떤 구조들은 사실들을 암기 및 숙달하는 데 유용하고, 또 다른 구조들은 정보를 조직화하는 데, 또 어떤 구조들은 사고를 이끌어내고 또 이해도를 점검하거나 복습하는 데 더 효과적이다."라고 강조하였다.[56] 이에 따라 그는 협동학습을 크게 암기숙달 구조, 사고력 신장 구조, 정보 교환 구조, 의사소통기술 향상 구조, 학급세우기, 모둠세우기의 여섯 가지로 나누고 각각 많은 구조들을 분류시켰다. 그 외에도 여러 사람이 다양한 분류 기준을 사용하여 협동학습 활동들을 나름의 생각에 따라 분류해 놓기도 하였다(수렴적 사고, 확산적 사고, 의사소통 기술, 정보 나누기, 발표하기, 조사하기, 암기하기, 토의 토론하기, 창조하기, 의사결정 등). 특히 아래에서 보는 바와 같이 도메인 차트라고 해서 협동학습 구조와 특성, 수업 상황 등을 가로와 세로축에 각각 배열하고 그것이 서로 만나는 지점의 구조를 선택하도록 만든 도표가 눈에 띄기도 한다. 구조 중심 협동학습 전문가인 케이건도 도메인 차트를 만들어 활용할 수 있도록 안내를 해 왔다.

스펜서 케이건의 도메인 차트

구조	학급세우기	모둠세우기	암기숙달	사고력신장	의사소통기술	정보교환	의사결정
돌아가며 말하기		o	o	o	o	o	
돌아가며 쓰기		o	o	o	o		
동심원	o		o	o	o		
번갈아 말하기		o	o		o		
번갈아 쓰기		o	o		o		
말하기 칩					o		
텔레폰					o		
이 사람을 찾아라.	o			o			
생각 - 짝 - 나누기		o		o	o	o	o
짝 점검			o		o		
부제 모양 뽑기		o	o	o		o	
번호순으로			o	o			
플래시카드			o		o		
향상 점수제	o		o	o		o	
과제분담학습		o	o	o		o	

우리나라에서 접할 수 있는 도메인 차트

<hr>

56 『협동학습』, 케이건 저, 기독초등학교 협동학습 연구모임 역(1999, 디모데), pp. 187~295.

순번	학습 활동 영역	적용 가능한 협동 학습 구조
1	읽기	모둠별 번호순으로 읽기, 돌아가면서 읽기 (단락별 낮은 소리로 읽기)
2	발표	돌아가며 말하기, 칠판 나누기, 생각-짝-나누기, 전시장 관람 구조
3	모둠별 탐구 보고서	매체를 활용하여 발표하기, 과제 완성의 절차 강조-과제 분담-참여과정 보고서에 첨부, 상호 평가, 역할 기여도에 따른 다면적 평가(일벌레, 무임 승차자 없도록)
4	학습지 풀기	짝 점검 학습지 제작, 번갈아 풀기, 향상점수제 활용, 모둠 칠판 활용하기
5	필기	마인드 맵 활용하기, 칠판나누기, 모둠 활동지 돌리기(정리 용지)
6	내용 정리	생각-짝-나누기, 모둠원 발표, 퀴즈 형식, 돌아가며 쓰기, 모둠문장 만들기
7	보상	즉각적인 보상 누적(개인별, 모둠별), 칭찬티켓, 향상점수제, 칭찬 박수
8	집중시키기	침묵 신호(각종 신호 활용)
9	암기하기	플래시 카드, 번갈아 말하기, 퍼즐 맞추기, 5단계 오엑스 퀴즈, 모둠 문제 만들기
10	창의적 생각 찾기	브레인스토밍, 번갈아 말하기, 돌아가며 말하기, 돌아가며 쓰기, 섞이고 짝짓기, 생각 - 짝 - 나누기, P. M. I 기법
11	잘 듣기 잘 말하기	말하기 여권(토킹 칩), 다시 말하기 카드, 하나 주고 하나 받기, 발표 카드
12	적용	함께 차트, 결심문장, 매트릭스
13	토의하기	돌아가며 말하기, 모둠 인터뷰, 생각-짝-나누기, 역할별 토의하기 등

학습 활동 상황에 따른 협동학습 구조 활용 분석표

그러나 필자는 이런 식의 협동학습 구조 분류는 오히려 다양한 구조가 가진 진짜 힘을 제대로 각성할 수 있도록 하는 데 방해가 된다고 보고 있다.[57]

협동학습에 대한 경험이 많지 않을 때는 위와 같은 사례들이 도움이 될 수 있을는지 모르겠지만 경험을 충분히 쌓아나가면(각성의 순간이 오는 순간) 위의 것들에 모순이 있음을 스스로 느끼게 될 날이 오게 된다. 그런 순간이 왔음에도 불구하고 위의 것과 같은 사례에 의존한다면 더 이상 협동학습에 대한 질적 성장은 기대하기 어렵다. 진짜 협동학습 전문가들은 그런 것에 의존하지 않는다. 예를 들자면 이런 것이다.

번갈아 말하기 구조는 어떤 분류 체계 속에 넣어야 할까?

이 질문에 정답을 말할 수 있는 사람이 과연 있을까? 아마 누구도 없을 것이다. 왜냐하면 이 구조를 많이 적용한 사람들이 어떤 이유와 목적, 맥락으로 주로 사용하였느냐에 따라 그 시각은 얼마든지 달라지기 때문이다. 적지 않은 교사들이 이 구조를 정보 공유 분류 체계(혹은 그와 비슷한 기준)

---

57 수학이라는 것에 대하여 공식만 외우면 어떤 문제를 풀 수 있다고 생각하는 학생들처럼 이런 식의 협동학습 구조 분류에 빠져들게 되면 협동학습 구조를 바라보는 시각과 사고의 폭을 좁게 만들어 위험성이 크다. 그런 식의 협동학습을 바로 내비게이션식 협동학습이라고 필자는 말한다. 교과 내용을 살펴보면 사실 내용들이 아주 특별한 몇 가지 사례를 빼고는 암기숙달, 사고력 신장, 정보교환 등으로 명확히 구분되지 않는다. 이럴 경우 협동학습 수업 속에서 어떤 단계에 어떤 구조를 넣는 것이 적절한지를 제대로 판단하지 못하여 '그냥 전문가들이 해놓은 것이니까 이대로 따라 하면 되겠지'하는 마음으로 마구 적용하여 수업을 진행하게 될 가능성 또한 무시할 수 없는 일이다.

속에 포함시키고 있는 것을 필자는 자주 목격하곤 한다. 하지만 필자의 견해는 다르다. 번갈아 말하기를 이용하여 '하브루타'처럼 얼마든지 수업이 가능하다. 이런 맥락에서 본다면 '하브루타'는 정보 공유보다 생각하는 힘, 사고력과 훨씬 더 관련성이 크다고 할 수 있다. 필자는 실제로 번갈아 말하기를 활용하여 질문이 있는 수업 만들기 활동, 토의 토론 수업을 오래 전부터 꽤 많이 해 오고 있기 때문에 이렇게 자신 있게 말할 수 있는 것이다.

필자의 반 전시장 관람 활동 사례

협동학습에 대한 오랜 경험을 갖고 있으면서도 도메인 차트나 분석표 등에 의존한다면 협동학습 초보자와 같은 수준을 결코 넘어설 수 없다. 필자는 차라리 처음 시작할 때부터 도메인 차트나 분석표 등에 의존하지 않으면서 자신이 사용하고 있는 구조들을 잘 들여다보고 그 특성들을 파악하여 서서히 자기 것으로 만들어 나가는 경험을 쌓아갈 것을 강력하게 권한다. 한 가지 구조만이라도 그것을 자유자재로 갖고 놀 수 있는 수준에 도달한다면 다른 구조의 활동능력 또한 그런 경지에 오르는 데 많은 시간이 소요되지 않을 것이다. 틀에 갇힌 구조의 적용은 아예 처음부터 멀리하도록 하자. 그러면 각기 다른 협동학습 구조가 갖고 있는 그릇의 모양과 크기 그리고 그 특성이 조금씩 보이기 시작할 것이다. 그때가 오면 조금씩 구조들이 가진 진의를 각성하기 시작하면서 그 속에 어떤 내용이든지 적절하게 다듬어(재구성하여) 담을 수 있게 될 것이다. 그 순간이 올 때까지 꾸준히 노력하면서 시행착오를 경험해 나가기 바란다.[58]

결론적으로 각 구조의 실체가 어떤가에 대해서는 그것을 충분히 적재적소에 활용하면서 교사 스스로 그것이 가진 장점, 특징 등을 자신의 눈으로 관찰하고 깨달아가는 것이 가장 중요하다고 볼 수 있다. 남들이 어떻게 분류 체계를 만들어 나누어 놓았든지 그런 것들에 신경 쓰지 말자. 그냥 '으흠, 그런 게 있구나.'하고 넘기기 바란다. 그런 틀들은 각기 다른 협동학습 구조가 가진 진의를 깨닫도록 하는 데 장애가 될 뿐이다. 그런 틀 안에 갇혀 각각의 구조가 가진 진짜 힘을 보지 못하는 우를 범하지 않기를 필자는 진심으로 바라고 바랄 뿐이다. 진짜는 스스로 깨달아 나가는 것이다. 그리고 그 깨달음은 오직 오랜 경험을 통한 각성에서 온다는 사실을 잊지 말자.

---

58 물론 진의를 각성하기까지는 오랜 시간이 걸릴 수밖에 없다. 그래도 방법은 있다. 필자의 경험으로 볼 때 처음부터 모든 구조를 다 섭렵하려 해서는 안 된다. 우선 가장 쉽고 간단한 구조부터 그 힘을 온몸으로 느껴 나가는 것이 최선이라 본다. 간단한 구조라서 해서 결코 얕보아서는 안 된다. 작은 고추가 매운 법이다. 그런 뒤에 어쩌다 한두 번 사용하게 되는 구조보다는 활용 빈도가 높은 것부터 자신의 것으로 만들어 나가려고 노력해야 한다. 그렇게 되면 그것만으로도 얼마든지 좋은 수업을 충분히 만들어 갈 수 있게 된다. 진짜 전문가들은 수많은 구조를 교실로 이것저것 가져와 수업을 진행해 나가지 않는다. 오히려 몇 가지 구조만으로도 적재적소에 잘 활용하여 질 높은 활동을 하고 있다는 점을 볼 수 있다. 그 이유는 그 구조가 가지고 있는 특성을 잘 이해하고 그것들을 다양한 맥락에서 여러 활동과 연결 짓기를 할 수 있는 수준(각성의 단계)에 도달했기 때문이다.

구조의 다기능성

(예) '돌아가며 말하기' 구조 : 암기숙달, 사고력 신장, 정보교환, 의사소통 등 다양한 분류 기준 속에 넣을 수 있다. 이는 바로 그 구조가 갖는 다기능성 때문이다(364쪽의 도메인 차트를 보면 알 수 있음). 결국 구조를 활용함에 있어 진짜 중요한 것은 개발된 구조 하나하나의 특성과 장점을 잘 살리고, 그를 효과적으로 활용하고자 하는 '교사 자신'이라는 것을 결코 잊지 말아야 한다.

구조는 그릇과도 같다!

비유적인 표현을 예로 들어 설명해보고자 한다. 접시에 국을 담아 먹을 사람은 없다. 왜일까? 불편하기 때문이다. 다시 말해서 접시는 국을 담아서 먹기에는 적절하지 않다는 말이다. 그릇이라는 것은 각기 모양과 형태와 크기가 다르고, 저마다 담기에 좋은 내용물이 따로 있다. 구조도 마찬가지다. 각기 구조(그릇)마다 가지고 있는 특징과 장점들은 그 구조(그릇)를 활용하기에 좋은 내용(재료들)이 따로 있다는 것을 깨닫게 해준다.

7) 진짜 수준 높은 협동학습은 구조를 해체할 때 일어난다

협동학습을 처음 시작하는 교사이거나 협동학습에 대한 경험이 많지 않은 교사일지라도 늘 수준 높은 수업을 꿈꾼다. 하지만 협동학습을 처음 시작하거나 경험이 많지 않은 경우에는 많은 시행착오를 경험할 수밖에 없다. 다만 차이가 있다면 누가 더 몰입하고 연구하여 시행착오를 줄이느냐만 있을 뿐이다. 그렇게 경험을 쌓아가다 보면 구조의 적용만이 협동학습 수업을 만들어내는 것이 아니라는 것을 어느 순간 깨닫게 된다. 때로는 구조의 적용이 학생

비구조화된 모둠별 협동학습 활동 장면

들의 활동을 방해하고 있다고 생각이 들 때도 있다. 예를 들어 학생들이 긍정적 상호작용 능력 및 다양한 사회적 기술을 잘 갖추고 있으며 활동에 몰입도가 높을 때, 특히 소그룹 단위로 놀이 활동을 할 때 학생들은 구조화된 활동을 하지 않는다. 이 상황을 잘 관찰해보면 어떤 순서와 절차에 의존하지 않으면서도 활동은 물 흐르듯이 자연스럽게 진행된다는 것을 알 수 있다. 이 상황에서 교사가 개입

하여 고정된 순서와 어떤 틀을 강요한다면 오히려 그 순서와 틀은 학생들의 활동을 방해하여 즐거움 및 몰입도가 떨어질 가능성이 높다. 그런 순간이 오면 교사는 구조를 과감히 버릴 줄(구조의 해체 : 구조를 적용하지 않아도 학생들이 협동적 상호작용을 잘 만들어내는 경우)도 알아야 한다. 오히려 구조를 버렸음에도 불구하고 학생들이 협동적으로 활동을 잘 해나가고 있다면 이것이야말로 협동학습의 최고 경지에 오른 수준이라 말할 수 있다. 따라서 교사는 학년 초부터 학년이 마무리될 때까지 구조의 적용에만 기대할 것이 아니라 학생들이 어느 정도 정체성을 가지고 협동학습의 5가지 원리(긍, 개, 동, 동, 한)를 잘 실천해 나갈 수 있도록 하면서 조심스럽게 구조를 버리는 연습을 해 나가는 것이 좋다.

실제 수업 사례를 통해 설명해본다면 다음과 같다. 협동학습 지도안 예시로 아래와 같은 사례를 볼 수 있다.

수학 4-1학기	5. 막대그래프	주제	막대그래프 그리는 방법 알기
목표	자료를 활용하여 막대그래프를 그릴 수 있다.		
도입	− 전시학습 상기(하얀 거짓말 구조) * 막대그래프와 관련된 하얀 거짓말 활동 − 학습문제 확인 − 학습활동 안내(활동 1, 2)		

전개	활동 1 : 그래프 그리는 방법 알기(돌아가며 쓰기)
	− 막대그래프의 특징과 그리는 방법을 돌아가며 쓰기
	활동 2 : 막대그래프를 여러 가지 방법으로 나타내기
	− 모둠별로 뽑은 미션 확인하기
	  * 한 명이 전개도를 그릴 동안 짝은 점검해주거나 도와주기
	  * 역할을 서로 바꾸어 전개도 그리고 점검하기		

이하 내용은 생략함			

위와 같은 수업에서 활동 2 단계를 한 번 생각해보도록 하자. 활동 2 단계는 협동학습 구조 '짝 점검'을 적용한 것이다. 한 사람이 문제를 풀면 다른 한 사람은 풀이하는 과정을 들여다보면서 점검해주고 끝나면 역할을 바꾸어 같은 과정을 반복하게 된다. 그런데 4학년 1학기 5단원이라면 거의 1학기가 끝나갈 단계라고 볼 때 학생들이 협동학습 활동에 어느 정도 익숙해져서 모둠 내에서 상호작용을 잘 해나가고 있다면(그렇게 잘 지도했다면) 굳이 구조를 쓸 필요는 없다고 생각한다. 다음과 같이 생각해보자.

전개	활동 2 : 그래프 그리기
	– 모둠별로 뽑은 미션 확인하기
	   * 미션에 대하여 모둠원 모두 스스로 해결해보기
	   * 해결하는 과정에서 막히는 부분이 있으면 모둠원에게 도움 요청하기
	   * 도움 요청을 받은 모둠원은 답을 알려주지 말고 힌트를 주며 도와주기(한 사람도 포기하지 않기)
	   * 미션을 각자 완성하면 함께 결과를 공유하기 : 간략한 테스트를 통해 진단활동하기

이전의 지도안과 같은 내용이지만 활동은 사뭇 다르다. 위와 같은 상황에서 각 모둠별로 학생들이 상호작용을 자연스럽게 해나갔다면 협동학습 구조는 사용되지 않았지만 학생들은 가장 이상적인 협동학습을 해나갔다고 볼 수 있다. 오히려 구조를 사용하지 않았음에도 불구하고 상호작용은 더 활발하게 일어날 수 있을 것이라 나는 생각한다. 이런 상황을 바로 구조의 해체라고 한다. 학생들이 긍정적인 상호작용 능력을 잘 갖추었음에도 불구하고 '짝 점검' 구조를 활용한다면 오히려 구조의 적용이 자연스러운 협동적 활동을 방해하여 질 높은 협동학습 수업을 할 수 없게 된다.(만약 미션 활동 내용의 수준이 낮아 각자 해결하는 과정에서 도움을 주고받을 일이 없게 된다면 이 활동은 굳이 협동학습을 할 필요가 없는 활동이라서 처음부터 협동학습을 염두에 두고 수업 설계를 하지 말았어야 한다. 난이도가 어느 정도 있어서 반드시 누군가는 도움을 주고받을 수밖에 없는 상황을 의도적으로 만들어줄 때 비로소 협동학습이 이루어진다. 이를 위해 학습지 제작 및 발문, 과제 개발 능력은 협동학습 교사에 꼭 필요한 중요한 역량이라는 것을 잊지 말아야 한다.)

구조는 거들 뿐!

위의 2가지 지도안 사례를 볼 때 협동학습이 궁극으로 바라는 이상은 후자의 사례다. 후자의 경우와 같은 상황을 만들어가는 과정에서 자연스럽게 협동하는 기술(협동학습의 5가지 원리 및 사회적 기술 등)을 체화시킬 수 있도록 돕고 체계를 잡아나가도록 하기 위해서 활용하는 것이 구조일 뿐이다. 일본의 유명한 농구 만화 〈슬램덩크〉에 보면 왼손은 단지 거들 뿐이라 했다. 협동학습에서 구조도 같은 맥락에서 생각하면 틀림이 없다. 구조는 단지 협동적 활동을 거들 뿐이다. 구조의 적용만이 협동학습의 본 모습이고 협동학습이라는 생각은 버려야 한다.

유명한 농구 만화 〈슬램덩크〉의 한 장면 : 구조는 농구의 왼손과 같은 역할!!

협동학습은 항상 꿈꾼다. 구조의 해체 순간을!

여러분이라면 어떤 협동학습을 실천하고 싶은가? 구조의 적용에만 의존하는 협동학습을 하고 싶은가 아니면 학생들 모두가 상호작용능력을 잘 체화하여 구조의 적용 없이도 자연스럽게 도움을 주고받을 수 있도록 하는 협동학습을 실천하고 싶은가? 판단은 어디까지나 여러분의 몫이다. 필자는 가능한 후자 쪽의 활동이 이루어질 수 있도록 협동적 학급운영을 하고 있는 중이다. 꼭 필요한 상황일 때만 최소한의 구조를 적용하여 수업에 투입하고 그렇지 않은 상황이라면 구조를 해체하거나 가장 기본적인 구조(돌아가며 말하기, 읽기, 쓰기, 번갈아 말하기, 읽기, 쓰기 등)를 적용하여 활동하면서 긍정적 상호작용 활동에 익숙해질 수 있도록 최선을 다하여 협동적 학급운영을 해 오고 있다.

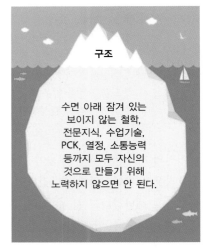

협동학습에서 '구조'는 빙산의 일각

필자가 이렇게 생각하게 된 계기는 교사들을 대상으로 강의를 하면서부터였다. 교사들에게 과제를 주고 해결하라고 하면 교사들은 어떤 구조를 사용하지 않고서도 협동적으로 상호작용을 하면서 과제를 잘 해결해 나갔다. 그런 모습을 보면서 "학생들도 저렇게 한다면 얼마나 좋을까?"하는 생각에서 불가능하지만은 않다는 결론을 내리고 그런 교실을 만들기 위해 나름대로 노력해보았다.

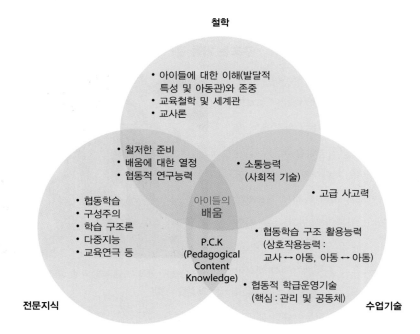

협동학습에 필요한 세 가지 요소
출처 : 『협동학습 교사를 바꾸다』(이상우, 2012), 서문.

특정 구조의 적용이 협동적 활동에 더 도움이 될 수 있다면 구조를 활용한 협동학습 수업을 진행하였다. 그리고 굳이 구조의 적용 없이도 모둠원끼리 긍정적인 상호작용을 더 활발히 하면서도 소외되는 학생들 없이, 한 사람도 포기함 없이 전원 과제 완수를 달성해 나갈 수 있다면 과감히 구조를 해체하고 모든 것을 각 모둠 학생들에게 온전히 맡기는 협동학습 수업을 해나갔다. 그 과정에서 많은 시행착오를 경험하였고 그 경험이 나름대로 쌓여 현재에 이르렀다. 지금 필자는 정말로 꼭 필요한 상황에만 최소한의 구조를 사용하되 가능한 구조를 적용하지 않는 협동학습을 더 선호하고 있다. 그리고 그 판단이 옳았다는 것을 확신하고 있다. 협동학습을 실천하는 교사들에게 부탁한다. 제발 협동학습 구조를 마구 사용하면서 협동학습을 위한 협동학습, 내비게이션식 협동학습을 하지 말고 학생들의 배움을 위한 협동학습, 수업의 본질을 생각하는 협동학습을 실천해 나가길 바란다.

끝으로 한 가지만 더 당부하고자 한다. 협동학습에서 '구조'는 빙산의 일각일 뿐이라는 점 또한 잊지 않기 바란다. 구조가 협동학습의 전부가 아니라는 말이다. 구조만 교실에서 활용한다고 하여 협동학습을 잘하고 있다고 생각하면 착각이라는 것 또한 명심해주기를 바라는 마음 간절하다.

CHAPTER

10

협동학습
수업 시작하기

학생은 짝과 더불어 공부할 때

훨씬 많은 것을 배운다.

서로 번갈아 가르치는 이와 배우는 이가 되어

가르침과 배움의 내용을 다시 만들어 간다.

- 『배움의 도』 중에서 -

협동학습을 실천하기 위해서는 최소한의 도구가 필요하다. 그리고 요즈음 유행하고 있는 각종 도구들에 대하여 한 번쯤은 고민해볼 필요가 있다. 필자가 20년 정도 협동학습을 연구하고 실천해 오면서 내린 결론은 이렇다.

가장 좋은 협동학습 도구는 교사 자신이다.

여기에 칠판과 이면지, 그리고 모둠칠판만 있으면 그만이다.

나머지 도구들은 그저 사치일 뿐이다. 상술에 휩쓸리지 말자.

협동학습을 위한 준비 : 도구들 소개

실제 협동적 학급운영(협동학습)을 해 나가다 보면 가장 많이 쓰이는 것이 바로 메모지(자신의 생각을 간단하게 혹은 정리하듯이 적는 종이 — 필자의 경우에는 보통 이면지를 많이 활용한다)이다. 포스트잇을 많이 활용하기도 하지만 그렇게 사용하기에는 너무나 낭비가 심하고 소모적이라는 생각을 필자는 많이 갖고 있다. 포스트잇도 가능하면 사용하지 않기를 바라는 마음 간절하다(매우 비싼 문구 중 하나이기 때문이다).

이면지 하나만 있어도 협동적 학급운영(협동학습)은 참 많은 것을 가능하게 해준다. 여기에 몇 가지 도구만 더 갖추면 그 이상은 사치라는 생각이 든다. 욕심 부리지 말자. 상술에 놀아나지 말자.

1) 개인칠판&모둠칠판

기성품을 구입하여 사용할 수도 있고 코팅을 하여 사용하는 방법도 있다. 필자는 10여 년 전에 장판을 이용하여 만든 것을 아직도 잘 사용하고 있다. 어떤 식이든 일장일단이 있으니 나름 고민하여 사용하기 바란다.

최근 들어서는 오른쪽과 같은 아이디어 제품도 개발되어 판매되고 있다. 어떤 교구든 잘만 사용한다면 좋겠지만 어쩌다 한두 번 사용할 것들이라면 차라리 만들거나 구매하지 않는 것이 낫다. 꾸준히, 지속적으로 사용할 수 있도록

아이스크림몰 허니컴 보드

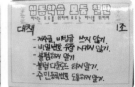

| 수학시간 – 연습장 대용 | 오단계 오 · 엑스 퀴즈 활동 | 개인 생각 알아보기 |

하여 그 교구가 가지고 있는 기능을 충분히 발휘할 수 있도록 하는 것이 좋다(필자는 아직까지 이런 도구들을 구입하여 사용하지 않아도 얼마든지 좋은 수업을 하고 있다).

2) 보드마커 펜과 지우개

협동학습에서는 개인&모둠 칠판을 활용할 수 있는 기회가 많은데, 모둠 칠판에 기록하는 필기구는 보드마커 펜이 좋다. 지울 때는 보드마커용 지우개나 천 조각, 휴지 등을 사용하면 된다(휴지, 천 조각보다는 전용 지우개가 훨씬 좋다. 이왕이면 제대로 된 것을 사용하는 것이 좋겠다). 그리고 가끔 모둠 칠판을 깨끗하고 깔끔하게 정리(지우는 작업)해주는 것도 필요하다. 아울러 이왕이면 보드마커 펜과 지우개도 모둠별로 구분해서 쓸 수 있도록 작은 바구니나 상자에 담아두고 각 모둠에서 가져다 쓴 뒤 다시 제자리에 놓아둘 수 있도록 하는 것이 좋다.

3) 선택 도구(프로그램 또는 발표 스틱)

모둠원 중에서 무작위로 한 사람 혹은 어느 한 모둠을 지목할 때, 혹은 학급 전체 구성원 중에서 한 사람을 선택할 때 사용하는 방법이다. 인터넷에 다양한 자료들이 공유되어 있다. 자신에게 알맞은 도구를 선택하여 꾸준히 사용하기 바란다.

필자의 자료 공유 카페에도 몇 가지 간단한 프로그램들이 공유(선택도구, 타이머)되어 있으니 참고하기 바란다 (http://cafe.daum.net/hwork).

위에서 안내한 방법 이외에도 숫자가 적혀 있는 막대스틱이나 티스푼(플라스틱)을 이용한 뽑기, 번호가 적혀 있는 바둑돌이나 공깃돌을 이용한 뽑기, 주사위 등을 이용한 뽑기 방법 등이 있다. 교사의 창의적인 아이디어에 따라 얼마든지 달라질 수 있다.

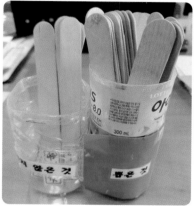

필자는 오래전부터 발표스틱을 늘 활용하고 있다. 간편하고 컴퓨터가 없어도 되고, 쉽게 만들 수 있어서 매우 유용하다.

이 외에도 타이머도 자주 사용되고 있으니 자신에게 맞는 것을 골라 사용하는 것도 나쁘지 않다(쉽고 편리하게 사용할 수 있는 것이 좋다).

필자의 발표 스틱

4) 각종 문구류

각 모둠별로 공통으로 사용하는 문구들이 몇 가지 있다. 색연필, 가위, 풀, 투명 테이프, 칼, 색깔 펜, 각종 협동학습 도구들이 바로 그것이다. 나름의 방법으로 마련해두는 것도 나쁘지는 않다.

필자의 교실 사례

5) 이면지 및 재단기, 활동지 전달함

협동학습에서 가장 좋은 활동지는 단연코 이면지다. 재활용도 되고 자원 낭비도 막고. 그래서 필자는 이면지를 모아서 재단기를 이용하여 적당한 크기로 미리 잘라놓는다. 학급운영비 등으로 한 번만 장만해 두면 평생 사용할 것이라 생각된다.

필자의 교실에서 10년도 넘게 사용하고 있는 재단기 및 활동지 전달함

6) 자석 이름표(코팅한 뒤에 고무 자석 붙이기)

학생들이 개별적으로 주어진 과제를 모두 해
결하였다는 것을 다른 학생들에게 알리기 위해
필요한 도구라 할 수 있다. 한 사람도 포기하지
않기 위해 도움을 주고받는 대상을 서로 알아
보고 선택할 수 있기 위해서는 눈으로 직접 확
인할 수 있는 이런 도구가 필요하다. 굳이 멋진
디자인을 하여 만들 필요도 없고 기성품을 구

필자의 교실 고무 자석 이름표 사례

입할 필요도 없다고 필자는 생각한다. 불필요한 것에 돈과 시간을 낭비하지 말자.[1]

---

1 이외에도 더 많은 도구들(모둠 마이크, 각종 다양한 형태의 보드 등)이 있겠지만 선택의 문제로 넘겨두고 생략하고자 한

철학이 있는 교과 지도 : 교육과정 재구성[2]

요즈음은 교육과정 재구성이라는 말이 당연한 것으로 여겨지고 있다. 2009년에 집필한 『살아있는 협동학습』에서도 강조한 바 있지만 그 내용의 일부를 가져와 다시 한 번 더 짚어보고자 한다. 왜냐하면 교과서라는 것을 교사들이 어떻게 바라보느냐에 따라 교사의 태도가 매우 많이 달라지기 때문이다. 그렇다면 여러분은 교과서를 어떤 시각으로 바라보고 있는가?

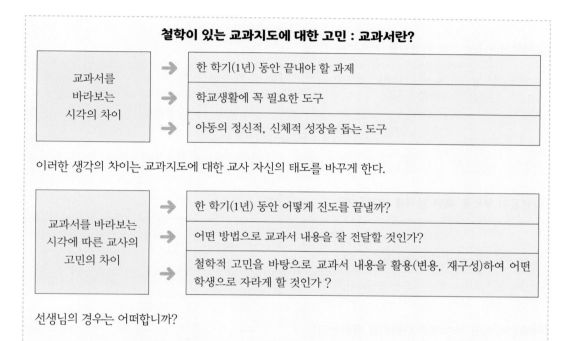

철학이 있는 교과지도에 대한 고민 : 교과서란?

교과서를
바라보는
시각의 차이
→ 한 학기(1년) 동안 끝내야 할 과제
→ 학교생활에 꼭 필요한 도구
→ 아동의 정신적, 신체적 성장을 돕는 도구

이러한 생각의 차이는 교과지도에 대한 교사 자신의 태도를 바꾸게 한다.

교과서를 바라보는
시각에 따른 교사의
고민의 차이
→ 한 학기(1년) 동안 어떻게 진도를 끝낼까?
→ 어떤 방법으로 교과서 내용을 잘 전달할 것인가?
→ 철학적 고민을 바탕으로 교과서 내용을 활용(변용, 재구성)하여 어떤 학생으로 자라게 할 것인가 ?

선생님의 경우는 어떠합니까?

교사들은 '어떻게(가르칠 것인가)'라는 고민에는 익숙하다. 하지만 '왜(가르치려고 하는가)'라는 고민에는 소홀해 왔던 것은 아닐까? 이 부분이 더 중요하다고 필자는 생각한다.

자신이 지도하고 있는 아이가 자라서 어떤 사람으로 살아가기를 원하는지 묻고 반성하고 고민하고 잘못된 것은 고쳐(반성) 나가면서 "나는 교사-전문인이다!"라고 말할 수 있어야 하지 않을까 생각한다.

어찌 보면 순서가 잘못되었을 수도 있다. 철학이 있는 교과지도 이전에 교육철학부터 바로 세우는

다. 위의 것만으로도 충분히 질 높은 협동학습 수업이 가능하니까 말이다.

2 『살아있는 협동학습 2』, 이상우(2015, 시그마프레스), pp. 72~120에서 더 자세히 설명해 놓았다.

일이 먼저여야 한다는 생각이 든다. 여기에서는 필자의 교육철학에 대하여 간략히 소개해보고 넘어가고자 한다. 여러분도 자신의 학교 급에 맞는 철학을 세워 교육에 임하기를 바란다.

[필자의 초등교육 철학]

Meta-Education 학습을 위한 학습	학생 개개인이 자기 삶의 참된 주인이 되도록 하기	공동체를 위해 자기 자신을 내놓을 수 있게 하기
필자가 생각하는 초등교육의 존재 이유(목적)		

[교사로서의 신념 : 왜 학생들을 가르치는가]

사람다움(사람이라고 다 사람은 아니다. 사람은 사람다워야 사람이다.)	세상을 밝게 바라볼 수 있는 눈 갖기(힘들어도 살아볼 가치가 있는 곳)	개인의 자유로운 삶과 공동체의 평등한 구조를 조정할 줄 아는 능력 계발
교사로서의 신념, 교사 역할의 중요성 학생은 흐르는 강물과도 같다. ⇨ 교사 역할에 따라 달라진다!		

[학생들이 무엇을 배워 알기를 바라는가]

타인을 향한 따뜻한 마음 갖기	→	서로 함께 어울려가며 평등한 공동체를 이루고자 하는 마음
참된 자기 삶을 찾기(위의 것에 토대가 됨)		
교사로서의 교육 목표(교사로서의 신념과 철학)		

[학생들이 어떤 사람으로 자라기를 바라는가]

나의 꿈(나의 희망)
나는 학생들이 건강한 파괴자로 자라기를 꿈꾼다.

나쁜 사회와 좋은 사회를 가르는 기준은 명백하다. 나쁜 것을 나쁘다고 말할 수 있는 사람이 적을수록 나쁜 사회라 말할 수 있다. 또한 있어야 할 것(평화, 정의, 공정, 평등, 협동, 질서, 사랑, 나눔, 배려 등)이 없는 사회도 나쁜 사회라 할 수 있다. 없어야 할 것(폭력, 비리, 억압, 착취, 전쟁, 증오, 공포, 싸움, 범죄 등)이 많은 사회가 나쁜 사회다. 이를 극복하기 위해서는 건강한 파괴자가 필요하다. 모든 사람이 Yes라고 말할 때 소신 있게 혼자서 No라고 말할 수 있는 자신감과 신념이 필요한 사회가 지금 우리 사회가 아닐까? 이런 사회를 보다 밝게 만들어 나갈 수 있는 사람이 바로 건강한 파괴자가 아닐까?

세상에는 모범생과 문제아가 있다.

영국의 유명한 극작가 조지 버나드 쇼가 한 말이라고 한다. 필자가 생각해보면 모범생은 환경에 잘 적응한다.(다시 말해서 체제에 순응한다는 말이다. 순한 양처럼. 시키는 대로!) 하지만 문제아들은 환경을 자신에 맞게 바꾸고 싶어서 안달을 한다. 그래서 모든 혁신과 변화는 문제아들이 일으킨다. 난 지금의 이 현실에 있어서 소신 있게 자신의 길을 가신 분들이 버나드 쇼가 말하는 문제아일 것이라 생각한다.

오늘도 나는 우리 학생들이(내가 지도하는 학생들이) 버나드 쇼가 말하는 문제아가 되었으면 좋겠다는 생각을 버리지 못하고 있다. 지금까지의 경험으로 볼 때, 문제아는 분명히 남과 다른 생각을 하고 남과 다른 선택을 해 왔던 사람들이다. 그런 사람이 될 수 있다면 앞으로 그 학생들이 어떤 삶을 살든 후회 없는 행복한 삶이 될 것이라 생각한다.

난 지금도 우리 학생들에게 이렇게 가르친다.

"남과 다른 선택을 할 때는 담대해져라!! 그리고 남과 다르다고 해서 잘못된 선택이 될까 걱정할 필요는 없다.
후회는 자신의 선택에 대해서 하는 것이 아니라 그것을 선택하고 난 뒤에
자신이 걸어 온 과정에 대해 하는 것이기 때문이다."

1) 교과서를 가르친다? 교과서로 가르친다? 교과서를 활용한다? 교육과정을 가르친다?

교과서를 가르치는 시대는 이제 종말을 고하고 있다. 이제 우리는 교과서로 가르치는 시대를 지나 교과서를 활용하는 시대에 서 있으며 교육과정을 가르치는 시대로 넘어서려고 하고 있다. 그래서 요즈음은 교육과정을 재구성하라는 말이 당연한 것처럼 여겨지고 있다. 하지만 아직 교사들은 이 말이 부담스럽게 여겨지고 있어 저항이 만만치 않다.

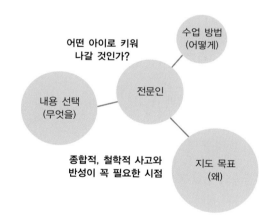

지식의 암기 시대는 지난 지 오래다. 그런데 우리 교육현장은 아직도 교과서를 고집하는가? 많은 사람들은 '입시'를 탓한다. 부정할 수는 없다. 하지만 교육과정도 이제 지식 암기를 지양하라고 말하고 있다. 역량을 말하고 있다. 살아가는 힘을 기르도록 하라고 말하고 있다. 그렇다면 이제 교과서에 대한 가치 판단이 반드시 필요한 시점이 되었다고 생각한다. 아니 이미 충분히 고민했어야 했다. 하지만 지금도 늦지는 않았다는 것이 필자의 견해이다.

"나는 왜 그 교과서를(로) 가르치고 있는가?"

교사들은 학교에서 수업과 관련하여 '어떻게' 가르칠 것인가에 대한 고민은 매우 익숙해져 있다.

하지만 '무엇을, 왜' 가르치는가에 대해서는 고민을 거의 하지 않는 것 같다. 현재 2015 개정 교육과정을 보면 각 과목별로 어떤 역량을 계발할 수 있도록 지도해야 하는지에 대하여 명시되어 있지만(과목별 지도서에도 잘 나타나 있다.) 이를 항상 염두에 두고 교과목을 지도하고 있는 교사는 과연 얼마나 될지 모르겠다(교과서는 역량 계발을 위한 자료이고 도구라는 개념이 들어 있는 것). 아마도 그 수는 매우 적을 것이라 생각한다. 그러다 보니 현실적으로는 교과 지도에 대한 고민이 '진도를 어떻게 끝낼 것인가'에 주로 맞추어져 있다고 해도 과언이 아니다. 그런 현실 속에서 각 교과를 가르치고 있는 궁극의 목적을 달성해 나갈 수 있겠는지 반문하지 않을 수 없다.(아직도 학교 현장에서는 단위 차시의 목표 달성에 급급한 수업이 주를 이루어지고 있다고 볼 수 있다.)

이렇게 볼 때 지금 학교 현장에서 교과지도와 관련하여 가장 먼저 해야 할 일은 교사 한 사람 한 사람이 각 교과목에 대한 자신만의 교과교육 목표를 명확하게 세우는 일이라는 논리가 성립된다. 그것이 곧 철학이 있는 교과지도의 시작인 것이다.(철학이 있는 교과지도는 교사 자신의 '교과별 교육 목표 바로 세우기'에서부터 시작된다고 필자는 강력하게 주장한다.) '무엇을, 왜, 어떻게' 가르칠 것인가에 대한 종합적인 고민에서 철학이 있는 교과지도가 이루어진다는 사실을 잊지 말자.

2) 철학이 있는 교과지도

'무엇을(학생들이 무엇을 배워 알기를 바라는가), 왜(가르치는 목적은 무엇인가, 학생들이 이것을 배워서 어떤 아이로 자라기를 바라는가), 어떻게 학생들에게 효과적으로 전달해야 할 것인가?'에 대한 고민의 결과로 나타나는 것이 바로 철학이 있는 교과지도라 할 수 있다.

[단위 차시 수업의 목표]
교사가 수업 시간에 무엇을 가르쳤느냐, 어떻게 가르쳤느냐에 있는 것이 아니라 학생들이 무엇을 하고, 무엇을 배웠고, 무엇을 이해하였느냐에 달려 있다.

[궁극의 수업 목표]
교사가 얼마나 자신이 준비한 자료와 내용들을 열심히 사용하고 가르쳤느냐가 아니라 철학적 재구성을 통한 수업의 결과로 학생들이 얼마나 바람직한 방향으로 변화되었느냐에 있다.

철학이 있는 교과지도

1. 수업 목표 가운데서 '~ ~을 안다. ~을 할 수 있다.'는 것은 아주 작은 부분이고, 학생들은 교과서의 모든 내용에 대하여 정답을 쓸 수 없다는 점을 우리는 꼭 알아야 한다.
2. 지식 그 자체에 중점을 두기보다는 '지식을 습득하는 과정과 그 방법'에 중점을 두어야 한다.
3. 배우는 것은 목적 그 자체가 아니라 '하나의 과정일 뿐'이라는 교사의 유연한 마인드가 필요하다.

---

4. 학생들이 꼭 기억해야 할 지식의 양을 최소한으로 하고, 그 내용의 범위를 정하는 것이 필요하다.

5. 좋은 질문(발문)에 대한 노하우를 쌓아가는 자세가 필요하다.("정답이 무엇이니?"라고 묻기보다는 "네 생각은 무엇이니?"라고 묻는 자세가 필요하다.) ⇨ 교재 연구 및 재구성이 필수(때로는 과감하게 교과서 버리기)

6. 무엇을, 왜, 어떻게 가르칠 것인가에 대한 종합적인 사고가 필요하다.

7. 1년 동안 학생들이 어떤 모습으로 자라기를 바라는가?(변화시키고 싶은 태도, 느끼게 하고 싶은 것은 등 ─ 교육 목표)에 대한 상(象)이 필요하다.

8. 유연한 교육적 마인드(교사는 정해진 교육과정의 전달자가 아님) ⇨ 같은 것을 가르치는 이유와 목적, 방법에도 여러 가지가 있음을 아는 자세가 필요하다(주입식 교육의 탈피).

9. 각 교과에 대한 자신만의 철학, 교육 목표를 확실히 세우는 일이 필요하다.

10. 아이스크림 등의 온라인 교수학습 지원 프로그램, 인디스쿨 등에 의존하지 않기 ⇨ 교내 전문적 학습 공동체를 통한 연구ㆍ전문성 쌓기가 더 필요

11. 자신만의 노하우에 대한 체계적인 정리가 필요(사진자료, 결과물, 피드백 등)

3) 공부는 왜 하지? 수업은 왜 하지?

공부는 왜 하나요?
수업은 왜 하나요?

위의 질문에 교사 스스로 어떤 답을 할까? 궁금해지는 대목이다. 이에 대한 자신의 답도 없이 학생들을 지도한다는 것은 매우 모순이 아닐 수 없다. 이에 대한 답이 곧 학생들을 지도하는 중요한 이유이자 목적이지 않을까?

(1) 공부는 왜 하는가? 공부는 해야 하는 것인가? 하게 되는 것인가?

우리는 평생교육 시대에 살고 있다고 해도 과언이 아니다. 그런 시대를 살아가면서 공부는 해야 하는 지겨운 것 정도로 여긴다면 얼마나 불행할까? 이제 관점을 바꾸려는 노력이 필요하다. 필자의 답은 이렇다. 공부는 하게 되는 것이라고!

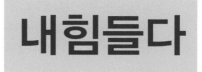

관점을 바꾸어보자. 세상이 달리 보일 것이다.(오른쪽에서 왼쪽으로 읽어보세요.)

사람들은 처음 세상에 태어난 이후로 수많은 신기한 것들로 가득한 세상을 만나 지금까지 많은 것을 알아 왔고 앞으로도 그렇게 살아가야 한다. 그것이 바로 공부인 것이다. 교과서 속에 매몰되어 쓰임새도 없을

그런 정보들을 억지로 외워 가는 것이 공부는 아니다. 새롭게 접하는 이 세상 모든 것들에 대하여 호기심을 가지고 스스로 또는 함께 배우고 익혀나가는 과정이 공부다. 그래서 공부는 자연스럽게 하게 되는 것이다. 왜? 알고 싶으니까. 그리고 공부는 교과서에만 있는 것도, 학교에만 있는 것도 아니다. 공부는 시험을 치기 위해서만 하는 것이 아니다. 그러니 좋은 대학, 직장이 공부의 목적일 수는 없다. 시험과 성적이 공부의 모든 결과일 수도 없다. 사람들은 공부를 '하기 싫은 의무'와 같이 무척 싫고 짜증나는 것으로 생각하지만 '공부는 오직 인간만이 누릴 수 있는 최고의 특권'이라는 생각을 가지고 살아갈 필요가 있다.

(2) 수업은 왜 하나요? 교사의 당연한 책무인가?

필자의 답은 이렇다. 필자는 학생들의 기적을 믿기 때문이다. 오늘날 수많은 학생들과 청년들은 알 수 없는 내일을 불안해하며 살아가고 있다. 그런데 어찌 보면 이것은 당연한 일이다. 비단 현재의 문제만이 아니었고 앞으로도 그럴 테니까 말이다. 하지만 그 불안함 때문에 오늘을 낭비하고 사는 건 가장 안타까운 일이 아닐 수 없다.

출처 : 케이툰 현이씨 〈즐거우리 우리네 인생〉 중

알 수 없는 미래로 불안에 떨며 살아가는 사람들은 두려움과 공포를 심어주는 많은 외부의 적(사람, 제도, 시스템 등 : 〈매트릭스〉 영화에서처럼)을 만나 그 틀 안에 갇히게 될 수밖에 없다 — 좋은 대학을 나오지 않으면 낙오자가 될 거라는 틀. 돈을 많이 벌고 출세를, 성공을 위해서는 공부를 할 수밖에 없다는 틀. 이런 두려움에 떨고 있는 사람들은 내일을 위해 오늘을 희생하면서 살아갈 수밖에 없다. 타인들의 시선에 자신을 맞추기 위해 시간을 허비하며 보낼 수밖에 없다.

하지만 자신을 믿고, 자신이 믿는 것을 믿고 시간의 소중함을 믿는 사람들은 알 수도 없는 미래에 대한 두려움 때문에 오늘의 소중함을 포기하며 살지 않으려 한다. 그런 사람들은 잘 알고 있다. 중요한 것은 어제도, 내일도 아니라는 것을. 바로 지금 여기에서의 시간이 가장 소중하다는 것을. 그 시간 속에서 자신이 살아있음을. 조금만 시선을 돌려 손을 내밀면 주변에 수많은 친구들이 있다는 사실을. 그래서 자신도 자기의 인생에서 나름의 역사가 있는 삶의 주인공이라는 사실을 결국 깨닫게 된다. 그리고 지금 자신의 나이, 위치에서 할 수 있고, 하고 싶고, 해야 하는 일들에 최선을 다해 살려고 노력한다. 틀려도 괜찮다고, 실패해도 괜찮다고, 오늘의 시간마다 최선을 다하다 보면 자신의 진짜 모습을 알게 될 것이라고, 그렇게 살다 보면 내일의 꿈이 보이기 시작할 것이라고 믿으면서 말이다.

내가 수업하는 이유는 내가 지도하고 있는 학생들이 그런 삶을 살아갈 수 있게 돕기 위함이다. 내가 지도하고 있는 학생들이 자신의 할 일로부터 도망가지 말고 누려야 할 행복을 찾아 충분히 누리면서 살아가도록 돕기 위함이다. 그리고 그 속에서 나 자신을 소중히 여기고, 그 마음으로 친구들도 소중히 여기며 최선을 다해 친구들과 함께 오늘을 행복하게 살 수 있도록 돕기 위함이다.(지금 필자의 협동학습, 소행성 협동적 학급운영 이야기는 바로 이런 맥락에서 나온 것이라 할 수 있다.)

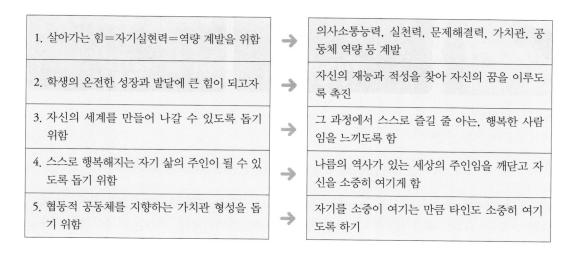

1. 살아가는 힘=자기실현력=역량 계발을 위함	의사소통능력, 실천력, 문제해결력, 가치관, 공동체 역량 등 계발
2. 학생의 온전한 성장과 발달에 큰 힘이 되고자	자신의 재능과 적성을 찾아 자신의 꿈을 이루도록 촉진
3. 자신의 세계를 만들어 나갈 수 있도록 돕기 위함	그 과정에서 스스로 즐길 줄 아는, 행복한 사람임을 느끼도록 함
4. 스스로 행복해지는 자기 삶의 주인이 될 수 있도록 돕기 위함	나름의 역사가 있는 세상의 주인임을 깨닫고 자신을 소중히 여기게 함
5. 협동적 공동체를 지향하는 가치관 형성을 돕기 위함	자기를 소중이 여기는 만큼 타인도 소중히 여기도록 하기

필자는 불가능한 기적을 믿는 것이 아니다.
필자는 모든 아이들 안에 들어 있는 가능성을 믿는다.
아이들 모두는 각자 나름의 세계를 가꾸어 나갈 힘이 있음을 필자는 믿는다.
그리고 그 힘을 느낀 아이들은 자신의 삶과 세상을
보다 나은 방향으로 변화시킬 것이라 필자는 믿는다.
그래서 필자는 아이들 스스로 배움의 과정을 중요하게 여긴다.
그래서 오늘도 교육과정을 재구성하려고 열심히 노력하고 있다.
아이들 스스로가 만들어낼 기적을 믿으면서.

4) 수업이란 무엇인가?

수업이란 곧 만남이다. 타자와의 만남. 여기에서 말하는 타자란 '나' 이외의 모든 것을 포함한다. 수업을 한다는 것은 곧 학생들과 함께 앎의 여행을 떠나는 것이고 그 속에서 교사는 동반자, 안내자요 촉진자라 할 수 있다. 그런데 교과서로 하는 수업은 어떤가? 과연 타자와의 진정한 만남이 있는가? 뒤페이지에 소개된 인도 영화의 한 장면은 우리의 현실에서도 시사하는 바가 분명히 크다고 필자는 생각한다.

주인공이 시에 대한 자신의 솔직한 느낌을 말하자 선생님은 학생을 나무란다. 그리고 나서 다른 학생에게 발표를 시키자 그 학생은 선생님이 원하는 답, 말 그대로 교과서적인 답을 말한다. 소위 말하는 정답. 그러자 주인공 학생은 속상해서 우울해진다. 그 모습을 본 옆의 짝이 쉬는 시간에 주인공

에게 위로의 말을 전한다.

"넌 시의 진짜 뜻을 말한 거고 애들은 외운 대로 말한 거야."

그렇다. 수업은 곧 삶이고 삶이 곧 수업이어야 한다. 학생들의 삶과 괴리된 수업은 진짜 수업이라 말할 수 없다. 그런데 교과서를 가지고 수업하고 있는 교실은 어떠한가? 아마도 교과서 속의 내용과 학생들의 실제 삶이 서로 일치한다고 말할 수는 없을 것 같다. 그래서 학생들은 수업을 더 재미 없어 하고 지루해하고 하기 싫은 의무 정도로 여기는 것이 아닐까?

필자가 말하는 수업＝실제 삶의 반영

1. 실제 삶이 반영된 수업＝a realistic education of life
2. 실제 생활 속의 사례를 그대로 가져온다는 것의 의미를 뛰어넘음
3. 수업 속에서 다루는 것이 실제 생활과 어떤 관련을 맺고 있는지의 의미
4. 수업을 통해 습득한 지식이 실제 생활과 어떤 관계가 있는지의 의미
5. 수업을 통해 습득한 지식이 실제 생활 속에서 어떻게 적용, 응용, 반영되고 있는지의 의미
6. 수업을 통해 습득한 지식을 알면 생활 속에서 어떤 도움을 받을 수 있는지의 의미(모르면 어떤 어려움을 겪을 수 있는지의 의미)
7. '살아가는 힘(실제 삶의 반영)＝학력＝자기실현력'의 의미

한편 수업은 학생들이 '나'를 찾아 떠나는 여행이기도 하다. 이는 교사가 학생들이 자신의 재능과 적성을 끄집어낼 수 있는 교육적 환경(자신의 재능과 적성이 무엇인지 파악하고 계발할 수 있는 환경)을 조성하고 그 방법을 안내하여 학생들 스스로 자신의 잠재능력을 '스스로 끄집어낼 수 있도록' 돕는 일을 가리킨다. 학생 개개인이 자신의 재능과 적성을 정확히 파악할 수 있게 도우려면 가능성

이 있는 모든 영역을 열어두고 최대한 성취할 수 있는 교육적 여건을 만드는 것이 최선이라 말할 수 있다. 그리고 교사는 지속적으로 안내하고 도움을 주면서 학생들이 자신의 잠재능력을 발휘하고 개발할 수 있도록 촉진해주면 된다. 다양한 활동을 해 나가다 보면 학생 개인별 특성이 자연스럽게 드러나고 학생들마다 각기 다른 장점과 단점들을 조금씩 알아나갈 수 있게 된다.

5) 교육과정 재구성이란?[3]

이를 이야기하려면 우선 교육과정이 무엇인지에 대한 정리부터 이루어져야 한다.

필자는 아래와 같이 교육과정에 대하여 정의를 내리고자 한다.

> 교육과정이란 특정한 교육목적을 달성하기 위해 시행하는 모든 계획과 활동을 포괄하는 것을 말한다. 교육 목적을 결정하고 교육 내용을 선정, 조직하며 교육의 방법, 결과를 평가하는 절차까지 포함하는 개념이다.

위와 같은 맥락에서 필자의 생각을 반영하여 '교육과정 재구성'을 정의하면 다음과 같다.

> 교육 목적을 달성하기 위해 표면적 교육과정과 잠재적 교육과정이 일관성 있게, 통합적으로 운영될 수 있도록 교육과정을 조정하는 것을 말한다.[4]
>
> 1. 교육 목적 : '살아가는 힘'의 육성, 자신의 삶에 주인이 되기, 민주시민 육성
> 2. 재구성 목적 : 교과서나 차시, 내용의 단순 통합을 말하는 것이 아니다.
>   - 학생들의 전면적 발달을 위함(학생들이 오늘을 살게 하고 미래를 준비할 수 있도록 도움, 학생들의 삶 자체를 가꾸어 나가도록 도움 : 인지, 정의, 신체의 균형 있는 발달)
>   - 교육 내용과 학생들의 삶을 통합시키기 위함(관심, 흥미, 경험 등 : 수업＝배움＝삶 그 자체)
> 3. 교육과정 재구성을 위한 제1원칙 : 과도한 교육적 행위, 비교육적 행위, 관행 등을 과감히 버리고 꼭 해야 할 일을 찾아 선택과 집중하기(과감히 덜어내기)

---

3 위키 백과사전 : 교육과정(教育課程) 또는 커리큘럼(curriculum)은 일정한 교육의 목적에 맞추고, 교육 내용과 정해진 수업의 교육 및 학습을 종합적으로 계획한 것을 말한다.

4 교육과정의 개념을 좁게 해석(국가에서 마련한 것은 절대적이라고 해석한다면)한다면 현재 이루어지고 있는 교육과정 재구성은 교육과정 내에서 이루어지는 '교과서 내용의 재구성'이라고 말할 수 있다. 어찌 보면 현재 학교에서 이루어지고 있는 교육과정 재구성 사례는 '교과서 내용의 재구성'에 가깝다고 보는 것이 더 옳지 않을까 생각된다. 그리고 '교과서 내용의 재구성' 과정에서 ' ＋α'를 더 추가할 수 있는 권한은 어디까지나 담임교사에게 달려 있다(교과서 내용 대체재 ＋α : 협동, 나눔, 민주성 등).

근래에 들어서면서 주제통합 방식의 교육과정 재구성 사례가 여기저기에서 보고되고 있다. 그런데 그것이 꼭 좋아 보이지만은 않는다. 왜냐하면 필자의 관점에서 볼 때 너무 무리한 재구성, 억지스러운 재구성을 한 것 같아 보이기 때문이다. 그런 사례가 지나치게 강조되면 교사들은 오히려 거부감을 보일 가능성이 높다. 아무리 좋은 것도 지나치면 안 한 것보다 못하다. 그러니 꼭 필요한 부분만, 정확히 교육과정을 분석하여 교과목, 단원, 내용을 연결 지어 통합적으로 지도하려는 노력이 필요하다. 내용 또는 주제가 비슷하다고 하여 무조건 연결 지어 섞어버리는 식의 무리한 통합은 결코 있어서는 안 된다.

필자는 학년이 높아질수록 교과목을 여러 개 섞지 않고 그 교과 단원 범위 내에서 교육과정을 재구성하여 지도하는 것을 더 선호하고 있다. 교육과정을 기반으로 하여 교과서 내용에 버금가는 내용을 조직하여 훌륭한 교과 수업을 하는 것이 필자는 아직까지는 더 이상적이라 여겨진다. 간혹 몇 개 교과를 넘나들면서 특정 주제를 중심으로 통합하여 지도를 하기도 하지

원주와 지름과의 관계 탐구 수업 장면

만 정확한 교육과정 분석을 통해 무리하지 않으면서도 핵심적인 요소들만 엄선하여 프로젝트 수업 방식으로 진행을 해 오고 있다. 그래서 그 빈도를 보면 보통 학기에 2~3회 정도 된다.(필자는 주로 국어와 사회 교과를 중심으로 주제통합 수업을 많이 진행한다. 그 방식은 프로젝트 수업이 대부분이다. 수학 교과의 경우 절대로 다른 교과목과 연결 지어 지도하지 않으려고 한다. 왜냐하면 개념과 원리의 탐구, 발견 중심으로 수업을 진행하기 때문이다. 그리고 수학 수업은 거의 모든 차시를 협동학습 토의·토론으로 진행한다. 그래서 교과서 없이 직접 교육과정을 분석하여 수학 수업을 진행하고 교과서 및 익힘책은 주로 워크북 형태로 활용하고 있는 중이다. 그 사례는 필자가 집필한 수학 관련 서적을 참고하기 바란다.)

교육과정을 재구성하는 요령

1. 학습 목표에 맞게 실제 삶과 연결 지을 수 있는 재료를 잘 활용하기 : 학습자의 특성(수준, 경험, 환경 등)에 맞게 변용하기

2. 상황에 따라 교과서 내용, 순서, 소재 등을 바꾸어 지도하기

3. 다양한 제재 간의 연계성을 생각하며 재구성할 필요도 있음(교과 간, 단원 간 주제 중심 통합 : 교과의 특색도 살리고 기본 학습 요소도 소홀히 다루지 않게)

4. 무리하게 연결 지은 교과 간 재구성보다 단원 내에서 체계를 확실히 세워서 지도하는 것도 중요한 일

5. 시사성, 지역성 등을 잘 고려하기

6. 통합을 할 때는 각 교과가 지향하는 목표가 무엇인지를 종합적으로 고려한 수업이 이루어질 수 있도록 하기

7. 교과, 단원 내용의 성격을 잘 고려하여 협동학습의 학급세우기, 모둠세우기, 사회적 기술 지도와 연결 지어 지도할 수 있도록 하기

8. 교과서 내에 있는 모든 것을 다 가르쳐야 한다는 강박관념 벗어 던지기 : 핵심은 절대로 놓치지 않기

9. 평가에 대한 안내는 사전에 확실히 공지하기 : 학습 목표 및 평가 기준 제시

10. 교육과정의 재구성=교과서 내용의 대체재 +α

11. 혼자 하는 것보다 같은 학년, 같은 교과 교사들과 함께 실천하기

12. 평가는 수업과 일치시키기

협동학습 수업, 어떻게 바라볼 것인가

협동학습 수업을 이야기하기 위해 PCK 및 학생들에게 배움이 일어나는 수업에 가장 큰 영향을 주는 3가지 요소에 대하여 간략히 살펴보도록 하겠다. 우선 PCK에 대하여 간략히 도표로 정리해보면 아래와 같다.

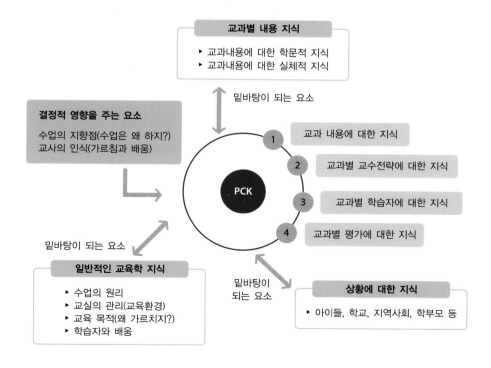

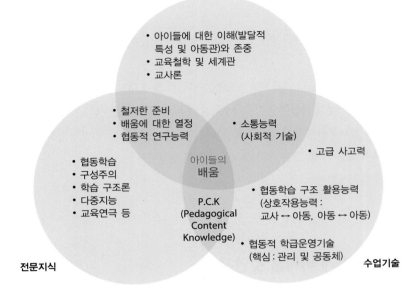

협동학습에 필요한 세 가지 요소

한편 필자의 『협동학습 교사를 바꾸다』(이상우, 2012, 시그마프레스)의 머리말에서 위와 같이 학생들에게 배움이 일어나는 수업에 가장 큰 영향을 주는 3가지 요소로 철학, 수업기술, 전문지식을 꼽은 바 있다. 또한 이와 연계하여 현장에서 주고 고민하고 있는 것의 중심을 '어떻게 ⇨ 무엇을 ⇨ 왜?'라는 방향으로 옮겨 가야 한다는 것도 함께 강조한 적이 있다.

- 왜? : 바로 교육(수업)의 본질적 이유이자 목적이기 때문(아이들이 이것을 왜 배워야 하는지에 대한 본질적인 물음에 대한 답)
- 무엇을? : '왜?'에 대한 소재(재료)가 되는 중요한 것이며, 그것에 대하여 교사가 잘 알고 있어야 하기 때문에 신중한 선택이 필요(잘 모르고 있는 것을 가르치려고 한다면 수박 겉핥기 방식, 피상적인 수준, 교과서 내용을 그대로 전달하는 수준의 수업밖에 할 수가 없기 때문)[5]
- 어떻게? : '왜, 무엇을?'에 대한 고민의 결과로 선택할 수 있는 수업 속의 다양한 상호작용 관계 방식의 틀 및 구조들(흔히 수업 기법이나 방법으로 생각)

---

5 이와 관련하여 필자는 PCK를 매우 중요하게 여기고 있다. 필자가 수학 교과 연구에 몰입하여 연구하다 보니 이것의 중요성을 너무나도 절실히 깨닫게 된다. 학생들이 '답을 쓸 줄 안다'보다 '왜 그런 답이 나오게 되었는지 설명할 수 있다'에 초점을 맞추고 토의·토론 중심 수학 수업을 진행하다 보니 수학 교과에 대한 전문적인 지식을 더 깊이 있게 쌓아나갈 수밖에 없었는데 그 과정에서 내가 지금까지 수학에 대한 정확한 지식도 없이 가르쳐 왔다는 점에 대한 반성도 많이 하게 되었다.

위의 내용을 종합적으로 정리하여 협동학습 수업에 대한 개념을 알아보기 쉽게 도식화해 나타내면 다음과 같다.

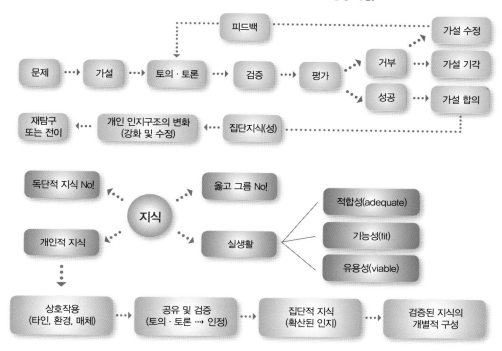

⟨구성주의적 입장에서 바라본 배움의 과정 : 지식 형성 과정⟩

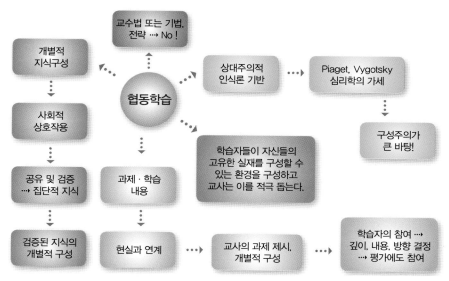

⟨지금까지의 내용을 바탕으로 해석한 협동학습⟩

출처 : 『협동학습 교사를 바꾸다』, 이상우(2012, 시그마프레스), p. 216.

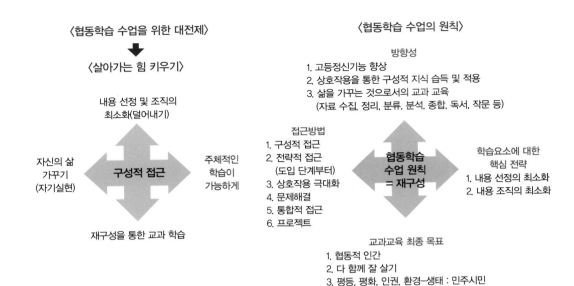

출처 : 『협동학습 교사를 바꾸다』, 이상우(2012, 시그마프레스), p. 218.

위와 같은 협동학습 수업 속에서 지식을 매개로 학생 및 교사는 아래에서 보는 바와 같이 역동적으로 상호작용을 하게 된다. 그 과정에서 학생들은 메타인지(자신이 아는 것과 모르는 것을 명확하게 인지하고 스스로 문제점을 보완함으로써 보인의 학습과정을 수립할 줄 아는 능력) 능력을 향상시켜 나갈 수 있게 된다. 그리고 이런 구조 속에서 지식은 상대적, 협동적, 상호작용적, 능동적인 것으로 이를 인식하는 각 주체의 내면 속에서 사회적으로 구성되고 변증법적으로 진화해 나가게 된다. 교사 또한 이런 구조 속에서는 절대적 지위와 권위를 가질 수 없게 된다. 교사는 학생들과 마찬가지로 배움의 길을 걸어가는 한 주체이자 촉진자일 뿐인 것이다(비계 역할).

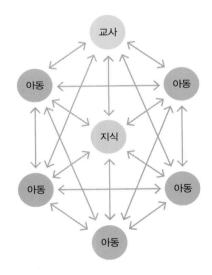

협동학습 수업 설계의 첫 걸음 떼기

협동학습 지도안을 작성할 때 가장 쉽게 접근할 수 있는 방법은 '구조 삽입'방식이다. 이는 쉽게 말해서 교사용 지도서나 기존의 다른 수업 지도안을 보고, 단계에 따라 적당한 구조를 삽입하는 방식이라고 생각하면 된다.(교사용 지도서나 다른 수업 지도안 가장자리에 각 수업활동에 대한 적절한 구조를 기록하여 넣으면 되는 것이다.) 그리고 잘 살펴보면서 각 활동 가운데 협동학습 구조가 어울리지 않고 그대로 하는 것이 나을 것 같으면 구조를 삽입하지 않으면 되는 것이다.

1) 주의할 점 몇 가지

① 모든 수업을 협동학습으로 하려고 욕심을 내서는 안 된다.

② 억지로 각 단계마다 활동마다 협동학습 구조를 넣어서 40분 내내 해보려는 생각(마치 수업 모형을 적용한 것처럼)도 가져서는 안 된다. 익숙하지 않으면 협동학습 수업이 생각보다 많은 시간이 걸린다는 것을 예측하기 어렵기 때문이다.

③ 객관적으로 바라봐야 한다.(그 단계에 적합한 구조가 무엇인지 판단하라.)

④ 학습목표를 달성하기에 가장 효과적인 구조(일제식, 경쟁식, 개별식, 협동식)가 무엇인지를 먼저 생각해보라. 그런 뒤에 가장 좋은 구조를 선택하고 투입하라.

⑤ 구조를 먼저 선택하고, 그 속에 내용물을 담으려 하지 말자. 내용을 먼저 선택하고 그 내용을 담기에 좋은 구조가 무엇인지 판단하라.

⑥ 협동학습을 처음 시작할 때는 한 차시에 1가지 구조를 적용하는 것에서부터 시작하라. 그런 뒤에 구조에 익숙해지면 한 차시에 2개, 3개 섞어서 쓸 수 있도록 하라.(이렇게 되기까지는 매우 오랜 시간이 걸릴 것이다. 이를 위해서는 다양한 구조의 종류를 알고, 그 구조의 특성과 장점을 잘 파악하여 구조에 대한 전문성-구조에 대한 활용능력을 키우려는 노력이 필요하다. 다양한 구조에 대한 실천적 경험과 시행착오 없이는 아무것도 되지 않는다.)

⑦ 너무 많은 종류의 구조를 활용하려고 하지 말자. 학생들도 어려워한다.(한두 번밖에 해보지 않은 구조는 활동 방법을 쉽게 잊어버린다. 몇 가지만이라도 학생들이 익숙해질 수 있도록 집중적으로, 꾸준하게 적용하라.)

⑧ 다른 구조에 비하여 보다 잘 활용할 수 있는(내 입맛에 맞는) 구조를 만들어라.

⑨ 처음에는 기본 구조(돌아가며 말하기/읽기/쓰기, 번갈아 말하기/읽기/쓰기 등)에서부터 시작하여 복잡하고 단계가 많은 구조로 적용해 간다.

⑩ 목적(정보의 기억 관련인지, 정보의 교환 관련인지, 의사소통 관련인지, 사고력 신장 관련인지 등)이 무엇인지 확인하고, 목적에 어울리는 구조를 선택하는 눈을 길러라. 이를 위해서는 자신만의 구조 분석표나 목록표를 만들어 갖고 있는 것이 좋다.

[구조 삽입 지도안 작성 단계]
● 1단계 : 교사용 지도서나 다른 지도안을 참고로 하여 수업 목표를 먼저 확인한다.
● 2단계 : 각 단계별 활동을 살펴보면서 적절한 수업 구조를 찾는다(일제식, 협동식, 개별식, 경쟁식 구조 가운데 적절한 구조 선택).

- 3단계 : 어느 단계에서 협동식 구조를 선택했다면, 목표와 학습활동에 어울리는 구조 선택하기(구조 목록표 활용)
- 4단계 : 수업계획에 구조 삽입하기
- 5단계 : 실행하기
- 6단계 : 피드백하기

수업 상황(단계)	일반적인 수업 활동	협동학습 적용 예시
전시 학습 상황 점검	교사 ⇔ 학생 질문과 답변	하얀 거짓말, 모두 일어서서 나누기, 번호순 퀴즈
학습문제 제시	교사가 제시	미션 과제 ⇨ 모둠별로 돌아가며 읽고 과제 확인
본시 학습 내용 이해	교사의 설명과 강의	모둠 토론, 생각-짝-나누기, 웹 구조, 벤다이어그램
수업 내용 정리 및 확인	교사 ⇔ 학생 질문과 답변	모둠문장, 칠판 나누기, 매트릭스, 함께 차트
목표 달성 여부 확인	형성평가 학습지	칠판 나누기, 번호순 퀴즈

[구조의 범주화]

범주(목표)	구조의 종류
모둠세우기	역할별 브레인스토밍, 사실이냐 허구냐, 플래시카드 게임, 모양 만들기, 하얀 거짓말 찾기, 돌아가면서 쓰기, 돌아가면서 말하기, 문제 보내기, 구조화된 분류하기, 모둠 인터뷰, 모둠 과제, 공 던지기, 가치 수직선 등
학급세우기	학급 과제, 코너 게임, 사실 빙고, 사실이냐 허구냐, 이 사람을 찾아라, 모양 만들기, 하얀 거짓말 찾기, 동심원, 차례차례, 팔짱 끼기, 돌기-얼음-모둠, 돌기-얼음-짝, 돌아가면서 말하기, 짝 활동, 비슷한 친구들끼리, 가치 수직선, 나는 누구일까요? 등
암기숙달	한 목소리로 답하기, 허구냐 사실이냐, 이 사람을 찾아라, 플래시 카드, 하얀 거짓말 찾기, 동심원, 돌기-얼음-모둠, 번호순으로, 짝 점검, 질문 판, 짝 바꿔 쓰기, 순환 복습, 문제 보내기, 연습을 위한 모둠 시험, 문제 던지기, 문제 교환하기, 4단계 복습 등
의사소통기술	칭찬 카드, 색깔 카드, 무료 발표, 이끔말 카드, 다시 말하기 여권, 응답 카드, 말하기 카드, 시간제한, 실타래, 만장일치, 우선순위 정하기, 동전 내놓기, 투표, 읽고 행동하기, 조각난 사각형, 학급 가치 수직선, 듣고 색칠하기, 읽고 그리기, 예측의 선, 읽고 찾기, 마음 맞추기, 조각 맞추기, 위치 정하기, 가치 수직선 분리하기, 같은 점-다른 점, 모둠 가치 수직선, 가치 수직선 등

(계속)

정보교환	4단계 인터뷰, 돌아가면서 말하기, 짝 바꿔 이야기하기, 6단계 인터뷰, 모둠 인터뷰, 3단계 인터뷰, 칠판 나누기, 먹지 대고 나누기, 일어서서 나누기, 학급 공책, 전시장 관람, 하나 남고 셋 가기, 교실 산책, 회전목마, 순환 복습, 나누기와 비교하기, 정탐 보고자, 모둠 동심원, 모둠 공책, 셋 가고 하나 남기 등
사고력신장	역할별 브레인스토밍, 블룸의 학습지, 읽고 만들기, 모양 만들기, 지도와 연결고리, 마음 맞추기, 한 줄로 서서 유추하기, 공통점 찾기, 짝 토론, 사람들 분류하기, 질문 판, 이야기 엮기, 구조화된 분류하기, 모둠 토론, 모둠 문장, 모둠 단어 짝짓기, 모둠 협의, 생각-짝-나누기, 생각-짝-모둠, 두 박스 놀이, 4단계 생각하기, 비구조화된 분류하기, 벤다이어그램 등

출처 : 『협동학습』, 케이건(1999, 디모데), p. 480.

요소	디자인 요소 실행을 위한 구조들
도입	돌아가면서 쓰기, 돌아가면서 말하기, 모둠 토론, 모둠 인터뷰 등
정리	개인적으로 나누기, 돌아가면서 말하기, 생각-쓰기-나누기, 3단계 인터뷰 등
반성	역할별 브레인스토밍, 돌아가면서 쓰기, 모둠 토론 등
투입	칠판 나누기, 짝 읽기, 파트너, 교실 산책, 나누기와 비교하기, 교사 이야기 등
연습	플래시카드 게임, 동심원, 조각 맞추기, 번호순으로, 개별 과제, 다시 말하기 여권, 모둠 테스트, 4단계 복습, 칠판 나누기, 개인적으로 쓰기, 서서 나누기, 번호순으로, 문제 보내기, 짝 점검 등
평가	칠판 나누기, 한 목소리로 답하기, 동심원, 번호순으로, 칠판에 써서 답하기, 서서 나누기, 번호순으로 등
피드백	칭찬 카드, 상장, 학급 온도계, 향상 점수, 다시 말하기 여권, 모둠 악수 등

[학습 활동 상황에 따른 협동학습 구조 활용 분석표]

협동학습을 시작한 지 얼마 되지 않았을 때 정리하여 활용한 분석표

순번	학습 활동 영역	적용 가능한 협동 학습 구조
1	텍스트 읽기	모둠별로 돌아가며 읽기, 짝끼리 번갈아 읽기
2	짝과 활동	짝 점검, 짝 NIE, 번갈아 말하기, 번갈아 쓰기
3	발표	번호순으로, 칠판 나누기, 전시장 관람 구조, 같은 생각 앉기, ○가고 ○남기, 짝 대변인, 동심원 활동, 돌아가며 말하기, 돌아가며 쓰기, 순환 복습
4	모둠별 탐구 보고서	PPT 활용 발표하기, 프로젝트 활동 발표, 모둠 내 직소모형, 모둠 과제 모둠 탐구, 두 박스 활동
5	학습지 해결	짝 점검 활동, 블룸의 학습지, 번갈아 풀기, 돌아가며 쓰기, 번갈아 쓰기, 함께 차트

6	내용 정리	돌아가며 쓰기, 동시다발적으로 돌아가며 쓰기, 돌아가며 쓰기, 번갈아 쓰기, 함께 차트, KWL 차트, 생선뼈 구조, 5W 차트, 마인드맵, 웹 구조, 코넬식 노트 기록, 창문 열기
7	암기하기	플래시 카드, 번갈아 말하기, 5단계 오·엑스 퀴즈, 문제 만들기, 나는 누구일까, 하얀 거짓말
8	아이디어 개발	브레인스토밍, 번갈아 말하기, 돌아가며 말하기, 돌아가며 쓰기, 섞이고 짝짓기, 생각-짝-나누기, P.M.I 구조, 모둠 문장, 브레인 라이팅, 이야기 만들기, 이야기 엮기
9	의사소통	말하기 여권(말하기 카드), 다시 말하기 카드, 하나 주고 하나 받기, 발표 카드, 같은 점 다른 점, 텔레폰 활동, 3단계 인터뷰
10	분석 및 적용하기	함께 차트, 결심 문장, 매트릭스, 결정 흐름 차트, 벤다이어그램, 매트릭스, 예측나무, 파이 차트
11	평가하기	칠판 나누기, 발표 막대 뽑기, 번호순으로, 순환 복습
12	토의 토론하기	돌아가며 말하기, 모둠 토론, 생각-짝-나누기, 역할별 토의하기, Stahl의 의사결정, 생각 내놓기, 동전 내놓기, 신호등 토의 토론, 피라미드 토의 토론, 생각 수직선, 두 마음 토론, 찬반 대립 토론

[도덕과 협동학습 수업지도안 사례]

학년	3	과목	도덕	담임	○○○
대단원명	5. 함께 지키는 행복한 세상	소단원명	2. 공공장소에서 바르게 행동해요	차시	40분
학습 목표	공공장소에서 규칙을 잘 지키고 책임감 있게 행동하는 방법을 익혀 실천할 수 있다.				

단계	구조	교수 학습활동	비고	시간
도입	동기유발 돌아가며 말하기	* '종이컵 실험' 동영상을 보고, 공공장소에서 어떻게 행동해야 하는지 생각해보기 　－ 자신의 생각을 모둠원과 이야기 나누기 * 학습 목표 확인하기	－ 허용적인 분위기 조성	5분
전개	전체 학습 모둠 역할 놀이	* 공공장소에서 바르게 행동하는 방법 익히기 　－ 한 걸음 : 규칙을 알아봅시다. 　－ 두 걸음 : 내 마음의 소리를 들어 봅시다. 　－ 세 걸음 : 잘 실천했는지 알아봅시다. * 역할놀이를 하며 공공장소에서 지켜야 할 규칙 익히기 　－ 장소와 상황 선택하기	－ 협조적인 분위기 만들기 － 개인적인 책임 완수하기	5분 20분

(계속)

| | 전체 학습 | – 역할 정하기
– 지켜야 할 규칙 실천하기
* 모둠별로 돌아가며 발표하기
* 역할놀이 활동을 하며 느낀 점 말하기 | – 다른 모둠의 역할극을 바른 자세로 감상하기 | |
| 정리 | 생각
내놓기 | * 공공장소에서 지켜야 할 규칙 말하기
– 모둠원이 말한 규칙을 모둠칠판에 적어 게시한다. | 모둠칠판에 정리 | 10분 |

[수학과 협동학습 수업지도안]

일시	○○년 ○월 ○일 ○교시	대상	5-○○반	장소	교실
단원명	3. 규칙과 대응	차시	1차시	지도교사	○○○
본시 주제	생활 속 규칙과 대응 사례 찾기			모둠크기	4인 1모둠
학습 목표	생활 속 사례를 통해 규칙과 대응이 무엇인지 이해할 수 있다.				

---

* 수업 시작과 동시에 교사의 질문에 대해 모두 일어서서 나누기 활동하기

[교사] 실생활 속에서 원인과 결과 관계에 있다고 생각되는 것 1가지씩 생각한 후 모두 일어서서 나누기 활동 ⇨ 기록이가 정리하여 모둠칠판에 정리하여 제출(칠판 나누기 활동)

(아래와 같은 예시를 미리 제시함)

> **(예) 날씨가 추워지면 장갑이 많이 팔린다.**
> (원인) (결과)

[교사] 학생들의 생각을 함께 살펴보면서 원인-결과 관계가 맞는지, 반드시 2개의 대상이 존재하는지 살펴보기 : "규칙과 대응 관계에는 반드시 ( )개의 (ㄷㅅ)이 있다." (답 : 2개, 대상) ⇨ 개인 노트 및 개인칠판에 각자 기록 ⇨ 모두 함께 들어 보이기 ⇨ 확인

[교사] 두 박스 활동으로 규칙과 대응 사례의 특성 발견하기 ⇨ 모둠 토론

단계	박스 1	박스 2
	규칙과 대응 사례인 것	규칙과 대응 사례가 아닌 것
	일정한 ○○이 있다	일정한 ○○이 없다
1단계	자동차와 바퀴의 수	기온과 아이스크림 판매량
2단계	PC방 게임시간과 게임 요금	키의 성장과 몸무게
3단계	닭의 수와 다리의 수	나이와 키
	…	…

(계속)

※ 각 단계별로 〈두 박스〉 표의 사례를 차례로 제시하고 'ㅇㅇ'이 무엇인지 모둠에서 상의하여 낱말을 모둠 칠판에 써서 들어 보이기 ⇨ 많은 모둠에서 정확한 낱말이 나올 때까지 몇 단계 더 진행 ⇨ 어느 정도 답이 나오면 오늘 수학시간을 통해 알게 된 '규칙과 대응'에 대하여 한 문장으로 각자 노트에 정리하기

[교사]   오늘 활동 결과 한 문장으로 정리하기 : 개인 생각(각자 노트에 기록) ⇨ 짝과 협의 ⇨ 모둠 협의 ⇨ 전체 공유(모둠칠판 : 칠판 나누기) ⇨ 교사가 공통된 점들을 찾아 아래와 같이 정리할 수 있게 촉진자 역할 하기(시간이 부족하면 아래와 같은 문장을 먼저 제시하고 괄호 부분만 학생들이 채워 넣을 수 있도록 하기)

"규칙과 대응 관계에 있는 사례는 반드시 (   )개의 (ㄷ ㅅ) 사이에
일정한 (ㄱ ㅊ)이 존재한다."

※ 위의 두 가지 사례의 지도안을 살펴보면서 무엇이 어떻게 다른지 생각해보는 것도 나쁘지 않을 것이다. 틀에 박힌 형식의 지도안과 학생 활동 시간을 최대한 확보하기 위해 마련한 지도안이 어디가 다른지 생각해보기 바란다(도입-전개-정리 또는 도입-전개-심화-정리 등의 3단계, 4단계 수업 설계 가 꼭 필요한가 생각해보기).

필자가 위에서 보는 바와 같이 교과서와 전혀 다르게 수학 수업을 설계했던 이유는 아래와 같다 (아래와 같은 PCK에 기반을 두고 교육과정을 재구성하였던 것이다). 아울러 필자는 현재 혁신학교 에 근무하고 있는데 공개수업이든 어떤 형태이든 수업 계획을 다른 분들과 공유할 때 특정 양식이나 틀을 고집하지 않는다. 보는 바와 같이 자유롭게 작성하여 공유하도록 하고 있다.[6]

초등 수학 시간에 다루는 규칙과 대응 관련 사례의 특징

1. 두 변수(대상) 사이에 하나씩 대응하는 관계가 반드시 있다.
2. 그 대상 간의 관계를 표로 나타낼 수 있다(중등에서는 표와 그래프로 나타낼 수 있다는 개념까지 확장됨).
3. 위의 1번과 2번을 만족시키는 사례 가운데 기호를 사용하여 수와 식으로 나타낼 수 있는 것만 다룬다.
4. 수와 식으로 나타낸 두 변량 사이에는 항상 성립하는 일정한 관계규칙이 존재하여야만 한다.

(예 1)   사람의 나이와 키 : 규칙과 대응 관련 사례라 할 수 없다. 왜냐하면 '나이'와 '키'라는 두 변수 사 이에는 하나씩 대응하는 관계가 분명히 존재하고 표로 나타낼 수는 있겠지만 두 변량 사이에 존재하는 하나의 식을 만들 수 없거니와 두 변량 사이에 항상 성립하는 일정한 관계규칙 또한 존재하지 않기 때문

---

6   위의 수업 다음 시간(2차시)에는 일정한 규칙이 존재하는 두 대상 사이의 '대응 관계'에 대하여 함께 알아보는 활동이 계획되어 있음. ⇨ 본 단원은 중등교육에서 다루는 함수의 기초가 됨. 따라서 규칙과 대응 관계에 대한 정확한 개념 이 해가 필요하다고 필자는 바라보았기에 이렇게 수업을 설계했던 것임.

이다(사람의 키는 나이가 들어 가면서 늘어나기는 하지만 어느 순간이 지나면 더 이상 늘어나지 않을 뿐만 아니라 작아지기도 하기 때문이다).

(예 2) 라면을 끓이기 위해 넣는 물의 양과 라면의 개수 : 규칙과 대응 관련 사례라 할 수 있다. 왜냐하면 같은 맛을 내기 위해서는 물의 양과 라면의 개수 사이에 하나씩 대응하는 관계가 존재하고 표로 나타낼 수 있을 뿐만 아니라 두 변량 사이에 존재하는 하나의 식이 있고 두 변량 사이에 항상 성립하는 일정한 관계규칙이 존재하기 때문이다.

협동학습 구조 활용 능력을 키우려면 우선은 개발된 다양한 협동학습 구조가 가지고 있는 특성을 잘 파악해야 한다. 그다음엔 구조를 다양한 수업 속에 적용해보면서 그에 대한 활용능력을 키우고 구조를 적용할 때 생각해볼 점이나 주의할 점, 다양한 수업 상황 속에서 학생들이 보여주는 모습 등을 잘 관찰하면서 자신의 것으로 충분히 만들어나가야 한다. 이런 시행착오의 과정을 상당 시간 거쳐야만 비로소 협동학습 구조에 대한 활용 능력이 어느 정도 생겨나게 된다. 협동학습 구조가 자신에게 익숙해지기까지의 과정을 거치지 않고 협동학습 수업 설계를 통해 질 높은 교수-학습 활동이 이루어지길 바란다면 그것은 어디까지나 개인적인 욕심일 뿐이다(익숙해지기까지 매일 1시간 이상 협동학습 수업을 반드시 진행해보기 바란다).

예를 들어 여러 가지 종류의 조각칼이 있다고 생각해보자. 각각의 조각칼은 나름의 용도와 목적이 있다. 물론 꼭 그에 맞게 쓰지 않아도 어느 정도의 조각활동은 할 수 있다. 하지만 제대로 된 작품 활동은 하기 힘들다. 각기 다른 조각도가 제 용도와 상황에 맞게 활용될 때 가장 좋은 작품이 만들어질 수 있다. 따라서 좋은 작품을 만들기 위해서 각기 다른 조각도를 적재적소에 활용할 수 있는 능력을 키우는 것이 먼저 이루어져야 한다. 협동학습 구조의 적용 또한 같은 맥락에서 이해하기 바란다.

이상적인 협동학습 수업 설계는 내용과 구조의 관계가 적절할 때 이루어진다. 구조란 내용물을 담는 그릇에 비유할 때 내용물을 아무 그릇에 담는다고 해서 되는 것은 아니라는 것을 우리는 이미 잘 알고 있다. 충분한 경험을 갖고 있다면 내용을 잘 다듬고(재구성 — 여기에는 PCK가 중요한 역할, 제11장에서 다루고자 함) 그에 딱 알맞은 구조를 선택할 가능성이 높겠지만 아직 경험이 부족하다면 내용을 다듬기보다는 주어진 내용(교과서)을 어떤 구조에 잘 담아 내놓을 것인가를 중심으로 고민하면서 노하우를 쌓아 나가는 것이 더 좋다고 할 수 있다.

CHAPTER

11

협동학습 수업,
한 걸음 더 깊이 들어가기

No man is wise enough by himself.

그 누구도 혼자서는 지혜로울 수 없다.

- 플라우투스 -

최근 들어 수업의 질을 높이기 위한 현장의 고민들이 많아지면서 여러 형태의 수업 기법, 방법들이 현장에 소개되고 있지만 대부분의 것들은 이미 개발되어 있는 협동학습 구조 활동과 유사하거나 협동학습 구조를 활용하여 얼마든지 분석 및 응용이 가능한 활동들이라고 필자는 생각한다. 어찌 되었든 수업의 질을 높인다는 측면만 놓고 보면 매우 다행이라 여겨진다. 이 장에서는 협동학습을 활용하여 최근에 많이 이야기되고 있는 다양한 형태의 수업(특히 하브루타, 질문이 있는 교실)을 어떻게 진행할 수 있는지 등에 대하여 분석적으로 접근해보고자 한다.

협동학습 수업의 질을 한 차원 더 높이기

협동학습 수업에도 수준이 있다. 협동학습 수업의 수준을 한 차원 더 업그레이드하기 위해서는 다음과 같은 것들에 대하여 보다 많은 관심을 기울여야만 한다.

1) 학생을 수업 시간에 주인이 되게 하기 : 경청하기

수업 시간에 학생이 주인이 된다는 것은 여러 가지 의미를 갖고 있다. 학생들이 온전히 수업 시간을 다 활용하는 것도 주인이 되는 일이겠지만 교사의 말에 집중하거나 다른 학생들의 말에 집중하는 것 또한 수업 시간에 주인이 되는 일이라 말할 수 있다. 이에 대한 몇 가지 팁을 제시하면 다음과 같다.

	경청하기 노하우
하나	궁금한 것은 참지 말고 질문하라(교사, 친구, 자신에게). ⇨ 수업을 자신에 맞게 이끌어가는 것. 질문을 통해 수준에 그에게 맞추어짐. 그 과정에서 자연스럽게 소통이 이루어지게 됨.
둘	반드시 메모하며 들어라(노트 정리). ⇨ 뇌를 활성화시켜주어 졸리거나 지루하지 않게 된다.
셋	표정을 지어가며 들어라.(아하! 그렇구나. 이게 무슨 뜻이지?) ⇨ 자기 사고를 넘어 소통을 한다는 의미, 머릿속에서 상호작용이 일어남.

(1) 듣기에 대한 고민

대체로 발표를 중심으로 학생들을 판단. 듣기는 소홀하게 여기는 경우가 많음.

(예) 거리낌 없이 무턱대고 발표하는 학생 : 발표력이 뛰어나고 자신의 생각을 자신 있게 발표함? ⇨ '더욱 주의 깊게 듣는 노력이 필요함'이라 말해주는 것이 더 타당하지 않을까?

- 교사의 설명에 대한 머릿속에서의 대화, 자기 자신과의 대화, 궁금하거나 모르는 것이 있을 때 질문을 주고받는 일, 자신의 생각을 있는 그대로 말하는 일 모두 듣기가 중심에 있다.

- 타자에 대한 무관심을 관심으로 이끄는 일, 지적인 이방인 관계를 극복하는 일, 주변의 가까운 친구 생각에 흥미를 느끼는 일, 타인의 생각과 자신의 생각과의 교류 등은 모두 듣기가 중심을 이루고 있음을 알 수 있다.

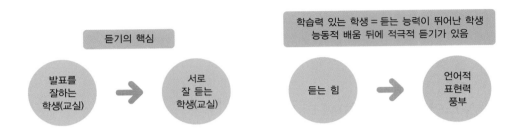

2) 발표하기의 단계 : 1차 발표, 2차 발표

진정한 배움의 목적은 절대적인 지식을 습득하고 축적하는 데 있는 것이 아니라 소통의 가치와 의미를 최대한 실현시키는 맥락을 창출하는 데 있다. 그리고 그 길에 협동학습이 있는 것이다.

- 협동학습 수업＝소통이 있는 교실, 소통이 있는 수업
  - 개성, 학생의 배움이 존중되는 교실
  - 모두가 부드럽고 자상한 말과 행동을 보여줌
  - 경계 세우기가 명확함
  - 교사는 학생들의 말을 들어 주고 또 들어 줌
- 소통이 있는 협동학습 수업 만들기
  - 학생 한 명 한 명의 표정 관찰, 속삭임, 두려움까지도 캐치하려 노력하기
  - 예기치 못한 반응에 유연하게 대처하기
  - 도움이 필요한 학생에 대한 적절한 대응하기 : 도움 요청도 권리임을 학생들이 명확히 인식할 수 있도록 하기
  - 표정, 행동을 통해 전하는 학생들의 메시지에도 관심 갖기
  - 학생의 발표 내용에 지혜롭게 응대하기 : 학생 한 명 한 명의 말과 행동은 그 학생 나름의 세계를 들여다볼 수 있는 창, 학생의 말과 행동은 수업 시간에 중요한 재료가 됨.

경청하기를 밑바탕으로 한 발표하기 능력은 소통에 또 다른 중요한 요소가 된다. 여기에서 필자는 발표를 2단계로 나누어 제시해보았다.

(1) 1차 발표 : 생각하여 기록하기

- 수업 참여의 기초가 됨
- 출석과 참여는 분명히 다름(출석은 자리만 차지하고 있을 뿐, 수업으로부터 멀어져 있는 상황을 가리킴)
- '무엇이 학생을 참여로 이끄는가?'에 대한 교사 자신의 과거 경험 떠올려보기 : 수업과 관련된 자신의 생각, 사고가 있을 때 수업 속에 들어가 있는 자신을 발견
- 자신의 생각을 노트에 기록하는 것이 1차 발표 : 세상 밖으로 꺼내 놓는 일
- 기록 : 자기 사고를 체계화해주는 힘이 있음, 2차 발표에서 보고해도 됨
- 생각의 변화가 생기면 지우고 쓰지 말고 다른 색깔 펜으로 누가·보충하여 기록하기 ⇨ 생각의 변화 과정이 그대로 드러날 수 있도록 하기(오답 또한 내 사고의 변화를 알려주는 역사적 근거라는 사실!)

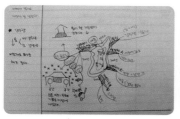 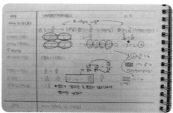 

필자가 지도하는 학생들의 노트 정리 사례

(2) 2차 발표 : 다른 사람들에게 널리 알리기

- 자신감 있게 큰 목소리로 공유하기
- 노트 기록을 보고 해도 좋음
- 자신의 입말로 이해한 대로 표현하기
- 발표 자체에 큰 격려 아끼지 않기 ⇨ 틀려도 괜찮아!
- 오개념 ⇨ 사고하고 있다는 증거 ⇨ 다른 학생들의 올바른 개념 형성에 큰 도움을 주는 수업 속 '사고 활동'의 재료 ⇨ 그 학생 적극 칭찬하기 ("○○의 발표 덕분에 다른 친구들의 생각주머니가 더 커지게 되었는걸!")

학생의 발표, 그 언어 이면에 담긴 감정, 느낌 등까지
읽어내는 교사의 능력 필요, 틀려도 괜찮은 교실

3) 도움 주고받기 : 한 사람도 포기하지 않기

필자가 새롭게 개발한 협동학습 5가지 원리 중 5번째 원리와 직결되는 내용이라 할 수 있다.

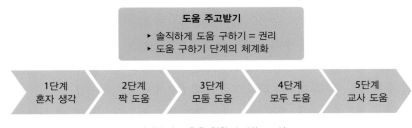

이것이 없다면 협동학습은 큰 의미를 갖지 못한다. 이를 위해 교사는 "나 좀 도와줄래?"라고 부탁하는 것이 권리임을, "도움이 필요한 사람 있니?"하고 묻는 것이 민주시민의 소양이자 능력임을 학생들이 깨달을 수 있도록 교실 분위기를 조성해야만 한다. 아울러 최대한 가르치지 않음으로써 가르치는 교실을 만들기 위해 교재 연구 및 교육과정 재구성 노력을 게을리하지 말아야 한다. 이에 대한 자세한 내용은 앞의 제9장 '8가지 핵심 열쇠'를 참고하기 바란다.

4) '왜?'라고 묻는 것에도 요령이 있다! : 과제 개발 & 발문 역량

협동학습은 상당히 많은 경우 교사의 과제 제시, 발문으로부터 시작된다. 따라서 교사는 과제 개발과 핵심 발문에 많은 노력을 기울여야만 한다(뒤에 이어질 PCK와도 깊은 관련이 있다). 여기에서는 그와 관련된 요령 몇 가지를 제시해보고자 한다.

(1) 학생들이 갖고 있었던 기존의 생각이나 신념을 무너뜨리기

예 1 단풍이 드는 시기는 북쪽일수록 빠르다. ⇨ 그런데 한라산에서는 단풍이 일찍 든다. 왜일까?

예 2 일반적으로 사람들은 물건의 값이 오르면 소비를 줄이거나 그 물건을 사지 않는다. ⇨ 집값이 계속 오름에도 불구하고 사람들은 너도나도 집을 구입하려는 현상이 일어났다. 왜일까?

예 3 곤충은 다리가 3쌍, 더듬이가 1쌍, 머리, 가슴, 배로 이루어져 있다. ⇨ 거미를 관찰해보자. 앗, 다리가 4쌍이네? 그럼 거미는 무엇에 속하는가?

예 4 학생들은 촌락에 사는 사람들보다 도시에 사는 사람들이, 농사를 짓는 사람들보다 회사에 다니는 사람들이 돈을 더 많이 번다고 생각한다. ⇨ 고소득을 올리고 있는 신지식 농업인들의 소득과 관련된 간단한 정보만을 제공한다. ⇨ 학생들이 놀란다. ⇨ 놀라는 이유는 무엇인가? 무엇이 여러분을 놀라게 만들었는가?

예5　물속에 사는 동물을 어류라고 한다. ⇨ 그렇다면 고래도 어류인가?

(2) 별로 생각·경험해본 적이 없는 애매한 자료를 제시하기

예1　종이비행기를 날릴 때 가장 멀리 날리는 방법은?
- 정면을 향하여 아주 세게 날린다.
- 정면을 향하여 아주 천천히 날린다.
- 정면을 향하여 중간 정도의 세기로 날린다.
- 하늘 높이 세게 날린다.
- 하늘 높이 약하게 날린다.
- 정면에서 약간 위쪽을 향하여 세게 날린다.

예2　도움닫기 멀리 뛰기를 할 때 얼마 정도의 뒤에서 달려와 뛰어야 가장 좋을까?

예3　물컵의 입구가 이런 모양이라면 어떨까요? 별, 삼각형, 네모 등(왜 물컵의 입구는 대부분이 둥근 모양일까요?)

(3) 지적인 불완전함을 이용하여 장애물을 설치해두기

예1　$2 \div \frac{3}{4} = 2\frac{2}{4}$ ⇨ (이유)

$$\frac{3}{4} \qquad \frac{3}{4} \qquad \frac{2}{4}$$

이에 대한 자신의 생각은?

예2　$\frac{1}{2} + \frac{1}{2} = 1$입니다. 그러면 이것은 어떤가요?

□ + □ = □ 이므로 답은 $\frac{2}{4}$? 어라?

예3　전기회로의 연결은 제대로 되어 있는데 불이 들어오지 않네. 왜일까?
- 전구의 필라멘트가 끊어져 있는 것을 찾아내기
- 전선의 피복이 벗겨져 있지 않은 채 연결되어 있는 점을 찾아내기
- 전지가 다 되었을 경우를 알아내기
- 전선의 끝이 전지의 양쪽 극에 닿지 않고 다른 부위에 닿은 점을 찾아내기

(4) 실험 도구를 활용하여 "우와, 신기하네?"라는 상황이 연출되도록 하기

예1　자석에 클립을 가까이 하면 붙는다. 그러나 클립에 클립을 가까이 하면 붙지 않는다(이런 실험 활동을 계속 보여준다). 그런데 선생님께서 클립 한 개를 다른 클립에 가져갔는데 글쎄 그 두 개의 클립은 서로 붙어버리고 말았다. 앗, 이럴 수가! 왜 그럴까?

예2　전지의 직렬연결에서 전지를 같은 극끼리 연결했을 때(+극끼리) 전구에 불은 들어오지 않는다. 그런데 다음과 같은 상황에서는 전구에 불이 들어왔다. 우와, 신기하다. 왜 그럴까?

(5) 때로는 '전체 ⇨ 부분'으로 생각의 범위를 좁혀갈 수 있도록 하기

> **예** 옛날과 오늘날의 생활모습 알아보기
> - 옛날 사람들의 생활모습에 대하여 알고 있는 것을 칠판에 적어보기
> - 오늘날의 생활모습에 대하여 떠오르는 대로 칠판에 적어보기
> - 다양한 생활모습을 범주화하기 : 의생활, 식생활, 주생활, 교통, 통신 등
> - 범주 가운데 2~3개를 선택하고, 정보 수집 및 분류, 분석을 통해 공통점과 차이점을 설명하기(발표 또는 보고서 등)

(6) 사진(또는 그의 일부), 도표, 실물, 모형, 동영상, 소리, 낱말 등을 제시

> **예 1** 학생들이 보지 못했던 사진이나 실물을 보여주고 "이것은 무엇에 쓰는 물건일까?"하고 질문을 한다.
>
> **예 2** 사진을 제시하는데, 그 위에는 퍼즐 조각처럼 모두 종이로 덮여 있어 전혀 볼 수가 없다. 그런데 선생님께서 그 조각 한 개를 들추면 그 밑에 있는 사진의 일부가 보인다. 선생님은 다시 그 조각을 덮는다. 그리고 다시 다른 조각 한 개를 들추면 그 밑에 있는 사진의 또 다른 일부가 보인다. 이런 과정을 반복하여 그 사진 속에 물건이 무엇인지 알아내도록 한다.
>
> **예 3** 두 박스 또는 세 박스 구조를 활용한다.

(예시) 어떤 분류기준인가? (답 ⇨ 물에 뜨는가?)	
없다(박스 1)	있다(박스 2)
강철 바둑돌 타이타닉호 자전거	나뭇잎 깃털 요트 기름

정답(⇨)	평야지역	해안지역	산간지역
1단계	참새	갈매기	부엉이
2단계	보리	김	더덕
3단계	쌀	갈치	밤
4단계	강	바다	계곡(물)

> **예 4** 서로 다른 식물의 윗부분만(뿌리 부분은 가리고)을 제시하는데, 그 밑에 감추어진 뿌리들의 모양은 각기 다르다. 어떻게 생겼을지 그림으로 각자 그려보자(수염·원뿌리).

(7) 잘 알고 있다고 생각하는 것에서 허점이나 불완전함을 찾아내도록 하기

> **예 1** 여러분은 자전거를 잘 알고 있지요? 얼마나 잘 알고 있는지 한 번 그림으로 그려봅시다. ⇨ 각자 그림을 그린 뒤 실물을 관찰하게 하여 자신의 그림과 실물 사이에 차이점을 찾아보도록 한다.

예2 이번 단원에서는 어류에 대하여 공부해볼 것입니다. 여러분은 붕어를 본 적이 있지요? 여러분이 본 적이 있는 붕어에 대하여 한 번 그림으로 그려봅시다. ⇨ 그림이 완성되면 실제의 붕어나 실물 사진을 보여주면서 자신이 그린 그림과 실물의 차이점이 무엇인지 생각해보게 하고, 실제 어류의 특징과 겉모습을 이해하게 한다.

(8) 도전 의식을 갖게끔 제약 조건을 두기(시간, 횟수, 도구 등)

예1 왼쪽과 같은 정육면체의 전개도 이외에 가능한 정육면체 전개도를 제한 시간 10분 이내에 최대한 많이 찾아보시오.

예2 눈앞에 보는 학교 건물의 높이를 1.5m짜리 줄자만을 이용해서 구해보시오.

예3 각 모둠에서 주어진 주제에 대한 이야기를 나눌 때 말하기 카드를 5장씩만 가지고 이야기할 수 있도록 한다.

(9) 직접 체험을 먼저 해봄으로써 그에 대한 불편함이나 어려움을 해결할 수 있는 방법을 찾도록 하기

예1 자의 필요성(기준) : 주변의 도구들을 이용하여 주어진 물건의 길이를 각자 재봅시다. 어떤 생각이 드는지 이야기해봅시다.

예2 저울의 필요성(기준) : 주변의 도구들을 이용하여 주어진 물건의 무게를 각자 재봅시다. 어떤 생각이 드는지 이야기해봅시다.

(10) 도구를 직접 나누어주고 마음껏 만져보고 조작할 수 있도록 하기

예1 쌓기 나무를 이용하여 주어진 모양들을 만들어보시오.

예2 주어진 낱말 카드를 순서에 맞게 늘어놓고 이야기를 만들어보시오.

| 어머니 | 동굴 | 산신령 | 여름 | 꿈 | 홍수 | 낮잠 | 호랑이 |

(11) 다양한 조건 가운데 일부를 제시하지 않았을 때 어색한 점, 불편한 점, 부족한 점을 찾아내기

예1 아래 주어진 편지글에서 어색한 부분을 찾고, 그 이유를 말해보시오.

> 안녕하세요.
> 얼마 전에 엄마에게 베트남에서 오셨다는 말을 들었습니다. 동네 어른들은 베트남 댁이라고 부르던데, 엄마는 서툰 한국말로 어른들에게 인사하는 베트남 댁이 참 예쁘다고 하셨어요.
> 사실, 저는 베트남에 대해 잘 몰라요. 언젠가 맛있게 먹었던 쌀국수가 베트남 음식이라는 거 빼고는요. 그래서 베트남에 대해 궁금한 게 많은데, 다음 주말에 놀러가도 되나요? 베트남 음식도 먹어보고 싶고, 베트남 학교는 어떤지도 알고 싶어요. 그리고 시간이 되시면 제가 우리 동네 구경시켜 드릴게요.
> 다음 주말이 빨리 왔으면 좋겠네요. 그럼, 안녕히 계세요.
>
> 20○○년 ○월 ○일

(답)　보내는 이에 대한 정보가 없음.

(12) 묻고자 하는 것의 핵심을 밝히기(어떤 조건, 무엇이, 누가, 무엇과 관련 있는가, 무엇이 변했는가? 등)

[교사]　우리나라에서 가장 발달한 항구는 어디지?

[학생]　부산이요.

[교사]　맞아요. 그런데 왜 유명할까요?(별로 좋지 않은 질문)

⇨ 맞아요. 그러면 부산이 항구로서 어떤 조건을 갖고 있기에 가장 발달했을까요?

[교사]　왜 조선은 한양을 수도로 정하였을까?(별로 좋지 않은 질문)

⇨ 조선이 한양을 수도로 정했던 것은 수도가 갖추어야 할 다양한 조건을 갖고 있었기 때문입니다. 과연 그 조건에는 어떤 것들이 있을까요?

[교사]　(A) ▨▨▨▨□□□□ ($\frac{1}{2}$)과 (B) ▨▨□□□□□□ ($\frac{2}{4}$)는 크기가 같습니다. 그 이유는 무엇인가요?(별로 좋지 않은 질문)

⇨ 그림 (A), (B)는 크기가 같습니다. 이 두 그림에서 변한 것은 무엇이고, 변하지 않은 것은 무엇인가요?

[교사]　사포, 나무, 종이, 돌 등에는 물건의 모습이 비치지 않지만 거울이나 유리, 숟가락, 구겨지지 않은 쿠킹포일 등에는 물건의 모습이 비칩니다. 어떤 점에서 차이가 있는 것일까요?

(13) 구체적인 사례, 현상, 가상의 상황을 통해 본질을 깨닫게 하기

[교사]　법은 왜 지켜야 하나요?(별로 좋지 않은 질문) ⇨ 사람들이 법을 지키지 않으면 어떤 일이 일어날까요?

[교사]　돈은 왜 아껴 써야 하나요?(별로 좋지 않은 질문) ⇨ 돈을 아껴 쓰지 않았을 때, 어떤 일이 벌어질 수 있을까요?

[교사]　철수는 빨간 신호등인데도 길을 건너고 있어요. 이럴 때 어떤 일이 일어날 수 있을까요?

(14) 생각할 수 있는 구체적인 기준을 제시하기

예　도시와 촌락의 차이점 설명하기

도시의 특징	촌락의 특징

→

도시	기준	촌락
	인구	
	직업	
	생활모습	
	주택	
	도로	
	…	

(15) 맥락적 사고 자극하기

맥락적 사고를 하려면 아래와 같은 인식이 필요하다.

- 대상이나 본질 자체는 절대로 바뀌지 않는다(맥락만 바뀐다).
- 대상이나 본질은 항상 맥락에 의해 규정된다(어떤 맥락에 있느냐를 파악한다).
- 맥락이 바뀌면 대상에 대한 규정은 저절로 바뀐다.
- 관점을 바꾸면 맥락이 바뀐다.

예1 국어과 쓰기 시간 : 이야기 바꿔 쓰기를 할 때 바로 이런 것을 학생들에게 지도한다.

[교사] 이야기를 바꿔 쓸 때 장소, 시대(간), 사건, 인물을 바꾸거나 추가하여 쓴다.

[학생] 교사의 지도에 따라 원래 이야기에 장소, 시대(간), 사건, 인물을 바꾸거나 추가하여 써 내려간다. 이것이 바로 맥락적 사고의 사례라 할 수 있다.

⇨ 어떤 사물의 다양한 쓰임새에 대하여 이야기하는 수업 속에서 맥락적 사고를 잘 하는 학생은 굉장히 많은 것을 이야기하지만 그렇지 않은 학생은 본래의 쓰임새만으로 자신의 사고나 관찰을 다 했다고 생각하여 사고를 멈춘다.

예2 여러분도 아래와 같은 질문을 통해 맥락적 사고를 직접 경험해보기 바란다.

⇨ 1,000원짜리 지폐 한 장이 있다. 이것으로 할 수 있는 것을 모두 말해보시오.

(16) 학생들의 생각에 대하여 일부러 '부정적 · 상대적'으로 반문하거나 대립되는 상황을 만드는 질문하기

예1 철수가 당장 숨이 넘어갈 수도 있는 어머니의 목숨을 살리기 위해 약국에 몰래 들어가 'ㅇㅇ'을 훔쳐서 어머니께 먹였다. 이것은 잘한 일인가요?

예2 철수가 아버지의 목숨을 살리기 위해 멸종 위기에 놓인 'ㅇㅇ'을 잡아 약재로 쓴 것은 또 다른 생명을 아끼지 않는 나쁜 태도가 아닌가요?

(17) 무조건 '왜?'라고 묻지 말고 오감을 활용하기

예1 우리는 왜 산에 갈까요?(별로 좋지 않은 질문)

예2 우리가 산에 가면 어떤 것들을 볼(할) 수 있을까요?(3가지 이상 써봅시다 ⇨ 감각을 활용한 질문)

(18) 선택하지 않으면 안 될 상황에 놓이게 하기

예1 댐은 건설해야 하나요, 말아야 하나요?(별로 좋지 않은 질문)

예2 댐 건설에 대한 자신의 한 가지 입장, 그렇게 함으로써 얻게 되는 이익을 2가지 이상 써봅시다(마을 주민의 입장에서, 국가 또는 정부의 입장에서).

일반적으로 교실에서는 거수-지명의 방식으로 발표의 시간을 갖는다. 그래서인지 발표하는 학생들은 늘 그 학생이 그 학생이다. 손을 들지 않는 학생들은 자기 생각을 갖고 있어도 지명되지 않는 한 발표의 기회가 주어지지 않는다. 하지만 손을 들지 않은 학생들의 생각을 더 많이 들어보고 읽어줄 필요가 있다. 왜냐하면 학생들은 대부분 발표하고 싶어 하는 마음을 갖고 있으나 두려움이 앞서기에 발표를 머뭇거리고 있을 수밖에 없기 때문이다. 손을 들지는 않았었지만 대부분의 학생들은 지명을 받으면 자신의 생각을 이야기한다. 바로 그것이다. 그때를 놓치지 말고 어떤 식으로든 그 학생들의 생각과 사고를 충분히 수용하고 격려를 해주어야 한다. 이를 위해서는 교사가 임의 지명을 하는 방법도 있지만 그 외에 아래와 같은 방법으로 해볼 필요도 있다.

- 먼저 '돌아가며 말하기' 구조를 활용하여 모둠 내에서 서로의 생각을 주고받은 이후에 모둠 내에서 나온 여러 의견을 어느 한 사람이 종합적으로 발표할 수 있도록 한다(발표자는 교사가 선정 : 번호 뽑기 등).
- 먼저 '돌아가며 말하기' 구조를 활용하여 모둠 내에서 서로의 생각을 주고받도록 하되, 그중에서 가장 좋은 의견이라 할 수 있는 것을 선정하여 대표로 발표하도록 한다(발표자는 교사가 선정 : 번호 뽑기 등).
- 자신의 생각을 노트나 메모지에 먼저 기록하도록 하고(메모한 것 자체가 발표의 한 방법이며 참여를 한 것과 같다는 생각의 전환이 필요) 충분한 시간을 준 이후에 어느 한 명을 지목하여 발표할 수 있도록 한다. 그 이후에는 발표한 학생이 "저는 ○○의 생각을 듣고 싶습니다."라고 다음 발표자를 지목할 수 있도록 하면 지목받은 학생은 자신의 생각을 발표한 뒤에 같은 방법으로 다음 발표자를 정할 수 있도록 한다.
- 먼저 짝끼리 의견을 주고받도록 한 뒤에 자신의 생각이 아닌 짝에게 들은 생각을 발표하도록 하는 것도 방법일 수 있다(짝 대변인 활동).
- 전원 사고, 전원 발표의 방법이라 할 수 있는 '같은 생각 앉기' 구조를 활용한다. 질문에 대하여 모두가 자기 사고를 갖게 되면 일단 모두 일어서게 한 뒤 어느 한 명을 지목하면 그 학생이 답을 말하게 된다. 이때 그 학생과 자신의 생각이 비슷하거나 동일한 학생들은 자리에 앉을 수 있도록 하고, 그렇지 않은 학생들은 그대로 서 있게 한다. 그런 다음 발표를 했던 학생이 일어서 있는 학생 중 한 명을 지명하면 그 학생이 또 발표를 하게 된다. 그 이후의 과정은 앞의 과정을 계속 반복하면 된다.

개인칠판 활용

같은 생각 앉기 구조 활용

모둠칠판 활용

- 협동학습에서 자주 사용하는 도구인 '개인칠판-모둠칠판'을 활용하여 자기 생각 또는 모둠의견을 쓴 뒤에 '도전 골든 벨' 게임처럼 들어보게 하는 방법도 있다.
- 기본적으로 협동학습 구조는 학생들 각자가 자신의 생각을 모둠 내에서 나눌 수 있도록 되어 있다. 따라서 발표를 한다는 것이 꼭 모두 앞에서 모두가 들을 수 있도록 해야 하는 것이라는 생각에서 벗어나야 한다. 협동학습 구조를 잘만 활용하면 학생들은 발표에 대하여 부담을 줄이고 언제든지 발표의 장으로 뛰어들 수 있다.

5) PCK를 통한 교과 역량 기르기(Pedagogical Content Knowledge)

PCK란 교육과정 및 교과내용 지식, 교수방법 및 전략(발문기법, 교수법, 매체 활용 능력 등), 평가지식 및 능력 그리고 앞의 모든 것들 사이의 관계에 대한 종합적이고도 맥락적인 지식을 말한다. 풀어서 말하자면 교과 내용을 학생들이 잘 이해할 수 있도록 표현하고 공식화하는 방법, 특정 내용을 특정 학생들의 이해를 촉진할 수 있도록 가르치는 방법에 대한 교사의 지식을 의미하는데 한 마디로 압축하여 표현하면 교육과정 및 교과서 내용의 재구성 능력이라 말할 수 있다.

> **참고하기**
>
> - PCK＝CK(Content Knowledge)＋PK(Pedagogical Knowledge)
> - CK란 교사들이 가르치고자 하는 영역(또는 교과)에 대한 전문적 지식으로서 꼭 필요한 것은 무엇이고, 덜어내야 할 것은 무엇인지에 대한 것까지 포함한다.
> - PK란 일반적으로 교수법으로 불리고 있는 영역으로 수업설계, 수업실행, 수업평가(수행평가) 세 가지의 하위 영역을 포함한다.
> - PCK의 특징
>   - 교사가 PCK를 많이 보유할수록 학생들의 성취도와 수업에 대한 만족도가 높아진다.
>   - PCK의 개발은 CK에 대한 철저하고 명확한 이해를 전제 조건으로 한다.
>   - 교수 경험이 PCK 형성에 영향을 준다.
> - PCK 수업 아이디어의 개념 정의
>   - 학생들이 이해하기 어려워하거나 교사가 지도하기 어려운 내용(개념, 원리, 기능 등)을 학생들의 이해 수준에 맞게 변환하는 방법에 대한 수업 아이디어를 말함
>   - PCK 수업 요소 : 표현 지식, 학생들에 관한 지식, 교육과정에 관한 지식, 내용에 관한 지식, 교수법 지식, 평가 지식, 교사 자신의 전문성 제고를 위한 노력
>
> (참고 : 『수업 컨설팅 바로 하기』(2007), 곽영순 외, 원미사)

[예시] 4학년 과학 '무게' 재기 ― '무게'의 정의 이해
교과서에 보면 무게의 정의가 너무 어렵게 나타나 있다.
"지구 중심이 물체를 끌어당기는 힘으로, 중력이 …(어쩌구 저쩌구)"
교사인 내가 읽어도 너무나 추상적이고 이해하기 힘든 내용이다. 학생들이 무게의 정의를 보다 현실적으로 이해할 수 있도록 재구성해 지도했었다.

[교사]　　'무게'라는 말은 어떤 경우에 사용하지요?
[학생들]　물체의 무게를 잴 때 사용해요.
[교사]　　그러면 '무게'라는 말을 넣어서 각자 문장 2개씩 만들어봅시다(잠시 문장을 쓸 시간을 가진 뒤 '모두 일어서서 나누기' 활동을 한다).
[학생들]　각자 쓴 문장을 발표한다(교사는 학생들이 발표한 문장을 그대로 칠판에 정리한다).

필통은	무게가	가볍다.
수박은	무게가	무겁다.
책가방은	무게가	무겁다.
연필은	무게가	가볍다.
아빠는	(무게가)나보다	무겁다.
내 동생은	(무게가)나보다	가볍다.
자동차는	무게가	무겁다.

[교사]　그래요. 그러면 '무게'라는 말의 왼쪽에 있는 필통, 수박, 책가방, 연필, 자동차 등을 모두 가리키는 한 개의 낱말은 무엇이 있을까요?

[학생들]　'사물'이요.

[교사]　그래요. '사물'이 좋겠군요. 그러면 '무게'의 오른쪽에 있는 말들을 살펴보면 어떤 공통점이 있나요?

[학생들]　'무겁다, 가볍다'라는 말만 있습니다.

[교사]　그래요. 어떤 것은 무겁다고 하고, 어떤 것은 가볍다고 합니다. 사물은 각자 무겁고 가벼운 정도가 다르지요. 지금까지의 말들을 정리하여 말하면 '무게'라는 말의 뜻이 만들어집니다. '무게'란 무엇일까요? ⇨ 각자 개인 칠판에 적은 뒤 들어 보이도록 합시다. (잠시 시간을 준 뒤) 하나, 둘, 셋‼ 모두 읽어보세요.

[학생들]　'사물의 가볍고 무거운 정도'를 말합니다.

[교사]　좋아요. 그게 바로 무게의 뜻입니다. 그러면 선생님 손에 들린 책을 잘 관찰해보세요. (책을 여러 번 떨어뜨린다.) 책은 어떤 방향으로 떨어지나요?

[학생들]　'아랫방향으로'입니다.

[교사]　네, 항상 아래로만 떨어지네요. 아랫방향의 바닥에는 무엇이 있나요?

[학생들]　땅입니다.

[교사]　네, 땅입니다. 지표라고도 하는데 곧 지구의 표면을 말하는 것입니다. 그러면 책이 떨어진 그곳에서 계속 아래로 구멍을 파고 들어간다면 어디가 나올까요?

[학생들]　지구 반대편이요. 지구의 중심이요 ….

[교사]　지구의 중심이 나오겠지요. 그 중심에는 항상 사물을 아래쪽(지구의 중심 쪽)으로 끌어당기는 힘이 발생하고 있지요. 그것을 무엇이라고 할까요?

[학생들]　중력이요.

[교사]　좋아요. 중력입니다. …(뒷부분은 생략)

　필자는 최근 들어 수학 교과에 대한 PCK 역량을 향상시키기 위해 노력하고 있다. 왜냐하면 협동학습에 정말로 잘 어울리는 교과목이 수학인데 사람들은 그렇게 생각하지 않고 있기 때문이다. 그럴 수밖에 없는 이유가 수학이라는 교과목에 대한 인식이 정답을 쓸 줄 알면 그만이라고 생각하는 경향이 강하기 때문이다. 하지만 필자의 생각은 다르다. 분명히 '답을 쓸 줄 안다'와 '왜 그런 답이 나오게 되었는지 설명할 줄 안다'는 차원이 다르다. 필자는 후자 쪽에 포커스를 맞추고 있다. 그렇기 때문에 거의 모든 차시에서 협동학습을 활용한 토의 토론 수업이 가능할 수 있게 수업을 설계하려고 최선을 다하고 있고 이를 위해 매 차시마다 꼭 필요한 미션과제나 핵심발문을 개발하려고 연구, 노력하고 있는 중이다. 최근에는 그런 노력의 결과로『협동학습 토의·토론 초등수학교육을 혁신하다』(출판중, 시그마프레스)를 집필하기도 하였다. 필자가 수학교과에 대한 PCK 역량에 집중하지 않았다면 결코 불가능한 일이었다고 생각한다. 따라서 이 글을 읽는 여러분도 진짜 협동학습 전문가가 되고 싶다면 어느 하나의 교과목이라도 그에 대한 PCK 역량을 키워 나가기를 바란다. 그게 없다면 진정한 협동학습 전문가라 할 수가 없다. 질 높은 협동학습 수업은 교과서를 뛰어넘는 수준에서의 재구성이 아니면 결코 이루어질 수 없다는 것이 필자의 지론이다.(설령 교과서 수준 내에서 협동학습을 한다고 한들 교과서가 협동학습을 위해 만들어진 것이 아니기 때문에 '나름의 시각-PCK'를 가지고 재구성을 하여 교과서 내용을 다듬지 않는다면 결코 수준 높은 협동학습 수업을 할 수 없다는 사실을 잊지 말아야 한다.)

[5학년 수학 약분과 통분 단원(크기가 같은 분수 만들기)][1]

[문제] $\frac{3}{5}$의 분자, 분모에 같은 수 4를 곱하여 크기가 같은 분수를 만들었다. 이 과정을 아래 분수막대에 표현해보고, 식으로도 나타내보시오.

$\frac{1}{5}$	$\frac{1}{5}$	$\frac{1}{5}$	$\frac{1}{5}$	$\frac{1}{5}$

$$\frac{3}{5} = \frac{3 \times \square}{5 \times \square} = \frac{\square}{\square}$$

분자와 분모에 0이 아닌 같은 수를 곱하여 크기가 같은 분수를 만든다는 것이 실제 사물에서는 어떻게 구현되는지를 이해할 수 있도록 돕기 위해 개발한 발문이라 말할 수 있다. 이와 같이 필자는 답을 구하는 것보다 왜 그런 답이 나오게 되었는지에 대한 개념, 원리 탐구를 위해 수학 수업을 협동학습 기반의 토의 토론 중심으로 진행해 오고 있는 중이다. 그래서 협동학습이 수학 교육과 잘 맞는다고 이야기하고 있는 것이다. 이 문제를 읽는 독자 여러분도 직접 위의 분수막대를 이용하여 해결해보기 바란다. 정확히 답을 하지 못한다면, 자신의 답에 확신을 갖지 못한다면 분명 이 부분에 대한 PCK가 부족하다고 볼 수 있지 않을까 생각한다.

6) 본질에 집중하는 수업 설계하기 : '나다운 수업 설계하기'

협동학습 구조 활용에 어느 정도 자신감이 붙었다면 수업의 본질에 충실하여 교육과정을 재구성하고 자신만이 할 수 있는 수업을 설계하는 것이 바람직하다. 왜냐하면 협동학습 구조의 적용능력을

---

1 『협동학습 토의·토론 초등수학교육을 혁신하다』(출판 중, 시그마프레스).

어느 정도 갖춘 후에 수업의 본질을 함께 고민하면서 수업을 설계할 때와 그렇지 않을 때는 분명 수준이 다르기 때문이다.

수업의 본질에 집중하기의 핵심 : 교육과정의 재구성

1. 교과서 자체가 수업의 본질에 맞게 자연스럽게 접근할 수 있도록 되어 있다면 굳이 재구성할 이유가 없다.
2. 교과서 자체가 학생들의 사고과정 흐름에 적절하게 구성되어 있다면 굳이 재구성할 필요가 없다.
3. 그러나 현재의 교과서는 그렇게 구성되어 있지 않다.

• 어느 정도 구조 활용 능력이 생기면 오직 '나만이 할 수 있는 수업 설계'에 신경을 쓰기 바란다. 이 순간이 되어서도 다른 사람의 수업 지도안을 그대로 가져와 협동학습 구조만 삽입하여 수업을 한다면 수준 높은 수업은 절대로 할 수가 없기 때문이다. 그런 수업 설계 속에는 '이 수업은 왜 하지?'라는 고민은 나타나 있지 않기 때문에 자신도 '이 수업을 왜 하지?'라는 고민을 하지 않을 수밖에 없게 된다. 결국 다른 사람이 고민하여 설계한 수업을 실제 과정만 일부분을 살짝 변경하여 자기 것으로 가져와 대신 보여준 것과 다름이 없는 것이다. 한 마디로 말해서 '짝퉁-베끼기 수업'이 된다는 말이다. 바람직한 협동학습 수업 설계, 질 높은 협동학습 수업 설계는 나의 고민이 그 속에 묻어나는 것, 나만이 할 수 있는 것, 나다움이 잘 드러날 수 있는 것이어야 한다.

여기에서는 필자가 직접 수업 설계한 사례를 몇 가지만 제시해보고자 한다. 단원 전체를 재구성한 사례를 모두 제시하기에는 지면상 문제가 많아 단위 차시 재구성 사례만 몇 개 제시해보고자 하였으니 참고하기 바란다.

교육과정 재구성 사례를 바라보는 바람직한 자세

1. 해당 교과/단원/차시 수업의 본질에 집중하려는 자세가 필요하다.
2. 사례로 제시된 수업의 재구성을 각자의 교실 및 학생들의 상황에 맞추어 바라보려는 자세가 필요하다.
3. 제시된 사례에서 그 교사가 자신의 수업을 어떻게 계획하고 구성하였는가에 주목할 필요가 있다.
4. 재구성한 교사가 자신의 관점에서 문제의식을 가지고 대안적 차원에서 수업을 설계한 것일 뿐이라는 사실을 잊지 말아야 한다(반드시 저렇게 재구성하여 가르치는 것이 정답이라는 식의 자세는 지양해야 한다).

(1) 수학과 수업 설계 사례

6학년 2학기 수학 1단원 분수의 나눗셈 5차시 (자연수)÷(진분수)를 공부하는 내용을 보면 알고리즘을 학습한 이후 바로 문제풀이 중심으로 이어져 있다. 그러나 필자는 이 부분에서 알고리즘을 학습한 이후 바로 문제풀이에 들어가면 제대로 된 이해가 부족한 학생들이 많이 발생한다는 것을 경험을 통해 알고 있다. 이 부분을 공부하는 이유는 단지 문제풀이를 위한 것이 아니라 (자연수)÷(진분수)의 실제적 개념과 의미를 설명할 수 있고, 그 과정에서 수학적 사고를 깊이 할 수 있기 위해서라고 필자는 보고 있다. 이런 관점에서 단위 차시의 수업을 아래와 같이 재구성해보았다.

재구성한 차시 목표	(자연수)÷(진분수)의 결과에 대하여 설명할 수 있다.
이 수업 왜 하지?	1. (자연수)÷(진분수)의 실제적 개념 이해 2. (자연수)÷(진분수)의 의미에 대한 설명 3. 수학적 사고의 깊이 더하기('답을 쓸 줄 안다'⇨'왜 그런 답이 나왔는지 설명할 수 있다'에 중심을 두기)
수업의 흐름	1. $4 \div \frac{3}{5}$을 어떻게 계산하는지 알아보기(거꾸로 수업-미리 집에서 동영상 시청 후 수업에 참여) $$4 \div \frac{3}{5} = \frac{20}{5} \div \frac{3}{5} = 20 \div 3 = \frac{20}{3} = 6\frac{2}{3}$$ ● 유사 문제 4~5문제 제시 : 칠판나누기로 수행평가(짝 점검으로 진행해도 좋음) 2. 심진(心震)을 일으키는 질문하기(기존의 사고 뒤집기) [질문] 철수는 다음과 같이 분수의 계산을 하였다. ● $3 \div \frac{2}{5} = 7\frac{1}{5}$, 이렇게 생각하는 이유는 아래와 같다. ☞ 철수의 생각에 대하여 설명하시오.(자신의 생각과 다른 점이 있다면 설명해봅시다.) — '모둠 토론' 　－ 1단계 : 각자 먼저 생각하기 　－ 2단계 : 각자 생각한 내용을 돌아가며 나누기 　－ 3단계 : 모둠 내에서 자유롭게 토론하기 　－ 4단계 : 결론 내리기 3. 각 모둠별로 내린 결론을 전체와 공유하기 및 정리하기

　실제 수업에서 학생들은 그럴듯한 철수의 생각에 한동안 심리적으로 흔들렸던 기억이 난다. 그래서 철수의 생각에서 무엇이 잘못되었는지를 찾아내지 못하였다. 수식으로만 풀면 틀렸다는 것이 확

실하지만 문제 속에 감추어진 지적 장애물(심진을 일으키는 요소)로 인하여 학생들은 판단의 갈림길에 서서 생각에 잠겼고 어디에서 오류가 생긴 것인지를 쉽게 찾아내지 못하였다. 하지만 모둠토론 과정에서 마침내 어디가 잘못된 것인지를 찾아내 설명할 수 있게 되었다. 철수의 생각을 제시함으로써 학생들은 심진에 빠졌다가 다시 자신의 지적 판단력을 제자리로 돌려놓게 되었고 (자연수)÷(진분수)의 의미를 설명할 수 있게 되었으며 이와 관련하여 수학적 사고의 깊이를 더할 수 있게 되었다.

(2) 국어과 수업 설계 사례

5학년 1학기 국어 3단원 6~7차시 수업을 보면 수업 목표가 '대상을 보며 설명하는 글을 쓸 수 있다'로 되어 있다. 이전 차시까지 비교 · 대조 · 열거 방식의 설명하는 글을 여러 편 제시하고 그 구조를 살펴보았지만 곧바로 학생들이 비교 · 대조 · 열거 방식 중 한 가지를 선택하여 설명하는 글을 쓴다는 것이 그리 쉽지만은 않다는 생각을 필자는 경험적으로 갖고 있었다. 그래서 많은 고민 끝에 아래와 같은 수업 설계를 하게 되었다.

- 교과서에 제시된 설명의 대상들이 학생들의 삶과 동떨어져 있어 공감하기 어려운 내용들이 대부분이고, 자료를 찾아서 하더라도 그것을 어떻게 풀어나갈 것인가에 대한 충분한 안내도 없이 교과서 속의 글을 사례로 삼아 무작정 써보라는 것이 학생들에게 얼마나 힘든 일인지 알고 있기에 이에 대한 대안적 수업 설계가 필요했다.
- 어려운 주제보다는 주변에서 늘 익숙하게 접할 수 있는 대상(짝, 가족, 친구, 애완동물, 자신이 가장 아끼는 물건 몇 가지, 잘하는 게임이나 운동 등)에 대하여 오직 자신만이 쓸 수 있는 글을 직접 써봄으로써 설명하는 글에 조금이라도 적응할 수 있도록 하는 과정이 필요했다.
- 쉽고 짧은 설명글을 먼저 써보게 한 뒤에 한 걸음만 살짝 더 들어가 아주 작은 범위의 주제(BTS 소개하기, 내가 좋아하는 여러 나라 음식 소개하기, 내가 좋아하는 애완견의 다양한 종류 소개하기, 자신이 관심을 갖고 있는 것 등)에 대하여 좀 더 체계적인 설명글을 쓸 수 있는 발판이 필요하였다.

재구성한 차시 목표	설명 대상을 정하여 열거 · 비교 · 대조 방식으로 설명해봄으로써 효과적인 설명 방식을 찾아 설명할 수 있다.
수업의 흐름	1. 모둠원에게 소개하고 싶은 대상 1가지를 정하기 2. 열거 방법으로 설명글 개요 짜기, 설명글 쓰기 3. 모둠 내에서 돌아가며 발표 후 느낌 말해보기 4. 비교 · 대조 방식으로 설명글 개요 짜기, 설명글 쓰기 5. 모둠 내에서 돌아가며 발표 후 느낌 말해보기 6. 두 가지 방법으로 설명하였을 때의 차이점 이야기 나누기

(계속)

평가 과제 (수업 이후)	1. 과제 제출 기간 1주일(5일) 2. 오늘 글쓰기 한 경험을 바탕으로 하여 자신이 설명하고 싶은 주제나 대상을 정하여 열거 또는 비교·대조 방식으로 설명하는 글을 1편 써서 제출하기(반드시 개요 짜기까지 하기) 3. 설명 대상에 대하여 전문서적, 인터넷 등을 활용하여 정확한 자료 수집을 한 후에 필요한 부분만 뽑아 설명글 쓰기

열거 방식의 설명글을 위한 개요 짜기 공통 대상 : 내가 좋아하는 여러 명의 친구 소개(2~3명 정도)		
설명 대상		
대상의 겉모습 (얼굴 모양, 키, 몸집 등)	친구 1	
	친구 2	
	친구 3	
대상의 특징 (성격, 잘하는 것, 좋아하는 것 등)	친구 1	
	친구 2	
	친구 3	
친구와 있었던 기억에 남는 일	친구 1	
	친구 2	
	친구 3	
열거 방식의 설명글 쓰기(친구별로 문단을 잘 나누어 쓰기)		

비교 · 대조 분석적 설명을 위한 개요 짜기 공통 주제 : 좋아하는 음식 또는 과일 또는 애완동물 등				
대상		( )	( )	
공통점	1			
	2			
	3			
차이점 (다양한 점에서 차이점 생각해보기)	1			
	2			
	3			
비교 · 대조 방식의 설명글 쓰기(문단을 잘 나누어 쓰기)				

위와 같은 수업을 진행하였더니 학생들이 훨씬 수월하게 설명하는 글쓰기를 할 수 있었다. 이를 바탕으로 한 걸음 더 들어간 설명글 쓰기(정보 수집을 바탕으로 한 설명글) 수행평가 과제를 제시하였는데 대체로 그 수준 및 완성도가 꽤 높았다.

(3) 사회/국어과 수업 설계 사례

5학년 2학기 사회과 수업이 역사로 바뀌었는데 한 학기에 고조선부터 근현대사까지 모두 공부하도록 되어 있어 굉장한 연구와 교사의 재구성 능력을 필요로 하고 있다는 생각이 든다. 이런 식의 구성으로는 우리 역사에 대하여 자세히 지도하기가 매우 힘이 들 것이라는 생각이 들어 기본적으로 교과서 내용은 코넬식 노트 정리 또는 마인드맵 형식으로 미리 정리해 오도록 하였다. 1학기부터 꾸준히 두 가지 방식으로 정해진 범위의 내용을 핵심만 뽑아 정리하는 활동을 해 왔기 때문에 교과서 내용 정리는 학생들이 그리 어렵지 않게 해 왔다. 이를 바탕으로 실제 수업에서는 핵심만 잘 정리해 왔는지 짧게 안내해주고 주어진 내용 가운데 보다 깊이 있게 다루어야 할 점 1가지씩 뽑아 심층적으로 살펴보는 시간을 가져보고자 하였다. 그런 생각을 가지고 2학기 초반에 했던 수업이 바로 '고조선의 건국과 발전 과정 알아보기'였다. 이것을 짧은 시간에 어떻게 다 알아보라는 것인지. 당황스러워서 학생들에게 짧게 내용을 정리해 오도록 한 뒤에 8조의 법에 대하여 오늘날 우리 사회와 견주어 법의 의미까지 돌아볼 수 있는 시간을 가져보고자 다음과 같이 수업을 설계해보았다.(이 내용은 예전에 필자에게 수업 컨설팅을 요청해 온 선생님과 협의 과정에서 만들어진 실제 수업 지도안을 나의 교실로 그대로 가져와 진행하였던 것이다.)

[수업 취지]

짧은 시간에 모든 내용을 다 살피기에는 무리라는 생각을 바탕으로 기본적인 내용은 학생들 스스로 교과서를 읽고 정리하게 한 뒤 어느 하나라도 제대로 음미해보면서 과거의 역사를 현재의 교실로 가져와 오늘을 되돌아보는 계기로 삼아보자는 취지에서 이 수업을 하게 되었다 — 특히 고조선의 8조 법과 오늘날 법에 대하여 함께 고민해보자는 차원에서. 법은 누가 만들었고 누구를 위해 존재하는 가? 과연 법은 모두에게 평등한가? 모두에게 평등한 법을 위해 어떤 노력을 하여야 하는가? 현재 우리 교실에는 그런 법이 있는가? 1학기에 만든 학급 규칙을 보완하여 '우리 교실 ○조의 법' 만들기 활동으로 연결 짓기 등이 목표였다.

교과	사회/국어	일시	○월 ○일	대상	5학년 ○반	지도교사	○○○
단원	1. 하나 된 겨레(사회), 3. 의견을 조정하며 토의해요					시간	국어(2), 사회(1)
주제	고조선 사람들의 생활 모습 살펴보기						
목표	고조선 8조의 법을 통해 현재 오늘날 우리 사회를 돌아볼 수 있다.						
순서	수업 흐름(120분 수업)						

- 과제 점검 : 교과서 내용 요약한 것
- 핵심 내용 정리해주기(최대한 짧게)
- 학습 문제 제시

> 고조선 8조의 법을 통해 오늘날 우리 사회를 돌아볼 수 있다.

- '법'이 없으면 어떤 일이 벌어질까? : 같은 생각 앉기 활동
- '법' 하면 떠오르는 느낌 나누기 : 모둠 문장
  - 법이란 ○○이다. 왜냐하면 ～～～ 이기 때문이다.
- 고조선 8조의 법과 그를 통해 알 수 있는 내용 살펴보기 : 생각 내놓기 활동 ⇨ 모둠 의견 정리하여 모둠 칠판에 기록 ⇨ 칠판 나누기 활동
- 고조선 시대와 현재 내가 살고 있는 우리 사회의 법에 대한 고민 나누기 : 3단계 인터뷰 활동으로 진행하기
  - 고조선은 어떤 사회였나? 8조의 법은 과연 누가, 왜 만들었을까? 그 중심에 누가 있었을까? 모두에게 과연 평등하였을까?(그에 대한 근거도 함께 생각해보기)
  - 오늘날은 어떤 사회인가? 오늘날의 법은 누가 만들었을까? 모두에게 과연 평등한가? '평등'이란 관점에서 옛날의 법과 오늘날의 법은 현실적으로 달라진 점이 있는가?
  - 법이 제대로 실현되기 위해서는 어떤 노력이 필요한가?
- 우리 교실을 생각해보면서 '우리의 ○조법' 만들어보기
  - 우리 모두 평화롭게 살기 위해, 우리 교실이 행복하게 살아가는 곳이 되기 위해 해야 할 일과 해서는 안되는 일이 무엇인지 살피기(1학기 규칙에서 보완해야 할 점이 무엇인지 살피기)
  - 살핀 내용을 바탕으로 법조항 만들어보기(1학기 규칙 보완하기)
    ☞ 우리 학급 ○조법 만들기 : 모둠별 '생각 내놓기' 토의 토론
- 만든 법조항 발표하고 게시하기 ⇨ 전체 토의 토론을 거쳐 학급 규칙을 수정하고 고시하기

필자가 생각하는 역사수업의 방향성

1. 학생들이 쉼 없는 자기 성장과 마음의 자람을 도울 수 있도록 하기

2. 역사 수업을 통해 자기를 성찰하고 민족의 삶을 생각하기

3. 역사 수업을 통해 자기와 타인을 이해하도록 돕기

4. 역사적 사실을 현재로 가져와 오늘의 현실과 자기를 살피는 계기로 삼기

5. 과거의 역사적 사실을 오늘 참되게 부활시키기(연결 짓기)

6. 학생들 스스로 자기 삶의 창조자로, 역사 발전의 주체자로 성장하도록 돕기

실제로 2시간 활동 후 다음 날 1시간을 더 이어서 수업을 진행하였고 필자의 의도를 100%를 충족시키지는 못하였지만 의도한 바대로는 잘 흘러갔다는 생각이 든다. 5학년 학생들이었지만 그들의 눈에 비친 오늘날의 법이 그리 평등하지 않은 것 같다는 대부분의 주장에 대해서는 어른으로서, 교사로서 정말 많이 반성해야 할 일이라는 생각이 들었다. 많은 책임감이 느껴지는 대목이기도 하였다. 그렇지만 자신들도 스스로 만든 학급 규칙을 열심히 지키지 못하고 있다는 반성의 목소리 또한 꽤 높았다. 그 결과로 학급 규칙도 개정되었고 그에 따라 2학기 생활이 이루어지기도 하였다. 그래서 나름 꽤 의미 있는 수업 시간이라 여겨졌다.

현재 근무하고 있는 혁신학교에서 필자가 작성한 수업 지도안 사례이다. 이런 지도안도 고민해볼 필요가 있지 않을까?(왜 지도안은 다 비슷한 모습일까? 누가 그렇게 만들라 정했을까?)

422 ♥ 협동학습 살아있네

7) 교사가 사용하는 시간을 줄여라!

학생들의 배움을 위한 활동시간을 최대한 확보하기 위해 가능한 교사가 사용하는 시간을 줄여야 한다고 하지만 쉽지는 않은 것 같다. 특히 협동학습 수업을 고민하면서 많은 교사들이 공통적으로 하는 말 가운데 하나가 "협동학습으로 수업을 하려면 시간이 많이 걸린다. 그래서 진도 나가기 어렵다. 교과서 내용을 하나도 빠뜨리지 말고 하려니 협동학습으로는 도저히 시간이 부족해서 제대로 가르칠 수가 없다."라는 말이다. 그런데 관점만 살짝 바꾸면 이 일이 그리 어렵지 않다는 것을 알게 된다. 그 방법은 다음과 같다.

(1) 수업 흐름의 관행을 바꾸어라

일반적으로 수업 흐름에 대하여 3단계(도입-전개-정리) 또는 4단계(도입-전개-정리-심화)로 이해하고 있는 경향이 강하다. 그리고 이렇게 하지 않으면 안 되는 것처럼 인식하는 경향 또한 강하다.[2] 그러나 관행을 버리고 관점을 살짝만 바꾸어보면 교사가 사용해 왔던 시간을 확실히 줄일 수 있다.

- 동기유발을 꼭 할 필요 없다. 수업 시작과 동시에 학생들이 주어진 시간 내에 해결해야 할 과제나 도달해야 할 목표를 짧게, 확실히 제시하고 곧바로 학생 활동으로 들어간다면 최소한 동기 유발에 사용되는 시간(보통 5분 이상 되는데, 결코 적은 시간이 아니다)을 학생들에게 고스란히 돌려줄 수 있다. 또한 짧은 순간의 동기유발 활동을 위해 투입되는 과도한 교사의 시간, 에너지, 자원 등을 감안한다면 이 시간을 줄일 필요도 있다는 점에서도 확실히 고민해볼 필요가 있다.[3]

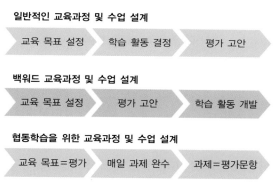

- 정리 단계도 꼭 교사가 해줄 필요가 있는지 고민해보는 것도 나쁘지 않다. 학생들끼리 스스로 노력하여 전원이 과제 해결을 하였고 학생들끼리도 답이 맞는지 확인이 되었다면 교사가 굳이 점검하고 확인할 필요도 없지 않을까 생각한다.[4] 협동학습을 통해 학생들 스스로 배워 나갈 수 있도록 하고자 한다면 학생들을 믿고 맡기는 것도 좋은 생각이라 여겨진다(단, 다른 학생의 답

---

2   용어만 다를 뿐이지 대부분 3단계 또는 4단계로 수업을 설계해야 한다고 생각하는 경향이 매우 강하다. 또한 본시 활동도 활동 1, 활동 2, 활동 3으로 설계하려는 경향 또한 강하다. 왜 이렇게 해야 하는지 필자는 아직 모르겠다. 그저 관행일 뿐이라 생각된다. 그것을 버리는 것부터 시작하자.

3   제시되는 과제 자체가 학생들을 끌어당긴다면 동기유발 활동은 불필요하다 할 수 있다.

4   필요시 정답만 교사가 교탁에 놓고 학생 스스로 답을 확인할 수 있도록 하면 된다.

을 무조건 베끼는 현상에 대해서는 철저히 대안을 마련하여야 한다는 전제가 따른다).[5]

(2) 짧은 과제 제시 시간과 마지막 짧은 평가 또는 간단한 확인 시간만 교사가 사용하고 나머지 30분 가까운 시간을 학생들에게 고스란히 돌려주어라

학생들 간의 협동적 상호작용이 잘 이루어지기만 한다면 굳이 교사가 도울 필요 없이 과제 제시(약 5분 이내) ⇨ 탐구 및 표현 활동(과제 해결 30분 정도) ⇨ 확인 또는 간단한 평가(5분 정도) 흐름만으로도 얼마든지 협동학습 수업을 진행할 수 있다.

> **예** 지난 시간까지 알아낸 원리를 바탕으로 수학책 16~17쪽 문제를 전원이 해결할 수 있도록 한다. 홀수 문제와 짝수 문제로 나누어 짝끼리 번갈아 문제 풀기 또는 짝 점검 활동으로 진행하도록 한다. 목표는 전원 과제 해결이다. 도움이 필요한 친구는 짝, 모둠, 타 모둠원에게 도움을 요청하여 반드시 과제를 완수할 수 있도록 한다. 정답은 선생님 책상에 놓여 있다. 지금부터 시작![6]
> ⇨ 수업 끝나기 5분 정도 전까지 모두 과제 해결을 확인하였으면 책을 덮고 개인칠판을 꺼내게 한 뒤 형성평가 문제를 제시하여 학생 모두 개인적으로 풀어 들어 보이게 하거나 몇 명의 학생만 무작위로 뽑아 칠판나누기 방식으로 앞에 나와 풀게 해도 된다.

(3) 동학년 교사 또는 같은 교과를 지도하는 교사들과 협의하여 꼭 지도하여야 할 내용, 요소, 범위와 깊이를 통일시켜라(평가도 그 범위 내로만 한정시켜라. 가르친 내용대로만 평가하라는 말이다.)

이때도 최대한 자잘한 내용, 핵심이 아닌 내용, 교과서 어디 구석진 곳에 있는 그런 내용들은 과감히 버려야 한다(내용에 대한 '살찌우기'보다 '군살 빼기'에 집중하기). 학생들이 배워 익혀야 할 내용은 가능한 최소화하고 그것을 바탕으로 보다 깊이 있게 탐구해 나갈 수 있도록 하면 시간 확보는 그리 어려운 일이 아닐 수 있다.[7]

(4) 그렇게 확보한 시간에 학생들끼리 토론, 질문 주고받기, 질문 만들고 스스로 답을 찾아갈 수 있게 수업을 설계하라

그 방법으로 다음과 같은 수업이 있을 수 있다.

---

5 잘 이해가 되지 않아 도움을 받는 학생은 최소한 다른 친구 2~3명 정도 또는 모둠원 한 사람 한 사람에게 각각 자신이 이해한 대로 설명을 한 뒤 확인 사인을 받는 방법 등으로 정확히 알고 넘어갈 수 있도록 하여 전원 과제 해결을 달성해 나갈 수 있도록 한다. 또는 마지막 5분 정도를 확보하여 무작위로 몇 명의 학생을 뽑아 잘 이해하였는지 확인하는 방법도 사용할 수 있다(앞의 제9장 협동학습의 원리 중 다섯 번째 원리 참고하기).

6 수업 시작과 동시에 미션 과제 또는 핵심 발문을 제시하고 학생들이 충분한 시간 동안 토의 토론을 통해 과제 완수를 할 수 있도록 하는 것도 방법일 수 있다. 필자는 최근 들어 이런 과제나 발문을 개발하여 수학 또는 사회, 국어 수업 등을 진행하려고 최선을 다해 노력하고 있는 중이다. 이런 맥락에서 집필한 책이 바로 『협동학습 토의·토론 초등수학교육을 혁신하다』(출판 중, 시그마프레스)이다.

7 소위 말해서 시험 문항도 그 범위 내에서만 출제하면 된다. 오히려 그렇게 되면 학생들이 암기, 이해해야 할 핵심 내용이 그리 많지 않아 공부의 부담이 줄어들게 된다. 그뿐만 아니라 평가 결과도 더 향상될 가능성이 높다.

- 학생들이 머리를 맞대고 협동적으로 문제를 해결할 수 있는 과제나 질문을 개발하여 제시하기 ⇨ 토의 토론하여 문제를 해결하거나 대안, 창의적 아이디어 찾기
- 하브루타와 같이 질문을 주고받는 활동하기
- 내용과 관련된 다양한 질문을 만들고 함께 답을 찾아가는 활동하기

가치수직선 토의·토론

이와 관련된 활동들은 바로 이어지는 장에서 자세히 다루어보고자 한다.

토론하는 교실을 만드는 협동학습

토의·토론 수업이란 토의·토론 활동을 교실 속으로 끌어들인 것으로, 수업 목표를 달성하기 위한 교수-학습방법의 하나라고 할 수 있다. 토의·토론 수업은 토의·토론 활동을 통해 교육의 효과를 극대화하는 것을 주된 목적으로 한다.

토의·토론 수업에 대한 필자의 정의[8]

토의·토론 수업이란 교사가 그 당시까지 학습한 결과를 바탕으로 학급 구성원 간에 토의·토론 활동이 활발하게 일어나도록 하여 학생들끼리 서로 묻고 가르쳐주고, 의견도 주고받고, 논쟁도 하면서 함께 학습한 내용과 도출된 결과나 합의된 대안에 대해 확신을 갖도록 하는 것이라 할 수 있다.

한편 토의·토론 수업은 일상에서의 토의·토론 활동 그 자체와는 전혀 다른 목적을 가지고 있다. 왜냐하면 일반적으로 토의·토론 활동 그 자체는 그 목적이 어떤 결론 도출(토의=문제해결방안 모색, 토론=논증과 실증을 통한 변화)에 있지만 토의·토론 수업은 수업 목표 달성 자체가 주된 목적이기 때문이다. 그런 이유로 인해 토의·토론 수업을 통해 얻어진 결론 그 자체는 수업 활동 과정에서 자연스럽게 얻어지는 부산물로서 어떤 면에서는 큰 가치를 두지 않는 경우도 많다. 오히려 결론보다는 그 과정에서 길러지는 교육적 효과에 더 큰 가치를 두고 있기도 하다.

---

8 『협동학습으로 토의·토론 달인 되기』, 이상우(2011, 시그마프레스), p. 14.

이와 같은 토의·토론 수업에서 필자는 그 목적을 다음과 같은 것에 두고 있다.

필자가 바라본 교실에서의 토의·토론 수업 목적 : 생각하는 힘 기르기[9]

1. 주제와 관련하여 많은 것을 알게 하고, 자신의 생각과 의견을 갖도록 하는 것
2. 수업 과정에서 모든 학생이 말할 기회를 가지고 자신의 생각을 발표하도록 하는 것
3. 주제에 대한 진실에의 접근 및 이해의 폭과 깊이를 더할 수 있도록 하는 것
4. 수업을 통해 탐구력, 창의적 문제해결력, 비판적 사고력, 합리적 의사결정력 등을 신장시키려는 것(고등 정신 기능-고급사고력) : 미래 사회에 대한 준비(지식정보화사회, 4차 산업혁명사회)
5. 학생들이 토의·토론을 잘할 수 있도록 만드는 것
6. 학생들이 토의·토론을 좋아하게 만드는 것

1) 토의·토론 수업의 교육적 효과[10]

(1) 사회현상을 바라보는 안목과 문제의식 배양

다루는 주제가 우리 사회 현실과 깊은 관련이 있기 때문에 문제를 객관적으로 바라보고 다양한 관점에서 비판적으로 검토할 수 있게 된다.

(2) 민주시민의식 함양

삶은 크고 작은 의사결정의 연속이라 할 수 있는데 사람들은 그 속에서 서로 영향을 주고받으면서 수많은 정반합 과정을 경험하게 된다. 또한 합리적인 대안을 찾아 합의하고 결정하는 경험도 해 나가게 되는데 그 경험들은 합리적이고도 현명한 미래의 삶을 유지해 나가는 데 도움이 될 수 있다.

(3) 학습 능력 및 고등 정신 능력의 개발

토의·토론 과정에서 메타인지 능력이 향상되고 어렴풋이 알고 있었던 것들을 더 공고히 할 수 있으며 다양한 정보 교환 및 이를 바탕으로 한 창의적 사고력, 비판적 사고력, 문제해결력 등을 향상시킬 수 있다는 것이 이미 잘 알려진 사실이다.

(4) 가치관과 태도의 변화를 통한 성장

집단 사고 과정을 경험하게 되면서 그 속에서 학생 개개인은 의사소통과 관련된 태도와 예절(토론

---

9 『협동학습으로 토의·토론 달인 되기』, 이상우(2011, 시그마프레스), p.15.
10 『협동학습으로 토의·토론 달인 되기』, 이상우(2011, 시그마프레스), pp.15~19.

절차와 규칙 준수하기, 끼어들지 않기, 적극적으로 들어주기, 다른 사람의 느낌과 행동에 대한 수용적 태도 갖기, 의견을 비판하되 사람은 비판하지 않기, 타인의 가치를 인정하기, 서로 의견 존중해주기, 함께 문제를 해결해 나가는 협동적 태도 등)을 배워 나감과 동시에 자신들이 갖고 있었던 잘못된 가치관이나 태도 등을 돌아보고 반성하면서 도덕적 · 정신적 성장(자아인식 및 자신감의 성장 등)을 하게 되고, 학급이라는 집단 자체는 협동성과 건설적 사고력, 상호 존중감을 바탕으로 한층 더 강한 정체성을 형성하며 발전하게 된다.

더 자세한 내용은 필자의 서적 참고

(5) 의사 표현 능력 신장

경험을 통해 알게 된 사실이나 이미 알고 있는 지식, 책이나 각종 자료 속에 담겨 있는 정보를 자신의 언어로 소화하여 조리 있게, 적절한 시간에 적절한 속도로 표현해야 하기 때문에 수업에 참여하는 학생들은 의사 표현 능력 및 언어적 유창성을 기를 수 있게 된다.

(6) 수업에 대한 흥미 및 참여도 증가

토의 및 토론 활동은 기본적으로 구성원들의 적극적인 참여를 통해서 비로소 완성되기 때문이다.

(7) 비교적 높은 학습 효과(학업 성취 등)

토의 · 토론 수업의 주제는 주로 참여하는 학생들의 경험이나 인지 구조와 일치하지 않는 것들이어서 내적 자극을 받음으로써 학생들은 심적 불균형 상태를 경험하게 된다. 그리고 이를 해결하기 위해서 다른 학생들과 협동적 상호작용을 하거나 찬성과 반대로 나누어 논쟁을 벌이면서 주제와 관련된 다양한 내용을 여러 관점에서 검토하고 자신을 드러내면서 심적 평형 상태를 만들어 나간다.

(8) 사회적 기술 습득

토의 · 토론 수업을 통해서 학생들은 상호 존중하기, 경청하고 이해하기, 협동하기, 메모하며 듣기, 과제에 충실할 수 있는 집중력과 책임감, 자신의 생각을 효과적으로 표현하기, 효과적인 조력자가 되어 주려는 마음과 방법을 알고 실천하기, 진심으로 칭찬해주기, 정중하게 도움 주고받기, 순서와 시간 지키기, 정보를 나누기, 원만하게 갈등 해결하기, 자신의 감정을 적절하게 표현하기, 분노와 감정 통제하기 등과 같은 사회적 기술을 배워 나갈 수 있다.

협동학습 토의 · 토론 수업 : 핵심 목표

1. 자기 생각 갖기 까닭과 이유까지 포함	2. 생각을 서로 나누기 발표-생각을 나누고 공유하기
3. 경청하기 나의 생각, 너의 생각, 우리 생각이 있음을 알게 하기	4. 소통하기 차이점, 공통점에 대한 비교, 분석, 다양한 배움 얻기

출처 : 『협동학습으로 토의 · 토론 달인 되기』 중

2) 토의 · 토론 수업의 분류

많은 분류 기준이 있겠지만 필자가 학교 수업을 위해 주로 활용하고 있는 기준에 따른 분류를 제시해본다면 다음과 같다.[11]

수업 목적	토의 · 토론 방법		
아이디어 개발	• 브레인스토밍 • 모둠문장 만들기	• 브레인라이팅	• 돌아가며 발표하기
쟁점 분석	• 대립 토의 · 토론	• 찬성 · 반대 토의 · 토론	• 신호등
지식 습득	• 배심 토의 · 토론	• 직소	• 둘 가고 둘 남기
의사결정	• 만장일치 모형 • 복수선택 및 질적 의사결정	• 상황 의사결정	• 피라미드

3) 토의 · 토론 수업과 협동학습의 연결 고리[12]

- 토의 · 토론 수업이란 교사가 그 당시까지 학습한 결과를 바탕으로 학급 구성원 간에 토의 · 토론 활동이 활발하게 일어나도록 하여 학생들끼리 서로 묻고 가르쳐주고, 의견도 주고받고, 논쟁도 하면서 함께 학습한 내용과 도출된 결과나 합의된 대안에 대해 확신을 갖도록 하는 것
- 협동학습이란 학습자들이 공동의 학습목표를 달성하기 위해서 서로 도와 가면서 학습하는 구조를 말한다(협동학습에 대한 일반적 정의).

토의 · 토론 수업의 교육적 효과	협동학습의 교육적 효과
① 사회현상을 바라보는 안목과 문제의식 배양 ② 민주시민의식 함양 ③ 학습 능력 및 고등 정신 능력의 개발 ④ 도덕적 가치와 태도의 변화를 통한 개인과 집단의 성장 ⑤ 의사 표현 능력 신장 ⑥ 수업에 대한 흥미 및 참여도 증가 ⑦ 비교적 높은 학습 효과(학업 성취) ⑧ 사회적 기술 습득	① 학생들이 수업 시간의 주인이 된다. ② 타인을 배려하는 태도를 길러준다. ③ 고급 사고력을 길러준다. ④ 원만한 대인관계 유지를 돕는다. ⑤ 지적 모험을 할 수 있는 기회를 제공한다. ⑥ 긍정적 자아개념을 갖게 해주고, 강한 소속감을 심어준다. ⑦ 자기주도적 학습을 가능하게 한다. ⑧ 학습에 대한 만족도가 높다.

---

11 『협동학습으로 토의·토론 달인 되기』, 이상우(2011, 시그마프레스), p. 20.
12 『협동학습으로 토의·토론 달인 되기』, 이상우(2011, 시그마프레스), pp. 41~51.

위에서 필자가 정리해본 바와 같이 협동학습과 토의 · 토론 수업은 상당히 많은 부분에서 유사함을 갖고 있다. 다시 말해서 닮은꼴이라는 것이다(합동은 아니다). 따라서 협동학습을 위해 개발된 수많은 구조를 필자가 제시한 토의 · 토론 수업 분류 기준(아이디어 개발, 쟁점 분석, 지식 습득, 의사 결정)에 따라 잘 활용한다면 얼마든지 토의 · 토론 수업을 하였다고 볼 수 있다. 그러니 토의 · 토론 수업에 대하여 너무 큰 부담을 갖지 않기를 바란다. 협동학습 구조를 활용한 수업을 한다는 것 자체가 바로 토의 · 토론 수업이라는 사실을 잊지 말도록 하자. 그리고 이에 대한 수많은 사례들은 필자가 집필한 서적 『협동학습으로 토의 토론 달인 되기』(2012, 시그마프레스)를 참고하기 바란다(아래 사례는 위의 서적에서 몇 가지만 뽑아 제시한 것임).

(1) 만다라트 활용 협동학습 토의 · 토론 수업

아이디어를 모으는 도구인 만다라트는 일본의 디자이너인 이마이즈미 히로아키가 개발한 발상기법이다. 만다라트는 만다(Manda), 라(La), 아트(Art)의 합성어로 목적을 달성하는 기술 또는 도구를 뜻한다. 떠오르는 아이디어를 즉시 구조화하여 전시하도록 해주는 이 방법은 사람의 뇌 구조에 적합한 방식으로, 생각을 보다 쉽게 정리함은 물론 다양한 아이디어의 조합을 눈으로 확인할 수 있도록 해준다. 활동 방법은 아래와 같다.

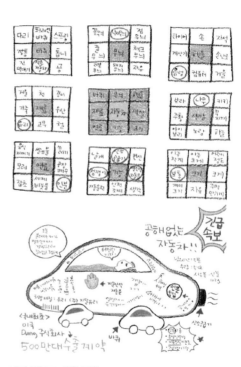

내가 만들고 싶은 물건
출처 : 창의넷(http://www.tcnc.net)

- 과제를 제시하고 활동지를 배부한다(각 모둠 1장).
- 학생들은 활동지를 받아들고 중앙에 주제를 적어 넣는다(기록이 활동).
- 중앙 주변의 칸에 주제와 연관된 아이디어를 적어 넣는다(모둠 내 브레인스토밍 — 반드시 8개를 채워야 한다).
- 3단계에서 적어 넣은 만다라트 주변 칸을 주제로 하여 하나씩 확장시켜나간다(모둠 내 브레인스토밍).
  ※ 처음 아이디어를 한 장씩만 확장시켜 나간다 해도 아이디어는 8×8=64개가 된다.
- 모둠 내에서 정리된 것을 발표(제출)하고, 필요한 경우엔 게시물로 활용한다.

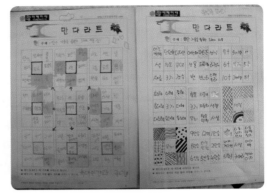

필자의 반 사례 : 첨단기술 활용 제품 아이디어 논의

(2) P.M.I 구조 활용 협동학습 토의·토론 수업

P.M.I 구조는 '좋은 점(Plus)', '나쁜 점(Minus)', '흥미로운 점(Interesting)'으로 나누어 문제점에 대한 비판적 분석을 해 나가는 데 도움을 준다. 앞에 놓인 문제점이나 제안된 아이디어의 장점(P), 단점(M), 흥미로운 점(I)을 따져본 후 그 아이디어를 평가하고 개선방안을 찾아가는 기법으로서 하나의 아이디어나 문제점에 대해 집중적으로 분석해보고자 할 때 간단하면서도 효과적으로 활용할 수 있으며 이를 통해 비판적 분석능력을 기르고 문제점에 대한 대안을 찾아나갈 수 있다. 활동 방법은 아래와 같다.

- 교사는 모둠에게(개인에게) 주제를 제시한다.
- 각 개인과 모둠에 활동지를 배부한다(개인 활동을 먼저 하고, 이를 바탕으로 모둠 의견을 모을 수도 있고, 개인 활동 없이 바로 모둠 활동으로 넘어갈 수도 있다).
- 각 개인은 모둠 내에서 돌아가며 말하기(또는 돌아가며 쓰기)로 개인 생각을 말한 후 그에 대한 의견을 주고받으면서 합의된 내용을 기록이가 모둠 활동지에 기록한다(P → M → I 순서로 정리).
- 모든 내용이 정리되면 기록이는 내용을 모둠원에게 한 번 읽어준다.

아이디어	버스 안에 있는 좌석은 모두 치워 버려야 한다.
P (Plus)	• 버스에 더 많은 사람이 탈 수 있다(공간 활용). • 버스를 타거나 내리기가 더 쉽다. • 버스를 제작하거나 수리하는 비용이 보다 적게 들 것이다.
M (Minus)	• 버스가 갑자기 서면 승객들이 넘어질 것이다(위험성). • 노인이나 장애를 가진 분들은 버스를 이용할 수 없을 것이다. • 쇼핑백을 들거나 아기를 데리고 다니기가 어려울 것이다.
I (Interesting)	• 한 가지는 좌석이 있고, 다른 한 가지는 좌석이 없는, 두 가지 유형의 버스를 생각하게 하는 흥미로운 아이디어이다. • 같은 버스라도 유형을 달리하면 일을 더 많이 할 수 있다는 흥미로움이 있다. • 버스에서는 편안함이 그렇게 중요하지 않을 수도 있다는 재미있는 아이디어이다.

- 문제해결방안이나 개선점을 찾는 주제라면 이를 바탕으로 토의·토론을 해 나가도록 한다.
- 정리된 자료는 발표물, 형성평가자료, 게시물 등으로 활용한다.

필자의 반 사례 : 첨단기술의 발전에 따른 장점과 단점 살피기

(3) 함께 차트 구조 활용 협동학습 토의·토론 수업

함께 차트 구조는 한 가지 주제에 대한 여러 사람의 생각이나 여러 가지 관점을 정리하는 데 매우 유용한 구조라 할 수 있다. 이 구조는 주어진 한 가지 주제에 대한 토의·토론 과정을 거치면서 생산된 다양한 의견, 내용, 문제 해결 방법 등을 한눈에 보면서 서로의 생각에 있어서 차이점과 공통점 및 찬성/반대 입장 등을 알 수 있도록 해준다. 의사결정 및 정보의 교환, 정보 수집, 비교 및 분류, 분석, 대조 등에 유용하다고 할 수 있겠다. 활동 방법은 아래와 같다.

- 활동을 위한 학습지를 미리 제작한다(행의 수 : 항목의 수만큼, 열의 수 : 5칸 — 보통 모둠의 인원을 4명이라고 놓고, 제일 가운데에 주제 또는 항목을 쓰는 칸을 마련한다).
- 맨 윗줄에 각 모둠원의 이름을 쓰고, 제일 가운데 칸은 주제와 관련된 항목(비교할 내용 등)을 쓰도록 한다. 주제는 활동에 따라 교사가 미리 써 놓고 활동지를 나누어주어도 좋고, 때에 따라서는 아동들이 직접 분류 기준 혹은 주제에 따른 여러 가지 항목을 직접 정하여 모둠별로 적게 해보는 것도 좋다(아래 예시).
- 돌아가며 쓰기 구조 등을 이용, 각자 생각한 내용을 채운다(또는 기록이가 정리한다).
- 활동 결과에 따라 모둠 내에서 발표시간을 갖거나, 모둠 내에서 정리하여 학급 발표를 하기도 하고, 그 결과물 자체를 학급 게시물로 활용하여 다른 모둠과 비교해볼 수도 있겠다.

[교사가 미리 준비해두어야 할 활동지 양식]

모둠원 1(이름)	모둠원 2(이름)	주제	모둠원 3(이름)	모둠원 4(이름)
		항목 1		
		항목 2		
		항목 3		
		항목 4		
		항목 5		

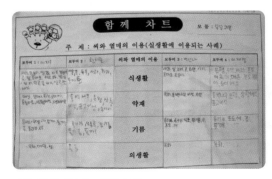

이면지를 잘라서 쓰고 붙인 사례

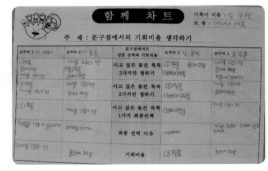

사회-경제교육 활동에서 활용 사례

(4) K.W.L 차트 활용 협동학습 토의·토론 수업

K. W. L(know, want to know, learned) 차트는 교수-학습 활동에 학생들의 배경지식을 적극 활용할 목적으로 Ogle에 의해 개발되었다. K. W. L 차트는 사실적 내용을 담고 있는 글을 읽거나 듣기 활동을 하기 이전과 그 이후에 사용하는 것을 목적으로 한다.(읽거나 듣기 이전과 읽거나 듣고 난 후의 생각과 지식의 변화에 중점을 둔다. ⇨ 배경지식을 바탕으로 하여 모둠 내에서 토의·토론 활동을 한 후 학생들의 지식 체계-인지구조에 변화가 생긴다는 구성주의적 입장과 맥을 같이 한다.) 활동 방법은 아래와 같다.

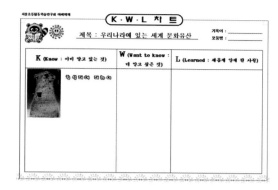

K.W.L 활동지 사례

- 이미 알고 있는 것(사실, 사전 지식) : 첫 번째 란에 글을 읽기 전, 과제를 탐구하기 전에 주어진 내용이나 과제에 대해 알고 있는 것을 기록한다 ⇨ 브레인스토밍하기(What I Know 칸에 적어 놓기 ⇨ 배경 지식 확인하고 일깨우기).

- 알고자 하는 것(사실, 탐구할 내용, 탐구 목적) : 두 번째 란에 그 글을 통해서 알고 싶은 것에 대해 적는다(What I Want to know 칸에 적어 놓는다. ⇨ 책이나 글을 읽는 목표 설정하기).

- 학생들은 관련된 글이나 서적을 통해 스스로의 질문에 대한 답이나 정보를 찾아 그 주제에 대한 이해를 확장시키도록 한다. 이때는 'W-알고 싶은 것'에 따른 'L-배운 것'에 주의를 기울이면서 읽도록 안내한다.

- 모둠원끼리 주어진 과제에 대하여 토의·토론 활동을 하는 과정 속에서 책이나 탐구활동으로 인하여 새롭게 알게 된 것(사실, 지식), 활동을 통해 새롭게 배운 것, 알게 된 것을 적는다(What I 〈have〉 Learned 칸에 적어 놓기 ⇨ 목적 달성). 아울러 해결되지 않은 점에 대해서는 탐구 과제로 다음 시간까지 조사해 오는 것으로 제시하면 된다.

주어진 자료를 읽어보고 이미 알고 있는 정보 공유

알고자 하는 것을 탐구하고 그에 따른 역할 분담하기

역할 분담에 따라 각자 조사해 온 자료 및 정보 공유

협동학습으로 하브루타 수업하기

요즈음 하브루타 수업이 유행이다. 그런데 한 가지 걱정은 오래갈 것 같지 않다는 점이다. 무엇을 하든지 제대로 하면 좋은데. 필자는 무엇을 하든 잠깐 하고 말 것이라면 아예 손도 대지 않았으면 좋겠다. 꾸준히 할 것이라면 제대로 연구하면서 할 것을 권한다. 그렇게 하면 무엇을 하더라도 잘 될 수 있다. 그리고 그것의 핵심을 원천기술로 삼는다면 다른 어떤 것에도 전이가 가능하다는 것이 필자의 견해이다.

1) 협동학습과 하브루타의 유사점

아무튼 필자의 눈으로 바라본 하브루타는 협동학습과 아주 유사한 점이 많다. 이를 바탕으로 협동학습으로 하브루타 수업 사례 몇 가지를 분석하여 설명해보고자 한다. 여러분도 필자의 분석을 살펴보고 설득력이 있다고 판단된다면 협동학습을 원천기술 삼아 하브루타 수업을 교실에서 잘 실천해보기 바란다.

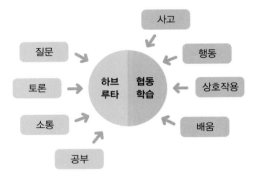

협동학습과 하브루타의 유사점

- 하브루타 : 질문과 토론을 통해 소통하며 공부하는 활동이다.
- 협동학습 : 사고하고 행동하고 상호작용하면서 배우는 활동이다.
  - 둘은 서로 통하는 부분이 매우 많다.
  - 여기에서의 공부＝배움 : 다양한 사고, 다양한 생각 추구 ⇨ 정보의 암기가 아니라 생각하는 힘, 의사소통능력, 창의적 사고력 등을 기르는 것이 목적

협동학습과 하브루타의 공통적인 핵심 요소＝질문하기(도움 구하기와 같은 맥락)

협동학습과 하브루타는 모두 질문하기를 통해 메타인지 능력(자기 내면을 들여다보는 힘)을 향상시키는 데 매우 큰 도움이 된다. 그렇게 하여 새로운 것, 알고 싶은 것과 연결 짓는 과정이 바로 배움, 공부, 학습인 것이라 말할 수 있다.

한편 하브루타의 기본 과정은 '학생 스스로 질문하고 답하며 짝과 생각 주고받기'인데 이는 학생들끼리 생각을 주고받으면서 토론하기 활동이라고 말할 수 있다. 그리고 이 활동은 협동학습에서 짝끼리 활동하는 여러 가지 구조로 얼마든지 대체가 가능하다. 이러한 협동학습과 하브루타의 배움 과정을 도식화해보면 다음과 같다.

배움 → 질문(앎에 대한 갈망)에서 시작 → 뇌를 깨워줌 → 질문을 통해 대화가 시작 → 토론(도움 주고 받기)으로 이어짐 → 앎

"오늘 공부한 것 중 대분수를 가분수로 고쳐서 분모는 분모끼리, 분자는 분자끼리 곱하는 것은 알 겠는데(알고 있는 내용) 분배법칙을 통해 대분수끼리 곱하는 것은 잘 모르겠어(모르는 내용 ⇨ 여기 에 집중하면 됨). 나 좀 도와줄래?"

이렇게 볼 때 학습에 대한 협동학습과 하브루타의 공통점은 바로 '가르치며 배운다는 것(설명하기 가 대표적인 방법)'이라 말할 수 있다.[13] 그리고 두 활동은 모두 정답보다 토론 과정을 매우 중시하고 있음을 알 수 있다. 왜냐하면 자신이 알게 된 것을 타인에게 설명하는 과정에서 도움을 주는 학생은 진짜 앎을 경험하기 때문이고 도움을 받는 학생 또한 몰랐던 것을 알게 되는 1석 2조의 효과를 볼 수 있기 때문이다.

2) 협동학습으로 하브루타 구현하기

알려진 바로는 2인 토론을 하브루타라 하고 모두 모여 질문하고 토론하는 활동을 쉬우르라고 하는 데 이 모든 과정을 협동학습으로 얼마든지 구현할 수 있다. 그래서 협동학습에 대한 각성 수준이 매 우 깊다면 자신도 이미 하브루타, 쉬우르를 실천하고 있었다는 사실을 알게 된다. 간단한 사례를 통 해 살펴보면 다음과 같다.

(1) 하브루타로 자기 소개하기 활동과 협동학습 구조로 자기 소개하기 활동 비교하기

[하브루타 활동]

● 짝끼리 서로 주고받을 질문 만들기(학년 수준에 따라 모두 만들어줄 수도 있고 모두 스스로 만들 게 할 수도 있고 일부는 제시하고 일부만 만들게 할 수도 있음. 주어진 시간에 따라 질문 수 조절 하기)

● 질문을 1가지씩 주고받거나 1명씩 만든 질문에 대하여 모두 묻고 답한 뒤 역할을 바꾸어 진행하기 : 이때 즉 문즉설을 하면서 질문에 대한 답이 돌아오면 곧바로 다음 질문으로 넘어가지 말고 답변에 대한 추 가, 보조적인 질문을 계속 이어갈 수 있도록 하는 것이 바람직함(예 : 너의 장래 희망이 뭐니? ⇨ 난 요리사가 되는 게 꿈이야. ⇨ 와우, 요리사라. 왜 그런 꿈을 갖게 되었어? ⇨ 난 평소에 요리에 관심이 많고 집에서도 요리를 자주 해서 먹는데 그게 재미있어. ⇨ 아, 그렇구나. 그러면 어떤 요리 에 주로 관심이 있나? ⇨ 난 일식 요리에 관심이 많아. ⇨ 와, 그래? 그중에서도 특히 더 관심이 있 는 것은? ⇨ 면과 관련된 요리에 관심이 많아. 우동이나 라멘 같은 것 ⇨ 이런 방식으로 충분히 꼬

---

[13] 이에 대한 효과는 교사가 가장 잘 알고 있다. 늘 학생들을 지도하기 위해 다양한 정보, 자료를 찾아 지도하고 나면 어느 새 자신의 것이 되어 있다는 사실을 깨닫게 되니까 말이다.

리에 꼬리를 물고 계속 이야기를 이어 나갈 수가 있다.

[협동학습 활동]

- 사례 1 : '짝 인터뷰' 구조로 얼마든지 가능하다. 3단계 인터뷰로 확장하여 서로 질문을 통해 짝에 대하여 알게 된 내용을 모둠 내 다른 친구에게 대신 소개하는 활동으로 전개해 나갈 수 있다(3단계 활동을 모둠원 대신 학급 친구 모두에게 소개하는 활동으로 범위를 넓혀 진행해 나가도 얼마든지 좋은 활동이 될 수 있다).
- 사례 2 : 동심원 구조로 얼마든지 활동이 가능하다. 학생들에게 2중 원(안쪽 원과 바깥

동심원 활동 장면

쪽 원)을 만들어 서게 한 뒤 서로 짝을 지어 위와 같은 과정으로 충분한 시간 동안 질문을 주고받게 하면 된다. 그런 뒤에 안쪽 원은 오른쪽으로, 바깥쪽 원은 왼쪽으로 1칸씩 회전 이동하게 하면서 이전과 같은 질문 주고받기 활동을 몇 차례 계속 반복하여 진행하면 보다 많은 학생들과 이야기를 나눌 수 있게 된다.

시간 조절은 필수

하브루타 활동이든 협동학습 활동이든 적절한 시간 조절은 꼭 필요하다. 한 사람씩 질문을 모두 마무리하는 데 필요한 적당한 시간을 미리 예상하여 타이머 등을 띄워두고 시간을 봐 가면서 질문 활동을 이어나갈 수 있게 하는 것이 좋다. 그렇지 않으면 한 사람이 모든 시간을 다 쓸 수도 있고 어떤 짝은 질문이 너무 빨리 끝나 다른 사람들이 끝날 때까지 기다리기만 할 수도 있다.

---

(2) 하브루타 수학 수업과 짝 점검 협동학습 구조 활용 수학 수업 비교하기

[하브루타 활동]

- 특정 주제, 개념, 원리(보통 단위 차시 활동) 등과 관련하여 학습한 내용(미리 공부해 왔거나 그 시간에 배워 알게 된 내용을 바탕으로 함)에 대하여 짝끼리 서로 가르치고 배우는 활동을 한다.
- 가르치는 학생에게 배우는 학생은 반드시 질문을 하면서 듣도록 한다.
- 해당 활동이 끝나면 입장을 바꾸어 앞 단계 활동을 진행한다.
- 서로 활동하는 과정에서 잘 이해가 되지 않거나 어렵게 생각되는 부분을 전체 질문으로 만들어 제

시한다.

- 전체 질문으로 나온 것에 대하여 전체 토의 토론을 진행한다.
- 교사가 최종적으로 정리한다.

[협동학습 활동]

- 교사가 단위 차시 활동에 대한 짝 점검 활동지를 제시한다.
- 어깨짝끼리 짝을 지어 활동을 한다.
- 모둠 내 자리번호 1번은 홀수번호 문제를, 자리번호 2번은 짝수번호 문제를 서로에게 알려주는 방식으로 한 문항씩 번갈아 설명하면서 문제를 차근차근 해결해 나간다. 이때 설명하는 방법은 아래와 같이 할 때 가장 효과적이다.

---

1. 두 학생 중 한 명이 주어진 문제에 대하여 짝에게 질문하는 방식으로 문제 해결 과정을 설명해주는 식으로 해결한다.

2. 예를 들어서 $\frac{2}{3} + \frac{3}{4}$ 문제를 짝에게 짝 점검 활동으로 질문을 주고받으면서 설명한다고 할 때 이 문제를 맡은 학생은 본인이 풀어가면서 짝에게 설명하는 것이 아니라 한 단계씩 차근차근 짝에게 질문을 하면서 문제를 해결해 나간다.

3. [질문] $\frac{2}{3} + \frac{3}{4}$를 해결하려면 가장 먼저 무엇부터 해야 할까?

  [답변] 음, 통분을 먼저 해야 해.

  [질문] 응, 맞아. 그렇다면 분모를 얼마로 통분할까?

  [답변] 12로 통분하면 돼.

  [질문] 왜 그렇게 생각하지?

  [답변] 12는 분모 3과 4의 최소공배수이니까.

  [질문] 좋아, 그렇다면 분모를 12로 통분하면 $\frac{2}{3}$는 얼마로 바뀌지? 왜 그렇게 생각하지?

  [답변] 음, 12가 되려면 분모 3에 4배를 해야 하니까 분자 2에도 똑같이 4배를 해서 $\frac{2}{3}$는 $\frac{8}{12}$이 돼.

  [질문] 그렇다면 $\frac{3}{4}$은 어떻게 바뀌지?

  [답변] $\frac{3}{4}$에서 분모가 12가 되려면 4에 3배를 해야 하니까 분자 3에도 3배를 해서 $\frac{3}{4}$은 $\frac{9}{12}$가 돼.

  [질문] 좋아, 그러면 식이 어떻게 바뀌지?

  [답변] $\frac{8}{12} + \frac{9}{12}$가 된다.

  [질문] 그렇게 되면 답은 얼마가 될까?

  [답변] $\frac{17}{12}$, 대분수로는 $1\frac{5}{12}$가 된다.

  [질문] 좋아, 잘 해결되었네.

● 이와 같은 방법으로 한 문제씩 번갈아가면서 계속 주어진 짝 점검 활동지를 해결해 나간다.

필자의 교실 짝 점검 활동 장면 및 활동 사례

● 이 과정에서 배움이 느린 학생에 대해서는 함께 활동하는 짝이 질문자가 될 때도, 답변자가 될 때도 질문을 주도하여 배움이 느린 학생의 이해를 도울 수 있도록 하는 것이 좋겠다.
● 활동 과정에서 어려운 점, 잘 이해가 되지 않는 부분에 대해서는 전체 질문으로 만들어 학급 전체 토론 활동으로 제안한다.
● 학급 전체적으로 과제의 전원 완수가 달성되었다면 마지막으로 몇 명을 지목한 뒤 해당 학생이 칠판 앞으로 나와 활동했던 문제에 대하여 다른 학생들에게 설명하는 방식으로 문제를 해결하게 할 수도 있다.

위에서 보는 바와 같이 하브루타 수업은 협동학습 구조를 활용하여 얼마든지 실현이 가능하다고 볼 수 있다. 물론 하브루타 수업의 형태는 다루는 내용이 무엇이냐에 따라 매우 다양하게 나타난다고 볼 수 있는데 개발된 협동학습 구조의 종류도 매우 다양하여 어떤 형태의 하브루타 수업이든 협동학습으로 실현되지 못할 것은 없다고 필자는 보고 있다.

3) 몇 가지 대표적인 하브루타 수업 모형을 협동학습으로 구현하기

우리나라에 알려진 몇 가지 대표적인 하브루타 수업 모형을 살펴보면 아래와 같은 과정으로 진행되고 있는데 이에 대한 분석적 접근을 통해 어떻게 협동학습으로 구현되는지 설명해보고자 한다.[14]

---

14 여기에서 소개하는 수업 모형의 각 단계는 반드시 꼭 지켜져야 한다는 것이 아니라고 이해하기 바란다. 협동학습 구조도 마찬가지겠지만 학생의 상황, 수준, 환경 등 다양한 변인에 따라 얼마든지 축소, 변형 등이 가능하다. 예를 들어 특히 저학년의 경우 짝끼리 활동은 가능하지만 모둠 토론까지 운영하기가 매우 어렵다. 특히 다른 사람의 질문으로 토론하기를 매우 힘들어한다. 이럴 경우 모둠 토론 단계 이후는 과감히 생략하여 활동을 해도 좋다. 어떤 것이든 절대적인 것은 없다.

(1) 텍스트 읽어가며 질문 만들기 하브루타

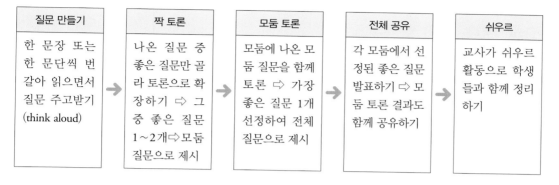

위의 과정을 좀 더 자세히 살펴보면 아래와 같은 하브루타 수업이 이루어질 수 있는데 필자는 이와 같은 활동에 대하여 뒤에 이어질 '협동학습으로 질문이 있는 수업하기'에서 별도의 장으로 구성하여 다루어보고자 하였다. 왜냐하면 질문 만들기 활동과 관련하여 다양한 사고의 훈련과 과정이 필요하기 때문이다.

사회 또는 국어 등의 활동에서 주어진 텍스트를 읽어 가면서 그 내용에 대하여 서로 궁금한 점(기본적으로 낱말의 뜻부터 시작하여 내용상 궁금한 점 등)에 대하여 질문으로 만들어 주고받으려면 질문을 만드는 역량 또한 상당히 요구된다고 볼 수 있다. 이런 활동 과정을 살펴보면 아래와 같다.

1. 주어진 텍스트에 대하여 한 문장씩 또는 한 문단씩 번갈아 읽어 가면서 'think aloud(소리 내어 생각하기)' 활동을 진행하기[15]
2. 모든 텍스트에 대하여 같은 과정을 반복하기[16]

---

[15] 교사가 먼저 직접 사례를 보여주면서 읽어가는 것이 좋다. 그 방법은 다음과 같다 — ① 텍스트를 읽기 ② 읽으면서 떠오르는 생각에 대하여 말하기 ③ 읽으면서 느끼는 점에 대하여 말하기 ④ 읽으면서 궁금한 점에 대하여 질문 형식으로 말하기 ⑤ 읽으면서 알게 된 사실 또는 깨닫게 된 사실 말하기 ⑥ 읽으면서 텍스트 내 앞뒤 관계 따져보기 ⑥ 읽으면서 내용 간략히 말해보기 등. 이때 듣는 학생은 읽으면서 말하는 학생에게 질문을 던지라고 하면 된다. 예를 들면 이렇다 — ① 잘 모르는 것 ② 왜 그렇게 말하였는지 ③ 왜 그런 생각을 하였는지 ④ 들으면서 궁감한 점이 무엇인지 ⑤ 들은 내용과 자신의 생각이 달라서 확인하고 싶은 것 등.

[16] 학생들의 수준에 따라 이런 활동은 어려울 수도 있다. 또한 다루는 교과 및 내용이 무엇이냐에 따라서도 달라질 수 있다. 따라서 이렇게 활동에 변화를 줄 수도 있다 — ① 주어진 내용에 대하여 개인적으로 읽어본 뒤에 ○개 정도 내외로 질문을 만들어보기(보통 10개 정도 내외의 질문 만들기, 학생 수준에 따라 그 이상도 만들어냄) ② 2명씩 짝을 지어 만든 질문에 대하여 번갈아 질문하고 답을 주고받기(이 과정에서도 꼬리에 꼬리를 물고 계속 질문과 답변을 이어간다면 더 좋을 수도 있음) 이렇게 변화를 주면 뒤에서 살펴볼 텍스트 읽은 후 문제 만들기 하브루타 수업이 된다. 필자는 초등학생들 지도하고 있어서 문제 만들기 하브루타 수업이 더 애착이 간다. 왜냐하면 학생들 가운데 질문 만들기 하브루타 수준에 못 미치는 학생이 너무 많기 때문이다. 그런데 문제 만들기 하브루타는 그리 어렵지 않게 해 나갈 수 있어서 필자는 더 많이 활용하고 있는 중이다.

3. 앞의 과정 가운데 만들어진 가장 좋은 질문 또는 해결이 안 된 질문 ○개 선정하기(보통 2~5개 정도를 선정함)

4. 모둠 토론으로 확장하여 모둠 내에서 두 팀이 서로 선정된 질문에 대하여 함께 고민해보면서 모둠원이 선정한 좋은 질문, 해결 안 된 질문 ○개 선정하기(역시 2~5개 정도를 선정함 : 물론 모둠에서 토의·토론을 통해 도출해낸 답도 함께 제시하면 더 좋음)

5. 이렇게 걸러진 좋은 문제나 해결 안 된 질문은 전체 질문으로 확장시킴[17]

6. 전체 질문으로 제시된 것을 놓고 학생 모두가 함께 해결해 나가면서 최종적으로 교사가 정리해주기 (쉬우르)

이와 같은 활동을 하기 위해서는 평소에 아래와 같은 질문 만들기 활동에 익숙해질 수 있도록 하는 것이 좋다.

['다까바주' 활동]

이 활동은 일반적으로 문장이 '다'로 끝맺음을 하는데 이를 '까?'로 바꾸어 간단히 질문으로 만든 후 질문 주고받기를 할 수 있도록 하기 위해 개발한 것이다. '다'를 '까?'로 바꾸어 주고받는 활동. 여기에 '6H' 요소만 간단히 결합시킨다면 매우 훌륭한 질문 만들기 활동을 이어나갈 수 있다. 예를 들자면 다음과 같다.

이솝 이야기 '개미와 비둘기'

개미가 강물에 빠져 생사를 오락가락 하고 있었다. 마침 하늘을 날던 비둘기가 개미를 보고 나뭇잎 하나를 떨어뜨려 주었다. 비둘기가 던져 준 나뭇잎에 의해 목숨을 구하게 된 개미는 이 은혜를 꼭 갚겠다고 말했다. 어느 날 개미는 나뭇가지에 앉아 있는 그날의 비둘기에게 사냥꾼이 총을 겨누고 있는 것을 목격하게 된다. 개미는 득달같이 달려들어 사냥꾼의 발목을 물었고, 사냥꾼은 물린 고통에 소리를 질렀다. 그 소리를 듣고 비둘기는 날아올라 위기를 모면하게 된다. "개미야, 고마워!"

---

17 개인이 만든 많은 질문을 짝끼리 ○개로 추리고, 그것을 모둠 내에서 다른 짝과 합쳐서 다시 ○개로 줄여가면서 활동해 나가는 과정을 보면 협동학습으로 토의·토론하기 과정의 하나라고 할 수 있는 피라미드 토의·토론 활동과 매우 유사하다는 점을 발견할 수 있게 된다. 다시 말해서 이런 활동은 좋은 질문 만들기를 위한 협동학습 피라미드 토의·토론 활동이라 말할 수 있는 것이다.

철수 : 개미가 강물에 빠져 생사를 오락가락하
　　　고 있었다.

영희 : 개미가 강물에 빠져 생사를 오락가락하
　　　고 있었을까?

철수 : 그래, 맞아.

영희 : 왜 강물에 빠졌을까?

철수 : 음, 아마도 물을 마시려다가 그랬을 것
　　　같아.

영희 : 그럴 수도 있겠다. 마침 하늘을 날던 비
　　　둘기가 개미를 보고 나뭇잎 하나를 떨어뜨려
　　　주었다.

출처 : 산그림 작가 개인 갤러리(http://minsillust.blog.me/)

철수 : 나뭇잎 하나를 떨어뜨려 주었을까?

영희 : 응, 그랬어.

철수 : 큰 나뭇잎이었을까?

영희 : 생각해보니까 개미를 살리려고 옆에 있는 나뭇잎을 보이는 대로 아무거나 가져다가 떨어뜨려
　　　주었을 것 같아. 고를 여유가 없었을 거야. 급해서.

철수 : 아, 듣고 보니까 네 말이 맞을 것 같다.

영희 : 우리도 급하면 생각할 여유가 없잖아.

철수 : 맞아. 다음 읽을게. 비둘기가 던져 준 나뭇잎에 의해 목숨을 구하게 된 개미는 이 은혜를 꼭 갚
　　　겠다고 말했다.

영희 : 은혜를 꼭 갚겠다고 말했을까?

철수 : 응. 그렇게 말했어.

영희 : 정말 은혜를 갚을 수 있을까?

철수 : 아마도 갚을 수 있을 거야.

영희 : 정말 그랬으면 좋겠는데 ….(이후는 생략)

　자신이 평소 경험한 일, 특별한 경험, 교과서 속에 주어진 문장, 수학 시간에 문제 해결 과정 설명
하기 등을 위와 같이 바꾸어보는 활동을 몇 번만 하게 되면 학생들은 점차 질문 만들기 활동에 익숙
해져 매우 자연스러운 모습을 보이게 된다. 또한 그 과정에서 합리적인 의심, 궁금함, 호기심도 생겨
또 다른 질문으로 이어지기도 한다.

- **경험한 일 바꾸기** : 어제 에버랜드에 갔습니다. ⇨ 에버랜드에 갔습니까? ⇨ 네. 가서 재미있게 놀
　았습니다. ⇨ 무엇을 하며 놀았습니까? ⇨ 놀이기구를 탔습니다. ⇨ 어떤 놀이기구를 탔습니까?
　⇨ 독수리요새도 타고 회전관람차도 타고 바이킹도 타고 T익스프레스도 탔습니다. ⇨ 와우, 그
　중에 어떤 것이 제일 재미있었나요? …

- **교과서 문장 바꾸기** : 평소에 그냥 읽고 지나치기만 했던 교과서 문장이 위의 개미와 비둘기 이야기 활동에서 보는 바와 같이 색다르게 학생들 머릿속으로 들어와 교과서 속 글도 다시 한 번 곱씹어보게 되는 효과도 매우 커진다. 특히 이 활동은 배움이 늦어 질문 만들기 활동을 어려워하는 학생들에게 매우 큰 도움이 된다.

- **수학 시간 활용하기** : 13×4는 답이 52가 된다. ⇨ 어떻게 해서 52가 되었을까? ⇨ 13은 10개짜리가 몇 개일까? ⇨ 1개 ⇨ 그러면 낱개로 몇 개일까? ⇨ 3개 ⇨ 10개짜리 1개를 4배하면 얼마가 될까? ⇨ 40 ⇨ 좋았어. 그러면 3개 묶음을 4배하면 얼마가 될까? ⇨ 12 ⇨ 그러면 10개짜리 40과 방금 계산한 낱개 묶음 12개를 더하면 얼마가 될까? ⇨ 아, 그래서 52가 되는 것이구나.

- **학년 초 말하기 훈련, 질문 주고받기 훈련** : 교사가 제시하는 주제어를 가지고 관련된 질문을 1~2개 정도 만들어본 뒤에 서로 질문 주고받기 활동을 진행하게 하도록 하면 된다. 예를 들어 주제가 '새 학년'이라고 한다면 이렇게 진행될 수 있다. 새 학년이 되었는데 기분이 어떠합니까? ⇨ 좋습니다. ⇨ 왜 좋습니까? ⇨ 한 학년을 더 올라가서 좋습니다.(여기에서 이렇게 상황을 전환시킬 수도 있다. 이렇게 되면 질문을 받던 학생이 질문을 하는 위치에 서게 된다. "그런데 당신은 새 학년이 되어서 기분이 어떠합니까?" 이 질문에 따라 뒤에 이어질 이야기가 색다르게 전개될 수 있게 된다.) ⇨ 한 학년 올라가면 무엇이 좋습니까? ⇨ 동생들이 더 많아지니까 좋습니다. ⇨ 그것 말고 또 좋은 것이 있습니까? ⇨ 새로운 친구들도 만날 수 있어서 좋습니다. … 이렇게 진행한 뒤에 한 사람이 만든 질문을 다 사용하고 나면 역할을 바꾸어 같은 과정으로 반복 진행하면 된다.

- **일상의 것에 대하여 깊이 생각해보는 질문 만들기 활동** : 주제는 공기다. 이를 주제로 다양한 질문 만들기가 가능해진다. 그리고 이를 통해 일상에서 깊이 생각해보지 못했던 것들에 대한 중요성을 느끼는 시간을 가질 수 있게 된다 ─ ① 우리 곁에 늘 공기가 있을까? ② 공기가 있어서 좋은 점은 무엇일까? ③ 공기가 없다면 어떤 일이 벌어질까? ④ 공기가 있다는 것을 어떻게 확인할 수 있을까? ⑤ 공기는 어떻게 만들어질까? ⑥ 공기도 이동을 할까? ⑦ 공기의 이동은 무엇으로 알 수 있을까? ⑧ 공기가 오염된다면 어떻게 될까? ⑨ 왜 공기가 오염될까? … 이렇게 다양한 질문을 만들어놓고 함께 생각하고 고민하는 시간을 가진다면 학생들은 그 주제에 대하여 많은 생각과 고민을 쏟아내면서 다양한 관점에서 바라볼 수 있게 된다.

- **생각의 꼬리에 꼬리를 무는 질문('생각꼬꼬무질')** : 예를 들자면 이렇게 하나의 주제 또는 평소에 궁금했던 것을 이용하여 생각의 꼬리에 꼬리를 무는 질문 주고받기 활동을 할 수 있다 ─ "수학 공부는 왜 할까? ⇨ 음, 생활에 편리하기 때문에 하는 것 같아. ⇨ 어떤 것이 편리할까? ⇨ 돈 계산할 때 편리하잖아. ⇨ 그런데 요즈음은 계산기가 있어서 꼭 그런 것은 아니지 않을까? ⇨ 계산기가 없을 때도 있으니까 알아두어야 할 것 같아. 그런데 너는 그게 왜 궁금하니?(질문자의 위치가 전환되는 순간임) ⇨ 응, 나는 평소에 수학 공부가 너무 힘들고 하기 싫어서 그래. ⇨ 어떤 점이 힘들까? ⇨ 너무 어려워. 잘 모르겠어. 아무리 설명을 들어도 잘 이해가 되지 않아. …"

(2) 텍스트 읽은 후 문제 만들기 하브루타

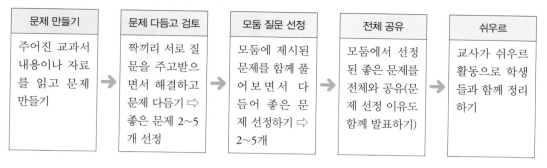

문제 만들기	문제 다듬고 검토	모둠 질문 선정	전체 공유	쉬우르
주어진 교과서 내용이나 자료를 읽고 문제 만들기	짝끼리 서로 질문을 주고받으면서 해결하고 문제 다듬기 ⇨ 좋은 문제 2~5개 선정	모둠에 제시된 문제를 함께 풀어 보면서 다듬어 좋은 문제 선정하기 ⇨ 2~5개	모둠에서 선정된 좋은 문제를 전체와 공유(문제 선정 이유도 함께 발표하기)	교사가 쉬우르 활동으로 학생들과 함께 정리하기

이와 관련된 사례는 뒤에 이어질 '협동학습으로 질문이 있는 수업하기'에서 별도의 장으로 구성하여 다루보고자 하였기에 여기에서는 생략하기로 한다.

(3) 또래 가르치기 하브루타 수업과 모둠 내 직소 협동학습 구조 활용 수업 비교하기

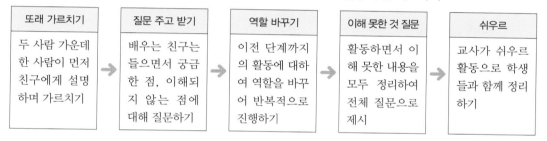

또래 가르치기	질문 주고 받기	역할 바꾸기	이해 못한 것 질문	쉬우르
두 사람 가운데 한 사람이 먼저 친구에게 설명하며 가르치기	배우는 친구는 들으면서 궁금한 점, 이해되지 않는 점에 대해 질문하기	이전 단계까지의 활동에 대하여 역할을 바꾸어 반복적으로 진행하기	활동하면서 이해 못한 내용을 모두 정리하여 전체 질문으로 제시	교사가 쉬우르 활동으로 학생들과 함께 정리하기

이와 관련된 사례는 앞에서 짝 점검 활동을 통해 사례를 한 번 제시한 바 있다. 그 외에 다른 사례를 한 가지 더 제시해본다면 다음과 같다.

[하브루타 활동]

- 이 경우 보통은 주어진 교과서나 교사가 제시한 자료를 바탕으로 먼저 공부하거나 사전에 과제로 제시된 것을 철저히 공부해 온 뒤에 실시된다(교과서나 제시된 자료의 경우 교사가 적절히 두 부분으로 나누어주기 : 주로 수학, 과학, 사회 등의 활동에서 많이 활용되고 있음).
- 한 학생이 먼저 다른 학생에게 자신이 공부한 내용을 가르쳐준다.
- 설명을 듣는 친구는 들으면서 적극적으로 질문하기
- 활동이 마무리되면 역할을 바꾸어 같은 과정 수행하기
- 서로 설명하고 질문을 하면서 이해하지 못한 내용 또는 더 알고 싶은 내용 등을 정리하여 전체 질문으로 확장시키기
- 교사가 전체 학생과 함께 쉬우르 활동으로 정리하기

[협동학습 활동]

위와 같은 과정으로 이루어지는 활동과 거의 일치하는 활동이 바로 모둠 내 직소 협동학습 활동이라 할 수 있다. 물론 시간이 충분하다면 직소 모형을 적용하는 것이 더 좋다고 할 수 있겠다.[18]

모둠 내 직소 구조는 큰 틀에서는 직소 모형 (Jigsaw)과 차이가 없다. 하지만 모둠 내 직소 구조는 직소 모형의 장점을 도입하되 전문가 집단으로 흩어졌다가 다시 본래의 집단으로 돌아오는 과정을 생략하고 각 모둠 내에서 과제

모둠 내 직소 활동 사례

에 대한 역할 분담을 한 뒤, 각자가 각 과제에 대하여 개별적으로 충분히 공부하고 숙지하여 모둠 내 다른 모둠원에게 설명하고 나눌 수 있도록 한 활동이라 할 수 있다.[19] 활동 과정은 다음과 같다.

- 교사가 과제를 미리 두 부분 또는 네 부분으로 나누어준다.(교과서나 자료 또는 각자 조사할 과제를 따로 제시하여 직접 조사하게 하기 : 두 부분으로 나누어주면 모둠 내에서 둘씩 짝지어 두 팀으로 활동하고 네 부분으로 나누어주면 모둠원이 함께 활동하면 된다.)
  - 예 1 세종대왕이 한글을 만든 이유, 신하들이 한글 반포를 반대한 이유
  - 예 2 도시의 특징, 촌락의 특징에 대한 탐구
  - 예 3 토양 오염, 공기 오염에 대한 탐구

- 각자 맡은 과제에 대하여 조사해 오거나 철저히 공부한다.
- 각자 공부해 왔거나 조사한 내용을 짝에게 설명한다.
- 듣는 학생은 적극적으로 들으면서 궁금한 점을 질문한다.[20]
- 활동이 끝나면 역할을 바꾸어 진행한다.
- 활동 중에 나온 질문이나 궁금한 점 가운데 해결이 안 된 것을 모둠원과 함께 나누면서 해결한다. 해결 안 된 질문은 전체질문으로 제시한다.

---

18 약간 다른 형태로 색다른 변화를 준다면 ○가고 ○남기 구조, 텔레폰 구조 등으로 활동이 얼마든지 가능하다고 볼 수 있다.

19 모둠 내 직소 구조의 특징은 다음과 같다 — ① 전문가집단을 구성하지 않음, ② 모둠 내에서 각 개인이 스스로 전문가 역할을 함, ③ 혼자 과제를 해결함, ④ 과제 수준은 중중 또는 중하 수준이 적당, ⑤ 모든 자료를 교사가 마련해주거나 각자 조사하여 마련(교과서 그대로 활용해도 좋음), ⑥ 1차시 내에서 소화할 수 있는 정도의 분량이 적당

20 한 사람의 활동이 끝나면 역할을 바꾸기 전에 자신이 설명한 것에 대하여 짝이 잘 들었는지 확인하는 차원에서 미리 만들어 온 문제를 읽어주고 답을 말하도록 할 수도 있다(하얀 거짓말 활동 등).

● 모둠에서 다듬어진 질문을 발표하고 함께 해결한다.[21]

위에서 보는 바와 같이 일반적인 또래 가르치기 하브루타 수업은 모둠 내 직소 협동학습 구조 활동과 거의 흡사하다는 점을 알 수 있다.

(4) 분석하기(공통점과 차이점) 하브루타와 벤다이어그램 협동학습 구조를 활용한 비교 · 대조 수업하기

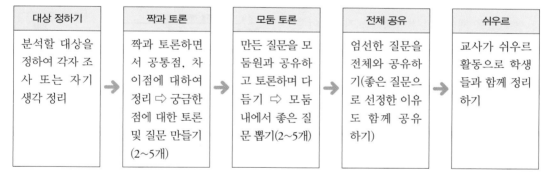

대상 정하기		짝과 토론		모둠 토론		전체 공유		쉬우르
분석할 대상을 정하여 각자 조사 또는 자기 생각 정리	→	짝과 토론하면서 공통점, 차이점에 대하여 정리 ⇨ 궁금한 점에 대한 토론 및 질문 만들기 (2~5개)	→	만든 질문을 모둠원과 공유하고 토론하며 다듬기 ⇨ 모둠 내에서 좋은 질문 뽑기(2~5개)	→	엄선한 질문을 전체와 공유하기(좋은 질문으로 선정한 이유도 함께 공유하기)	→	교사가 쉬우르 활동으로 학생들과 함께 정리하기

위와 같은 분석하기 하브루타 수업과 관련하여 유사한 형태의 협동학습 활동 사례를 살펴보면 대표적으로 벤다이어그램 구조가 있음을 알 수 있다.

[협동학습 활동]

벤다이어그램 구조는 서로 다른 두 개의 사건이나 사람, 사물 등을 비교, 대조, 분석하거나 한 가지 주제에 대한 서로의 생각을 비교해보는 활동에 많이 활용되고 있다. 이 구조는 어떤 두 사물이나 대

---

21 마무리 단계에서 교사가 학습한 내용에 대하여 퀴즈 방식으로 점검을 할 수도 있다(번호순으로 활동, 하얀 거짓말, 모두 일어서서 나누기, 5단계 O · X 퀴즈, 개인칠판에 각자 쓰고 확인하기 등).

상의 공통점과 차이점을 찾아봄으로써 관찰력과 사고력을 발전시킬 수 있도록 해주고, 그 결과로 학생들은 대상에 대한 분명한 이해를 가질 수 있게 도와준다. 활동 방법은 아래와 같다.

- 교사는 비교해야 할 사물이나 대상 혹은 주제가 적힌 활동지를 제시한다.
- 학생들은 종이와 색깔 펜을 준비한다.
- 각각 개인용 활동지에 자신의 생각으로 정리한 공통점과 차이점을 적는다.
- 각자 적은 내용을 바탕으로 짝끼리 토의·토론하면서 정리해 나간다.
- 정리한 내용을 모둠 내에서 함께 나누면서 종합 정리한다.
- 모둠에서 정리한 내용을 전체와 공유하면서 함께 토의·토론한다.

위와 같은 과정을 거치면서 수업을 했던 실제 사례는 다음과 같다.

6학년 각기둥과 각뿔 단원 : 각기둥과 각뿔 비교하기-벤다이어그램 활용

준비물 : 다양한 각뿔 및 각기둥 입체도형 모형(2인 또는 4인 1세트)

[수업 흐름]

- 교사가 먼저 미리 분류해둔 두 그룹의 입체도형 그룹을 제시하면서 학생들도 자신들이 갖고 있는 입체도형을 똑같이 분류하도록 한다.
- 발문 : (입체도형을 각뿔과 각기둥으로 나누어놓은 뒤) 보는 바와 같이 A그룹과 B그룹으로 나누어보았다. 지금부터 분류된 입체도형을 관찰하면서 A, B 각 그룹만의 고유한 특징(두 그룹 간의 차이점) 및 두 그룹의 공통점을 찾아 정리해보도록 하자(아직 명칭은

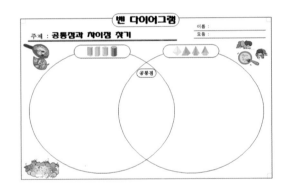

이야기하지 않는다. 특징을 찾은 후 자연스럽게 명칭과 연결지일 수 있도록 함).
- 벤다이어그램 활동지 제시(10분 정도 동안 개인 생각 ⇨ 15분 정도 동안 짝 ⇨ 모둠원과 생각을 공

짝과 함께 입체도형 관찰 및 공통점, 차이점 찾는 수업 장면

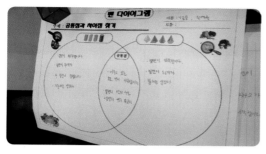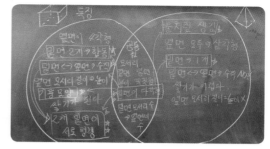

짝끼리 해결한 벤다이어그램 활동지 및 전체 공유 내용을 정리한 칠판 판서 사례

유하며 공통점과 차이점 정리하기)

- 각 모둠에서 나온 의견들을 모둠 순서대로 발표하고 교사는 학생들에게서 나온 의견에 대하여 수용 여부를 물어 가면서 칠판에 정리한다(칠판에도 커다란 벤다이어그램을 그려 놓고 함께 정리).

짝끼리 정리 ⇨ 모둠 의견 정리 ⇨ 전체 발표 과정에서 오답도 나왔지만 그에 대한 생각들을 다른 학생들과 연결지어주면서 스스로 오답을 수정할 수 있도록 하였다.(예 : "공통점에서 모든 면이 다 각형이다."라는 의견이 있었다. 이것을 함께 생각하면서 학생들 스스로 "모든 면은 다각형이 아니라 밑면만 다각형이고 A그룹은 옆면이 직사각형, B그룹은 옆면이 삼각형이다."라고 정리하였다.) 그런데 관찰 및 탐구 과정에서 어떤 학생들은 각기둥 모형을 가지고 블록 쌓듯 쌓아가며 조작 활동을 해 놓고도 각기둥 모양은 쌓을 수 있지만 각뿔 모양은 쌓아가기가 어렵다는 것을 발견해내는 모둠은 하나도 없었다. 그래서 마무리 정리 과정에서 필자가 "A그룹(각기둥)은 차곡차곡 쌓아갈 수 있지만 B그룹(각뿔)은 그렇게 할 수가 없단다. 여러분들은 그렇게 조작활동을 해 놓고도 이런 사실을 깨닫는 사람들이 한 명도 없어서 아쉬운 마음이 들었다."라고 말을 하였다. 그랬더니 여기저기에서 "아하, 정말 그렇군요."하는 식의 탄식이 터져 나왔다. "다음부터는 자신이 한 행위에 대한 어떤 것이든 있는 그대로, 빠짐없이 관찰하고 기록하려는 노력을 해줄 것을 당부한다."라고 말한 뒤 수업을 마무리하였다. "칠판에 함께 정리한 내용은 각자의 노트, 활동지에 잘 기록해 두기 바랍니다."라는 말로 1시간을 마무리하였는데 시간은 40분을 약간 초과하였다.

(5) 찬반 논쟁 하브루타

이와 관련된 소개 및 분석은 생략하기로 한다. 왜냐하면 찬반 논쟁 수업과 관련해서는 이미 잘 알려진 다양한 토의·토론 수업 사례가 너무 많아 굳이 하브루타 수업으로 진행해야 할 필요성을 필자는 별로 느끼지 못하기 때문이다.

4) 협동학습 및 하브루타 수업에 도움이 되는 활동

이제는 더 이상 '사실을 가르치는 것'이 교육의 목표는 아닌 시대가 되었다. 이제는 사실을 어떻게 찾고 어떻게 평가하고 어떻게 사용해야 하는지 그 방법을 배워야 하는 시대가 되었다는 말이다. 이런 관점에서 바라본다면 오늘날 사람들이 갖춰야 할 가장 기본적인 자질은 창조적-비판적으로 생각하는 능력과 전혀 예상치 못한 상황에서 마주치는 문제를 창의적으로 해결하는 능력이라 말할 수 있다. 그런데 그 밑바탕에는 자유롭고 거침없이 생각하고 상상하는 힘이 있다는 사실을 조금만 깊이 생각하면 깨닫게 된다. 여기에서는 이와 관련하여 학생들의 생각주머니를 키워 나가는 데 도움이 될 만한 활동 사례를 세 가지만 제시해보고자 한다.

(1) 생각의 고삐 풀기

이는 두 사람이 짝을 지어 서로 '번갈아 말하기' 구조를 활용하여 이야기를 하는 활동이다. 주제는 다양한 것이 가능하다(예 : 떡볶이 요리하기, 원시인이 야생에서 멧돼지를 사냥하여 맛있게 불에 구워서 먹기, 집을 짓고 인테리어 장식하기 등). 활동 방법은 다음과 같다.

- 누가 먼저 이야기를 시작할지 정하기
- 서로 번갈아가면서 한 구절씩 말을 하면서 문장을 완성시켜 나간다.(조용히 침묵으로 활동하기를 원한다면 종이에 펜으로 한 구절씩 번갈아 쓰기 활동으로 진행하면 된다.)
- 예를 들자면 다음과 같다. (A) 먼저 (B) 프라이팬을 (A) 불 위에 (B) 올리고 (A) 물을 (B) 적당히 (A) 부어서 (B) 끓인 다음 (A) 물이 (B) 끓으면 (A) 야채를 (B) 넣어서 (A) 익히면서 (B) 고추장을 (A) 넣고 (B) 설탕도 (A) 넣고 (B) 마늘도 넣고 (A) 여러 양념도 (B) 넣으면서 (A) 맛을 (B) 본 뒤 (A) 어느 정도 (B) 맛있으면 (A) 떡을 (B) 넣은 뒤 …
- 이렇게 말을 계속 이어나가다 보면 떡볶이를 완성하여 먹을 때까지 이야기를 완성해 나갈 수 있게 된다.

[진행 시 유의할 점]

1. 최대한 빨리 진행을 한다.
2. 서로 시선을 마주하고 상대방이 알아들을 수 있게 또박또박 말한다.
3. 주제가 완성될 때까지 활동은 계속된다.
4. 차례가 왔을 때 주저하지 말고 생각이 떠오르는 대로 말하도록 한다.
5. 활동이 끝나면 서로 평가를 해본다.
   - 생각하기 위해 머뭇거리지는 않았는가?
   - 말을 하기 전에 머뭇거리지는 않았는가?
   - 자기 검열을 하지는 않았는가?(하지만 부분은 교육적으로 볼 때 무조건 풀어놓을 수는 없는 일,

어느 정도는 조절이 필요하다고 생각함 : 그렇게 하지 않을 경우 저질스러운 이야기, 문제를 야기할 수 있는 발언 등이 마구 쏟아질 우려가 크기 때문)

- 활동 평가를 한 뒤에 다시 한 번 진행해보도록 한다(가장 먼저 떠오르는 문구를 있는 그대로 말하기).
- 혹시 걱정스러운 말이 갑자기 터져 나온다면 그것을 문제 삼지 말고 그냥 웃음으로 넘기거나 서로 약속 신호를 정하여 다시 말할 수 있게 하면 된다(예 : 다음 말할 사람이 들으면서 걱정스러운 말이 들리면 "으흠"하고 신호를 주기로 약속하고 하면 된다. 그런 말이 나오면 방금 말을 바꾸어 말할 수 있도록 하면 된다).
- 최대한 막힘없이 말을 이어가야 한다. '음~', '어~' 등과 같은 말을 할 시간을 주지 않도록 한다(그럴 시간을 갖지 않도록 한다).

6. 학생들의 실수를 있는 그대로 받아들이고 익숙해질 때까지 참고 기다리기
7. 절대로 앞서서 말한 사람의 말을 비웃거나 비난하거나 무시하지 않기

[활동 후 성찰의 시간 갖기]

1. 할수록 활동 속도는 어떻게 되었는가?
2. 활동하면서 어떤 일이 일어났는가?
3. 활동하면서 긍정적으로 생각되는 점은 있는가? 더 발전시키려면?(예 : 생각과 아이디어가 많이 떠오름, 생각을 말하기가 점점 편안해짐, 생각을 마구 떠올릴 수 있을 것 같음, 생각을 꺼내놓기가 점점 편안해짐 …)
4. 활동하면서 부정적으로 생각되는 점은 있는가? 보완할 수 있는 방법은?(예 : 불편한 이야기가 불쑥 튀어나오거나 그런 말을 듣게 될까 걱정스러움, 그냥 웃어넘기고 한 번 더 기회를 주는 것이 좋을 것 같음, '으흠' 신호 약속 …)
5. 자기 검열은 꼭 필요한 것인가? 왜 그렇게 생각하는가? 좋은 방안은?(예 : 가능한 하지 않는 것이 좋음, 그러나 공부하면서 너무 지나친 것은 개선하는 것도 필요함, 한 번 더 말할 기회 갖기, '으흠' 신호 주기, 활동 끝나고 돌아보는 시간을 가지면서 느낌 나누기 …)
6. 활동하면서 '나'는 어떤 자세로 상대방 이야기를 들어야 하는가?(예 : 상대방이 어떤 말이라도 할 수 있다는 예상을 하면서 어떤 말도 받아들이고 배려하려는 노력이 필요함, 듣는 사람도 너무 '자기 검열'이라는 틀에 얽매이지 않아야 함 …)

[그래도 꼭 필요한 지침 2가지]

1. 절대로 다른 사람의 생각을 비웃거나 비판하지 않기
2. 일단 '자기 검열'보다 생각을 말하고 반응 기다리기 : '으흠'을 믿기
   이렇게 생각하는 이유는 다음과 같다.

- 좋은 생각은 자잘한 생각 더미 속에 묻혀 있기 때문
- 좋은 생각은 다양한 수준의 많은 생각 속에서 진주를 찾는 것과 같기 때문
- 때로는 '별로인 생각'이라 여겼던 것이 나중에 가서는 '진짜 좋은 생각'으로 전환되는 경우도 많기 때문

(2) 생각 상자 열기(두 박스 열기)

이는 두 개의 상자를 준비하여 각 상자마다 각기 다른 특성을 부여하고 그 상자 속에서 상상의 물건을 꺼내보게 하는 활동이다. 이 활동 또한 '번갈아 말하기' 구조를 활용하기에 좋은 활동이라 할 수 있다. 상상의 물건을 꺼낼 때는 아래와 같은 조건을 지키도록 한다.

[상자 속 물건 꺼낼 때 규칙 및 활동 방법]
1. 물건은 뜸을 들이지 말고 계속해서 재빠르게 꺼내도록 한다(1번 상자에서 더 이상 꺼낼 것이 없을 때까지 진행, 끝나면 2번 상자에서 같은 활동 진행, 두 상자 활동 시간이 각각 어느 정도 걸리는지 측정한다).
2. 물건의 크기는 상관하지 않도록 한다.
   - 1번 상자의 특징 : 이 속에는 독창적인 물건들만 있다. 이 물건들을 재빨리 꺼내야 한다. 3~5초 안에 꺼내도록 하자. 어느 순간 꺼낼 것이 없으면 활동은 끝난다.
   - 2번 상자의 특징 : 전혀 독창적이지 않은 일반적인 물건들만 있다. 이 물건들을 재빨리 꺼내야 한다. 3~5초 안에 꺼내도록 하자. 어느 순간 꺼낼 것이 없으면 활동은 끝난다.

[활동 후 성찰의 시간 갖기]
1. 상자 1과 상자 2에서 꺼낸 물건이 각각 얼마나 많은지 살펴보기
2. 꺼낸 물건의 수를 보면서 어떤 생각이 드는지, 왜 그런 결과가 벌어지게 되었는지 생각해보기
3. 독창적이지 않은 상자에서 꺼낸 물건 중에 혹시 쉽게 생각하지 못하는, 창의적인, 독창적인 물건이 있지는 않은지 살펴보기
4. 활동을 통해 느낀 점이 무엇인지 생각해보기(독창적이지 않은 것에 초점을 맞출 때 훨씬 더 많은 생각을 떠올리게 된다는 사실을 깨닫는 활동 ⇨ 이렇게 하다 보면 독창적이지 않다고 생각했던 것들 가운데 매우 독창적인 것들이 있다는 것을 발견하게 됨 ⇨ 이 활동의 목적이 바로 이런 점을 깨닫도록 돕는 것)

(3) '정말 다행이야!' 활동

이는 두 사람이 짝을 지은 뒤 나쁘다고 생각했던 점, 부정적이라고 생각했던 것에서 좋은 점을 발견할 수 있도록 하는 활동이다. 한 마디로 말하면 발상의 전환, 관점의 전환과 관련된 활동이라 말할 수 있다. 이 활동 또한 '번갈아 말하기' 구조를 활용하면 좋은데 활동 진행 방법은 다음과 같다.

- 교사는 미리 부정적인 상황, 나쁘다고 생각할 수 있는 상황을 쪽지에 마련하여 모둠별로 2세트씩 나누어준다.
  - 어이구, 갈비를 뜯다가 이가 빠졌네!
  - 아이고, 컴퓨터로 자료를 정리하다가 전기 코드가 빠져 다 날렸네!
  - 앗, 여행을 왔는데 옷 가방을 그냥 놓고 왔네!
  - 오늘 여행을 가기로 했는데 갑자기 태풍이 온다고 하네!
  - 밥을 하려고 하는데 쌀이 똑 떨어졌네!
  - 재미있는 TV 프로그램을 보려고 하는데 엄마가 고기를 사오라고 심부름을 시키시네!
  - 중요한 발표를 앞두고 점심 식사를 하다가 김치 국물이 옷에 튀었네!
  - 내가 먹으려고 했던 맛있는 치킨을 동생이 다 먹어버렸네!

- 모둠 내 2명씩 짝을 지어 부정적 상황이 적힌 쪽지 1세트씩을 나누어 갖고 한 명이 먼저 쪽지 중 1장을 뽑아 상대 짝에게 큰 소리로 읽어준다.
- 상대는 그 질문에 대한 긍정적인 반응을 보여주어야 한다. 이때 반드시 지켜야 할 규칙이 있다. 그 규칙은 아래와 같다.
  - 답변의 시작은 반드시 "참 다행이네, 당연하지, 아주 훌륭한데." 등과 같은 긍정의 말로 해야 한다는 것
  - 단순하게 긍정의 말만 하는 것이 아니라 어떤 점이, 왜 긍정적인지 근거까지 들어 말을 해야 한다는 것(나쁜 일 속에 어떤 긍정적인 부분이 있는지에 대하여 구체적으로, 납득이 가게 설명을 해야 함)
  [예] 〈A학생〉 어이구, 갈비를 뜯다가 이가 빠졌네! ⇨ 〈B학생〉 정말 다행이구나. 마침 치과에 가서 이를 빼려고 했는데 자동적으로 빠졌으니 치과를 안 가서 좋고, 치료비가 빠져나가지 않게 되어 돈도 절약할 수 있어 좋고.

- 이번에는 역할을 바꾸어 다음 사람이 쪽지를 뽑아 읽어주고 상대가 이에 대하여 답을 한다. 이렇게 준비한 쪽지를 모두 사용할 때까지 계속 활동을 이어간다.

[활동 후 성찰의 시간 갖기]
1. 활동을 하면서 느낌이 어떠했는지 생각해보기
2. 안 좋은 일에서 좋은 점을 찾는 것에 대한 느낌을 공유하기, 왜 그런지 생각해보는 시간 갖기
3. 이 활동을 우리의 일상에 적용한다면 어떤 상황에서 어떻게 관점을 바꾸어 말하고 활동을 해볼 수 있겠는가?
4. 무엇을 하든 긍정적인 마음을 갖는 것과 부정적인 것부터 생각하는 것의 차이가 어떤 결과를 가져오는지 생각해보기
5. '이것은 어렵지 않아!'와 '이것은 쉬워!'의 차이가 무엇인지 생각해보기

6. 앞으로 어떤 일을 하든 어떤 마음의 자세를 가져야 할지에 대하여 생각해보기

※ 실제로 생활 주변을 보면 부정적인 말에 익숙해져 있는 사람들(무의식적으로 부정적인 말이 앞서는 사람들)이 꽤 많음을 보게 된다. 이런 점에 대하여 고민해볼 수 있는 활동이라 할 수 있다.

협동학습으로 질문이 있는 교실 만들기

앞 절의 하브루타 수업 모형 가운데 질문 중심 하브루타 수업 모형과 문제 만들기 중심 하브루타 수업 모형을 이 절에서 함께 다루기로 한 가장 큰 이유는 '질문과 문제'의 성격이 애매하기 때문이다.

일단 여기저기에서 말하는 질문에 대한 내용을 보면 '내용 질문, 심화 질문(상상), 적용 질문, 메타 질문(종합)' 등으로 구분하고 있다. 그런데 필자의 관점에서 보면 이 질문들은 소위 말해서 '문제'와 큰 차이가 없는 것으로 보인다. 인터넷 검색을 통해 문제 만들기 하브루타 수업 모형을 살펴보면 문제의 성격을 주관식, 객관식, 서술형 문제 등으로 설명하고 있는데 앞에서 말한 질문과 그 성격이 크게 다르지 않다고 필자는 보고 있다. 다만 그 범위를 조금 좁혀 놓은 것일 뿐이라는 생각이 든다. 어찌 되었든 학생들의 평가를 위한 문항 출제를 할 때 명확한 답을 갖는 문항을 출제하기도 하지만 나름의 생각을 쓰도록 하는 열린 문제(논술식 문제 등)도 얼마든지 출제할 수 있기 때문에 '질문'과 '문제'의 성격을 명확히 구분하기란 매우 힘들다 할 수 있다는 것이 필자의 견해이다.[22] 따라서 질문 중심이든 문제 만들기 중심이든 그런 구분에 매몰되지 말고 '학생들이 만들어내는 다양한 생각을 통해 서로 묻고 답하며 토의·토론하는 활동'이라는 사고 활동에 집중한다면 그런 구분 정도는 별 문제가 아니라는 생각이 든다. 어찌 되었든 필자는 그 두 가지를 이곳에서 한데 묶어서 협동학습 구조를 활용하여 설명해보고자 한다.[23]

---

22 질문은 소위 자잘한 것에서부터 심도 깊은 것까지, 개인적인 궁금함, 답이 없는 질문, 상상력을 동원한 것까지 무엇이든 포함한다는 점에서 좀 더 포괄적이라 할 수 있고, 문제는 중요한 것만을 다루고 있다는 점에서 수렴적이라 할 수 있다. 그렇지만 크게 구분할 것은 아니라고 필자는 생각한다.

23 한데 묶어서 소개하는 이유는 협동학습 구조 가운데도 이런 성격을 가진 구조가 이미 존재하고 있기 때문이다. 예를 들자면 5W 1H 구조-소위 6H 원칙에 의한 질문 만들기 활동, 문제 보내기 구조, 문제 던지기 구조, 하얀 거짓말 구조, 진실 또는 거짓 구조, 만일 그래프, 뚱뚱이(단답형)와 홀쭉이(개방형) 질문 구조 등이 모두 질문 또는 문제와 관련된 구조들이라 할 수 있다.

질문 만들기 노하우

	내용 질문(사실 질문)	심화 질문(상상)	적용 질문(실천 질문)	메타 질문(종합)
누가 언제 어디에서 무엇을 어떻게 왜	내용 확인과 관련된 질문(낱말 관련, 특별한 문장, 표현 관련 질문, 텍스트 속 사실 확인, 내용 파악 중심)	왜 그렇게 했을까? 만약~이라면? 만약~했더라면? IF ~, Why ~(가정, 추론 등), 의미 파악 및 이해 중심 질문	나도 그런 적이 있었나? 나는 어떠했었나? 나라면 어떻게 하겠는가? 이를 해결하려면 어떻게 해야 하는가?	이를 통해 깨달을 수 있는 점은? 이 글이 가져다주는 교훈은? 이 글을 읽고 우리가 더 반성해야 할 점을 찾는다면?

※ 이런 식으로 질문을 만든다면 만들 수 있는 질문의 수는 매우 많아진다. 그런데 문제를 출제하라고 한다면 그렇게 만들지 못한다. 그 이유는 사람들은 사소한 내용에 대해서는 문제로 만들 필요성을 느끼지 않기 때문이다.

1) 학생들을 질문 소비자에서 질문 생산자로 바꾸기

지금까지 학생들은 질문 소비자로 살아왔다. 늘 시험을 보고 교사로부터 질문을 받고 그것에 답을 해 오기만 했다. 그런데 이런 질문을 학생들은 별로 즐기지 않는다. 왜냐하면 자신들이 평가를 받는다고 느껴 부담을 가질 수밖에 없기 때문이다. 그런데 같은 질문이나 문제가 '퀴즈'라는 상황으로 바뀐다면 학생들은 매우 큰 흥미와 호기심을 가지고 달려든다. 왜일까? 결론은 하나다. 평가받는다는 부담이 없기 때문이다. 그리고 '퀴즈'라는 용어 속에는 왠지

5단계 오엑스 퀴즈 활동 사례

모르게 '게임, 재미, 즐거움, 약간의 경쟁심'과 같은 요소가 포함되어 있는 것처럼 느끼기 때문이기도 하다.[24] 그리고 질문의 소비자에서 직접 질문을 만드는 생산자로 바꾸어 놓으면 그 활동에 더 깊이 빠져든다. 왜냐하면 자신이 만든 질문을 통해 다른 사람들이 일희일비할 수 있다는 희열과 만족을 느낄 수 있기 때문이다. 이와 같은 질문 또는 문제 만들기 활동을 통해 학생들은 아래와 같은 내

---

[24] 똑같은 질문으로 "퀴즈 활동이다."하고 하면 난리를 치며 즐거워한다. 그런데 "시험이다."라고 하면 갑자기 두려운 표정을 짓는다. 똑같은 문제인데 "하얀 거짓말 활동을 해보도록 하자. 5단계 오엑스 퀴즈 활동을 하자."라고 하면 매우 큰 흥미와 호기심을 보인다. 교사들은 학생들의 이런 점들을 수업에 반영시켜 수업을 설계하려는 지혜가 필요하다. '협동학습으로 질문이 있는 수업하기'는 바로 이런 점들과 관련이 있다고 할 수 있다.

적 보상을 스스로 받게 된다. 그래서 이런 활동에는 별도의 외적 보상을 줄 필요가 없다. 외적 보상은 오히려 활동을 방해하고 학생 간의 관계를 부정적으로 흐르게 할 뿐이라는 사실을 잊지 말자.

내적 보상의 사례

1. 성취에 대한 만족 : "내가 이것을 해냈어!(내가 문제를 내고 학생들이 그것에 적극적으로 반응을 했어!)"
2. 자신감 : "이런 일은 내가 정말 잘해. 자신 있어.(나도 할 수 있어. 나도 문제를 잘 낼 수 있구나!)"
3. 흥미로운 경험 : "오, 완전 재미있는데!"
4. 역할 모델에 대한 욕구 : "나도 저런 사람처럼 될 거야!(나도 ○○처럼 문제를 잘 내고야 말거야. 나도 저런 문제를 만들어야지!)"
5. 자기 칭찬 : "(나 스스로) 정말 잘했어!"

---

2) '질문'에 내재된 '배움'의 가치

질문은 단순히 '물음'이라는 의미만 갖고 있지 않다. 특히 교육적 상황에서 질문은 '배움'이라는 현상을 만들어내는 매우 큰 가치를 지니고 있다. 특히 토의·토론을 전제로 한 질문은 더욱더 그러하다. 그래서 필자는 '질문'을 매우 중요하게 다루고 있다.

**좋은 교육은 학생들에게 배움의 상황을 만들어주는 일이다.
좋은 질문은 학생들에게 배움의 장을 제공해준다!
그런 질문은 교사만 만들 수 있는 것이 아니다.
학생들을 좋은 질문 프로슈머로 만들어라!**

학생들끼리 다양한 질문을 주고받는 활동은 '배움'에 매우 큰 도움을 준다. 그 효과를 살펴보면 다음과 같다.

학생들끼리 질문 주고받기 활동이 가져다주는 효과

1. 공부할 내용에 대하여 깊이 있게 이해할 수 있도록 해준다(예습, 미리 조사 및 탐구를 가능하게 함).
2. 주어진 자료, 내용(교과서 등)을 여러 번 곱씹어볼 수 있도록 해준다.
3. 학생 스스로 배움, 앎에 이름, 탐구, 발견, 깨달음을 얻을 수 있도록 해준다.

이를 위해 반드시 지켜야 할 원칙은 아래와 같다.

1. 교사가 의도한 방향으로 몰고 가지 않기(가르치고 싶은 내용이 있어도 꾹 참기)
2. 학생 스스로 목표에 도달할 수 있으리라는 믿음 갖기
3. 학생들끼리 탐구하기의 중요성, 가치를 학생들에게 각인시키기

학생들에게 "수업에 참여하라. 수업시간에 주인이 되어라!"고 백 번 말하는 것보다 그럴 수 있는 환경을 제공하고 수업을 구조화하는 일, 그런 재료를 제시하는 것[25]이 백 배 더 낫다. 이를 필자는 환경의 구조화라고 한다.[26] 그리고 그런 다양한 요소를 적절히 조합하여 바람직한 배움이 일어날 수 있도록 계획하고 설계하는 일을 필자는 수업 설계라고 한다.

좋은 수업 설계 노하우 : 환경이 말하게 하라. 질문이 말하게 하라.

그렇다면 '질문'이 왜 그런 효과를 보일까? 왜 좋은 '질문'이 좋은 수업을 만들까? 이에 대해 필자는 이렇게 설명하고 싶다.[27]

'질문 주고받기'는 곧 '학생들의 흥미'와 동의어다.
'Interest'의 유래＝'Inter(~사이)＋esse(있다)'라는 라틴어에서 유래

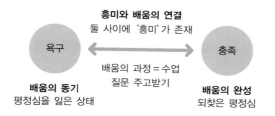

흥미와 배움의 연결
둘 사이에 '흥미'가 존재

욕구 ⟷ 충족

배움의 과정 = 수업
질문 주고받기

배움의 동기
평정심을 잃은 상태

배움의 완성
되찾은 평정심

- '배움의 과정(질문 주고받기)'＝'학생들의 흥미'와 동의어

---

25 질문만으로 좋은 수업을 하기는 어렵다. 좋은 질문을 만들기 위해서는 다양한 질문을 만들 수 있는 재료가 필요한데 이에 가장 좋은 것은 '우화'라 할 수 있다. 그 이유는 다음과 같다 — ① 짧은 이야기 ② 그 속에 많은 심오한 의미(지혜, 지식 등)가 담겨 있음 ③ 이야기 속에 담긴 교훈이나 지식, 지혜 등이 겉으로 쉽게 드러나지 않음 ④ 이해를 위해 자연스럽게 생각하도록 만들어줌 ⑤ 이해를 위해서는 어느 정도 지성을 갖추어야 함 ⑥ 명확한 해석이 제시되지 않은 이야기는 성찰의 기회를 제공 ⑦ 학생 스스로 문제를 고민하면서 배우도록 해줌 ⑧ 교사로 하여금 말로 가르치지 않도록 해줌 ⑨ 내용 이해를 위해 다양한 질문을 주고받을 수 있는 흥미로운 재료가 되어 줌 ⑩ 정답을 쉽게 찾기 힘들어 열띤 논쟁이 가능한 내용[『침묵으로 가르치기』, 도널드 L. 핀켈 저, 문희경 옮김(2010, 다산초당), pp. 41~47].

26 환경의 구조화를 위한 노력 가운데 중요한 것 한 가지는 바로 자리 배치이다. 질문 주고받기 활동에 가장 좋은 자리배치는 짝 활동, 모둠 활동, 전체 활동이 효율적일 수 있는 ㄷ자 형 배치라 할 수 있다.

27 여기서 말하는 질문은 교사가 던지는 부담스러운 질문이 아니라 학생들끼리 부담 없이 주고받는 질문만을 가리킨다.

- 휴대전화에 대한 흥미는 '찾고 싶다'는 욕구와 '찾았다'는 충족 사이에 존재[예 : 핸드폰 분실 (평정심을 잃은 상태 — 불안) ⇨ 찾으려는 욕구가 생김 ⇨ '휴대전화'에 대한 흥미가 욕구 충족 상태를 만들기 위해 다양한 사고를 불러일으킴 ⇨ 욕구 충족을 위한 다양한 방안 모색, 다양한 전략 세움, 실천, 결국 찾게 됨 ⇨ 욕구가 충족되어 심적 평형상태에 놓이게 됨]
- 배움의 동기(알고 싶다는 욕구)와 배움(앎 : 욕구의 충족) 사이에 배움의 과정이 존재함(욕구 충족에 이르는 다양한 전략적 활동 : 그것 가운데 매우 중요한 한 가지 활동이 바로 학생들끼리 '질문 주고받기' 활동
- 그것을 만들어내는 것이 바로 수업 설계 ⇨ 여기에 협동학습이 큰 역할

3) 학생들을 질문 프로슈머로 만드는 절차와 요령

(1) 학생들을 질문 프로슈머로 만드는 절차

일반적으로 국어, 사회, 역사 등의 교과에서 학생들끼리 질문을 만들어 주고받는 수업 활동을 보면 대체로 다음과 같은 절차로 이루어진다.

- 개인적으로 질문 최대한 많이 만들기(과제로 만들어 올 수도 있고 수업 시간에 즉석에서 만들 수도 있음)
- 짝 또는 모둠원과 만든 질문 주고받기(개인적으로 질문을 충분히 만들어 둘씩 짝지어 활동한 뒤 2~5개를 엄선하여 다듬기 ⇨ 모둠 내 다른 짝과 만든 질문을 서로 공유하고 토의ㆍ토론하여 다시 좋은 질문 2~5개를 엄선하고 다듬기 : 피라미드 토의 토론과 유사하게 진행됨)[28]
- 다음은 질문을 전체와 공유하기(이때 사회자는 학생들의 수준에 따라 교사가 할 수도 있고 학생들이 진행할 수도 있음)
- 사회자는 각 모둠에서 나온 질문들을 일단 칠판에 모두 기록하기
- 각 모둠에서 질문이 모두 나오게 되면 전체 학생들이 질문들을 함께 살피면서 어떤 질문에 대한 토의ㆍ토론부터 해야 할지 결정하기
- 결정된 순서에 따라 토의ㆍ토론하기(자연스럽게 다음 질문으로 넘어가기도 하고, 학생들의 요구에 따라 다음 질문으로 넘어가기도 함)

(2) 질문을 만들 때 많은 시간을 할애하기

과제로 질문을 만들어 오게 하는 상황이 아니라면 최대한 질문을 많이 만들어보게 하면서 시간을 많이 할애하는 것이 좋다. 그 이유는 다음과 같다.

---

28 질문을 많이 만들어 서로 주고받는 활동을 한 뒤 좋은 질문을 엄선하여 다듬고 나면 내용과 관련된 사실 질문은 모두 사라지고 추론, 가정, 평가, 적용 등과 관련된 질문만 남게 된다. 그리고 이런 질문들 가운데 정답이 없는 질문들이 학생들을 토의 토론으로 빠져들게 한다(이 단계에서 협동학습 구조가 매우 유용하게 활용될 수 있다).

- 사소하다고 생각되는 자잘한 질문에서부터 심도 깊은 질문까지 최대한 많이 만들기 위해서는 당연히 많은 시간이 필요
- 마지막 단계에 있을 심도 깊은 토의 토론 활동 과정에서 사소한 이야기로 맥락에서 벗어나는 현상을 줄여주기 때문
- 사소한 것에 대하여 살피고 검증하는 과정이 줄어들기 때문에 시간 절약
- 여러 질문 가운데 진지한 고민을 통해 토의·토론 주제를 선정할 수 있음
- 질문을 만드는 과정 자체가 학생들이 흥미를 모으는 중요한 전략이기 때문
- 토의·토론을 위한 질문의 서열화 작업이 자연스럽게 이루어져 질문에 대한 가치평가 능력, 질문 제작 능력, 질문 다듬기 능력, 좋은 질문을 고르는 시각, 질문과 관련된 다양한 사고력 등이 향상되기 때문

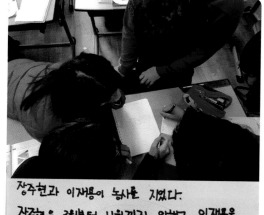

질문 만들기 및 다듬기

(3) 교사의 역할

- 질문 만드는 노하우를 학생들에게 충분히 안내하고 만들 기회를 자주 제공
- 질문을 만들고 주고받는 활동에서 최대한 통제하지 않기(다만 예절을 지키기, 긍정적인 수업 분위기 조성에만 신경 쓰기)
- 필요시 활동의 중심 잡아주기(특히 중요한 질문을 엄선하여 전체 토의 토론을 진행할 때 : 핵심 발언이나 중요한 점 짚어주기)
- 학생들에게서 중요한 질문이 나오지 않을 경우 교사도 질문을 만들어 제시
- 시간 조절하기 : 중요한 주제에 시간을 집중, 한 가지 주제에 너무 오래 머무르지 않게 하기, 다음 주제로 넘어갈 수 있게 하기
- 학생들이 미처 찾지 못한 중요한 요소, 근거, 단서 등을 짚어줌으로써 토론의 깊이를 더할 수 있게 돕기
- 토의·토론 결과를 돌아보고 성찰할 수 있는 기회 제공하기

사소한, 자잘한 질문 무시하지 않게 하기

⇨ 자잘한 질문들이 모여 전체에 대한 이해를 만들어주고, 그것들이 서로 연결되어 큰 질문들로 이어지기 때문이다.

(4) 다양한 질문 만들기 방안

어떤 교과, 어떤 주제, 어떤 내용을 다루느냐에 따라 효과적인 질문 만들기 방안은 달라진다. 몇 가지 사례를 제시하면 다음과 같다.

 ## CSI 질문 만들기

이 방법은 특히 수학 교과에 많이 활용될 수 있는 전략인데 개인적으로 각자 먼저 해결하고 짝끼리 번갈아 질문하고 답하기 또는 짝 점검 구조 등으로 해결할 수 있다.

C단계 (Comprehension)	문제를 이해하는 단계, 문제를 본격적으로 풀기 전에 문제를 제대로 이해하기 위해 기초적인 질문을 던지는 단계 • 무엇을 구하려고 하는 것인가? • 주어진 조건은 무엇인가?
S단계 (Solving)	문제를 본격적으로 풀어내는 단계, C단계 활동을 기반으로 식을 세우고, 바르게 세웠는지 확인하고, 풀이하는 과정으로 이루어짐 • 식을 어떻게 세워야 하나? • 왜 그렇게 식을 세웠는가? • 어떻게 풀어야 할까? • 대략 답은 얼마가 될까? • 결과 값은 얼마인가?
I단계 (Inquiry)	문제를 푼 후 제대로 풀었는지, 다른 방법은 없는지 등을 추가로 탐구하고 생각을 해보는 단계 • 풀이한 결과가 예상과 일치하는가? • 합당한 답이 나왔는가? • 다르게 풀 수 있는 방법이 있는가?

이 활동은 학생들이 익숙해지기 전까지 교사가 질문 사례를 몇 번만 안내해주면 된다. 이후로는 학생들 스스로 각 단계별로 질문을 만들고 짝끼리 질문을 주고받으면서 문제를 해결할 수 있게 된다.

필자의 경우 수학 수업은 원리, 개념의 이해, 탐구 및 발견을 목적으로 하여 핵심 발문이나 미션 과제 등을 제시한 후 토의·토론 중심으로 진행하기 때문에 CSI 질문 만들기 활동을 그리 많이 사용하는 편은 아니지만 단원 학습 말미에 응용 및 문장제 문제 해결을 하는 단계에서 가끔 활용하고 있기는 하다. 교사마다 생각은 다르니 자신만의 아이디어로 이 활동을 효과적으로 활용할 수 있는 수업을 설계해 나가기 바란다. 활동지는 http://cafe.daum.net/hwork를 참고하기 바란다.

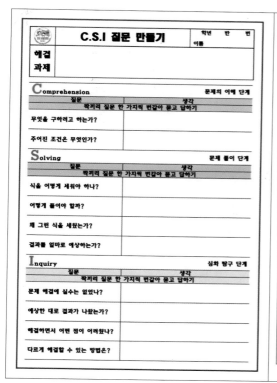

	질문 : 2.5m 길이의 나무 막대가 있습니다. 이 막대로 15m를 가려면 몇 번을 옮겨야 할까요?
C단계	• 구하고자 하는 것은? ⇨ 15m를 가려면 몇 번 옮겨야 하나? • 주어진 조건은? ⇨ 막대 길이가 2.5m
S단계	• 어떤 식을 세울까? ⇨ 나눗셈으로 해결하기 • 식을 세워 풀이한다면? ⇨ 15÷2.5 • 왜 그런 식을 세웠는가? ⇨ 15인데 2.5가 몇 번 들어가는지 알아야 하니까. • 결과를 예상한다면? ⇨ 5가 넘을 것 같다.
I단계	• 예상한 결과가 나왔는가? ⇨ 2.5가 5번 들어가면 13 정도가 되니까 맞음 • 다르게 해결할 수 있는 방법은? ⇨ 2.5를 15가 나올 때까지 계속 더해간다.

7단계 질문 : 사실 질문(5W) + 왜(Why) + 만일 질문(If) 만들기

육하원칙을 기반으로 하여 관련된 질문을 만들어보는 방법이라 할 수 있다. 그리고 이를 기반으로 하여 내용과 관련된 질문을 몇 가지 추가하여 동시에 진행할 수 있다. 보통 육하원칙을 기반으로 한 질문을 만들 때 답이 주어진 텍스트 속에 그대로 있는 것으로만 만든다면 이를 한 마디로 '사실 질문'이라고 말하기도 한다.[29] 이후에 보다 심화된 단계로 몇 가지 질문을 추가하여 2차 질문 만들기 활동으로 이어가면 더 좋은 활동이 될 수 있다. 그리고 2차 질문 만들기 활동에는 '추론 질문 Why~?(왜?), If~?(만약~이라면?)' 등이 있을 수 있다. 2차 질문 만들기 활동도 그 범위는 주어진 텍스트를 기반으로 하여 추론이 가능한 질문을 만들도록 한다. 보통 설명하는 글, 정보를 소개하는 글 등은 2단계에서 끝내는 경우가 많다. 그 사례를 보면 다음과 같다.[30]

---

29 Why 질문만 제외하고 '누가, 언제, 어디서, 무엇을, 어떻게'와 관련된 질문만 '사실 질문'이라 말하기도 한다. '왜' 질문은 '사실 질문'보다 한 단계 높은 수준의 '추론 질문'으로 두기도 하기 때문이다.

30 질문을 만든 후에는 짝끼리 번갈아 질문 주고받기, 모둠 간 문제 돌리기, 모둠 내 돌아가며 문제 내기, 쪽지마다 1문제씩 적은 후 번호순으로 문제 뽑기, 부채모양 뽑기 등의 구조를 활용할 수 있다.

(설명글)사실 질문, 왜 질문, 만일 질문 만들기 ⇨ 모둠 내 문제지 돌려가며 문제 풀기

모둠 내 질문 다듬기 및 좋은 질문 선정하기 협의 과정, 활동지 결과물

좋은 질문을 뽑아 다듬고 전체 질문으로 제시하여 칠판 나누기 활동하는 장면, 결과물

6단계 질문 : 블룸의 6단계 질문 만들기

Bloom의 6단계를 활용한 질문지(활동지) 제작 요령은 다음과 같다.

- 지식 : 정보의 기억 및 인식 ⇨ 기억하라, 무엇인가? 누구인가?
- 이해 : 정보 속에 담긴 의미를 파악하고 이해하여 자신의 입말로 풀어서 설명하는 것 ⇨ 자세히 쓰기, 설명하기, 이유를 쓰기, 고쳐 쓰기, 사례를 들어 설명하기, 비교하기, 대조하기
- 적용 : 기억하고 이해한 것을 다른 것(상황)에 적용(응용)하는 것 ⇨ 적용하기, 분류하기, ~에 따라 선택하기, ~을 바탕으로 해결하기
- 분석 : 어떤 사실을 여러 요소로 분해하고 그에 따라 설명하는 것, 정보의 옳고 그름을 정확히 판단하는 것 ⇨ 근거를 바탕으로 추론하기, 근거를 바탕으로 결론 내리기, 원인 찾기, 분석하기

- **평가** : 주어진 목적을 달성하기 위해 사실을 판단하는 능력, 주어진 글 속에 담긴 의도, 가치 등을 판단하는 것 ⇨ 무엇이 더 나은가, 장점과 단점 찾기, 비평하기, 개선점 찾기
- **종합** : 새로운 것을 만들기 위하여 부분을 모으는 것, 평가를 바탕으로 대안이나 적절한 결론 제시하기, 문제 해결 방안 제시, 앞으로 상황 예측하기 ⇨ 계획하기, 해결하기, 개발하기, 해결방안 찾기, 창의적으로 고안하기

※ 블룸의 6단계는 다분히 위계성을 갖고 있다. 학생들이 학습한 내용을 이런 위계성에 따라 분류하고 그 수준에 맞는 질문을 단계형으로, 체계적으로 만드는 연습을 몇 번만 해 본다면 이후에는 적절한 수업 단계마다 블룸의 6단계 질문지를 제작하여 활동할 수 있다. 저학년 학생들은 직접 제

블룸의 6단계 질문 만들기 ( )교과 단원명( )	학년 반 번 이름
지식 있는 내용 그대로 기억한 것에 대하여 확인하는 질문	
이해 지식의 의미를 이해하고 자신의 말로 설명하도록 하는 질문	
적용 지식을 새로운 상황에 적용, 응용해 보게 하는 질문	
분석 정보를 여러 작은 요소로 분해하고 그룹 들여다보는 질문	
평가 정보의 쓰임새, 가치에 대하여 판단하고 평가하는 질문	
종합 정보를 종합하여 새로운 것, 대안제시, 결론 등을 요구하는 질문	

작하기 어려울 수 있다. 이럴 경우에는 교사가 직접 제작하여 학생들에게 제시하고 학생들이 협동학습 구조를 활용하여 해결할 수 있도록 하면 된다.(학생들이 만들 경우 모둠 내에서 '돌아가며 문제 풀기' 등의 활동을 통해 직접 해결해보고 모둠 내에서 질문 다듬기 및 엄선하기 활동을 통해 모둠별 '블룸의 6단계 활동지' 작성하기를 하면 된다. 이렇게 작성된 모둠별 활동지는 모둠 간 '문제 보내기' 구조를 활용하여 해결하면 된다.

수학 교과 사례

1. 지식 : 1시간은 몇 분인가요?, 반시간은 몇 분인가요?, 큰 바늘이 가리키는 것은 무엇인가요?, 작은 바늘이 가리키는 것은 무엇인가요?

2. 이해 : 아래 시계가 가리키는 시각은 몇 시인가요?

1. ___시 ___분 ___초

2. ___시 ___분 ___초

3. ___시 ___분 ___초

3. 적용 : 다음 시각을 시계에 나타내보세요.

• 9시를 오른쪽 시계에 그려보세요.

4. 분석 : 하루는 24시입니다. 시침은 하루에 몇 바퀴를 돌아야 합니까?

5. 평가 : 아래 시계 가운데 어떤 시계가 읽기 쉬운가요?

03 : 30

• 그렇게 생각하는 이유를 1가지만 써보세요.

6. 종합 : 철수는 영희네 집에 1시에 도착했습니다. 2시간 동안 영희네 집에서 놀았습니다. 집에 돌아오는 데는 1시간 걸렸습니다. 집에 돌아온 시각은 몇 시인가요?

• 심화 질문 : 각자 아래에 해당되는 자신의 시각을 적어보세요.

(1) 잠자는 시각 (   )　　　　　(2) 아침 식사 시각 (   )

(3) 저녁 식사 시각 (   )　　　　(4) 좋아하는 TV 프로그램 시작 시각 (   )

 5단계 질문 ① : 4W＋O · X 질문 만들기(닫힌 질문)

질문 유형, 수준, 개수와 약간의 창의적 아이디어를 가미하여 교과, 내용, 상황에 맞게 질문 만들기 활동을 재구성한다면 얼마든지 다양한 질문이 있는 수업을 펼쳐나갈 수 있다. 이번 5단계 질문도 그런 맥락으로 이해하면 좋을 것이라 생각된다.

4W＋O · X 질문 만들기 활동은 질문 만들기 범위를 사실 질문(닫힌 질문 또는 수렴적 질문 : 답이 주어진 텍스트나 자료 속에 다 있음, 주로 내용의 기억, 암기 등에 활용할 수 있는 방법)에 국한시켜 답이 정해진 질문(단답형)을 중심으로 퀴즈 형식으로 질문 주고받기 활동을 진행하고자 할 때 활용할 수 있는 방법이다. 그 내용은 다음과 같다.

누가	주요 인물과 관련된 질문
언제	중요 사건이 일어난 때와 관련된 질문
어디서	중요 사건이 일어난 장소와 관련된 질문
무엇을	중요한 용어, 개념, 명칭 등과 관련된 질문
O · X (어떻게, 왜)	사실인지 거짓인지 묻는 질문, '어떻게, 왜' 질문에 대한 답은 단답형과 거리가 멀기 때문에 이를 소재로 하여 O · X퀴즈 형식으로 질문을 할 수 있도록 한 것

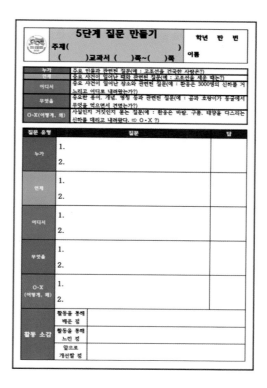

위와 같이 질문을 만든 후에 물레방아 학습 구조를 활용하여(섞이고-짝-나누기 구조를 활용해도 좋음 : 이때도 시간 체크를 하여 신호 뒤에 짝 바꾸기) 계속 돌아가면서 질문 주고받기 활동을 할 수 있도록 하면 된다. 이때 짝끼리 질문 주고받는 시간은 교사가 적절히 예상하여 안내하고, 시간 체크를 하여 정해진 시간이 될 때마다 종소리, 박수 신호를 주어서 학생들이 짝을 바꿀 수 있게만 해주면 된다.

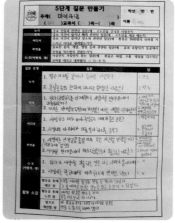

내용 살피며 국어책 함께 읽기, 4W+O · X 질문 만들어 주고받기 활동 및 결과물

5단계 질문 ② : O · X 질문 만들기

협동학습 구조 5단계 O · X퀴즈 활동은 이미 너무나도 잘 알려져 있기 때문에 소개할 필요가 없는
활동이라 말할 수 있다. 이 활동은 가장 먼저 개인적으로 5단계 질문을 완성한 후 모둠 내에서 번호
순으로 돌아가며 5단계 O · X퀴즈 활동을 진행한 뒤에 모둠원이 함께 5단계 O · X퀴즈 질문을 엄선
하고 다듬어 학급 전체를 대상으로 5단계 O · X퀴즈 활동을 진행한다면 더 좋은 활동이 이루어진다
고 할 수 있다. 이 활동은 많이 알려져 있으므로 더 이상 설명하지 않도록 하겠다.

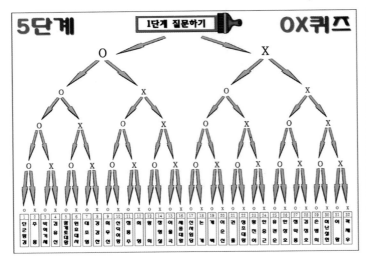 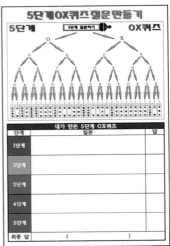

활동지는 http://cafe.daum.net/hwork에서 공유(다른 활동지도 함께 공유)

 ## 4단계 질문 : 사실-심화-적용-종합 질문 만들기

이 활동은 보통 이야기, 소설이나 동화 등을 읽고 활동할 때 많이 활용되는 방법이다. 그 내용은 다
음과 같다.

사실 질문	심화 질문	적용 질문	종합 질문
'낱말의 뜻, 누가, 언제, 어디서, 무엇을, 어떻게'에 해당되는 질문, 내용 확인 및 공유와 관련된 질문	내용에 대한 이해, 맥락에 대한 이해, 특별한 문장·특별한 표현의 의미 이해와 관련된 질문, 문제점 찾기(비판)	나-우리의 실제 삶으로 가져온 질문(비슷한 경험이 있었나? 그때 어떻게 했나? 만약 ~라면?, 해결방안은?)	이를 통해 깨달은 교훈, 수업에서 좋았던 점, 잘 이해가 안 되는 점, 좀 더 알고 싶은 점, 아쉬운 점 등

최근 들어 교육과정이 바뀌면서 초등 국어과에는 매 학기마다 '독서 단원'이 들어가 있어 '온작품 읽기' 활동이 매우 중요하게 다루어지고 있다. 이와 관련하여 내용 이해 단계에서 해볼 수 있는 활동이 바로 4단계 질문 만들기 활동이라 할 수 있다.

4단계 질문 만들기 활동을 할 때는 학생들이 보다 쉽게 질문을 만들 수 있도록 질문의 종류, 어떻게 만들어야 하는지 등에 대한 자세한 설명과 예시 질문을 제시해주어야 한다. 물론 조금 익숙해질 때까지는 교사가 각 단계별로 사례 질문을 2~3개 정도 제시해주고 학생들이 추가로 더 많이 만들어보게 하면 된다. 익숙해지면 아무런 질문 예시도 없는 활동지만 주고 모두 직접 만들어보게 하면 충분히 질문을 많이 만들 수 있게 된다. 또한 처음 시작할 때는 긴 이야기를 활용하는 것보다 짧은 이야기를 이용하여 몇 번 연습해본 뒤에 긴 이야기 활동으로 들어가는 것이 훨씬 좋다. 끝으로 질문을 만들 때 제한 시간, 질문의 개수 등도 어느 정도 정해주는 것이 좋다.[31] 이렇게 질문이 완성되면 협동학습의 다양한 구조를 적용하여 활동을 하게 하면 질문이 있는 수업, 질문이 있는 교실을 만들 수 있다.

질문을 만든 뒤 주고받기 활동을 할 때는 다음과 같은 점에 주의하여 질문 주고받기 활동 및 토의토론 활동을 이어가는 것이 좋다.

[온작품 읽기 활동을 통한 질문 주고받기 활동 시 주의할 점]

1. 최대한 질문을 많이 만들고 서로 질문을 주고받기
2. 다양한 질문 가운데 좋은 질문 몇 개만 선택하여 보다 깊이 있게 토의토론하고 다듬기
3. 특정 질문에 대해서는 다시 한 번 꼼꼼하게 텍스트를 곱씹으면서 토의토론
4. 다양한 생각 및 관점을 통해 답을 찾아나가기
5. 필요시 내용을 몇 번이고 반복하여 읽으면서 문제 해결의 실마리 찾기

온작품 읽기로 선정한 책

---

31 '심화 질문=상상 질문=추론 질문'이라 생각하면 된다. '적용 질문=실천 질문=성찰 질문'이라 생각하면 된다. 또한 4단계 질문에서 마지막 '종합 질문'을 빼고 3단계만 진행해도 아무런 문제가 없다.

6. 반드시 교사와 학생 모두 활동 직전에 책을 읽기 ⇨ 생생한 기억이 필요

하브루타 책 읽기
번갈아 질문하기

심화 질문 토론
생각 내놓기

전체 토론을 위한
질문 뽑고 다듬기

적용 · 종합 질문
토론-월드 카페

질문에 대한 더 많은 분류 및 특징

1. 사실적 질문 : 내용에 담겨 있는 사실을 확인하는 질문
   - 심청이는 어떤 집안에 태어났는가?
   - 홍길동은 어떤 집안에서 태어났는가?
2. 핵심적 질문 : 학습 목표와 관련지어 책의 주제나 작가의 의도, 이야기의 중요한 포인트, 내용 이해에 꼭 필요한 점에 대한 질문
   - 심청이가 인당수에 몸을 던진 이유는 무엇인가?
   - 홍길동은 왜 아버지를 아버지라고 부르지 못했는가?
3. 분석적 질문 : 글에 나타난 여러 요소를 바탕으로 내용을 보다 깊이 이해할 수 있게 하기 위한 질문
   - 심봉사는 심청이를 키우면서 어떤 어려움이 있었겠는가?
   - 홍길동은 자라면서 어떤 고민을, 왜 하게 되었는가?
4. 관계적 질문 : 인물, 사건, 배경과 관련된 질문
   - 홍길동전의 시대적 배경은?
   - 심청이와 뺑덕 어멈과의 관계는?
5. 과정적 질문 : 사건의 중요한 흐름, 과정에 관한 질문
   - 심청이는 어떻게 하여 왕비가 될 수 있었는가?
   - 홍길동은 어떻게 하여 활빈당을 조직하게 되었는가?
6. 표현적 질문 : 책 속의 중요한 문장, 관심을 끄는 표현에 관한 질문
   - 공양미 삼백 석에 담긴 의미는 무엇인가?

－ "아버지를 아버지라 부르지 못하고 형을 형이라 부르지 못하니 이 얼마나 억울합니까?"라는 말은 무엇을 의미하는가?

7. 경험적 질문 : 내용과 관련하여 읽는 사람의 경험이나 배경지식에 관하여 묻는 질문
　　　－ 장애를 가진 사람들과 함께 생활해본 경험이 있는가? 어떤 경험을 하였는가?
　　　－ 똑같은 상황은 아니지만 길동이처럼 차별을 받았던 경험이 있는가? 어떤 경험을 하였는가?

8. 감정적 질문 : 내용과 관련하여 읽는 이의 소감, 느낌, 정서를 묻는 질문
　　　－ 심청이가 인당수에 몸을 던질 때 어떤 생각이 떠올랐는가?
　　　－ 홍길동이 집을 떠나는 모습을 보면서 어떤 생각이 들었는가?

9. 수용적 질문 : 글을 읽으면서 받은 느낌에 대한 개인적 견해 등을 묻는 질문
　　　－ 심청이가 아버지를 위해 인당수에 몸을 던지는 것 말고는 할 수 있는 일이 없었을까?
　　　－ 홍길동은 자신의 꿈을 펼칠 수 있는 길이 의적이 되는 길밖에 없었나?

10. 평가적 질문 : 등장인물의 행동, 생각, 내용에 대한 가치 판단, 내용상의 문제점, 해결 방안 등에 대한 질문
　　　－ 아버지를 두고 인당수에 몸을 던진 심청이의 행동은 과연 효도라고 볼 수 있는가?
　　　－ 홍길동이 탐관오리들의 재물들을 훔쳐 어려운 사람들에게 나누어주는 일은 과연 옳은 일이라 할 수 있는가?

11. 상상적 질문 : '만약에'라는 가정을 통해 색다른 상상을 해볼 수 있는 질문
　　　－ 심청이가 공양미 삼백 석에 팔려가지 않았다면 어떻게 살았을까?
　　　－ 만약 홍길동이 아버지 밑에서 자신의 능력을 발휘하며 살았다면?

12. 실천적 질문 : 글의 내용과 관련하여 자신의 삶과 연결 지어 생각해볼 수 있도록 하는 질문
　　　－ 나에게도 길동이처럼 차별적 상황이 닥친다면 나는 어떻게 극복해 나갈 수 있을까?
　　　－ 나에게도 갑자기 가족 중 누군가가 어려운 상황에 놓인다면 그 가족을 위해 자신은 어떤 일을 할 수 있겠는가?

3단계 질문 ① : 왜-만약-어떻게 질문 만들기(열린 질문)

'만약, 어떻게, 왜'에 대한 해석을 다음과 같이 내린다면 문제 해결 상황이 아니라 내용 이해 상황으로 바꾸어 활용할 수 있다. 이 방법에 따라 질문을 만들 때는 모두 정답이 반드시 있어야 한다고 생각할 필요는 없다. 모든 단계의 질문에서 답이 있어도 좋고 없어도 좋다. 왜냐하면 답이 없을수록 훨씬 더 좋은 토의 토론 활동이 진행될 수 있기 때문이다.

어떻게 질문 (수단, 방법)	과정과 변화와 관련된 질문 • 조선이 건국된 이후 백성들의 생활은 어떻게 달라졌는가? • 왕건은 어떻게 왕권 강화를 위해 노력하였는가? • 세종대왕은 어떻게 한글을 만들었을까?
왜 질문 (원인, 이유)	어떤 사건, 결과에 대한 이유, 근거를 묻는 질문 • 고려는 왜 멸망하였는가? • 신진사대부는 왜 이성계와 힘을 모으게 되었는가? • 왜 이완용은 나라를 배신하였을까?
만약 질문 (가정, 의견)	가정을 통해 앞으로 일어날 수 있는 상황에 대하여 묻는 질문 • 만약 고구려가 삼국을 통일하였다면? • 만약 봉림대군이 아니라 소현세자가 왕이 되었다면? • 만약 정조 임금이 일찍 돌아가시지 않았다면?

이 활동은 다음과 같은 방법으로 하면 좋다.

• 질문을 만들고 난 후에 짝끼리 질문 주고받기
• 토의 토론을 한 후 각 유형별로 좋은 질문을 1개씩 골라 다듬기
• 모둠의 다른 짝들과 다시 한 번 질문을 주고받으면서 토의 토론을 한다.
• 모둠 내에서 각 유형별로 1개 또는 전체 중에서 1개만 뽑아 다듬기
• 전체 질문으로 제시하기
• 모든 모둠에서 나온 질문을 바탕으로 학급 전체와 토의 토론하기
• 토의 토론이 마무리되면 개인적으로 활동 소감을 기록하고 수업 마무리하기
※ 5, 6단계 활동을 '교실 산책' 또는 '월드 카페' 활동으로 진행하여도 좋은 활동이 될 수 있다.

[교실 산책 구조로 생각 나누기]
• 활동지 중앙에 원을 그려 질문만 쓰고 모둠 책상 위에 올려놓는다.
• 자유롭게 모든 모둠을 돌아다니면서 활동지에 적힌 질문을 읽고 자신의 생각을 활동지에 기록한다(다른 사람들이 쓴 답도 함께 읽어보기).

- 모든 모둠을 다니면서 기록을 다 하였으면 자리로 돌아와 앉는다.
- 모두 자리에 앉으면 질문을 만든 모둠에서 기록된 다양한 생각과 자기 모둠원이 토의 토론하여 정리한 답과 어떻게 같고 다른지 설명하고 느낌을 발표한다.
- 모든 활동을 최종 정리하면서 활동 소감을 기록하고 수업을 마무리한다.

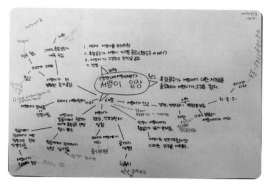

교실 산책을 통한 생각 나누기

[월드 카페 토의 토론으로 생각 나누기]

월드 카페 토의 토론이란 사람들이 카페와 유사한 공간에서 창조적인 집단 토의 토론을 함으로써 지식의 공유나 생성을 유도하는 활동을 말한다. 이 활동은 1995년 Juanita Brown과 David Isaacs에 의해 개발되었다.

월드 카페 홈페이지

활동 방법은 다음과 같다.

- 각 모둠별로 호스트를 선정한다. 호스트는 절대로 이동하지 않는다.
- 적절한 시간 동안 활동을 한 뒤 신호에 따라 다음 모둠으로 호스트를 뺀 나머지 사람들이 계속 이동하면서 토의 토론 활동을 하면 된다.
- 호스트는 새로운 사람들이 올 때마다 그전까지 주제와 관련하여 사람들이 한 이야기들을 간략하게 정리하여 알려주고 새로 이동해 온 사람들은 이야기를 들으면서 이전까지 사람들이 기록해 놓은 활동 결과들을 꼼꼼히 살펴본다.
- 그런 뒤에 자신들의 의견을 개진하고 토의 토론을 한 뒤에 글 또는 그림으로 추가하여 기록을 남기면 된다.
- 모든 활동이 끝나면 모두 자리로 돌아간다.
- 호스트는 각 테이블에서 나온 이야기 및 활동 결과물을 정리하여 발표한다.

월드 카페 토의 토론 사례 및 결과물

 3단계 질문 ② : 왜–만약–어떻게 질문 만들기(문제 해결 상황)

이 활동은 보통 도덕, 사회, 과학, 이야기 상황, 실제 삶의 문제 해결 상황에서 많이 활용되는 방법이라 할 수 있다. 그 내용은 다음과 같다.

질문을 만들고 짝 또는 모둠원과 나누면서 의견을 정리할 때는 다양한 협동학습 구조를 활용하면된다(생각 내놓기 구조, 돌아가며 쓰기 구조, 동시다발적으로 돌아가며 쓰기 구조, 돌아가며 말하기 구조를 활용하면서 기록이가 정리하기 등).

왜 질문	문제의 본질이 무엇인지에 대하여 적극적으로 파고 들어가는 질문을 말한다. 이를 위해서는 주어진 상황 (실제 사건 또는 주어진 텍스트)을 정확히 이해하고 난 뒤 문제 상황과 관련된 원인, 이유, 결과 등에 대하여 다양한 관점에서 '왜?'라고 묻도록 해야 한다. 그리고 그 가운데서 가장 중요하다고 생각되는 질문 1~2가지를 골라 더욱 깊이 파고들어 가도록 한다.	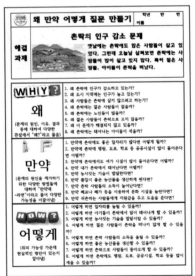 http://cafe.daum.net/hwork에서 활동지 공유
만약 질문	문제 상황의 본질을 파악하였다면(전반적인 이해) 이의 해결 방안 모색에 필요한 마중물을 마련하는 차원에서 만드는 질문을 말한다. 문제 상황의 원인을 제거하기 위하여 다양한 방법을 적용한다면 어떤 현상이 벌어질지에 대하여 '만약에~라면'이라고 물어 다양한 가능성을 추론해낼 수 있도록 돕는 질문이라 할 수 있다.	
어떻게 질문	만약 질문에서 추론한 다양한 가능성들을 현실로 가져오기 위한 방안에는 어떤 것들이 있는지에 대한 탐구를 돕는 질문을 말한다. 이 단계를 거치면 보다 현실성 있는 문제 해결 방안을 마련할 수 있다.	

3단계 질문 ③ : 사실 질문-확장 질문-종합 · 적용 질문 만들기

- 1단계 : 사실 확인 질문 3~5개 정도 만들기(낱말의 뜻, 사실 확인, 내용 파악, 관찰한 것 등에 관련된 질문) : 자료를 읽거나 살펴보고 주어진 시간 동안 사실 질문 만들기
- 2단계 : 만든 질문 회전시키기(8절 혹은 4절지 등에 만들어 90° 회전시키기 또는 개인 활동지를 모둠 내에서 번호순으로 1칸 돌리기) ⇨ 자신에게 온 질문을 읽고 문제 풀이하기(답 쓰기)
- 3단계 : 사고 확장 질문 2~3개 정도 만들기(사고를 확장시키는 질문 : 내용에 대한 감상, 문장 표현, 느낌, 의견, 추측 등을 묻는 질문 ⇨ 왜 ~~ 일까? ○○은 무엇을 하고 있는 것일까? ~는 현재 어떤 기분일까? 만일 ○○이 ~이라면 어떻게 될까?)
- 4단계 : 활동지를 번호순으로 1칸 돌리거나 다시 한 번 90° 회전시키기 ⇨ 자신에게 온 질문을 읽고 자신이 생각하는 답 기록하기(학생 수준, 활동 내용 등에 따라서 4단계에서 마무리할 수도 있음)

창문 열기 활동지에 사실 질문을 만들고 활동지를 회전시키면서 답을 쓰는 활동 진행 ⇨ 확장 질문을 만든 후 모둠원에게 질문을 던지면서 토의 토론 진행(4단계에서 활동 종료)

- 5단계 : 종합 · 적용 질문 만들기(우리 삶과 관련지어 질문하기, 가정하여 질문, 종합적인 질문 : 만일 너라면~, 만일 네가 ~ 한다면, 당신도 그런 경험이 있었나요?, 지금 당신이 ~ 하고 싶은 것이 있다면?)
- 6단계 : 활동지를 돌리면(회전 또는 활동지를 넘기기) 자신에게 온 질문을 읽고 자신의 생각 기록하기(정답이 없기 때문에 자유롭고 솔직하게 기록)
- 7단계 : 다시 한 번 활동지를 돌리거나 회전시키면 처음 자리로 되돌아오게 된다. 모둠원은 전체적으로 다양한 질문과

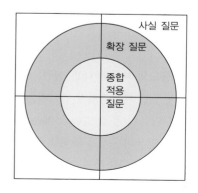

답변을 읽어보면서 토의 토론을 펼친다(7단계에서 토의 토론으로 확장시키지 않고 간단히 이야기를 나누면서 마무리를 해도 좋다).

- 8단계 : 시간이 충분하면 모둠 내에서 가장 좋은 질문 1개를 엄선하고 다듬어 전체 질문으로 제시한다.
- 9단계 : 각 모둠에서 나온 질문들에 대하여 학급 전체가 토의 토론을 한다.
- 10단계 : 교사가 활동을 정리해주고 각 개인은 활동에 대한 자신의 소감 등을 기록하면서 마무리한다.

필자는 개인적으로 사실-확장-적용 질문 만들기 활동을 가장 많이 활용하는 편이다. 단계가 복잡하지도 않고 많지도 않아 적재적소에 잘 활용할 수 있어서 좋다.

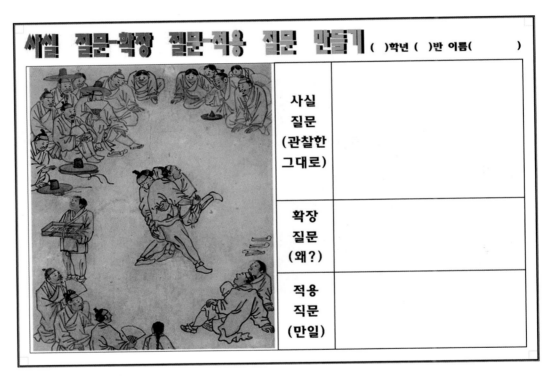

필자가 사회시간에 활용한 질문 만들기 활동지

출처 : 김홍도 씨름 이미지(국립중앙박물관)

[김홍도의 씨름에 대한 설명]

- 단옷날 씨름경기가 벌어지는 광경을 표현
- 사람들이 들고 있는 부채는 단옷날 어른들이 아랫사람에게 주는 것(다가올 더운 여름에 농사일을 할 젊은이들에게 부채를 주는 풍습이 있었음)
- 갓을 쓴 양반들과 일반 평민들이 다 같이 씨름 경기를 보고 있음 : 영·정조 시대에 들어서면서 엄

격한 신분제도가 서서히 완화되고 있음을 추론할 수 있음

- 배경을 생략, 씨름하는 가운데 사람들에게 시선을 집중시킴, 이를 위해 주변의 구경꾼들을 빙 둘러 원형으로 배치
- 구경하는 사람들은 위에서(높은 곳) 내려다보는 듯한 시선으로 처리, 모든 사람들을 고르게 볼 수 있음
- 씨름하는 두 사람은 구경꾼의 시선으로 그려 그림을 보는 사람도 씨름을 보는 듯한 느낌을 가질 수 있게 함
- 왼쪽 아래에 있는 엿장수만 시선이 다른 곳을 보고 있음(엿장수의 시선은 바깥을 향하고 있음, 사실 신발의 앞코도 바깥을 향하였음), 시선이 가운데로만 쏠리는 것을 방지하기 위해 이렇게 일부의 시선을 다른 곳으로 돌렸음
- 두 켤레의 신발 중 한 켤레는 가죽신, 한 켤레는 짚신임. 다시 말해서 씨름을 하는 두 사람 중 한 명은 양반이고 한 명은 평민이라는 것임
- 왼쪽에 있는 등을 돌리고 씨름을 하고 있는 사람이 평민일 가능성이 높음(팔에 근육과 힘줄, 엄청난 힘으로 상대를 들어 올리고 있음), 넘어가려는 사람은 질 것 같아 울상을 짓고 있음, 양반이 지고 있음, 구경꾼 중 왼쪽 위에 갓을 쓰고 부채를 들고 있는 양반과 똑같은 옷차림을 한 사람도 양반임, 팔목까지 오는 길고 품이 넓은 소매의 옷을 입고 종아리에 행전을 찼는데 이는 갓을 쓴 양반의 의복이라 할 수 있음
- 왼쪽 위의 부채 들고 갓 쓴 양반 바로 아래 손깍지를 낀 채 무릎을 붙여 앉은 사람은 경직된 자세를 보이고 있음, 이 사람은 다음 경기에 참여할 선수라 짐작할 수 있음, 긴장된 모습과 표정에서 짐작, 한쪽에 신발을 벗어둔 것만 보아도 선수임을 짐작할 수 있음
- 전체적으로 등장하는 인물은 22명, X자 방향으로 각각 12명씩 배치되어 있음(가운데 2명은 양쪽 방향에 모두 속함), 12는 완전수를 의미

지금까지 여러 종류의 질문 만들기를 활용한 협동학습 활동 사례를 알아보았다. 꼭 알아두어야 할 것은 지금까지의 사례는 반드시 이렇게 해야만 한다는 것이 아니라는 점이다. 나름대로 변형, 축소, 확장시켜서 다양하게 활용이 가능하니 나름의 생각을 반영하여 창의적으로 활용하기 바란다.

교사의 침묵으로 가르치는 협동학습

학생들 스스로 문제를 찾아내고 서로 질문하며 함께 문제를 해결하게 하라!

소위 '말로 가르친다, 설명한다'와 관련된 수업을 생각하면 전통적인 강의실 수업이 떠오른다. 그런데 이것을 버리는 순간 무엇이 떠오를까? 필자는 바로 교사의 침묵으로 가르치는 협동학습 수업이

떠오른다. 지금까지 살펴본 바와 같이 수업의
중심을 협동학습(미션 과제나 핵심 발문을 활
용한 토의 토론 협동학습, 하브루타 또는 질문
주고받기를 활용한 협동학습)으로 바꾸면 교
사의 침묵으로 가르치기가 얼마든지 가능해진
다.[32]

짝끼리 번갈아 읽고 질문 주고받기 활동 장면

다만 이를 위해서는 교사가 먼저 '미션 과제
나 핵심 발문 개발, 질문 만들기 활동'에 관심
을 가지고 이를 활용한 수업 상황에 관심을 가
져야 한다. 이에 관심이 없다면 어떤 상황에서
질문 만들기를 활용한 협동학습 수업을 해야 할지, 미션 과제나 핵심 발문을 어떻게 개발해야 하는
지 잘 모를 수밖에 없기 때문이다. 하지만 질문 만들기를 활용한 협동학습 수업이 가능한 상황을 잘
찾아내거나 교육과정을 재구성하여 미션 과제 또는 핵심 발문을 잘 개발하기만 한다면 학생들은 호
기심을 보이면서 스스로 필요한 모든 지식을 동원하여 적극적으로 활동하려고 노력하게 될 수밖에
없게 된다.

한편 교사의 침묵으로 가르치는 협동학습은 군이 과도한 교육과정 재구성을 하지 않고 교과서만
으로도 얼마든지 가능하다는 점에서 교사들에게 불편함을 주지 않는, 부담을 주지 않는 수업을 펼칠
수 있어서 매력적이기도 하다. 이렇게 바라보는 이유는 다음과 같다.

- 필자가 협동학습으로 질문이 있는 교실을 만들기 위해 노력하면서 주로 활용하였던 것이 있는
  그대로의 교과서였다는 점(오히려 교과서 활용 비중이 높았음)
- 교과서를 그대로 활용하여 많은 질문 만들기 수업이 가능하였음(약간의 자료만 다른 것 또는
  직접 제작하여 활용하였음)
- 교과서 속에 실린 이야기, 사진, 그림 등은 학생들로 하여금 많은 질문을 만들어낼 수 있는 중
  요한 자료가 되어 주었음
- 협동학습으로 수업을 진행해 오면서 교과서를 활용한다고 하여 교과서에 있는 순서 그대로 또
  는 교과서 내용을 과거처럼 달달 외우게 만들거나 그 내용만 전달하고 설명하듯이 수업을 하지
  는 않음(교과서를 활용한다는 말 그 자체임)
- 교과서는 성취기준을 달성하기에 알맞게 제작된 것이기에 잘만 활용한다면 얼마든지 좋은 수업
  이 가능하며 실제로 그런 효과를 충분히 보고 있음
- 교과서를 활용하여 어떤 활동을 펼쳐나가느냐에 따라 학생들의 자세와 태도, 배움의 성취가 분

---

32 교사의 강의와 설명에 의존한 언어적 교수법은 학생들을 교사의 말, 교사의 설명이라는 좁은 틀 안에 가두는 역할을 한
다. 때문에 학생들 사고의 깊이와 폭은 넓어지거나 깊어지기 힘들다. 오직 암기를 위한 사실적 정보나 지식만 얻을 수
있을 뿐이다.

명히 달라질 수 있음

- 교과서를 활용하여 진도를 나가는 것이 아니라 핵심 성취 기준에 도달할 수 있도록 돕는다는 개념으로 필자는 수업을 디자인하고 실현해 오고 있음
- 핵심 성취 기준에 도달할 수 있다면 교과서 진도는 별 의미가 없음
- 잘만 활용한다면 핵심 성취 기준에 도달할 수 있는 유용한 재료가 될 수 있음

필자의 생각에 동의한다면 앞으로라도 교과서 내용을 모두 빠짐없이 가르치려는 생각에서 벗어나기를 바란다. 또한 진도 고민도 하지 않기를 바란다. 핵심 성취 기준에 잘 도달하였다면 교과서 진도, 살펴보지 않은 교과서 내용은 더 이상 필요 없다고 보면 틀림이 없다. 그러니 교육과정 재구성이라는 말에 너무 겁먹지 말도록 하자. 교육과정 재구성이라는 말을 너무 거창하게 바라보지 않도록 하자. 다만 꼭 필요한 최소한의 부분만큼은 교과 내에서 또는 교과

교과서 활용 PMI 구조 활용, 경제교육 수업 장면

간 연결 지어 통합하려는 노력이 요구된다. 그리고 이 부분도 혼자 하면 힘들겠지만 같은 학년, 같은 교과를 지도하는 교사들끼리 전문적 학습공동체를 만들어 함께 연구하고 노력한다면 별 일도 아닌 것이 된다.

아울러 이렇게 협동학습으로 토의 토론이 있는 교실, 질문이 있는 교실, 질문이 있는 수업을 꾸준히 만들어 나가게 되면 민주시민 덕목을 기르는 데도 큰 도움을 받게 된다. 왜냐하면 이런 활동들의 대부분 과정은 의사소통 활동과 깊은 관련을 맺고 있기 때문이다.[33]

학생에게 교훈을 주지 말라.
오직 경험을 통해 배우게 하라.
- 루소 『에밀』 중

이 말은 '학생들은 오직 경험을 통해 생각하고 사고하고 상호작용할 수 있는 기회를 가져야만 비로소 진정한 배움에 도달할 수 있게 된다.'라고 루소가 우리 교사들에게 던지는 위대한 조언이라 필자는 생각한다. 그리고 생각의 경험을 가질 수 있는 조건, 상황을 만들어주는

생각 내놓기 토의 토론 장면

---

33 필자가 바라보는 민주시민 덕목에는 독립심, 자신감, 자율성, 판단력, 책임감, 집단 구성원으로서 생산적 활동 능력 등이 포함된다.

일이 교사의 중요한 역할이자 책무라고 할 때 이를 잘 만들어나가기 위한 노력이 수업 설계며 그 길에 큰 힘이 되어 주는 것이 바로 협동학습으로 토의 토론하는 교실, 질문이 있는 교실 만들기라 필자는 믿어 의심치 않는다. 그리고 그 길은 교사가 침묵으로 가르칠 수 있는 가장 이상적인 길이 될 것이라 확신한다.

이 땅의 교사들이여, 말로 학생들을 가르치는 일을 이제부터 포기하도록 하자. 그 순간 학생들은 비로소 배우기 시작할 것이다. 그리고 그 지점에서 조금만 손을 뻗으면 분명히 협동학습과 만나게 될 것이다.

이상적인 수업은 학생들에게 배울 수 있는 상황과 경험을 제공해주는 일!
학생들에게 경험을 제공하고 그들의 생각을 불러일으킬 수 있는 최적의 활동이
바로 협동학습으로 질문이 있는 수업 만들기, 질문이 있는 교실 만들기!
이 수업에서 가장 중요한 교사의 임무는 바로 말하는 것이 아니라 경청!
교사는 침묵으로 가르쳐라, 오직 질문이 말하게 하라!

 참고하기

협동학습 수업 속에 들어 있는 다양한 활동

과제를 제시하면 학생들은 먼저 각자 과제를 읽고 탐구하게 된다(자기주도 학습). 그리고 잘 이해가 가지 않는 점이 있으면 모둠원과 이야기를 나누며 해결하려고 토의 또는 토론을 벌인다(토의 토론 학습). 그래도 해결이 안 되면 관련 자료를 찾거나(탐구 학습) 다른 친구를 찾아 묻는다. 그러면서 또 다른 토의 토론이 진행된다. 그렇게 하여 결국 문제를 해결하게 된다(발견 학습). 모두가 과제를 해결하게 되면 수업이 마무리된다(문제 해결 학습).

학생들을 살아 움직이게 하는 협동학습 수학 수업

협동학습을 교실로 끌어들인 지도 20년이 다 되어 간다. 그동안 많은 시행착오를 겪었고 다양한 교과, 다양한 내용을 협동학습으로 담아보고자 하였지만 제일 힘들고 어려웠던 교과목은 역시 수학이었다. 필자만 그런 것은 아닐 것이다. 여기저기에서 공유되고 있는 협동학습 수업 사례를 보면 제일 찾기 힘든 사례가 바로 수학이니까 말이다. 반면 협동학습 수업 사례로 제일 많이 공유되고 있는 자료들을 살펴보면 사회, 국어 정도다. 그래서 많은 사람들은 "사회 수업엔 협동학습이 제격이야. 협동학습, 국어 수업에 딱 좋아."라고 말한다. 왜 수학 수업에 대하여 협동학습을 꾸준히 활용하지 못하는 것일까? 왜 수학 교과와 관련된 협동학습 수업 사례가 제일 부족한 것일까? 이에 대한 핵심 이유를 살펴본 결과 우리나라 수학 교육에 대한 관점의 문제에서 비롯되었다는 것이 필자의 견해이다.

이뿐만이 아니다. 최근 10년 사이에 혁신교육운동이 전국적으로 확산되면서 수많은 혁신교육활동 사례(특히 교육과정 재구성 수업 사례 등)가 보고되고는 있지만 대부분이 사회, 국어 교과를 중심으로 한 주제통합수업, 프로젝트수업에 치우쳐 있고 수학 교과와 관련된 사례는 거의 찾아볼 수 없다. 이 또한 혁신교육(혁신학교)마저도 수학 교육에 대한 관점을 바꾸지 못하고 있다는 사실을 그대로 보여주고 있는 근거라고 필자는 보고 있다.

3학년 협동학습 수학 수업 장면 '모두 일어서서 나누기 활동'

이제는 바꾸어야 한다. 지금까지의 수학 교육에 대한 관점을 삐딱하게 바라보아야만 수학 수업을 바꿀 수 있다. 그래야만 수학 교육에도 혁신의 바람이 불 수 있다. 그렇게 된다면 그 어떤 교과목보다 수학 교과가 협동학습에 '딱'이라는 사실을 비로소 알게 될 것이다. 이 절에서는 이에 대하여 차근차근 풀어나가 보고자 한다.

1) 수학 수업, 문제 풀이 방법에 대한 설명?

우리나라 수학 교육은 과거부터 지금까지 문제 풀이 방법을 설명하는 교사와 그것을 배워 다양한 문제를 풀고 좋은 점수를 받을 수 있도록 끊임없는 훈련과정을 반복하는 학생들, 왜 그렇게 되는지 몰라도 답만 맞으면 된다는 식의 생각을 바탕으로 학생들을 점수 따는 기계로 생각하게 만든 학원교육과 학부모, 그것에 암묵적으로 동조한 교육계가 만들어낸 비극적 상

사교육 걱정 없는 강좌
출처 : 네이버 포스트

황이 전부였다고 해도 과언이 아닐 것이다. 그래서일까 여전히 수학이라는 과목에 대하여 과거나 현재나 학생들은 쉽게 접근하지 못하는 성스러운 영역처럼 인식하고 있다. 참으로 많은 학생들이 수학 때문에 '학습부진아'라는 불명예스러운 꼬리표를 달고 부진아 수업반, 방과후 보충 활동반, 사교육 시장을 전전하고 있다. 초등학교 3학년부터 수포자가 양산되고 있는 현실, 수학을 못하면 공부를 포기해야 한다는 안타까운 현실이 우리나라 수학 교육의 현주소다. 중·고등학교 학생들에게 수학 교과는 '이생망(이번 생은 망했어)'인가 아닌가를 가르는 핵심 근거가 되기도 할 정도이다.

시대가 변했지만 여전히 변화를 거부하고 있는 오늘의 우리나라 수학 교육, 혁신교육(혁신학교)마저도 수학 교육을 바꾸어나가지 못하고 있는 현실을 성찰적으로 바라보면 참으로 암담할 수밖에 없

다. 하지만 늦었다고 생각할 때가 가장 **빠른** 시기라고 했던가. 이제부터라도 변해야 한다. 단순히 교사가 문제풀이 방식을 설명해주고 학생들은 그것을 배워 수많은 문제를 반복적으로 풀이한 결과 시험에서 몇 점을 받았는지 확인하여 학생들을 줄 세우는 도구로 수학 교육을 전락시켜서는 안 된다.

수학 교육은 학생들이 실생활과 관련된 많은 영역에 대하여 공부해 나가는 과정 속에서 자신들이 무엇을 하고 있고, 그것이 자신들의 삶과 어떤 관련을 맺고 있는지를 알아가는 것이어야 한다. 또한 개념을 정확하게 이해하는 과정에서 왜 그렇게 되는지를 협동적으로 탐구해 나가고 왜 그렇게 되는지를 설명할 수 있는 방향으로 바뀌어야 한다. 이런 관점으로 수학 교육을 바라본다면 협동학습을 적용하기 가장 좋은 교과가 바로 수학이라는 것을 알게 된다. 왜냐하면 각자 배움의 속도와 수준, 폭과 깊이가 다른 학생들이 같은 모둠에 소속되어 과제를 해결해 나가면서 도움을 주고받고 개념과 원리를 탐구, 발견, 이해하는 과정에서 사고력 및 문제 해결력을 자연스럽게 키워 나갈 수 있도록 수업을 디자인할 수 있는 대표적인 과목이 바로 수학이기 때문이다.

2) 수학은 학생 스스로 개념, 원리를 탐구하여 설명하는 활동

수학은 개념부터 명확히 이해하여 자신의 것으로 만드는 것이 매우 중요하다. 왜냐하면 개념과 개념 사이의 체계성이 매우 강한 학문이기 때문이다. 따라서 학생이 어떤 단계에서 수학적 개념을 명확히 이해하고 설명할 수 없다면 그 개념과 연관된 이후의 수학적 개념을 학습하는 데 매우 어려울 수밖에 없게 된다.[34]

예를 들어 분수의 개념을 명확히 이해하고 설명하지 못하는 학생이 분수나 소수의 덧셈 원리를 이해한다는 것은 거의 불가능한 일이다. 물론 이해는 하지 못하더라도 나름대로 문제만은 풀 수 있다. 문제 풀이 방법을 익히는 일은 개념, 원리를 이해하는 것과 별개의 문제이니까 말이다. 그러나 문제를 풀었다고 해서 그것을 이해하고 있다고 말할 수는 없는 일이다. 또한 원주와 원의 지름 간의 관계를 제대로 이해하지 못한 학생이 원 둘레의 길이나 원 넓이 구하는 원리를 확실히 이해한다는 것도 있을 수 없는 일이다. 물론 기계적으로 공식을 외워서 그와 관련된 문제를 해결할 수는 있을 것이다. 하지만 왜 그런 공식이 만들어졌는지 설명은 할 수 없을뿐더러 얼마 시간이 지나지 않아 "그 공식이 기억이 나지 않아요."라고 말할 수밖에 없게 된다. 결국 이렇게(단순한 암기, 반복, 훈련에 의존) 자란 학생들은 자신들의 삶 속에서 맞이하게 될 여러 가지 수학적 문제 상황에 대한 대처능력이 현저히 떨어질 수밖에 없다.

이런 문제점을 극복하기 위해서는 학생들이 각 과정 및 단계별로 수학적 개념, 원리를 탐구, 발견하고 이를 충분히 설명할 수 있는 수준, 주어진 과제 또는 문제를 함께 해결해 나가면서 전원 과제

---

34 학습이 발달을 선도한다는 Vygotsky의 근접발달영역 개념을 확실히 따르고 있는 학문이 바로 수학이다. 때문에 자신의 교실 상황과 학생들 수준에 맞게 비계를 설정하고 학생들 간의 적절한 상호작용이 일어날 수 있도록 하는 일은 수학 교육의 기본이자 핵심이라 할 수 있다. 이런 측면에서 볼 때 협동학습은 수학교육에 잘 맞는 활동이 아닐 수 없다.

완수 수준에 도달할 수 있도록 교사가 나름의 교육과정, 나다움이 물씬 풍겨나는 교육과정을 설계하고 차근차근 펼쳐 나갈 수 있어야 한다. 그리고 이를 위해서 교사 자신은 수학 교육을 위한 살아있는 협동학습, 살아있는 교육과정 그 자체여야만 한다.

분수 나눗셈 원리, 개념 탐구 과정

그렇다면 어떻게 자신의 교실에서 살아있는 협동학습, 살아있는 수학 교육과정의 실현을 경험할 수 있을까? 아직도 학원 강사, 적지 않은 교사, 대부분의 학부모들은 학생들이 수학적 개념을 바르게 이해하고 있는지 여부와 상관없이 공식 또는 알고리즘의 암기, 다양한 유형의 문제를 반복적으로 풀기만 하면 충분히 성적을 올릴 수 있다고 믿고 있다. 하지만 이런 방식의 수업 속에서는 고학년으로 갈수록 수학 부진아가 점점 늘어날 수밖에 없다. 자신의 교실에서 살아있는 협동학습, 살아있는 수학 교육과정을 실현하려면 학생들이 그 개념이나 원리를 충분히 이해할 수 있을 때까지 학생들끼리 상호작용하면서 사고한 것을 자신의 언어로 다른 학생들과 나누고 공유할 수 있도록 해야 하며 그 과정을 교사가 차근히 지켜보며 기다려주어야 한다. 그 이유는 아래와 같다.

- 정답을 말하는 것보다 '왜 그런 답이 나왔는지 전원이 설명할 수 있다'에 목표를 두도록 하자. 그래야만 학생들끼리 서로 생각과 도움을 주고받으면서 개념과 원리를 정확히 이해할 수 있게 되기 때문이다.[35]

시어핀스키 피라미드 만들기 활동 장면(6학년 각기둥과 각뿔 수업 중에서)

- 학생들이 정답을 이야기하는 것보다 오답을 이야기하는 것에 더 관심을 가지고 수업의 중요한 재료로 삼도록 하자. 왜냐하면 학생들이 오답을 말한다는 것은 그들이 사고하고 있다는 것의 증거, 배움을 위한 자기 나름의 노력을 하고 있다는 증거이기 때문이다.[36]

- 배움의 수준이 서로 다른 학생들끼리 함께 모여 도움을 주고받으면서 수학적 개념과 원리를 탐구, 발견해 나가는 활동은 수학적 나눔과 배려, 협동의 실천, 수학적 의사소통능력 및 수학적 사고력 신장에 도움이 되기 때문이다. 이에 대한 내용들은 앞서서 충분히 다루었으므로 더 이상

---

35 특히 수학은 메타인지와 더욱더 중요한 관련성이 있다. 학생이 어디서부터 모르는지 정확히 알고 있어야만 도움을 주고받을 수 있는 지점이 만들어지기 때문이다.

36 학생들에게서 나오는 '오답'은 협동학습 수학 수업의 중요한 재료이자 훌륭한 토의 토론 자료가 되기도 한다. 이를 잘 다룰 줄 아는 교사가 진짜 협동학습 전문가라 할 수 있다.

설명할 필요가 없을 것이다.

학생들의 사고력 및 집중력은 우리 교사들이 생각하는 것 이상으로 뛰어날 뿐만 아니라 학생들 스스로는 사고 과정을 통해 알아낸 것들에 대하여 말하고 검증받고자 하는 욕구가 매우 강하다. 하지만 짧은 시간에 너무 많은 것을 가르쳐주려는 욕심 또는 의무감 때문에 학생들이 수학적 원리나 개념을 충분히 탐구하거나 사고하지 못한 채 암기를 해버리고 마는 식의 수학 수업, 학습지나 문제지를 나누어주고 문제풀이만을 반복하게 하는 수학 수업, 정답만을 강요하며 오답에 대하여 그렇게 생각한 이유를 말할 기회 및 스스로 생각하여 배울 수 있는 기회를 주지 않는 수학 수업, "땡, 틀렸어!" 라고 말하며 경쟁적으로 정답을 말할 수 있는 또 다른 학생을 찾아 눈을 돌리면서 학생들의 자존감에 상처를 내고 마는 수학 수업, 학생들의 사고력 및 집중력을 향상시켜주지 못하는 일방적인 설명 및 문제풀이 위주의 지루하고 재미없는 수학 수업, 오직 점수와 결과만을 중시 여기는 수학 수업, 학생들 간의 상호작용은 고려하지 않은 채 교사와 학생들 간의 일방적인 상호작용만을 고집하면서 학생들끼리 교실 속에서 지적인 이방인으로 살아가게 만들고 있는 수학 수업, 학생들의 상상력과 창의성을 오히려 말살시키고 있는 수학 수업이 학교 현장을 지배하고 있는 것 같아서 안타깝기만 하다. 학생들은 문제 푸는 기계가 아니다. 이제부터라도 이런 것들에 대한 심각한 반성과 고민이 필요하다. 그리고 그 고민에 대한 해결책으로 협동학습 수학 수업은 충분히 대안이 될 수 있다고 믿는다.

3) 수학 수업에 대한 인식의 코페르니쿠스적 전환

수학 수업은 답에 이르는 길 찾기 활동

적지 않은 수학 수업의 실제 모습을 들여다보면 학생들이 문제의 정답에 이르는 길에 대한 설명과 방법 전달, 문제를 잘 풀 수 있는 방법에 대한 설명과 안내, 교과서 문제 풀이, 학습지 활동 등으로 여기고 진행하고 있는 것처럼 보인다. 여기에는 선생님이 하는 방식으로 잘만 따라하면 수학을 잘할 수 있다는 전제가 깔려 있다고 봐도 무리는 아닐 것이다. 하지만 학생들은 문제 푸는 기계가 아니라는 인식은 못하고 있다. 수학 교과 차원에서 수업혁신을 생각한다면 그동안 우리가 가져 왔던 오해와 편견, 억압에서 벗어나 수학의 참모습을 되살리고 우리 학생들이 원래부터 갖고 있는 지적 호기심을 회복하면서 교사로서 교직의 전문성을 되찾고자 하는 차원이라 볼 필요가 있다. 이를 위해서는 이 글의 제목에서처럼 근본적인 패러다임의 변화가 필요하다고 필자는 보고 있다. 그리고 그것이 바로 수업혁신의 참뜻이자 이상적인 개념이라고 필자는 주장하는 바이다.

좀 더 이해를 돕기 위해 세부적으로 들어가보도록 하겠다. 먼저 수학교육에 대한 오해와 편견부터 살펴보면 다음과 같다. 수학수업을 한다는 것은 "교과서에 제시된 문제를 풀이하여 정답을 구하는 방법이나 길을 알려주는 것(문제풀이와 동일시하는 일)"이라고 인식하고 있다는 점에 있다. 그렇게 본다면 음악 수업을 할 때 교사가 악기 연주만 하고 노래만 들려주면 될 일이다. 미술 시간에는 교사가 직접 그림을 그려주고 잘 그리는 방법만 알려주면 될 일이다. 문학 수업 시간에는 교사가 직접 시나 소설을 창작하고 그것을 보여주면 될 일이다. 그런데도 불구하고 수학 수업을 수학 문제 풀이와 같이 인식하는 이유는 무엇일까? 그것은 우리의 수학 수업이 시험에서 중요하다고 여겨지는 것들만을 잘 정리하여 떠먹여주는 식으로 이루어져 왔기 때문이라 볼 수 있다.[37] 그리고 이러한 상황은 수학 수업을 인터넷 특강을 통해 수업을 듣는 것과 별반 차이가 없게 만들고 있다(문제 제시 후 특별한 해법-자신만이 알고 있는 비법을 통해 능숙하게 문제를 풀이하는 과정 설명하기 및 익히게 하기).

하지만 수업혁신이라는 차원에서 이런 행위는 진정한 수학 수업이라 말할 수 없다. 왜냐하면 수학 수업은 '길 찾기'와 비슷하기 때문이다. 어딘가를 찾아갈 때 갈 수 있는 길은 한 가지만 있는 것이 아니다. 그러나 문제풀이식의 수학 수업은 한 가지 길만을 가르쳐주고 가르쳐주는 대로만 길을 찾아가라고 지시하는 것과 다르지 않다. 학생들 스스로가 생각하고 고민하여 풀이를 어떻게 시작하고 어떤 과정을 거쳐야 하는지 결정해야 함에도 불구하고 학생들에게 그런 여지를 주지 않고 다른 사람이 풀어주는 방식이나 모범 과정이라는 것을 별 생각 없이 따라하게만 하여 정답이 나오도록 하기 때문에 문제가 되는 것이다. 이럴 경우 학습은 끊임없이 같은 과정과 비슷한 문제풀이만을 반복하게 될 수밖에 없다. 그런 과정은 수업이 아니라 기능이 몸에 밸 수 있도록 반복만 하는 훈련일 수밖에 없다. 이럴 경우 학습자는 서커스에서 볼 수 있는 동물들과 다르지 않다고 봐도 무리는 아닐 것이다.

이런 모습은 학교 밖의 학원, 인터넷 강의 등에서 많이 볼 수 있다. 하지만 학교에서의 수업마저도 이런 모습을 보인다면 학교 교육은 더 이상 필요 없지 않을까? 이런 모습을 극복하고 수학의 본질을 찾기 위한 진정한 수학 수업을 만들기 위해서 수업혁신이라는 개념이 필요했던 것이라 생각한다면 무리일까?(다른 교과목도 이런 맥락에서 생각해봐야 한다.) 기존의 그런 수학 교육의 개념은 학생들 차원에서는 억압과 폭력의 기제로 사용되었다는 차원에서도 굉장히 심각한 문제의식을 갖게 된다. 예를 들어 수 연산 영역에서 학생들에게 학습지 반복훈련을 강요(대표적인 사례가 바로 『기적의 계산법』 책, 그리고 여러 학교에서 기초학습 영역 학습지를 만들어 학생들에게 연산 연습을 반복적으로 시키고 있는 활동들이 다 같은 맥락이라 봐도 무리가 없을 듯하다. 심지어는 시간까지 재어 가면서 학생들을 심리적으로 억압하고 실수가 없어야 한다는 강박관념까지 심어주고 있으며 누가 더 빨리 풀이하는가 하는 경쟁심리까지 조장하고 있는 현실이다. 이게 교육이라 말할 수 있는 것인가?)하고 있는 것이 바로 그런 사례 가운데 하나라고 할 수 있다. 필자가 볼 때 이런 현상은 거의 고문 수준에 가깝다고 해도 지나치지 않다.

이런 학생들은 수학을 과연 어떤 과목이라 생각할까? 수학이라는 과목이 과연 사고력을 키워주기 위한 것이라 여길 수 있을까? 오히려 수학이라는 것을 지겹고, 하기 싫고, 어렵게만 느껴지는 과목으

---

37 이를 암죽식 수업이라고 말한다. 여기에는 수동적 존재라는 학습자관이 존재하고, 지식의 결과에 주목하고 이미 누군가가 만들어 놓은 지식의 집합체라는 교과관(시험에 나오지 않는 지식은 필요 없고 수업은 시험에 대비하기 위한 것이며 지적인 사고활동이 아니라 그 결과에만 주목한다는 것)이 존재하며, 지식의 결과물들을 학생들에게 가르치는 행위가 수업이라고 여기는 교수관(여기에는 교사와 학생, 학생들 간의 상호작용에 의한 지적인 사고의 과정을 통해 학생들의 배움이 형성되고 인지적 발달과 성장이 이루어진다는 의미가 결여되어 있다)이 자리하고 있기 때문이다.

고3 60%는 수포자… '잠자는 수학교실' 이대로 괜찮나

MODU일보

'잠자는 수학교실'은 헛소문이 아니었다. 수학 공부를 단념한 수포자가 고교생 10명 가운데 6명꼴로 조사됐다. 중학생도 10명 중 5명, 초등학생도 4명이나 되는 것으로 나타났다. 학교 수학이 어렵다는 학생 비율은 초등 27.2%에서 중학교 50.5%, 고교 73.5%로 학년이 올라갈수록 급증했다. 이는 수학교육이 심각한 위기에 빠져 있음을 보여준다. 학생 절반가량이 공부하지 않는 교과목을 과연 정상이라고 볼 수 있을까.

수학교육의 위기는 대학입시 경쟁과 구태의연한 교과서 체제에서 비롯된다. 수능만 해도 수학 과목은 시험 범위가 넓고, 짧은 시간 안에 고난도의 문제를 풀도록 요구하고 있다. 이에 대처하기 위해 수학교육은 학생들의 호기심을 자극하고 자신감을 키워주기보다는 속성의 암기식, 주입식 학습으로 변질될 수밖에 없다. 특히 학습량 과다는 위험 수준에 이르고 있다. (…)

출처 : 한림대학교 MODU일보(2015. 9. 17)

로 여기게 만들고 있지는 않는가? 이런 수업에 익숙해졌기 때문에 학생들이 본래부터 갖고 있는 바람직한 지적 호기심은 사라지고 결국은 생각하기 싫어하고 조금 어려운 질문을 만나면 쉽게 포기해 버리는 사람으로 바뀌어 가고 있는 것은 아닐까?[38]

이런 여러 가지 문제점을 극복하기 위해서 수업혁신과 수학 교육과정의 재구성이라는 과업과 패러다임의 변화가 필요했던 것이라 본다면 수업혁신이라는 것이 그렇게 큰 부담으로 다가올까 하는 생각이 든다. 수학의 본질에 다가가도록 하는 수학 수업, 지극히 본질적이고도 상식적이며 평범한 주장(수학 수업은 학생들이 자신의 머릿속에 인지 지도를 그릴 수 있도록 돕는 일)이 그렇게 힘들고 어려운 것일까?[39]

한편 필자는 우리나라의 수학 수업에서 개념과 원리에 대한 발견학습, 탐구학습, 협동학습, 토의토론 수업 등의 활동을 많이 볼 수 없다는 점에서도 또 다른 문제의식을 갖고 있다. 물론 그 이유는 교육과정이 학생들에게 너무나도 많은 양을 다루도록 강요하고 있기 때문이기도 하다.[40]

이와는 대조적으로 외국의 수학 교과서를 소개하고 분석한 논문이나 각종 교육학 서적들을 보면 대부분의 활동들이 개념을 이해하고 관련 내용에 대해 협동적으로 사고하고 탐구하는 과정으로 가득 차 있음을 알 수 있었다. 교과서 내용은 그 개념이 어떤 의미인지에 대하여 충분한 사고를 할 수 있도록 구성되어 있고 실생활과 어떤 연관성이 있는지 고민하도록 되어 있었기에 학생들은 수학 개

---

38 이런 식의 수학 수업은 학생들 스스로 수학을 만들어갈 수 있는 활동을 포기하게 만들었고, 의미 없이 지식과 기능을 기계적으로 익혀 분절된 사고를 하게 만들었고, 스스로 문제를 해결하기보다는 다른 사람에게 의존하게 만드는 수동적인 학생들을 만들어 왔던 것이라 필자는 생각한다. 교육은 결코 훈련이어서는 안 된다.

39 그 출발점은 쉽게 표현하여 기존의 교육과 교과서에 대하여 "과연 그러한가?"라는 근본적인 의문을 제기하고 비판적 검토를 통해 이루어진다. 물론 이때의 기준은 학생들의 눈높이고 학생들의 사고 수준이며 학생들의 발달과정이다(학생들이 어떻게 받아들일 수 있는가 하는 점에 초점). 비판 없이 혁신은 없다.

40 수능이나 학교 시험에서 학생의 서열화, 학생 선발을 위한 도구 과목으로 사용되면서 하나의 개념에서 다양한 유형의 문제를 이리 비틀고 저리 비틀어 만들어내거나 여러 가지 개념을 섞어서 복합적인 문제(작위적인 문항 출제, 변별을 위한 문항 출제, 문제를 위한 문제 만들기)를 내는 일이 비일비재해졌다는 점도 문제점이라 필자는 보고 있다.

념을 깊이 이해할 수 있고 그 유용성을 느낄 수 있을 것이라 필자는 바라보고 있다. 그리고 학생들이 스스로의 힘으로 수학 개념과 원리를 발견하고 이해하게 되면 이와 관련한 평가 문항은 그 개념을 제대로 이해했는지 확인하는 것으로 끝나고 있음을 알 수 있었다. 우리나라처럼 억지로 다양한 유형을 만들어 풀라고 하지 않았다. 현재 필자의 수학 수업도 바로 이와 같은 점에 포커스를 맞추어 교육과정을 재구성하여 진행하고 있는 중이다. 이런 수학교육을 하기에 외국의 수학 교육과정은 절대로 많을 수가 없다. 우리나라 수학 교육과정을 줄여야하는 중요한 이유가 바로 여기에 있다.

현재 우리의 수학 교육과정으로는 수많은 수학 개념, 공식, 다양한 문제 유형을 전부 위와 같은 수업방식으로 소화할 수가 없다.[41] 그렇다고 하여 포기하거나 넋 놓고 그냥 바라볼 수만은 없는 일이다. 방법은 분명히 있다. 전문성을 가지고 교육과정을 철저히 분석하여 재구성한

발표 중심 수학교실, 우리 학교엔 '수포자' 없어요

자율형공립고인 부산 사상고등학교 수학 수업 시간. '확률·분포' 수업을 듣는 2학년 학생들이 한 명씩 돌아가며 자신이 맡은 문제를 발표한다. 보통 수학 시간은 교사가 설명을 먼저 한 뒤 문제풀이를 하는 방식으로 진행되지만 사상고의 수학 시간은 방식이 조금 다르다.

먼저 수학 교사가 전반적인 개념 설명을 한 뒤 문제를 학생 한 명씩 할당한다. 학생은 자신에게 주어진 문제를 먼저 풀고, 수학시간 전 화이트보드 한 켠에 문제와 풀이법을 적는다. 수업이 시작되면 한 명씩 앞으로 나와 친구들 앞에서 문제풀이 과정을 직접 발표하게 된다. 발표를 마치면 학생들 사이에 질문이 오간다. 문제풀이에 이상이 있거나 중요한 문제일 경우 수학 교사가 다시 한 번 개념에 대해 보충설명을 하는 방식으로 수업은 진행된다.

다시 말해 '1학생 1문항 책임제'가 운영되는 것이다. 개념 설명은 교사로부터 미리 듣고 교과서나 다른 문제풀이를 참고해 학습을 완성하는, 요즘 새로운 교육법으로 주목받는 '플립드 러닝(거꾸로 교실)'의 일종인 셈이다. (…)

출처 : 한림대학교 MODU일보(2015. 9. 17)

뒤 학생들 스스로의 힘으로 개념과 원리를 발견, 탐구하고 협동적으로 문제를 해결해 나갈 수 있도록 돕는 수업은 분명히 가능하다. 가끔 TV에서 방영되고 있는 교육 관련 다큐멘터리를 살펴보면 그런 모습들을 많이 발견할 수 있다는 것을 보아도 충분히 알 수 있는 일이다.[42] 그리고 필자는 이를 협동학습으로 극복해 나가고 있는 중이다. 다만 패러다임의 전환과 수학 교과에 대한 전문성, PCK가 필요하다는 점은 과제로 남아 있다. 하지만 이 또한 충분히 극복할 수 있는 문제라 생각한다. 수학 교육에 대하여 문외한이었던 필자가 이 문제를 극복하였듯이 말이다.

4) 협동학습 수학 수업을 위한 레시피 몇 가지

협동학습으로 수업을 진행하다 보면 교과 나름대로의 특성이 협동학습과 어떻게 연결되는지를 고민

---

41 지금 대한민국은 수학공화국이라고 해도 과언이 아니다. 이런 현실 속에서 수학 부진아는 단순한 부진아가 아니라 학습 부진아 취급을 당하게 된다. 학생이 수학 이외에 아무리 다양한 능력, 좋은 재능, 강점이 있어도 수학을 못하면 학습부진아 취급을 받을 수밖에 없다. 그게 우리 교육 현실이다.

42 대표적인 사례가 바로 '플립 러닝, 거꾸로 교실, 거꾸로 수업'이다. 유튜브를 검색해보면 많은 영상물을 살펴볼 수 있다.

하게 된다. 그리고 그 결과로 그 교과와 관련된 협동학습 수업 레시피가 만들어진다. 교사들마다 바라보는 시각과 관점은 분명히 다르겠지만 그동안 나름대로 수학 교과에 대하여 고민해 오면서 정리한 수학 협동학습 수업에 대한 비결 몇 가지를 정리해보고자 한다. 필자가 수학 교과를 연구하여 실제로 협동학습 수업을 실천해 온 사례들은 필자가 집필한 아래의 서적에 고스란히 담겨 있으니 참고하기 바란다. 필자가 집필한 서적에는 왜 그렇게 재구성하여 협동학습 수학 수업을 할 수밖에 없었는지에 대한 고민과 흔적들, 분석적 내용들이 세밀하게 담겨 있다.

(1) 가능한 교과서를 버려라! – 재구성을 통한 내용 줄이기 및 핵심에 집중하기

초등학교 1학년 과정부터 수학 교과서를 보면 내용이 너무 많아 미처 소화하지 못하고 학년을 올라가게 되어 결국 '수학'을 힘들어하고 싫어하는 학생들이 양산되고 있다. 학생들이 수학을 좋아하고 잘하게 하려면 교과서 내용부터 확 줄여야 한다. 교육과정이 바뀔 때마다 교과서 내용을 줄이겠다고 하였지만 제대로 실행된 적은 거의 없을 뿐만 아니라 계산 및 문제 풀이, 알고리즘 익히기(기능) 중심으로 구성되어 있어서 '학습 부진아'라는 꼬리표를 달게 되는 학생들이 늘어날 수밖에 없는 현실이다. 어디까지나 수업 설계의 주체는 교사인 만큼 교사 스스로가 직접 줄이려는 노력 또한 가능한 일이라고 본다면 가능한 교과서를 버리고 각 단원, 차시마다 핵심이 무엇인가에 집중하여 꼭 지도해야 할 내용만 뽑아 학생들이 확실하게 이해하고 넘어갈 수 있도록 교과서 내용을 재구성하는 것이 더 좋다. 학생들이 이것저것 다 두드려보게 하지 말고 핵심 그 한 놈만 죽어라 두드려 패게 하라.

(2) 침묵으로 가르치기 – 교사의 말을 줄이고 학생들이 생각하고 말하고 행동하게 하기

들은 것은 잊어버리고 본 것은 기억되나 직접 해본 것은 이해된다.(공자)

흔히 수학 수업을 보면 학생들이 처음 배우는 것들에 대하여 교사들이 친절하게 처음부터 끝까지 먼저 설명을 해주고 학생들이 그것을 따라하도록 하는 방식을 택하고 있다. 이 방식이 좋은 내용도 있지만 모든 과정과 내용이 다 그런 것은 아니다. 때로는 학생들이 처음부터 직접 탐구하고 생각하고 질문도 하고 또래들과 상호작용하면서 스스로 찾아내는 방식이 좋은 내용도 꽤 많다.

> 예를 들어 평면도형의 넓이를 공부하면서 공식이 만들어지는 과정을 교사가 직접 설명하는 것이 아니라 학생들이 직접 조작 활동을 통해 탐구하여 공식을 만들어가는 수업을 할 수도 있다.
>
> 겨냥도를 그릴 때에도 그리는 방법을 직접 설명해주는 것이 아니라 어떤 순서와 방법으로 그려야 정확하게 제대로 그릴 수 있는지를 학생들이 스스로 찾아내도록 하는 수업을 할 수도 있다.

많은 경우 교사가 열강을 한다고 하지만 학생들이 정말 무엇인가를 배우기는 한 것일까 하고 의구심을 갖게 만든다. 교사가 지적인 언어로 무엇인가를 마구 쏟아내고 학생들이 교사의 생각대로 쫓아간다고 하더라도 '배움'이 일어났다고 말할 수는 없는 경우도 많다. 좋은 수학 수업이란 학생들에게 경험을 통해 중요한 수학적 지식을 습득할 수 있는 배움의 상황(학생들이 수학적 지식을 배우고자 하는 마음을

직육면체 겨냥도 그리기 – 스스로 겨냥도 그리는 방법, 그리는 순서, 주의할 점을 찾는 모둠활동 사례

갖게 만드는 모든 교실 환경)을 만들어주는 일이다. 특히 수학이라는 교과는 '말로 가르치기'를 포기할 때 다양한 형태의 수업이 떠오른다는 것, 그리고 그 지점에 협동학습이 있다는 것을 잊지 말아야 한다(사고하기 ⇨ 행동, 상호작용하기 ⇨ 배움의 과정을 경험하도록 하기).

(3) 공부한 내용을 스스로 기록하고 정리하게 하기

수업 중 무엇인가를 스스로 기록한다는 것은 수업에 주인이 되어 있다는 것이다. 그리고 공부한 기억을 떠올려 스스로 정리한다는 것은 그것을 완전히 자기의 것으로 만들기 위한 자기주도적 노력이라 할 수 있다. 이를 위해 학년 초에 노트 및 스스로 배움공책 2가지를 준비할 수 있게 하고 노트 기록 방법(특히 코넬식, 마인드 맵) 및 스스로 배움공책 쓰는 방법을 적극적으로 알려주고 지도하는 것

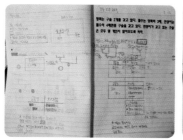

필자가 지도한 학생의 노트 정리 사례

이 좋다. 노트 정리든 스스로 배움공책이든 제일 중요한 것은 교사가 판서하는 것을 그대로 적는 것보다 자신이 들은 것들을 바탕으로 알게 된 사실, 이해한 내용, 생각과 느낌이 고스란히 드러나도록 하는 일이다. 이것을 지속적으로 실천해 나가다 보면 학생들의 수업 집중력과 이해력이 높아지고 질문하는 학생들의 수도 점점 늘어나게 된다.

(4) 모두 일어서게 하기

자기 사고를 바탕으로 다른 사람들과 생각을 공유하며 협동적 배움을 실천해 나가는 일은 협동학습 수업의 핵심이다. 특히 협동학습의 최대 적은 무임승차와 일벌레, 봉 현상이라고 할 때 이를 어떻게 최소화하느냐가 곧 협동학습 수업의 성패를 좌우한다고 볼 수 있다. 이를 극복하기 위해 학생들 모두를 일어서게 하는 방법은 특히 수학 시간에 매우 유용한 활동이라 할 수 있다. 물론 이에는 전원 과제 완수하기를 목표로 한 협동학습의 기본원리 중 다섯 번째 '한 사람도 포기하지 않기'가 바탕에 깔려 있다고 말할 수 있다.

(5) 오답은 살아있는 수학 수업 재료 – 고민의 결과는 즉시 말하기, 오답은 살리기

우리나라 학생들은 틀리는 것을 매우 두려워하고 창피해한다. 물론 이는 학습된 것이고 그 뒤에 그런 상황을 만든 교사의 잘못이 있다. 천재 발명가 에디슨이 전구를 개발할 때 99번의 실패를 부끄러워했을

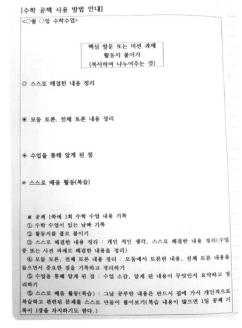

필자의 교실 수학 노트 정리 안내 자료(공책 앞에 붙임)

모두 일어서서 나누기 활동 – 분수의 뺄셈을 띠 모델로 해결하기

까? 오히려 99번의 안 되는 이유를 알아낸 것에서 희망을 찾았을 것이고 그것이 결국 전구를 발명하게 만들었던 것 아닐까?

마찬가지로 수학 수업 시간에도 학생들 스스로가 고민 끝에 생각해낸 산물들을 과감하게 교실 전체로 던져보거나 실행시켜 볼 필요가 있다. 물론 그 생각을 교실 전체에 던져보거나 실행하는 과정에서 어떤 지점에서 생각이 부족했는지, 어떤 부분을 고려하지 못했는지, 자신의 생각에 어떤 장점과 단점이 있었는지, 자신의 생각을 어떻게 보완을 해야 될지 등의 반성적인 사고 과정은 반드시 필요할 것이다. 이러한 과정을 통해 학생들은 수학적 개념의 이해 및 수학적 사고력을 보다 심화, 발전시

키고 수학적 문제 해결력을 향상시킬 수 있게 된다.

이를 위해 무엇보다도 틀려도 괜찮은 교실 환경을 만드는 일이 중요하다. 학생들이 오답을 말한다는 것은 그들이 사고하고 있다는 증거이기도 한 만큼 왜 그렇게 생각했는지를 묻고 어떤 지점에서 좀 더 생각해볼 필요가 있는지를 스스로 찾아낼 수 있도록 해야 한다. 여

자신의 생각 발표하기 장면 – 분수의 곱셈

기에는 오답을 말한 학생들을 더욱더 칭찬하고 격려하는 교사의 사고 및 태도 전환이 선행되어야 한다. 교사가 바뀌면 학생들은 수학적 개념을 이해하기 위해 고민은 하되 생각난 아이디어는 망설이지 않고 발표로 연결 짓거나 실행에 옮긴다.(오답이 나올 경우 그대로 적어두고 학생들 간의 연결 짓기를 통해 수학적 의사소통을 돕고 비슷한 문제 상황에 봉착한 다른 학생들의 또는 완전히 이해하고 있지 못한 학생들의 이해를 돕거나 오류가 발생한 지점을 찾을 수 있도록 돕는다. 이 과정은 말 그대로 살아있는 협동학습 수업을 만든다.)

(6) 심진 일으키기 – 핵심 질문 뽑아내기

심진(心震)을 일으킨다는 것은 어떤 상황이나 주제와 관련하여 지적인 불완전함을 이용하여 장애물을 설치해둔다는 것(학생들이 갖고 있었던 기존의 생각이나 신념을 무너뜨리는 일)을 의미한다. 실제로는 잘못된 상황을 제시하고 그것이 정답인 것처럼 포장하여 학생들의 사고에 혼란을 가져다주는 활동이라 말할 수 있다. 아래 상황과 같은 예가 바로 그것이다.

보통 이런 상황은 부족하지만 학생들 자신이 현재 상황에 만족하거나 어렴풋하게 알고 있는 것을 좀 더 확실하게 이해할 수 있도록 돕고자 할 때, 학생들 자신이 어떤 주제나 상황에 대하여 잘 알고 있다는 착각에 빠져 있을 때 그들의 생각과 믿음에 지각변동을 일으키거나 부정하게끔 만들어 자신들의 기존 지식과 사고체계를 재구성해나갈 수 있도록 돕기 위해 만들어진다.(필자의 경우 주로 답 내기 중심의 학원 선행학습을 한 학생들이 많을 때, 지난 학년에서 완전히 개념을 이해하지 못하고 넘어온 영역에 대하여 출발점 행동을 점검하고자 할 때 많이 활용한다.)

이러한 발문을 위해서는 교과서를 버리고 핵심에 집중한 교육과정 및 교과서 내용의 재구성을 하지 않으면 안 된다. 왜냐하면 그 수업에서 굉장히 중요한 핵심 질문일 경우에 주로 사용하는데 이 경우 시간이 꽤 많이 필요하기 때

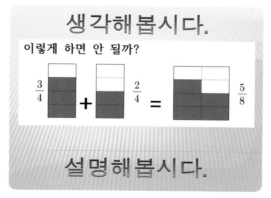
분수의 덧셈 과정에서 기존 사고를 뒤집는 심진 일으키기 질문 사례

문이다. 이의 밑바탕에는 법정 스님의 '무소유' 사고가 있다(법정 스님의 말에 의하면 '무소유'란 아무것도 갖지 않는 것이 아니라 불필요한 것을 갖지 않는다는 뜻이다). 이처럼 불필요한 것 또는 덜 중요한 것에 학생들이 집중하지 않게, 시간을 보내지 않게 하는 일은 반드시 선행되어야 한다.(교과서를 보고 덜 중요하거나 핵심에서 벗어나는 것들, 이것저것 묶어서 해도 큰 무리가 없는 활동들, 생략해도 좋은 활동들은 과감히 덜어낸다는 판단과 의지가 필요하다. 굳이 교과서를 빠짐없이 다 가르쳐야 한다는 생각은 버리도록 하자.) 그래야 학생들은 현재 발달 수준을 바탕으로 근접발달영역 내에서 협동적 상호작용을 통해 잠재적 발달영역으로 넘어가게 된다. 학생들이 모든 것을 알게 한다는 것은 단지 교사의 욕심일 뿐이다.

(7) 충분히 생각할 시간을 주고 기다리기

생각할 시간을 주고 기다린다는 것은 인성교육 차원에서 그 학생에 대한 배려일 뿐만 아니라 학생이 수업 속으로 들어올 수 있는 기회를 제공하는 일이다. 교사들이 학생들을 수업 속으로 끌어들여 수업에 주인이 될 수 있는 많은 방편들을 찾고 있지만 '학생들 스스로 자기 생각 갖기'만큼 쉬운 방법은 없다. 수업에 참여하는 학생과 그렇지 않은 학생의 가장 큰 차이점은 바로 자기 생각을 갖고 있느냐 없느냐 하는 점이다. 자기 생각을 갖고 있는 학생들 치고 참여하지 않는 학생은 찾아보기 힘들다. 상대적으로 자기 생각을 갖고 있지 못한 학생들 치고 제대로 참여하는 학생 또한 찾아보기 힘들다. 이를 위해 교사는 미리 교재 연구를 통해 준비한 중요한 질문들에 대하여 충분히 생각할 시간을 주고 기다리는 자세가 필요하다. 그러면서 학생들을 세밀하게 관찰하고 잘 생각이 떠오르지 않는 학생들에게는 먼저 모둠원에게 도움을 구하고 그래도 안 될 때 교사에게 도움을 요청하도록 안내하는 것이 필요하다. 무조건 교사에게만 도움을 요청한다면 학생들은 협동학습에 대한 필요성을 느끼지 못한다. 학생들에게 있어 가장 좋은 조력자는 교사가 아니라 팀 동료라는 사실을 늘 일깨워주어야 협동학습이 잘 이루어질 수 있다.

(8) 생활 속에서 수학적 개념 및 원리를 학습하게 하기 – 수학적 도구 및 스토리텔링

살아있는 수학 수업을 만들어 나가기 위해서 생활 속에서 그 수학적 개념이나 원리를 학습할 수 있도록 재구성하라는 것이다. 학생들이 수학을 싫어하는 이유 중 하나는 '재미가 없다'는 것이다. 자신의 피부에 와 닿지 않을 뿐만 아니라 배움과 자신의 삶과의 연결고리를 찾지 못해 왜 배워야 하는지 깨닫지 못하기 때문이다. 하지만 생활 속에서 수학적 개념을 탐색하는 활동은 학생들에게 무한한 흥미와 재미를 제공해준다. 예를 들어 길이를 학습할 때 줄자로 나의 키뿐만 아니라 팔 길이, 다리 길이를 실제로 측정해보고 냉장고, 모니터 등 집 안에 있는 여러 가지 가전제품의 길이 관계를 탐색해본다면 학생들이 얼마나 재미있어 할까.

또한 신문이나 잡지 등을 이용해서도 수학 공부를 할 수 있다. 그 속에는 다양한 수학적 도구들이 들어 있다. 실제 이야기, 실제 상황을 시각화한 다양한 도표와 이미지(시각 모델 및 상황 모델) 등의 자료를 통해 학습한 학생들은 단지 수학으로서 추상적인 학문을 접한 것이 아니라 자신을 둘러싼 실제 현실을 간접적으로 경험하면서 수학이 실제 현실과 어떻게 접목되고 우리가 왜 수학을 공부해야 하는지뿐만 아니라 실생활 속에서 관련된 주제나 단원의 개념이 어떻게 녹아들어 가는지를 잘 이해할 수 있고 응용능력도 높아지게 된다.

아주 오랜 옛날 어느 산골 마을에 3년 고개라는 이름을 가진 고개가 있었습니다. 이 고개에서 넘어지면 3년 밖에 살지 못한다는 전설이 있었기 때문에 붙여진 이름입니다. 그런데 어느 날 할머니 한 분이 장에 갔다 돌아오는 길에 그만 3년 고개에서 넘어지고 말았습니다. 할머니는 '이젠 3년 밖에 살지 못하는구나.'하고 깊은 시름에 젖어 집에 돌아오자마자 자리에 눕게 되었습니다. 건강하시던 할머니께서 3년 고개에서 넘어져 깊은 시름에 빠졌다는 소문은 금세 온 마을에 퍼졌지요. 마을 사람들은 모두 할머니의 건강이 몹시 걱정되었습니다. 그러던 어느 날 동네에 살고 있던 영리한 소년이 찾아와 이렇게 말했습니다.

배수와 약수의 단원 학습-우리 전래동화 3년 고개 이야기로 시작하기(스토리텔링)

한편 학년에 따라서는 억지로 만들어진 이야기보다 이미 있는 이야기를 통해 수학적 상황을 제시하고 배우는 즐거움을 경험하게 할 수 있다. 특히 저학년에서는 매우 유용한 방법이 될 수 있다.

(9) 개념이나 원리가 가진 구성요소들 사이의 관계를 논리적으로 탐색하게 하기

이는 그 개념이나 원리가 가진 구성요소들 사이의 논리적인 관계를 탐색하게 하는 것이다. 이런 논리적 관계의 탐색 과정에서 학생들은 수학적인 구조를 더 명확히 해 그 개념이나 원리를 보다 확실하게 이해할 수 있게 된다.

예를 들어 직사각형과 정사각형을 서로 비교할 때 두 도형을 구성하고 있는 구성요소인 변, 꼭짓점, 각을 논리적으로 탐색하도록 한다는 것이다. 이때도 그냥 알아서 비교해보라고 하는 것보다 다음과 같이 학생들 수준에 맞게 사고할 수 있는 다양한 형태의 틀(벤 다이어그램 또는 비교 분석표)을 주는 것도 필요하다.

		정사각형	직사각형
공통점	꼭짓점		
	변		
	각		
차이점	변		

(10) 직접 구체물 조작하게 하기

학생들은 연령대에 따라 추상적 사고 수준이 매우 다르다. 그리고 수학 교육에서만큼은 고등학생들까지도 추상적인 과정 중심의 수학 수업을 매우 힘들어한다. 이런 시기에 수학 공부를 단지 문제 풀이 또는 답 찾기 식처럼 추상적으로 진행한다면 학생들은 매우 힘들어하고 수학 포기자가 양산될 수

밖에 없다. 저학년부터 고학년까지 필요에 따라 모든 학생에게 구체적인 조작물(구체적 경험이 가능한 상황 제시)을 나누어주고 알맞은 활동을 하여 그들의 이해를 도울 수 있는 방법 또는 자료들을 고민해봐야 한다.

종이를 직접 자르고 회전, 이동시키면서 등적변형을 통해 도형의 넓이를 구하는 공식 만들기 활동

(11) 협동적으로 함께 문제를 해결하는 즐거움 선사하기 – 미션 과제

똑같은 활동이라도 그냥 활동지 형식으로 제시하면 학생들은 힘들어한다. 그러나 미션활동이라고 포장하여 도전의식을 갖게 하면 학생들은 눈빛이 반짝거린다. 게다가 혼자 하는 것보다 모둠원들이 함께 해결하고 한 사람도 빠짐없이 다 설명할 수 있어야 한다는 조건(전원 과제 완수)을 내걸면 학생들은 더 활동적으로 움직인다. 개별학습지 형식으로 나누어주면 학생들은 마치 시험을 보는 듯한 착각을 경험하며 부담을 느끼게 된다. 하지만 모둠 미션 과제나 협동학습 구조인 짝 점검 활동 등을 하게 되면

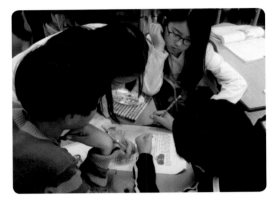
미션과제 해결 장면

이 활동을 게임이나 놀이처럼 인식하여 도전의식을 갖게 된다. 아울러 모둠 미션 과제 및 짝 점검 등의 협동적 활동은 혼자라는 부담감이 줄어들고 개인적인 책임 또한 감소하며 또래 동료들과 서로 도움 및 칭찬 주고받기, 정보 및 아이디어를 공유하기 때문에 자연스럽게 상호작용을 통해 목표에 도달할 수 있다는 장점 및 학생들의 자존감을 살려줄 수 있는 효과도 얻을 수 있다. 여기에서 주의해야 할 점 한 가지가 있다면 무임승차, 일벌레, 봉 현상, 경쟁 현상을 어떻게 극복할 것인가 하는 것이다. 필자의 경우 미션 과제나 협동적 활동이 끝나면 모둠원 가운데 아무나 대표설명을 하게 될 것이라고 미리 안내를 한다. 그러면 학생들은 한 명도 빠짐없이 완전학습을 하기 위해 노력하는 모습을 보이게 된다.

한편 미션과제를 잘 해결하면 상점을 준다거나 +α라도 무엇인가 걸려 있다면 학생들은 이해가 부족하거나 도움이 부족한 학생들과 부정적 상호작용을 하게 되어 협동학습의 중요한 기반을 뒤흔들 우려가 있으니 주의하기 바란다.

(12) 몸으로 배우게 하기

Van Hiele에 의하면 초등학교 시기의 학생들은 제2수준(기술적 수준)에 해당된다. 이 수준의 학생들은 사물을 직관적으로 관찰하고 귀납적으로 판단하며 정의한다(피아제의 구체적 조작기에 해당되기

도 하는데 피아제도 이 단계의 학생들은 구체적인 대상 없이 언어적 명제만을 다루는 형식적 수준에는 이르지 못한다고 하였다). 따라서 도구나 구체물을 이용하여 수학적 활동을 하는 것과 함께 몸으로 수학적 개념을 이해하고 몸이 수학적 개념을 기억하도록 하는 일은 매우 중요한 일이 아닐 수 없다.[43]

신문지로 1m² 단위넓이를 만들어 실제로 여러 종류의 넓이 측정해보기

몸으로 배운다는 것은 이런 것이다. 예를 들어 학생들이 처음 수를 익힐 때 학생마다 그 개념 및 의미를 쉽게 받아들이는 방법이 다르다. 어떤 학생들은 예를 들어 설명하는 것만으로도 이해를 하는가 하면 어떤 학생들은 바둑돌, 공기, 수 모형, 구슬 등을 이용하여 설명해야 이해를 하기도 하며 또 다른 학생들은 몸으로 뛰거나 걸음을 걷거나 하면서 수에 대한 개념을 몸으로 경험하고 몸으로 받아들이기도 한다. 또한 순서의 의미를 배울 때는 학생들 모두 몸으로 익히는 것을 더 빨리 쉽게 받아들이기도 한다. 이처럼 몸이 수학적 개념을 받아들이고 이해할 수 있도록 하는 일은 특히 초등학교 단계의 학생들에게 매우 적합한 활동이라 할 수 있다(이 외에도 길이 개념, 거리 개념, 넓이 개념, 도형의 특성을 활용한 역할극 하기 등에도 얼마든지 적용될 수 있다).

중등 수학교육에서의 사례 – 삼각비 이해하기

삼각비를 이용하여 건물이나 물체의 높이를 재는 활동을 교실에서 추상적으로만 하지 말고 실제로 운동장에 나가서 건물이나 나무의 높이를 측정하는 방법으로 삼각비를 이해할 수 있게 하면 학생들은 몸으로 삼각비를 훨씬 더 잘 이해할 수 있게 된다.

삼각측량법이라고 불리는 이 방법을 이용하여 가장 높은 산이라고 알려진 산의 높이를 8.8km로 정밀하게 측정한 사람은 조지 에버리스트였다. 이를 기념하기 위해 세계 최고봉의 이름을 에베레스트라 부르기 시작한 것이다. 오늘날 삼각비를 함수로 표현한 삼각함수가 다양한 분야에서 세상을 움직이는(음악에서부터 심리학 등 거의 모든 영역까지 이용되고 있음) 중요한 도구로 응용되고 있다는 사실을 실생활 속

---

43 중·고등학생들에게도 수준에 맞는 방식으로 몸으로 배우게 할 필요가 있다. 네덜란드의 반 힐 부부(Dina van Hiele-Geldof, Pierre Marie van Hiele)에 의해 제시된 수학 학습 이론에 따르면 수학 학습의 과정에서 학생들의 수준을 시각적 수준, 기술적 수준(도형 분석적 수준 : 초등 단계의 학생들이 여기에 해당됨), 국소적인 논리적 관계를 파악하는 이론적 수준(비형식적 추론 수준), 형식적인 연역적 체계를 파악하는 수준, 논리적 법칙의 본질을 파악하는 수준(기하학의 엄밀화 수준)의 5개 사고 수준으로 구별할 수 있다. 반 힐은 본래 기하 영역의 학습을 염두에 두고 자신의 수준 이론을 개발해 왔으나 후에 이러한 생각을 일반화하여 자신의 이론이 모든 수학의 학습에 적용될 수 있다고 주장하였다.

경험을 통해 이해할 수 있도록 돕는 일, 그것이 삼각함수를 가르치는 수학 교육의 본질이자 이상이 아닐까 생각한다.

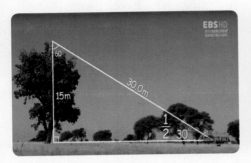

EBS 문명과 수학 삼각법 동영상

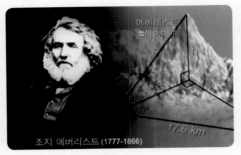

EBS 하늘을 그리는 비율 삼각비

(13) 놀이와 접목시키기 – 즐거움과 배움 연결 짓기

학생들은 놀면서 공부할 때 가장 즐겁게 배운다. 기는 놈 위에 뛰는 놈 있고 뛰는 놈 위에 나는 놈 있다고 하지만 나는 놈도 당해내지 못하는 놈이 바로 노는 놈이다. 여기서 말하는 논다는 것은 그것을 즐긴다는 뜻이다. 수학 수업을 학생들이 가장 즐길 때는 바로 놀이 자체가 자연스럽게 배움과 연결될 때라고 말할 수 있다.

예를 들어 1학년 학생들이 짝수와 홀수를 공부할 때 바둑돌이나 죠리퐁 과자 또는 콩알로 홀짝 알아맞히기 게임을 하거나 수 세기 놀이를 할 수 있다(물론 하면서 먹기도 한다). 5학년 배수와 약수를 공부할 때도 3, 6, 9게임을 하면 학생들은 매우 즐거워하며 배수 개념을 익힐 수 있다. 어떤 수학적 개념이나 상황을 안내할 때 스무 고개 형식으로 제시할 수도 있다. 큰 수의 덧셈과 뺄셈을 익히기 위해 시장 놀이 또는 알뜰시장 활동을 하거나 실제 화폐를 들고 학생들 각자가 사고 싶은

분수의 곱셈 단원 – 돌아가며 문제 내기 게임 활동 장면

물건을 사고 계산하게 할 수 있다. 곱셈 구구 활동을 하면서 소위 말하는 '구구단을 외자, 구구단을 외자'하는 활동을 하는 것도 학생들이 굉장히 즐기는 활동 중 하나다.

(14) 수업 연구를 게을리하지 않기 – 수업의 기록(경영록)

교사의 가장 1순위 업무는 무엇보다도 수업 연구 및 수업 활동이다. 특히 수학 수업은 제대로 준비하지 않으면 문제 풀이 방법이나 알고리즘을 익혀 반복 학습하는 정도의 수준을 넘어서기 힘들다. 따라서 살아있는 수학 수업을 하기 위해서는 수업 전, 수업의 실제, 수업 후의 성찰까지 잘 연계된 수업 연구가 반드시 수반되어야 한다. 이렇게 꾸준히 지속된 기록은 분명히 교사의 전문성 신장을 가져다줄 것이다(그러나 단순히 어떤 내용을 지도하고 어떤 순서로 하였다는 식의 기록은 별 의미가 없다. 여기서 말하는 기록은 살아있는 수학 수업을 위한 고민의 흔적, 나다운 수업을 고민한 흔적, 특별한 것이 아닌 일상의 흔적이 잘 드러나게 하라는 말이다. 무슨 행사 치르듯이 하는 공개수업처럼 화려하게 계획하고 고민하라는 말은 아니다. 공개수업은 특별한 수업이기에 일상의 수

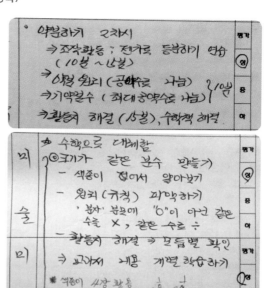

2015년 필자의 학급 경영록 수업 기록

업 모습은 아니다. 그런 활동에서 교사의 수업 성찰과 성장은 결코 이루어지지 않는다). 쉽지만은 않다. 초등학교 교사는 여러 과목을 매일 동시에 지도하기 때문에 모두 확실하게 연구한다는 것은 어려운 일이다. 필자의 경우 몇 년을 주기로 중심 연구 교과를 선정하여 꾸준히 연구하는 습관을 들였다. 그리고 혁신학교에 와서는 동학년 선생님들과 각자 자신 있는 교과에 대하여 공동 연구를 하고 정보 및 자료를 공유하면서 좋은 수업을 위해 꾸준히 동학년 수업 회의를 지속해 오고 있다.

기록하는 방법은 자기에게 맞는 틀을 만들되 핵심 내용, 핵심 질문, 중심 활동에 대한 고민, 수업의 흐름, 중요한 교구나 자료 등을 간략히 적어두면 된다. 굳이 세세하게 기록할 필요는 없다.

> 성장하는 교사 치고 기록과 자기성찰을 하지 않는 교사 없고
> 기록과 자기성찰을 하는 교사 치고 성장하지 않는 교사 없다.

(15) 칠판은 아직도 가장 유용한 도구

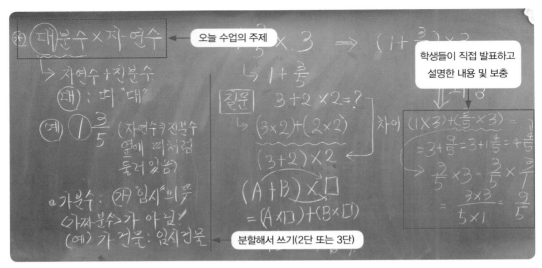

분수의 곱셈 수업 판서 사례 : 필자의 경우 과거처럼 단원 제목 쓰고 단원 목표 쓰고 하는 식의 칠판 판서는 하지 않는다. 오늘 수업 목표는 짧게 주제 제시 방식으로 첫머리에 반드시 기록한다.

멀티미디어가 들어오고 난 뒤부터 칠판의 활용은 현저히 줄어들었다. 교과서 내용을 그대로 옮겨서 온라인 서비스를 하고 있는 업체들도 늘어나면서 이를 이용하는 교사 수가 증가하여 칠판은 마치 장식물처럼 되어버린 것 같아 아쉽다.

과거 칠판은 교사 중심 수업, 일방적인 전달 및 설명 위주의 수업, 암기 중심 수업을 대표하는 교구였다. 빈틈없이 가득 채워진 판서와 받아 적기 바쁜 학생들의 모습, 그리고 "다 썼니? 지운다?"하고 외치던 선생님의 모습. 그러나 아직도 칠판은 유용한 학습 도구이다. 특히 수학 수업에서는 더 그러하다. 칠판은 학생들 간 소통의 장이기도 하고 교사와 학생들의 소통 도구이기도 하다. 게다가 칠판 판서는 수업의 흐름을 고스란히 담을 수 있는 매우 중요한 공간이다. 필자는 협동학습을 하면서 오히려 멀티미디어를 거의 쓰지 않는다. 오히려 수업 연구를 하면서 칠판을 이용하여 어떻게 수업 흐름을 나타내고 학생들의 배움의 과정을 고스란히 담아낼 것인지를 고민하고 실제 수업에서 그것을 실천한다. 학생들에게 자신의 배움을 담는 노트가 있다면 교사에게는 학생들의 배움을 안내하는 칠판이 있다.

(16) 모둠칠판을 적극 활용하기

모둠칠판은 협동학습 교구 가운데 학생들이 가장 좋아하는 것이다. 학생들은 이것만 손에 쥐면 골든벨 퀴즈 활동을 하는 것처럼 여긴다. 수학 시간에 모둠칠판은 개별 활동 차원에서 각자의 생각을 적어 들어보게 하는 데 활용되기도 하고 모둠 의견을 정리하여 제시하는 데 쓰이기도 하며 모둠원끼리 돌아가며 문제 내기 활동을 하거나 5단계 OX퀴즈 활동을 할 때도 사용된다(뒷면에는 5단계 OX퀴즈 활동판이 있다). 보드마커는 사용한 뒤 마개를 꼭 막아두기만 하면 오래 사용할 수 있고, 모둠별 보드마커 및 지우개를 담는 바구니, 모둠칠판을 보관하는 수납장을 마련하기만 하면 굉장히 깨끗하게 영구히 활용할 수 있는 훌륭한 교구라 할 수 있다. 시중에 매우 비싼 가격으로 판매되기도 하지만 필자의 경우 오래전 수업개선 연구교사를 할 때 연구 지원비를 활용하여 장판으로 직접 만들어 20년 가까이 잘 쓰고 있다.

개별적인 이해도 점검(수행 과정)

(17) 적재적소에 알맞은 협동학습 구조 활용하기

협동학습 구조는 협동학습을 거드는 활동일 뿐이다. 그러나 적재적소에 잘 활용만 한다면 협동학습의 효과를 배가시킬 수 있는 훌륭한 사고의 틀이다. 따라서 각 사고의 틀이 갖고 있는 특성과 장점 및 주의해야 할 점들을 교사가 잘 파악하고 있다면 협동학습을 통해 생기가 넘치는 살아있는 수학 수업을 만들 수 있다(필자의 경우 벤 다이어그램, 돌아가며 말하기, 돌아가며 문제 내기, 부채 모양 뽑기, 생각 내놓기, 모두 일어서서 나누기, 모둠별 문제 내기, 짝 점

모둠별 부채 모양 뽑기 활동 장면

검, 모둠 토론, 칠판 나누기 등의 활동을 자주 활용하는 편이다).

(18) PCK - 교사 자신이 살아있는 수학 교육과정 그 자체

교육과정 및 교과서 내용의 재구성도 그 교과, 단원, 차시에 대한 핵심, 무엇을, 왜, 어떻게 가르쳐야 하는가 등에 대한 종합적인 전문지식을 갖추었을 때 비로소 가능한 이야기다. 그것이 없다면 무분별하면서도 일관성 없는 재구성밖에 이루어지지 않는다. 그런 수업은 절대로 좋은 수업일 수 없다. 교사가 수학은 왜 배워야 하고 왜 가르치려고 하는가에 대한 생각을 바탕으로 지도하고자 하는 단원에 대한 수학적 전문지식을 학생들 눈높이에 맞게 교수학적 변형을 할 줄 알아야 재구성이 제대로 이루어질 수 있다. 그것이 없다면 단지 교과서 속 문제를 잘 풀 수 있는 방법이나 알고리즘만 가르치는 수업이 될 수밖에 없다. 그런 교실에서 수학 포기자는 지속적으로 양산될 수밖에 없다(필자가 생각해볼 때 학교 현장은 이런 상황을 그리 많이 벗어나고 있지 못하고 있다는 생각이 든다. 특히 수학과 관련하여 그런 현상이 두드러지는 영역은 바로 분수 영역이다. 이런 이유 때문에 최근 들어서는 수학 포기자가 초등학교 3학년부터 발생하기 시작한다고 말하고 있다.) 그런 수업은 학교 밖의 학원에서

많이 볼 수 있다. 그런 학교 교육은 학원 교육과 다를 것이 없다. 분명히 학교 교육은 학원 교육과 달라야 한다. 그래야 학부모가 학원보다 학교 교육을 신뢰할 수 있고 무너진 공교육을 다시 일으켜 세울 수 있다.

살아있는 협동학습 수학 수업에서 가장 중요한 것은 교사 자신이다.
살아있는 협동학습 수업을 위해 교사 자신이 곧 살아있는 교육과정이어야 한다.

5) 필자가 수업했던 협동학습 수학 수업 사례(2017년 6학년 수학)[44]

[6학년 수학 쌓기나무 관련 수업 사례 : 다양한 건물 모양 만들기]

수업 흐름	교사의 발문

(계속)

---

44 필자가 집필한 서적 내용의 일부 : 각 학년별 모든 차시 수학 수업 내용이 이와 같이 소개되어 있다.

3개 모듈을 활용한 건물 모양 만들기

의미 있는 배움의 시간이었기를 바라며!!

16 17

8차시 수업 소감

오늘 수업은 2시간 연속으로 하면 좋았을 것 같았지만 시간표를 짜다 보니 어쩔 수 없이 따로 진행하는 수밖에 없었다. 그래서 모듈을 활용한 건물 모양 만들기 이전 내용까지 오늘 진행하고 모듈을 이용한 건물 모양 만들기 활동은 다음 시간에 진행하기로 마음을 먹었다.

수업 시작과 동시에 여러 색깔이 들어간 큐브 블록을 보여 주면서 "오늘 활동은 큐브 블록으로 활용을 해보고자 한다." 라고 말했더니 학생들은 "우와, 예쁘다. 더 좋겠다. 난 빨강으로 해야지. 난 파랑이 좋은데 …."와 같은 반응을 보였다. 그래서 몇 가지 안내를 하면서 본격적인 활동을 위한 준비 작업에 들어갔다.

"오늘 큐브 블록은 각 색깔별로 10개씩 10가지 색깔이 들어 있는 세트를 2명당 1개씩 나누어줄 것이다. 다시 말해서 모둠별로 2세트씩 나누어줄 생각이다. 2명이 한 세트씩 가지고 오늘 선생님이 제시하는 조건에 맞게 다양한 모양을 만들어내면 될 것이다. 그런데 여기에서 한 가지 짚고 넘어갈 점이 있다. 큐브 블록은 앞에서 활동했던 쌓기나무와 약간 다른 점이 있다. 쌓기나무는 쌓아올리는 방식으로 활동을 하지만 큐브 블록은 끼워 넣는 방식이어서 훨씬 더 쉽고 편리하게 원하는 모양을 만들 수 있지. 그런데 반드시 주의할 점이 있다. 그것은 쌓기나무로는 만들 수 없는 모형은 절대로 만들지 않는다는 것이다. 무슨 말이냐 하면 밑도안을 그릴 수 없는 모형은 주어진 조건에 맞는 사례로 보지 않는다는 것이다. 예를 들면 이런 것들이지."라고 말하면서 PPT를 TV 화면에 띄워 설명을 해주었다. 나름 자세히 설명해주었는데 잘 이해하고 알아들었다. 실제 활동을 하면서 그런 오류를 범하는 학생들은 한 명도 없었다.

설명을 끝내고 바로 활동에 들어갔다. PPT를 활용하여 조건을 제시하자 학생들은 매우 진지한 모습으로 다양한 모양을 만들어 가면서 경우의 수를 모두 찾아내려고 노력하였다.

어느 정도 시간이 지나자 자신이 찾은 경우의 수를 이야기하면서 경험들을 공유해 나가는 모습이 목격되었다. "난 ○가지 나왔다. 난 ○가지인데. 아니야, ○가지가 맞아. 난 ○개밖에 찾지 못했어. 나 좀 도와줘!" 이런 말들이 수시로 오고 갔다.

활동을 해 나가면서 학생들이 약간 혼란스러워하는 지점 하나가 있었다. 그것은 '회전시켰을 때 똑같은 모양이 나오면 안 된다는 점'과 '뒤집었을 때 똑같은 모양이 나오면 안 된다는 점'을 혼동하고 있다는 것이었다. 그것을 정확히 이해하고 있느냐에 따라 조건에 맞게 찾아낸 경우의 수가 각기 달랐다. 그리고 그와 관련된 다양한 사례를 놓고 같은 사례인지 아닌지를 확인하고 서로 정보를 공유하는 이야기들이 수시로 오고 갔다.(이를 돕기 위해 이런 설명도 해주었다. "여러 종류의 건물 모양을 바라볼 때 그 건물 주변을 돌아보면서 모양을 관찰할 수는 있지만 물구나무서서 관찰하기는 어렵지. 큐브 블록을 회전시킨다는 것은 건물 주변을 돌아보면서 관찰한다는 것과 같은 것이고, 뒤집어 본다는 것은 물구나무 서서 보다는 것과 같은 것이다. 그리고 큐브 블록을 실제 건물이라고 생각할 때 앞에서 본 모습, 옆에서 본 모습, 뒤에서 본 모습을 관찰할 수는 있지만 뒤집어 본 모습을 관찰할 수는 없겠지?" 그렇게 설명하자 학생들은 좀 더 잘 이해할 수 있게 되었다는 눈치였다. 물론 이 과정에서 간단한 모양의 큐브 블록을 만들어 돌려도 보고 뒤집어도 보면서 이해를 도왔다.) 그렇게 시간이 지날수록 개념들을 제대로 쌓아 나가는 모습들이 보였다. 회전시켰을 때와 뒤집었을 때를 혼동하지 않고 오류를 수정하면서 경우의 수를 잘 찾아나갔다. 활동 과정에서 자신이 찾은 경우의 수를 놓고 옆의 짝 또는 같은 모둠원들과 수시로 공유하는 모습도 자주 목격되었다. 그렇게 학생들은 40분이라는 시간을 매우 바쁘고 분주하게 보냈다. 40분이 다 되자 학생들은 "벌써 1시간이 다 갔어요? 굉장히 빨리 갔는데요!"하며 재미있는 시간을 보냈다는 식의 반응을 보였다. "오늘은 여기서

큐브 블록을 활용하여 조건에 맞는 경우의 수를 찾아나가는 활동 장면

정리하고 다음 시간에 또 다른 조건을 제시하고 그에 맞는 활동을 오늘처럼 해보도록 하자. 각자 사용했던 큐브 블록을 색깔별로 다시 모아서 반납해주기 바란다."라고 말하며 오늘 활동을 정리하였다. 역시 학생들은 손에 무엇인가 쥐어주고 활동하라고 하면 즐거워한다. 1단원 활동은 그런 측면에서 볼 때 기본적으로 매 차시 활동들이 학생들의 본성과 잘 부합하는 활동이라 말할 수 있다. 여기에 좀 더 세밀한 수업 연구를 바탕으로 각 단위 차시 수업을 디자인하여 전개한다면 어떤 단원보다 성공적인 수업을 할 수 있을 것이라는 확신이 든다. 이제 1시간 남았다. 다음 시간까지도 학생들이 흥미와 호기심을 가지고 적극적으로 활동을 해 나갈 것이라 기대된다.

 9차시 수업 소감

이번 시간은 쌓기나무 활동 마지막 활동으로 교과서에는 없지만 새로운 개념인 '모듈'이라는 개념을 도입하여 다양한 형태의 건물 모양을 만들어보는 활동이 이루어질 수 있도록 디자인하였다.

우선 수업 시작과 동시에 '모듈'이 무엇인지 안내를 하였다.

모듈 : 모듈(module)은 기준 치수와 치수 조정을 위하여 특별히 선정된 치수 단위를 말한다. 〈위키 백과사전〉

그리고 하나의 규격화된 모듈을 기반으로 2개, 3개의 모듈을 연결하여 다양한 형태의 건물이 지어질 수 있다는 것을 실제 사진과 조감도로 보여주면서 오늘 활동도 이와 같은 맥락에서 이루어질 것이라는 안내를 도입 단계에서 학생들에게 자세히 설명해주었다. 그러자 학생들은 "와, 오늘도 어제처럼 재미있겠는데. 어제도 좋았는데."라고 말하면서 시작하기 전부터 흥미와 호기심을 보이기 시작했다.

어제와 마찬가지로 2인 1조로 큐브 블록을 나누어주고 첫 번째 조건에 맞는 경우의 수를 찾아보라는 문제를 제시하였다. 나누어주면서 어제 활동과 같이 블록을 돌렸을 때 같은 모양이 나오면 같은 것이지만 뒤집어서 같은 모양이 나오는 것은 다른 경우라 생각해야만 한다는 것을 다시 한 번 강조해주었다. 학생들은 곧바로 경우의 수 찾기에 몰입하였다. 여기까지 7분 정도의 시간이 흘렀다.

본격적인 조작 활동이 시작되고 나서 어느 정도 시간이 흐른 뒤에 누군가 6가지 경우가 나온다고 말하자 여기저기에서 "아냐, 그것보다 더 나와. 난 지금 9가지 찾았어." "어, 난 지금 10가지인데."하면서 자신들이 찾은 경우의 수를 나누고 사례를 공유하는 모습이 목격되었다.

약 10분 정도 시간이 흐르자 한 모둠, 두 모둠 … 경우의 수를 모두 찾아내기 시작하였다. 학생들은 12가지 경우의 수가 존재한다는 것을 잘 찾아냈다. 그러면서 매우 뿌듯해하였다. 이런 말도 덧붙였다. "선생님, 더 어려운 조건으로 문제를 내주세요." "그럼, 다음에는 더 어려운 문제가 당연히 기다리고 있지. 자, 그러면 한 번 새 문제를 열어볼까?"하고 PPT를 넘겼다.

이전 과제는 2개의 모듈을 활용한 것이지만 이번에는 3개의 모듈을 사용한 경우의 수를 구하는 것이었다. 모듈 1개가 추가된 것이지만 사례는 훨씬 더 많이 나올 것이라는 말만 던지고 바로 활동에 들어가 보라고 하였다. 학생들은 금방 몰입의 단계로 빠져들었다. 5~6분 정도 시간이 지났을 때 한 모둠에서 "선생님, 이번 문제는 블록 1세트만으로는 다 찾을 수

모듈이라는 개념을 도입하여 1번, 2번 과제를 해결하고 있는 학생들 활동 장면

가 없어요. 블록 더 주시면 안 되나요?"라고 요청이 들어왔다. 그러자 다른 학생들은 "정말, 그렇게 많아?"라고 말하기도 하였고 "우리 모둠에서도 모자라. 그래서 2명이 사용하던 세트를 모두 합쳐서 하고 있어."라고 말하기도 하였다. 당연히 이런 말이 나올 것을 예상하고 있었기 때문에 같은 모둠원들이 사용하는 블록을 합쳐서 해보라고 말해줄 작정이었지만 이미 다른 학생들이 말해주어서 더 이상 설명은 필요 없을 듯했다. 사실 나도 이 문제에 대한 경우의 수를 모두 찾아보려고 어제 실제로 조작 활동을 해보았다. 그런데 조작 활동에 예상보다 훨씬 더 많은 시간을 투입하였고, 생각보다 훨씬 더 많은 경우의 수가 나왔으며, 경우의 수를 모두 찾아내지 못한 채 포기하고 말았던 것이다. 그런 활동을 학생들이 도전하고

있었던 것이라서 조금은 아쉬운 마음도 들었다. 왜냐하면 학생들이 찾아낸 경우의 수에 대하여 정확한 답을 말해줄 수 있는 입장이 아니기 때문이다. 10분 여 시간이 지나자 어떤 모둠에서는 34가지를, 또 다른 모둠에서는 42가지를 찾았다고 말하였다. 그런데 한 명이 내게 다가와 자신은 54가지를 찾았다고 이야기해주었다. 그래서 나는 솔직하게 학생들에게 털어놓았다. "사실 선생님도 어제 이것을 혼자서 직접 해보다가 포기했다. 너무 많이 나와서 다 찾아내지 못했단다. 그래서 정확히 몇 가지 경우의 수가 나오는지 말해줄 수가 없어서 미안하다." 그러자 한 명이 이렇게 큰 소리로 말하였다. "그럼, 선생님 못하신 것을 우리가 찾아내면 되지, 뭐!! 야, 다 모여!!" 그러자 갑자기 2~3모둠원들이 뭉쳐서 자신들이 갖고 있는

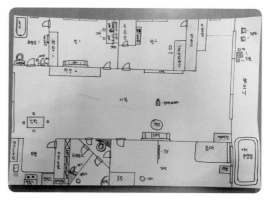

'내가 살고 싶은 집 내부 구조 설계하기 — 평면도' 미술 수업 활동 사례

블록을 다 모아 경우의 수를 찾아내려는 시도를 보였다. 그런데 아쉽게도 시간을 보니 주어진 시간이 다 지나서 속으로 고민을 하였다. '어떻게 할까? 여기서 멈추고 다음 시간표대로 진행해야 할까? 아니면 그냥 더 시간을 줄까?' 그러다가 결단을 내렸다. '이 문제의 답을 구하는 것이 핵심이 아니고, 학생들은 이 활동을 통해 몇 개의 모듈만으로도 다양한 형태의 건축물 모양이 만들어질 수 있다는 것, 이런 것이 우리 실생활 속에 그대로 활용되고 있다는 것을 이해하면 목적은 달성된 것이라 여기자.' 그래서 활동을 여기에서 정리하고 블록을 모아오도록 안내하면서 방금 생각했던 내용 그대로 학생들에게 설명을 해주었다. 그렇게 쌓기나무 단원 수업은 마무리되었다. 학생들은 이번 단원 수업이 정말 재미있었다고 입을 모았다. 나도 무척 기뻤고 많은 시간을 고민하여 이렇게 수업을 디자인한 보람이 정말 많이 느껴졌다.

같은 주 미술 시간에는 수학 시간과 연계, 건축 설계와 관련된 평면도 그려보기 활동을 해보았다. 아파트 평면도 설계하기를 경험하면서 자신이 살고 싶은 집을 직접 설계한다면 자신의 집은 방 배치 및 실내 구조를 어떻게 할 것인지 평면도에 나타내보라고 하였다. 그랬더니 나름의 생각을 담은 다양한 내부 구조 설계도면이 만들어졌다. 이것도 의미 있는 수업 활동이라 생각되었다.

CHAPTER

12

다양한 협동학습
구조 소개*

* 모든 활동지 양식은 http://cafe.daum.net/hwork에서
공유합니다.

협동학습에 있어서

가장 중요한 구조는

바로 교사 자신이라는 것을

잊지 말아야 한다.

돌아가며 말하기(읽기, 쓰기···)

주제에 대하여 모둠 내에서 한 명씩 순서대로 돌아가며 말하는(읽는, 쓰는 ···) 활동이다. 참여의 극대화에 매우 유용한 구조다.

✿ 준비물

활동 주제, 말하기 마이크(쓰기의 경우 활동지, 읽기의 경우 텍스트 또는 교과서)

✿ 활동 방법

1. 교사가 활동 주제를 제시
2. 번호 순서대로 돌아가며 말하기(읽기, 쓰기)

✿ 활용 팁

1. 한 바퀴만 돌 수도 있고 토의 토론 활동일 경우 계속 돌아가며 활동한다.
2. 저학년보다 중·고학년에 유용하다.
3. 마이크를 활용하면 모둠별로 누가 말하고 있는지 알 수 있다.
4. 미처 생각을 못하였을 때 '패스'를 외칠 수 있다. 이 경우 다른 사람의 활동을 잘 듣고 기다렸다가 모두 활동이 끝나면 다시 '패스'를 외친 사람 차례가 돌아온다는 것을 반드시 강조하여야 한다. 다른 사람 의견을

돌아가며 쓰기

잘 듣고 다시 차례가 오면 다른 사람의 생각을 바탕으로 자신의 생각을 정리하여 말한다.
5. 매일 꾸준히 특정 활동(예 : 돌아가며 구구단 외우기)을 한다면 반복, 암기 효과가 매우 크다.
6. 돌아가며 쓰기 활동을 할 때는 모두 활동지에 집중할 수 있도록 안내한다.
7. 돌아가며 쓰기 활동을 할 때는 모둠원이 각자 서로 다른 색깔 펜을 사용하면 훨씬 더 좋다. 이렇게 하면 어떤 사람이 어떤 내용을 기록하였는지 알 수 있다.

✿ 활동 사례

1. '말하기' 대신에 글로 쓰면 돌아가며 쓰기, 텍스트를 읽으면 돌아가며 읽기, 질문을 하면 돌아가

돌아가며 쓰기 활동지 사례

돌아가며 말하기

돌아가며 읽기

활동 종료를 알리는 신호

모둠 마이크 활용

며 질문하기, 구구단을 외우면 돌아가며 구구단 외우기, 수 세기를 하면 돌아가며 수 세기 등이라 할 수 있다.

2. 돌아가며 말하기는 휘발성(기록되지 않음)이 있는 반면 돌아가며 쓰기는 기록성을 갖고 있다.

3. 돌아가며 말하기는 활동이 간편하고 쉬우며 토의 토론이 가능하지만 돌아가며 쓰기는 활동지가 필요하고 시간이 많이 걸린다.

4. 교과서 읽기, 주어진 텍스트 자료 읽기, 하브루타 수업에 매우 유용하게 활용된다.

5. 돌아가며 읽기 활동을 할 때는 꾸준히 하도록 한다.

번갈아 말하기(읽기, 쓰기)

주제에 대하여 모둠 내에서 두 명씩 짝을 지어 한 사람씩 번갈아가며 말하는(읽는, 쓰는) 활동이다. 참여의 극대화에 매우 유용한 구조다. 하브루타 수업에도 유용하다.

✿ 준비물

활동 주제, 말하기 마이크(쓰기의 경우 활동지, 읽기의 경우 텍스트 또는 교과서)

✿ 활동 방법

1. 교사가 학습 주제를 제시
2. 짝끼리 번갈아가며 말하기(읽기, 쓰기)

✿ 활용 팁

1. 참여의 기회를 보다 극대화하려면 돌아가며 하는 활동보다 번갈아 하는 활동이 더 좋다.
2. 하브루타 수업, 질문이 있는 교실 만들기 수업에 주로 활용된다.
3. 짝 토의 토론 활동에 적극 활용된다.

번갈아 말하기 활동

4. 전 학년에 유용하다고 말할 수 있으나 특히 저학년에 유용하다. 저학년은 모둠 토의 토론이 어려운 경우가 많기 때문이다.
5. 짝끼리 활동한 후에 전체 발표를 할 때 짝의 생각을 대신 말하면 '짝 대변인' 구조로 변용된다.
6. 한 단계 더 업그레이드 시키면 전체 발표를 할 때 짝의 생각을 먼저 말한 후에 자신의 생각을 덧붙여 말하면 된다.
7. 기타 내용은 돌아가며 말하기와 대동소이하다.

✿ 활동 사례

1. '말하기' 대신에 글로 쓰면 번갈아 쓰기, 텍스트를 읽으면 번갈아 읽기, 질문을 하면 번갈아 질문

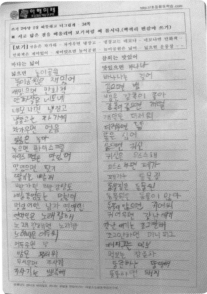

번갈아 쓰기 활동 장면 및 활동 사례

하기, 구구단을 외우면 번갈아 구구단 외우기, 수 세기를 하면 번갈아 수 세기 등이라 할 수 있다.
2. 매일 꾸준히 특정 활동(예 : 돌아가며 구구단 외우기)을 한다면 반복, 암기 효과가 매우 크다.

 참고 | **'돌아가며 ○○하기'와 '번갈아 ○○하기' 정리하기**

'돌아가며' 활동과 '번갈아' 활동은 어찌 생각해보면 인원수의 차이만 있을 뿐 서로 다르지 않다고 생각할 수도 있다. 상당히 많은 점에서는 그렇다. 하지만 이 구조를 어떻게, 어떤 상황에서 활용하느냐에 따라서 전혀 다른, 독립적인 구조로 생각할 수도 있게 된다. 또한 어떤 단계(연령)의 학생들에게 적용하느냐에 따라 달라지기도 한다.

[사례 1] 일반적으로 저학년 학생들에게는 '돌아가며'보다는 '번갈아'가 더 유용하다. 왜냐하면 저학년 학생들에게는 활동의 결과보다는 참여의 기회를 극대화하는 것이 더 중요하다고 보기 때문이다. 고학년의 경우에는 '돌아가며'가 더 유용한데 그 이유는 참여의 기회도 중요하지만 다른 사람의 생각이나 의견을 집중해서 듣고(보고) 자신의 생각과 비교도 하고 공통점과 차이점도 생각해보도록 하는 것이 더 중요하다고 보기 때문이다.

[사례 2] 다양한 사례 및 아이디어의 공유, 깊이 있는 사고를 바탕으로 다른 사람과 내 생각의 비교, 대조 등의 작업이 필요한 활동에는 '돌아가며' 활동을 하는 것이 더 좋다.

[사례 3] 간단한 생각이나 의견의 교환, 한 가지 주제에 집중하여 대화를 할 필요가 있을 때는 '번갈아' 활동을 하는 것이 더 좋다.

[사례 4] 토의나 토론 활동(많은 사람들과 다양한 생각과 사고의 교환)에 가까운 주제나 과제에 대해서는 '돌아가며' 활동을 하는 것이 더 좋다.

[사례 5] 친밀도를 높이기 위한 활동이나 주제에 대하여 질문을 주고받는 활동을 할 때는 '번갈아' 활동을 하는 것이 더 좋다.

[사례 6] '돌아가며' 활동과 '번갈아' 활동은 독자적인 구조로 활용되기도 하지만 다른 구조 활동 속에 녹아들어 다른 구조 활동을 빛내는 데 활용되기도 한다.

3 동시다발적으로 돌아가며(번갈아) 쓰기

하나의 대주제 밑에 2개 또는 4개의 소주제가 있을 때 모둠 내에서 동시다발적으로 1가지씩 소주제를 맡아 돌아가며(번갈아) 쓰는 활동이다. 집중력을 높이는 데 최고다.

❁ 준비물

4가지 소주제, 활동지, 4가지 색깔 펜

❁ 활동 방법

1. 교사는 4가지(2가지) 주제 또는 질문을 활동지로 제시
2. 각 모둠원은 각기 다른 활동지를 받아 들고 주어진 시간 동안 생각을 기록
3. 교사가 신호를 하면 시계방향으로 활동지 돌리기
4. 자신에게 오는 활동지의 내용을 잘 읽어보고 이미 다른 사람이 쓴 것에 추가하여 더 적거나 수정하기(왜 수정하였는지 이유도 함께 기록 ⇨ 나중에 토의 토론)
5. 3단계부터 시작해서 계속 반복한다(처음 기록을 시작했던 활동지가 본인에게 돌아올 때까지).
6. 모두 다 돌았으면 활동지를 가운데 놓고 모둠원 모두가 동시에 살피면서 더 보충할 것이 없는지 상의하고, 다 정리되었으면 한 장의 큰 종이에 붙이도록 한다.

❁ 활용 팁

1. 활동지는 반드시 신호에 따라 동시에 돌린다(한곳에 몰리지 않게).
2. 4명(또는 2명)이 각기 다른 색깔 펜을 사용하면 더 좋다.

❁ 활동 사례

1. 봄, 여름, 가을, 겨울의 특징, 계절 스포츠 기록하기

동시다발적으로 돌아가며 쓰기 사례(순환 순서)　　　　　　　　　　　색깔 펜 활용 사례

2. 묻는 문장, 감탄하는 문장, 권유하는 문장, 시키는 문장 쓰기

3. 공해문제, 교통문제, 쓰레기문제, 인구집중문제 해결 방안 찾기

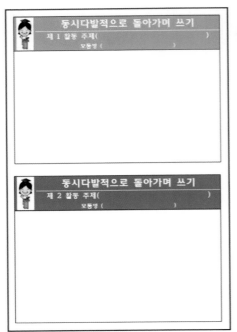

4 모둠 문장 만들기

문장 중 한 낱말을 비워 놓은 뒤 그 자리에 비유적 표현을 넣어 서로 생각을 나누어볼 수 있는 활동이다. 같은 것에 대한 서로 다름, 창의적 사고, 시너지 효과 경험이 가능하다.

⚙ **준비물**

활동 주제, 모둠칠판, 보드마커 및 지우개

⚙ **활동 방법**

1. 교사가 활동 주제를 제시
2. 개인별로 활동지에 내용 기록
3. 모둠 내 돌아가며 발표, 기록이가 내용 비유적 표현 낱말만 수합하여 칠판에 기록하기(모둠칠판 활용 가능)
4. 모두의 생각이 칠판에 정리되면 함께 의미 나누기(이해가 되지 않는 낱말에 대해서는 설명 부탁하기) ⇨ 저학년의 경우 4단계까지만 진행해도 좋음
5. 각 모둠별로 주제와 관련된 의미 있는 문장 만들기(칠판에 기록한 낱말 모두 포함시키기)
6. 기록이가 다듬은 문장을 칠판에 기록(모둠칠판 활용 가능)
7. 모든 모둠에서 창작한 문장 함께 공유하기

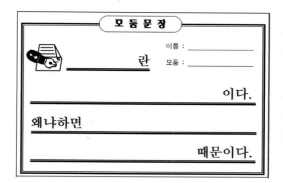

모둠 문장을 만들기 위해 서로 의견을 나누고 토의하는 모습

⚙ **활용 팁**

1. 모둠 문장을 만들 때 가장 이상적인 방법은 먼저 개인적으로 문장을 만들어 모둠원과 공유한 뒤

4명의 생각 중 가장 좋은 것을 선정하여 다듬어 나가는 것이다[예 : 오랜 친구란 (추억의 일기장) 이다. 왜냐하면 오랜 친구를 만나면 오래된 일기장을 들추어 보았을 때처럼 추억이 방울방울 떠올라 미소를 짓게 만들기 때문이다(학생이 직접 쓴 사례)].

2. 자석이 붙어 있는 모둠 칠판에 기록한 뒤 칠판에 바로 붙이면 훨씬 빠르다.

3. 가치를 다루는 교과, 단원, 주제 활동을 마무리하는 마지막 차시에 꾸준히 적용하면 좋은 활동이라 할 수 있다(국어 시간 비유적 표현 관련된 활동도 가능).

4. 만들어진 문장들만 모두 모아놓으면 '아름다운 가치 사전'이 만들어진다.

5. 학년 수준에 따라서 4낱말 모두 활용하거나 1~2개 정도 빼고 문장을 만들어도 된다는 안내가 필요하다.

✿ 활동 사례

1. 도덕, 과학, 사회, 국어, 실과 등 모든 교과, 단원에서 가치, 의미, 느낌 나누기 활동을 하고자 한다면 언제든지 가능하다.

   [예 1] 오늘 공부는 나에게 ○○이 되었다. 왜냐하면 (   )이기 때문이다.

   [예 2] ○월은 ○○이다. 왜냐하면 (   )이기 때문이다.

   [예 3] 수학여행은 ○○이다. 왜냐하면 (   )이기 때문이다.

각자의 생각을 정리하고 기록(1)

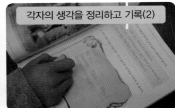
각자의 생각을 정리하고 기록(2)

모둠 내에서 나누기(발표하기)

기록이가 정리하여 칠판에 기록

칠판 나누기 결과

의미 나누기(그렇게 쓴 까닭)

상의하여 모둠 문장 완성하기(1)

상의하여 모둠 문장 완성하기(2)

완성한 문장 ⇨ 칠판 나누기

칠판 나누기를 할 때 모둠 칠판에 쓴 뒤 앞에 세워 놓거나 붙이는 방법도 있다.

[예 4] 학급세우기, 모둠세우기 활동 후 소감 나누기 활동에도 유용하다.

모둠 칠판 활용 사례

5단계 OX퀴즈

각 차시, 단원별 활동이 마무리된 후 정리 학습 차원에서 많이 활용되는 구조이다. 반드시 알아두고 넘어가야 할 점들을 짚어주기에 유용하다. 꾸준히 활용하면 효과 만점이다.

⚙ 준비물

5단계 OX질문, 5단계 OX퀴즈판, 보드마커, 모둠 칠판, 지우개

⚙ 활동 방법

1. 교사가 각 단계별로 차근차근 OX문제 읽어 보기
2. 학생들은 단계별로 OX를 살펴 퀴즈판을 짚어가기
3. 최종 5단계까지 풀었을 때 마지막에 적혀 있는 낱말을 모둠 칠판에 기록
4. 모든 모둠이 들어 보인 뒤에 1단계부터 모두 함께 짚어가며 정답 확인하기

5단계 OX판 들어올리기

⚙ 활용 팁

1. 절대로 경쟁이 일어나지 않게 주의한다.
2. 퀴즈판은 오래 사용할 수 있도록 제작한다.
3. 정답 확인 시 곧바로 말하지 말고 1단계부터 다시 한 번 차근차근 짚어간다.
4. 5단계에 사용할 낱말로 이왕이면 교육적인 주제를 넣어서 만든다(나라, 들꽃, 우리나라 및 세계 위인, 주기율표 원소 등).

⚙ 활동 사례

1. 단원, 주제, 차시 정리 차원에서 꾸준히 활용하기
2. 체험학습 후 사후 학습 활동에도 유용

OX퀴즈 해결하기

각 단계별로 해결해 나가기

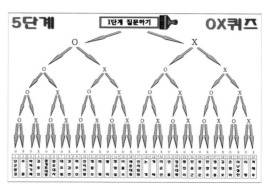
5단계 OX퀴즈판 사례

6

번호순으로

각 모둠마다 자리별로 번호를 부여하고 번호를 뽑거나 순차적으로 학생들에게 모둠을 대표한 발표, 문제 풀이, 질문과 대답, 도우미 활동 등을 할 수 있도록 개발한 구조이다.

✿ 준비물

퀴즈 질문, 모둠칠판, 보드마커, 지우개, 발표자 뽑기 막대

✿ 활동 방법

1. 교사는 미리 4배수의 질문을 준비
2. 각 모둠의 1번에게 질문 제시
3. 각 모둠의 1번은 답을 모둠칠판에 기록하기
4. 모둠칠판을 함께 들어서 답 확인 및 칭찬 하기
5. 2번, 3번, 4번에게 같은 과정으로 활동 진 행하기

모둠칠판 활용하여 답하기

✿ 활용 팁

1. 질문 제시 후 학생들이 먼저 생각할 시간을 가지도록 한다(잘하는 학생이 답을 먼저 말하게 하면 다른 학생들의 생각할 기회를 빼앗는 셈이 된다).
2. 함께 토의 토론하여 답을 확인한 뒤에 교사가 번호를 뽑아 답을 모둠칠판에 쓰도록 하면 학생들의 부담, 불안감 등을 확연하게 줄일 수 있다 ⇨ 모두 일어서서 나누기 활동으로 진행
3. 경쟁적 활동으로 흐르지 않게 주의한다.

✿ 활동 사례

1. 각 차시, 단원 학습 마무리 후 학습한 내용 점검, 정리 차원에서 실시
2. 다양한 생각을 요하거나 깊이 있는 생각을 필요로 하는 활동 등에도 얼마든지 사용할 수 있음
3. 수업 초반 전시 학습 내용을 확인하는 차원에서도 활용 가능
4. 수학시간 완전 학습 차원으로 차시 활동을 마무리하면서 번호순으로 칠판 앞에 나와서 문제풀이 를 할 수도 있음

7 벤 다이어그램

서로 다른 두 개의 대상을 비교, 대조(공통점과 차이점)할 때 활용할 수 있는 활동이다. 관찰력과 사고력을 발전시킬 수 있다.

✿ 준비물

벤 다이어그램 활동지, 색깔 펜

✿ 활동 방법

1. 활동지를 학생들에게 배부
2. 주어진 주제와 관련하여 내용을 기록
3. 겹치는 부분은 공통점 기록, 별도로 떨어진 공간에는 각각의 특성, 차이점을 기록
4. 모둠원의 생각을 모둠용 활동지에 종합, 정리
5. 학급 전체와 공유하기 및 교사의 정리

✿ 활용 팁

1. 2인 1조로 짝 활동으로 해도 좋고, 모둠원 모두가 동시에 참여해도 좋다.
2. 활동 후에는 칠판에 함께 내용을 정리하여 한눈에 볼 수 있도록 한다.

✿ 활동 사례

1. 국어과 비교, 대조하는 글에 대한 이해 및 글쓰기, 이야기 속 인물 분석
2. 수학과 도형 비교, 대조하기
3. 사회 지도와 지구본의 공통점과 차이점 이해하기, 각 시대별 공통점과 차이점, 인물의 공통점과 차이점 이해하기

수학시간 활동 사례

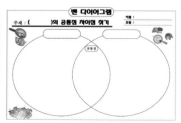

칠판에 활동 결과를 종합 정리한 사례 및 활동지 양식

8 이야기 엮기

그림(4컷 만화 등)을 활용하여 이야기를 순서대로 엮어가는 활동으로 학생들의 표현력을 기르는 데 효과가 높다. 내용 이해에도 도움이 된다.

준비물

4컷 만화, 활동지, 풀, 편지봉투

활동 방법

1. 4컷 만화를 편지봉투에 넣어 각 모둠에 배부
2. 각 모둠원은 1장씩 나누어 갖기(다른 사람에게 보여주지 않기)
3. 각자 그림을 살펴보고 돌아가며 그림을 말로 설명하기
4. 설명만 듣고 그림의 순서를 정하는 토의 토론 진행
5. 이야기 순서가 정해지면 그림을 모두 펼쳐놓고 그림 순서에 따라 이야기 구성

그림 봉투 나누어주기

각자 관찰하며 생각하기

돌아가며 그림 설명하기

그림 순서 정하기 토의 토론

그림 순서 정하고 배치하기

순서에 따라 이야기 구성

⚙️ 활용 팁

1. 반드시 원작과 비교할 필요는 없다. 정답이 필요 없다는 말이다.
2. 4컷 만화, 그림 등을 평소에 많이 모아 놓는 것도 좋다. 교과서 속 그림을 그대로 오려서 활용하는 것도 방법이다.
3. 8컷 그림이나 활동 과정, 단계를 그림으로 나타낸 것을 활용하는 것도 좋다.

⚙️ 활동 사례

1. 국어과 이야기를 그림만으로 미리 예상해보기
2. 4컷 그림만으로 이야기 창작하기
3. 4컷, 8컷 그림으로 활동 과정이나 순서, 단계를 차례대로 나열하기 (수학이나 과학 문제 해결 과정, 실험 과정 등에 대한 순서)

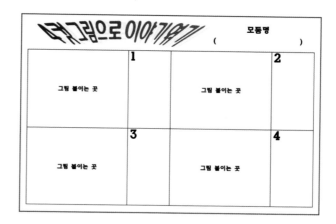

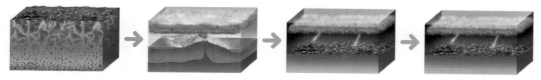

과학과 사례 : 원시 지구의 성장과 진화 과정 순서 나열하기

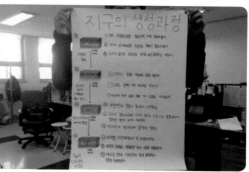

출처 : 재우스와 함께 하는 지구블로그(https://m.blog.naver.com/earthlab)

생각-짝-나누기

두 사람이 짝을 지어 주제, 대상에 대하여 의견을 교환하거나 토의 토론 활동을 하면서 사고를 확장해나가는 활동이다. 의사소통능력, 창의적 사고 확장에 유용하다.

✿ 준비물

활동지, 활동지 받침판(교과서 활용 가능)

✿ 활동 방법

1. 교사는 학생들에게 생각할 주제를 제시, 활동지도 배부
2. 학생들은 각자 생각을 최대한 많이 활동지에 정리 (노트에 기록해도 됨)
3. 모둠 내 짝끼리 번갈아 말하면서 서로 생각을 공유, 정보 교환, 생각 추가 ⇨ 모둠 내 다른 짝과도 같은 방법으로 이야기를 나누면서 정보 교환, 생각 추가
4. 모둠 생각을 정리하여 학급 전체와 공유

✿ 활용 팁

1. 활동을 모둠 내에서 진행해도 되고 모둠을 떠나 다른 친구들을 만나 가면서 진행해도 좋다(이럴 경우 섞이고-짝-나누기 활동으로 변형되고, 보다 많은 사람들을 만나 정보를 공유할 수 있다).
2. 다양한 답이 있는 질문을 제시하는 것도 좋고 토의 토론이 가능한 질문을 해도 좋다.
3. 짝을 지어 이야기를 나눌 때 말소리 크기를 적절히 조절할 수 있도록 해야 한다.

✿ 활동 사례

1. 모든 교과에서 어떤 사안에 대한 문제 해결 방안 찾기
2. 어떤 대상, 주제에 대하여 떠오르는 생각, 사례 모두 찾기
3. 확산적 사고를 요하는 질문에 대한 아이디어 개발하기

모둠을 벗어나 활동하기

10 이야기 만들기

낱말 카드를 활용하여 하나의 이야기를 모둠원이 함께 만드는 활동으로 학생들의 상상력을 키우는 데 큰 도움을 준다.

준비물

낱말 카드(4배수=최소 8개 이상), 활동지

활동 방법

1. 교사가 낱말카드 세트를 모둠별로 나누어주기
2. 학생들은 똑같이 나누어 갖기
3. 교사가 활동을 시작할 학생을 정해주면 그 학생부터 낱말카드 1장을 내려놓으면서 그 낱말이 들어가는 짧은 이야기 만들기 활동을 시작함
4. 다음 학생이 똑같은 방법으로 낱말카드 1장을 내려 놓으면서 뒷이야기 만들기
5. 낱말카드를 모두 내려놓을 때까지 활동 진행하기 ⇨ 이야기를 다듬고 제목 정하기 ⇨ 전체 발표로 이어 가기 ⇨ 소감 나누기

완성된 이야기

낱말 카드 나누어주기

카드 내놓고 이야기 만들기

순서에 따라 이야기 정리

활용 팁

1. 원작이 있더라도 그와 무관하게 이야기 만들기 활동을 실시한다.
2. 이야기가 부정적인 내용으로 흐르지 않도록 사전에 미리 주의를 기울이도록 한다.

⚙️ **활동 사례**

1. 낱말을 이용한 이야기 만들기, 낱말을 이용한 명시 짓기 등이 가능

2. 낱말은 교과서 또는 짧은 이야기 속에서 핵심 낱말만 발췌하기

11 동전 내놓기

의사결정과 관련하여 모둠 내에서 신속한 결정을 내려야 할 경우에 매우 유용한 활동이라 할 수 있다. 투표와 달리 승자와 패자를 만들지 않는다는 점에서 긍정적이다.

준비물

모의 화폐 또는 대신할 수 있는 도구

활동 방법

필자가 만들어 활용하는 모의 화폐

1. 의사결정이 필요한 주제 뽑기
2. 주제와 관련된 모둠원의 토의 토론 활동
   실시(필요시 함께 차트 등의 활동과 연결
   지어 내용을 정리해 두면 좋음) ⇨ 여러 의견을 3~4개 정도로 정리(모둠원끼리 상의하거나 피라
   미드 토의 등을 통해서 3~4개 정도로 압축하면 더 좋음)
3. 모의 화폐를 똑같이 나누어 가진 뒤에 동전 내놓기 실시
4. 각각의 안건에 모인 동전의 합에 따라 최종 결정을 내림

교사 대상의 협동학습 직무연수과정에서 동전 내놓기 활동을 하고 있는 모습

활용 팁

1. 한 가지 의견에 몰아서 의사표현을 하지 않도록 하는 것이 좋다. 왜곡된 의사결정이 이루어질 수
   있다.(어느 한 가지 의견도 0원으로 표현할 만큼 그렇게 쓸모없는 것은 아니기 때문이다. 나름
   최소한의 가치를 솔직하게 표현하게 한다.)
2. 화폐 대신에 산가지, 도미노 칩, 스티커 등을 사용해도 좋다.

1. 모든 교과에서 의사결정이 필요한 때에 언제든지 사용 가능
2. 다수결보다 각각의 의견에 질적인 가치를 표현할 필요가 있을 때 사용하면 좋음

12 텔레폰, 파트너 구조

텔레폰 구조는 의사소통능력 향상 및 정보 나누기 활동을 목적으로 한다. 파트너 구조는 텔레폰 활동을 보완해서 만든 구조로 발표력 향상에도 큰 도움이 된다.

⚙ 준비물

각 활동별 학습 자료(교사가 만들어 제시하는 것이 제일 좋음)

⚙ 활동 방법

[텔레폰 구조]

모둠원 중 한 명을 밖으로 보내고 나머지 학생들이 교사의 설명과 안내에 따라 과제를 분담하여 공부를 한 다음 밖에 나갔던 학생이 돌아오면 각자 공부한 내용을 그 학생에게 설명해주는 활동이다. 설명이 끝나면 교사는 나갔다 들어온 학생들에게 얼마나 설명을 잘 해주었는지 퀴즈 활동을 통해 점검한다.

1. 모둠별로 한 명씩 별도의 공간에 모이도록 하기(또 다른 자료를 주어 살펴보게 함)
2. 나머지 모둠원은 각기 다른 학습 과제를 가지고 각자 공부하기
3. 별도의 공간에 모여 있었던 학생이 돌아오면 모둠원은 각자 공부한 내용을 그 학생에게 설명하고 가르쳐주기
4. 교사가 퀴즈로 테스트하기

⚙ 활용 팁

1. 별도의 공간에 모인 학생들에게도 별도의 자료를 주는 것이 좋다.
2. 활동에 용이한 내용은 분절적, 병렬적, 독립적 특성을 가진 것이 좋다(원인, 결과가 이어지는 내용은 적절치 않음).
3. 퀴즈의 난이도는 너무 높지 않게 한다. 절망감보다는 성취감이 필요하다.
4. 학습력이 높은 학생만 내보내지 않도록 한다.

⚙ 활동 방법

[파트너 구조]

텔레폰 구조를 보완하기 위해 개발된 것이다. 텔레폰 구조는 한 명을 밖으로 내보내면 그 학생이 아무것도 하는 일 없이 기다리기만 해야 하고, 테스트 활동을 할 때 한 명에게 너무 큰 부담을 줄 수

있다는 단점이 있다. 이에 비하여 파트너 구조는 공부해야 할 내용을 둘로 나누고 모둠원도 2명씩 짝을 지어 서로 다른 내용을 공부하게 한 후 자신의 짝에게 공부한 내용을 가르쳐줄 수 있도록 개발한 활동이다.

1. 모둠 내 파트너 정하기(예 : 1, 2번이 A주제, 3, 4번이 B주제 공부 파트너)
2. 교사가 파트너에게 각기 다른 주제를 제시하고 공부하게 하기
3. 각 파트너끼리는 주어진 과제를 개별적으로 공부하기(같은 주제를 맡은 학생끼리는 서로 협의도 가능)
4. 공부 시간이 끝나면 1번은 3번에게, 2번은 4번에게 각자 공부한 내용을 설명하기
5. 활동이 끝나면 역할을 바꾸어 진행하기
6. 교사는 1, 2번에게 B주제에 대하여, 3, 4번에게는 A주제에 대하여 퀴즈로 확인

파트너 구조 활동 장면

✿ 활용 팁

1. 하나의 주제가 둘로 나뉠 수 있는 활동에 용이하다.
2. 활동에 용이한 내용은 분절적, 병렬적, 독립적 특성을 가진 것이 좋다(원인, 과정, 결과와 같은 식으로 이어지는 내용은 적절치 않음).
3. 퀴즈의 난이도는 너무 높지 않게 한다. 절망감보다는 성취감이 필요하다.
4. 내용이 많지 않을 때 유용하다.

✿ 활동 사례

1. 과제가 2가지 이상으로 나뉠 수 있는 활동이라면 얼마든지 가능하다(과학 : 산성 용액의 특징, 염기성 용액의 특징 등).
2. 과제가 분절적이고 병렬적이며 독립적이라면 얼마든지 가능하다(사회 : 도시의 특징, 촌락의 특징 등).
3. 내용이 많지 않고 과제의 난이도가 어렵지 않은 활동에 제격이다.

13 모둠 마인드맵

하나의 주제에 대하여 모둠원이 함께 다양한 측면에서 생각해보고 동시다발적으로 내용을 정리해 나가는 활동이다. 긍정적 상호작용, 창의적 사고, 시너지 개발에 유용하다.

❀ 준비물

도화지 등의 활동지, 여러 가지 색깔 펜 또는 사인펜

❀ 활동 방법

1. 교사가 주제를 제시하면 학생들은 동시다발적으로 마인드맵을 그려 나간다.
2. 미리 도화지, 사인펜 등을 준비하여 나누어준다(개인별로 색깔이 다른 펜 사용).
3. 정당한 시간마다 도화지를 90°씩 돌려가며 활동한다.
4. 같은 과정을 반복하면서 처음의 자리로 다시 돌아오면 활동이 마무리된다.

모둠 마인드맵 시작하기

90°씩 돌려가며 그리기

완성된 모둠 마인드맵

❀ 활용 팁

1. 사전에 마인드맵 그리는 방법을 잘 이해할 수 있도록 한다(주·부·보조가지 등).
2. 학생마다 색깔 펜을 구분하여 개인적인 책임을 명확히 한다.
3. 한 가지 주제 또는 단원 활동이 마무리될 때 활용하면 좋다.
4. 단원 또는 특정 주제와 관련된 활동을 시작하기 전에 관련된 사전 지식 및 이해 정도를 알아보기에도 좋은 활동이 될 수 있다.

❀ 활동 사례

1. 단원, 특정 주제와 관련된 활동 도입 단계에 유용하다.
2. 단원 활동, 특정 주제 활동 마무리 후에 정리 차원에서 실시하면 좋다.
3. 특정 차시 내용을 학생들끼리 스스로 정리해볼 수 있게 할 때도 유용하다.

14 의사결정 매트릭스

의사결정 조건이 2가지일 때 모둠 내에서 자기 생각의 위치가 어디쯤에 위치하는지 파악하기에 좋은 활동이다. 이를 위해 좌표(매트릭스)를 이용한 활동이라 할 수 있다.

❀ 준비물

의사결정 매트릭스 활동지

❀ 활동 방법

1. 교사가 주제를 제시하고 활동지 나누어주기
2. 문제 해결 및 의사결정을 위한 조건 2가지를 명시하기(맛과 값, 재미와 비용 등)
3. 제시한 기준에 따라 모둠 내에서 토의 토론 진행하기
4. 모둠 합의에 따라 매트릭스 활동지 위에 모둠 의사결정 위치 표시하기
5. 모둠 결정을 전체와 공유(토의 토론 과정 및 의사결정 이유까지 공유)

❀ 활용 팁

1. 모둠 의사결정 이전에 개인별로 위치를 표시해두는 것이 좋다.
2. 모둠 의사결정뿐만 아니라 개인적인 위치를 모두 함께 표시하여 전체적인 경향을 파악해볼 수도 있다(포스트 잇 등을 활용).

❀ 활동 사례

1. 의사결정을 위한 조건이 2가지가 복합적으로 작용하는 경우에는 얼마든지 활용할 수 있음

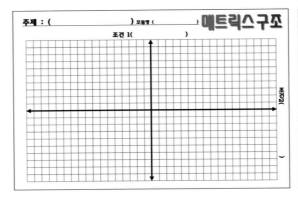
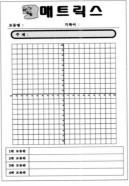

15 3단계 인터뷰

짝의 질문에 대하여 적절히 답변하고, 자신은 짝에게 들은 내용에 대하여 짝 대신 발표하는 활동을 말한다. 정보교환능력, 경청하기능력, 발표력 신장에 큰 도움이 된다.

✿ 준비물

3단계 인터뷰 활동지

✿ 활동 방법

1. 모둠 내에서 얼굴짝 또는 어깨짝끼리 짝을 만들기
2. 주어진 주제에 대하여 번갈아 인터뷰 주고받기(질문 주고받기) : 1, 2단계
3. 3단계는 짝끼리 인터뷰한 내용을 모둠 내 다른 친구들에게 대신 소개하는 과정

마이크를 대신해서 필기도구인 샤프를 사용하고 있는 장면

1, 2단계 어깨짝끼리 진행   3단계 모둠 내에서 진행

✿ 활용 팁

1. 저학년의 경우 질문지는 모두 만들어주는 것이 좋으며, 중·고학년의 경우 질문을 직접 만들어 활동할 수 있도록 하는 것이 좋다.
2. 정답이 없는 질문, 개방적 질문을 주고받는 활용에 유용하다.
3. 답변이 어렵거나 답변하고 싶지 않은 것은 다른 이야기로 대신할 수 있다.

인터뷰 활동 결과

활동 사례

1. 학년 초, 학기·학년 말 자기소개, 소감 나누기 활동으로도 활용이 가능
2. 독서 후 활동으로 책 내용에 대한 인터뷰 활동도 가능
3. 역사나 문학 활동 등에서 한 역할을 맡아 인터뷰 활동을 할 수도 있음

참고 | **새 학년 맞이 '자기소개'를 3단계 인터뷰로!!**

새로운 학년을 맞이하여 학생들과 첫 만남의 자리를 가지면서 하게 되는 많은 활동 가운데 대표적인 활동이 바로 자기소개하기다. 과거에는 출석 번호순으로 각자 자기소개하기를 많이 하였지만 오늘날에는 활동이 매우 다양해졌다. 그 가운데 하나가 바로 3단계 인터뷰 활동으로 자기소개하기 활동이다.

자기소개하기 활동을 3단계 인터뷰 활동으로 구조화하면 학생들은 모든 활동을 자연스럽게, 효과적으로, 부담이나 무리 없이, 즐거운 표정으로, 모두가 적극적으로 참여하며 지루해하지 않는 모습을 보게 된다. 왜냐하면 3단계 인터뷰라는 구조가 가진 장점이 자기소개하기 활동과 만나서 그 위력을 제대로 보여주고 있기 때문이다. 이렇게 많은 장점을 가지고 있다는 점에서 이 구조의 활용가치는 매우 높다고 할 수 있다.

인터뷰한 짝의 내용을 3단계에서 학급 전체 학생들과 나누고 있는 모습

3단계 인터뷰 활동이 가진 힘

1. 발표하는 사람은 자신에 대한 것을 말하는 것이 아니라 다른 사람에 대한 입장을 대변해주어야 하기 때문에 좀 더 귀 기울여 듣게 되고 책임감도 생긴다.
2. 발표할 때도 자신의 이야기가 아니기 때문이 부담감도 훨씬 줄어들게 된다.
3. 그로 인하여 발표에 대한 거부감도 많이 사라지게 된다.
4. 무엇보다도 인터뷰를 주고받는 과정에서 기록하고 메모하는 활동을 통해서 보고 할 것이 있다는 것에 대한 안도감도 무시할 수 없는 일이다.
5. 이 구조는 발표활동을 '인터뷰'라는 것으로 포장하여 학생들이 발표라고 느끼지 못하게 만들어준다는 점에서 매우 '신선한 발표 방법의 한 가지'라 말할 수 있다.

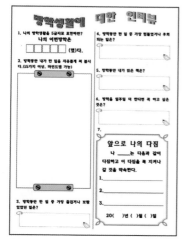

방학생활에 대한 인터뷰

1. 나의 방학생활을 5글자로 표현한다면?
   나의 이번방학은
   □□□□□ (였)다.

2. 방학동안 내가 한 일을 자유롭게 써 봅시다. (15가지 이상, 마인드맵 가능)

3. 방학동안 한 일 중 가장 즐겁거나 보람 있었던 일은?

4. 방학동안 한 일 중 가장 힘들었거나 후회되는 일은?

5. 방학동안 내가 읽은 책은?

6. 방학을 일주일 더 한다면 꼭 하고 싶은 것은?

7.

앞으로 나의 다짐
나 ____는 다음과 같이 다짐하고 이 다짐을 꼭 지키나갈 것을 약속한다.

1.
2.
3.

20(   )년 (   )월 (   )일

3단계 인터뷰 활동지
인터뷰(기자) (   )학년 (   )반 이름 (   )

질문1	질문2
질문3	질문4
질문5	질문6

당신에게 있어서 ○○은 ◎◎이다. 왜냐하면 ~ 때문이다.

3단계 인터뷰 활동지
인터뷰(기자) (   )학년 (   )반 이름 (   )

질문1	질문2
질문3	질문4
질문5	질문6

당신에게 있어서 ○○은 ◎◎이다. 왜냐하면 ~ 때문이다.

모둠 내 직소

모둠 활동을 보다 구조화하여(학습 과제를 모둠 인원수만큼 나누어 개별적으로 학습 후 다른 친구들에게 설명) 좀 더 체계적으로 수업목표를 달성하는 데 큰 도움이 된다.

✿ 준비물

활동 과제

✿ 활동 방법

1. 교사가 과제를 미리 모둠 인원수만큼 나누어 두기
2. 각 모둠원에게 서로 다른 과제를 부여
3. 각 모둠원은 각자에게 주어진 과제에 대하여 공부하기
4. 각자 학습한 내용을 다른 모둠원에게 설명하기
5. 교사가 학습한 내용에 대하여 퀴즈식으로 점검

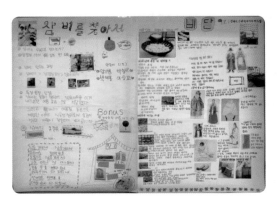
역할 분담 후 자료 조사 ⇨ 모둠 내 종합, 정리한 자료

✿ 활용 팁

1. 과제는 수준이 높지 않고 수평적, 병렬적, 독립적인 내용이 좋다(1~2차시 이내로 활동할 수 있는 과제가 적당).
2. 과제 분담에 있어서 너무 어려운 과제가 도움이 많이 필요한 학생에게 배정되지 않도록 해야 한다.
3. 활동을 빨리 마친 학생은 도움이 필요한 학생 옆에서 보조할 수 있게 한다.
4. 퀴즈식으로 학습 결과를 점검해도 되고 게시물, 보고서 등으로 제출해도 좋다.
5. 한 모둠에 과제를 4개가 아니라 2개만 주고 활동을 할 수도 있다.

✿ 활동 사례

1. 1번은 탄수화물의 역할과 음식, 2번은 단백질의 역할과 음식, 3번은 지방의 역할과 음식, 4번은 비타민의 역할과 음식 등으로 나누어 활동하기
2. 여러 나라의 문화에 대하여 4개 나라를 선정하여 소개하기
3. 봄, 여름, 가을, 겨울의 특징에 대하여 소개하기
4. 각 계절별 별자리 소개하기

17 ○가고 ○남기

모둠에서 각각의 책임을 가지고 자신이 맡은 부분에 대하여 다른 모둠으로 이동해서 설명을 하거나 듣는 활동으로 ○에 숫자가 얼마이냐에 따라서 많이 달라진다.

준비물

모둠 활동 결과물

활동 방법

1. 교사의 적절한 과제 제시

   셋 가고 하나 남기=남는 한 명이 설명, 이동하는 세 명이 듣기

   하나 가고 셋 남기=이동하는 한 명이 설명, 남는 세 명이 듣기

2. 모둠 안에서 과제에 대한 충분한 공부와 발표 준비하기(조사학습 or 교과서 공부)

3. 필요시 모둠 내 발표 자료 제작하기(설명자료, 요약자료 등)

4. 셋 가고 하나 남기를 중심으로 설명하자면 남는 사람은 자리에서 발표 준비를 하고 이동하는 세 명은 이동 순서에 따라 옆 모둠으로 이동

5. 이동하는 사람들은 해당 모둠의 발표를 적극적으로 듣고, 발표하는 사람은 이동해 온 사람들에게 세밀하게, 공부한 대로 설명하기

6. 활동이 마무리되면 이동했던 학생들은 모둠으로 돌아와 발표했던 학생에게 다니면서 알게 된 내용들을 소개하고 설명하기

활용 팁

1. 발표 학생을 교사가 정해주어도 좋고 학생들끼리 협의하여 결정해도 좋다(설명하는 학생은 부담스러울 수 있으므로 돌아가며 하는 것이 가장 이상적임).

2. 모둠별로 과제를 달리 하면 돌아다니는 학생들도 덜 지루하게 된다.

3. 이동하는 학생들이 발표 내용을 잘 듣고 돌아올 수 있도록 활동지, 노트 등을 마련하여 갖고 다닐 수 있도록 한다.

4. 활동 시간은 충분히 제공하고 교사의 신호에 따라 이동하고 마친다.

5. 필요시 발표하는 학생들이 이동하여 발표를 듣는 학생들의 태도에 대하여 평가를 할 수도 있다.

6. 최대한 모둠 과제를 모둠원이 나누어 맡아서 발표하는 학생에게 도움을 주어야 한다(설명 자료 또는 요약물 제작 등).

7. 활동 종료 후에는 가능하면 교사가 최종 정리하여 오개념 등을 바로잡아 준다.

8. 이동하며 듣는 학생들은 반드시 질문도 하며 듣도록 한다.

9. 중간에 발표자를 바꾸는 방법도 고려해볼 필요가 있다(역할 분담 및 무임승차자 방지, 발표자에 대한 부담감 줄이기 등).

10. 둘 가고 둘 남기 활동으로도 변용이 가능하다.

😊 **활동 사례**

1. 가능하면 학급 전체를 2~3개 정도의 그룹으로 나누어 그룹별로 같은 자료를 가지고 활동하면서 이동할 때도 그룹끼리 이동할 수 있도록 하면 좋다. 예를 들어 학급의 모둠이 6개라면 아래와 같이 운용을 할 수 있다.

[학습 주제 : 조상들의 의, 식, 주생활]

A그룹	1모둠 조상들의 의생활	B그룹	4모둠 조상들의 의생활
	2모둠 조상들의 식생활		5모둠 조상들의 식생활
	3모둠 조상들의 주생활		6모둠 조상들의 주생활

2. A그룹은 A그룹에서만 이동하고 B그룹은 B그룹에서만 이동한다.

3. 이렇게 되면 모든 모둠을 돌아다닐 필요가 없게 된다.

4. 시대별 중요한 역사적 인물, 사건 등에 대한 설명에도 유용하다.

5. 수학 또는 과학, 사회 시간에 중요한 주제나 과제를 각 모둠별로 맡아 활동을 할 수도 있다.
   - 수학 : 삼각형 넓이 구하는 방법, 직사각형 넓이 구하는 방법은 함께 탐구하고 나서 사다리꼴 넓이 구하는 방법, 평행사변형 넓이 구하는 방법, 마름모꼴 넓이 구하는 방법을 가고 남기 구조로 활동하기(6모둠 2그룹)
   - 수학 : 곱셈 공식의 4가지 이해하기(8모둠 2그룹)
   - 사회 : 구석기 시대, 신석기 시대, 청동기 시대 특징 설명(6모둠 2그룹)
   - 사회 : 산간지역, 해안지역, 평야지역, 섬지역의 특징(8모둠 2그룹)
   - 과학 : 식물의 호흡, 식물의 광합성, 식물의 증산작용 설명(6모둠 2그룹)

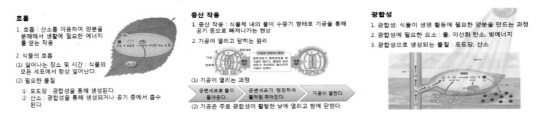

   - 과학 : 원시지구의 진화(마그마의 바다, 맨틀과 핵의 분리, 원시 지각의 형성, 원시 바다의 형성 : 8모둠 2그룹)

18 세(다섯, 일곱, 아홉) 문장 만들기

필자가 직접 개발한 구조로 그 기본은 모둠 문장 구조에 두고 있다. 한 가지 가치, 개념에 대한 이해의 폭을 넓히고 창의적, 고차원적 사고를 할 수 있다는 장점이 있다.

❀ 준비물

모둠칠판, 보드마커, 지우개, 세 문장(다섯, 일곱, 아홉) 활동지

❀ 활동 방법

1. 교사는 한 가지 가치 혹은 주제를 제시(다섯 문장 만들기를 예로 들어 설명함)
2. 다섯 문장을 안내한 뒤에 학생들이 빈칸을 채우는 시간 주기(활동지 제시)
3. 모둠 내에서 '돌아가며 말하기' 구조를 활용하여 나누기
4. 모둠 내에서 생각을 나누는 과정을 거친 뒤 토의 토론을 통해 각 모둠에서 가장 좋은 문장 5개를 골라 모둠 대표 문장 만들기(물론 개인 활동지를 모두 모아서 한 장의 큰 종이에 붙여서 게시물로 활용하는 방법도 있음)

　① 우정은 ○○이다. 왜냐하면 ＿＿＿＿＿＿＿＿＿이기 때문이다.

　② 우정은 ○○이 필요하다. 왜냐하면 ＿＿＿＿＿＿＿이기 때문이다.

　③ 우정은 ○○이 필요 없다. 왜냐하면 ＿＿＿＿＿＿이기 때문이다.

　④ 우정은 ○○을 좋아한다. 왜냐하면 ＿＿＿＿＿＿이기 때문이다.

　⑤ 우정은 ○○을 싫어한다. 왜냐하면 ＿＿＿＿＿＿이기 때문이다.

❀ 활용 팁

1. 활동 이후에 ○○에 해당하는 낱말만 모아 주제에 맞는 모둠 문장 만들기를 할 수도 있다.
2. 학년 수준에 따라 3문장, 5문장, 7문장, 9문장 등으로 확대할 수 있다.

❀ 활동 사례

9문장 만들기 문장 사례
1. A는 OO이다. 왜냐하면 ＿＿＿＿＿＿＿＿＿＿＿이기 때문이다.
2. A에는 OO이 있다. 왜냐하면 ＿＿＿＿＿＿＿＿＿＿이기 때문이다.
3. A에는 OO이 없다. 왜냐하면 ＿＿＿＿＿＿＿＿이기 때문이다.(3문장)
4. A는 OO이 장점이다. 왜냐하면 ＿＿＿＿＿＿＿이기 때문이다.

1. 오랜 친구는 된장이다. 왜냐하면 오래될수록 제 맛이 나기 때문이다.

2. 오랜 친구는 추억이 있다. 왜냐하면 오랜 시간을 함께 울고, 웃고, 슬퍼하고, 기뻐했기 때문이다.

3. 오랜 친구는 꾸밈이 없다. 왜냐하면 아침에 막 일어나 세수도 제대로 하지 않은 상태에서 운동복 차림으로 만나도 불편하거나 거리낌이 없기 때문이다.(3문장)

4. 오랜 친구는 편안함이 장점이다. 왜냐하면 언제나 어느 때나 만나서 가벼운 이야기, 무거운 이야기를 편안하게 나눌 수 있기 때문이다.

5. 오랜 친구는 속일 수 없다는 점이 단점이다. 왜냐하면 오랜 시간 동안 많은 것을 알고 지내 왔기 때문에 눈빛만 봐도, 얼굴 표정만 봐도 내가 무슨 생각을 하는지 다 알 수 있기 때문이다.(5문장)

6. 오랜 친구는 이해심이 필요하다. 왜냐하면 서로 이해하는 마음이 없다면 오랜 시간 동안 친구로 지낼 수 없기 때문이다.

7. 오랜 친구는 말이 필요 없다. 왜냐하면 눈빛만 봐도 무엇을 원하는지 알 수 있기 때문이다.(7문장)

8. 오랜 친구는 이별을 싫어한다. 왜냐하면 항상 곁에 있어도 보고 싶기 때문이다.

9. 오랜 친구는 친구의 성공을 좋아한다. 왜냐하면 친구의 성공을 진심으로 축하해줄 수 있기 때문이다.(9문장)

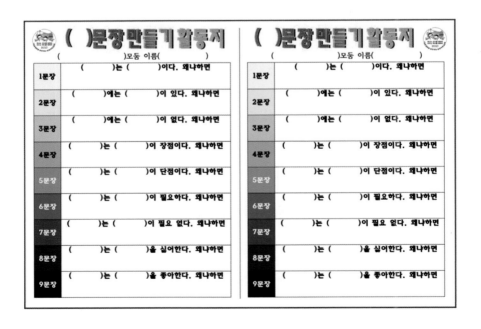

19 전시장 관람, 교실 산책(회전목마), 모둠 특파원

모둠에서 맡은 과제에 대한 발표 자료를 만들고, 각 모둠원이 돌아가면서 다른 모둠원에게 설명하는 활동이다. 이에 대한 보완책으로 교실 산책, 모둠 특파원 활동이 나왔다.

⚙ 준비물

모둠에서 제작한 발표 자료

⚙ 활동 방법

1. 각 모둠에서 발표 자료를 제작하고 발표 연습 실시
2. 각 모둠별로 발표 자료를 벽 또는 책상 위 의자에 붙이기
3. 발표자는 자기 모둠 자료를 타 모둠 학생에게 설명, 질의 및 응답을 하고 나머지 모둠원은 다른 모둠 발표 자료에 대한 설명을 들으며 이동 순서에 따라 돌아다니기
4. 모든 모둠원이 한 번씩은 꼭 발표자가 될 수 있도록 하기

⚙ 활용 팁

1. 발표하기 전에 모둠 내에서 모두 돌아가면서 발표 연습을 꼭 하고 발표 내용을 다듬을 수 있게 한다(특히 도움이 필요한 학생에게 꼭 필요).
2. 동선을 미리 짜서 학생들에게 효율적으로 이동할 수 있게 안내한다.
3. 반드시 교사의 신호에 따라 이동하고 발표할 수 있게 한다.
4. 모든 학생이 고르게 발표에 참여할 수 있도록 한다(그래야 모두 다른 모둠의 내용을 들을 수 있게 됨).
5. 단순한 발표에 그치지 않도록 하기 위해 발표가 끝나면 퀴즈식 평가 등이 있어야 하고 이에 대한 안내가 반드시 필요하다(노트, 활동지 등을 들고 다니면서 기록하기).

모둠별 발표 연습

모둠별 프로젝트 수업 주제망 짜기 활동 과정 및 결과

모둠별 발표 자료 제작(1)　　　　모둠별 발표 자료 제작(2)　　　　완성된 발표 자료

전시장 관람 활동 장면

⚙ 활동 사례

1. 프로젝트 활동 발표회
2. 각종 모둠 협동 작품, 다양한 모둠 과제, 각종 전시물 등에 대한 설명

[모둠 특파원(정보 수집가)]

모둠 내에서 과제를 해결하면서 다른 모둠의 아이디어, 정보 등을 구하기 위해 공식적으로 돌아다닐 수 있도록 인정을 받은 학생을 말한다. 이렇게 수집된 정보는 모둠 과제 해결에 도움이 될 수 있다(가능한 시간은 제한을 두기).

[교실 산책 구조(회전목마)]

전시장 관람 활동에 비하여 설명하는 학생이 없는 활동이라 할 수 있다. 다양한 작품이나 발표 자료 등을 전시하고 자유롭게 감상할 수 있도록 하기 위해서 활용하는 구조이다(작품 옆에 방명록 또는

모둠 특파원 활동

모둠 특파원 목걸이

교실 산책으로 둘러보기

피드백 활동지 마련해두기).

교실 산책 활동을 위해서는 다음과 같은 점을 유의해야 한다.

1. 개인적으로 돌아다니지 말고 팀별로 함께 살펴보도록 하기(질서 유지)
2. 이동 순서를 정하고 교사의 신호에 따라 이동하며 살펴보기
3. 각 모둠원은 다른 모둠 작품 앞에 서서 함께 다양한 이야기를 나눈 후 감상평을 주어진 피드백 활동지에 기록하여 붙이기(기록이가 정리, 작품 옆에 붙이기)
4. 피드백 내용은 최대한 긍정적인 내용을 기록하기
5. 활동이 끝나면 피드백 내용을 함께 살펴보면서 소감 나누기
6. 필요시 결과물을 즉각 수정하거나 보완하도록 함

교실산책을 위한 피드백 활동지

본 양식을 미리 잘라두어 모둠 작품 옆에 놓아두세요. 그렇게 하면 다른 모둠에서 감상평을 기록하여 남겨줄 것입니다.

( )모둠에서 남기는 말	( )모둠에서 남기는 말
• 이웃에 피드백(감상평)한 내용을 적어주세요. • 최대한 긍정적인 점을 많이 써 주세요.	• 이웃에 피드백(감상평)한 내용을 적어주세요. • 최대한 긍정적인 점을 많이 써 주세요.
( )모둠에서 남기는 말	( )모둠에서 남기는 말
• 이웃에 피드백(감상평)한 내용을 적어주세요. • 최대한 긍정적인 점을 많이 써 주세요.	• 이웃에 피드백(감상평)한 내용을 적어주세요. • 최대한 긍정적인 점을 많이 써 주세요.
( )모둠에서 남기는 말	( )모둠에서 남기는 말
• 이웃에 피드백(감상평)한 내용을 적어주세요. • 최대한 긍정적인 점을 많이 써 주세요.	• 이웃에 피드백(감상평)한 내용을 적어주세요. • 최대한 긍정적인 점을 많이 써 주세요.
( )모둠에서 남기는 말	( )모둠에서 남기는 말
• 이웃에 피드백(감상평)한 내용을 적어주세요. • 최대한 긍정적인 점을 많이 써 주세요.	• 이웃에 피드백(감상평)한 내용을 적어주세요. • 최대한 긍정적인 점을 많이 써 주세요.

20 문제 보내기

특히 수학교과에서 많이 사용할 수 있는 구조로, 학습 내용을 바탕으로 문제를 만든 뒤 다른 모둠으로 보내어 풀게 하는 활동으로 복습 및 심화 학습에 큰 도움이 된다.

✿ 준비물

문제 보내기 활동지

✿ 활동 방법

1. 모둠별로 4장 또는 8장의 문제 카드를 받아 개인별로 1문제 또는 2문제씩 출제하기
2. 출제한 문제를 모둠원이 서로 협의하여 다듬고 엄선하기(8문제 중 4문제를 엄선하고 다듬기)
3. 다른 모둠에게 출제한 문항 보내어 풀게 하기
4. 문제 묶음을 받으면 각 모둠의 중앙에 문제 다발을 놓고 1번 학생이 첫 번째 문제를 읽고 퀴즈식으로 풀거나 개인칠판을 이용하여 답을 쓰도록 하기(수학의 경우 개인칠판을 이용하여 각자 풀고 나서 모둠원이 동시에 칠판을 들어서 답을 확인)
5. 답을 확인한 뒤에 다음 문제로 넘어가기(2번, 3번, 4번 학생이 앞의 과정 반복)
6. 각 모둠별로 활동이 모두 끝나면 카드 묶음은 다음 모둠으로 계속 보내기
7. 앞의 4단계, 5단계 과정을 계속 반복하기

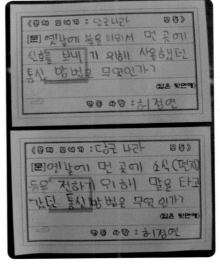

사회 문항 제작 사례

개인별로 문항 출제

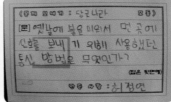

개인별로 문항 출제 사례

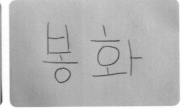

개인별 문항 뒷면

개인별 출제 문항 사례

넘어온 문제로 짝활동 하기

넘어온 문제로 짝활동 하기

⚙️ 활용 팁

1. 문제 보내기 구조 활동을 할 때는 각 문제에 대한 답을 뒷면에 적어주고, 학생들이 활동지에는 답을 쓰거나 표시해 놓지 않도록 해야 한다.
2. 동시에 시작하고 동시에 다른 모둠으로 넘기는 활동을 할 수 있도록 동시 시작, 동시 멈춤, 동시 이동 등의 다양한 신호를 통해 조절해야 한다.
3. 문제를 풀 때에도 그냥 풀게 하면 어느 한 학생이 주도해 나갈 수 있으므로 이에 대한 적절한 대비책이 필요하다(예 : 문제 카드를 똑같은 수만큼 나누어 갖고 자기가 갖고 있는 문제는 자기가 출제하기, 문제 카드는 가운데 놓고 모둠 칠판을 이용하여 각자 답을 쓴 뒤 동시에 들어서 서로 확인하기, 카드 뽑기 구조를 적용하여 한 문제씩 순서대로 풀고 답하고 확인하기 등).
4. 문항 수는 4인 1모둠을 기준으로 하여 4배수만큼 출제한다.

⚙️ 활동 사례

1. 수학 시간에 학습한 내용을 반복하여 훈련하고자 할 때 많이 활용
2. 사회나 과학 등 다양한 교과 속에서 내용의 이해, 기억, 용어의 정리, 사건이나 사실의 정리 및 이해가 필요한 활동에서 1차 설명 및 이해 활동이 끝나고 나서 점검하고자 할 때 많이 활용

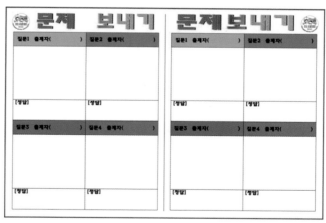

3. 소주제나 단원 학습을 마무리 하고 나서 소주제나 단원 정리 차원에서 활동할 때 많이 활용(플래시 카드 구조와 유사)

21 하얀 거짓말(진실인가 거짓인가)

중요한 내용에 대한 암기, 이해와 관련된 활동으로 복습을 위해 3문항을 출제, 그중 2개는 진실, 1개는 거짓인 것으로 하여 다른 모둠원이 거짓 문장을 찾도록 하는 것이다.

❄ 준비물

하얀 거짓말 문제

❄ 활동 방법

1. 학습한 내용에 대하여 학생 각자는 진실인 문장 2개와 거짓인 문장 1개 만들기
2. 1명씩 돌아가며 자신이 만든 문장 3개를 읽으면 다른 모둠원은 그중 거짓 문장이 무엇인지 맞추기
3. '하나 둘 셋'하면 모둠원이 각자 거짓 문장이라고 생각하는 문장의 번호를 손가락으로 표시하기
4. 모둠 내에서 번호순으로 돌아가며 앞의 과정을 반복하기

문제 내기-집중해서 듣기

❄ 활용 팁

1. 학년 초 자기 자신에 대한 문제를 내면 모둠세우기, 학급세우기 활동이 된다.
2. 교과 수업과 관련하여 모둠 내에서 질문을 다듬은 후에는 모둠 간 활동이 가능하다.(모둠별로 돌아가며 문제를 내고 다른 모둠이 맞게 하기 : 이 경우 참인 문장 3개, 거짓 문장 1개로 하면 더 좋다. 이렇게 할 때 각 문장도 모둠원이 1개씩 만들면 역할 분담도 이루어지고 개인적인 책임도 갖게 된다.)
3. 모둠 내 개인전 활동을 할 수 있다.
4. 모둠 내 1 : 3 게임으로도 가능하다.(정답을 맞히면 세 사람이 점수를 얻고 그렇지 않으면 출제한 사람이 점수를 얻는다.)

❄ 활동 사례

1. 어떤 교과, 어떤 단원에서든 활동이 가능
2. 간단한 복습을 위해 활용
3. 중요한 내용을 확실히 짚고 넘어갈 때 유용

▼ 협동학습 살아있네

22 칠판 나누기

칠판을 모둠 숫자만큼 분할하여 모둠별로 활동한 결과를 칠판에 동시다발적으로 기록하는 활동을 말한다. 각 모둠의 생각을 한눈에, 쉽고 빠르게 알아볼 수 있다.

준비물

모둠칠판, 보드마커, 지우개

활동 방법

1. 교사가 모둠별로 학습 과제를 제시
2. 모둠별로 과제 활동 후 의견 정리
3. 교사가 칠판을 모둠 숫자만큼 분할
4. 각 모둠의 기록이가 모둠 의견을 정리하여 칠판에 나와 기록
5. 교사는 각 모둠의 활동 결과물들을 내용을 비교하며 설명
6. 필요시 각 모둠에게 보충 설명을 요구하기

교사 대상의 협동학습 직무연수 과정에서 칠판 나누기 구조를 체험하고 있는 장면

활용 팁

1. 칠판에 기록하지 않고 자석식 모둠칠판에 기록하여 붙이면 더 효율적이다.
2. 도화지 등을 활용해도 큰 무리가 없다.

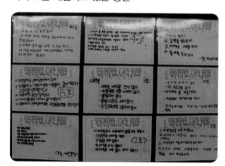

B4용지 코팅한 사례(고무자석)

활동 사례

1. 수학 시간에 완전학습을 위해 형성평가 방식으로 실시하면 좋음
2. 모둠 토의 토론 결과를 함께 공유할 때도 유용

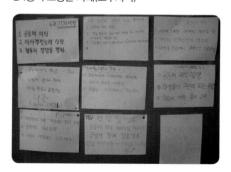

B4용지 코팅한 사례(고무자석)

23

짝 점검

한쪽 반에는 나의 과제, 다른 한쪽 반에는 상대방의 과제가 있는 학습지 한 장을 둘씩 짝을 지어 서로 점검하며 풀어낼 수 있도록 고안된 학습 구조이다. 복습에 유용하다.

❁ 준비물

짝 점검 활동지

❁ 활동 방법

1. 모둠 내 둘씩 짝을 지어 한 장의 학습지로 활동
2. 둘 중 한 명이 문제를 푸는 동안 한 사람은 지켜보면서 도와주기
3. 둘의 의견이 다르면 모둠의 다른 짝과 비교하여 확인 ⇨ 이때도 다르면 옆 모둠에 도움을 요청하거나 모둠 질문하기(교사 도움)
4. 정답이 일치하면 역할을 바꾸어 앞의 과정 진행
5. 모든 문제를 다 해결하면 모둠 내에서 함께 답을 확인 ⇨ 교사가 제공한 답지와 비교 ⇨ 틀린 문제는 다시 풀어서 확인하기

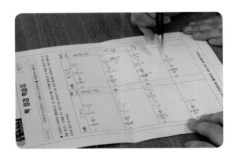

짝 점검 활동 사례

❁ 활용 팁

1. 과제 난이도는 두 사람 문제 모두 비슷하게 조절하는 것이 좋다.
2. 난이도를 너무 높지 않게 하는 것이 좋다.
3. 저학년의 경우 교사가 질문을 모두 제시하고 중·고학년으로 갈수록 몇 칸을 비워두고 직접 문제를 낼 수 있도록 하는 것도 좋다.
4. 핵심, 요점 등을 짚어줄 때는 교사가 직접 문제를 내는 것이 좋다.

❁ 활동 사례

1. 수학 교과에서는 교사의 원리, 개념 설명 후 짝끼리 문제를 풀어나갈 때 유용
2. 암기, 숙달, 반복 학습이 필요한 내용에 많이 활용
3. 사회, 영어, 과학 등에서 중요한 낱말, 핵심, 개념을 짚어줄 때 유용
4. 국어에서 내용을 바탕으로 사실 질문을 활용하여 활동이 가능

24

플래시 카드

핵심 낱말, 어휘, 용어 등을 암기 숙달할 수 있도록 하는 데 매우 유용하다. 앞면에는 문제, 뒷면에는 답을 적어 놓고 짝끼리 또는 모둠원이 함께 게임식으로 활동한다.

✿ 준비물

플래시 카드

✿ 활동 방법

1. 2명씩 짝을 만들어 A형 문제 카드와 B형 문제 카드를 나누어 줌

2. 홀수번호 학생이 A형 문제 카드를 짝수번호 친구에게 보여줌

3. 짝수번호 친구가 문제를 읽고 답변을 함

4. 짝수번호 친구가 문제의 정답을 말하면 홀수번호 친구는 그 플래시카드를 짝수번호 친구에게 줌

5. 오답을 말했을 때는 홀수번호 친구가 카드를 자신이 갖고 있는 카드의 뒤로 옮겨 놓음(답을 모르면 1차로 힌트를 주고, 그래도 모르면 맨 뒤로 옮겨 놓기 전에 답은 반드시 알려주고 익힐 수 있도록 하기)

6. 계속해서 2단계, 3단계 과정을 반복한 뒤 홀수번호 친구가 플래시 카드를 모두 짝수번호 친구에게 주었을 때(짝수번호 친구가 다 맞혔을 때) 역할을 바꾸도록 함

7. 이번에는 짝수번호 친구가 B형 문제를 출제하고 홀수번호 친구가 맞히도록 함

8. 앞의 2단계, 3단계 과정을 반복하여 플래시 카드 활동을 함

9. 서로 활동이 끝나면 이번에는 짝끼리 서로의 문제를 바꾸기(A형과 B형)

플래시 카드를 활용하여 암기 숙달 활동

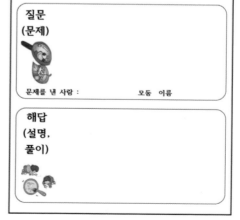

재사용 플래시카드 만들기

10. 카드를 바꾼 후, 위와 같은 방법으로 다시 플래시 카드 활동을 실시

※ 플래시 카드를 이용한 활동은 매우 다양함(교사의 창의적인 아이디어가 필요)

🌼 활용 팁

1. 고학년일 경우에는 학생들을 지도하여 카드를 제작하도록 하면 부담이 줄어들 수 있다(교사가 문제를 엄선하여 미리 출제한 후 컴퓨터로 편집하여 뒷면이 비치지 않는 색지 등에 인쇄한 다음 학생들이 직접 붙이고 자르는 일을 도와주면 수월하게 만들 수 있다. 이 활동이 학생이나 교사에게 어느 정도 익숙해지면 학생들이 직접 문제를 출제하고 만들 수도 있다).

언제든지 꺼내 사용할 수 있도록 모둠 사물함 안에 보관하면 좋다.

2. 어느 정도 플래시 카드가 익숙해지면 조금씩 활용 방식을 변형하면 좋다. 예컨대, 문제를 반대로 하여 답을 보여주고 그 답에 대하여 설명을 해보라고 할 수도 있다. 그리고 동심원 구조를 활용하여 플래시 카드 활동을 전개할 수 있다.

3. 활동을 하면서 답을 잘 모를 경우 힌트를 주면서 할 수도 있고, 힌트 없이 할 수도 있다.

4. 모둠 내에서 모둠원끼리 카드를 똑같이 나누어 갖고, 서로 돌아가며 한 장씩 문제를 내면 나머지 친구들 가운데 먼저 답을 말하는 사람이 카드를 가져가도록 한다. 이렇게 모든 카드의 문제를 다 주고받고 한 뒤, 가장 카드를 많이 모은 모둠원을 칭찬해주도록 하는 방법도 있다.

5. 답을 말했을 때나 틀렸을 때도 격려와 칭찬의 말이 항상 오고 갈 수 있도록 한다.

6. 쉬는 시간, 수업 중 자투리 시간, 교수-학습 활동 시간에 늘 사용할 수 있도록 안내하고 지도하면 스스로 카드를 활용하여 다양한 활동을 하게 된다.

7. 활동이 끝나면 잘 정리해둘 수 있는 곳을 마련해 놓는 것이 좋다(예 : 필자는 모둠 사물함에 늘 넣어두고 활동하게끔 한다).

🌼 활동 사례

1. 사회, 과학, 영어, 한자 익히기 등에서 기억 및 재생할 내용이 많은 경우 활용

2. 용어의 이해, 낱말 익히기(특히 영어), 전문 용어 익히기 등에 활용

3. 암기 숙달을 필요로 하는 내용이 많은 단원의 정리 및 마무리 활동에 많이 이용

4. 원소 기호, 역사적 사실 암기에 매우 유용

재단기를 이용하여 마분지를 미리 같은 크기로 많이 잘라놓으면 쉽게 만들 수 있다.

25 함께 차트

함께 차트는 한 가지 주제에 대한 여러 사람의 생각, 관점을 한눈에 볼 수 있게 정리하는 데 매우 유용한 구조라 할 수 있다. 정보 교환 및 수집, 비교, 분석에 유용하다.

❀ 준비물

함께 차트 활동지, 색깔 펜, 풀

❀ 활동 방법

1. 활동을 위한 학습지를 미리 제작하여 배부
2. 맨 윗줄에 각 모둠원의 이름을 쓰고, 제일 가운데 칸은 주제와 관련된 항목(비교할 내용 등)을 기록
3. 돌아가며 쓰기 구조 등을 이용, 각자 생각한 내용 채우기(또는 기록이가 정리)
4. 모둠 내에서 토의 토론하여 내용을 다듬고 정리하여 전체 발표(또는 결과물 자체를 학급 게시물로 활용하여 다른 모둠과 비교해볼 수 있도록 하기)

❀ 활용 팁

1. 각 모둠원이 색깔이 다른 펜을 사용하여 기록하는 것이 좋다.
2. 기록할 내용이 많을 경우 종이쪽지에 써서 붙이는 것도 방법일 수 있다(기록이 부담 줄여주기).
3. 사례에 따라 결과물을 게시물로도 활용할 수 있다.

❀ 활동 사례

1. 하나의 대주제 아래 여러 소주제를 놓고 다양한 사례를 알아보는 활동이 가능(과학에서 씨와 열매의 활용 : 음식, 장식, 약재, 미용, 번식 등)
2. 실과에서 영양소가 많이 들어 있는 음식 사례 찾기
3. 사회에서 자연재해 극복 방안 찾기 : 홍수, 가뭄, 산사태, 해일, 태풍 등

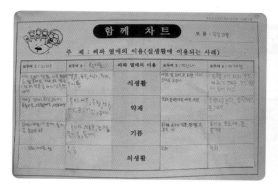

이면지를 잘라서 쓰고 붙인 사례

구조 활동 결과물 게시판 사례

4. 독서 활동에서 등장인물 비교하기(나와 비교도 가능)

[인물 비교하기 : 주인공과 나]

장영실	장영실과 나	나
	인내심	
	창의성	
	습관	
	문제해결력	
	도전정신	

[우리의 몸 각 부위의 길이 재보기]

모둠원 1	모둠원 2	길이	모둠원 3	모둠원 4
		입		
		손 한 뼘		
		눈썹 사이		
		머리카락		
		발 크기		

5. 학년 초 모둠세우기, 학급세우기 활동에서도 활용 가능

[학급활동을 위한 활동지 사례]

모둠원 1	모둠원 2	항목	모둠원 3	모둠원 4
		가족 소개		
		좋아하는 책		
		감명 깊었던 영화		
		취미		
		별명		
		좋아하는 노래		

함께 차트

어 름 :
모 둠 :

주 제 : _____

이름1( )	이름2( )	주제	이름3( )	이름4( )
		항목 1		
		항목 2		
		항목 3		
		항목 4		
		항목 5		

26 결정 흐름 차트

무엇인가 결정해야 할 상황에 놓였을 때 활용할 수 있는 구조로, 여러 항목들을 펼쳐놓고 장단점을 기록하면서 가장 놓은 항목을 선택할 수 있도록 도와준다.

✿ 준비물

결정 흐름 차트 활동지

✿ 활동 방법

1. 교사는 토의 토론 주제를 제시, 활동지도 배부
2. 학생들은 서로 토의 토론하여 각 항목에 장단점을 기록(브레인스토밍)
3. 가장 좋은 항목을 선택(가장 단점이 적으면서도 장점이 가장 많은 항목)
4. 아주 특별한 이견이 없는 한 모두가 결정에 따르는 것을 원칙으로 함

[주제 : 조별로 현장학습은 어디로 갈 것인가?]

	서울랜드	전쟁기념관	북한산 산행	도자기 나라
장점				
단점				

모둠 내 주제 토론 후 결정 흐름 차트 작성, 동전 내놓기 구조와 연결하여 의사결정

✿ 활용 팁

1. 모두가 결정에 따라야 한다는 사전 약속이 반드시 필요하다.
2. 상황에 따라서 2개만 가지고 회의를 할 수도 있다.

3. 결정을 할 때는 가장 단점이 적으면서도 장점이 가장 많은 항목이 좋겠다고 하지만, 현실적으로 딱 떨어지게 구별되지 않는 상황이 더 많다. 그리고 나온 항목에 따라서는 단점이 많지만 그곳에 마음이 끌리게 되는 경우도 많다(예 : 실제로 현장학습을 가려고 하는데 '민속촌'의 경우 장점이 많이 나왔고 단점은 조금 나온 데 비하여 '에버랜드'는 장점은 적지만 단점이 많이 나왔다. 하지만 학생들은 민속촌과 놀이공원 가운데 마음은 놀이공원에 끌릴 수밖에 없다). 이런 경우를 극복하기 위해서는 동전 내놓기 구조와 연결시키면 좋다.

⚙️ **활동 사례**

1. 이 구조는 꼭 의사결정의 상황이 아니더라도 다양한 주제와 항목에 대한 분석의 틀로서 이용되기도 한다. 예를 들면 이런 경우이다.

[주제 : 이야기 속에 나오는 인물에 대한 탐구]

	흥부	놀부	흥부 부인	놀부 부인
장점				
단점				

[주제 : 환경오염에 대하여]

	토양 오염	공기 오염	물의 오염
현상	• 생물이 잘 자라지 못함 • 건강 피해 • 미나마타병 등	• 자동차 매연(화석연료) • 공장 굴뚝의 연기 • 쓰레기 소각	• 물이 더러워짐 • 건강 피해 • 물속 생물의 폐사
원인	• 중금속 • 농약	• 자동차 매연(화석연료) • 공장 굴뚝의 연기 • 쓰레기 소각	• 생활하수 • 각종 쓰레기 • 공장, 축사의 폐수
해결방안	• 농약 사용 줄이기 • 퇴비 사용하기 • 농사법 개발(유기농) • 토양 휴식년제 등	• 굴뚝에 집진장치 설치 • 자전거 많이 이용하기 • 대체 에너지 개발하기 • 자동차 사용 줄이기 등	• 하수 정화 처리하기 • 쓰레기 버리지 않기 • 공장, 축사 폐수 정화 • 수질오염 감시하기 등
우리 할 일	• 쓰레기 버리지 않기 • 홍보하기 • 유기농산물 애용하기 • 나무 많이 심기	• 자전거 많이 이용하기 • 걸어 다니기 • 홍보하기 • 에너지 절약하기	• 쓰레기 버리지 않기 • 물 아껴 쓰기 • 생활하수 줄이기 • 수질오염 감시하기

27 순환 복습

학생들이 학습한 내용을 확인하고 능동적으로 움직이며 복습, 이해하는 차원에서 적용하는 활동이다. 어떤 주제에 대한 내용을 보다 정확히, 확실히 인지할 수 있도록 해준다.

☸ 준비물

순환 복습 활동지, 색깔 펜

☸ 활동 방법

1. 주제가 적힌 큰 종이를 모둠 수만큼 마련하여 각 모둠에게 제시(주제가 몇 개 안 되면 몇 개의 모둠씩 하나의 그룹으로 묶어주면 됨)

2. 모둠별로 각 주제가 적힌 종이를 받으면 모둠 안에서 그 문제에 대한 답을 알고 있는 대로 최대한 많이 기록(물론 시간 제한이 있음)

3. 교사가 신호를 보내면 자신의 모둠에서 했던 종이를 다음 모둠으로 넘기고, 이전 모둠에서 넘어온 종이를 받아서 앞 모둠이 적어놓은 것을 읽고 토의 토론한 뒤, 그 이외에 또 다른 답을 추가하여 기록(앞 모둠에서 써 놓은 글과 생각이 다르면 그 옆에 질문을 적어두기, 이를 위하여 각 모둠

교사연수에서의 순환 복습

모둠에서 나온 의견 정리

앞 모둠에서 나온 의견 점검

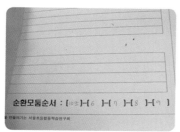

2그룹으로 순환 복습 운영

각 모둠별로 의견 구분

활동 결과 마무리 — 의견 종합

마다 색깔이 다른 펜으로 활동)

4. 앞의 과정을 계속 되풀이하면서 처음 시작했던 주제에 대한 활동지를 받게 되면 교사는 각 활동지를 모아서 학생들에게 종합적인 정리를 해주기(활동지는 게시판을 이용하여 전시한 뒤, 학생 스스로 학습 내용을 정리할 수 있도록 안내함)

⚙️ 활용 팁

1. 모둠 전체를 2팀, 3팀으로 나누어 활동할 필요가 있다(주제가 3개일 때 9모둠이면 3팀으로 나누어 활동하기 : 1, 2, 3조가 1팀, 4, 5, 6조가 2팀, 7, 8, 9조가 3팀).

2. 활동지를 크게 만들어(4절지나 8절지 정도) 교실 가장자리 벽면에 붙여 놓은 뒤 자리에서 일어나 모둠원끼리 모여서 다니도록 하는 방법도 있다.

3. 시간 관리를 잘 하는 것이 좋다.

4. 색깔 펜을 구분하여 쓰도록 하면 좋다(예 : 각 팀의 1조는 빨강, 2조는 검정, 3조는 파랑, 4조는 초록).

5. 이상한 점, 궁금한 점, 생각해볼 점 등은 반드시 이유까지 적도록 해야 논의가 가능하다고 볼 수 있다(물음표나 질문, 궁금한 점 등은 전체 활동을 정리하면서 교사와 함께 다 같이 생각해보고 의견을 나누도록 한다).

6. 벽에 붙여놓고 이동하면서 할 때는 동선도 반드시 고려해야 한다(미리 동선 안내).

7. 활동이 끝나면 교사와 함께 정리를 하고 나서 내용들을 복사하여 학생들에게 나누어주는 것이 전체적인 복습 차원에서 더욱 효과적이다.

8. 활동 주제에 따라 맨 마지막에 [종합의견]란을 만들어 모든 모둠에서 나온 것들을 총정리하여 기록, 정리하게 하면 최종 마무리 활동을 하면서도 다시 한 번 복습을 할 수 있게 된다.

⚙️ 활동 사례

1. 하나의 소단원에서 여러 가지 내용을 학습하였을 때 전체적인 내용을 복습하는 차원에서 활용하기(계절의 변화에 따른 생활모습 〈봄, 여름, 가을, 겨울〉, 여러 지역의 생활 〈평야, 산간, 해안, 섬〉, 도시의 문제 〈교통, 주택, 환경오염, 쓰레기〉 등)

2. 학급세우기 활동의 일환으로, 친구에 대하여 알고 있는 내용을 생각하여 기록하기(친구에 대하여 알고 있는 사실을 모두 기록하기 : 롤링 페이퍼 활동과 비슷)

고민수
• 태권도 유단자 • 재미있다. • 수학을 잘한다.

강태민
• 체격이 좋다. • 축구가 취미 • 게임을 잘한다.

박지수
• 노래를 잘한다. • 인터넷 박사 • 컴퓨터 박사

박세훈
• 과학을 좋아함 • 과학 영재 • 곤충 박사

강윤선
• 그림을 잘 그린다. 특히 만화! • 수학 박사

권규희
• 달리기 왕 • 머리가 길다. • 집이 멀다.

김지연
• 키가 크다. • 노래를 잘한다. • 활동적이다.

김지원
• 키가 작다. • 안경을 썼다. • 독서 왕

28 두(세) 박스 게임

어떤 분류기준에 따라 사물을 단계별로 제시하며 특징을 이해할 수 있도록 하는 활동이다. 귀납적 추리, 연역적 사고, 분석적 사고, 개념 이해에 큰 도움이 된다.

⚙ 준비물
주제 관련 핵심 낱말, 모둠칠판, 보드마커, 지우개

⚙ 활동 방법
1. 교사는 칠판에 어떤 분류 기준에 따른 두 개의 낱말을 모두에게 단계별로 제시
2. 각 모둠원은 박스 1과 박스 2에 교사가 단계별로 제시하는 낱말들을 유추하여 공통된 특징(연관성)을 토의 토론하기
3. 예상되는 분류기준을 모둠 칠판에 기록하기

(예시) 어떤 분류기준인가 ? (답은 물에 뜨는가?)	
없다(박스 1)	있다(박스 2)
강철	나뭇잎
바둑돌	깃털
타이타닉호	요트
자전거	기름

두 박스 구조 : 모둠 칠판에 답하기

4. 하나 둘 셋 하면 동시에 모둠 칠판을 들어서 답을 확인, 정답(분류기준이 무엇인가)이 나오지 않았으면 교사는 다음 낱말을 제시
5. 2단계와 3단계 과정을 답이 나올 때까지 계속 반복, 뒤로 갈수록 분류기준을 쉽게 생각할 수 있도록 쉬운 낱말을 제시

⚙ 활용 팁
1. 처음에는 매우 어려운 것들을 제시하고, 한 단계 한 단계 뒤로 갈수록 이전 단계보다는 쉬운 것들을 제시하도록 한다.
2. 답을 모둠 칠판에 써서 들게 할 수도 있지만, 정답을 알고 있다고 생각하여 먼저 손을 들거나 하

여 우선권을 얻은 모둠에게 기회를 줄 수도 있다.

3. 간혹 보면 눈치가 빠른 학생이나 예리한 관찰력, 유추능력을 갖고 있는 학생, 우연의 일치 등으로 인하여 1단계에서 정답이 나오는 경우도 종종 있다. 이럴 경우 "정말 이게 답일까?"하면서 다른 방향으로 유도하는 척할 필요가 있다.

4. 모든 모둠이 하나의 답으로 통일될 때까지 진행할 수도 있다.

5. 적절한 단계까지 선을 정하여 학생들이 유추하도록 하고, 그다음 단계부터는 학생들이 연역적으로 사고하여 각 박스에 들어갈 적절한 낱말을 만들어보도록 한다.

두 박스 낱말 제시하기

모둠원끼리 서로 상의하기

모둠 칠판 기록 결과 확인

다음 단계 계속 진행

모둠의 답이 일치, 마무리

모두가 칭찬박수 하기

⚙️ 활동 사례

1. 과학이나 사회, 국어, 영어, 수학 등 다양한 교과에서 분류기준을 정하고 그에 따른 낱말을 제시하기(동물과 식물, 물에 뜨는 것과 뜨지 않는 것, 사물이 비치는 것과 비치지 않는 것, 고구려와 백제와 신라, 주몽과 이성계와 왕건, 농촌과 어촌과 산촌, 탄수화물과 지방과 단백질, 둥근 모양 네모 모양, 공 모양 상자 모양 등)

정답(⇨)	평야지역	해안지역	산간지역
1단계	참새	갈매기	부엉이
2단계	보리	김	더덕
3단계	쌀	갈치	밤
4단계	강	바다	계곡(물)

2. 두 낱말의 느낌이나 생각에 대한 비교(예 : 사랑과 우정, 애인과 친구 등)

3. 구조의 특성상 도입 활동 혹은 동기유발 활동으로 많이 활용(흥미와 호기심을 자극하기도 하고 게임적인 요소도 많음)

4. 저학년의 경우에는 2개 박스로, 고학년일 경우는 3개 박스로 해보는 것도 생각해보기

5. 규칙성 있는 낱말이나 사물을 바탕으로 귀
   납, 유추, 분석적 사고 등을 할 수 있는 활
   동이라면 모두 가능

서울구산초등학교 3학년 7반 (   ) 모둠
* 다음에 보여주는 두 개의 박스에는 각각 공통적인 특성을 가진 물건들이 들어 있다. 각 박스에 있는 물건들의 공통점을 찾아내어 보고, 그 특징을 이야기 해 보도록 하자.

단계	(가) 박스	(나) 박스
1		
2		
3		
4		
5		
6		
7		
8		

(가) 박스의 특징

(나) 박스의 특징

웹 구조(해님 구조)

한 낱말에 대하여 여러 가지 생각을 이끌어내는 활동이다. 관계 살피기, 한 낱말 또는 주제와 관련된 다양한 사고, 이해의 폭을 넓게 해주며 분류, 정리에 유용하다.

✿ 준비물

웹 구조용 도화지(8절 또는 4절), 색깔 펜 또는 사인펜

✿ 활동 방법

오래전 1학년 학생이 활동지 모습을 보고 해님을 닮았다고 해서 필자는 '해님 구조'라고 이름을 부르기도 한다. 저학년 학생들에게는 웹 구조보다는 더 친밀감이 있다.

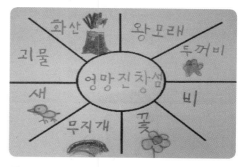

웹 구조를 활용한 독후 활동 사례

1. 웹 구조(해님 구조) 활동지(도화지 또는 인쇄물)를 모둠에 나누어주고, 교사도 칠판에 그려 놓기
2. 원 안에 낱말 또는 주제에 맞는 내용을 기록(학생들도 함께)
3. 원 안에 있는 주제나 낱말과 관련하여 알맞은 내용을 웹 구조(해님 구조) 둘레에 동시다발적으로 돌아가면서 기록하기
4. 기록한 내용을 모둠 내에서 토의 토론하여 다듬고 정리 ⇨ 전체 앞에서 발표

✿ 활용 팁

1. 원 둘레에 돌아가며 쓴 낱말이나 필요한 설명 혹은 부수적으로 기억나는 내용들을 더 적을 수도

혼자 생각하기

모둠원과 함께 나누기

모둠 내 의견 정리하기

있다(내용 정리 및 필기의 차원).

2. 동시다발적 활동을 할 수도 있고 개인 활동 후 토의 토론하면서 모둠 의견을 정리할 수도 있다.

3. 활동에 따라 결과물을 게시물로 활용할 수도 있다.

동시다발적 웹 구조 활동

웹 구조 활동 결과물

✿ 활동 사례

1학년 국어 − 흉내 내는 말의 느낌 살리기		
단계	과정	교수-학습 활동
전개	모둠 활동	교사 : '꿈속에서'를 모둠 내에서 번갈아 읽도록 한다. 학생 : 모둠 내에서 번갈아 읽기 : 2인(짝) 활동 → 4인(모둠) 활동 교사 : 다 읽었으면 나누어준 1번 해님 구조 활동지에 석호가 바닷속에서 본 것은 무엇인지 모두 정리해봅시다. 학생 : 활동지에 내용 정리하기(중략-내용 이해 활동) 교사 : 지금부터 '꿈속에서'를 다시 한 번 읽고, 글 속에 나오는 '흉내 내는 말'을 모두 찾아 정리해봅시다. 학생 : 활동지에 내용 정리하기 교사 : 학생들과 흉내 내는 말을 함께 정리하고, 플래시 카드를 활용하여 흉내 내는 말에 대한 이해의 폭을 넓히도록 한다.(처음에는 플래시 카드를 뒤집어 놓고, 한 사람씩 모둠 내에서 돌아가면서 뽑도록 한다. 이때 뽑은 플래시 카드는 다른 모둠원들에게 보여주지 않도록 한다. 그러고 나서 뽑은 학생이 플래시 카드에 적힌 흉내 내는 말을 모둠 내에서 마임으로 표현하고, 나머지 학생들은 그 동작이 어떤 흉내 내는 말을 가리키는지 말하는 게임을 한다. 답을 맞히는 학생이 낱말 플래시 카드를 가져가도록 한다.)

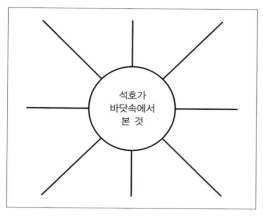
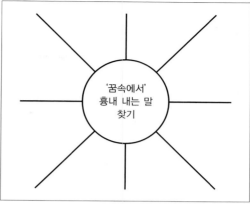

1. 이야기 속의 인물 분류하고 분석하기

2. 과학에서 한 가지 주제나 현상에 대한 생각이나 경험을 정리하기

3. 사회에서 한 가지 사건에 대한 주변의 여러 가지 상황을 분류하고 정리하기

4. 어떤 한 가지 주제에 대한 대분류 체제를 정하고 그에 해당하는 사고를 필요로 하는 과정에 활용하면 좋음(예 : 꽃 − 봄 꽃, 여름 꽃, 가을 꽃, 겨울 꽃 등)

5. 읽기 활동 후 내용에 대한 정리 − 등장인물 분석, 특정 상황이나 사건에 대한 정리 등(독서 활동 결과 정리 등에도 활용)

흉내 내는 말 플래시 카드

흉내 내는 말에 대한 마임

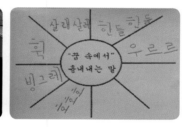

웹 구조 활동 결과물

30 생각 내놓기

필자가 개발한 구조로 본래 창의력 개발을 위해서 만들어진 집단 발상법 가운데 하나인 '브레인 라이팅' 기법을 변형한 것이라 할 수 있다. 토의 토론 활용에 유용하다.

⚙ 준비물

생각 내놓기 활동 주제, 적당한 크기로 자른 이면지, 풀, 도화지

⚙ 활동 방법

1. 토의 토론 주제를 교사가 먼저 제시
2. 1인당 쪽지 4장 정도씩 도우미가 나누어주기
3. 주제에 맞는 자신의 의견을 쪽지 1장에 한 가지씩 기록하기
4. 모둠에서는 돌아가며 말하기 구조를 활용하여 1번 모둠원부터 자신이 갖고 있는 쪽지(생각)를 한 장씩 내려놓으며 간략히 설명
5. 다른 모둠원은 1번 모둠원의 설명을 들으면서 자신도 같은 의견을 기록한 쪽지를 들고 있으면 "저도 그런 생각을 했습니다."라는 말과 함께 동시에 내려놓기(포개어 놓음), 이렇게 되면 그 모둠에서 한 가지 의견이 분류·정리됨
6. 이어서 다음 모둠원이 위의 4번, 5번 과정을 반복(의견이 다른 쪽지는 따로 분류하기 : 한곳에 모든 의견 쪽지가 쌓이지 않게 하기)
7. 손에 의견을 들고 있는 모둠원이 한 명도 없을 때까지 진행하고 나면 책상 위에는 자연스럽게 비

협동학습 직무연수 과정에서의 활동 사례

숫한 의견끼리 포개어진 상태로 분류 · 정리된 의견들이 놓여 있게 됨

8. 분류 · 정리된 의견들을 살펴보면서 재배치해야 할 의견이 있다면 서로 상의하여 다듬기(풀로 붙이기 전에 확실하게 상의하여 결정하기)

9. 정리한 것을 주어진 도화지에 분류하여 풀로 붙이기(비슷한 의견들끼리는 포개어지도록 붙이기)

10. 모두 붙인 후에는 분류된 의견들마다 한 개의 문장으로 정리하여 바로 옆이나 아래에 기록하기 (서로 상의하여 좋은 문장을 만들기)

11. 정리된 결과물을 발표하기(발표한 후에 결과물들은 복사해서 나누어 갖거나 게시물로 활용하기)

💠 활용 팁

1. 주어진 주제에 대하여 다양한 해결 방안이나 의견들을 내놓고 분류하고, 정리하고, 분석할 필요가 있는 경우에 많이 활용할 수 있다.

2. 한 가지 주제를 놓고 토의 토론을 하고자 할 때 많이 활용한다.

3. 모둠세우기, 학급세우기 활동에 많이 활용(의견을 나누고 정리해야 할 상황 등)

(1) 생각을 돌아가면서 내놓기

(2) 내놓은 생각을 함께 정리

(3) 같은 의견끼리 분류, 붙이기

4. 위에서 보는 바와 같이 의견들을 도화지에 붙여서 정리하는 것도 좋다.

💠 활동 사례

주제 제시

개인 생각 정리

생각 내놓기 활동(1)

생각 내놓기 활동(2)

의견 조정하기

의견 조정 및 다듬기

발표 및 수합(1)

발표 및 수합(2)

칠판에 의견 총정리

31 말하기 카드(토킹 칩)/다시 말하기 카드

의사소통과 관련하여 모둠 내에서 대화를 통한 학습 활동이 보다 원활하게 이루어질 수 있도록 돕는다. 다른 구조 활동이 잘 이루어질 수 있도록 보조해주는 역할을 한다.

✿ 준비물

말하기 카드(토킹 칩), 다시 말하기 카드

✿ 활동 방법

[말하기 카드(토킹 칩)]

1. 교사는 토의 토론 주제를 제시
2. 말하기 카드를 똑같은 수로 나누어 가진 후 아무나 말하기 카드를 한 장씩 내려놓으면서 토의 토론 활동을 시작
3. 모둠원이 말하기 카드를 한 장도 들고 있지 않을 때까지 계속 활동
4. 말하기 카드를 모두 내려놓은 모둠원은 더 이상 발언권이 없음
5. 모둠원 전체가 말하기 카드를 다 사용했는데도 불구하고 논의가 끝나지 않았으면 다시 말하기 카드를 똑같이 나누어 가진 뒤 1, 2, 3단계를 반복

다시 말하기 카드 활용 장면

말하기 카드 활용 교사 연수

말하기 카드 활용 장면

[다시 말하기 카드]

상대방이나 이전에 발표한 사람의 말을 그대로 혹은 자기가 이해한 대로, 자기 말로 정리하여 말한 다음에야 자기의 생각을 말할 수 있도록 하기 위함이다.

1. 말할 수 있는 권한을 표시, 목적을 위해 상징적으로 활용하는 도구
2. 듣는 사람이 없이 각자 자기 말만 하는 상황을 해소시켜줌

3. 자신의 생각을 상대방이 어떻게 이해하고 듣는
   지 알게 됨
4. 이전 발표자의 말을 듣고 핵심만 간추려 말을 해
   주어야 하기 때문에 발표하는 사람의 이야기를
   집중해서 듣도록 해줌
5. 모둠 내에서 1장만 사용하면 됨

다시 말하기 카드 활용 장면

💠 활용 팁

1. 말하기 카드와 다시 말하기 카드를 동시에 활용
   하는 것도 방법일 수 있지만 혼란스러울 수도 있다는 점을 감안하여 활용할 필요가 있다.
2. '네/아니요'의 대답은 말하기 카드를 내지 않아도 된다.
3. 다시 말하기 카드는 조금 크게 제작하여 활용한다.

💠 활동 사례

말하기 카드(토킹 칩)

칭찬 카드

다시 말하기 카드

칭찬 카드를 활용하기

서로의 의견을 듣고 충고나 비판 없이 서로의 생각을 존중해주는 법을 배우게 할 목적으로 칭찬 카
드도 만들어 활용할 수 있다. 이 카드는 "너는 정말 최선을 다해 문제를 해결하려고 애쓰는구나!,
너는 진심으로 모두를 위해 옳은 일을 하는구나!, 아주 좋은 생각이야!"라는 의미를 갖고 있다. 하
지만 다른 카드와 혼용할 때 매우 복잡하여 신중한 접근이 필요하다.

32 KWL 차트

사실적 내용을 담고 있는 글을 읽거나 듣기 활동을 하기 이전과 그 이후에 사용하는 것을 목적으로 한다. 활동 전과 후의 생각, 사고, 지식의 변화에 중점을 둔다.

✿ 준비물

KWL 활동지, 색깔 펜

✿ 활동 방법

1. 이미 알고 있는 것(사실, 사전 지식) : 첫 번째 칸에 글을 읽기 전, 과제를 탐구하기 전에 주어진 내용이나 과제에 대해 알고 있는 것을 기록-브레인스토밍 하기(What I Know 칸 — 배경 지식 확인)

2. 알고자 하는 것(사실, 탐구할 내용, 탐구 목적) : 두 번째 칸에 그 글을 통해서 알고 싶은 것 기록(What I Want to know 칸 — 책이나 글을 읽는 목표 설정하기)

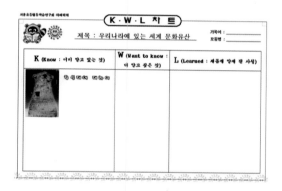

3. 책이나 탐구활동을 통해 새롭게 알게 된 것(사실, 지식) : 활동을 통해 새롭게 배운 것, 알게 된 것을 기록(What I have Learned 칸 — 목적 달성)

✿ 활용 팁

1. 텍스트 또는 자료 읽기 활동을 돕는 효과적인 전략이라 할 수 있다(흥미 자극).

2. 활동 후 학습한 내용에 대한 정리 능력을 기를 수 있다(색깔 펜 활용).

3. 'W'칸은 질문 형식으로 작성하는 것이 좋다.

4. 다양한 이미지 활용 및 체계적인 구조화는 활동 효과를 더 높일 수 있다.

5. 프로젝트 학습, 또는 여러 시간 동안 탐구할 수 있는 주제 학습에도 매우 유용하다.

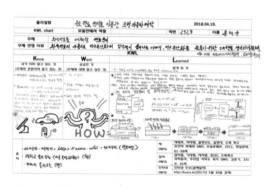

출처 : 평택고등학교 홈페이지

6. 다른 요소를 더 추가하여 활동을 확장할 수 있다(이미지 자료 참고).

⚙ **활동 사례**

1. 텍스트를 읽기 전과 후에 달라진 점을 살필 수 있는 활동에 활용(독서, 이야기, 동화나 소설, 정보를 담은 글, 교훈이나 생각해볼 점들이 있는 활동, 역사적 사실, 과학적 현상, 탐구 활동 등에 활용)
2. 단원 학습 시작 전 사전 활동으로 동기유발에도 유용
3. 꼭 정해진 양식이나 틀은 없으니 자유롭게 틀을 창의적으로 만들어 사용하는 것도 필요하다. 아래 사례를 참고하기 바란다.

출처 : http://megownssecondgradesafari.blogspot.com/

출처 : https://www.oneroomschoolhouse.net/

출처 : http://stepinto2ndgrade.com/spider-fun/

출처 : http://misswolford.weebly.com/

확장된 활용 사례

출처 : https://twitter.com/Alex_Corbitt

33 결심 문장

각 개인의 마음 상태를 자신의 말과 글로 공개적으로 표현해보고, 이를 계기로 실천 의지 및 변화에 대한 마음의 준비(다짐과 각오)를 단단히 하고자 할 때 활용할 수 있다.

준비물

결심 문장 활동지

활동 방법

1. 교사는 결심 문장 활동지를 각 개인에게 배부
2. 학생은 개인적으로 신중하게 생각하고 기록
3. 모둠 내에서 돌아가며 말하기 구조를 활용하여 나누기
4. 모두가 자리에서 일어나 자신의 각오를 동시에 한 목소리로 선서하기(이 단계는 생략해도 됨)

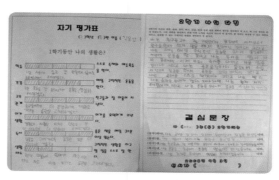

2학기를 시작하는 첫날 결심 문장으로 열기

활동 사례

1. 가치나 덕목을 다루는 교과(도덕, 국어, 과학, 사회 등)에서 많이 활용
2. 학급 세우기, 모둠 세우기 등의 활동에서 많이 활용

필자의 교실 활동 사례

창문 열기

모둠 내에서 정보를 정리하는 다양한 방법 가운데 하나이다. 정보들을 비교, 대조하는 데 사용할 수 있고 모둠원 사이 생각의 차이점, 공통점을 찾아내는 데 유용하다.

⚙ 준비물

색깔 펜, 창문 열기 활동지 또는 도화지

⚙ 활동 방법

1. 한 명이 도화지 가운데 직사각형을 그린 후 다음 사람에게 넘겨주기
2. 다음 사람이 직사각형의 한 꼭짓점에서 종이의 꼭짓점을 연결하는 선을 긋고 다음 사람에게 넘겨주기
3. 창문의 모든 네 꼭짓점이 종이의 네 꼭짓점과 연결될 때까지 계속하기

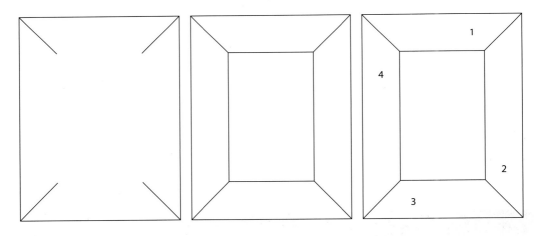

4. 나누어진 가장자리 네 부분에 1, 2, 3, 4 번호 쓰기
5. 학생 중 한 명이 공통점이라 생각되는 생각을 말하면 그에 같은 생각을 표현한 사람 수만큼에 해당하는 숫자에 그 생각을 기록하기(말한 사람 수도 포함시키기)
6. 정해진 시간이 지나면 마무리하기

⚙ 활용 팁

1. 연필은 1개만 갖고 활동하는 것이 좋다. 돌아가며 쓰기를 할 수 있도록. 낱말은 반드시 질문을

한 사람이 쓴다.

2. 모둠이름 만들기를 할 때는 부정적인 생각을 말하지 않도록 주의한다.

3. 특별히 목소리 크기에 더 주의를 기울일 필요가 있다.

4. 자세한 내용은 앞서 제9장 모둠세우기 활동에서 소개한 바 있으므로 여기에서는 생략하기로 한다.

❀ **활동 사례**

1. 도형의 공통점과 차이점 구분하기(삼각형, 직각삼각형, 직사각형, 정사각형)와 같은 상황에서 활용

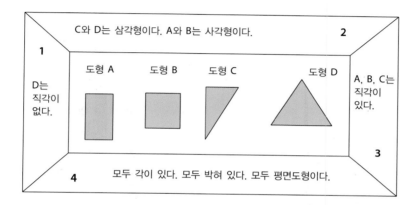

2. 토의 토론 활동을 하면서 다양한 의견을 내놓고 그에 대한 동의 여부를 숫자로 표현할 수 있음

3. 저학년 국어의 경우 낱말공부를 하는 차원에서 적용해볼 수도 있음

4. 주장하는 글을 쓸 때 개요 짜기에도 활용할 수 있음, 이 경우에는 창문 열기 구조가 '분석의 틀'로 활용됨

5. 과학교과에서 4가지 나뭇잎(혹은 곤충)을 주고, 그 나뭇잎(곤충)의 공통점과 차이점을 찾아보도록 하기, 각 칸에 1, 2, 3, 4가 아니라 특정 요소를 미리 정해주고 그에 맞는 것을 찾도록 하기

6. 각 칸에 특정 주제 등을 미리 정해주고 그에 맞는 사례나 문제 해결 방안 등을 찾아나가는 식으로 활용하기(산간, 평야, 해안, 섬지역 등의 특징 살피기)

7. 학급운영 차원에서 적용해보기에 가장 좋은 활동은 모둠세우기

8. 문제 해결 방안을 놓고 고민하거나 학급회의 시

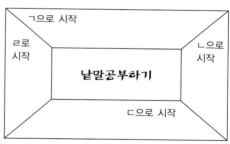

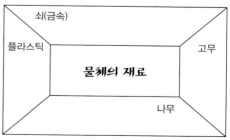

간에 다양한 의견을 놓고, 각 의견마다 몇 명이 찬성하고 반대하였는가에 대하여 알아보며 가장 많은 사람이 찬성한 의견이나 문제 해결 방안을 결정하기 위한 방법으로 활용할 수도 있음

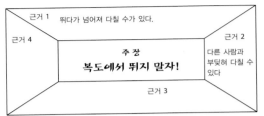

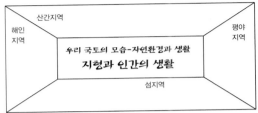

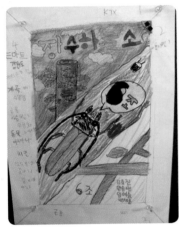

완성된 모둠 상징과 모둠 이름

35 부채 모양 뽑기(카드 뽑기)

모둠원이 카드를 뽑고 그 카드의 질문에 답을 하는 활동이다. 각자에게 책임을 부여하고 동시 다발적으로 활동을 할 수 있으며 내용 이해, 암기 숙달에 도움이 된다.

⚙ 준비물

학습 주제 관련 질문지

⚙ 활동 방법

1. 첫 번째 학생이 문제 카드를 부채 모양처럼 펴서 들고 있기
2. 두 번째 학생이 카드 1장을 뽑아 세 번째 학생에게 넘겨주기
3. 세 번째 학생이 질문을 모두에게 읽어주고 생각할 시간을 주기(약 5~10초 정도)
4. 네 번째 학생이 질문에 답을 하기, 맞으면 칭찬하고 틀렸으면 답을 가르쳐주거나 다음 번호 학생이 맞추도록 하기
5. 역할을 바꾸어가며 앞의 과정을 반복하여 진행

1번 카드 들기, 2번 뽑기

2번이 뽑아 3번에게 넘기기

3번이 문제 읽어주기

4번이 문제 듣고 답 말하기

4번의 답에 대한 점검

다음 사람에게 넘기기

✿ 활용 팁

1. 고학년 학생의 경우, 활동에 따라서는 학생들이 직접 질문카드를 만들 수도 있다.

2. 내용을 파악하는 활동에서는 질문지에 답이 쓰여 있으면 좋다.

3. 각각의 질문에 대하여 답을 하지 않는 다른 모둠원도 함께 머릿속으로 답을 생각해보도록 한다.

4. 사회적 기술이 많이 필요한 활동이다. 각자 역할에 대한 책임이 있다는 점, 정답을 말했을 경우 칭찬을 많이 해주는 것, 틀린 답을 했을 경우 친절하게 가르쳐주는 기술 등이 필요하다.

5. 모둠 내에서 활동을 할 때 답을 말하는 시간은 5초, 10초, 20초 혹은 그 이상 적절하게 준 뒤 자기 생각을 정리하여 답을 할 수 있도록 하는 것은 필수이다.

✿ 활동 사례

1. 학습 단원 정리 활동에 활용(플래시 카드와 비슷한 효과)

2. 한 가지 주제나 단위차시 학습 목표 활동과 관련하여 반복 학습, 암기 숙달 등의 활동이 필요한 때에 유용[수학 시간에 원리 학습 후 반복 훈련을 위한 문제, 원인과 결과에 대한 이해를 돕기 위해 원인(결과)을 적고 결과(원인)를 말해보는 연습하기 등]

3. 책 내용에 대한 질문을 미리 만들어 놓고, 그에 대하여 모둠 내에서 활동을 하도록 할 때도 유용

4. 모둠세우기 활동 등에도 유용하게 활용 (질문지의 예 : 지금까지 제일 기억에 남는 일, 3가지 소원이 주어진다면 무엇을 말할 것인가, 자신의 신체 중에서 가장 맘에 드는 부분, 자신이 가장 자신있어 하는 과목, 자신의 가족에 대하여 소개하기, 자신의 이름을 이용하여 3행시 짓기,

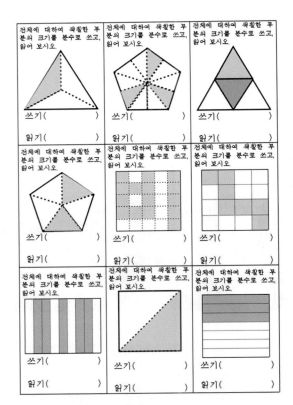

수학 부채 모양 뽑기 문제 사례

내가 현재 가장 갖고 싶은 것 한 가지, 내가 가장 잘하는 것 등 ⇨ 이런 경우 정답이 없어도 됨)

36 피라미드 토의 토론

두 사람이 의견을 모으고 또 다른 두 사람과 만나 네 명이 의견을 모으고 다시 여덟 명이 만나 의견을 모으는 활동으로 그 모습이 피라미드와 유사하여 붙여진 이름이다.

⚙ 준비물

의견을 기록할 이면지 쪽지(또는 포스트잇)

⚙ 활동 방법

1. 교사가 주제를 제시하고 학생들은 각자 자신의 생각을 쪽지에 1가지씩 기록(1명당 4장씩 나누어주고 의견 기록하기)

2. 모둠 내 짝끼리 토의 토론을 하여 의견 수를 줄여가기(8장 ⇨ 4장)

3. 모둠 내 다른 짝과 토의 토론을 하여 다시 의견 수 줄여가기(8장 ⇨ 4장)

4. 옆 모둠과 만나 토의 토론을 하여 다시 의견 수 줄여가기(8장 ⇨ 4장)

5. 위의 과정을 반복하면서 최종 결론 도출하기 및 정리

※ 1 : 1 ⇨ 2 : 2 ⇨ 4 : 4 ⇨ 8 : 8 등으로 토론 인원이 점점 확장되지만 의견 수는 거꾸로 줄어들게 되는 역 피라미드 현상이 일어난다.

피라미드 토의·토론 과정

★ 왼쪽의 그림에서 보는 바와 같이 합의된 의견이 나오기까지의 과정을 살펴보면 피라미드를 거꾸로 세워 놓은 모양임을 알 수 있다. 이런 특징 때문에 '피라미드 토의·토론'이라 명칭이 붙여진 것이다.

⚙ 활용 팁

1. 학생 수가 너무 많아지면 활동에 어려움(활동에 끼지 못하는 학생, 주변에 서성이는 학생 등)이 발생하기 때문에 8명 정도까지만 진행하는 것도 나쁘지 않다.

2. 중요한 것은 주장과 설득을 위한 근거, 대화 요령임을 학생들에게 명확히 한다.

3. 필요시 적절한 시간 제한을 두는 것도 활동에 도움이 된다.

4. 학생 수가 홀수일 때는 부전승처럼 다음 단계로 바로 넘어가게 하면 된다.

⚙ 활동 사례

1. 다양한 문제 해결 방안 찾기에 활용(도시의 문제 해결)

2. 주제에 대한 다양한 아이디어, 창의적 생각 공유하기에도 활용(학급 규칙 만들기, 학급 자치활동 등에도 활용)

모두 일어서서 나누기

모둠 토론 활동 가운데 하나이다. 주제에 대하여 자신의 생각이 정리되면 일어난 뒤 모둠원이 모두 일어서게 되면 토의 토론이 시작된다. 문제 해결에 도움이 된다.

준비물

토의 토론 주제 또는 질문

활동 방법

1. 교사가 토의 토론 관련 주제 또는 문제 제시
2. 생각을 마친 학생은 자리에서 일어서기
3. 모둠원 모두가 일어서게 되면 모둠 내 토의 토론 시작
4. 과제가 해결되거나 합의에 도달하게 되면 앉기
5. 과제에 대하여 전체 발표하기
※ 합의에 이르지 못하고 의견이 2 : 2로 팽팽하게 맞서면 두 의견을 모두 모둠 의견으로 채택하기

수학시간 활동 장면

활용 팁

1. 모든 모둠이 자리에 앉기를 기다리면 시간이 너무 많이 걸리므로 70~80% 모둠이 자리에 앉게 되면 활동을 어느 정도 종료한다.
2. 합의에 이르지 못할 경우 이야기 나눈 대로 발표한다.
3. 의견이 팽팽히 맞설 경우 두 의견 모두 발표하도록 안내한다.
4. 모둠에서 주제와 관련하여 토의 토론을 하고 있는 것인지 확인이 가능하다.

활동 사례

1. 수학 시간, 과제 해결에 주로 많이 활용
2. 토의 토론 활동에 많이 활용(사회, 국어, 과학, 도덕 등)
3. 확산적 사고에 관련된 질문이라면 어떤 활동이든 적용 가능
4. 일단 질문을 던지게 하고 학생들을 일어서게 하면 자연스럽게 활동이 이루어짐

38 같은 생각 앉기

비슷한 내용이나 중복되는 내용의 발표가 최소화되고, 학급 구성원 모두의 생각을 차례대로 볼 수 있게 된다. 빠른 시간 내에 전체의 생각, 다양한 사례를 알아볼 때 유용하다.

✿ 준비물

다양한 사례나 다양한 답이 있는 질문

✿ 활동 방법

1. 교사가 먼저 주제를 제시한다.
2. 주제와 관련하여 생각할 시간을 갖기 ⇨ 생각이 정리되었으면 스스로 자리에서 일어서기 ⇨ 모두 일어설 때까지 충분히 기다리기
3. 교사는 발표자 선정 프로그램을 이용하여 한 사람을 지명 ⇨ 뽑힌 학생은 자신의 생각을 모두에게 발표 ⇨ 같거나 비슷한 생각을 한 친구들은 자리에 앉기
4. 발표한 학생이 자리에 앉을 때 다음 발표할 사람을 정하고 앉기
5. 모든 학생이 자리에 앉을 때까지 계속 진행

발표자 뽑기-나무 막대

1차 발표를 하는 모습

발표 후 줄어든 학생들

✿ 활용 팁

1. 맨 끝까지 남아서 발표하는 학생들은 그들의 생각이 기발하거나 창의적이거나 독특하거나 아니면 엉뚱한 경우에 해당된다. 이런 친구들을 적극적으로 칭찬해주는 일이 필요하다.

✿ 활동 사례

1. 한 가지 주제에 대한 모든 친구들의 생각을 듣고자 할 때 활용
2. 국어, 사회, 수학, 과학 등의 과목에서 주어진 문제를 해결하기 위한 방안을 한 가지씩 생각하고, 모두 일어서서 나누기

PMI 분석

문제점이나 제안된 아이디어의 장점(P), 단점(M), 흥미로운 점(I)을 따져본 후 그 아이디어를 평가하고 개선방안을 찾아가는 활동으로 비판적 분석, 대안 찾기에 효과적이다.

⚙ **준비물**

PMI 활동지

⚙ **활동 방법**

1. 교사는 모둠에게(개인에게) 주제를 제시
2. 각 개인과 모둠에 활동지를 배부(개인 활동을 먼저하고, 이를 바탕으로 모둠 의견을 모을 수도 있고, 개인 활동이 없이 바로 모둠 활동으로 넘어갈 수도 있음)
3. 각 개인은 모둠 내에서 돌아가며 말하기(또는 돌아가며 쓰기)로 개인 생각을 말하기 ⇨ 의견을 주고받으면서 합의된 내용을 기록이가 모둠 활동지에 기록(P → M → I 순서로 정리)
   - P(Plus) : 아이디어에 대한 좋은 점 이야기하기
   - M(Minus) : 아이디어에 대한 나쁜 점 이야기하기
   - I(Interesting) : 아이디어에 대해 발견한 흥미로운 점 이야기하기
4. 모든 내용이 정리되면 기록이는 내용을 모둠원에게 읽어주고 발표하기

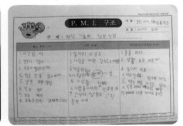

필자의 반 사례 : 첨단기술의 발전에 따른 장점과 단점 살피기

[PMI의 활용법]

1. 먼저 아이디어 중 좋아하는 점 또는 장점 및 긍정적 요소(Plus)를 쓴다.
2. 좋아하지 않는 점 또는 단점 및 부정적 요소(Minus)를 쓴다.
3. 좋아하지도 나빠하지도 않는 점 또는 흥미로운 사실 및 검토해보아야 할 측면(Interesting)을 쓴다.

[PMI의 진행절차]

1. PMI의 의미를 집단 구성원들에게 설명한다.
2. 각 영역별로 아이디어를 생성한다. 단, P를 고려할 때에는 P에만 집중한다(M, I는 염두에 두지 않음).

[PMI의 도출 순서]

1. PMI기법으로 다룰 주제를 선정하고 그것에 대해 기술한다.
2. 주제가 정해지면 3부분으로 나누어서 P, M, I로 구분하고 도출해낸다.
3. P에 해당하는 장점을 더욱 살릴 수 있도록 보완을 한다.
4. M에 해당하는 점에 대한 원인과 대책을 제시한다.
5. I에 해당하는 흥미로운 점을 새로운 대안 도출의 원천으로 삼는다.

활용 팁

1. 문제 해결 방안이나 개선점을 찾는 주제라면 이를 바탕으로 토의 · 토론을 해 나가도록 한다.
2. 정리된 자료는 발표물, 형성평가 자료, 게시물 등으로 활용한다.
3. 의견의 다양성 및 새로운 생각을 만들어낼 때는 I(흥미) 요소가 큰 역할을 한다.
4. 교사는 학생들이 의견을 공유하면서 창의적이면서도 새로운 생각을 만들어낼 수 있도록 하는 데 집중하는 것이 좋다.

활동 사례

1. 확산적 사고가 가능한 활동에 모두 적용 가능
2. 개인 활동 및 모둠 활동 모두에 적용 가능
3. 사회과 사례 예시 : 조선 말기 문물 개방이 가져다준 영향을 PMI로 분류하여 정리하기

40 만일 그래프

일어난 상황을 정리해보게 한 뒤 그와는 다른 상황(꼭 반대 상황은 아님)을 생각해보게 함으로써 그 뒤에 일어날 수 있는 다양한 결과에 대하여 예측할 수 있도록 도와준다.

준비물

만일 그래프 활동지

활동 방법

1. 교사는 학생들에게 하나의 상황을 제시
2. 학생들은 주어진 상황에 대하여 다양한 방향으로 자신의 생각을 정리(꼭 '있다 : 없다', '했다 : 안 했다'와 같이 2분법적으로 생각할 필요는 없음)

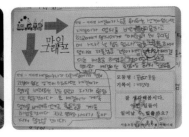

이야기 속 인물의 성격과 사건의 전개에 주의하며 글 읽기

3. 각자 정리한 생각을 바탕으로 모둠 내에서 서로의 생각을 나누기

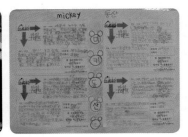

모둠 내 각자 생각 나누기   모둠원의 결과물 모으기   모둠원 결과물 모은 사례

각 모둠의 활동 결과물을 모아 게시물로 활용한 사례

4. 나눈 생각을 바탕으로 서로 비교, 분석하여 바람직한 방향을 선택하기
5. 선택한 결과를 바탕으로 과제를 완수하기

🌼 활용 팁

1. '만일 ~이라면'의 가정하에 '있다 : 없다', '했다 : 안 했다'와 같이 2분법적으로만 생각할 필요는 없다는 것을 미리 알려주는 것이 좋다(예 : 인물의 성격과 이야기의 전개에 있어서 "세걸이가 용기 있는 아이였다면, 세걸이가 소심한 아이였다면, 세걸이가 남을 잘 무시하는 아이였다면, 세걸이가 잘난 척을 잘하는 아이였다면" …).

2. 개인적인 생각은 노트에 정리해도 좋고, 규격화된 활동지에 쓴 뒤 모아서 큰 종이에 붙인 뒤 전시물로 활용해도 좋다(위의 사진 참조).

3. 의사결정을 위해 특정 상황에 따른 다양한 방향으로의 결정과 그에 따르는 장단점을 예상하고 그를 바탕으로 비교 분석을 하고자 할 때 활용할 수도 있다.

이야기 속 상황을 기반으로 다양하게 생각하기

🌼 활동 사례

1. 이야기 또는 실제 상황과 관련하여 주어진 상황에 대한 결과를 미리 예측해봄으로써 바람직한 문제 해결 방안을 찾고자 하는 상황에 활용 가능

2. 여러 사람과 생각을 나눔으로써 같은 상황에 대해서도 가치관에 따라 다양한 생각을 할 수 있음을 알 수 있도록 하는 상황에 활용 가능
3. 상황을 분석하고 그에 따라 벌어지게 될 결과를 예측해보는 활동에 활용 가능
4. 비교 분석한 결과를 토대로 바람직한 방향으로 의사결정을 하고자 할 때 앞으로의 일에 대한 예측과 분석에 활용할 수 있음

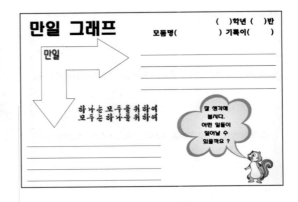

41 하나 주고 하나 받기

다른 모둠원과 다양한 정보를 주고받기 위해 개발한 구조다. 1차로 모둠 내에서 정보교환을 하고 2차로 모든 구성원과 정보교환을 하게 되어 아이디어 공유에 유용하다.

✿ 준비물

하나 주고 하나 받기 활동지

✿ 활동 방법

1. 교사가 먼저 토의 토론 주제를 제시한 후 활동지 배부
2. 개인별로 자기 생각을 기록하는 곳에 브레인스토밍하기
3. 돌아가면서 모둠원에게 자신의 아이디어 제공하기 ⇨ 모둠원들이 동의하면 남겨두고 동의하지 않으면 그 의견은 삭제 ⇨ 다른 모둠원도 그 아이디어를 가져가 받기 칸에 기록해두기
4. 돌아가면서 3번 과정을 반복하기 ⇨ 모둠 내 활동이 마무리
5. 활동 범위를 학급 전체로 넓혀 돌아다니면서 짝을 지어 3번 과정을 반복하기
6. 활동 종료 후에 모둠으로 돌아와 자신이 습득한 정보를 다른 모둠원과 나누기

✿ 활용 팁

1. 남자끼리, 여자끼리 활동이 이루어지지 않도록 한다(예 : 남자 ○명, 여자 ○명을 만나서 이야기 나누고 이름 적어 오기).
2. 목소리 크기를 조절할 필요가 있다.
3. 짝 없음 신호를 약속하고 활동한다(손만 번

하나 주고 하나 받기 활동

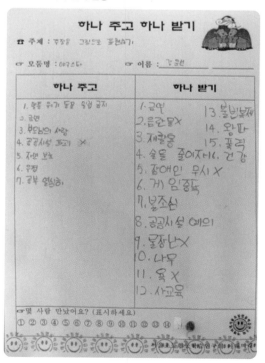

활동지 사례

쩍 들기).

4. 도우미 활용하기 : 활동이 이미 끝난 학생은 소극적인 학생 또는 내용을 많이 채우지 못한 학생을 지원할 수 있다.

🌸 활동 사례

1. 국어과 : 소리가 같지만 뜻이 다른 낱말 사례 알아오기
2. 사회과 : 교과서 속 사진을 보고 알 수 있는 점 찾기(특이한 점 찾기 등)
3. 과학과 : 환경오염을 줄일 수 있는 방법 알아오기
4. 도덕과 : 다른 사람의 인권을 보호하기 위해 우리가 할 수 있는 일 찾기

42 사전지식 브레인스토밍

본격적으로 학습활동이 이루어지기 전에 학생들의 사전지식을 끌어내도록 하는 데 활용된다. 앞으로 학습하게 될 내용과 학생들의 사전지식을 연결 짓도록 도와준다.

⚙ 준비물

사전지식 브레인스토밍 활동지(자음)

⚙ 활동 방법

'사전지식 브레인스토밍' 활동을 위한 전략으로써 가장 많이 활용되고 있는 것은 〈알기-LINK〉, 〈목록작성-분류-명명〉, 〈알파벳 표 채우기〉 등이다.

[알기-LINK(List-Inquire-Note-Know) – 학급 전체 활동(대집단)]
이 활동은 사전지식에 대한 논의가 아동 주도로 이루어지도록 하고자 할 때 많이 활용된다.

1. 교사는 공부하게 될 단원이나 탐구 주제에서 핵심어나 개념 뽑기
2. 뽑아낸 단서를 칠판의 중앙에 큰 글씨로 기록하기
3. 학생들은 그 핵심어와 관련하여 떠오르는 것들을 모두 정리(약 5~10분)(예 : '태양계'하면 떠오르는 것들을 모두 써 보자.)
4. 학생들이 1가지씩 생각한 것들을 발표하기 ⇨ 발표한 내용 칠판에 모두 기록
5. 더 이상 나올 내용이 없으면 칠판에 적힌 항목들에 대하여 학생이 다양한 질문을 할 수 있도록 안내
6. 교사는 학생들의 질문에 대하여 적절한 답변과 함께 "왜 그렇게 생각하니?, 왜 그런 질문을 하게 되었니?, 그 부분이 바로 우리가 앞으로 탐구해 나가야 할 내용이다."와 같은 반응을 보이면서 그들의 사고를 자극
7. 이 단계에서 교사는 학생들이 칠판에 적힌 단어나 개념들에 대해 서로 관련을 맺도록 해주고, 각자의 이해와 공유 및 확장 과정에서 상호작용이 잘 일어날 수 있도록 지도(질문하는 동안 잘 들어 주기, 서로 존중해주기, 칭찬하기 등)
8. 질문을 주고받는 단계가 마무리되면 칠판에 적힌 낱말들에 대하여 주고받은 내용들을 학생 스스로 정리해보는 시간 갖도록 하기(사전 경험 및 교실 내에서 이루어진 논의를 근거로 정리)
9. 이후 읽을 책이나 탐구할 주제에 대한 학습이 마무리되면 활동을 통해 새롭게 알게 된 사실들을 따로 정리할 수 있도록 지도하는 것이 좋음

[목록작성-분류-명명(List-Group-Label) 활동]

이 활동은 읽을 책이나 주제에 대하여 어느 정도 적절한 지식이나 정보를 갖고 있는 학생 개인을 상대로 하거나 주제에 대하여 공동탐구를 해 나가야 할 모둠에게 효과적인 전략이라 할 수 있다.

1. 핵심 주제나 낱말을 제시하고, 아동 개인 또는 모둠원에게 그 낱말로 연상되는 것들을 모두 적을 수 있도록 하기(약 5~10분)
2. 모둠원들과 함께 할 경우, 돌아가며 말하기 방식 또는 브레인스토밍 방식으로 모둠에서 나온 생각들을 하나의 활동지에 기록하도록 안내(관련이 없거나 관련성이 떨어지는 것들은 합의를 통해 제외시킴)
3. 충분한 의견 공유가 이루어졌거나 개인적인 활동이 마무리되었다면 이를 바탕으로 하여 공통점을 갖는 항목끼리 묶어나갈 수 있도록 하기, 이때 적절한 활동지를 배부하여 각 항목별로 구분하여 정리해나가도록 안내(활발한 토의·토론 활동이 이루어질 수 있도록 지도하되, 항목은 최소한 3개 정도 이상이 될 수 있도록 함)
4. 마지막으로 범주화 단계 거치기 ⇨ 각자 혹은 모둠원이 정리한 것을 검토 ⇨ 각 항목에 알맞은 적절한 이름 붙이기 ⇨ 각 하위 목록의 제목으로 이용
5. 각 개인 혹은 모둠에서 범주화한 결과물들을 공유(이때 목록을 조직한 근거도 함께 설명할 수 있도록 안내)[예 : 양서류(탐구 주제) ⇨ 생각한 것들(개구리, 도롱뇽, 물가 근처에 사는 생물, 두꺼비, 벌레를 먹음, 냉혈, 연못, 어항, 점액성 피부 등) ⇨ 분류하고 범주화하기 ⇨ 제목 붙이기(양서류 동물의 종류, 서식처, 특징 등)]

[알파벳 표 채우기(Sequential Roundtable Alphabet) 활동 – 자음표 채우기]

이 활동은 폭넓은 배경지식을 갖고 있는 아동들에게 매우 효과적인 전략이라 할 수 있다(주로 용어, 사실, 사건에 대한 기억을 촉진해준다).

1. 각 개인이나 모둠에 알파벳 채우기 표를 배부(우리나라의 경우 자음표)
2. 알파벳(자음)으로 시작되는 단어를 연상하여 기록(정해진 시간 안에 가능한 많은 내용을 채우도록 안내)
3. 각 개인 또는 모둠에서 적은 내용을 모둠원과 함께 공유하고 정리
4. 모둠에서 공유한 내용을 학급 전체에 발표

자음표 채우기 (주제 :)	ㄱ	ㄴ	ㄷ	ㄹ
ㅁ	ㅂ	ㅅ	ㅇ	ㅈ

ㅊ	ㅋ	ㅌ	ㅍ	ㅎ

자음표 채우기 활동 사례

⚙ 활용 팁

1. 어떤 활동을 하더라도 상대방에 대한 의견을 존중해주고, 수용하는 자세가 필요하다(특히 주제 와 관련성이 떨어지는 의견들이 나왔을 때 더욱 그렇다).
2. 활동 주제가 너무 어렵거나 브레인스토밍 활동에 익숙하지 않으면 '질보다 양'의 원칙도 지켜지 지 않게 된다. 따라서 교사가 관찰을 적극적으로 하면서 정보 탐색가 등을 활용하거나 교사가 직 접 약간의 힌트를 제공하는 것도 고려해야 한다.
3. 모둠 내에서도 다양한 활동이 이루어질 수 있도록 하기 : 낱말을 생각한 학생이 모둠원에게 곧바 로 알려주지 않고 스무고개 등의 방식으로 알려주기

⚙ 활동 사례

1. 이미 알고 있는 지식을 바탕으로 하여 새로운 것들에 대한 학습(글 읽기, 단원 학습 도입 단계)을 준비하거나 새롭게 공부할 내용에 대한 예측하기에 활용
2. 충분한 학습 후에는 그 내용을 바탕으로 복습도 가능(단원 총정리 차원)

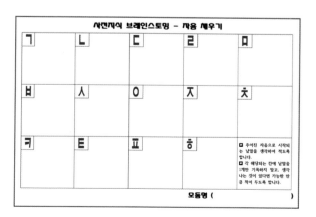

같은 점 다른 점 찾기

짝과 함께 극히 일부분만 다른 그림 2장을 각각 살펴보고 상대방이 가진 그림과 자신의 그림의 같은 점과 다른 점을 찾아내는 활동이다. 의사소통능력 향상에 도움이 된다.

⚙ 준비물

같은 점 다른 점 찾기 활동지

⚙ 활동 방법

1. 교사가 먼저 같은 점 다른 점 활동지 배부
2. 얼굴짝끼리 짝이 되어 서로 다른 활동지 살펴보기
3. 자신의 그림을 살펴보면서 짝에게 자신의 그림을 말로써 설명하기
4. 세밀하게 관찰하고 서로의 그림에서 차이점과 공통점을 살펴 찾아내기
5. 빠짐없이 찾아내었는지 확인하기
6. 활동 종료 후 소감 나누기 : 어떻게 설명해야 구체적으로 설명할 수 있는 것인지 이해하기

⚙ 활용 팁

1. 필요시 서류 파일을 가운데 세워서 상대방의 그림이 보이지 않게 할 수도 있다.
2. 경청하기, 소곤소곤 말하기, 서로 존중하며 말하기 등의 사회적 기술 훈련, 말하기 훈련 등에 활용할 수 있다.
3. 서로 다른 점의 개수를 미리 알려주어도 좋고 비밀로 해도 좋다.

활동 사례

1. 모둠세우기, 학급세우기 활동으로 많이 활용된다(의사소통 및 사회적 기술 훈련).
2. 수학 시간에 도형의 대칭과 관련된 수업에 활용된다(선대칭 도형).

44 다양한 그래픽 구성 도구 ─ Thinking Maps 1

어떤 내용이든 줄글로 정리하는 것보다 구조화하여 이미지 형식으로 정리하는 것이 보기에도 좋고 기억하기에도 용이하다. 이와 관련된 도구 몇 가지를 소개한다.

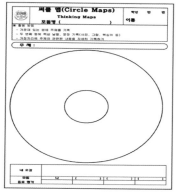

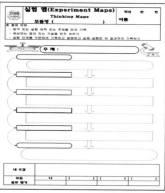

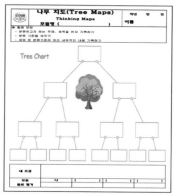

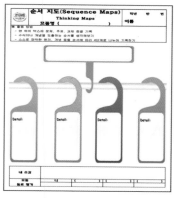

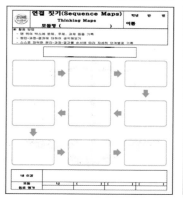

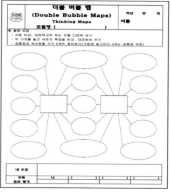

다양한 그래픽 구성 도구 — Thinking Maps 2

어떤 내용이든 줄글로 정리하는 것보다 구조화하여 이미지 형식으로 정리하는 것이 보기에도 좋고 기억하기에도 용이하다. 이와 관련된 도구 몇 가지를 소개한다.

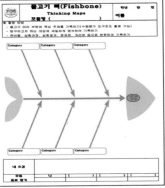

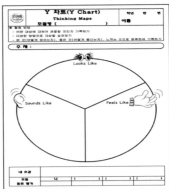

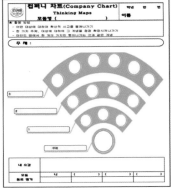

에필로그

여러분들의 가슴속엔

스승이 자리하고 있나요?

참스승을 꿈꾸며

교사라면 누구나 참스승을 꿈꾼다. 그게 정상이다. 처음 교단에 설 때 여러분은 어떠했는가? 그리고 지금은 어떤 마음을 가지고 아이들 앞에 서고 있는가? 우리 아이들과 학부모와 주변의 동료 교사들은 나를 어떤 선생님으로 생각하고 있을까? 이런 것들에 대한 고민과 반성이 없으면 우리 교육의 변화와 발전은 참 어렵지 않을까 생각한다.

최근 10년 사이에 혁신학교 운동이 펼쳐지면서 교단 내부에서도 자성의 목소리가 터져 나오고 있고, 학부모의 인식과 눈높이도 높아져 가고 있다. 물론 혁신학교 운동이 아직은 성공적이라 확신할 수는 없지만 말이다. 이런 상황에서 앞으로의 변화에 교사 스스로 부응하지 않는다면 사회적으로 '존경받는 직업'이라는 인식은 더 이상 설 자리를 잃을 수밖에 없는 현실이 되어 버렸다.

교육계의 변화 속에서 모두에게 그냥 선생님, 교사가 아니라 존경받는 스승으로서 자리매김을 하기 위해서는 나름대로의 노력이 필요한데, 필자는 이를 위해 자기만의 스승상과 모델을 설정해 두고 노력해보는 것이 참으로 좋다고 생각한다.

그렇다면 여러분의 가슴 속에는 자신만의 스승이 자리하고 있는가?

『협동학습 교사를 바꾸다』의 마지막을 장식한 글이지만 이곳에 다시 한 번 더 가져와 소개하고자 한다.

여러분은 이 사람을 기억하는가? 이 사람은 필자의 가슴속에 자리하고 있는 스승이자 필자가 닮고 싶어 하는 모델의 상이다.

벨기에 영화배우, 1929년에 태어나 1993년에 사망. 그렇다. 오드리 햅번이다.

여러분은 이 배우의 가장 아름다웠던 모습이 언제였다고 기억하는지? 〈로마의 휴일〉에서의 모습? 〈티파니에서 아침을〉에서의 모습? 아니면 〈전쟁과 평화〉에서의 모습? 사람들은 그의 가장 화려했던 시절의 모습을 떠올리곤 한다. 하지만 필자는 아니다. 필자가 만난 오드리 햅번의 가장 아름다운 모습은 아프리카에서였다.

〈로마의 휴일〉이라는 영화로 일약 스타덤에 오른 그녀! 그러나 또 하나의 삶을 살았던 그녀! 살아생전에 많은 봉사와 희생을 베풀며 살았던 그녀! 아프리카의 불쌍한 어린이들을 돌보는 그녀를 보며 필자는 그녀의 진정한 아름다움을 보았다. 이런 느낌은 비단 필자뿐만은 아닐 것이다. 때문에 사람들은 그녀의 아름다운 외모뿐 아니라 그녀의 마음씨까지 사랑했었는지도 모른다. 그래서 사람들은 그녀를 '세상에서 가장 아름다운 여성'으로 기억하고 있는 것 같다.

늘 자신만의 방식으로 사람들이 자신을 기억하게 했던 오드리 햅번. 아동 복지를 위해 끝없는 노력을 아끼지 않았고 기아에 허덕이는 오지의 아이들 구호에 앞장섰던 그녀. 특히 암투병 중이던 1992년에 기아와 질병에 허덕이던 소말리아에 방문해 관심을 가져달라며 전 세계에 호소하여 그녀

를 기억하고 있던 많은 사람들에게 또 한 번의 감동을 주었던 오드리 헵번. 손안에 들어온 것만을 사랑하는 것이 아니라 사랑을 필요로 하는 사람들까지 진정 사랑으로 끌어안은 삶. 그것이 그녀가 온몸으로 실천한 아가페의 사랑이었던 것 같다. 그래서 우리는 그녀를 진정한 배우로, 진정 아름다운 사람으로서 영원히 기억하고 있는 것이 아닐까? 그리고 필자에게는 교사로서 그녀를 아름답게 기억하도록 만드는 또 하나의 이야기가 있다. 그것은 그녀가 숨을 거두기 1년 전 크리스마스 이브에 그의 아들에게 들려준 이야기 때문이다.

아들아!
아름다운 입술을 가지고 싶으면
친절한 말을 하라!
사랑스런 눈을 갖고 싶으면
사람들에게서 좋은 점을 보아라!
날씬한 몸매를 갖고 싶으면
너의 음식을 배고픈 사람과 나누어라!
아름다운 머리카락을 갖고 싶으면 하루에 세 번
어린이가 손가락으로 너의 머리를 쓰다듬게 하라!
아름다운 자세를 갖고 싶으면

결코 너 혼자 걷고 있지 않음을 명심하라!
사람들은 상처로부터 복구되어야 하며
낡은 것으로부터 새로워져야 하고
병으로부터 회복되어야 하고
고통으로부터 또 구원받아야 한다.
결코 누구도 버려서는 안 된다.
기억하라!
만약 네가 도움을 주는 손이 필요하다면
너의 팔 끝에 있는 손을 이용하면 된다.
네가 더 나이가 들면
손이 두 개라는 걸 발견하게 될 것이다.
한 손은 너 자신을 돕는 손이고
다른 한 손은 다른 사람을 돕는 손이다!

(오드리 햅번의 글)

Audrey Hepburn

　필자는 늘 누군가에게 그리운 얼굴로 기억되기를 바란다. 필자는 늘 나의 이름이 누군가의 입술에 묻어 떠나지 않기를 바란다. 그것이 사치스런 욕심인 줄 알면서도 말이다. 그렇다면 여러분은 학생들에게 어떤 선생님으로 기억되기를 바라고 있는가? 그리고 지금 어떤 노력을 하고 있는가?

　끝으로 필자는 여러분들께 10가지 'ㄲ'을 갖기 위해 노력할 것을 적극 권해드리며 기나긴 시간 동안 고민해 왔던 나의 모든 것을 내려놓고자 한다. 부디 이 글들이 여러분께 협동학습에 대한 진각성의 길로 인도해줄 수 있기를 바라며….

꿈

교사라면 누구나 꿈을 갖고 살아가야 합니다. 꿈은 우리 교사들에게 희망과 소망을, 이상과 미래를, 자신과 아이들에 대한 기대를 일깨워 줍니다.

끼

끼는 곧 재능입니다. 교사에게 있어서 끼는 세상을 바르게 볼 수 있는 시각을 가지고 아이들을 바른 길로 이끌어줄 수 있는 재능을 말합니다.

꾀

교사에게 있어서 꾀는 항상 슬기롭고 지혜롭게 아이들을 가르치도록 이끌어주며 문제를 잘 해결해나가도록 이끌어주는 정신적 능력을 의미합니다. 꾀는 지적 자산이며 지혜입니다.

끈

끈은 교사와 아이들을 연결하고 이어주는 역할을 합니다. 즉 올바른 교육적 행위를 위한 교사와 학생 사이의 관계구조의 핵심이 바로 끈입니다(교육적 행위의 시작).

꼴

교사의 태도(꼴)가 학생들에게 모델이 되지 못하면 학생들에게 믿음을 줄 수가 없습니다. 태도(꼴)는 학생들이 교사를 신뢰하고 따르도록 만드는 중요한 다리가 됩니다.

깡

교사에게 있어서 깡은 열정입니다. 민주와 자유와 평등과 협동에 대한 꿈은 강력한 엔진과도 같이 어떠한 폭압에도 굴하지 않는 깡이 없이는 결코 이루어질 수 없습니다.

꾼

꾼은 곧 전문가를 의미합니다. 다시 말해서 아마추어가 아니고 교사로서 철저한 프로페셔널리스트, 전문가가 되어야 한다는 뜻입니다. 이를 위해서는 부단한 노력과 연구의 자세가 필요합니다.

깔

깔은 자기 자신만의 빛깔을 의미합니다. 누구나 자신만의 빛깔을 가지고 살듯 교사로서 자신만의 빛깔 – 철학은 꼭 필요합니다. 그것이 바로 오늘과 내일을 살게 해주니까요.

꼭

꼭 교사로서의 책무성과 의무를 다하라는 말입니다. 진실을 규명할 특권과 의무, 용기, 스스로 자유로움, 자신에 대한 성찰, 아동의 본성에 대한 신뢰와 인내심, 분별력과 엄격함, 그리고 민주성.

끝

끝은 모든 욕심과 사심을 내려놓음을 뜻합니다. 꿈과 이상과 목표는 높게 두되 끝에 가서는 모든 것을 내려놓고 있는 그대로를 바라보는 자세가 필요합니다. 그것이 아이들을 사랑하는 지혜입니다.

협동학습 토의 · 토론
초등수학교육을 혁신하다

이상우 지음
2020년 | 540면 | 국배판 | 반양장 | 가격 미정

살아 있는 협동학습 ⑤
초등수학 분수 이렇게 가르쳐라 :
Artistic 협동학습 분수 수업

이상우 지음
2019년 | 408면 | 국배판 | 반양장 | 값 25,000원

살아 있는 협동학습 ④
**6학년 수학 수업 협동학습으로
디자인하다**

이상우 지음
2018년 | 400면 | 국배판 | 반양장 | 값 25,000원

살아 있는 협동학습 ③
**5학년 수학 수업 협동학습으로
디자인하다**

이상우 지음
2016년 | 440면 | 국배판 | 반양장 | 값 25,000원

살아 있는 협동학습 2 :
협동학습 수업의 질적 접근

이상우 지음
2015년 | 420면 | 46배판 | 반양장 | 값 22,000원

협동학습, 교사를 바꾸다

이상우 지음
2012년 | 296면 | 46배판 | 반양장 | 값 20,000원

**협동학습으로
토의 · 토론 달인 되기**

이상우 지음
2011년 | 392면 | 46배판 | 반양장 | 값 20,000원

살아 있는 협동학습 :
협동적 학급운영의 이해

이상우 지음
2009년 | 496면 | 46배판 | 반양장 | 값 25,000원